Beck-Rechtsberater im dtv

Die Höhe des Unterhalts von A – Z

dtv

Beck-Rechtsberater

Die Höhe des Unterhalts

von A – Z

Mehr als 400 Stichwörter zum aktuellen
Unterhaltsrecht

Von Beate Heiß, Fachanwältin für Familienrecht
und Dr. Hans Heiß, Familienrichter

11. Auflage

Deutscher Taschenbuch Verlag

www.dtv.de
www.beck.de

Originalausgabe

Deutscher Taschenbuch Verlag GmbH & Co. KG,
Friedrichstraße 1a, 80801 München
© 2012. Redaktionelle Verantwortung: Verlag C.H. Beck oHG
Druck und Bindung: Druckerei C. H. Beck, Nördlingen
(Adresse der Druckerei: Wilhelmstraße 9, 80801 München)
Satz: ottomedien, Darmstadt
Umschlaggestaltung: Design Concept Krön, Puchheim,
unter Verwendung eines Fotos von Fotolia
ISBN 978-3-423-05059-3 (dtv)
ISBN 978-3-406-62609-8 (C. H. Beck)

9 783406 626098

Vorwort

Dieser Ratgeber soll sowohl für Unterhaltspflichtige und Unterhaltsberechtigte aber auch für jene, die in der täglichen Praxis als Richter,
Rechtsanwälte, Rechtspfleger oder Sachbearbeiter bei den Jugend-
und Sozialämtern die Höhe von Unterhaltszahlungen berechnen
müssen eine Hilfe sein. Durch die Zusammenstellung der maßgebenden obergerichtlichen und höchstrichterlichen Rechtsprechung
zur Berechnung und Höhe des Unterhalts und zu häufig vorkomm-
enden Einzelfragen soll etwas Licht in das Dunkel des Unterhaltsrechts gebracht werden.

Als Folge der zahlreichen Gesetzesänderungen im Unterhaltsrecht
und im Verfahrensrecht, insbesondere aber auch der unterschiedlichen Rechtsauffassungen des Bundesverfassungsgerichts und des
Bundesgerichtshofs zu grundsätzlichen Fragen des Unterhaltsrechts
wird es für den unterhaltsrechtlichen Praktiker zunehmend schwie-
riger eine zuverlässige Beratung in Unterhaltsfragen zu gewährleisten. Mit diesem Buch wird versucht sowohl dem betroffenen juris-
tischen Laien als auch dem unterhaltsrechtlichen Praktiker einen
schnellen und zuverlässigen Überblick über die aktuelle Rechtsprechung zur Höhe des Unterhalts und die damit eng zusammenhän-
genden Fragen anzubieten.

Die richtungweisenden Entscheidungen des Bundesverfassungsgerichts zum Unterhaltsrecht sowie die aktuellen Entscheidungen des
Bundesgerichtshofs sind umfassend eingearbeitet.

Die unzähligen Einzelfragen und die Teilprobleme, die bei der Bestimmung der Höhe des Unterhalts von Bedeutung sind, können im
Rahmen dieses Buches nur kurz aufgezeigt, nicht aber erschöpfend
erörtert werden.

Der interessierte Leser findet eine kurze systematische Einführung
in das Unterhaltsrecht unter den Stichworten →*Ehegattenunterhalt*,
→*Kindesunterhalt (Überblick)*, →*Verwandtenunterhalt*, →*Eheliche
Lebensverhältnisse*, →*Verwirkung des Unterhaltsanspruchs (Ehegattenunterhalt)*. Anhand dieser Stichworte kann auch festgestellt wer-

den, in welchen Zusammenhang die einzelnen Begriffe des Unterhaltsrechts zu setzen sind.

Die Kenntnis der unterhaltsrechtlich bedeutsamen Gesichtspunkte soll insbesondere auch das Gespräch mit dem Fachmann/der Fachfrau erleichtern, die in allen Zweifelsfragen hinzugezogen werden sollten und deren Rat im Streitfalle dieses Taschenbuch nicht ersetzen kann.

Traunreut, im Januar 2012   *Dr. Hans Heiß*
                                                              Beate Heiß

Stichwortverzeichnis

W

Abkürzungsverzeichnis

DB...................... Der Betrieb (Jahr und Seite)
DRiZ................... Deutsche Richter-Zeitung
DT...................... Düsseldorfer Tabelle
DVO .... Durchführungsverordnung
EGBGB............... Einführungsgesetz zum Bürgerlichen Gesetz-
buch
EGZPO .... Gesetz, betreffend die Einführung der Zivilpro-
zessordnung
EheG................... Ehegesetz
Einf...................... Einführung
Entsch. .... Entscheidung
Entw................... Entwurf
EStG .... Einkommensteuergesetz
FamFG .... Gesetz über das Verfahren in Familiensachen
und in den Angelegenheiten der freiwilligen
Gerichtsbarkeit
FamRZ .... Zeitschrift für das gesamte Familienrecht
(Jahr u. Seite)
Gerhardt/
v. Heintschel-
Heinegg/Klein ...... Gerhardt/v. Heintschel-Heinegg/Klein, Hand-
buch des Fachanwalts Familienrecht, 8. Auflage
2011
GG...................... Grundgesetz
Göppinger/Wax .... Göppinger/Wax, Unterhaltsrecht, 9. Auflage
2008
Göppinger,
Vereinbarungen .... Göppinger/Börger, Vereinbarungen anlässlich
der Ehescheidung, 9. Auflage 2009
GSiG .... Grundsicherungsgesetz
Günther/Hein....... Günther/Hein, Familiensachen in der Anwalts-
praxis, 2. Auflage 2002
HausratsVO .... Hausratsverordnung
Heiß/Born .... Heiß/Born (Hrsg.), Unterhaltsrecht – Ein
Handbuch für die Praxis, 39. Auflage 2011
(Loseblatt)

h. M. .... herrschende Meinung
HS .... Halbsatz
i. d. R. .... i. d. R.
i. S. d. .... im Sinne der/des
i. S. v. .... im Sinne von
i. V. m. .... in Verbindung mit
Johannsen/
Henrich .... Johannsen/Henrich, Eherecht (Kommentar),
 5. Auflage 2010
KG .... Kammergericht
KindUG .... Gesetz zur Vereinheitlichung des Unterhalts
 minderjähriger Kinder (Kinderunterhaltsgesetz)
KJHG .... Kinder- und Jugendhilfegesetz
Lbj. .... Lebensjahr
Leitlinien .... Unterhaltsrechtliche Leitlinien der Familien-
 senate in Süddeutschland. OLGe Bamberg,
 Karlsruhe, München, Nürnberg, Stuttgart
 und Zweibrücken
LG .... Landgericht
MünchKomm/
Bearbeiter .... Münchener Kommentar zum BGB, Bd. 7/1
 und 7/2 sowie Bd. 8, 5. Auflage 2009f.
m. w. N. .... mit weiteren Nachweisen
n. F. .... neue Fassung
NJW .... Neue Juristische Wochenschrift (Jahr u. Seite)
NJWE-FER .... NJW-Entscheidungsdienst Familien- und Erb-
 recht
Nr. .... Nummer
OLG .... Oberlandesgericht
Palandt/Bearbeiter. Palandt/Bearbeiter, Bürgerliches Gesetzbuch,
 70. Auflage 2011
Rn. .... Randnummer
S. .... Satz, Seite
Schwab/Bearbeiter Schwab/Bearbeiter, Handbuch des Scheidungs-
 rechts, 6. Auflage 2010
SGB .... Sozialgesetzbuch

UÄG	Unterhaltsänderungsgesetz
UhVorschG	Unterhaltsvorschussgesetz
UnterhSichG	Unterhaltssicherungsgesetz
UVG	Unterhaltsvorschussgesetz
VAHRG	Gesetz zur Regelung von Härten im Versorgungsausgleich
VersAusglG	Versorgungsausgleichsgesetz
vgl.	vergleiche
VKH	Verfahrenskostenhilfe
VKV	Verfahrenskostenvorschuss
VO	Verordnung
Wendl/Dose	Das Unterhaltsrecht in der familienrichterlichen Praxis, 8. Auflage 2011
ZPO	Zivilprozessordnung

A

▶ **Abänderungsanträge**

1. Abänderungsalttitel

Unterhaltstitel aus der Zeit vor dem 1. 1. 2008 können abgeändert werden, wenn Umstände vorliegen, die vor diesem Tag entstanden sind und durch das Gesetz zur Änderung des Unterhaltsrechts erheblich geworden sind, soweit eine **wesentliche Änderung** der Unterhaltspflicht eintritt und die Änderung dem anderen Teil unter **Berücksichtigung seines Vertrauens** in die getroffene Regelung zumutbar ist, § 36 Nr. 1 EGZPO (BGH FamRZ 2008, 1911). Dabei genügt es, wenn sich das Abänderungsverlangen **allein auf die neue Rechtslage** stützt (BGH FamRZ 2010, 192). **Nicht zumutbar** ist eine Abänderung i. d. R. dann, wenn der Titel **Gesamtvereinbarungen** oder **Abfindungen** enthält und der Bedürftige auf den **Fortbestand des Titels** vertrauen durfte. Dies ist vor allem dann der Fall, wenn der Unterhaltsbedürftige aufgrund seines **Alters** keine Möglichkeit hat, sich in seiner Lebensführung auf die neue Gesetzeslage noch umzustellen und er auf den Unterhalt angewiesen ist. Alle Umstände, die durch das Gesetz zur Änderung des Unterhaltsrechts erheblich geworden sind, können gemäß § 36 Nr. 2 EGZPO ohne die Gefahr des **Präklusionseinwandes** (→*Präklusion*) in einem Abänderungsverfahren neu eingeführt werden. Voraussetzung ist aber, dass die Umstände **aufgrund** der **geänderten Rechtslage** erheblich geworden sind (vgl. Borth, FamRZ 2008, 105). § 36 Nr. 1 EGZPO bietet gegenüber

§ 238 FamFG keine eigenständige Abänderungsmöglichkeit (BGH FamRZ 2010, 111).

2. Abänderungsantrag nach vereinfachtem Verfahren gemäß §§ 249 bis 260 FamFG

Wurde der Kindesunterhalt im vereinfachten Verfahren über den Unterhalt Minderjähriger nach § 253 FamFG rechtskräftig festgestellt, können die Beteiligten im Wege eines Abänderungsantrags nach **§ 240 FamFG** verlangen, dass auf höheren Unterhalt oder auf Herabsetzung des Unterhalts erkannt wird. Zur Geltendmachung der im vereinfachten Verfahren ausgeschlossenen Einwendungen wird also der Rechtsbehelf der Abänderung nach § 240 FamFG zur Verfügung gestellt.

Wird der Antrag auf Herabsetzung des Unterhalts nicht **innerhalb eines Monats** nach Rechtskraft gestellt, so ist die Abänderung nur zulässig für die Zeit ab Rechtshängigkeit des Antrags, § 240 Abs. 2 FamFG.

3. Abänderung gerichtlicher Entscheidungen, § 238 FamFG

Gerichtliche Entscheidungen können nach § 238 FamFG abgeändert werden, während sich die Abänderung von Vergleichen und Urkunden nach § 239 FamFG richtet.

Das Abänderungsverfahren hinsichtlich gerichtlicher Unterhaltstitel ist grundsätzlich erst für die Zeit **ab Rechtshängigkeit des Antrags** zulässig, § 238 Abs. 3 FamFG. Ist der Antrag auf **Erhöhung** des Unterhalts gerichtet, ist er auch für die Zeit zulässig, für die nach den Vorschriften des Bürgerlichen Rechts **Unterhalt für die Vergangenheit** verlangt werden kann, etwa wenn ein Auskunftsersuchen oder eine Inverzugsetzung nach § 1613 BGB vorliegt. Ist der Antrag auf **Herabsetzung des Unterhalts** gerichtet, ist er auch zulässig für die Zeit ab dem 1. des auf einen entsprechendes Auskunfts- oder Verzichtsverlangen des Antragstellers folgenden Monats. Durch eine „negative Mahnung" kann somit auch bei gerichtlichen Unterhaltstiteln eine rückwirkende Herabsetzung erreicht werden, jedoch nur für einen Zeitraum bis zu **einem Jahr** vor der Rechtshängigkeit des Abänderungsantrags, § 238 Abs. 3 S. 4 FamFG.

Zulässigkeitsvoraussetzungen der Abänderung nach § 238 FamFG:

(1) **Endentscheidung** in der Hauptsache über zukünftig fällig werdende, wiederkehrende Leistungen. **Einstweilige Anordnungen** sind nicht nach § 238 FamFG abänderbar, weil sie keine in der **Hauptsache** ergangene Beschlüsse sind; einstweilige Anordnungen können **nur nach § 54 FamFG** abgeändert werden.

(2) **Wesentlichkeitsschwelle:** Der Antrag ist nur zulässig, wenn eine **wesentliche Veränderung** (Abweichung von mindestens zehn Prozent) der entscheidungserheblichen Tatsachen, die nach Schluss der mündlichen Verhandlung im Vorverfahren eingetreten sind. Auch eine **Veränderung** der zugrunde liegenden **rechtlichen** Verhältnisse, wie etwa der **höchstrichterlichen Rechtsprechung** ist für die Zulässigkeit ausreichend, Abs. 1 S. 2.

(3) **Tatsachenpräklusion:** § 238 Abs. 2 FamFG stellt klar, dass der Antrag nur auf Gründe gestützt werden kann, die **nach Schluss** der Tatsachenverhandlung des vorausgegangenen Verfahrens entstanden sind und deren Geltendmachung durch Einspruch nicht möglich ist oder war. Auf Umstände, die im Vorverfahren bereits eingetreten waren, aber nicht vorgetragen wurden, kann ein Abänderungsantrag nicht gestützt werden, ebenso ist eine **fehlerhafte** tatsächliche oder rechtliche Würdigung durch das Familiengericht kein Abänderungsgrund, weil solche Fehler nur im Beschwerdeverfahren korrigiert werden können. Eine wesentliche Änderung der maßgeblichen Verhältnisse kann sich sowohl aus einer nachträglichen Änderung der **Gesetzeslage** als auch aus einer nachträglichen Änderung der höchstrichterlichen **Rechtsprechung** ergeben (BGH FamRZ 2007, 793). Bei Titeln aus der Zeit **vor dem 12. 4. 2006** kommt eine Präklusion nur in Betracht, wenn zum Zeitpunkt der früheren Entscheidung die Voraussetzungen der **Begrenzung des Anspruchs aus Billigkeitsgründen** eindeutig und sicher vorlagen, z. B. weil sie bei einer kinderlosen Ehe nur von der Ehedauer abhängen. Bei Titeln, die **nach dem 12. 4. 2006** errichtet wurden, in denen es aber zu keiner Begrenzung nach §§ 1573, 1578 BGB kam, ist § 36 Nr. 2 EGZPO zu beachten.

Einstellung der Zwangsvollstreckung: Ist ein Abänderungsantrag auf Herabsetzung anhängig oder hierfür ein Antrag auf Bewilligung von Verfahrenskostenhilfe eingereicht, gilt gemäß § 242 FamFG die Regelung des § 769 ZPO entsprechend. Es kann daher ein Antrag auf einstweilige Einstellung der Zwangsvollstreckung gestellt werden.

Verschärfte Haftung, § 241 FamFG: Einem Antrag auf **Rückzahlung zu viel bezahlten Unterhalts** kann ab dem Zeitpunkt der Rechtshängigkeit des Abänderungsantrags der Einwand des **Wegfalls der Bereicherung** gemäß § 818 Abs. 3 BGB nicht mehr entgegengehalten werden, weil mit der Rechtshängigkeit des Abänderungsantrags die verschärfte Haftung nach § 818 Abs. 4 BGB herbeigeführt wird. Demgegenüber muss bei einem Antrag auf Abänderung einer **einstweiligen Anordnung** nach § 54 FamFG **zusätzlich ein Antrag auf Rückzahlung** gestellt werden, um die verschärfte Haftung nach § 818 Abs. 4 BGB herbeizuführen.

4. Abänderung von Vergleichen und Urkunden, § 239 FamFG

Der Antrag auf Abänderung gerichtlicher Vergleiche und vollstreckbarer Urkunden ist **zulässig**, sofern der Antragsteller Tatsachen vorträgt, die die Abänderung rechtfertigen. Es gilt **weder die Wesentlichkeitsgrenze** des § 238 Abs. 1 S. 2 FamFG noch gelten die **Präklusionswirkungen** des § 238 Abs. 2 FamFG.

Vergleiche und vollstreckbare Urkunden über laufenden Unterhalt sind **nur nach materiell-rechtlichen Gründen abänderbar**. Es gibt **keine zeitliche Begrenzung**, sodass diese Titel **auch rückwirkend** abgeändert werden können. Nach § 239 Abs. 2 FamFG richten sich die Voraussetzungen und der Umfang der Abänderung nach den Vorschriften des BGB, somit in erster Linie nach den Regeln über die **Störung oder den Wegfall der Geschäftsgrundlage** gemäß § 313 BGB.

Ab Rechtshängigkeit des Abänderungsantrags kann daher später **zu viel bezahlter Unterhalt** zurückgefordert werden, soweit der Abänderungsantrag Erfolg hat, weil § 241 FamFG gilt. Wurde jedoch ein **Vergleich im einstweiligen Anordnungsverfahren** geschlossen, kann dieser Vergleich nicht nach § 239 FamFG abgeändert werden, sondern nur nach § 54 FamFG, weil insoweit die Regeln zum einstweiligen Anordnungsverfahren weiter wirken. Dies hat gleichzeitig zur Folge, dass die verschärfte Haftung nach § 241 FamFG nicht für die Abänderung eines gerichtlichen Vergleichs, der im einstweiligen Anordnungsverfahren geschlossen wurde, gilt.

Das Familiengericht kann die **Zwangsvollstreckung** in entsprechender Anwendung des § 769 ZPO **einstweilen einstellen**, § 242 FamFG.

▶ Abfindung des nachehelichen Ehegattenunterhalts

Eine Vereinbarung über den nachehelichen Ehegattenunterhalt, die **vor** der Rechtskraft der Scheidung getroffen wird, bedarf der **notariellen Beurkundung** oder eines **gerichtlichen Vergleichs (Wirksamkeitserfordernis)**, § 1585 c BGB.

Der Unterhaltsberechtigte (nicht jedoch der Verpflichtete) kann statt der laufenden monatlichen Unterhaltsrente eine **Kapitalabfindung** verlangen, wenn ein **wichtiger Grund** vorliegt und der Verpflichtete dadurch nicht unbillig belastet wird, § 1585 Abs. 2 BGB. Ein wichtiger Grund im Sinne dieser Vorschrift liegt i. d. R. vor, wenn der Berechtigte sich eine eigene wirtschaftliche Existenz gründen will oder wenn entweder der Berechtigte oder der Verpflichtete beabsichtigt auszuwandern, aber auch zur Sicherung des Unterhaltsanspruchs, wenn der Verpflichtete über Vermögenswerte verfügt oder solche etwa in Form einer Erbschaft oder eines Pflichtteils zu erwarten hat und zu befürchten ist, dass er sie schnell verbraucht. Eine unbillige Belastung des Verpflichteten liegt dann vor, wenn die geforderte Kapitalabfindung dazu führt, dass ihm selbst nicht der eigene angemessene Unterhalt verbleiben würde.

Die **Höhe** der Kapitalabfindung ist nach den allgemeinen Grundsätzen zu bestimmen, wobei neben der Lebenserwartung die voraussichtliche Entwicklung der Bedürftigkeit und die Leistungsfähigkeit des Verpflichteten zu berücksichtigen sind, ebenso wie eine in Aussicht stehende Wiederheirat. Die Verpflichtung Ehegattenunterhalt zu bezahlen endet in diesem Falle mit Ablauf des Monats, indem dem Verpflichteten die Forderung des Berechtigten auf Kapitalabfindung zugeht. **Endgültig erlischt** der Unterhaltsanspruch aber erst dann, wenn die Kapitalabfindung **gezahlt** wird. Wurde die Kapitalabfindung bezahlt und ist damit der Unterhaltsanspruch erloschen, dann ist eine **spätere Veränderung** der Verhältnisse **unbeachtlich**, es sei denn, es wurde eine Klausel aufgenommen, dass im Falle einer Notlage ein bestimmter Betrag laufend zu leisten sei. Auch wenn der Berechtigte alsbald nach Zahlung der Kapitalabfindung stirbt besteht kein Rückforderungsanspruch. Gleiches gilt im Fall der Wiederheirat. Etwas anderes kann nur dann gelten, wenn der Berechtigte die Abfindung durch Verheimlichen einer unmittelbar bevorstehenden Wiederheirat erschlichen hat. In diesem Fall soll der Verpflichtete ggf. Schadensersatz nach § 826 BGB verlangen können. Das **Aufrechnungsverbot** gilt grundsätzlich auch für die Abfindung von Unterhaltsansprüchen (BGH FamRZ 2002, 1179); etwas anderes kann dann gelten, wenn die Vertragsparteien die von ihnen gewollte Unterhaltspflicht **völlig auf eine vertragliche Grundlage** gestellt und den Zahlungsanspruch damit seines Wesens als eines gesetzlichen Unterhaltsanspruchs entkleidet haben. Für **Beamte** können durch die Vereinbarung einer einmaligen Abfindung **Nachteile** entstehen, weil ein geschiedener Beamter keinen Anspruch auf den **Familienzuschlag der Stufe 1** hat, wenn seine Pflicht zum Unterhalt aus seiner Ehe durch Kapitalabfindung erloschen ist (BVerwG FamRZ 2003, 1385).

▶ Abfindungen (Verlust des Arbeitsplatzes)

Eine vom Arbeitgeber gezahlte Abfindung dient der Auffüllung der Einkommensnachteile, die mit dem vorzeitigen Ausscheiden aus der Erwerbstätigkeit verbunden sind (Lohnersatzfunktion). Der Abfindungsbetrag ist auf eine **angemessene Zeit** zu verteilen (vgl. OLG München FamRZ 1995, 809). Sie soll dem Arbeitnehmer und seinen Unterhaltsgläubigern ermöglichen, ihren bisherigen Lebensstandard für eine Übergangzeit aufrecht zu erhalten. Findet der Arbeitnehmer unmittelbar nach dem Verlust seines Arbeitsplatzes eine **neue Anstellung** mit etwa dem gleichen Einkommen, so ist die Abfindung seinem Vermögen zuzurechnen. Sie hat **dann keine Lohnersatzfunktion**. Findet der Arbeitnehmer bereits nach wenigen Monaten einen neuen Arbeitsplatz mit etwa dem gleichen Einkommen, so ist die Abfindung teils zur Aufstockung des Arbeitslosengeldes einzusetzen. Zum anderen Teil zählt sie zum **Vermögen.** Der **BGH** (FamRZ 2003, 432; 2004, 1352) hat festgestellt, dass ein **güterrechtlicher Ausgleich** nicht stattfindet, soweit eine Vermögensposition bereits auf andere Weise, sei es unterhaltsrechtlich oder im Wege des Versorgungsausgleichs ausgeglichen wird. Eine **Wahlrecht,** ob eine Abfindung bei der Berechnung des Unterhalts oder des Zugewinnausgleichs berücksichtigt werden soll, besteht danach nicht. Für eine **vorrangige Berücksichtigung des Unterhalts** spricht auch, dass zunächst immer der Trennungsunterhalt geregelt wird, bevor der Zugewinnausgleich ausgeglichen wird. Der Teil der Abfindung, der für den künftigen Unterhalt benötigt wird, ist **kein Vermögen,** sondern wie **künftiges unterhaltsrechtliches Einkommen** zu behandeln.

Um der Gefahr zu entgehen, dass der Pflichtige die Abfindung **vorab verbraucht** und damit zur Unterhaltszahlung nicht mehr leistungsfähig ist, ist beim nachehelichen Unterhalt dem Bedürftigen regelmäßig anzuraten, eine **Sicherheitsleistung nach § 1585 a BGB** zu verlangen. Beim Trennungsunterhalt kann ein **Arrest** zur Sicherung des künftigen Unterhalts beantragt werden, wenn die Gefahr besteht, dass der Pflichtige die Abfindung über die ehelichen Lebensverhältnisse hinaus verbraucht. Siehe →*Doppelverwertungsverbot.*

▶ **Abfindungsvereinbarungen**

Wollen die Beteiligten eines Unterhaltsvergleichs mit der Vereinbarung eines Abfindungsbetrages eine **abschließende Regelung** treffen, ist der Fortbestand der unterhaltsrelevanten Umstände **nicht Geschäftsgrundlage** dieser Vereinbarung (BGH FamRZ 2005, 1662). Bei dieser Vereinbarung bleibt es folglich auch dann, wenn der Abfindungsbetrag in Raten gezahlt werden sollte und die Unterhaltsberechtigte vor der Fälligkeit der letzten Rate **neu heiratet.** Wenn die Beteiligten eines Unterhaltsvergleichs mit der Vereinbarung eines Abfindungsbetrages eine **restlose und endgültige Regelung** wollten, liegt darin regelmäßig auch ein **Ausschluss** weiterer Ansprüche für nicht vorhersehbare Veränderungen. Die abschließende Wirkung auf der Grundlage einer bloßen Prognose ist dann wesentlicher Inhalt der vertraglichen Vereinbarung und **nicht bloß dessen Geschäftsgrundlage** (BGH FamRZ 2005, 1663).

Sie sind zwischen Unterhaltsberechtigten und -verpflichteten i. d. R. nur dann sinnvoll, wenn gleichzeitig wechselseitig auf Unterhalt verzichtet wird. Die Vereinbarung einer Abfindung hat zur Folge, dass mit der Bezahlung der Abfindungssumme der gesetzliche **Unterhaltsanspruch erlischt,** sofern nicht eine Klausel aufgenommen wird, dass im Falle einer Notlage ein bestimmter Betrag laufend zu leisten sei. Erlischt der Unterhaltsanspruch, so wird der Erbe des unterhaltspflichtig gewesenen geschiedenen Ehegatten von Unterhaltspflichten frei. (Zur **Wirksamkeit** der Vereinbarung einer Abfindungssumme für den Fall der Scheidung vgl. BGH FamRZ 1990, 372; 1991, 443 f. Zur **Aufklärungs- und Beratungspflicht** des Rechtsanwaltes bei einer Scheidungsvereinbarung vgl. BGH FamRZ 1990, 37.) Grundsätzlich sind Vereinbarungen über den gesetzlichen Unterhalt zulässig. Beachtet werden muss jedoch das zwingende **Verbot** des § 1614 Abs. 1 BGB, auf **künftigen Unterhalt zu verzichten.** Bezüglich des künftigen Unterhalts ist ein Verzicht (= objektive Schmälerung des gesetzlich geschuldeten Unterhalts) nach § 1614 Abs. 1 i. V. m. § 134 BGB **nichtig** (BGH FamRZ 1984, 997) und zwar **auch dann,** wenn dafür eine Gegenleistung in Form einer **Abfindung** vereinbart wurde. Für **vergangenen oder gegenwärtigen** Unterhalt kann dagegen ohne weiteres eine Abfindungsvereinbarung abgeschlossen werden, ebenso für nacheheliche Ehegattenunterhalt gemäß der ausdrücklichen Regelung des § 1585 c BGB. Eine Vereinbarung über den nachehelichen Ehegattenunterhalt, die **vor der Rechtskraft der Scheidung** getroffen wird, bedarf gemäß § 1585 c S. 2 BGB der **notariellen Beurkundung.**

▶ **Abgeordnetenentschädigung**

Die Aufwandsentschädigungspauschale für Abgeordnete, Bürgermeister und Kreisräte dient der Abgeltung mandatsbedingter Aufwendungen, zählt aber zum Einkommen, soweit die mandatsbedingten Aufwendungen nicht konkret dargelegt und belegt werden können (BGH FamRZ 1983, 670, 672; 1986, 780; OLG Bamberg

FamRZ 1999, 1082; OLG Stuttgart FamRZ 1994, 1251). Die Kostenpauschale ist insoweit als unterhaltspflichtiges Einkommen anzusehen, als sie nicht durch konkreten Mehrbedarf aufgezehrt wird (vgl. BGH FamRZ 1983, 670, 672 zur Berücksichtigung kommunaler Sitzungsgelder (→*Kommunale Sitzungsgelder*). Zur unterhaltsrechtlichen Behandlung der Aufwandsentschädigung (Kostenpauschale) eines Abgeordneten (hier: des Bayerischen Landtags) hat der BGH (FamRZ 1986, 780 ff.) entschieden, dass in jedem Fall die Kostenpauschale eines Abgeordneten dadurch gekennzeichnet ist, dass ihr typischerweise mandatsbedingte Aufwendungen gegenüberstehen, zu deren Abgeltung sie bestimmt ist. Im Umfang des hierfür erforderlichen Aufwandes scheidet ihre Heranziehung zu Unterhaltszwecken von vornherein aus.

Auch von einem Abgeordneten kann im Unterhaltsrechtsstreit eine Darlegung seiner Aufwendungen verlangt werden, so dass im Einzelnen darzulegen ist, ob und in welcher Höhe Bürokosten (Mietkosten, Telefonkosten, Porto, Büromaterial, Fachliteratur), Kosten für Wahlkreisbetreuung, Reisekosten (Fahrten zur Wahrnehmung von Mandatspflichten oder anderen mandatsbedingte Reisen), Kosten für Wohnung und Verpflegung am Sitz des Landtags und bei sonstigen Reisen monatlich im Durchschnitt erwachsen. Unter Umständen kann auch die Angabe eines allgemeinen Postens „sonstige Ausgaben" in Betracht kommen, den das Gericht im Einzelfall – bei Anerkennung eines „Vertrauensbonus" für den Abgeordneten – großzügig – beurteilen kann (vgl. dazu BGH FamRZ 1960, 780, 782 und BGH FamRZ 1981, 338, 340).

Im Übrigen wird, je nach den vorgetragenen Umständen des Einzelfalles, in geringerem oder größerem Umfang eine **Schätzung** des geltend gemachten Aufwandes nach Maßgabe des § 287 Abs. 2 ZPO erforderlich und vertretbar sein.

Pflichtbeiträge und **Spenden** des Abgeordneten an seine Partei stehen auch während des Zusammenlebens der Familie nicht für den Unterhalt zur Verfügung und stellen daher i. d. R. abzugsfähige Belastungen dar. I. d. R. wird man 2/3 der Aufwandsentschädigung zur Deckung des Aufwands anerkennen können, während etwa 1/3 zum Einkommen zu zählen ist (OLG Bamberg FamRZ 1999, 1082).

▶ Abschreibungen

Im Steuerrecht herrscht in Bezug auf Abschreibungen eine gewisse Großzügigkeit, die unterhaltsrechtlich nicht verantwortet werden kann. Unterhaltsrechtlich dürfen nur solche Beträge abgeschrieben werden, die für die **Erhaltung** der Einkommensquelle tatsächlich erforderlich sind. Abschreibungen sind häufig steuerlich beachtliche Aufwendungen, die unterhaltsrechtlich nicht einkommensmindernd berücksichtigt werden dürfen. Die zu versteuernden Einkünfte eines Unterhaltspflichtigen sind daher i. d. R. geringer als das Einkommen, nach dem sich der Unterhalt bemisst. Dieser unterschiedlichen Beurteilung von Abschreibungen liegt zugrunde, dass steuerrechtlich pauschal ein Verschleiß von Gegenständen des Anlagevermögens berücksichtigt wird, während im Unterhaltsrecht eine Abschreibung nur in Höhe der **tatsächlichen Wertminderung** berücksichtigt werden kann. Die zur **linearen Abschreibung** von der Finanzverwaltung herausgegebenen AfA-Tabellen geben regelmäßig den tatsächlichen Werteverzehr wieder. Es erscheint unbedenklich, diese Erfahrungswerte auch im Rahmen der Berechnung des unterhaltsrechtlich relevanten Einkommens zu übernehmen (BGH FamRZ 2003, 743).

■ Abschreibungen kommen insbesondere bei **Einkünften aus Vermietung und Verpachtung** (→ *Vermietung und Verpachtung (Einkünfte und Abzugsposten)*) in Betracht, wobei besonders zu beachten ist, dass Abschreibungen für die Abnutzung von **Gebäuden** das unterhaltsrechtlich maßgebende Einkommen nicht mindern. Bei **Gebäuden** ist **keine Abschreibung** zu berücksichtigen, weil die zulässigen steuerlichen Pauschalen über die tatsächliche Wertminderung hinausgehen (BGH FamRZ 2005, 1159).

■ Instandsetzungskosten können einkommensmindernd insoweit berücksichtigt werden, als es sich dabei um notwendigen Erhaltungsaufwand handelt, nicht jedoch, wenn Ausbauten oder wertsteigernde Verbesserungen vorgenommen werden, weil diese Vermögensbildung sind (BGH FamRZ 1984, 39, 41). Die Abschreibung für eine **Gasheizung** wirkt sich nicht einkommensmindernd aus, weil es sich dabei um eine **wertverbessernde**

Maßnahme handelt, die den Wert des Hauses (→*Haus*) und damit des Vermögens erhöht. Es ist nicht gestattet, zu Lasten der Unterhaltsansprüche sein →*Vermögen* zu vermehren. Bei der Frage der Berücksichtigung der Abschreibung ist also streng zu unterscheiden, ob dem Aufwand eine vermögensbildende Maßnahme oder eine Maßnahme, die zur Erhaltung einer Einkommensquelle unbedingt notwendig ist, zugrunde liegt.

■ Die Abschreibung der Anschaffungskosten für einen neuen **Pkw** können i. d. R. um 1/3 gekürzt werden, weil die Lebensdauer des Wagens länger ist, als steuerrechtliche Abschreibungen auf das Fahrzeug zulässig sind oder wenn in Anbetracht der wirtschaftlichen Verhältnisse ein zu teures Fahrzeug angeschafft worden war (vgl. BGH FamRZ 1987, 46, 48). Es ist auch vertretbar, den Abschreibungszeitraum für einen Pkw von drei auf sechs Jahre zu erhöhen (OLG Bremen FamRZ 1995, 935; OLG Frankfurt FamRZ 1984, 798).

▶ **Absinken der neuen Familie unter Sozialhilfeschwelle**

Verbleibt dem Unterhaltspflichtigen nach Abzug des ausgeurteilten Unterhalts ein **verfügbarer Betrag,** der deutlich unter dem Selbstbehaltssatz der DT liegt, so liegt darin eine unverhältnismäßige Belastung und ein Verstoß gegen Art. 2 GG (BVerfG FamRZ 2001, 1685). Wird die **Grenze des Zumutbaren** eines Unterhaltsanspruchs überschritten, ist die Beschränkung der Dispositionsfreiheit des Verpflichteten im finanziellen Bereich als Folge der Unterhaltsansprüche des Bedürftigen nicht mehr Bestandteil der verfassungsmäßigen Ordnung. Abzustellen ist dabei auf den Betrag, der dem Unterhaltspflichtigen von seinem durchschnittlichen monatlichen Nettoeinkommen, das er ausbezahlt erhält, als **tatsächlich verfügbarer Betrag** verbleibt. Dieser darf nicht deutlich niedriger sein als der Selbstbehalt (→*Selbstbehalt, Bedarfskontrollbetrag*)) eines Erwerbstätigen nach der DT (vgl. BGH FamRZ 2000, 221).

▶ **Abtretung**

Unterhaltsansprüche können grundsätzlich nicht abgetreten werden. Gesetzliche Unterhaltsansprüche sind gemäß § 850 b Abs. 1 Nr. 2 ZPO lediglich bedingt pfändbar, aber sie gelten, solange das hierfür ausschließlich zuständige Vollstreckungsgericht keine Anordnung der Pfändung getroffen hat, für das Erkenntnisverfahren als unpfändbar (BGHZ 31, 217; OLG Düsseldorf FamRZ 1981, 981), und können deshalb gemäß § 400 BGB – jedenfalls grundsätzlich – nicht abgetreten werden. Zulässig ist jedoch die Verrechnung mit **Zahlungen unter Vorbehalt** zur Abwendung der Zwangsvollstreckung aus einem vorläufig vollstreckbaren Urteil. Eine **Ausnahme** vom Abtretungsverbot gilt für Ansprüche auf rückständigen Unterhalt, **wenn** der Unterhaltsberechtigte vom Abtretungsempfänger den vollen Unterhalt erhalten hat (OLG Bremen FamRZ 2002, 1189).

▶ **Adoption**

Unterhaltsansprüche von **Adoptivkindern** sind **gleichrangig** mit den Unterhaltsansprüchen leiblicher Kinder des Annehmenden. Adoptivkinder sind leiblichen Kindern in vollem Umfang gleichgestellt.

Wenn Ehegatten unter Umgehung der Adoptionsvorschriften ein fremdes Kind im Inland als eigenes beurkunden lassen, liegt darin die Übernahme einer **vertraglichen Unterhaltspflicht** (BGH NJW-RR 1995, 1098 = FamRZ 1995, 995). Diese Entscheidung liegt auf der Linie der bereits ergangenen Entscheidungen zur heterologen Insemination (BGH FamRZ 1995, 861). Ebenso wie der Ehemann, der einer heterologen Insemination bei seiner Frau zugestimmt hat, kann der Ehemann, der bei der Beurkundung mitgewirkt hat, auf vertraglicher Grundlage dem „adoptierten" Kind zum Unterhalt verpflichtet sein. Nach der Trennung tritt an die Stelle des Familienunterhalts der vertragliche Unterhaltsanspruch des Kindes.

▶ **Allgemeine Schulausbildung**

Volljährige unverheiratete Kinder stehen bis zur Vollendung des 21. Lebensjahres minderjährigen unverheirateten Kindern bezüglich der gesteigerten Unterhaltspflicht der Eltern gleich, solange sie im Haushalt der Eltern oder eines Elternteils leben und sich in der allgemeinen Schulausbildung befinden. Eine Eingrenzung dieses Begriffs erfolgt nach dem **Ausbildungsziel,** der **zeitlichen Beanspruchung** des Schülers und nach der **Organisationsstruktur** der Schule. Erforderlich ist die Teilnahme an einem **kontrollierten Unterricht** mit mindestens 20 Stunden Unterricht pro Woche, wobei das Ziel des Schulbesuchs der Erwerb eines allgemeinen Schulabschlusses ist (Hauptschul-, Realschulabschluss, Abitur).

▶ Alkoholismus

Hat der Unterhaltsberechtigte in Kenntnis seiner Alkoholkrankheit über längere Zeit hinweg eine zumutbare und erfolgversprechende Suchtbehandlung unterlassen, so ist ihm auch unterhaltsrechtlich der Vorwurf einer ebenso unvernünftigen wie leichtfertigen und damit mutwilligen Herbeiführung seiner eigenen Bedürftigkeit zu machen (OLG Naumburg FamRZ 2007, 472; vgl. auch Foerster, Alkoholismus und Unterhaltsrecht, FamRZ 1999, 1245; OLG Bamberg FamRZ 1998, 370; OLG Celle FamRZ 1998, 1614, betr. Kindesunterhalt).

▶ Altehen

Wurde eine Ehe nach dem bis zum 30. 6. 1977 geltenden Recht geschieden, aufgehoben oder für nichtig erklärt, richtet sich der Unterhaltsanspruch eines Ehegatten nach dem bis dahin geltenden Unterhaltsrecht, somit nach den §§ 58 bis 70 EheG. Die Vorschrift des § 58 EheG macht das Entstehen eines Anspruchs davon abhängig, ob die Ehe gemäß dem Scheidungsurteil aus dem alleinigen oder überwiegenden **Verschulden** des anderen Ehegatten geschieden wurde. Im Gegensatz zu dem jetzt geltenden Unterhaltsrecht können Unterhaltsansprüche nach § 58 EheG auch noch **viele Jahre nach der Scheidung** entstehen, etwa wenn ein geschiedener Ehegatte erst zu einem wesentlich späteren Zeitpunkt unterhaltsbedürftig wird. Dies ergibt sich daraus, dass eine Regelung, die den §§ 1573 Abs. 4, 1577 Abs. 4 BGB entspricht, das Unterhaltsrecht nach §§ 58 ff. EheG nicht kennt (BGH FamRZ 1987, 257, 259; OLG

München FamRZ 1989, 1309 ff.). Verfügt der Unterhaltsberechtigte über **Vermögen,** so ist dieses vorab zur Deckung des Bedarfs einzusetzen, § 59 Abs. 2 EheG. Für den Fall, dass der eigene angemessene Unterhalt des Verpflichteten gefährdet wird, wenn er den eheangemessenen Unterhalt leistet, ist dieser aufgrund der mangelnden Leistungsfähigkeit nach Billigkeitsgesichtspunkten zu beschränken, § 59 Abs. 1 S. 1 EheG.

Der gemäß § 58 Abs. 1 EheG (a. F.) für **schuldig** erklärte Ehegatte kann zur Unterhaltszahlung nur herangezogen werden, wenn sich entsprechende Ansprüche aus den **Lebensverhältnissen** der Eheleute **zum Zeitpunkt** der Scheidung ergeben. Dagegen reicht es nicht aus, auf die heutigen Verhältnisse abzustellen und allein die gegenwärtig bezogenen Einkünfte mitzuteilen. Um die Frage der **Voraussehbarkeit** der Einkommensentwicklung beantworten zu können, muss der Unterhaltskläger zuvor die damaligen Lebensverhältnisse schildern und die Umstände dartun, aus denen sich ein Bezug des jetzigen Einkommens zu den damaligen Lebensverhältnissen ergibt (OLG Düsseldorf FamRZ 1999, 1279). Auch die **ehelichen Lebensverhältnisse** i. S. v. § 58 EheG sind durch die Haushaltsführung und Kindererziehung geprägt; ein später erzieltes Einkommen tritt als Surrogat an deren Stelle. Der Unterhaltsanspruch ist im Wege der **Differenzmethode** zu ermitteln (BGH FamRZ 2006, 317).

Der Anspruch auf einen Unterhaltsbetrag nach § 60 EheG ist i. d. R. halb so hoch wie der Anspruch auf den angemessenen Unterhalt. Der Eigenbedarf des Pflichtigen entspricht in diesem Fall dem **angemessenen** Eigenbedarf.

Ist in Fällen von sog. Altehen die Vorschrift des § 58 EheG der Entscheidung zugrunde zu legen, muss auch die mit dieser Bestimmung zusammenhängende Vorschrift des § 66 EheG nach der Rechtsauffassung sowie den Moral- und Wertvorstellungen **damaliger Zeit** interpretiert werden. Es wäre ein Bruch, bei § 58 EheG von der Schuld eines Ehegatten auszugehen, andererseits aber die Vorschrift des § 66 EheG i. S. heutiger Wertvorstellungen auszulegen. Um diesen Bruch zu vermeiden und eine in sich folgerichtige Entscheidung zu erhalten, muss § 66 EheG nach den früher herrschenden Wertvorstellungen ausgelegt werden. Damals habe es einen

„ehrlosen und unsittlichen Lebenswandel" dargestellt, wenn ein
Mann und eine Frau, ohne miteinander verheiratet zu sein, offen
und für jeden erkennbar zusammenlebten. Sogar der Beischlaf zwischen Verlobten habe als Unzucht gegolten (so OLG Celle FamRZ
1991, 1448 f.). Es finden auf Altehen weder die §§ 1569 ff. BGB –
und damit etwa §§ 1578 b oder 1609 BGB – noch die durch das
UÄndG eingefügte und allein für diese Reform des Unterhaltsrechts
geltende Übergangsvorschrift des § 36 EGZPO Anwendung. Die
Anwendung der **Änderung der Rechtsprechung** ist jedoch insoweit nicht ausgeschlossen, als lediglich die **Auslegung** der früheren
Unterhaltstatbestände betroffen ist. Zwar sieht § 66 EheG keine
Verwirkung für den Fall der kurzen Ehedauer vor, jedoch dann,
wenn der Berechtigte einen **ehrlosen oder unsittlichen Lebenswandel** führt. Auch das Zusammenleben des Berechtigten mit einem neuen Partner dürfte im Wege der Auslegung zur Verwirkung
des Unterhaltsanspruchs führen können (vgl. OLG Celle BeckRS
2011, 24773).

Nach der DT gilt zur Fortgeltung früheren Rechts Folgendes:

(1) Monatliche Unterhaltsrichtsätze des **nach dem Ehegesetz berechtigten** Ehegatten ohne gemeinsame unterhaltsberechtigte
Kinder:

(a) aus §§ 58, 59 EheG: I. d. R. wie Ehegattenunterhalt nach
§§ 1361, 1569, 1578, 1581 BGB

(b) aus § 60 EheG: I. d. R. 1/2 des Unterhalts nach den Unter-
haltsrichtsätzen zu §§ 1361, 1569, 1578, 1581 BGB

(c) aus § 61 EheG: Nach Billigkeit (höchstens bis zum Unterhalt
nach §§ 1361, 1569, 1578, 1581 BGB)

(2) Bei Ehegatten, die vor dem 3. 10. 1990 in der **früheren DDR** geschieden worden sind, ist das DDR-FGB in Verbindung mit dem
Einigungsvertrag zu berücksichtigen (Art. 234 § 5 EGBGB).

In Fällen, in denen die Ehe jeweils aus **alleinigem** oder überwiegen-
dem Verschulden des **Unterhaltspflichtigen** geschieden wurde, ist
§ 1579 Nr. 8 BGB (früher Nr. 7) nicht anwendbar (vgl. BGH FamRZ
1991, 673; 1041). Wurde die Ehe aus **beiderseitigem Verschulden**
geschieden, ist der Rechtsgedanke des § 1579 Nr. 2 BGB anwendbar,

wenn der Unterhaltsberechtigte dauerhaft in einer **verfestigten Lebensgemeinschaft** lebt.

▶ **Altenteilleistungen**

Ein Vertrag, in dem die Mutter ihrem Sohn ihren Grundbesitz gegen die Übernahme von Altenteilsleistungen (Wohnung, Beköstigung, häusliche Dienste, Pflege und Taschengeld) überschreibt, ist im Falle der medizinischen Notwendigkeit der Unterbringung der Mutter in einem **Pflegeheim** dahin auszulegen, dass an die Stelle der nicht mehr zu erbringenden Sachleistungen nunmehr **Zahlungsverpflichtungen** treten, die den Wert der ersparten Aufwendungen für die an sich geschuldeten Sachleistungen abschöpfen (BGH FamRZ 2004, 690). Siehe →*Leibgedinge;* →*Leibrenten;* →*Nießbrauch.*

▶ **Altersruhegeld**

Es gibt **verschiedene Arten des Altersruhegeldes:**

(1) Das **vorzeitige** Altersruhegeld, das an Arbeitslose und weibliche Versicherte vom 60. Lebensjahr an gezahlt werden kann.

(2) Das **flexible** Altersruhegeld, das an Schwerbehinderte, Berufsunfähige und Erwerbsunfähige vom 60. Lebensjahr an und sonst vom 63. Lebensjahr an gezahlt werden kann.

(3) Das Altersruhegeld wegen Vollendung des **65. Lebensjahres** (ab 2012 schrittweise Erhöhung auf 67 Jahre), wenn eine Versicherungszeit von mindestens 60 Monaten zurückgelegt ist.

Altersruhegeld ist, wie im Übrigen alle →*Renten*, eine Leistung, die an die Stelle des Arbeitseinkommens (→*Arbeitseinkommen*) tritt und daher in vollem Umfang unterhaltspflichtiges Einkommen. Ist das Einkommen geringer als das voraussichtliche Altersruhegeld, kann dennoch ein Ehegatte den anderen grundsätzlich nicht darauf verweisen, gegen seinen Willen **vorgezogenes** Altersruhegeld in Anspruch zu nehmen. Dies stünde sowohl im Widerspruch zum Zweck der Möglichkeit des vorgezogenen Rentenbezugs, als es auch das Recht beeinträchtigen würde, selbst zu entscheiden, wann man in Rente gehen will. Obwohl sowohl der Unterhaltsverpflichtete, als auch der Unterhaltsberechtigte immer darauf achten muss, alle Einkommensquellen zu nutzen, besteht unterhaltsrechtlich keine Verpflichtung, vorzeitig aus dem Erwerbsleben auszuscheiden, nur um höhere Einkünfte zu erzielen und so den anderen Ehegatten von der Unterhaltspflicht zu entlasten. Andererseits kann der Bezug von vorgezogenem Altersruhegeld bei Frauen mit sechzig Jahren dazu führen, dass unterhaltsrechtlich eine Obliegenheit zur Weiterarbeit angenommen wird mit der Folge, dass für die Berechnung des Unterhalts nicht die Höhe des vorgezogenen Altersruhegeldes maßgebend ist, sondern das (evtl. höhere) →*Arbeitseinkommen*, das zuletzt erzielt worden war; dies jedenfalls dann, wenn keine gewichtigen Gründe für das vorzeitige Ausscheiden aus dem Arbeitsleben vorlagen. Ein in Folge Altersteilzeit beim unterhaltspflichtigen Ehegatten vermindertes Einkommen führt bei **beengten wirtschaftlichen Verhältnissen** nicht zu einer Kürzung des Ehegattenunterhalts (OLG Hamm NJW 1999, 2976). Siehe →*Vorruhestand.*

Gemäß § 34 Abs. 3 S. 1 SGB VI können neben der Rente bis zu 400 Euro monatlich anrechnungsfreie Einkünfte aus einem geringfügigen Beschäftigungsverhältnis erzielt werden, sodass die Zumutbarkeit der Übernahme einer solchen zusätzlichen Tätigkeit zu prüfen ist.

▶ Altersteilzeit

Die Vereinbarung von Altersteilzeit kann eine unterhaltsrechtliche Obliegenheitsverletzung beinhalten mit der Folge des Ansatzes der bisherigen höheren Einkünfte (OLG Hamm FamRZ 2005, 1177; OLG Saarbrücken FamRZ 2007, 1019). Es ist eine umfassende Interessenabwägung vorzunehmen, bei der auch die Sicherheit des Arbeitsplatzes, gesundheitliche Beeinträchtigungen und die finanziellen Verhältnisse des Bedürftigen mit zu berücksichtigen sind (BGH FamRZ 1999, 708). Eine um 30 oder 40 Prozent **geminderte Erwerbsfähigkeit** reicht für die Inanspruchnahme von Altersteilzeit i. d. R. nicht aus, wenn es sich um den **Mindestunterhalt** für ein minderjähriges Kind handelt (OLG Hamm FamRZ 2001, 1476; 1999, 1079). **Triftige Gründe** liegen dann vor, wenn dadurch der **Arbeitsplatz** für längere Zeit **gesichert** wird (OLG Hamm FamRZ

2005, 1177). Der Unterhaltsberechtigte muss die Altersteilzeit auch dann hinnehmen, wenn er **selbst nicht vollschichtig** arbeitet und das Modell der Altersteilzeit wirtschaftlich ausgewogen und vorteilhaft ist (OLG Bamberg FamRZ 2010, 381; BGH FamRZ 2008, 968).

▶ **Altersvorsorge**

Selbstständige und Nichtselbstständige mit einem Einkommen über der Beitragsbemessungsgrenze können als Altersvorsorge Ausgaben **bis zu 20 Prozent** ihres Bruttoeinkommens ansetzen, **vorausgesetzt,** dass die Aufwendungen auch **tatsächlich erbracht** werden, d. h. nur fiktive Aufwendungen sind nicht berücksichtigungsfähig (BGH FamRZ 2007, 793; 2003, 860). Neben der gesetzlichen Altersvorsorge darf auch der Unterhaltspflichtige eine **zusätzliche Altersvorsorge** betreiben, die beim **Elternunterhalt** bis zu 5 Prozent des Bruttoeinkommens und im Übrigen bis zu **vier Prozent** des Bruttoeinkommens betragen kann (BGH FamRZ 2009, 1209). Auch eine erst nachehelich hinzutretende zusätzliche Altersvorsorge ist zu berücksichtigen (BGH FamRZ 2009, 1209; 2008, 963). Eine **Ausnahme** besteht nur im **Mangelfall** (BGH FamRZ 2004, 792) und beim **Mindestunterhalt** für minderjährige Kinder. Als Altersvorsorge werden nicht nur Renten- und Lebensversicherungsbeiträge anerkannt, sondern auch Sparguthaben und sonstige rein vermögensbildende Anlagen (z. B. Immobilien, Wertpapiere, Fonds), soweit es sich nicht nur um rein spekulative Anlageformen handelt, insbesondere kann die Altersvorsorge auch in der Weise betrieben werden, dass Kreditverbindlichkeiten (und zwar sowohl zins- als auch tilgungsanteilig) für eine **Eigentumswohnung oder ein Haus** zurückgeführt werden, weil dadurch erhebliche Wohnkosten erspart bleiben, die dem Immobilienbesitzer im Alter zugute kommen (BGH FamRZ 2005, 1817). Auch **Beamte** können vier Prozent des Bruttoeinkommens für eine zusätzliche Altersvorsorge verwenden (BGH FamRZ 2009, 1207). Zu beachten ist, dass nur ein **konkret nachgewiesener Aufwand** einkommensmindernd berücksichtigt werden kann.

► **Altersvorsorgeunterhalt**

Ein Anspruch auf Altersvorsorgeunterhalt besteht regelmäßig bis zum allgemeinen **Renteneintrittsalter von 65 Jahren**, auch wenn Erwerbsunfähigkeitsrente bezogen wird (BGH FamRZ 2000, 351).

1. Gesonderte Geltendmachung

Werden Altersvorsorge-, Kranken- und Pflegeversicherungskosten vom Berechtigten gesondert geltend gemacht oder vom Verpflichteten bezahlt, sind diese von dem Einkommen des Pflichtigen **vorweg** abzuziehen, wenn sonst der eheangemessene Selbstbehalt gefährdet wäre. Andernfalls sind sie aus dem nicht verteilten (nicht prägenden) Einkommen zu leisten. Hat der **Unterhaltsberechtigte** ein **nichtprägendes** Einkommen oder sind sonstige zusätzliche Mittel vorhanden, ist der Altersvorsorgeunterhalt **nicht in einer zweistufigen Berechnung** zu ermitteln, sondern der Vorsorgeunterhalt ist neben dem errechneten Elementarunterhalt **zusätzlich** zu leisten (BGH FamRZ 1999, 372). Die Kosten für die Altersvorsorge sind **zusätzlich** zum Elementarunterhalt zu zahlen; sie sind beim Quotenunterhalt (z. B. nach DT 3/7) in der Quote nicht enthalten (vgl. BGH FamRZ 1982, 555; FamRZ 1983, 676 f.). Durch § 1578 Abs. 2 und 3 BGB ist klargestellt, dass der Vorsorgeunterhalt zum Elementarunterhalt hinzukommt. Altersvorsorgeunterhalt kann für die **Vergangenheit** nicht erst vom Zeitpunkt an verlangt werden, in dem er ausdrücklich geltend gemacht worden ist. Es reicht für die Inanspruchnahme des Unterhaltspflichtigen vielmehr aus, dass von diesem Auskunft mit dem Ziel der Geltendmachung eines Unterhaltsanspruchs begehrt wird (BGH FamRZ 2007, 893). Ist Auskunft erteilt, muss der Unterhaltsberechtigte den Vorsorgeunterhalt allerdings **gesondert beziffern** und **prozessual ausdrücklich geltend machen.** Diese Grundsätze gelten entsprechend für Kosten einer angemessenen **Versicherung für den Fall der Krankheit** und der Pflegebedürftigkeit nach § 1578 Abs. 2 BGB.

Der **Rechtsanwalt** hat den Mandanten bei Erhebung der Klage auf Trennungsunterhalt auch auf die Geltendmachung von Altersvorsorgeunterhalt **hinzuweisen**. Im **Regressprozess** ist der durch Verlust des Anspruchs auf Vorsorgeunterhalt entstandene Schaden wie in dem entsprechenden Unterhaltsprozess zu berechnen (OLG Düsseldorf FamRZ 2010, 73; BGH FamRZ 2007, 117). Der „vergessene" Vorsorgeunterhalt kann nur noch zusätzlich geltend gemacht werden, wenn sonstige Abänderungsgründe vorliegen (OLG Düsseldorf FamRZ 2010, 73).

Die Höhe des geschuldeten Altersvorsorgeunterhalts ist bei **sehr guten Einkommensverhältnissen** nicht auf den sich aus der Beitragsbemessungsgrenze der gesetzlichen Rentenversicherung ergebenden Betrag beschränkt (BGH FamRZ 2007, 117).

2. Wahl der Versicherung

Der Unterhaltsberechtigte kann **frei wählen,** in welcher Form er sich versichern will, insbesondere, ob er in einer privaten Versicherung oder in der Rentenversicherung für sein Alter vorsorgen will (vgl. BGH FamRZ 1983, 152, 153). Da nach der Rechtsprechung des BGH (FamRZ 1987, 684 ff.) der Unterhaltsschuldner im Fall **zweckwidriger Verwendung** des Vorsorgeunterhalts nur unter den Voraussetzungen des § 1579 Nr. 4 BGB (mutwillige Herbeiführung der Bedürftigkeit) frei wird, hat der Unterhaltsschuldner ein eigenes rechtliches Interesse daran, auf eine **bestimmungsgemäße Verwendung** des Vorsorgeunterhalts zu dringen, die ihn unter voller Wahrung der Entscheidungsfreiheit des Unterhaltsgläubigers vor einer weiteren Inanspruchnahme auch nach Eintritt des Versicherungsfalles schützt (so zutreffend OLG Frankfurt FamRZ 1990, 414 f.).

3. Nichtverwendung für Altersvorsorge

Die zweckwidrige Verwendung des Vorsorgeunterhalts begründet keinen Rückzahlungsanspruch, sondern kann nur dazu führen, dass künftig **unmittelbar an den Versorgungsträger** gezahlt werden kann; ferner kann auch gemäß § 1579 Nr. 4 BGB für die dadurch zu erreichende Bedarfsdeckung von mutwilliger Herbeiführung der Bedürftigkeit ausgegangen werden.

4. Berechnung des Vorsorgeunterhalts

Die Berechnung erfolgt in der Weise, dass fingiert wird, dass der **Elementarunterhalt Einkommen** aus einer versicherungspflichtigen Erwerbstätigkeit ist.

Es wird zunächst das **bereinigte Nettoeinkommen** des Unterhaltsschuldners festgestellt und zwar unter Berücksichtigung sämtlicher unterhaltsrechtlich relevanter Abzugsposten. Sodann werden von diesem bereinigten Nettoeinkommen nach der DT oder anderen Unterhaltsrichtlinien die Quotenunterhaltsansprüche errechnet. Die errechneten fiktiven Unterhaltsbeträge dienen im Folgenden für die Berechnung des Vorsorgeunterhalts.

Der sich daraus ergebende **fiktive Elementarunterhalt** wird wie Nettoeinkommen aus versicherungspflichtiger Erwerbstätigkeit behandelt und in ein **fiktives Bruttoentgelt** gemäß der vom Oberlandesgericht Bremen veröffentlichten Tabelle umgerechnet.

Sodann wird der Vorsorgeunterhalt aus dem fiktiven Bruttobetrag errechnet.

Der Vorsorgeunterhalt wird nun aber nicht zusätzlich zum Elementarunterhalt als zusätzlicher Lebensbedarf anerkannt, sondern es ist nunmehr das bereinigte Nettoeinkommen des Unterhaltsschuldners endgültig zu bestimmen. Dies geschieht dadurch, dass der errechnete **Vorsorgeunterhalt** von dem errechneten bereinigten **Nettoeinkommen** abgezogen wird und sodann der **endgültige** Elementarunterhalt nach der entsprechenden Quote ermittelt wird.

▶ Anerkenntnis

Ein Anerkenntnis ist grundsätzlich **bindend** (BGH FamRZ 1981, 862). Allerdings kann die Berufung auf das Anerkenntnis ausnahmsweise gegen Treu und Glauben verstoßen, wenn das Anerkenntnis der wahren materiellen Rechtslage nicht entspricht und die Unrichtigkeit der sich auf das Anerkenntnis berufenden Partei bekannt ist (BGH FamRZ 1981, 862).

Die **Abänderung** eines Anerkenntnisbeschlusses erfolgt nach § 238 FamFG nach den gleichen Regeln wie die Abänderung eines streitigen Beschlusses. Lässt sich die Berechnung des Unterhalts nicht nachvollziehen und ist deswegen eine Anpassung des Anerkenntnisbeschlusses nicht möglich, so ist der geschuldete Unterhalt neu zu berechnen (BGH FamRZ 2007, 1459). Ein prozessuales Anerkenntnis kann grundsätzlich weder wegen **Irrtums** angefochten noch widerrufen werden (BGH FamRZ 2002, 90). Eine Ausnahme hat die Rechtsprechung bisher lediglich im Falle eines **Restitutionsgrundes** zugelassen. Die Rechte aus einem Anerkenntnis können ab dem Zeitpunkt, an dem der Unterhaltsbedarf der Ehefrau auf andere Weise (z. B. Unterhaltspflicht des Vaters ihres nichtehelichen Kindes gemäß § 1615 l BGB) gedeckt ist, nicht mehr geltend gemacht werden (OLG Oldenburg FamRZ 2004, 705).

▶ **Angemessener Bedarf**

Der Begriff „angemessener Lebensbedarf" ist in § 1578 b BGB (anders als der „eheangemessene Bedarf" nach § 1578 BGB) nicht definiert. Überwiegend wird hierunter die Lebensstellung **vor der Ehe und in der Ehe** verstanden (BGH FamRZ 2007, 200; 1986, 868).

Hat der Ehegatte vor der Ehe noch keine eigene Lebensstellung erreicht, weil er noch keiner Berufstätigkeit nachgegangen ist, ist von einem **Mindestbedarf** in Höhe von **770 Euro** auszugehen, weil aus dem Begriff der Angemessenheit zugleich folgt, dass es sich grundsätzlich um einen Bedarf handeln muss, der das Existenzminimum wenigstens erreicht (BGH FamRZ 2010, 629; 2009, 1990). Der am Existenzminimum orientierte Mindestbedarf bemisst sich nach dem Betrag, der einem nicht erwerbstätigen Unterhaltspflichtigen als **notwendiger Selbstbehalt** zur Verfügung steht und gegenwärtig 770 Euro beträgt.

▶ **Anschaffungskosten**

Im Zusammenhang mit der Trennung erfolgt häufig eine Haushaltsaufteilung, die es unumgänglich macht, dass Haushalts- und sonstige Einrichtungsgegenstände, wie z. B. Fernseher, Geschirr, Kücheneinrichtung, Schlafzimmer und ähnliches, neu angeschafft werden müssen. Die Kosten für die **notwendige** Neueinrichtung können im Rahmen **angemessener Tilgungsraten** einkommensmindernd berücksichtigt werden, soweit die Aufnahme der Verbindlichkeiten **unvermeidbar** war (BGH FamRZ 2006, 683). Siehe →*Schulden;* →*Haushalt, Anschaffungen.*

▶ Anschriftensperre

Für die von Amts wegen zu prüfende Frage der örtlichen Zuständigkeit des Gerichts reicht es nicht aus, wenn statt der Anschrift des Mandanten die Kanzleianschrift im Schriftsatz angegeben wird. Hat der Mandant ein schutzwürdiges Interesse, dass seine Anschrift geheim gehalten wird, empfiehlt es sich, dass der Anwalt auf einem gesonderten Blatt die Anschrift seines Mandanten mitteilt. Das Gericht wird dann bei entsprechender Begründung für die Dauer der akuten Gefährdung eine Anschriftensperre verhängen. Die Geschäftsstelle wird angewiesen, die Anschriftensperre deutlich sichtbar auf dem Aktendeckel zu vermerken, sodass sichergestellt wird, dass der Gegner die Anschrift nicht erfährt.

▶ Ansparabschreibungen

Sogenannte Ansparabschreibungen nach § 7 g EStG sind unterhaltsrechtlich **nicht anzuerkennen,** da ihnen **keine Werteverzehr** zugrunde liegt (OLG Hamm FamRZ 2002, 885). Folgegemäß darf eine Auflösung der Rücklage später nicht gewinnerhöhend berücksichtigt werden.

▶ Anwaltshaftung

Der Rechtsanwalt ist aufgrund des Anwaltsvertrages verpflichtet, die Interessen seines Mandanten umfassend und in jeder Richtung wahrzunehmen. Er muss ihn vor Rechtsverlusten schützen und dafür sorgen, dass vermeidbare Nachteile sich nicht realisieren. Dazu gehört auch, Fehlern des Gerichts entgegenzuwirken oder das Gericht auf Fehler hinzuweisen (BGH FamRZ 2002, 878, 879; 1995, 1484). Alleiniger Maßstab für die Prüfung, ob eine anwaltliche Pflichtverletzung vorliegt, ist die zum Zeitpunkt der Handlung geltende Gesetzeslage und herrschende Rechtsprechung unter Berücksichtigung abzusehender Änderungen.

▶ Anwaltskosten

Gerichts- und Anwaltskosten aus dem Scheidungs- oder Unterhaltsrechtsstreit stellen sonstige Verbindlichkeiten dar und können daher als abzugsfähige Belastungen berücksichtigt werden, soweit die Zahlungen auch tatsächlich erbracht werden.

▶ Anwaltsvergleich

Der Anwaltsvergleich gemäß § 796 a ZPO ist eine Möglichkeit, einen vollstreckbaren Titel auch ohne gerichtliches Verfahren zu schaffen. An die Stelle des Schiedsrichters treten zwei Anwälte. Für die Vollstreckungsfähigkeit muss sich aus dem Titel mit hinreichender Deutlichkeit ergeben, dass der Schuldner sich ohne Einschränkung der sofortigen Zwangsvollstreckung in Höhe des bezifferten Betrages unterwirft und die Anrechnungsklausel lediglich einen deklaratorischen Vorbehalt darstellt, den Einwand der Erfüllung, gegebenenfalls mit einer späteren Vollstreckungsgegenklage nach § 767 ZPO geltend zu machen (vgl. BGH FamRZ 2006, 261).

▶ Anwaltszwang

In **Unterhaltssachen** (die Familienstreitsachen i. S. d. §§ 112, 231 Abs. 1 FamFG sind Familienstreitsachen) müssen sich die Beteiligten gemäß § 114 Abs. 1 FamFG durch einen Rechtsanwalt vertreten lassen. Gemäß § 114 Abs. 4 FamFG bedarf es der Vertretung durch einen Rechtsanwalt nicht:

(1) im Verfahren der einstweiligen Anordnung

(2) wenn ein Beteiligter durch das **Jugendamt als Beistand** vertreten ist

(3) im Verfahren über die Verfahrenskostenhilfe

(4) in Verfahren vor einem beauftragten oder ersuchten Richter sowie für Verfahrenshandlungen, die vor dem Urkundsbeamten der Geschäftsstelle vorgenommen werden können. **Behörden** können sich durch eigene Beschäftigte vertreten lassen.

▶ Arbeitnehmersparzulage

Die Arbeitnehmersparzulage hat zwar Einkommenscharakter, zählt nach einhelliger Meinung jedoch nicht zum unterhaltspflichtigen Einkommen. Sie soll dem Empfänger deswegen nicht als Einkommen angerechnet werden, weil er andererseits die vermögenswirksame Leistung, die Voraussetzung für die Gewährung der Sparzulage ist, nicht einkommensmindernd ansetzen kann. Die Arbeitnehmersparzulage erhält der Empfänger nicht in erster Linie wegen der erbrachten Arbeitsleistung, sondern deswegen, weil er einen Teil seines Arbeitsentgeltes anspart. Die Arbeitnehmersparzulage ist auch weder steuerpflichtige Einnahme im Sinne des Einkommenssteuerrechts, noch Arbeitsentgelt im Sinne des Sozialversicherungsrechts, noch gilt sie arbeitsrechtlich als Bestandteil des Lohnes (so BGH NJW 1980, 2252; OLG München FamRZ 1980, 150, 151).

▶ **Arbeitseinkommen**

Arbeitseinkommen gehört voll und ohne Rücksicht auf die Art der Vergütung – laufende oder einmalige Bezüge, Geld- oder Sachleistungen – zum unterhaltsrechtlich anrechenbaren Einkommen. Als Arbeitseinkommen sind regelmäßig alle Leistungen anzusehen, die im Hinblick auf das Arbeits- oder Dienstverhältnis gezahlt werden, gleichgültig aus welchem Anlass (BGH FamRZ 1980, 342, 343). Hierzu gehören insbesondere Überstundenlohn (→*Überstunden*), gesetzliche oder tarifliche Zuschläge für Sonntags-, Feiertagsarbeit (→*Feiertagszuschläge*) oder Nachtarbeit (→*Nachtarbeitszuschläge*), →*Trinkgelder*, →*Provisionen*, →*Tantiemen* und →*Zulagen*, 13. und 14. Monatsgehalt, (→*Weihnachtsgeld*) und Urlaubsgelder (→*Urlaubsgeld*), →*Jubiläumszuwendungen*, →*Abfindungen (Verlust des Arbeitsplatzes)*, →*Spesen*, →*Ortszuschläge*, →*Gewinnbeteiligung*. Unterhaltspflichtiges Arbeitseinkommen ist nach allgemeiner Meinung das **Nettoeinkommen,** das heißt, das Bruttoeinkommen abzüglich →*Steuern* und Vorsorgeaufwendungen (→*Altersvorsorge*). Hierzu zählen Aufwendungen für die notwendige Krankenversicherung (→*Krankenversicherungskosten*), →*Rentenversicherung* und Arbeitslosenversicherung. Das 13. Monatsgehalt ist bei der Ermittlung des unterhaltserheblichen Einkommens zu berücksichtigen, wobei vom **Jahresbruttoeinkommen** auszugehen ist, weil i. d. R. das 13. Monatsgehalt aufgrund der Steuerprogression eine entsprechend höhere Einkommensteuer ergibt (so BGH FamRZ 1991, 416, 148). Es kann somit nicht einfach der 13-fache Betrag, der in den Lohnstreifen ausgewiesenen Monatsnettobezüge als Einkommen angesetzt werden. Für die Bemessung des Unterhaltsanspruchs auf der Grundlage der ehelichen Lebensverhältnisse ist nämlich auf das **tatsächliche,** nach der konkreten Steuerbelastung verfügbare Nettoeinkommen des unterhaltsverpflichteten Ehegatten abzustellen (so BGH FamRZ 1990, 503).

Bei der Ermittlung des durchschnittlichen monatlichen Nettoeinkommens ist von dem **abgelaufenen Kalenderjahr** als Beurteilungszeitraum auszugehen, wenn sich das laufende Einkommen nicht mit Sicherheit wesentlich und nachhaltig geändert hat (OLG München FamRZ 1984, 173 ff.). Dabei werden Zeiten von Krankheit oder Arbeitslosigkeit einbezogen und die in diesen Zeiträumen erhaltenen Beträge (→*Arbeitslosengeld I;* →*Arbeitslosengeld II;* →*Lohnfortzahlung im Krankheitsfall;* →*Krankengeld*) hinzugerechnet. Eine Korrektur des nach dem **abgelaufenen Kalenderjahr** berechneten durchschnittlichen Einkommens hat dann zu erfolgen, wenn sich aus dem Inbegriff der Verhandlung ergibt, dass sich das laufende Einkommen mit Sicherheit wesentlich und nachhaltig geändert hat. In einem solchen Fall liegt es nahe, als Zeitraum die letzten zwölf Monate vor der letzten mündlichen Verhandlung als Grundlage für die Einkommensermittlungen heranzuziehen. Siehe →*Selbstständige;* →*Privatentnahmen.*

▶ Arbeitsförderungsgeld

Das Arbeitsförderungsgeld nach § 43 SGB IX ist als unterhaltssichernde Leistung bei der Unterhaltsberechnung als Einkommen zu werten, denn es dient dazu, das Arbeitsentgelt aufzustocken, es beträgt monatlich pauschal 26 Euro.

▶ Arbeitskleidung

Aufwendungen für berufsspezifische Arbeitskleidung wie z. B. Monteuranzug, Arztkittel, Anwaltsrobe werden i. d. R. als abzugsfähige Belastungen anerkannt, nicht aber Aufwendungen für Kleidung, die auch privat getragen werden kann, z. B. Tennisschuhe für den Arzt, Anzug, Oberhemd und Krawatte für den Bankangestellten (vgl. OLG Köln FamRZ 2007, 1463; OLG Karlsruhe, FamRZ 1996, 351).

▶ **Arbeitslosengeld I**

Arbeitslosengeld I gemäß § 117 SGB III ist eine Entgeltersatzleistung i. S. d. § 116 SGB III und damit wie Einkommen zu behandeln. Dies gilt auch, wenn das Arbeitslosengeld nach Verlust eines Arbeitsplatzes mit unzumutbarer Arbeit gezahlt wird (vgl. OLG Köln FamRZ 2006, 342; OLG Karlsruhe FamRZ 2004, 1210).

▶ **Arbeitslosengeld II**

Arbeitslosengeld II kann nur beziehen, wer **erwerbsfähig** ist. Es ist daher beim Arbeitslosengeld II beziehenden Unterhaltpflichtigen stets vorab zu prüfen, ob der Unterhaltsschuldner seiner **Erwerbsobliegenheit** nachgekommen ist, andernfalls ihm ein **fiktives Einkommen** zugerechnet werden muss. Ist ihm keine unterhaltsrechtliche **Pflichtverletzung** vorzuwerfen, ist zu prüfen, ob das Arbeitslosengeld II als Einkommen anzurechnen ist. Im Gegensatz zu dem nach § 129 SGB III von der Höhe des früheren Einkommens abhängigen Arbeitslosengeld I ist das einem Unterhaltsberechtigten nach § 7 SGB II gewährte Arbeitslosengeld II als **subsidiäre Sozialleistung** – wie Sozialhilfe – **nicht als Einkommen** zu berücksichtigen (BGH FamRZ 2009, 307).

(1) **Regelleistung:** Das Arbeitslosengeld II und die Unterkunftskosten ergeben zusammengerechnet kein über dem Selbstbehalt liegendes Einkommen. Ein allein auf Arbeitslosengeld II abgestellter Unterhaltsanspruch scheitert daher an der mangelnden Leistungsfähigkeit des Unterhaltspflichtigen.

(2) **Zuschlag nach § 24 SGB II:** Der Zuschlag hat zwar einen Bezug zur früheren Erwerbstätigkeit des Unterhaltspflichtigen. Er ist als Sozialleistung aber subsidiär.

(3) **Einstiegsgeld nach § 29 SGB II:** Das Einstiegsgeld ist grundsätzlich als unterhaltsrechtliches Einkommen zu bewerten.

(4) **Anrechnungsfreies Einkommen nach § 30 SGB II:** Soweit der Empfänger der Grundsicherung zusätzliches Einkommen bezieht, ist es grundsätzlich für den Unterhalt anzusetzen.

(5) **Mehraufwandsentschädigung für „1-Euro-Job":** Die Mehraufwandsentschädigung für Arbeitsgelegenheiten stellt unterhaltsrechtliches Einkommen dar, zumal es auf die Grundsicherung für Arbeitssuchende nicht anzurechnen ist. Der unterhaltsrechtliche **Selbstbehalt** hängt – wie auch beim anrechnungsfreien Einkommen nach § 30 SGB II – vom **Umfang der Erwerbstätigkeit** ab. Er liegt **zwischen** dem Selbstbehalt für Nichterwerbstätige und dem Selbstbehalt für Erwerbstätige. I. d. R. wird ein **Zwischenbetrag** von 850 Euro angemessen sein.

(6) **Umgangskosten:** Zum Anspruch auf **höheres Arbeitslosengeld II** wegen der Ausübung des **Umgangsrechts** mit minderjährigen Kindern, die beim geschiedenen Ehepartner leben, hat das BSG (FamRZ 2007, 465) darauf hingewiesen, dass für die **zusätzlichen Lebenshaltungskosten** in den Zeiten, in denen die Kinder beim Umgangsberechtigten gewohnt haben, die Annahme einer **zeitweisen Bedarfsgemeinschaft** i. S. d. § 7 Abs. 3 Nr. 4 SGB II gerechtfertigt ist. Es genügt ein dauerhafter Zustand in der Form, dass die Kinder mit einer gewissen **Regelmäßigkeit** bei dem Umgangsberechtigten länger als einen Tag wohnen, also nicht sporadische Besuche vorliegen. Die Rechtsposition der früheren Ehefrau wird dadurch auch bei eigenem Arbeitslosengeld-II-Bezug nicht nachteilig betroffen; ihre eigenen Leistungsansprüche sind nicht zu kürzen.

(7) **Anspruchsüberleitung:** In § 33 SGB II ist der **gesetzliche Anspruchsübergang** normiert. Der Anspruchsübergang vollzieht sich **kraft Gesetzes** und ist vom Familiengericht zu beachten. Die Möglichkeit der **Rückabtretung** des Unterhaltsanspruchs besteht gemäß § 33 Abs. 4 S. 1 SGB II. Wenn eine Abtretung nicht vorliegt, kann der Unterhaltsberechtigte seinen Klageantrag auf Zahlung an den oder die zuständigen Sozialleistungsträger umstellen. Zahlungsanträge können im Umfang der auf den Unterhaltsberechtigten entfallenden Sozialleistungen auf Leis-

tung an die ARGE gerichtet werden. Die Aufteilung der Leistungen ist dann eine interne Angelegenheit der ARGE.

(8) **Finanzierung von Unterhaltspflichten:** Nach § 11 Abs. 2 S. 1 Nr. 7 SGB II werden Aufwendungen, die der Hilfebedürftige zur Erfüllung gesetzlicher Unterhaltspflichten zu erbringen hat, bis zu dem in einem Unterhaltstitel festgelegten Betrag vom Einkommen abgesetzt. Das bedeutet, dass der Unterhalt, den der Hilfebedürftige an den Berechtigten zahlt von den Trägern der Grundsicherung als Eigenbedarf des Schuldners behandelt wird. Damit wird der Unterhaltsaufwand des Hilfebedürftigen, obwohl eine Bedarfs- oder Haushaltsgemeinschaft nicht besteht, letztlich über das Arbeitslosengeld II finanziert. § 11 Abs. 2 S. 1 Nr. 7 SGB II eröffnet aber nicht die Möglichkeit eines anrechnungsfreien Hinzu-Verdienens in Höhe einer bestehenden Unterhaltsverpflichtung neben dem Bezug von Arbeitslosengeld II, **wenn** der Unterhaltsanspruch nicht bereits bei **Beginn** des Bezugs von Arbeitslosengeld tituliert war (OLG Hamm FamRZ 2010, 570; a. A. OLG Brandenburg FamRZ 2008, 3366).

▶ **Arbeitslosigkeit des Berechtigten**

Für den Berechtigten gelten grundsätzlich die gleichen Grundsätze wie für den Verpflichteten. Auch der Berechtigte muss seine Arbeitsfähigkeit so gut wie möglich einsetzen und sich Einkünfte anrechnen lassen, die er durch zumutbare und mögliche Erwerbstätigkeit erzielen könnte (BGH FamRZ 1988, 927, 929).

Das Arbeitslosengeld II dient nicht mehr dem Lohnersatz, sondern nur noch der Unterhaltssicherung (BGH FamRZ 2009, 307). Auch der Zuschlag und das Einstiegsgeld nach § 29 SGB II sind eine **subsidiäre Sozialleistung**.

Die Feststellung, dass ein Unterhalts**berechtigter** keine Arbeitsstelle finden kann setzt nichts stets Bemühungen erheblichen Ausmaßes voraus. Vielmehr können auch **objektive** Gegebenheiten den Schluss zulassen, dass eine **reale** Arbeitsmöglichkeit nicht besteht, so z. B. wenn der Unterhaltsberechtigte sich in schlechtem Gesundheitszustand befindet und nur sehr beschränkt arbeitsfähig ist.

Die **Darlegungs-** und **Beweislast** für seine Bedürftigkeit also z. B. für seine Bemühungen um einen Arbeitsplatz und seine Nichtvermittelbarkeit auf dem Arbeitsmarkt hat der Berechtigte.

Wer wegen **Erwerbslosigkeit** Unterhalt beansprucht, muss in nachprüfbarer Weise vortragen, welche Schritte er im Einzelnen unternommen hat, um einen zumutbaren Arbeitsplatz zu finden und sich ergebende Erwerbsmöglichkeiten auszunützen. Er hat des Weiteren die Darlegungs- und Beweislast dafür, dass für ihn objektiv eine reale Beschäftigungschance nicht bestanden hat. Wird zum Beweis der behaupteten **Nichtvermittelbarkeit** die Einholung einer Auskunft des Arbeitsamts beantragt, muss diese erhoben werden, denn die amtliche Auskunft einer Behörde **ersetzt** die Zeugenvernehmung des in Frage kommenden Sachbearbeiters. Der Richter darf sich über einen solchen Beweisantrag nicht hinwegsetzen und ohne weiteres vom Gegenteil ausgehen (BGH FamRZ 1987, 912, 913).

Bestätigt das Arbeitsamt, dass die betreffende Person von der Arbeitsverwaltung voraussichtlich nicht vermittelt werden kann, ist aber in jedem Fall weiterzufragen, ob bei ausreichender Entfaltung von Privatinitiative nicht ein angemessener Arbeitsplatz gefunden werden könnte. Derartige Arbeitsamtsbestätigungen kommen daher für die Praxis kaum eine Bedeutung zu. Eine auf der Erfahrung des Gerichts und seiner Kenntnis von den Verhältnissen des örtlichen Arbeitsmarktes beruhenden tatrichterlichen Beurteilung der Vermittelbarkeit ist aus Rechtsgründen (revisionsrechtlich) nicht zu beanstanden (BGH FamRZ 1988, 604).

Die Meldung beim Arbeitsamt zum Zwecke der Arbeitsvermittlung reicht zum Nachweis der Bemühungen nicht aus, weil erfahrungsgemäß nicht alle Arbeitsstellen über das Arbeitsamt vermittelt werden (BGH FamRZ 1986, 244, 246). Viele Arbeitgeber suchen ohne Einschaltung des Arbeitsamts Arbeitskräfte über Stellenanzeigen in Tageszeitungen, über das Internet u. a.

Die Arbeitsbemühungen und die subjektive Arbeitsbereitschaft müssen ernsthaft sein. Wenn Zweifel bestehen, ist dies vom Richter besonders sorgfältig nachzuprüfen. Der Richter muss versuchen aus der Arbeitsbiographie, dem Parteivortrag und aus sonstigen Umständen Erkenntnisse über die Ernsthaftigkeit der **subjektiven** Arbeitsbereitschaft zu gewinnen. Zuweilen ergeben sich dazu Anhaltspunkte aus dem Text von Bewerbungsschreiben oder anlässlich einer Beweiserhebung zu Vorstellungsgesprächen. Es ist oft nicht auszuschließen, dass eine fehlende Arbeitswilligkeit dadurch verschleiert wird, dass zwar einerseits umfangreich zu missglückten Bewerbungen vorgetragen wird, andererseits aber zumutbare **ernsthafte Stellenangebote verschwiegen** werden (BGH FamRZ 1986, 244, 246).

Deshalb sind auch 50 Absagen und mehr noch kein in jedem Fall überzeugender Nachweis ausreichender Bemühungen um einen ArbeitsplaRn. Zweifel an der Ernsthaftigkeit von Bewerbungsbemühungen gehen zu Lasten des Arbeitsuchenden.

Die bloße Meldung beim Arbeitsamt ist keine hinreichende Bemühung um Arbeit; gefordert wird eine intensive Suche unter Anspannung aller Kräfte mit einem Zeitaufwand wie bei **Vollarbeit** (OLG Bamberg FamRZ 1995, 566).

▶ Arbeitslosigkeit des Verpflichteten

1. Leistungsfähigkeit trotz Arbeitslosigkeit

Aus der nachehelichen Solidarität der geschiedenen Eheleute folgt auch die Pflicht zu einer angemessenen Erwerbstätigkeit. Wird diese nacheheliche Solidarität in **unterhaltsrechtlich vorwerfbarer Weise** verletzt, etwa durch **Aufgabe** einer Berufstätigkeit, kann, abweichend von den tatsächlichen gegenwärtigen Verhältnissen ein **fiktives** Einkommen berücksichtigt werden (BGH FamRZ 2009, 411; 2008, 968).

Bei Arbeitslosigkeit ist zu beachten, dass sich die →*Leistungsfähigkeit des Verpflichteten* nicht nur nach den tatsächlich erzielten Einkünften, sondern auch nach den **erzielbaren** Einkünften richtet. Das bedeutet, dass Einkünfte angenommen werden können, obwohl diese in Wirklichkeit nicht erzielt werden, wenn entweder schuldhaft der Arbeitsplatz aufgegeben wird, oder nach Kündigung eines Arbeitsverhältnisses nicht die notwendigen Anstrengungen unternommen werden, wieder eine Arbeitsstelle zu finden. In diesen Fällen kann sowohl dem Unterhalts-verpflichteten als auch dem Unterhaltsberechtigten Einkommen unterhaltsrechtlich zugerechnet werden, obwohl er tatsächlich keinerlei Einkünfte erzielt. Jeder **ernsthafte Zweifel** daran, ob bei sachgerechten Bemühungen eine nicht ganz von der Hand zu weisende Beschäftigungschance besteht, bzw. bestanden hätte, geht zu Lasten des Arbeitssuchenden. Andererseits kann der Nachweis als geführt angesehen werden, wenn nach dem Ergebnis der tatrichterlichen Würdigung eine Beschäftigungschance praktisch nicht bestanden hat (vgl. BGH FamRZ 1987, 912). Steht tatrichterlich fest oder ist zumindest nicht auszuschließen, dass bei ausreichenden Bemühungen eine reale Beschäftigungschance bestanden hätte, ist fiktives Einkommen anzurechnen. Wird zum Beweis der behaupteten Nichtvermittelbarkeit die Einholung einer Auskunft des Arbeitsamtes beantragt, muss diese erhoben werden, denn die amtliche Auskunft einer Behörde ersetzt die Zeugenvernehmung des infrage kommenden Sachbearbeiters. Der Richter darf sich über einen solchen Beweisantrag nicht hinwegsetzen und ohne weiteres vom Gegenteil ausgehen (so BGH FamRZ 1987, 912 f.). Siehe →*Gesteigerte Erwerbsobliegenheit.*

2. Obliegenheiten der Parteien
a) Obliegenheit, den Arbeitsplatz beizubehalten
Weder der Unterhaltsverpflichtete noch der Unterhaltsberechtigte dürfen ein Arbeitsverhältnis von sich aus kündigen. Es müssen vielmehr die nach dem Kündigungsschutzgesetz und dem Betriebsverfassungsgesetz bestehenden Rechte voll ausgeschöpft werden. Insbesondere der Unterhaltsschuldner muss alle in seinen Kräften stehenden Anstrengungen unternehmen, um seine Leistungs- und Zahlungsfähigkeit zu erhalten. Zu dieser Verpflichtung gehört auch, die gesetzlichen Vorschriften zur sozialen Absicherung voll auszuschöpfen. Wer daher aus gesundheitlichen Gründen den Anforderungen in seinem Beruf nicht mehr gewachsen ist, darf demnach nicht ohne weiteres von sich aus kündigen. Es muss sich auch mit dem Betriebsrat wegen seiner persönlichen Schwierigkeiten in Kontakt setzen. Jedenfalls in Zeiten der Arbeitslosigkeit darf sich der Unterhaltsverpflichtete nicht darauf verlassen, allein oder mit Hilfe des Arbeitsamtes sofort wieder einen anderen Arbeitsplatz zu finden (OLG Frankfurt FamRZ 1983, 392, 393; vgl. aber BGH FamRZ

1985, 158 ff.). Der BGH (FamRZ 1985, 158 ff.) hat hierzu darauf hingewiesen, dass die →*Leistungsunfähigkeit des Verpflichteten* grundsätzlich auch dann zu beachten ist, wenn er sie selbst – auch schuldhaft – herbeigeführt hat. Das bedeutet freilich nicht, dass die selbst herbeigeführte Leistungsunfähigkeit in allen Fällen dazu führt, dass Unterhalt nicht bezahlt werden muss. Vielmehr muss Unterhalt bezahlt werden, wenn der Unterhaltspflichtige durch die Aufgabe des Arbeitsplatzes sein Einkommen in nicht zu verantwortender Weise vermindert hat und seine Leistungsunfähigkeit durch ein verantwortungsloses, zumindest leichtfertiges Verhalten herbeigeführt hat. Von fiktiven Einkünften (→*Fiktive Einkünfte*) ist jedoch nur dann auszugehen, wenn dem Arbeitslosen aus dem Verlust seiner letzten Arbeitsstelle ein **unterhaltsrechtlich relevanter Vorwurf** zu machen ist und/oder er sich seit dem Verlust der Arbeitsstelle nicht in ihm zumutbarer Weise um eine neue, für ihn erreichbare Arbeitsstelle bemüht hat.

b) Obliegenheit, bessere Verdienstmöglichkeiten wahrzunehmen
Der Unterhaltspflichtige muss alle ihm zumutbaren Anstrengungen unternehmen, um sich die für den Unterhalt erforderlichen Mittel zu verschaffen. Er muss daher, um seine Arbeitskraft optimal zu nutzen, im Rahmen des Zumutbaren einen Berufs- und auch einen Ortswechsel in Kauf nehmen, wenn sich dadurch bessere Verdienstmöglichkeiten ergeben. Andernfalls wird der Unterhaltsverpflichtung das fiktive Einkommen (→*Fiktive Einkünfte)* zugrunde gelegt, das bei einem Berufs- bzw. Ortswechsel erzielt werden könnte (so KG FamRZ 1984, 592 für Ortswechsel von Italien nach Deutschland). Eine nur **teilschichtige Erwerbstätigkeit** eines Elternteils genügt der Erwerbsobliegenheit auch gegenüber einem **volljährigen Kind** nicht, sodass das fiktive Einkommen einer **vollschichtigen** Erwerbstätigkeit in die Berechnung der Unterhaltsquote einzustellen ist (OLG Hamm FamRZ 1998, 42).

Der Schuldner muss seine Bemühungen auf das **gesamte Bundesgebiet** erstrecken, Überstunden machen und auch sonst unzumutbare Arbeiten annehmen. Beim **Umfang der Bemühungen** wird ein **Zeitaufwand** gefordert, der dem einer **vollschichtigen** Erwerbstätigkeit entspricht (OLG Hamm FamRZ 1994, 1115). In der Rechtsprechung ist anerkannt, dass die **Darlegungs- und Beweislast** für eine erfolglose Arbeitssuche den Verpflichteten trifft und es für die Zurechnung eines fiktiven Einkommens ausreicht, wenn **nicht auszuschließen** ist, dass bei ausreichender Bemühung eine reale Beschäftigungschance bestanden hätte.

c) Freiwillige Aufgabe des Arbeitsplatzes

Wer seinen Arbeitsplatz ohne **zureichenden Grund** aufgibt und sich dadurch einkommenslos macht, muss sich weiterhin als leistungsfähig behandeln lassen. „Ohne zureichenden Grund" betrifft jedoch nicht jegliches vorwerfbare Verhalten von geringerem Gewicht oder gar jeden Grad von Verschulden; erforderlich ist vielmehr, dass der Verpflichtete durch die Aufgabe des Arbeitsplatzes sein Einkommen in nicht zu verantwortender, zumindest leichtfertiger Weise vermindert hat (BGH FamRZ 1985, 158, 160). Hier wird das, was er verdienen könnte, als fiktives Einkommen (→*Fiktive Einkünfte)* bei der Unterhaltsberechnung zugrunde gelegt.

Verliert ein Unterhaltspflichtiger sein Erwerbseinkommen, weil er wegen einer im Zustand der alkoholbedingt verminderten Schuldfähigkeit begangenen Straftat zu einer **Freiheitsstrafe** und einer freiheitsentziehenden Maßregel verurteilt wird, so ist ein Berufen auf die hierdurch bedingte Leistungsunfähigkeit nur dann ausgeschlossen, wenn dem Unterhaltspflichtigen im Hinblick auf Art und Umstände der Straftat zumindest ein grob leichtfertiges, **unterhaltsbezogenes** Verhalten vorzuwerfen ist. War die strafbare Handlung durch die **Alkoholabhängigkeit** des Unterhaltspflichtigen bedingt, so kommt es darauf an, ob und welche Schritte er gegen seine Krankheit unternommen hat (so OLG Bamberg FamRZ 1988, 525 ff.). Sind eine freiwillige stationäre Therapie und andere sinnvolle Maßnahmen ohne dauerhaften Erfolg geblieben, so ist bei einem Rückfall der Vorwurf der Verantwortungslosigkeit und der groben Leichtfertigkeit nicht ohne Weiteres gerechtfertigt (so auch OLG Düsseldorf FamRZ 1985, 310).

Gibt der Unterhaltspflichtige seinen Arbeitsplatz auf, um sich **selbstständig zu machen,** so muss er für einen zunächst zu erwartenden Rückgang seiner Einkünfte **Vorsorge treffen.** Ihm ist zuzumuten, seinen Plan erst dann ins Werk zu setzen, wenn er in geeigneter Weise – etwa durch Aufnahme eines Kredites oder Bildung von Rücklagen – **sichergestellt** hat, dass er seine Unterhaltspflicht jedenfalls vorerst auch bei geringeren Einkünften erfüllen kann.

d) Änderung der Leistungsfähigkeit des Verpflichteten bei fiktiven Einkünften

(→*Leistungsfähigkeit des Verpflichteten;* →*Fiktive Einkünfte*) Ein Unterhaltsschuldner muss sich keineswegs für alle Zeiten an der **Einkommensfiktion** festhalten lassen. Wenn er sich ausreichend um eine neue Anstellung bemüht hat, aber hierbei keinen Erfolg hatte oder nur einen Arbeitsplatz mit geringeren Einkünften finden konnte, ist ihm mit diesem Einwand der Abänderungsantrag gegen eine Einkommensfiktion eröffnet (BGH FamRZ 2008, 872; OLG Celle FamRZ 2009, 790).

▶ **Arbeitsmittel**

Aufwendungen für Arbeitskleidung und Arbeitsmittel sind i. d. R. als →*Berufsbedingte Aufwendungen* entweder in der tatsächlichen Höhe oder als Pauschale von Einkommen abzuziehen. Das gilt insbesondere für Aufwendungen für Fachliteratur, die nicht vom Arbeitgeber zur Verfügung gestellt werden oder für Werkzeuge und Gegenstände, die dringend zur Berufsausübung benötigt werden, z. B. das Instrument eines Musikers u. ä. I. d. R. sind solche Arbeitsmittel aber vom Arbeitgeber zu stellen und deshalb **nur ausnahmsweise** abziehbar.

▶ **Arbeitsplatzaufgabe**

1. Arbeitsplatzaufgabe zugunsten der Aufnahme (einer selbstständigen Tätigkeit)

Gibt ein Unterhalts**schuldner** eine abhängige Tätigkeit auf, um sich **selbstständig** zu machen, so muss er **Rücklagen** bilden, um die Übergangszeit zu überbrücken (BGH FamRZ 1988, 372 ff.).

Bei seiner Entscheidung für eine selbstständige Tätigkeit unter Inkaufnahme einer jedenfalls vorübergehenden **Reduzierung** seiner unterhaltsrelevanten Einkünfte muss der Unterhaltsschuldner seine bestehende gesteigerte Unterhaltsverpflichtung seinen minderjährigen Kindern gegenüber im Blick behalten und dieser bei seiner Berufsplanung in verantwortungsvoller, zumutbarer Weise Rechnung tragen (OLG Hamm FamRZ 2003, 1213).

2. Arbeitsplatzverlust infolge von Straftaten oder Alkoholmissbrauch

Verliert der Unterhaltsverpflichtete den Arbeitsplatz infolge von Straftaten oder Alkoholmissbrauch, so können die Regeln, die bei der freiwilligen Aufgabe eines Arbeitsplatzes gelten, für diese Fälle nicht ohne weiteres übernommen werden (BGH FamRZ 1993, 1055).

Unterhaltsrechtlich vorwerfbar ist in erster Linie strafbares Verhalten soweit sich dieses gegen den Unterhaltsberechtigten richtet.

Wer den Arbeitsplatz infolge Alkoholmissbrauchs verliert, muss sich jedenfalls dann keine fiktiven Einkünfte anrechnen lassen, wenn es sich um ein „jugendlich unüberlegtes Vorgehen gehandelt hat, verbunden mit dem Gedanken, schon nicht aufzufallen" (BGH FamRZ 1994, 240, 241 = NJW 1994, 258).

3. Berufung auf Leistungsunfähigkeit/Treu und Glauben

Schwerwiegende **Gründe** verwehren dem **Unterhaltsverpflichteten** nach Treu und Glauben die Berufung auf seine Leistungsunfähigkeit, wobei es nicht erforderlich ist, dass dem vorwerfbaren Verhalten **nicht die Absicht** zugrunde gelegen hat, sich der Unterhaltspflicht zu entziehen. Erforderlich ist vielmehr, dass der Pflichtige durch die Aufgabe des Arbeitsplatzes sein Einkommen in nicht zu verantwortender Weise vermindert hat, so dass die Berufung auf seine selbst herbeigeführte Leistungsfähigkeit wegen Verstoßes gegen Treu und Glauben nur dann **nicht** zu berücksichtigen ist, wenn die Leistungsunfähigkeit durch ein **verantwortungsloses,** zumindest **leichtfertiges** Verhalten herbeigeführt wurde, wobei sich eine solche Bewertung vielfach aus dem **Bezug** dieses Verhaltens zu der **Unterhaltspflicht** ergeben wird. Der Vorwurf, der Unterhaltspflichtige habe übereilt von sich aus gekündigt, statt alle seine Rechte voll auszuschöpfen, ist ersichtlich schwächer und genügt zur Annahme fiktiver Einkünfte nicht, wenn nicht darüber hinaus festgestellt ist, dass der Arbeitsplatz **mutwillig** aufgegeben wurde, um sich der Unterhaltspflicht zu entziehen, oder wenn dem Verpflichteten nicht

wenigstens der Vorwurf einer – auch ihm nach seinen Erkenntnis-
möglichkeiten einsichtigen – **Verantwortungslosigkeit** gemacht
werden muss (BGH FamRZ 1985, 158).

Nach diesen Grundsätzen des BGH ist der Verlust einer Arbeitsstelle
durch fristlose Kündigung im unterhaltsrechtlichen Sinne als leichtfertig jedenfalls dann zu beurteilen, wenn ein gesicherter Arbeitsplatz durch „**Bummelei**" und **Fernbleiben** von der Arbeitsstelle verloren wird, obgleich bekannt ist, dass eine Unterhaltsverpflichtung
gegenüber einer Ehefrau und minderjährigen Kindern besteht.
Wenn ein einmaliges Fehlverhalten bereits zur fristlosen Kündigung
geführt hat, besteht darüber hinaus die Obliegenheit, sich gegen die
Kündigung zu wehren, weil in diesem Fall ein rechtfertiger Widerspruch gegen die Kündigung voraussichtlich nicht ohne Erfolgsaussicht ist (OLG Hamm FamRZ 1987, 1265, 1267).

Kündigt ein Ehemann und Vater sein Arbeitsverhältnis um im **Sor-**
gerechtsverfahren eine **bessere Ausgangsposition** zu haben, dann
kann von einer unterhaltsrechtlich relevanten Verantwortungslosigkeit nicht die Rede sein, d. h. die Selbstkündigung ist unterhaltsrechtlich zu akzeptieren (OLG Frankfurt FamRZ 1987, 1144 i.
Anschl. a. BGH FamRZ 1985, 158).

▶ Arbeitsplatzwechsel

In keinem Fall darf der Verpflichtete sein Einkommen sinnlos oder
willkürlich vermindern oder seinen Arbeitsplatz aufgeben, um einer
Tätigkeit nachzugehen, die erkennbar weniger einbringt. Hat er seine besser bezahlte Stellung aufgegeben, um sich der Unterhaltspflicht ganz oder teilweise zu entziehen, so sind ihm Einkünfte in
Höhe seines zuletzt erzielten Einkommens fiktiv anzurechnen
(→*Arbeitslosigkeit des Verpflichteten*; →*Fiktive Einkünfte*). Jedoch
sollte dem Unterhaltspflichtigen ein gewisser Freiheitsspielraum
zum Arbeitsplatzwechsel bleiben, auch wenn er am neuen Arbeitsplatz weniger verdient und der Unterhaltsberechtigte eine damit
verbundene Schmälerung seines Lebensstandards hinnehmen muss.
Das Grundrecht auf freie Berufswahl und Berufsausübung (Art. 12
GG) steht zwar in Wechselwirkung zu der aus Art. 6 GG folgenden

Verantwortung für die Familie, muss aber im Zweifel dazu führen, dass eine berufliche Entscheidung zu respektieren ist (BGH FamRZ 1988, 256).

Nach anderen Entscheidungen des BGH kann die Erfüllung von Unterhaltspflichten allerdings auch Vorrang vor beruflichen Interessen des Verpflichteten haben (BGH FamRZ 1982, 365; BGH FamRZ 1983, 140).

Genügt der Unterhaltsverpflichtete der Obliegenheit, seine Arbeitskraft so günstig wie möglich zu verwerten nicht und ist von einem zumindest leichtfertigen Verhalten auszugehen, so ist es dem Unterhaltsverpflichteten nach Treu und Glauben verwehrt, sich auf seine mangelnde Leistungsfähigkeit oder Leistungsunfähigkeit zu berufen. Er wird unterhaltsrechtlich so behandelt, wie wenn er den Unterhalt in **bisheriger** Höhe weiterzahlen könnte. Der Unterhalt wird damit auf der Grundlage der früheren Einkommensverhältnisse ermittelt (BGH FamRZ 1987, 930). Siehe →*Gesteigerte Erwerbsobliegenheit.*

▶ **Arbeitszimmer**

Aufwendungen für ein häusliches Arbeitszimmer sind nur noch dann **steuerlich abzugsfähig,** wenn das Arbeitszimmer den **Mittelpunkt** der gesamten betrieblichen und beruflichen Betätigung bildet. Hiervon **nicht betroffen** sind jedoch Aufwendungen für **Arbeitsmittel**, die sich in dem als Arbeitszimmer genutzten Raum befinden (z. B. Schreibtisch, Bücherregal oder PC). Sie können weiterhin als Werbungskosten oder Betriebsausgaben abgezogen werden, wenn ihre Anschaffung beruflich bzw. betrieblich veranlasst ist.

Aufwendungen für ein Arbeitszimmer sind unterhaltsrechtlich anzuerkennen, soweit nicht nur gelegentliche berufliche Arbeiten zu Hause vorgenommen werden, sondern ein Arbeitszimmer zwingend erforderlich ist (OLG Köln FamRZ 1983, 750, 753). Ein Abzug entfällt, wenn die private Wohnung zum Arbeiten, wie z. B. Heimarbeit, genutzt wird, weil das Arbeitszimmer von der privaten Nutzung klar abgegrenzt sein muss.

► **Aufforderungsschreiben**

Für die **Vergangenheit** kann Unterhalt erst von der Zeit an gefordert
werden, zu welcher der Verpflichtete zum Zwecke der Geltendmachung des Unterhaltsanspruchs **aufgefordert** worden ist, über seine
Einkünfte und sein Vermögen **Auskunft** zu erteilen, zu welcher der
Verpflichtete in Verzug gekommen oder der Unterhaltsanspruch
rechtshängig geworden ist. Der Unterhalt wird ab dem **Ersten des
Monats,** in den die bezeichneten Ereignisse fallen, geschuldet, wenn
der Unterhaltsanspruch dem Grunde nach zu diesem Zeitpunkt bestanden hat (§§ 1613, 1585 b Abs. 2 BGB). Es liegt daher im Interesse des Unterhaltsberechtigten, den Unterhaltspflichtigen so früh wie
möglich zur Auskunft über seine Einkünfte und sein Vermögen oder
zur Zahlung eines bezifferten Unterhalts aufzufordern.

Die **Anspruchsgrundlagen** für die wechselseitige Auskunfts- und
Belegpflicht finden sich in §§ 1605, 1361 Abs. 4 S. 4, 1580 BGB,
wobei § 1605 BGB die Grundnorm darstellt. Um zeitintensive **Stufenklagen entbehrlich** zu machen, geben §§ 235, 236 FamFG im **gerichtlichen Verfahren** ein Instrumentarium, mit dem gemäß § 235
Abs. 2 FamFG das Gericht verpflichtet ist, für die Auskunftserteilung Sorge zu tragen, **wenn** ein Beteiligter vor Beginn des Verfahrens entgegen einer bestehenden Auskunftspflicht einer Aufforderung innerhalb angemessener Frist nicht nachgekommen ist. Das
Aufforderungsschreiben hat gleichzeitig die Wirkung, dass die Kostenfolge des § 93 ZPO (sofortiges Anerkenntnis) vermieden wird.
Gemäß § 243 Nr. 2 FamFG hat ein Beteiligter die Kosten des Verfahrens ganz oder teilweise zu tragen, wenn er der Verpflichtung, über
seine Einkünfte und sein Vermögen Auskunft zu erteilen, nicht oder
nicht vollständig nachgekommen ist.

► **Aufhebung der Ehe**

Unter den Voraussetzungen der §§ 1313 bis 1317 BGB kann eine
Ehe **aufgehoben** werden. Dabei muss einer der in § 1314 BGB aufgeführten Gründe vorliegen. Hauptanwendungsfall ist § 1314 Abs. 2
Nr. 5 BGB, nämlich dass beide Ehegatten sich bei der Eheschließung
darüber einig waren, dass sie keine Verpflichtung gemäß § 1315

Abs. 1 BGB begründen wollen. Gemäß § 1318 Abs. 2 BGB besteht ein Unterhaltsanspruch bei Aufhebung der Ehe in folgenden Fällen:

(1) zugunsten des gutgläubigen, getäuschten oder bedrohten Ehegatten

(2) bei Doppelehe, verbotenen Verwandtenehe oder Formverstößen bei der Eheschließung

(3) bei Betreuungsunterhalt, soweit die Versagung im Hinblick auf die Belange des gemeinschaftlichen Kindes grob unbillig wären.

▶ **Aufrechnungsverbot**

Gegen Unterhaltsforderungen kann mit anderen Forderungen nicht aufgerechnet werden, soweit das Pfändungsverbot des § 850 b Abs. 1 Nr. 2 ZPO reicht, § 394 BGB. Es kann somit bei **Überzahlung von Unterhalt** über den Weg der Aufrechnung ein Ausgleich grundsätzlich nicht erreicht werden. Es muss vielmehr vorher ein **Antrag beim Rechtspfleger** des Vollstreckungsgerichts nach § 850 b Abs. 2 ZPO gestellt werden. § 850 b Abs. 1 Nr. 2 ZPO erfasst generell Unterhaltsforderungen, die im Rahmen und aufgrund einer gesetzlichen Unterhaltsverpflichtung geschuldet werden und damit auch **einmalig zu zahlende Unterhaltsbeträge** (BGH FamRZ 2002, 1179). Allerdings sind nur solche Unterhaltsansprüche unpfändbar, die auf **gesetzlicher Vorschrift** beruhen; nur derartige Forderungen unterliegen daher auch nicht der Aufrechnung nach § 394 BGB. Die Möglichkeit der Aufrechnung bleibt jedoch, wenn die Vertragsparteien die von ihnen gewollte Unterhaltspflicht **völlig auf eine vertragliche Grundlage** gestellt haben (BGH FamRZ 2002, 1181).

Der allgemeine **Arglisteinwand,** wonach derjenige treuwidrig handelt, der etwas verlangt, was er sofort wieder zurückgeben muss, reicht nicht aus, um das Aufrechnungsverbot zu durchbrechen.

Auch **Rückstände** unterliegen dem Aufrechnungsschutz des § 394 S. 1 BGB. Zwar benötigt der Berechtigte die rückständigen Beträge nicht mehr für den laufenden Lebensunterhalt, so dass der unmittelbare Schutzzweck des § 394 BGB insoweit nicht eingreift, aber anderenfalls hätte es der Unterhaltsschuldner in der Hand, durch

Nichterfüllung seiner Unterhaltspflicht einen rechtlichen Vorteil zu erlangen.

Das Aufrechnungsverbot nach § 394 BGB i. V. m. § 850 b Abs. 1 Nr. 2 ZPO umfasst nicht nur wiederkehrende, gesetzliche Unterhaltsleistungen, sondern auch **einmalige Zahlungen**. Dazu gehören Erstattungs- oder Freistellungsansprüche des unterhaltsberechtigten Ehegatten aus dem **begrenzten Realsplitting** (BGH FamRZ 1997, 544).

Das Aufrechnungsverbot gilt nicht, wenn dem Schuldner ein Schadensersatzanspruch wegen einer im Rahmen des Unterhaltsverhältnisses vom Gläubiger gegen ihn vorsätzlich begangenen **unerlaubten Handlung nach § 826 BGB** zusteht (OLG Karlsruhe FamRZ 2003, 33). Dem Unterhaltsgläubiger muss jedoch das Existenzminimum verbleiben (BGH FamRZ 1993, 1186).

▶ **Aufwandsentschädigung**

Dienstaufwendungsentschädigungen sowie Aufwandsentschädigungen von **Bürgermeistern und Kreisräten** sind zu 1/3 dem der Unterhaltspflicht zugrunde zulegenden Einkommen hinzuzurechnen (OLG Bamberg FamRZ 1999, 1082). Neben der Berücksichtigung von 2/3 als **amtsbedingtem Kostenaufwand** kommt allerdings eine weitere pauschale Berücksichtigung von berufsbedingten Aufwendungen nicht in Betracht.

▶ **Au-pair-Aufenthalt**

I. d. R. ist eine Unterhaltsbedürftigkeit während eines Au-pair-Aufenthalts im Ausland zu verneinen, da die Gasteltern i. d. R. den Hin- und Rückflug bezahlen und während des Aufenthalts neben Kost und Logis ein angemessenen Taschengeld zu gewähren haben. Darüber hinaus ist ein Au-pair-Aufenthalt **keine Ausbildung** i. S. d. § 1610 Abs. 2 BGB, sondern eine allgemeine berufsvorbereitende Maßnahme.

Die **Kosten eines Au-Pair-Mädchens** sind als Kinderbetreuungskosten vom Einkommen abzuziehen und zwar sowohl das an das Mädchen gezahlte Taschengeld als auch die nach der SachbezugsVO zu berechnenden Aufwendungen für Kost und Logis des Au-Pair-Mädchens (OLG Koblenz FamRZ 2008, 434).

▶ **Ausbildungsbedingter Mehrbedarf**

Die Pauschale für den ausbildungsbedingten Mehrbedarf beträgt nach DT monatlich 90 Euro; um diesen Betrag ist die **Ausbildungsvergütung** eines in der Berufsausbildung stehenden Kindes, das im Haushalt der Eltern oder eines Elternteils wohnt, i. d. R. zu kürzen.

▶ **Ausbildungsfonds**

Leistungen aus einem Ausbildungsfonds, den die Eltern für das Kind gebildet haben, mindern dessen Bedürftigkeit (OLG Frankfurt FamRZ 1993, 98). Zweifelhaft bleibt, ob im Verhältnis der Eltern zueinander beachtlich ist, wer die Leistungen für den Ausbildungsfonds ganz oder teilweise erbracht hat. Sind die Leistungen während intakter Ehe erbracht worden, wird es darauf nicht ankommen, sondern sie sind als von beiden Eltern gleichermaßen aufgebracht anzusehen. Bei auch steuerlich wirksamen Vermögensübertragungen auf Kinder, die wegen der Freibeträge bei Kapitaleinkünften interessant sind, ist zu berücksichtigen, dass der **Vermögensertrag** stets und die **Vermögenssubstanz** bei **volljährigen** Kindern nach Billigkeit für den Unterhaltsbedarf einzusetzen sind.

▶ **Ausbildungsgeld**

Ausbildungsgeld als Behindertenbeihilfe nach §§ 104 ff. SGB III wird unabhängig vom Unterhaltsanspruch gewährt. Ein Rechtsübergang ist nach §§ 104 Abs. 3, 72, 108 SGB III nur eingeschränkt möglich, denn es gelten Einkommensfreigrenzen. Erst mit der Anzeige der Förderung an die Eltern kann der Anspruch übergehen. Eine **Anrechnung** auf den Unterhaltsanspruch ist nur nach Maßgabe des § 1610 a BGB möglich, so dass im Regelfall das Ausbildungsgeld nicht zu einer Unterhaltsminderung führen wird.

▶ **Ausbildungsvergütungen**

Ausbildungsvergütungen sind wie Arbeitseinkommen zu behandeln, weil sie aus zumutbarer Tätigkeit erzielt werden, wobei – soweit ausbildungsbedingte Aufwendungen vorliegen – ohne Nachweis ihrer Höhe eine Pauschale von 90 Euro in Ansatz gebracht werden kann. Über die Pauschale hinausgehende notwendige ausbildungsbedingte Aufwendungen sind auf konkreten Nachweis abzuziehen, soweit sie von den privaten Lebenshaltungskosten nach objektiven Merkmalen eindeutig abgrenzbar sind. Ausbildungsbedingte Aufwendungen sind auch **Kinderbetreuungskosten,** wenn die Betreuung durch Dritte infolge der Ausbildung erforderlich wird (vgl. Leitlinien 10.3). Nach Abzug dieser Pauschale bzw. nach Abzug der nachgewiesenen tatsächlichen Ausbildungskosten ist die verbleibende Nettoausbildungsvergütung (Ausbildungsbeihilfe/Lehrlingsvergütung) auf den von den Eltern zu leistenden Unterhalt anzurechnen, bei Berücksichtigung der Rechtsprechung des BGH (vgl. BGH NJW 1981, 2462 = FamRZ 1981, 541), im Falle der **Minderjährigkeit** des Kindes i. d. R. je zur Hälfte auf den Bar- und den Naturalunterhalt (vgl. § 1606 Abs. 3 S. 2 BGB), bei **Volljährigkeit** in voller Höhe (vgl. BGH FamRZ 2006, 99).

Ein **Teilverzicht** auf die Ausbildungsvergütung zugunsten des Erhalts des Kindergeldes ist nicht zulässig. Bei der Vereinbarung der Ausbildungsvergütung ist auf die **Einkommensgrenze für das Kindergeld** zu achten: 8008 Euro ab dem Jahr 2010.

▶ **Ausbildungsverzögerung**

Entstehen Mehrkosten durch die Wiederholung von Klassen in der Schule, durch Nichtbestehen von Prüfungen, durch Wechsel des zunächst eingeschlagenen Ausbildungsweges oder durch Studium über die gewöhnliche Studiendauer hinaus, ist zu berücksichtigen, dass der Unterhaltsberechtigte im Verhältnis zum Unterhaltspflichtigen die Obliegenheit hat, die Ausbildung mit Fleiß und Zielstrebigkeit zu betreiben, damit er sie innerhalb angemessener und üblicher Zeit beenden kann (BGH FamRZ 1998, 671). Andererseits sind die Gründe für die Verzögerung mit einzubeziehen, insbesondere Krankheit oder schwierige häusliche Verhältnisse sowie der Umfang der Verzögerung, aber auch die Einkommens- und Vermögensverhältnisse des Unterhaltspflichtigen. Die bloße Wiederholung einer Schulkasse oder ein **einmaliges Prüfungsversagen** (Abschlussprüfung, Abitur, Staatsexamen) führen nicht zu einer Beendigung der Unterhaltsverpflichtung, da eine solche Verzögerung i. d. R. noch nicht gegen Eignung und Erreichbarkeit des Ziels spricht (BGH FamRZ 2000, 421).

▶ **Ausgleichsanspruch, familienrechtlicher**

Ein besonderer familienrechtlicher Ausgleichsanspruch kommt dann in Betracht, wenn Eheleute nach außen eine gemeinsame Haftung oder eine Alleinhaftung übernommen haben, die den zugrundeliegenden familiären wirtschaftlichen Gegebenheiten nicht entspricht oder wenn Ehegatten im Rahmen der Familien- und Erziehergemeinschaft Leistungen erbracht haben, deren Ausgleich geboten erscheint (z. B. Aufkommen für Bar- und Naturalunterhalt eines gemeinsamen Kindes trotz Mitverpflichtung des leistungsfähigen anderen Elternteils).

Der Ausgleichsanspruch entsteht, wenn der betreuende Elternteil für den Unterhalt eines gemeinsamen Kindes allein aufkommt. Dann kann der leistende Elternteil Ersatz des geleisteten Barunterhalts verlangen. Unerheblich ist, ob ein Titel über den Unterhaltsanspruch des Kindes besteht oder nicht (OLG Jena FamRZ 2010, 382). Da es sich bei dem geforderten Ausgleich wirtschaftlich gesehen um **Rückstände** handelt, ist es grundsätzlich erforderlich, dass die Voraussetzungen des § 1613 Abs. 1 BGB vorliegen, also Inverzugsetzung oder Aufforderung zur Auskunft zum Zwecke der Geltendmachung von Unterhalt. Es gilt die regelmäßige **Verjährungsfrist von drei Jahren** nach §§ 195, 199 BGB.

(1) **Gesetzlicher Forderungsübergang** des Unterhaltsanspruchs nach § 1607 Abs. 2 S. 2, Abs. 3 BGB in Fällen der Rechtsverfolgungserschwerung. Gemäß § 1607 Abs. 3 BGB erfolgt ein Forderungsübergang auch auf leistende Dritte und auf den Scheinvater. § 1607 BGB gilt auch für Ansprüche nach § 1615 l BGB (OLG München FamRZ 1999, 1166, 1299).

(2) **Familienrechtlicher Ausgleichsanspruch** bei Unterhaltsmehrleistungen gegenüber Kindern, wenn der Betreuende zusätzlich Barunterhalt leistet, obwohl dazu der andere Elternteil verpflichtet ist, die Leistung aber nicht erbringt. **Nach** der Trennung der Eltern spricht eine Vermutung für die Absicht, Erstattung verlangen zu wollen. Übernimmt also der Barunterhaltspflichtige auch die Betreuung des Kindes, kann er Ausgleich der Barunterhaltsaufwendungen verlangen, vorausgesetzt, dass der andere Elternteil nach seiner Leistungsfähigkeit Unterhalt tatsächlich schuldet. Für die **Vergangenheit** kann Ausgleich gefordert werden, wenn der Zahlende als gesetzlicher Vertreter des Kindes gegen den Anderen Klage auf Kindesunterhalt erhoben hat, sowie bei Verzug und Rechtshängigkeit. Die **Verjährung** richtet sich nach §§ 197, 207 BGB. Auch beim **volljährigen Kind** kann ein Ausgleichsanspruch bestehen (OLG Köln FamRZ 1999, 1277).

(3) **Gesamtschuldnerausgleich: Bis zum Scheitern** der Ehe hat der **Alleinverdiener** in der Ehe begründete Schulden alleine zu tragen und kann auch keinen Ausgleich verlangen, denn der Gesamtschuldnerausgleich nach § 426 Abs. 1 BGB wird durch die besonderen Verpflichtungen in der ehelichen Lebensgemeinschaft überlagert (vgl. BGH FamRZ 1995, 216). In einer **Doppelverdienerehe** kann eine Haftung gemäß dem Verhältnis der Einkommen anzunehmen sein (LG Frankfurt FamRZ 2002, 28). Vom Scheitern der Ehe ist im Regelfall erst **ab Rechtshängigkeit** des Scheidungsantrages auszugehen, da bis dahin beide Parteien über den Zugewinnausgleich an Schuldentilgungen partizipieren (vgl. OLG München OLG-Report 2000, 6). Die Voraussetzungen für die familienrechtliche Überlagerung des Gesamtschuldnerausgleichs entfallen grundsätzlich mit der nicht nur vorübergehenden Trennung. Der **Vorwegabzug von Kreditschulden** vom unterhaltspflichtigen Einkommen ist als anderweitige Regelung i. S. d. § 426 Abs. 1 S. 1 2. HS anzusehen. Das gilt auch, wenn die Kreditraten (nur) bei der Berechnung des Kindesunterhalts einkommensmindernd berücksichtigt worden sind (OLG Celle FamRZ 2001, 1071). **Nutzt** ein Ehepartner nach der Trennung einen mit einem gemeinsamen Kredit erworbenen Gegenstand

alleine, ohne dass der andere eine Entschädigung für die Benutzung beansprucht (Pkw, Haus, Hausrat), muss dieser auch die gesamtschuldnerischen Verbindlichkeiten alleine abtragen (vgl. BGH NJWE-FER 1997, 74).

(4) Bei Auszug aus der **gemeinsamen Mietwohnung** besteht die gesamtschuldnerische Mithaftung bis zum Ablauf der gesetzlichen Kündigungsfrist weiter (LG Hannover FamRZ 2002, 29).

(5) Bei einem **Gemeinschaftskonto** mit Einzelverfügungsbefugnis (Oder-Konto) besteht eine **Gesamtgläubigerschaft** gemäß § 428 BGB und grundsätzlich ist jeder Ehegatten gemäß § 430 BGB **zur Hälfte berechtigt** (vgl. BGH FamRZ 1990, 370). **Mit der Trennung** ist i. d. R. die Grundlage für den ehebedingten **Verzicht auf einen Ausgleich** entfallen. Der Ausgleichsanspruch nach endgültiger Trennung ist **nicht dem ehelichen Güterrecht** zuzuordnen (OLG Karlsruhe FamRZ 1990, 629). Der nach Trennung das gemeinschaftliche Konto auflösende und das abgehobene Guthaben behaltende Ehegatte schuldet dem anderen die **Hälfte des Guthabens,** § 430 BGB (vgl. OLG Köln FamRZ 1987, 1139).

(6) Bei einem **nicht gemeinschaftlichen Konto** kommt es für die Verfügungsbefugnis und einen Ausgleich auf die (auch stillschweigenden) Absprachen der Eheleute an. Mit der Trennung verlieren solche Absprachen jedoch ihre Gültigkeit (BGH FamRZ 1988, 476). Der Ehepartner, der vom Konto des anderen Beträge abgehoben hat, ist daher zur Rückzahlung verpflichtet und kann nicht aufrechnen (vgl. LG Aachen FF 2001, 176).

(7) **Rentennachzahlung:** Der Unterhalt zahlende geschiedene Ehegatte hat gegen den unterhaltsberechtigten Ehegatten in Höhe einer diesem **rückwirkend gewährten Rente** einen familienrechtlichen Ausgleichsanspruch, soweit die rückwirkende Rentennachzahlung zu einer **Überzahlung** von Unterhalt geführt hat (BGH FamRZ 1989, 718; 1990, 269). Siehe →*Rentennachzahlung, Rentenbewilligungsverfahren.*

(8) Die **Aufteilung von Steuererstattungen** aufgrund einer Zusammenveranlagung zwischen den Eheleuten erfolgt in dem Verhält-

nis der von den Parteien gezahlten Steuern oder in dem Verhältnis der jeweiligen Steuerlasten bei fiktiv durchgeführter Einzelveranlagung (BFH NJW 1991, 2103). **Einkommensteuervoraus-
zahlungen** (vgl. BGH NJW 2002, 1570) sind an sich nach dem
Maßstab der anteiligen Steuerschuld gemäß § 426 Abs. 1 S. 1
BGB auszugleichen. Stillschweigend kann aber eine abweichende
Haftung vereinbart sein, die sich aus der tatsächlichen Handhabung bis zur Trennung ergeben kann.

▶ Aushöhlung des Unterhaltsanspruchs

Überträgt ein unterhaltspflichtiger geschiedener Ehegatte, der Inhaber eines Unternehmens ist, das Unternehmen samt Anlagevermö-
gen auf seine Lebensgefährtin bzw. auf eine von dieser als Alleinge-
sellschafterin übernommene GmbH und setzt seine Tätigkeit als
Angestellter der GmbH fort, um durch die „Umgründung" des Ge-
schäftes und den Übertritt in ein Anstellungsverhältnis die **Durchsetzung der Unterhaltsansprüche zu verhindern,** kommen gegen
die übernehmende neue Lebensgefährtin keine Schadensersatzansprüche nach § 826 BGB in Betracht. **Vorrang** hat bei dieser Konstellation das **Anfechtungsgesetz,** wobei sich der Sachverhalt in
einem **möglichen Anfechtungstatbestand** nach dem Anfechtungsgesetz gegenüber der GmbH erschöpft, unter Umständen verknüpft
mit einem **Durchgriff** auf die neue Lebensgefährtin gemäß § 11
AnfG (OLG Koblenz FamRZ 1999, 1062).

▶ Auskunftspflicht

Eine **ungefragte Auskunftsverpflichtung** besteht nach § 235 Abs. 3
FamFG, wenn sich während des Verfahrens Umstände, die Gegenstand der Auskunftspflicht waren, wesentlich verändert haben. Es besteht damit eine **gesetzliche Pflicht zur ungefragten Information.**
Nach § 243 Nr. 2 und 3 FamFG kann eine unterlassene oder ungenügende Auskunftserteilung vor und während des Verfahrens kostenrechtlich sanktioniert werden. Darüber hinaus besteht eine ungefragte Auskunftsverpflichtung, wenn das Schweigen über eine grundlegende Änderung der Verhältnisse **evident unredlich** erscheint. Das
Gesetz sieht verschiedene **Auskunftspflichten** vor, nämlich

- für den Kindesunterhalt aus § 1605 Abs. 1 BGB
- für den Getrenntlebensunterhalt aus § 1361 Abs. 4 i. V. m. § 1605 Abs. 1 BGB
- für den nachehelichen Ehegattenunterhalt aus § 1580 BGB
- für die Berechnung der Haftungsanteile beim Unterhalt volljähriger Kinder sowie beim Gleichrang mehrerer Berechtigter aus § 242 BGB.

Bei **unselbstständig Erwerbstätigen** sind i. d. R. die Einkünfte **eines** Jahres maßgebend, wobei sich regelmäßig empfiehlt, den zwölfmonatigen Zeitraum vor dem Auskunftsverlangen oder der Antragstellung als Beurteilungszeitraum zu wählen, um auch die Lohn- bzw. Gehaltserhöhung des laufenden Jahres berücksichtigen zu können. Bei **selbstständig Gewerbetreibenden** oder **freiberuflich Erwerbstätigen** ist i. d. R. auf das Durchschnittseinkommen in den letzten drei Jahren abzustellen, um im Hinblick auf das regelmäßig schwankende Einkommen eine sichere Beurteilung der Verhältnisse zu ermöglichen.

Der Auskunftsanspruch des Unterhaltsgläubigers wird von dem **Verwirkungseinwand** grundsätzlich nicht berührt, weil im Rahmen der umfassenden Billigkeitsabwägung, die § 1579 BGB vorschreibt, auch die Einkommens- und Vermögensverhältnisse der Beteiligten eine wesentliche Rolle spielen.

1. Auskunft vor Gericht

Um zeitintensive **Stufenanträge entbehrlich** zu machen, geben §§ 235, 236 FamFG im **gerichtlichen Verfahren** ein Instrumentarium, mit dem gemäß § 235 Abs. 2 FamFG das Gericht verpflichtet ist für die Auskunftserteilung nach § 235 Abs. 1 bzw. § 236 Abs. 1 FamFG Sorge zu tragen, **wenn** ein Beteiligter vor Beginn des Verfahrens entgegen einer bestehenden Auskunftspflicht einer Aufforderung innerhalb angemessener Frist nicht nachgekommen ist. §§ 235 Abs. 2, 236 Abs. 2 FamFG dürfen nicht dahin missverstanden werden, dass die mühselige Ermittlung der vorhandenen Einkünfte auf die Familiengerichte abgeschoben werden könnte. Von der **verfahrensrechtlichen Auskunftspflicht** der Beteiligten bzw. Dritter kann erst dann Gebrauch gemacht werden, wenn entsprechende Aufforderungen zur Auskunftserteilung **vor Beginn des Verfahrens** stattgefunden haben und erfolglos geblieben sind. In Unterhaltssachen besteht **keine Amtsermittlung** gemäß § 26 FamFG.

Bei der Anwendung der §§ 235, 236 FamFG ist zu unterscheiden zwischen

(1) der gerichtlichen **Möglichkeit** zur Aufklärung gemäß Abs. 1 und

(2) der gerichtlichen **Verpflichtung** auf **Antrag** eines Beteiligten, das Einkommen aufzuklären (Abs. 2).

2. Belegpflicht

Über die Höhe der Einkünfte sind **auf Verlangen** Belege, insbesondere Bescheinigungen des Arbeitgebers vorzulegen. Für eine Auskunftserteilung reicht es aber nicht aus, wenn lediglich Gehaltsabrechnungen übersandt werden. Auskunft und Vorlage von Belegen sind **zwei getrennte** Ansprüche, die auch einzeln geltend gemacht werden können. Zur Belegpflicht gehört unter besonderen Umständen auch die Vorlage des Arbeitsvertrages, insbesondere bei einer Beschäftigung im Ausland (so OLG München FamRZ 1993, 202 f.).

Um die Angaben zur Auskunft überprüfen oder das Einkommen selbst errechnen zu können, besteht für die Höhe der Einkünfte (**nicht des Vermögens**) ein Anspruch auf Vorlage von Belegen, §§ 1580 S. 2, 1605 Abs. 1 S. 2 BGB. Hierbei handelt es sich insbesondere um Verdienstbescheinigungen, Lohnsteuerkarten, Arbeitslosen- und Krankengeldbescheide, Spesenbescheinigungen, Einkommenssteuererklärungen mit sämtlichen Anlagen (= Bilanzen nebst Gewinn- und Verlustrechnung) und Einkommenssteuerbescheide. In Einzelfällen kann auch die Vorlage eines Dienst- oder Arbeitsvertrages verlangt werden, bei Geschäftsführern oder Gesellschaftern einer GmbH die Vorlage von Bilanzen nebst Gewinn- und Verlustrechnungen der GmbH, ferner die Vorlage von Darlehensverträgen und Umsatzsteuerbescheiden.

Kommt ein Beteiligter der Aufforderung des Gerichts nicht oder nur unvollständig nach, kann das Gericht die Auskünfte zum Einkommen **unmittelbar vom Arbeitgeber, Versicherungen, Rentenversicherungs- und Sozialleistungsträgern und beim Finanzamt** erholen, § 236 FamFG. Das Gericht kann gemäß § 235 Abs. 1 S. 2 FamFG, soweit es seine Auskunft von Amts wegen erholt, zugleich anordnen, dass vom Auskunftspflichtigen **schriftlich versichert** wird, dass die Auskunft **wahrheitsgemäß und vollständig** erteilt wurde. Die Versicherung kann **nicht durch einen Vertreter** erfolgen. Für die Anordnung ist eine angemessene Frist zu setzen, außerdem ist auf die Kostenfolge bei Nichterteilung und sonstige Folgen der Erteilung oder Nichterteilung hinzuweisen, §§ 235 Abs. 1 S. 3, 243 Abs. 2 Nr. 3, 235 Abs. 3, 236 FamFG. Die schriftliche Versicherung macht im Regelfall den Antrag auf Abgabe einer eidesstattlichen Versicherung im Rahmen eines Stufenantrags entbehrlich.

Eidesstattliche Versicherung, §§ 259, 260, 261 BGB. Wurde die Auskunft nach Angaben des Pflichtigen vollständig erteilt und liegen Anhaltspunkte dafür vor, dass die Auskunft aufgrund fehlender Sorgfalt oder in Betrugsabsicht unvollständig oder unrichtig ist, hat der Anspruchsberechtigte einen Anspruch auf Abgabe der eidesstattlichen Versicherung.

3. Ausländisches Recht

Ist ausländisches Recht Unterhaltsstatut (Art. 18 Abs. 1 EGBGB), das **keinen Auskunftsanspruch** kennt, weil dort der Untersuchungsgrundsatz gilt, ist im Wege der Rechtsangleichung ein Auskunftsanspruch zu bejahen (OLG Hamm FamRZ 1993, 69 im Anschluss an Jayme, IPrax 1989, 330).

4. Auskünfte für Unterhalt des volljährigen Kindes

Soweit ein volljähriges Kind Unterhalt begehrt, gehört die Mitteilung des Einkommens **beider Elternteile** bereits zum **schlüssigen Vortrag,** da der Haftungsanteil des in Anspruch genommenen Elternteils sonst nicht berechnet werden kann.

Die notwendigen Auskünfte zum Einkommen sind daher vom **Volljährigen** nach § 1605 BGB zu erholen.

Will dagegen ein **Elternteil** einen Unterhaltstitel eines volljährigen Kindes **abändern,** muss er vorab zur Feststellung seines Haftungsanteils nach § 1606 Abs. 3 S. 1 BGB das **Einkommen des anderen Elternteils** klären, wofür ihm ein **Auskunftsanspruch nach § 242 BGB** zusteht.

Will ein Elternteil **außergerichtlich** seinen Haftungsanteil ermitteln, um ein Verfahren zu vermeiden bzw. das Kind nicht zu zwingen, gegen den anderen Elternteil vorzugehen, besteht ebenfalls ein Auskunftsanspruch nach § 242 BGB (BGH FamRZ 1988, 268). Es fehlt insoweit zwar eine unmittelbare gesetzliche Regelung, aber nach Treu und Glauben ist ein Anspruch gegeben, wenn zwischen den Beteiligten rechtliche Beziehungen bestehen – wie hier gemäß § 1606 Abs. 3 S. 1 BGB – bei denen der Auskunftsbegehrende über die Höhe seiner Verpflichtung im Unklaren und deshalb auf die Auskunft des anderen Elternteils angewiesen ist.

5. Auskunftsbelege

Belege, die der Auskunftspflichtige vorlegen soll, müssen im Antrag mit Rücksicht auf die Zwangsvollstreckung genau bezeichnet werden. Der Auskunftspflichtige hat seine Einkünfte **nicht irgendwie** zu belegen, sondern es sind bestimmte Belege vorzulegen. Das bedeutet, dass Antrag und Beschluss die vorzulegenden Belege im Einzelnen so bestimmt bezeichnen müssen, dass es dem Gerichtsvollzieher möglich ist, sie aus anderen Unterlagen auszusondern. Der Berechtigte hat nicht nur Anspruch auf Einsichtnahme in die Belege, sondern **auch auf Überlassung** derselben. Über das **Vermögen** kann nach Maßgabe des § 260 BGB nur ein **Bestandsverzeichnis** verlangt werden, dessen Richtigkeit gegebenenfalls gemäß § 261 BGB an Eides statt zu versichern ist. Unterhaltsgläubiger oder -schuldner sind nicht gehalten, Belege über das **Fehlen von Vermögen** vorzulegen.

Die Auskunftsansprüche geschiedener Ehegatten nach §§ 1580, 1605 BGB bestehen zwar **wechselseitig;** sie sind aber **nicht Zug um Zug** (§ 322 BGB) zu erfüllen.

6. Rechtsfolge bei Verstoß gegen die Auskunftspflicht

Die Grundsätze der Kostentragungsregeln sind für **alle Unterhaltsverfahren** durch § 243 Nr. 2 und 3 FamFG dahingehend modifiziert, dass bei Verfahrensveranlassung wegen **nichtordnungsgemäß erteilter Auskunft** die Kosten des Verfahrens nach billigem Ermessen ganz oder teilweise dem Unterhaltspflichtigen auferlegt werden können. § 243 Nr. 2 und 3 FamFG normiert eine „**Kostenstrafe**", woraus folgt, dass ein Auskunftspflichtiger in aller Regel die Kosten zu tragen hat, wenn er vorprozessual oder nach Aufforderung des Gerichts im Verfahren keine oder nur ungenügende Auskunft erteilt hat. Dies gilt auch bei Antragsrücknahme, insbesondere wenn sich nach Auskunftserteilung ergibt, dass ein Unterhaltsanspruch nicht besteht. Bei schuldhafter Nichterfüllung der Auskunftspflicht kann das Gericht von dem vom Unterhaltsgläubiger behaupteten Nettoeinkommen ausgehen; außerdem kann in diesem Fall der Unterhaltsanspruch unter dem Gesichtspunkt des Verzugsschadens begründet werden. Das gleiche Ergebnis kann durch die Anwendung der Grundsätze über die Beweisvereitelung erreicht werden (vgl. OLG Karlsruhe FamRZ 1990, 533, 535).

7. Beschränkung der Auskunftspflicht

Gemäß § 1605 Abs. 2 BGB kann vor Ablauf von **zwei Jahren** Auskunft erneut nur verlangt werden, wenn glaubhaft gemacht wird, dass der zur Auskunft Verpflichtete später wesentlich höhere Einkünfte oder weiteres Vermögen erworben hat.

Bei rechtskräftiger Verpflichtung zur Unterhaltszahlungen beginnt die Frist mit der Verkündung des Beschlusses; beim Abschluss eines Vergleichs ist der Zeitpunkt des Abschlusses maßgebend. Im **Laufe eines Verfahrens** kann das Auskunftsbegehren jederzeit zeitlich erweitert werden, um **aktuelle Auskünfte** zu erhalten (BGH FamRZ 2006, 1182).

8. Pflicht zur unaufgeforderten Information

Siehe → *Unaufgeforderte Information (Pflicht)*. Gemäß § 235 Abs. 3 FamFG sind Antragsteller und Antragsgegner verpflichtet, dem Gericht ohne Aufforderung mitzuteilen, wenn sich während des Verfahrens Umstände, die Gegenstand der Auskunft waren, wesentlich verändert haben. Wer einen Unterhaltsanspruch geltend macht, hat die der Begründung des Anspruchs dienenden tatsächlichen Umstände **wahrheitsgemäß** anzugeben und darf **nichts verschweigen**, was seine Unterhaltsbedürftigkeit in Frage stellen könnte. Das gilt mit Rücksicht auf die **prozessuale Wahrheitspflicht** erst recht während eines laufenden Verfahrens. Werden solche Umstände nicht offenbart, wird insoweit sowohl das Gericht als auch die Gegenpartei getäuscht. Dies kann zu einer Anfechtungsberechtigung nach § 123 Abs. 1 BGB führen. Das erforderliche **arglistige Handeln** setzt voraus, dass der Täuschende durch sein Verhalten beim Erklärungsgegner einen Irrtum erregen bzw. aufrecht erhalten möchte um den Getäuschten damit zu einer Willenserklärung zu bewegen, die er sonst nicht oder mit anderem Inhalt abgegeben hätte. Dabei genügt **bedingter Vorsatz.** Ein pflichtwidriges Verschweigen erfüllt jeweils den Straftatbestand des **Betrugs** (vgl. BGH FamRZ 2000, 153). Ob eine **Offenbarungspflicht** auch im Falle eines ergangenen Unterhaltsbeschlusses besteht, wenn eine wesentliche Änderung der Einkommens- und Vermögensverhältnisse i. S. d. § 238 FamFG erfolgte, hängt davon ab, ob der Unterhaltspflichtige aufgrund eines entsprechenden Verhaltens des Unterhaltsberechtigten aus **vorangegangenem Tun** keinen Anlass zur Nachprüfung der Einkommensverhältnisse gehabt hat oder ob aus dem **unterhaltsrechtlichem Treueverhältnis** (§§ 242, 1618 a BGB) eine allgemeine Pflicht zur Information angenommen wird (vgl. Borth, FamRZ 2008, 1329).

Eine ungefragte Auskunftsverpflichtung besteht, wenn das Schweigen über eine grundlegende Änderung der Verhältnisse **evident unredlich** erscheint. Evident unredlich ist die Nichtoffenbarung, wenn der andere Beteiligte des Unterhaltsrechtsverhältnisses aufgrund vorangegangenen Tuns keinen Anlass hatte, sich einer Änderung der unterhaltsrechtlichen Umstände durch eine Auskunft zu vergewissern (vgl. OLG Bremen FamRZ 2000, 256). Verstöße gegen die Obliegenheit, ungefragt Auskunft zu erteilen, können auf Seiten des Unterhaltspflichtigen Schadensersatzansprüche auslösen (vgl. OLG Bremen FamRZ 2000, 256). Auf Seiten des Berechtigten kann der Verstoß zu einer **Verwirkung** der Unterhaltsansprüche nach § 1579 Nr. 3 BGB führen. Ein im Unterhaltsrechtsstreit oder außergerichtlich geschlossener Vergleich kann nach § 123 BGB **angefochten** werden (BGH FamRZ 2000, 150).

Hat ein getrennt lebender Ehegatte seinem vormals nicht erwerbstätigen Ehepartner aufgrund eines rechtskräftigen Titels eine Unterhaltsrente bezahlt, so kann ihm gegen den Ehepartner ein **Schadensersatzanspruch** gemäß § 826 BGB zustehen, wenn der Ehepartner nach Erlass des Unterhaltstitels eine Erwerbstätigkeit aufgenommen, die vollen Unterhaltszahlungen aber weiterhin **schweigend** in Empfang genommen hat.

▶ **Ausländische Devisen**

Wenn der Verpflichtete in der Bundesrepublik lebt, das Kind aber im Ausland, empfiehlt sich bei **Schwachwährungsländern** stets eine Titulierung in Euro (vgl. z. B. Buseva, FamRZ 1997, 264).

Die Bemessung der richtigen Abschlagshöhe wegen niedrigen Lebensstandards im Ausland muss die Veränderung der dortigen Lebenshaltungskosten berücksichtigen. Der Bedarf eines im **Ausland lebenden** Kindes ist, ausgehend von den Unterhaltsbeträgen der DT, unter Berücksichtigung der **Verbrauchergeldparität** und des **Wechselkurses** derart an die dortigen Lebensverhältnisse anzupassen, dass dem Kind dort ein Betrag zur Verfügung steht, dessen **Kaufkraft** dem deutschen Tabellenunterhalt entspricht (vgl. AG München FamRZ 2009, 1597 – Uganda; AG Ludwigslust FamRZ 2010, 737).

Das anwendbare Recht ist i. d. R. das Recht des **gewöhnlichen Aufenthalts** des Unterhaltsberechtigten, Art. 18 Abs. 1 EGBGB. Lebt der Unterhaltsberechtigte im Ausland, so sind für die Höhe des Unterhaltsanspruchs die Geldbeträge maßgebend, die er an seinem **Aufenthaltsort** aufwenden muss, um den ihm gebührenden Lebensstandard aufrecht zu erhalten (BGH FamRZ 1987, 682). Hierzu kann die Auskunft des statistischen Bundesamtes erholt werden oder auf die vom Bundesfinanzministerium herausgegebene **Länderübersicht** zurückgegriffen werden.

▶ **Auslandsaufenthalt im Rahmen eines Schüleraustausches**

Die Betreuungspflichten des sorgeberechtigten Elternteils entfallen nicht schon deshalb, weil sich das Kind aufgrund Schüleraustausches vorübergehend im Ausland aufhält. Deshalb entsteht durch den Auslandsaufenthalt nicht automatisch eine Barunterhaltspflicht des betreuenden Elternteils (OLG Hamm FamRZ 1999, 1449).

▶ Auslandskinderzuschlag

Dieser Zuschlag stellt den Ausgleich für die besonderen Belastungen dar, denen Beamte, Richter und Soldaten in der Lebensführung im Ausland ausgesetzt sind; da sie nach §§ 63 Abs. 1 S. 3, 65 EStG kein Kindergeld erhalten, werden sie durch die Anrechenbarkeit des Auslandskinderzuschlages auf das Einkommen den kindergeldberechtigten Inlandsbeamten gleichgestellt.

▶ Auslandsstudium

Die Kosten eines längeren Auslandsstudiums sind Mehrbedarf, nicht Sonderbedarf (vgl. BGH FamRZ 1992, 1064; OLG Hamm FamRZ 1994, 1281); anders kann es bei einem **Schüleraustausch** sein (vgl. OLG Naumburg FuR 1999, 476).

▶ Auslandsunterhaltsgesetz

Lebt der Unterhaltsschuldner in den USA, in Kanada oder in Südafrika, so leistet dem Unterhaltsgläubiger in vielen Fällen das Auslandsunterhaltsgesetz praktische Hilfe, um Aufenthalt und Vermögen des Pflichtigen über die Zentrale Behörde zu ermitteln und ihn zu Unterhaltszahlung zu bewegen oder um einen deutschen Titel erleichtert für vollstreckbar erklären zu lassen.

Ein Verfahren nach dem Gesetz zur Geltendmachung von Unterhaltsansprüchen im Verkehr mit ausländischen Staaten stellt ein Verwaltungsverfahren der Justizverwaltungsbehörde dar.

Über Anträge in Unterhaltssachen entscheidet gemäß § 28 AUG **ausschließlich** das für den Sitz des Oberlandesgerichts, in dessen Bezirk der Antragsgegner oder der Berechtigte seinen gewöhnlichen Aufenthalt hat, zuständige Amtsgericht, **wenn ein Beteiligter seinen gewöhnlichen Aufenthalt nicht im Inland hat**; für den Bezirk des Kammergerichts ist das Amtsgericht Pankow-Weißensee zuständig.

Die Bewilligung von Verfahrenskostenhilfe für die Anerkennung, Vollstreckbarerklärung und Vollstreckung eines ausländischen Titels richtet sich nach §§ 20 ff. AUG.

▶ **Auslandszulagen**

Als →*Arbeitseinkommen* sind regelmäßig alle Leistungen anzusehen, die im Hinblick auf das Arbeits- oder Dienstverhältnis gewährt werden und zwar gleichgültig aus welchem Anlass und zu welchem Zweck sie im Einzelnen gezahlt werden. Sonderzuwendungen gehören dazu ebenso wie Zulagen und sonstige Nebeneinnahmen (BGH FamRZ 1980, 342; OLG München FamRZ 1980, 150, 151). Auslandszulagen sind Zuwendungen, die im Ausland Tätige zum Ausgleich höherer Lebenshaltungskosten erhalten.

Nach aller praktischen Erfahrung ist davon auszugehen, dass der wirkliche Mehraufwand zum Teil erheblich unter dem Betrag der Zulage liegt, so dass gerade dies finanziell ein Anreiz zur Auslandstätigkeit sein kann. Bei deutschen Beamten gliedert sich die Auslandszulage in einen **Kaufkraftausgleich** und in einen **Auslandszuschlag.**

Der Kaufkraftausgleich ist dem unterhaltspflichtigen Einkommen **nicht** hinzuzurechnen, während der Auslandszuschlag in vollem Umfang unterhaltspflichtiges Einkommen darstellt, es sei denn, der Unterhaltspflichtige legt im Einzelnen dar, dass er den Mehrbedarf zur Deckung seiner **auslandsbedingten Mehraufwendungen** tatsächlich benötigt hat. Wenn die sog. **Expatriate Allowance** als Entschädigung für das Leben in einer klimatisch belastenden und kulturell nicht abwechslungsreichen Region dient, etwa um physische Erschwernisse infolge eines heißen und feuchten Klimas auszugleichen erscheint es angemessen ein Drittel der Expatriate Allowance anrechnungsfrei zu belassen. Die von einem **Berufssoldaten** erhaltenen steuerfreien **Zuschläge für Auslandseinsätze** prägen die ehelichen Lebensverhältnisse auch dann, wenn die Beteiligten zum Zeitpunkt des Erhalts der Zuschläge bereits getrennt leben und ein neuerlicher Einsatz im Ausland nicht unmittelbar bevorsteht. Die Auslandszuschläge sind – ähnlich wie Spesen und Auslösungen – zu **einem Drittel** als bedarfsprägendes Einkommen anzusetzen (OLG Stuttgart FamRZ 2002, 820).

Die einem Soldaten gewährten Auslandszuschläge werden wegen **erschwerter Lebensbedingungen** aus Billigkeitsgründen zum Teil nicht berücksichtigt, z. B. die Krisenzulage. Dabei sind die Mehrbelastungen, insbesondere die immateriellen Belastungen und der Verzicht auf gewohnte vergleichsweise komfortable Lebensverhältnisse in der Bundesrepublik im Vergleich zu denen eines Militärlagers in einem Krisengebiet einerseits, gegen die Ersparnisse wegen geringerer Konsummöglichkeit im Krisengebiet andererseits abzuwägen, wobei auch die Ersparnisse aus einem erzwungenen Konsumverzicht folgen, die seinerseits als Belastung mit zu berücksichtigen ist (OLG Schleswig FamRZ 2005, 369: Die Hälfte der Auslandszulage aus Einsätzen in Afghanistan und Bosnien wurde angerechnet).

▶ **Auslösegeld**

Auslösegelder können →*Erschwerniszulagen* sein, soweit sie nicht dazu bestimmt sind, einen durch Arbeit außerhalb der heimatlichen Arbeitsstelle erhöhten Bedarf zu decken, sondern auch ein gesteigertes Entgelt für die damit verbundene persönliche Unbequemlichkeit, klimatische Veränderungen, ungewohnte Umgebung, Trennung von Familie o. ä. darstellen sollen. Über die Anrechenbarkeit ist nach Maßgabe des Einzelfalles zu entscheiden unter Berücksichtigung des tatsächlichen erhöhten Bedarfs. Auslösen gelten i. d. R. als Einkommen. Damit zusammenhängende Aufwendungen, vermindert um häusliche Ersparnis, sind jedoch abzuziehen. Bei Aufwendungspauschalen kann 1/3 als Einkommen angesetzt werden (Leitlinien Ziff. 1.4.).

Es gibt für Auslösungen in der Privatwirtschaft keinen Erfahrungssatz, dass der wirkliche Mehraufwand unter der Zulage liegt (so BGH FamRZ 1990, 266, 267).

▶ **Auswärtige Tätigkeit**

Mehraufwendungen, die durch eine auswärtige Erwerbstätigkeit bedingt sind, mindern die →*Leistungsfähigkeit des Verpflichteten* im Umfang ihres **tatsächlichen** Anfalls. Dabei ist jedoch eine evtl. **Eigenersparnis** zu berücksichtigen. Während bei auswärtigem **Essen** regelmäßig eine Ersparnis in der Weise eintritt, dass die häusliche Versorgung entfällt, wird bei auswärtigen **Übernachtungen** infolge der Nichtbenutzung des häuslichen Bettes i. d. R. keine Eigenersparnis eintreten. Soweit durch auswärtige Tätigkeit die Notwendigkeit eines **Zweithaushaltes** entsteht, sind die daraus anfallenden Kosten einkommensmindernd zu berücksichtigen. An die **Notwendigkeit** der Ausgaben sind jedoch strenge Anforderungen zu stellen.

▶ **Autohaftpflichtversicherung**

Soweit die Kosten für den Betrieb eines Pkws (ausführlich →*Fahrtkosten*) einkommensmindernd abgesetzt werden können, sind auch die Versicherungskosten als laufende Betriebskosten abzugsfähig. Nicht jedoch soweit die laufenden Betriebskosten vom Arbeitgeber erstattet werden, oder wenn Fahrtkosten einkommensmindernd berücksichtigt werden.

▶ BAföG

BAföG-Leistungen zählen mit Ausnahme von Vorausleistungen nach §§ 36, 37 BAföG, auch soweit sie als Darlehen gewährt werden, zum Einkommen (Leitlinien 13.2). Leistungen nach dem BAföG sind voll auf den Bedarf anzurechnen, da ein Schulbesuch **nicht** einer **überobligatorischen** Leistung gleichgesetzt werden kann. Dies gilt auch dann, wenn die Berechtigte dem Grunde nach gemäß § 1570 BGB wegen Kinderbetreuung einen Anspruch auf Unterhalt hätte (OLG Hamm FamRZ 1995, 1422). Unterhaltsberechtigt gegenüber Verwandten ist nämlich nur, wer außerstande ist, sich selbst zu unterhalten.

Volljährigen Kindern – und erst recht auch Ehegatten – ist die Aufnahme des Kredites in Form der darlehensweise gewährten BAföG-Leistungen im Hinblick auf die außerordentlich günstigen Darlehensbedingungen im Regelfall zumutbar.

Schulden aus der BAföG-Förderung sind dann als einkommensmindernd zu berücksichtigen, wenn diese Schulden bereits zur Rückzahlung **fällig** sind (BGH FamRZ 1986, 148, 149).

Da die Inanspruchnahme von BAföG-Leistungen zumutbar ist, ist dem Unterhaltsbegehrenden bei **Unterlassung einer Antragstellung** in Höhe der BAföG-Leistungen ein fiktives Einkommen zuzurechnen (BGH FamRZ 1980, 126, 128), wenn der Student bei Antragstellung ein BAföG-Darlehen erhalten könnte. Der Studierende erfüllt seine Obliegenheit durch Antragstellung. Er ist **nicht verpflichtet** gegen einen ablehnenden Bescheid ein Rechtsmittel einzulegen, wenn dies der Unterhaltsverpflichtete nicht ausdrücklich von ihm verlangt (BGH FamRZ 1989, 499 f.).

▶ **Bankvollmacht**

Die Bankvollmacht über das Alleinkonto eines Ehegatten gilt im Innenverhältnis **nur bis zur Trennung** der Eheleute mit der Folge, dass **eigenmächtige Abhebung nach der Trennung** Ansprüche auf Schadensersatz gemäß § 826 BGB begründen (OLG Frankfurt FamRZ 2000, 1215). Die Bankvollmacht über das Alleinkonto eines Ehegatten ist i. d. R. ohnehin von vornherein auf Zwecke der ehelichen Lebensgemeinschaft beschränkt und erlischt mit der Aufhebung der ehelichen Lebensgemeinschaft (BGH FamRZ 2007, 386). Bei eigenmächtigen Abhebungen kommen neben dem Schadensersatzanspruch nach § 826 BGB Ansprüche aus angemaßter Eigengeschäftsführung, § 687 Abs. 2 BGB, positiver Vertragsverletzung des Kontovollmachtvertrages und aus ungerechtfertigter Bereicherung in sonstiger Weise gemäß § 812 Abs. 1 S. 1 2. Teil BGB in Betracht.

▶ **Barunterhaltspflicht des betreuenden Elternteils**

Ein Elternteil, der ein minderjähriges unverheiratetes Kind betreut, erfüllt seine Unterhaltspflicht i. d. R. durch die Pflege und Erziehung des Kindes (§ 1606 Abs. 3 S. 2 BGB). Der andere hat dagegen den Barunterhalt aufzubringen. Er hat alle verfügbaren Mittel einzusetzen (§ 1603 Abs. 2 S. 1 BGB). Für seinen eigenen Bedarf bleibt ihm nur der **notwendige Selbstbehalt.** Diese **verschärfte Haftung** scheidet jedoch dann aus, wenn ein anderer unterhaltspflichtiger Verwandter vorhanden ist, der den Barunterhalt ohne Beeinträchtigung seines eigenen **angemessenen Selbstbehalts** leisten kann (§ 1603 Abs. 1, 2 S. 3 BGB). Der unterhaltspflichtige Verwandte kann auch der **betreuende Elternteil** sein. Dieser hat sich darüber hinaus am Barunterhalt zu beteiligen, wenn eine Ausnahme von der Regel des § 1606 Abs. 3 S. 2 BGB gegeben ist, insbesondere wenn er über ein **deutlich höheres Einkommen** als er andere verfügt und dessen Inanspruchnahme auf Kindesunterhalt zwar nicht zur Gefährdung des angemessenen Selbstbehalts des Barunterhaltspflichtigen, wohl aber zu einem **finanziellen Ungleichgewicht** zwischen den Eltern führen würde (BGH FamRZ 2008, 137; Scholz, Die Beteiligung des betreuenden Elternteils am Barunterhalt, FamRZ 2006, 1728).

Ist das Einkommen des betreuenden Elternteils **mehr als doppelt so hoch** wie das des an sich barunterhaltspflichtigen Elternteils, kann die Unterhaltsverpflichtung ganz entfallen. Besteht ein **erhebliches finanzielles Ungleichgewicht** zwischen den Einkünften der beiden Elternteile, ist das Einkommen des betreuenden Elternteils aber noch **nicht doppelt so hoch,** wie dasjenige des an sich barunterhaltspflichtigen Elternteils, so ist von einer **anteiligen Barunterhaltspflicht** beider Elternteile auszugehen. Der Haftungsanteil jedes Elternteils errechnet sich nach Abzug des angemessenen Selbstbehalts (OLG Brandenburg FamRZ 2006, 1780).

▶ Baukindergeld

Die steuerliche Ersparnis durch das Baukindergeld ist wie die Eigenheimzulage (→*Eigenheim, Eigentumswohnung*) zu berücksichtigen. Sind also für das Eigenheim noch Abzahlungen zu erbringen, sind diese **vorab** um die vom Staat gewährten Fördermittel zu kürzen.

▶ Bausparverträge

Aufwendungen für Bausparen stellen **vermögenswirksame Leistungen** dar und dienen der Bildung eigenen Vermögens. Vermögensbildende Aufwendungen sind i. d. R. bei der Bedarfsbestimmung für den Ehegattenunterhalt zu berücksichtigen, wenn sie **eheprägend** und nach einem objektiven Maßstab **angemessen** sind. Beim Unterhalt **minderjähriger Kinder** sind vermögensbildende Aufwendungen i. d. R. nicht zu berücksichtigen. Allerdings ist dem Unterhaltspflichtigen gestattet, **bis zu vier Prozent des Gesamt-Bruttoeinkommens** des Vorjahres (beim Elternunterhalt bis zu fünf Prozent) als angemessene zusätzliche Altersversorgung zurück zu legen (BGH FamRZ 2005, 1817). Diese Rücklage kann auch in Form eines

Bausparvertrages erfolgen. Bedarfsmindernde Berücksichtigung kann jedoch nur erfolgen, wenn die Altersvorsorge tatsächlich vorgenommen wird.

▶ **Beamtenversorgung**

Bemessungsgrundlage für den Unterhaltsanspruch eines Kindes oder des Ehegatten eines aktiven oder eines Ruhestandsbeamten sind die **gesamten familienneutralen** und **familienbezogenen** Bestandteile der Bezüge ohne Rücksicht auf Benennung oder Berechnungsart (BGH FamRZ 1980, 342 ff.). Familienneutrale Bestandteile der Bezüge sind: Grundgehalt, Grundbetrag des Familienzuschlags (→*Familienzuschlag)*, jährliche →*Sonderzuwendungen* und →*Urlaubsgeld*. Familienbezogene Bestandteile der Bezüge sind: Ehe- und kinderbezogene Steigerungen des Familienzuschlags (→*Familienzuschlag)* bzw. die dem Ruhestandsbeamten stattdessen gewährten sog. Unterschiedsbeträge.

Bei Ermittlung des Lebensstandards einer **„Beamten-Ehe"** ist auch der beamtenrechtliche Anspruch auf Beihilfen im Krankheitsfall sowie auf eine beitragsfreie Invaliditäts- und Altersvorsorge zu berücksichtigen (so BGH FamRZ 1989, 483 ff.). Eine Ehefrau kann nach den maßgebenden ehelichen Lebensverhältnissen im Zeitpunkt der Scheidung grundsätzlich einen Krankenversicherungsschutz beanspruchen, wie er für eine Beamtenfamilie kennzeichnend ist. Ein solcher ist ihr während der Ehe einschließlich der Trennungszeit nachhaltig zuteil geworden. Dies gilt auch im Hinblick darauf, dass der geschiedenen Ehefrau eines Beamten eine freiwillige Versicherung in der gesetzlichen Krankenversicherung nicht möglich ist.

Bei der Ermittlung des Lebensstandards in einer „Beamten-Ehe" ist auch der beamtenrechtliche Anspruch auf Beihilfen im Krankheitsfall sowie auf eine beitragsfreie Invaliditäts- und Altersvorsorge zu berücksichtigen. Die Ehefrau kann daher auch nach der Scheidung grundsätzlich einen Krankenversicherungsschutz beanspruchen, wie er für eine Beamtenfamilie kennzeichnend ist, jedenfalls wenn ihr ein solcher während der Ehe einschließlich der Trennungszeit nachhaltig zu Teil geworden ist.

▶ **Bedarfsgemeinschaft**

Arbeitslosengeld II erhält der Erwerbsfähige, der das 15., aber nicht das 65. Lebensjahr vollendet hat, hilfebedürftig ist und seinen gewöhnlichen Aufenthalt in Deutschland hat, § 7 Abs. 1 SGB II. Die **Hilfebedürftigkeit** richtet sich nicht allein nach seinem Einkommen oder Vermögen, sondern nach demjenigen der **Bedarfsgemeinschaft,** der er angehört. Das **volljährige Kind,** das bei seinen Eltern oder einem Elternteil lebt, bildet mit ihnen bzw. mit ihm (bis zur Vollendung des 25. Lebensjahres) eine Bedarfsgemeinschaft, § 7 Abs. 3 Nr. 2, 4 SGB II. Voraussetzung ist allerdings, wie beim minderjährigen Kind, dass es nicht aus eigenem Einkommen oder Vermögen die Leistungen zur Sicherung des Lebensbedarfs beschaffen kann. **Partner** des erwerbsfähigen Hilfebedürftigen sind in die Bedarfsgemeinschaft ebenfalls einbezogen. Nach § 7 Abs. 3 a SGB II wird eine **Verantwortungsgemeinschaft** vermutet, wenn die Partner länger als ein Jahr oder mit einem gemeinsamen Kind zusammenleben, wenn sie Kinder oder Angehörige im Haushalt versorgen oder wenn sie befugt sind, über Einkommen oder Vermögen des anderen zu verfügen.

▶ **Bedürftigkeit des Berechtigten**

Wie überall im Unterhaltsrecht (mit Ausnahme des Familienunterhalts nach §§ 1360, 1360 a BGB) gilt der Grundsatz: Unterhalt kann nur verlangen, wer bedürftig ist. Unterhaltsbedürftig ist der geschiedene Ehegatte, der nicht mit eigenen Mitteln den Lebensstandard aufrechterhalten kann, der den ehelichen Lebensverhältnissen entspricht. Eigene Mittel lassen die Bedürftigkeit entfallen (§§ 1577, 1569 BGB).

Nach der ständigen Rechtsprechung des BGH (vgl. FamRZ 1985, 357; FamRZ 1986, 441) sind grundsätzlich alle Einkünfte in Geld oder Geldwert, gleich welcher Art, anzurechnen; auf die Herkunft der Einkünfte und des Vermögens kommt es grundsätzlich nicht an. Vorrangig ist auf die Frage abzustellen, ob der unterhaltsbegehrende Ehegatte Einkünfte aus seiner Erwerbstätigkeit und seinem Vermögen erzielt bzw. in zumutbarer Weise erzielen könnte (und in welcher Höhe).

Das Unvermögen, sich aus eigenen Einkünften und eigenem Vermögen selbst zu unterhalten (Bedürftigkeit) ist **Anspruchsvoraussetzung;** für die diesbezüglichen Tatsachen trägt der Unterhaltskläger die Darlegungs- und →*Beweislast* (im Einzelnen siehe dort).

Die Unterhaltsbedürftigkeit entfällt nicht nur, solange und soweit der Ehegatte sich aus seinen Einkünften und seinem Vermögen selbst unterhalten kann, sondern auch solange und soweit er einer **Obliegenheit zu eigenem Erwerb** nicht nachkommt. Er muss sich dann so behandeln lassen, als ob er das durch eine ihm obliegende Erwerbstätigkeit erzielte Einkommen tatsächlich erzielte (BGH FamRZ 1981, 752, 754, →*Fiktive Einkünfte;* →*Arbeitslosigkeit des Berechtigten*).

Bei der Ermittlung des **Bedarfs** werden nach der Rechtsprechung des BGH (FamRZ 2006, 683) nicht nur alle prägenden Einkommensveränderungen herangezogen, sondern auch alle bis zur und nach der Scheidung entstanden berücksichtigungswürdigen Ausgaben.

Bedürftig ist auch, wer die **Mangellage verschuldet** hat. Wer seine Arbeit freiwillig aufgegeben, sein Vermögen verspielt oder die ihm als Vorsorgeunterhalt gezahlten Mittel für andere Zwecke verbraucht hat (vgl. hierzu BGH FamRZ 1987, 684), ist bedürftig, sofern er nicht in der Lage ist, sich wieder in zumutbarer Weise Mittel zu verschaffen, etwa durch eine angemessene Erwerbstätigkeit. Die **schuldhafte Herbeiführung** der Bedürftigkeit kann jedoch zur Folge haben, dass sich der Ehegatte nicht auf seine Bedürftigkeit berufen darf. Diese Frage ist nach **§ 1579 Nr. 4 BGB** zu beantworten.

▶ Beerdigungskosten

Beerdigungskosten werden nach Gewohnheitsrecht von den nächsten Angehörigen in folgender Reihenfolge getragen: Ehegatten, Lebenspartner, volljährige Kinder, Eltern, volljährige Geschwister, Großeltern und volljährige Enkelkinder. Wird die öffentlich-rechtliche Bestattungspflicht erfüllt, resultieren hieraus Kosten wie Entgeltansprüche des Bestattungsunternehmers. Rechtsgrundlage für einen Anspruch gegen den **Sozialhilfeträger** auf Übernahme der Bestattungskosten ist § 74 SGB XII (BSG FamRZ 2010, 292).

Die Kosten der Beerdigung gehören grundsätzlich nicht mehr zum Lebensbedarf des Verstorbenen; sie sind nach §§ 1615 Abs. 2, 1968 BGB von dem Erben zu tragen, für den sie sich als Nachlassverbindlichkeit darstellen. Die Unterhaltsbedürftigkeit und mit ihr der **Unterhaltsanspruch** enden mit dem Tod des Unterhaltsberechtigten, § 1615 Abs. 1 BGB. Verschiedene gesetzliche Bestimmungen sehen jedoch vor, dass der Unterhaltspflichtige die **Kosten der Beerdigung** zu tragen hat, soweit ihre Bezahlung nicht von den Erben zu erlangen ist (§§ 1615 Abs. 2, 1360 a Abs. 3, 1361 Abs. 4 S. 4 BGB). Der Unterhaltspflichtige hat nur die **Kosten** zu tragen, also demjenigen, der die Bestattung besorgt hat, **Kostenersatz** zu leisten oder ihn von eingegangenen Verbindlichkeiten zu befreien. Ihm steht nach § 1968 BGB Anspruch auf **Aufwendungsersatz** gegen den Erben zu. Zu den Beerdigungskosten gehören **alle Kosten,** die durch die Beisetzung entstehen oder unmittelbar mit ihr verbunden sind, insbesondere die Kosten der Erd- oder Feuerbestattung einschließlich der Kosten einer Überführung, der Trauerfeier, Aufwendungen für Grabschmuck sowie die Aufwendungen für die Herstellung einer dauerhaften Grabstätte mit Grabstein. Für den **Umfang** der Kostentragungspflicht gelten §§ 1610, 1611 BGB (Beerdigungsaufwand nach der Lebensstellung/Billigkeitsregel). Die Kostentragungspflicht wirkt aus den unterhaltsrechtlichen Verhältnissen nach; sie ist der Art nach als **Unterhaltsanspruch** einzuordnen. Damit ist gegen diesen Anspruch auch der Einwand der **Leistungsunfähigkeit** zuzulassen. Träger des **Anspruchs auf Kostenübernahme** ist derjenige, der verpflichtet ist, die Bestattungskosten zu tragen (BVerwG FamRZ 2003, 1553). Wer die Durchführung der Bestattung aus dem Gefühl sittlicher Verpflichtung, aber **ohne Rechtspflicht** übernimmt, ist nicht „verpflichtet" (BVerwG FamRZ 2003, 1553).

▶ **Behindertes Kind**

Der Lebensbedarf des behinderten Kindes besteht aus dem Bedarf nach der DT und dem häufig sehr erheblichen Mehrbedarf. Der behinderungsbedingte oder krankheitsbedingte Mehrbedarf entsteht i. d. R. durch die Erforderlichkeit zusätzlicher Pflege und Versorgung des behinderten Kindes. Daraus ergibt sich auch die Berechtigung für den Mehrbedarf (BFH FamRZ 2000, 665). Ist die Behinderung nicht offensichtlich, sind entsprechende ärztliche Atteste und Gutachten vorzulegen. Ein Schwerbehindertenausweis allein reicht dagegen für die Geltendmachung eines Mehrbedarfs nicht aus, weil dieser nichts über den aktuellen Gesundheitszustand aussagt. Bei der Geltendmachung von behinderungsbedingten Mehrkosten ist zu unterscheiden, ob es sich um Mehrbedarf oder um Sonderbedarf handelt, wobei Mehrbedarf derjenige Teil des Lebensbedarfs ist, der regelmäßig, jedenfalls während eines längeren Zeitraums anfällt und so hoch ist, dass er von den Bedarfssätzen nicht erfasst wird. Um Sonderbedarf handelt es sich dagegen, wenn es ein unregelmäßiger außerordentlich hoher Bedarf ist, der nicht auf Dauer besteht (etwa die Kosten für die Anschaffung eines Behindertenfahrzeugs, eines Rollstuhls, einer Prothese oder eines Hörgerätes). Mehrbedarf entsteht häufig durch Mehrkosten der Unterbringung, Erziehung, Pflege und Versorgung des Kindes, durch spezialärztliche Versorgung, wie etwa psychotherapeutische Behandlung sowie durch behindertengerechte Ausstattung der Wohnung, durch besondere Kleidung, Freizeit- und Urlaubsgestaltung sowie durch Förderunterricht und heilpädagogische Maßnahmen.

Körperlich oder geistig **behinderte volljährige** Kinder, die nicht erwerbsfähig sind, stehen minderjährigen Kindern nicht gleich (BGH FamRZ 1984, 683). Auch für sie gilt grundsätzlich der **Nachrang** und der **angemessene Selbstbehalt** der Eltern. Nach entsprechender Verselbstständigung (z. B. dauerhafte Arbeit in Behindertenwerkstatt) können Behinderte eine selbstständige Lebensstellung erreichen (OLG Karlsruhe FamRZ 1986, 496). Der Mehrbedarf für ein behindertes Kind wird häufig durch Leistungen der Pflegeversicherung abgedeckt. Insoweit sind die Leistungen der Pflegeversicherung Einkommen des Kindes.

Beide Elternteile sind barunterhaltspflichtig. Wenn das behinderte Kind nach Eintritt der Volljährigkeit unverändert von einem Elternteil betreut wird, kann aber der Haftungsanteil des Elternteils, der das volljährige Kind betreut, ermäßigt werden (vgl. BGH FamRZ 1985, 917; OLG Hamm FamRZ 1996, 303; OLG Koblenz FamRZ 2004, 1132; BFH FamRZ 2004, 624; OLG Karlsruhe FamRZ 2001, 47; OLG Brandenburg FamRZ 2008, 176).

Tritt das **Sozialamt** in Vorleistung, geht der Unterhaltsanspruch grundsätzlich nach § 94 SGB XII auf die öffentliche Hand über, soweit die Leistungsfähigkeit reicht. Die tatsächlich bezogenen **Grundsicherungsleistungen** sind bedarfsdeckend anzurechnen.

▶ **Beihilfe**

Bestand während der Ehe eine Beihilfeberechtigung, ist durch eine private Krankenversicherung ein **gleichwertiger Versicherungsschutz** herzustellen (vgl. BGH FamRZ 1989, 483; BVerfG FamRZ 2002, 1397; OLG Koblenz FamRZ 2005, 36).

▶ **Beiträge**

Beiträge zu berufswichtigen Verbänden wie Gewerkschaften, Beamtenbund, Richterbund, Ärztekammer u. a. können einkommensmindernd im Rahmen der berufsbedingten Aufwendungen berücksichtigt werden. Siehe →*Berufsbedingte Aufwendungen.*

▶ **Berufsbedingte Aufwendungen**

Nach der DT sind berufsbedingte Aufwendungen, die sich von den privaten Lebenshaltungskosten nach objektiven Merkmalen eindeutig abgrenzen lassen, vom Einkommen abzuziehen, wobei bei entsprechenden Anhaltspunkten eine Pauschale von fünf Prozent – mindestens 50 Euro, bei geringfügiger Teilzeitarbeit auch weniger, und höchstens 150 Euro monatlich – des Nettoeinkommens geschätzt werden kann. Übersteigen die berufsbedingten Aufwendungen die Pauschale, sind sie insgesamt nachzuweisen.

Im Bereich der süddeutschen Oberlandesgerichte gibt es eine Ober- und Untergrenze nach den Süddeutschen Leitlinien nicht. Bei **beschränkter Leistungsfähigkeit** kann im Einzelfall mit konkreten Kosten gerechnet werden. Auch im **Mangelfall** und bei Zurechnung fiktiven Einkommens ist eine fünfprozentige Erwerbspauschale in Abzug zu bringen (OLG Stuttgart FamRZ 2008, 1653).

Kinderbetreuungskosten sind abzugsfähig, wenn die Betreuung durch Dritte infolge der Berufstätigkeit erforderlich ist. Außerdem kann ein Kinderbetreuungsbonus angesetzt werden (Leitlinien Ziff. 10.3.). Hinsichtlich des **Betreuungsbonus** wird auf BGH FamRZ 2005, 442 verwiesen.

Ein pauschaler Abzug vom Einkommen für berufsbedingte Aufwendungen kommt nur in Betracht, wenn sie **dem Grunde nach** dargelegt und **bewiesen** sind, wobei der bloße Hinweis auf die steuerlichen Werbungskosten unterhaltsrechtlich nicht ausreicht.

Die berufsbedingten Aufwendungen des **Gewerbetreibenden** und **Freiberuflers** sind meist schon bei der Berechnung des Bruttoeinkommens als Betriebsausgaben vom Umsatz abgesetzt und können insoweit nicht mehr gesondert berücksichtigt werden.

Als berufsbedingte Aufwendungen kommen insbesondere in Betracht: Fahrten zur Arbeitsstelle (→*Fahrtkosten*), Beiträge zu Berufsverbänden (→*Berufsverbände*), →*Gewerkschaftsbeiträge*, Aufwendungen für →*Arbeitskleidung*, →*Arbeitsmittel*, Mehraufwendungen für doppelte Haushaltsführung, Aufwendungen für Werkzeuge, Fachliteratur, Mehrkosten für Wäscherei und Reinigung u. a. Arbeiten, die der nicht Erwerbspflichtige selber erledigen kann sowie Kosten der Unterbringung von Kindern während der Arbeitszeit.

Ob und in welchem Umfang Kraftfahrzeugkosten abzugsfähig sind, richtet sich sowohl nach den beruflichen Erfordernissen als auch nach dem der Unterhaltsbemessung zugrundeliegenden Lebensstandard (→*Fahrtkosten*). Erstattungen des Arbeitgebers sind voll auf den Mehrbedarf anzurechnen.

▶ **Berufsunfähigkeitsrente**

Eine Rente wegen Berufsunfähigkeit wird gezahlt, wenn die Erwerbsfähigkeit des Versicherten aufgrund einer Erkrankung oder Behinderung so sehr gemindert ist, dass er in seinem erlernten Beruf nur noch **weniger als die Hälfte** dessen verdienen kann, was ein vergleichbarer gesunder Mensch verdienen könnte. Die **Hinzuver-**

dienstgrenze beträgt ca. 600 Euro. Auch der Bezieher einer Berufsunfähigkeitsrente hat gegenüber seinen minderjährigen Kindern eine →*Gesteigerte Unterhaltspflicht*. Seine Leistungsfähigkeit ist nicht lediglich nach seinem Renteneinkommen zu beurteilen, denn der Bezug der Berufsunfähigkeitsrente gebietet nicht zwingend den Schluss, dass der Rentenbezieher nicht in der Lage ist, leichte Tätigkeiten auszuüben (vgl. OLG Jena FamRZ 2006, 1299).

▶ Berufs- und Erwerbsunfähigkeitsversicherung

Die Beiträge zur Berufs- und Erwerbsunfähigkeitsversicherung sind unterhaltsrechtlich einkommensmindernd zu berücksichtigen. Die gesetzliche Rentenversicherung umfasst sowohl Renten wegen Berufs- oder Erwerbsunfähigkeit, als auch Altersruhegeld. Mit der Beitragszahlung wird also gleichzeitig Vorsorge für alle drei Bedarfsfälle getroffen. Aufwendungen für die notwendige Rentenversicherung sind als notwendige Vorsorgeaufwendungen vom Bruttoeinkommen abzuziehen (vgl. Leitlinien Nr. I.1.).

Auch bei **freiberuflich** oder **selbstständig** Tätigen sind die angemessenen Aufwendungen für einen Versicherungsschutz gegen Berufs- und Erwerbsunfähigkeit abzugsfähig (OLG Hamburg FamRZ 1984, 59, 61).

▶ Berufsverbände

Beiträge zu Berufsverbänden sind ebenso wie →*Gewerkschaftsbeiträge* einkommensmindernd zu berücksichtigen; sie zählen zu den berufsbedingten Aufwendungen (→*Berufsbedingte Aufwendungen)*.

▶ Berufsvorbereitende Maßnahme

Ein Kind, das nach erfolgloser Beendigung der Hauptschule an einer berufsvorbereitenden Maßnahme teilnimmt, hat weiterhin Anspruch auf Kindesunterhalt (OLG Düsseldorf FamRZ 2001, 1723). Bei einer berufsvorbereitenden Bildungsmaßnahme handelt es sich nicht um eine Berufsausbildung, sondern eher eine dem allgemeinen Schulunterricht vergleichbare Beschäftigung, die nicht mit berufstypischen Aufwenden (z. B. Berufskleidung) verbunden ist.

▶ **Berufswechsel**

Kann im erlernten Beruf eine Arbeit nicht vermittelt werden, muss ein zumutbarer Berufswechsel vorgenommen werden, so dass einem bisher im kaufmännischen Bereich Tätigem die jederzeit erhältliche, schwere körperliche Arbeit als Hilfsarbeiter im Bau-, Schreinerei- oder Gartengewerbe zumutbar ist.

▶ **Bestimmungsrecht der Eltern (über Art der Unterhaltsgewährung)**

Haben Eltern einem unverheirateten Kind Unterhalt zu gewähren, können sie bestimmen, in welcher Art und für welche Zeit im Voraus der Unterhalt gewährt werden soll, sofern auf die **Belange des Kindes** die **gebotene Rücksicht** genommen wird. Ist das Kind minderjährig, kann ein Elternteil, dem die Sorge für die Person des Kindes nicht zusteht, eine Bestimmung nur für die Zeit treffen, in der das Kind in seinem Haushalt aufgenommen ist, § 1612 Abs. 2 BGB.

Das Kind, das die elterliche Unterhaltsbestimmung nicht hinnehmen will, kann im Unterhaltsverfahren den entsprechenden Einwand geltend machen. Innerhalb des Unterhaltsverfahrens wird geklärt, ob die elterliche Unterhaltsbestimmung wirksam ist und das Gericht sie demzufolge seiner Entscheidung zugrunde zu legen hat. Die Unterhaltsbestimmung ist **nur wirksam,** wenn die „gebotene Rücksicht" genommen wurde. Kommt das Gericht zu dem Ergebnis, dass die Bestimmung nicht wirksam ist, verbleibt es bei dem Grundsatz nach § 1612 Abs. 1 S. 1 BGB. Die Unterhaltsbestimmung ist somit lediglich eine „Vorfrage", über die vom Gericht im Rahmen des Unterhaltsverfahrens abschließend zu entscheiden ist. Die **Abänderung** der elterlichen Unterhaltsbestimmung wird damit genauso behandelt wie die Einrede des Gestattungsanspruchs des Unterhaltspflichtigen nach § 1612 Abs. 1 S. 2 BGB; in beiden Fällen ist hierüber im Unterhaltsverfahren zu entscheiden.

Eine Unterhaltsbestimmung i. S. v. § 1612 Abs. 2 BGB muss inhaltlich **hinreichend bestimmt** sein. Sie muss daher den **gesamten Lebensbedarf** des Kindes umfassen, sodass ein allgemeines Angebot von Kost und Logis nicht genügt (vgl. OLG Saarbrücken FamRZ 2009, 74; 2010, 219; OLG Celle FamRZ 2007, 762).

▶ **Betreuungsbonus**

Ob das Einkommen des gemäß § 1570 BGB unterhaltsberechtigten Elternteils, das dieser neben der Kinderbetreuung erzielt, nach § 1577 Abs. 2 BGB bei der Unterhaltsberechnung zu berücksichtigen ist, hängt davon ab, in welchem Maße er nach § 1570 BGB von der Erwerbsobliegenheit befreit ist. Der **pauschale Abzug** eines Betreuungsbonus von seinem Einkommen kommt dagegen nicht in Betracht (BGH FamRZ 2010, 1050). Es ist zu berücksichtigen, dass – anders als der Barunterhaltpflichtige, der einen Teil seines Erwerbseinkommens für den Kindesunterhalt zu verwenden hat – der Elternteil, in dessen Obhut das Kind lebt, verpflichtet ist, dem Kind Naturalunterhalt zu leisten. Davon unberührt bleibt die Obliegenheit, für den eigenen Unterhalt zu sorgen, solange keine kind- oder elternbezogenen Gründe diese Erwerbsobliegenheit einschränken. Deshalb verbietet es sich, vom Einkommen des Unterhaltsberechtigten einen **pauschalen Betreuungsbonus** abzuziehen (BGH FamRZ 2010, 1051 Rn. 37).

▶ **Betreuungsentgelt**

Häufig werden unentgeltliche Arbeitsleistungen durch Betreuung und Versorgung erwachsener Kinder oder alter Eltern, die über eigenes Einkommen verfügen, erbracht. Für diese Tätigkeit muss sich derjenige der die Leistungen erbringt, den Betrag als eigenes Einkommen anrechnen lassen, der sich nach Umfang der Tätigkeit, Höhe der üblichen Vergütung dafür und Höhe des Einkommens des Versorgten richtet (vgl. OLG Düsseldorf FamRZ 1978, 343: bei Aufnahme des Sohnes in den Haushalt Anspruch in Höhe von 1/10 seines Einkommens), nach oben begrenzt durch den üblichen Marktwert der Leistung. Als Bemessungsmaßstab liegt der finanzielle Aufwand nahe, der für eine fremde Betreuungskraft aufgebracht werden müsste. Vom **volljährigen Kind** mit eigenem Einkommen, das Räume in der Wohnung bewohnt, muss der Unterhaltsberechtigte angemessene Mietzahlung verlangen (so BGH FamRZ 1990, 269, 271). Fraglich ist, ob hinsichtlich der Berücksichtigung solcher Leistungen eine **Zumutbarkeitsgrenze** beachtet werden muss, wenn die Anrechnung dazu führen würde, dass volljährige Kinder den Elternteil, bei dem sie bislang gewohnt haben und von dem sie versorgt wurden, verlassen oder wenn auf eine Klage gegen das volljährige Kind verwiesen werden müsste.

Praktisch am bedeutsamsten sind die Fälle, in denen die getrennt lebende oder die geschiedene Ehefrau Versorgungsleistungen für einen **neuen Partner** erbringt (hierzu →*Eheähnliche Lebensgemeinschaft*).

Maßstab für die Höhe des anzurechnenden Betreuungsentgeltes ist i. d. R. der finanzielle Aufwand, der für die erbrachten Betreuungsleistungen durch eine fremde Person aufgebracht werden müsste.

▶ Betriebsaufgabe

Zum Vorwurf verantwortungslosen Verhaltens bei Betriebsaufgabe durch den Unterhaltspflichtigen hat das OLG Hamm (FamRZ 2000, 21) darauf hingewiesen, dass zu prüfen ist, ob eine **betriebswirtschaftliche Notwendigkeit** für die Aufgabe des Betriebes vorhanden war oder ob **gesundheitliche Gründe** die Betriebsaufgabe rechtfertigen können. Es sei auch zu prüfen, ob von einer **rechtswirksamen und endgültigen** Veräußerung auszugehen ist oder ob die Veräußerung nicht lediglich zum Schein erfolgt und der Unterhaltpflichtige weiterhin **wirtschaftlicher Inhaber** des Betriebes ist oder diesen zumindest jederzeit wieder zurück erwerben kann.

Erfolgt die Veräußerung des Betriebes ohne zwingende Gründe und verringert der Betriebsinhaber dadurch sein Einkommen, handelt er aus unterhaltsrechtlicher Sicht leichtfertig und verantwortungslos. Ein solches Verhalten führt aber weder zu einer Verringerung des Unterhaltsbedarfs noch berührt es die Leistungsfähigkeit des Unterhaltsschuldners (OLG Hamm FamRZ 2000, 21 in Anlehnung an BGH FamRZ 1987, 374 und FamRZ 1989, 1160). Siehe →*Aushöhlung des Unterhaltsanspruchs*.

▶ **Betriebskosten**

Betriebskosten sind nur zu berücksichtigen, wenn sie in einem **angemessenen Verhältnis** zum Betriebsergebnis stehen. Nach den Daten der Bundesrechtsanwaltskammer ist z. B. bei Anwälten für Gehälter und Sozialabgaben ein Anteil von **25 Prozent** angemessen; liegen die Personalkosten erheblich höher, sind die Betriebsausgaben zu überprüfen und ggf. Maßnahmen zur Kostensenkung zu ergreifen (BGH FamRZ 2006, 387).

▶ **Beweislast**

Grundsätzlich hat derjenige die Darlegungs- und Beweislast, in dessen Sphäre die unterhaltsrechtlich erheblichen Umstände zu finden sind. Nach allgemeiner Ansicht müssen somit die **Unterhaltsberechtigten** ihren **Bedarf darlegen** und beweisen, der Unterhaltspflichtige muss die **Einschränkung seiner Leistungsfähigkeit** in dem Sinne, dass er diesen Bedarf nicht befriedigen kann, darlegen und beweisen. Der Unterhaltsberechtigte muss lediglich **hinreichende Anhaltspunkte** für den von ihm geltend gemachten Bedarf vortragen. Mehr als solche braucht er nicht vorzutragen, um den Unterhaltspflichtigen zu **substantiiertem Bestreiten** und zum **Nachweis seines Einkommens** zu **zwingen,** wenn er die geforderten Unterhaltsbeträge nicht zu schulden glaubt.

Der BGH hat schon wiederholt betont, dass die Anforderungen, die insoweit zu stellen sind, nicht überspannt werden dürfen, sondern den Umständen des Einzelfalles entsprechen müssen (BGH FamRZ 2009, 1391 Rn. 20; 770 Rn. 23; 2008, 1739, 1748; 2005, 1898; 1993, 789).

Es ist Sache des Unterhalt begehrenden Ehegatten, darzulegen und zu beweisen, dass er über keine Einkünfte und kein Vermögen verfügt, bzw. dass ein weggefallenes Vermögen den Unterhalt nicht nachhaltig gesichert hat.

Der Unterhaltsgläubiger trägt die Beweislast für die Gestaltung der ehelichen Lebensverhältnisse, nach denen sich sein Unterhalt bemisst (BGH FamRZ 1984, 150). Zur Darlegungslast eines erwerbslosen Unterhaltsbedürftigen, der **erfolglose Bemühungen** um einen

Arbeitsplatz behauptet, hat der BGH (FamRZ 1986, 244, 246) entschieden, dass in nachprüfbarer Weise vorgetragen werden muss,
welche Schritte im Einzelnen unternommen wurden, um einen zumutbaren Arbeitsplatz zu finden. Die Anforderungen, die an den
Vortrag des Unterhaltsbegehrenden zu stellen sind, können jedoch
nicht in allen denkbaren Fällen gleich sein. Art und Ausmaß der
Bemühungen, die der Bedürftige darzulegen hat, hängen im Einzelfall sowohl von den objektiven Bedingungen für die Erwerbsmöglichkeit als auch von den subjektiven Voraussetzungen ab, unter denen er Arbeit suchen muss. In Zeiten der Vollbeschäftigung müssen
an den Nachweis vergeblichen Bemühens höhere Anforderungen
gestellt werden als bei einem hohen Anteil von Arbeitslosen auf
dem betroffenen Arbeitsmarkt.

Die tatsächlichen Voraussetzungen einer rechtsvernichtenden Einwendung nach § 1579 BGB hat der Unterhaltspflichtige darzulegen
und erforderlichenfalls zu beweisen.

Liegen jedoch Anhaltspunkte für das Bestehen einer **neuen Partnerschaft** vor, so trägt der Unterhalts**berechtigte** Ehegatte die Beweislast, dass keine eheähnliche Gemeinschaft besteht; ebenso entfällt
die darauf begründete Annahme verringerter Bedürftigkeit erst
beim Nachweis des Gegenteils.

Der in Anspruch genommene Ehegatte braucht nicht darzulegen
und zu beweisen, dass er sich ehegemäß verhalten hat, sondern er
kann sich auf die Widerlegung der konkret gegen ihn erhobenen
Vorwürfe beschränken (vgl. BGH FamRZ 1982, 463, 464). Siehe
→ *Arbeitslosigkeit des Verpflichteten;* → *Eheähnliche Lebensgemeinschaft;* → *Selbstständige.*

Mit der Darlegungs- und Beweislast im Rahmen der **Herabsetzung
oder Befristung** von Unterhaltsansprüchen nach § 1578 b BGB hat
sich der BGH grundlegend befasst (FamRZ 2010, 875): Danach
kann sich der Pflichtige keineswegs auf die Behauptung beschränken, **ehebedingte Nachteile lägen nicht vor**. Vielmehr hat er die
ihm hierzu bekannten Umstände, insbesondere hinsichtlich der Berufsausbildung und -ausübung seit der Eheschließung darzulegen.
Es bedarf demnach in aller Regel **substantiierten Vortrags** des

Pflichtigen zum Fehlen ehebedingter Nachteile. Unterbleibt dies, so muss er unabhängig davon, dass das Gericht auch ohne ausdrücklichen Herabsetzungs- oder Befristungsantrag die entsprechenden Umstände im Rahmen des Zurückweisungs- oder Abänderungsbegehrens des Pflichtigen zu berücksichtigen hat, damit rechnen, dass bei mangelnder Darlegung der Voraussetzungen des § 1578 b BGB eine Beschränkung des Unterhaltsanspruchs unterbleibt (vgl. Finke, FamRZ 2010, 878).

Im Rahmen der Herabsetzung und zeitlichen Begrenzung des Unterhalts ist der **Unterhaltspflichtige** für die Tatsachen darlegungs- und beweisbelastet, die **für eine Befristung** sprechen.

Hinsichtlich der Tatsache, dass **ehebedingte Nachteile nicht entstanden** sind, trifft den Unterhalts**berechtigten** aber nach den Regeln zum Beweis negativer Tatsachen eine sog. **sekundäre Darlegungslast**.

▶ **Bewerbungskosten**

Bei einem Langzeitarbeitslosen können konkret nachgewiesene Bewerbungskosten im angemessenen Umfang durch Erhöhung des Selbstbehalts berücksichtigt werden.

▶ **Bewirtungskosten**

Bewirtungskosten sind regelmäßig dem Gewinn hinzuzurechnen, auch wenn sie steuerlich absetzbar sind, weil unterhaltsrechtlich nur diejenigen Aufwendungen anzuerkennen sind, die zur Aufrechterhaltung des Gewerbebetriebes unbedingt notwendig sind. Sie können daher nur anerkannt werden, wenn ihre unterhaltsrechtliche Beachtlichkeit dargelegt ist (BGH FamRZ 1987, 46). Bei Aufwendungen für Bewirtung kann der Unterhaltsbedürftige verlangen, so gestellt zu werden, als ob diese Aufwendungen **nicht vorgenommen** worden wären, d. h. die Ausgaben sind beim Unterhaltpflichtigen **nicht abzugsfähig,** der **Steuervorteil** hat ihm aber zu verbleiben, so dass eine fiktive Steuerberechnung vorzunehmen ist (BGH FamRZ 2003, 741).

▶ **Bilanzmäßiger Gewinn**

Das Einkommen eines **Selbstständigen** ist nicht ohne weiteres mit dem bilanzmäßigen Gewinn gleichzusetzen. Sind die →*Privatentnahmen* des Unternehmers höher als der bilanzmäßige Gewinn, sind **diese** als Einkommen zu behandeln, denn ihre Höhe spiegelt am ehesten den tatsächlichen Lebenszuschnitt wieder. Eine Grenze wird diese Berechnungsweise jedoch dort finden müssen, wo die Entnahme tatsächlich nicht verdienten Geldes zum Schaden Dritter ins Kriminelle übergeht. Außer der Bilanz sind zur Ermittlung des unterhaltspflichtigen Einkommens Gewinn- und Verlustrechnungen, Steuererklärung und Steuerbescheid heranzuziehen. Zu **beachten** ist, dass der Unterhaltsschuldner, der sich auf eine Beschränkung seiner Leistungsfähigkeit auf sein steuerpflichtiges Einkommen beruft, seine Einnahmen und Aufwendungen im Einzelnen so darstellen muss, dass die allein steuerlich beachtlichen Aufwendungen von solchen, die unterhaltsrechtlich von Bedeutung sind, abgegrenzt werden können (ausführlich hierzu →*Selbstständige*).

▶ **Blindengeld**

Blindengeld gehört grundsätzlich, wie Unfall- und Versorgungsrenten, Schwerbeschädigten- und Pflegezulagen nach Abzug eines Betrags für tatsächliche Mehraufwendungen zum Einkommen; handelt es sich um Sozialleistungen nach § 1610 a BGB, wird vermutet, dass sie durch Aufwendungen aufgezehrt werden. Blindengeld ist dennoch im Ergebnis dem unterhaltsrechtlich relevanten Einkommen i. d. R. nicht hinzuzurechnen, denn gemäß § 1610 a BGB, der über §§ 1361 Abs. 1 S. 1, 1578 a BGB auch für den Getrenntlebens- und nachehelichen Ehegattenunterhalt gilt, wird bei der Feststellung eines Unterhaltsanspruchs vermutet, dass die Kosten der Aufwendungen nicht geringer sind, als die Höhe der Sozialleistungen, wenn für Aufwendungen infolge eines Körper- oder Gesundheitsschadens Sozialleistungen in Anspruch genommen werden. Dem auf Dritte angewiesenen Geschädigten sollte uneingeschränkte Möglichkeit gegeben werden, dass er die Sozialleistungen nach eigenem Gutdünken verwendet – auch als Ausgleich für den Verlust seiner körperlichen oder gesundheitlichen Integrität. Dem Ausgleich der **imma-**

teriellen Nachteile dient auch der **steuerliche Freibetrag** für Behinderte in § 33 b EStG.

▶ **Börsengeschäfte**

Unterhaltsrechtlich erheblich und damit von der Auskunftsverpflichtung umfasst können nur solche **Spekulationsgewinne** sein, die auch der **Versteuerung** unterliegen. Nicht der Versteuerung unterliegende Spekulationsgewinne sind als **nicht nachhaltig** erzielte Einkünfte unterhaltsrechtlich unerheblich.

▶ **Büchergeld**

→*Stipendien*

▶ **Bummelstudium**

Zu Recht wird gefordert (vgl. OLG Zweibrücken FamRZ 1995, 1006), dass der Student den Fortgang seines Studiums darlegen muss. Zwar lässt ein Misserfolg (Prüfungsversagen) den Anspruch zunächst unberührt; das Studium muss aber stets **ernsthaft betrieben** werden, es werden keine Überlegungs- oder Erfahrungsphasen, die mit Nichtstun verbracht werden, zugebilligt. In Fällen **verzögerter Ausbildungsaufnahme** muss geprüft werden, ob das Kind in der Zwischenzeit schon eine **selbstständige Lebensstellung** erreicht hatte, ob ein verspätet begonnenes Studium noch Aussicht auf Erfolg hat und ob den Eltern die Unterhaltslast noch zumutbar ist. Dem Kind steht also weder schematisch Ausbildungsunterhalt zu, weil die Eltern bisher noch keine Ausbildung finanziert hatten, noch können sich die Eltern auf Verwirkung allein wegen eines längeren Zeitablaufs berufen (OLG Hamm FamRZ 1995, 1007).

▶ **Bürgschaft**

Ob der Bürge durch eine Bürgschaft **finanziell krass überfordert** wird, ist allein aufgrund seiner eigenen Vermögensverhältnisse zu beurteilen. Eine solche Überforderung liegt jedenfalls vor, wenn der Bürge voraussichtlich **nicht einmal die laufenden Zinsen** der Hauptschuld aufzubringen vermag. Wird der Bürge durch die Bürgschaft, die er aus **emotionaler Verbundenheit** zum Hauptschuldner übernommen hat, krass überfordert und ist der Vertrag wirtschaftlich sinnlos, steht es der **Sittenwidrigkeit** der Verpflichtung weder entgegen, dass der Bürge Vertragsverhandlungen im Namen der Hauptschuldnerin geführt hat, noch dass die Hauptschuld dazu dient, den Bau eines gemeinsam zu bewohnenden Hauses auf einem Grundstück der Hauptschuldnerin zu finanzieren, noch dass der Bürge zusätzliche Sicherheiten aus seinem Vermögen stellt (BGH FamRZ 2000, 736).

Bei einer Bürgschaft durch vermögenslose Familienangehörige müssen die Zivilgerichte – insbesondere bei der Konkretisierung und Anwendung von Generalklauseln wie § 138 und § 242 BGB – die grundrechtliche Gewährleistung der Privatautonomie in Art. 2 Abs. 1 GG beachten. Daraus ergibt sich ihre **Pflicht zur Inhaltskontrolle** von Verträgen, die einen der beiden Vertragspartner ungewöhnlich stark belasten und das Ergebnis strukturell ungleicher Verhandlungsstärke sind. Dies hat das Bundesverfassungsgericht zu der Frage entschieden, inwieweit Zivilgerichte von Verfassungswegen verpflichtet sind, Bürgschaftsverträge mit Banken einer Inhaltskontrolle zu unterziehen, soweit einkommens- und vermögenslose Angehörige von Kreditnehmern als Bürgen hohe Haftungsrisiken übernehmen (BVerfG FamRZ 1994, 151 ff.). Eine **krasse finanzielle Überforderung** des Mithaftenden mit der Folge der Sittenwidrigkeit der Übernahme einer Mithaftung liegt vor, wenn der Mithaftende voraussichtlich nicht einmal in der Lage ist, die **vertragliche Zinslast** aus dem pfändbaren Teil seines Einkommens oder Vermögens zu tragen (OLG München FamRZ 2002, 1255).

Darlehensraten, die der Unterhaltsschuldner aus einer übernommenen Bürgschaft abbezahlen muss, sind gegenüber Unterhaltsansprüchen der getrennt lebenden Ehefrau und der minderjährigen Kinder einkommensmindernd zu berücksichtigen, wenn die latente Gefahr, aus der Bürgschaft in Anspruch genommen zu werden, die wirtschaftlichen Lebensverhältnisse **geprägt** hat (OLG Hamm FamRZ 1998, 558).

▶ Chefarztbehandlung

Die private Chefarztbehandlung ist als unnötiger Luxus einzustufen, für den der **Barunterhaltspflichtige** auch dann nicht aufzukommen hat, wenn er mit der Chefarztbehandlung einverstanden gewesen ist (vgl. hierzu auch BGH FamRZ 2005, 1071). Als Sonderbedarf müssen die Kosten jedoch dann anerkannt werden, wenn im Einzelfall dargelegt und nachgewiesen ist, dass ohne Wahlleistungsvertrag nicht mit der gleichen Qualität und Sorgfalt behandelt und operiert worden wäre.

▶ Contergan-Rente

Die Contergan-Rente ist eine Sozialleistung, die infolge eines Körper- oder Gesundheitsschadens gewährt wird. Gemäß § 1610 a BGB, der über §§ 1361 Abs. 1 S. 1, 1578 a BGB auch für Getrenntlebens- und nachehelichen Ehegattenunterhalt Geltung hat, werden Sozialleistungen, die infolge eines Körper- oder Gesundheitsschadens gewährt werden, bei der Feststellung eines Unterhaltsanspruchs grundsätzlich nicht dem unterhaltsrechtlich relevanten Einkommen hinzugerechnet, weil nach der gesetzlichen Regelung (widerleglich) vermutet wird, dass die Kosten der Aufwendungen nicht geringer sind als die Höhe dieser Sozialleistungen.

D

▶ Darlehen, Obliegenheit zur Rückforderung

Die Pflicht zur Einziehung von Forderungen erstreckt sich auf die rechtzeitige Geltendmachung, die Vornahme der erforderlichen Rechtshandlungen (Kündigung von Darlehen) und die sachgerechte Durchsetzung, notfalls im Prozesswege. Ebenso müssen Darlehenszinsen eingezogen werden (→*Forderungseinziehung*).

▶ Darlehensrückzahlungen

Grundsätzlich sind Darlehensrückzahlungen im Rahmen eines vernünftigen Tilgungsplans zu berücksichtigen, jedenfalls soweit es sich um gemeinschaftliche Schulden handelt oder die Kreditaufnahme zur Anschaffung unbedingt notwendiger Gegenstände erfolgte. Bei Darlehen naher Verwandter oder des neuen Lebenspartners muss besonders sorgfältig geprüft werden, ob in Wahrheit die Zurückzahlung des als Darlehen bezeichneten Betrages überhaupt gewollt war und ob in einer behaupteten Kündigung des Darlehens tatsächlich die Absicht alsbaldiger Rückforderung der Darlehenssumme liegt. Eine einkommensmindernde Berücksichtigung kommt nur in Betracht, wenn eine gegenwärtige oder unmittelbar bevorstehende Rückzahlungsverpflichtung substantiiert vorgetragen und nachgewiesen ist (vgl. BGH FamRZ 1986, 148, 149). Siehe auch →*Schulden*.

▶ **Dauer des Verfahrens**

Der Bürger hat einen Anspruch auf effektiven Rechtsschutz **in angemessener Zeit**. Art. 2 Abs. 1 i. V. m. 20 Abs. 3 GG begründet einen Anspruch des einzelnen Bürgers auf effektiven Rechtsschutz in bürgerlich-rechtlichen Rechtsstreitigkeiten. Ob eine Verfahrensdauer **unangemessen lang** ist, ist nach den Umständen des Einzelfalls zu beurteilen. Bestimmend sind vor allem die Natur des Verfahrens und die **Auswirkungen einer langen Verfahrensdauer** für die Beteiligten (BVerfG FamRZ 2004, 689).

▶ **Deckadresse**

Lebt die Unterhaltsberechtigte mit einem neuen Partner zusammen und hält ihre Adresse mehr als zwei Jahre lang geheim, in dem sie sich eine Deckadresse zulegt, kann dies zur Verwirkung ihres Unterhaltsanspruchs nach § 1579 Nr. 8 BGB führen (vgl. OLG Hamm FamRZ 1990, 880).

▶ **Deputate**

Deputate sind Sach- oder Naturalleistungen und werden dem Einkommen in Höhe der Eigenersparnis zugerechnet. Siehe →*Sachzuwendungen.*

▶ **Detektivkosten**

Detektivkosten zur Ermittlung eines sonst nicht nachweisbaren schwerwiegenden Fehlverhaltens können im Verfahren wegen Trennungsunterhalts erstattungsfähig sein (so OLG Stuttgart FamRZ 1989, 888). Dies gilt jedenfalls dann, wenn die aufgewandten Detektivkosten notwendig waren, um sich notwendiges Beweismaterial zu verschaffen. Maßgebend ist dabei, dass eine vernünftige Partei berechtigte Ursache zur Einschaltung des Detektivs haben konnte, wie dies z. B. der Fall ist, wenn ein Unterhaltspflichtiger seinen Verdacht auf die engen Beziehungen der Unterhaltsberechtigten zu einem anderen Mann nicht auf andere Weise bestätigen kann (OLG Stuttgart FamRZ 1989, 888 m. w. N.). Im Übrigen dürften bezüglich der **not-**

wendigen Detektivkosten die zu den →*Anwaltskosten* entwickelten Grundsätze herangezogen werden. Einem Ehemann, der sich gegen den Unterhaltsanspruch seiner Ehefrau zur Wehr setzt, sind die Kosten der Beauftragung eines Detektivbüros zu erstatten, sofern dies für die Erforschung des Sachverhalts geboten ist und damit zur Erhärtung eines bestimmten Verdachts beiträgt (OLG Koblenz FamRZ 2003, 238). Es handelt sich insoweit um Kosten, die zur zweckentsprechenden Rechtsverteidigung notwendig sind, § 91 Abs. 1 ZPO. Beauftragt der Unterhaltsschuldner eine Detektei zur Ermittlung der Entgeltlichkeit der vom Unterhaltsgläubiger **nicht angezeigten Erwerbstätigkeit,** so ist dieser verpflichtet, die hierdurch entstandenen Aufwendungen zu ersetzen (AG Tempelhof-Kreuzberg FamRZ 2000, 1044). Auch nach Auffassung des OLG Koblenz (FamRZ 2006, 1217; vgl. auch OLG Schleswig FamRZ 2006, 352) sind Detektivkosten (hier: zum Nachweis der Verwirkung des Ehegattenunterhalts) **erstattungsfähig,** wenn sie sich, gemessen an den wirtschaftlichen Verhältnissen der Parteien und an der Bedeutung des Streitgegenstandes, in vernünftigen Grenzen halten, prozessbezogen waren, die erstrebten Feststellungen wirklich notwendig waren und die Ermittlungen nicht einfacher und/oder billiger erfolgen konnten.

Maßgeblich für die Erstattungsfähigkeit von Detektivkosten ist allein, ob der Auftraggeber die Einschaltung eines Detektivs zum Zeitpunkt der Auftragserteilung für erforderlich halten durfte. Der Nachweis, dass die Unterhaltspflicht wegen Bestehens einer nicht-ehelichen Lebensgemeinschaft entfallen ist, kann die Einschaltung einer Detektei notwendig machen (OLG Koblenz FamRZ 2007, 747). Die Erstattungsfähigkeit der Detektivkosten hängt nicht davon ab, ob sich ihr Einsatz im Nachhinein als nützlich erwiesen hat, sondern wird dadurch bestimmt, ob sie **in vorausschauender Betrachtung** zweckgerecht waren. Es reicht hin, dass aus dem Blickwinkel einer verständigen und wirtschaftlich denkenden Partei die Heranziehung eines Detektivs im Vorhinein ex-ante sachdienlich war (BGH NJW 2006, 2415; OLG Schleswig FamRZ 2006, 352; OLG Koblenz FamRZ 2007, 747).

▶ **Diätkosten**

Diätkost, die gegenüber der normalen Ernährung einen Mehraufwand erfordert, kann berücksichtigt werden, **wenn** sie **vom Arzt verordnet** und zur Erhaltung oder Wiederherstellung der Gesundheit **notwendig** ist. Der Mehrbedarf wird häufig durch Minderbedarf an normalen Nahrungsmitteln verringert. Wer Diätkosten als Mehrbedarf geltend macht, muss die ärztliche Notwendigkeit **und** die dadurch entstehenden Kosten konkret nachweisen **und** ist darüber hinaus darlegungspflichtig bezüglich der Einsparungen gegenüber der Normalkost. Nicht jede Kost führt zu tatsächlichen Mehraufwendungen.

Auf **Pauschalbeträge** als Erfahrungswerte wird man nur zurückgreifen können, wenn ausreichend dargelegt ist, dass tatsächlich Mehraufwendungen entstehen, die Einzelnachweise aber fehlen. Unterhaltsrechtlich kann ein Pauschalbetrag in Höhe der erfahrungsgemäß anfallenden effektiven Mehrkosten zwischen 25 und 75 Euro durch entsprechende **Erhöhung des Selbstbehalts** bzw. des Bedarfs berücksichtigt werden.

Eine **Arztbescheinigung,** dass eine Diät einen bestimmten Mehrkostenbetrag verursache, ersetzt konkrete Darlegung und Beweis nicht.

▶ **Direktversicherung**

Die die ehelichen Lebensverhältnisse prägenden Einzahlungsbeträge in eine sog. Direktversicherung, die i. d. R. eine Kapitallebensversicherung ist, stellen eine das unterhaltsrechtlich relevante Einkommen mindernde **Altersvorsorge** dar, wenn sie vom Arbeitgeber als Altersversorgung gedacht ist (OLG München FamRZ 1997, 613). Eine Direktversicherung, deren Beiträge **Gehaltsbestandteil** sind, also vom **Arbeitgeber** übernommen werden, stellt eine betriebliche Alters-Zusatzversorgung dar. Die diesbezüglichen Zahlungen des Arbeitgebers erhöhen nicht das Einkommen des Unterhaltspflichtigen. Das gilt auch, wenn es sich um eine **Gehaltsumwandlung** durch Verzicht auf Weihnachtsgeld handelt (vgl. OLG Schleswig FamRZ 2005, 211).

Der BGH hat den **Abzug einer Direktversicherung** vom unterhalts-rechtlich relevanten Nettoeinkommen jedoch **eingeschränkt.** Grundsätzlich ist es anzuerkennen, dass ein Unterhaltspflichtiger neben der **primären Altersvorsorge** Leistungen für eine private Altersvorsorge erbringen muss, um seinen Lebensstandard im Alter zu sichern. Dies gilt unabhängig davon, ob es sich um eine private oder betriebliche Art der Altersvorsorge handelt. Die Berücksichtigung einer weiteren Altersvorsorge auch in Form einer Direktversicherung ist auf einen Betrag in Höhe von **vier Prozent des Gesamt-bruttoeinkommens des Vorjahres** begrenzt (FamRZ 2005, 1817, 1821). Die darüber hinaus gehenden Leistungen bleiben außer Betracht und sind unterhaltsrechtlich relevante Einkommensbestand-teile (FamRZ 2007, 793).

▶ **Dirnenlohn**

Die Ausübung der Prostitution ist unterhaltsrechtlich weiterhin eine **unzumutbare** Tätigkeit, auf welche der unterhaltspflichtige Ehegatte den berechtigten Ehegatten auch dann nicht verweisen kann, wenn Letzterer während des Zusammenlebens der Eheleute einvernehmlich der Prostitution nachgegangen ist. Grundsätzlich sind alle tatsächlich vorhandenen Mittel als Einkommen einzusetzen. Jedoch darf der Grundsatz, dass niemand gehalten sein kann, einen aus sittlichen oder sonstigen Gründen unzumutbaren Erwerb aufzunehmen oder fortzusetzen, nicht außer Betracht bleiben. Dies gilt insbesondere für wirtschaftliche Vorteile aus unrechtmäßigem oder gar strafbarem Verhalten. Solange wirtschaftliche Vorteile aus einer sittenwidrigen oder verbotenen Tätigkeit, wie z. B. Gewerbsunzucht, Zuhälterei, erzielt werden, sind sie zwar zu berücksichtigen, sowohl der Unterhaltsberechtigte als auch der Unterhaltsverpflichtete darf sein Tun aber ohne Nachteil **jederzeit aufgeben.** Bei Prostitution handelt es sich unterhaltsrechtlich immer um eine unzumutbare Tätigkeit, die jederzeit ohne unterhaltsrechtliche Nachteile beendet werden kann. Dies zeigt auch der Umstand, dass sonst von dem anderen Ehegatten aus einer Erwerbsobliegenheit auf Ausübung der Prostitution u. U. Unterhaltsansprüche hergeleitet werden könnten (OLG München FamRZ 2004, 108).

▶ **Dividenden**

Dividenden stellen Einkommen dar; es besteht eine Obliegenheit
zur Einziehung. Es handelt sich hierbei um Erträgnisse aus Vermögen, die in Höhe der Nettoerträge, das sind Bruttoerträge abzüglich
Steuern und gesetzlicher Abgaben, anzurechnen sind. Siehe →*Vermögenseinkünfte.*

▶ **Doppelverwertungsverbot**

Es gilt der Grundsatz, dass die gleiche Position für die Berechnung
des Unterhalts und des Zugewinns nicht 2 mal angesetzt werden
kann. Nach der Rechtsprechung des BGH (FamRZ 2007, 1535
Rn. 32, 33) kann wegen des „Verbotes der Doppelberücksichtigung"
ein und derselbe Vermögenswert nicht in mehreren Ausgleichssyste-
men berücksichtigt werden, weil bei mehrfacher Berücksichtigung
eines Vermögenswertes entweder „doppelt gezahlt" oder der Ausgleich in einem System mit dem in einem anderen „selbstfinanziert"
wird. Der BGH weist darauf hin, dass der **Vermögensstamm** dem
Güterrecht und der **Vermögensertrag** dem Unterhaltsrecht zuzuordnen ist. **Kein Verstoß** gegen das Verbot der Doppelverwertung
liegt vor, wenn es im Unterhalt um die Nutzung des Vermögens als
Einkommen und im Zugewinnausgleich um den Vermögensstamm
als anzusetzendes Endvermögen geht, z. B. bei Zinsen aus Kapital
(Unterhalt) und Ansatz der entsprechenden Wertpapiere als Vermögen (Zugewinn).

(1) **Aktiva:** Es darf zu keiner **zweifachen Teilhabe** am gleichen Ein-
kommen/Vermögen kommen (BGH FamRZ 2003, 432; 1544;
2004, 1352). Die **Abfindung** ist in erster Linie unterhaltsrechtliches Einkommen, auch dann, wenn sie in einem Betrag ausbezahlt wird (BGH FamRZ 2007, 983; 2004, 1352). Als Einkommen stellt sie aber **kein Vermögen** i. S. d. § 1375 Abs. 1 BGB dar.
Das hat zur Folge, dass die Abfindung – wenn überhaupt – nur
als Vermögen eingesetzt werden kann, wenn sie für die Unterhaltsberechnung nicht benötigt wird, bzw. nur bezüglich des für
den Trennungs- und nachehelichen Unterhalts nicht benötigten
Restes. Die Abfindung dient nicht nur der Aufrechterhaltung des

Unterhalts es Bedürftigen trotz gesunkenen Einkommens, sondern auch der Finanzierung des **eigenen Unterhalts des Pflichtigen** (BGH FamRZ 2004, 1352; OLG München FamRZ 2005,
713). Die Sicherung des eigenen Unterhalts, auch für die Zukunft, geht der Leistung von Unterhalt an den Bedürftigen sogar
vor. Dieser Umstand ist vor allem bei **Vorruhestandsabfindun-
gen** zu beachten, weil der Bezug des Arbeitslosengeldes häufig
ausläuft, bevor er eine Altersrente beantragen kann und die Abfindung einzusetzen ist, bevor subsidiäre Leistungen nach dem
SGB II in Anspruch genommen werden können (nach Abzug eines Freibetrages gemäß § 12 SGB II). Die Berücksichtigung einer
Abfindung für den Zugewinn erfordert, vor dem Stichtag im
Unterhaltsbeschluss oder Unterhaltsvergleich festzulegen, in
welchem Umfang die Abfindung unterhaltsrechtlich benötigt
wird, wobei für die Berechnung nur die Abfindung und nicht
daraus eventuell erzielte Zinsen heranzuziehen sind (OLG München FamRZ 2005, 713).

(2) **Passiva:** Zur Doppelberücksichtigung von Schulden bei Zugewinn und Unterhalt wird überwiegend die Auffassung vertreten,
dass das Verbot der Doppelberücksichtigung auch für Schulden
gilt. Es darf zu keiner zweifachen Benachteiligung kommen.
Schulden sind vorrangig über das **Güterrecht** auszugleichen. Bei
Alleinschulden und Gesamtschulden, für die ein Ehegatte im Innenverhältnis alleine haftet, darf die **Tilgung** ab Rechtshängigkeit
der Scheidung bei der Unterhaltsberechnung grundsätzlich nicht
mehr abgezogen werden. Beim Endvermögen im Zugewinn können als Passiva nach § 1375 Abs. 1 BGB nur **Tilgungsleistungen**
angesetzt werden. Bei der **Bedarfsermittlung** für den Unterhalt
stellen Tilgungsleistungen bei der Bereinigung des Nettoeinkommens i. d. R. **keinen Abzugsposten** dar, weil die Erfüllung der
Unterhaltspflicht der Vermögensbildung vorgeht (vgl. Gerhardt,
FamRZ 2007, 945); etwas anderes gilt nur, wenn und soweit die
Tilgungsleistungen der Altersvorsorge dienen (vier Prozent-Klausel). Im Rahmen der zulässigen Altersvorsorge handelt es sich bei
der Tilgung unterhaltsrechtlich um eine Vorsorgeaufwendung
und nicht um die Tilgung einer Verbindlichkeit.

Bei **Gesamtschulden** haften die Eheleute im **Innenverhältnis** gemäß § 426 Abs. 1 BGB zu gleichen Teilen, wenn die Verbindlichkeit im Interesse beider Ehegatten, etwa für den Erwerb eines gemeinsamen Hauses, eingegangen wurde. Beim Zugewinnausgleich ist dann die bestehende Schuld zum Stichtag bei beiden Ehegatten jeweils zu 1/2 einzusetzen. Ein Ausgleich findet daher in diesem Fall über das Güterrecht nicht statt, sodass der Ehegatte, der die Verbindlichkeiten **alleine zurückbezahlt,** die monatliche Tilgung bei der Unterhaltsberechnung einkommensmindernd berücksichtigen kann. Durch die einkommensmindernde Berücksichtigung der Schuldentilgung und die damit verbundene Kürzung des Unterhalts erfolgt bereits ein hälftiger Ausgleich der Schuld.

▶ **Düsseldorfer Tabelle**

Die DT ist als allgemeine **Orientierungshilfe** für die Unterhaltsberechnung anerkannt (vgl. BGH FamRZ 2000, 1492) und dient der Gleichbehandlung der Unterhaltsgläubiger. Die Tabellensätze entsprechen den durchschnittlichen Lebenshaltungskosten eines Kindes (Schülers). Die DT geht davon aus, dass das minderjährige Kind bei einem Elternteil kostenfrei mitversichert ist, sodass die Kosten für Kranken- und Pflegeversicherung in den Sätzen nicht enthalten sind und zusätzlich geltend gemacht werden können, wenn das Kind ausnahmsweise nicht bei einem Elternteil mitversichert ist. In gleicher Weise sind **Studiengebühren** in den Sätzen nicht enthalten. Berücksichtigt ist bereits, dass ein Kind im Rahmen der Umgangsausübung an Wochenenden oder in den Ferien in regelmäßigen Abständen beim Barunterhaltpflichtigen lebt. Ein **Mehrbedarf oder Sonderbedarf** kann zusätzlich zu den Bedarfssätzen der DT geltend gemacht werden, soweit Leistungsfähigkeit des Unterhaltspflichtigen vorliegt. Die DT geht davon aus, dass der Barunterhaltpflichtige gegenüber **zwei** Personen unterhaltspflichtig ist. Ist die Zahl der Unterhaltsberechtigten größer oder kleiner, können Abschläge oder Zuschläge gemacht werden.

► **Eheähnliche Lebensgemeinschaft**

Lebt der unterhaltsberechtigte Ehegatte mit einem neuen Partner zusammen, ist nach der **Form des Zusammenlebens** zu unterscheiden:

1. Reine Wohn- und Interessengemeinschaft

Lebt ein Unterhalt begehrender Ehegatte mit einem neuen Partner zusammen, ohne diesem den Haushalt zu führen, also in Form einer reinen Wohn- und Interessengemeinschaft, in der man sich sämtliche anfallenden Kosten teilt, kann dem Unterhalt begehrenden Ehegatten ein fiktives Einkommen aus Wohnungsgewährung und Haushaltsführung für einen nichtehelichen Partner **nicht zugerechnet** werden. Ob dabei eine sexuelle Beziehung besteht oder nicht, spielt keine Rolle. Dies bedeutet indessen nicht, dass ein solches Verhältnis unterhaltsrechtlich ohne jede Bedeutung wäre. Das **Zusammenwirtschaften** mit einem Partner in einer Haushaltsgemeinschaft führt, wenn sich beide Partner finanziell in etwa zu gleichen Teilen an den Lebenshaltungskosten beteiligen, regelmäßig zu einer **Ersparnis,** sodass der **Bedarf** des Berechtigten bei Bestehen einer Haushaltsgemeinschaft um **fünf Prozent zu kürzen** ist.

2. Wohngemeinschaft mit Haushaltsführung

Führt jemand einem leistungsfähigen Dritten den Haushalt, so ist hierfür ein Einkommen anzusetzen; bei Haushaltsführung durch einen Nichterwerbstätigen geschieht das i. d. R. mit einem Betrag von

200 bis 550 Euro (vgl. Ziff. 6 der Leitlinien). Maßgebend ist, ob nicht nur eine reine Wohn-, sondern eine Wohn- und Wirtschaftsgemeinschaft vorliegt. Dabei ist der **Bedürftige** vortragungs- und beweispflichtig, dass nur eine reine Wohngemeinschaft gegeben ist und deshalb kein Einkommen anzusetzen ist. Wenn der Unterhalt begehrende Ehegatte es übernimmt, seinem neuen Partner den **Haushalt zu führen** und ihn zu **versorgen,** erbringt der neue Partner dann seinerseits regelmäßig finanzielle Beiträge zur gemeinsamen Lebensführung oder gewährt sonstige Zuwendungen. Darin ist grundsätzlich ein **Entgelt für die Haushaltsführung** und sonstige Versorgung zu erblicken, auch wenn die beiden Partner der eheähnlichen Gemeinschaft entsprechende Abreden nicht getroffen haben. Nach BGH ist die Versorgung eines neuen Partners als **Surrogat der Arbeit in der Ehe** anzusehen (BGH FamRZ 2001, 1693). Anders ist die Sachlage zu beurteilen, wenn die Frau **nach der Trennung eine Vollzeittätigkeit** übernimmt und **außerdem** einen Partner betreut. Die Vollzeitarbeit tritt dann an die Stelle der Hausarbeit und das Einkommen aus Partnerversorgung tritt hinzu.

Das Zusammenleben mit einem anderen Partner kann nur dann zur Anrechnung eigener Einkünfte führen, wenn nicht bereits die Tatsache einer verfestigten Lebensgemeinschaft zur **Versagung** des Anspruchs nach § 1579 Nr. 2 BGB führt. Die Aufnahme **intimer Beziehungen** durch einen geschiedenen Ehegatten, der Unterhalt begehrt, reicht alleine nicht aus, um den Härtegrund des § 1579 Nr. 2 BGB zu erfüllen.

Ein Zusammenleben mit **Eltern und Geschwistern** fällt nicht unter diese Wohngemeinschaft, die keine irgendwie geartete eheliche wirtschaftliche Solidarität beinhaltet. Wenn Eltern ihr volljähriges Kind aufnehmen, ist das unterhaltsrechtlich unbeachtlich, weil diese als **freiwillige Leistung** gewertet werden muss.

3. Verfestigte Lebensgemeinschaft
Eine bloße Wohngemeinschaft kann sich zu einer sozio-ökonomischen Lebensgemeinschaft verfestigen; dabei nimmt die Rechtsprechung weitgehend eine Zeitdauer von **ein bis drei Jahren** an.

In der Begründung des Regierungsentwurfs (BT-Drs. 16/1830, S. 21) wird aber hervorgehoben, dass dem Begriff der verfestigten Lebensgemeinschaft **nicht eine bestimmte Mindestdauer** der Beziehung zugrunde liegt; er weist darauf hin, dass wegen der **unterschiedlichen Intensität** einer Beziehung jeweils im Einzelfall das Vorliegen der Voraussetzungen des § 1579 Nr. 2 BGB zu beurteilen ist. Mit dem Begriff „verfestigte Lebensgemeinschaft" wird die neue Partnerschaft klar von einer **reinen Freundschaft** abgegrenzt. Es spielt keine Rolle, ob die Partnerschaft heterosexuell oder homosexuell ist. Indizien für eine verfestigte Lebensgemeinschaft: zeitlicher Umfang, den das neue Paar im Alltag miteinander verbringt/ gemeinsame Hobbys/Gestaltung von Feiertagen und Urlauben/ Mahlzeitengestaltung/Versorgungsleistungen/Freundeskreis und Familienfeste beider Familien/Wohnungssituation/gemeinsame Pkw-Nutzung/gemeinsamer Immobilienbesitz/gemeinsamer Mietvertrag/Geburt eines gemeinsamen Kindes/gemeinsamer Computer/ gemeinsames Telefon.

Eine Wirtschaftsgemeinschaft ist dann gegeben, wenn die Partner **füreinander einstehen** und eine wirtschaftliche Verflechtung hinzu kommt. Nach der Rechtsprechung des BVerfG (FamRZ 2004, 1950) ist Mitglied einer **Bedarfsgemeinschaft,** wer mit einem erwerbsfähigen Hilfsbedürftigen „in eheähnlicher Gemeinschaft" lebt. Das ist eine auf Dauer angelegte Gemeinschaft, die daneben **keine weitere Lebensgemeinschaft gleicher Art** zulässt und sich durch innere Bindung auszeichnet, die ein **gegenseitiges Einstehen** der Partner füreinander begründet, also über die Beziehung in einer reinen Haushalts- und Wirtschaftsgemeinschaft hinausgeht. Nicht ausreichend ist somit, wenn zwei Personen dieselbe Meldeadresse haben. Auch die bloßen Mitglieder einer Wohngemeinschaft gehören nicht zu einer Haushaltsgemeinschaft. Lebt der Berechtigte in einer verfestigten Lebensgemeinschaft, ist gemäß § 1579 Nr. 2 BGB der Unterhalt wegen grober Unbilligkeit – unter Wahrung der Belange eines gemeinschaftlichen Kindes – zu beschränken oder zu versagen.

4. Gleichgeschlechtliche Partnerschaft

Durch das Gesetz über die eingetragenen Lebenspartnerschaften besteht für diese Beziehungen ein der Ehe vergleichbares Rechtsin-

stitut. Die Lebenspartnerschaft ist der Ehe angeglichen. Es gelten die
Ausführungen oben Ziffer 1. bis 3.

5. Dauer der Lebensgemeinschaft

Die Familiengerichte haben i. d. R. das Vorliegen einer verfestigten
Lebensgemeinschaft dann bejaht, wenn diese über einen Zeitraum
von **ein bis drei Jahren** bestanden hat. Vor Ablauf einer solchen
Mindestdauer, also mindestens ein Jahr, kann im Allgemeinen nicht
verlässlich beurteilt werden, ob die Partner nur probeweise oder
dauerhaft zusammenleben. Ausnahmen bei gemeinsamem Erwerb
von Immobilienbesitz, langer Dauer der Bekanntschaft vor Begründung der Wohngemeinschaft, Vorhandensein gemeinsamer Kinder,
sind möglich.

Umstritten ist die Berücksichtigung des Zusammenlebens des **Unterhaltspflichtigen** mit einem neuen Partner. Dass sich in einem
Doppelhaushalt gegenüber einem Einzelhaushalt Ersparnisse in der
allgemeinen Lebenshaltung ergeben, ist eine Erfahrungstatsache,
der in der Rechtsprechung durch die Absenkung des Selbstbehalts
um etwa fünf Prozent Rechnung getragen wird. Es genügt jedoch
nicht festzustellen, dass der Unterhaltspflichtige mit einem neuen
Partner zusammenlebt; die Annahme einer Verringerung seiner Lebenshaltungskosten setzt zumindest voraus, dass der neue Partner
finanziell leistungsfähig ist, denn andernfalls **verteuert** das Zusammenleben mit ihm eher die Lebenshaltungskosten (vgl. Diener,
FamRZ 2006, 1505; Heistermann, FamRZ 2006, 742). Auch wenn
eine größere Wohnung gemietet worden ist oder wegen des Umzugs
in die Wohnung einer neuen Partnerin erhöhte Fahrtkosten zur Arbeitsstelle anfallen oder wenn keine Versorgung stattfindet, muss
dies im Einzelfall berücksichtigt werden.

▶ Ehebedingte Nachteile

Sowohl bei der Herabsetzung und zeitlichen Begrenzung des Unterhalts als auch bei der Feststellung einer Ehe von langer Dauer zur
Bestimmung der Rangfolge nach § 1609 Nr. 2 BGB spielen die ehebedingten Nachteile eine zentrale Rolle im nachehelichen Unterhaltsrecht. Es geht dabei im Wesentlichen um die Frage, ob und in
welchem Umfang durch die Ehe Nachteile im Hinblick auf die **Mög-

lichkeit eingetreten sind, für den eigenen Unterhalt selbst zu sorgen. Solche Nachteile können sich vor allem aus der Dauer der Pflege oder Erziehung eines gemeinschaftlichen Kindes, aus der Gestaltung von Haushaltsführung und Erwerbstätigkeit während der Ehe sowie aus der Dauer der Ehe ergeben (BGH FamRZ 2008, 1918). Sie hängen somit von der vereinbarten Aufgabenverteilung in der Ehe ab.

(1) Beim **Krankheitsunterhalt** nach § 1572 BGB, bei dem die Krankheit selbst regelmäßig nicht ehebedingt ist, kann sich ein ehebedingter Nachteil nur daraus ergeben, dass ein Unterhaltsberechtigter aufgrund der Rollenverteilung in der Ehe nicht ausreichend für den Fall der krankheitsbedingten Erwerbsminderung vorgesorgt hat und seine Erwerbsunfähigkeitsrente **infolge der Ehe oder Kindererziehung** geringer ist, als sie ohne Ehe wäre (BGH FamRZ 2009, 406; 1207; 2010, 629). Insoweit entsprechen sich der Krankheitsunterhalt und der **Altersunterhalt.** In beiden Fällen ist allerdings zu berücksichtigen, dass der Ausgleich unterschiedlicher Vorsorgebeiträge vornehmlich **Aufgabe des Versorgungsausgleichs** ist, durch den die Interessen des Unterhaltsberechtigten regelmäßig ausreichend gewahrt werden. Wenn ein Versorgungsausgleich stattgefunden hat, können ehebedingte Nachteile nicht mit geringeren Rentenanwartschaften begründet werden. Nachteile in der Versorgungsbilanz sind dann in gleichem Umfang von beiden Ehegatten zu tragen und somit vollständig ausgeglichen (BGH FamRZ 2010, 629 Rn. 24).

(2) Der Anspruch auf **Aufstockungsunterhalt** ist nur dann mit dem Anspruch eines neuen Ehegatten auf Betreuungsunterhalt **gleichrangig,** wenn nach langer Ehedauer auch ehebedingte Nachteile vorliegen. Es ist darauf abzustellen, inwieweit durch die Ehe Nachteile im Hinblick auf die Möglichkeit eingetreten sind, für den eigenen Unterhalt zu sorgen (BGH FamRZ 2008, 1911). Entscheidend ist, ob sich eine nacheheliche Einkommensdifferenz als ehebedingter Nachteil darstellt, der einen dauerhaften unterhaltsrechtlichen Ausgleich zugunsten des bedürftigen Ehegatten rechtfertigt (BGH FamRZ 2008, 1325; 1508). Bei Ehegatten **ohne Berufsausbildung** oder einer **geringen beruflichen Qualifikation** wird sich in den meisten Fällen

nur schwer die Feststellung treffen lassen, dass ihnen nach dem Scheitern der Ehe Erwerbsmöglichkeiten und damit Einkommensquellen verschlossen bleiben, die sich ihnen ohne die in der Ehezeit eingelegte Berufspause tatsächlich eröffnet hätten.

▶ **Ehegattenunterhalt**

1. Anspruchsgrundlage

Auszugehen ist von dem Grundsatz, dass nach der Scheidung jeder Ehegatte verpflichtet ist, selbst für seinen Unterhalt zu sorgen (§ 1569 BGB). Ist er dazu **außerstande,** hat er gegen den anderen Ehegatten einen Anspruch auf Unterhalt nur nach den §§ 1569 ff. BGB. Der Grundsatz der Eigenverantwortung steht im **Vordergrund** und ist nur eingeschränkt durch das Prinzip der nachwirkenden Mitverantwortung des wirtschaftlich stärkeren Ehegatten für den anderen. Der Grundsatz der Eigenverantwortung ist als **Auslegungsgrundsatz** für die einzelnen Unterhaltstatbestände heranzuziehen. Das Gesetz stellt klar, dass die Gewährung von nachehelichem Unterhalt die **Ausnahme** und nicht die Regel ist. Es gilt die Regel, dass jeder Ehegatte sich selbst unterhalten kann und er Unterhalt nur dann bekommt, wenn er dazu außerstande ist. Die Vorschrift knüpft ausschließlich daran an, dass ein Ehegatte nicht in der Lage ist, sich selbst zu unterhalten.

Als Anspruchsgrundlagen kommen in Betracht:

a) Kindesbetreuungsunterhalt, § 1570 BGB

(1) Bis zur Vollendung des **dritten Lebensjahres** eines gemeinsamen Kindes besteht generell ein Anspruch auf persönliche Betreuung, unabhängig davon, ob anderweitige Betreuungsmöglichkeiten bestehen oder nicht (BGH FamRZ 2009, 770).

(2) **Ab Vollendung des dritten Lebensjahres** eines gemeinschaftlichen Kindes obliegt es dem betreuenden Elternteil darzulegen und nachzuweisen, dass keine zumutbare und verlässliche **Betreuungsmöglichkeit** besteht und dass ausnahmsweise keiner Erwerbstätigkeit, auch keiner Teilzeittätigkeit nachgegangen werden kann (BGH FamRZ 2011, 1375; 2008, 1739; 1748).

(3) Die Verlängerung des Betreuungsunterhalts kommt **nur dann in Betracht,** wenn der betreuende Elternteil **darlegt und beweist,** dass eine geeignete Betreuungseinrichtung nicht besteht, nur eine teilweise Betreuung möglich ist, weil eine Vollzeitbetreuungseinrichtung zumutbar nicht erreicht werden kann oder das Kind wegen Entwicklungsstörungen oder besonderen gesundheitlichen Beeinträchtigungen eine persönliche Betreuung erfordert (BGH FamRZ 2010, 1051; 2009, 770).

(4) Der BGH weist darauf hin, dass Kinder ihrem Entwicklungsstand entsprechend auch kurzzeitig **sich selbst überlassen bleiben können** (BGH FamRZ 2010, 1050 ff.). Für Kinder ab Vollendung des dritten Lebensjahres hat der Gesetzgeber den **Vorrang der persönlichen Betreuung** gegenüber anderen Betreuungsmöglichkeiten aufgegeben (BGH FamRZ 2009, 770). Es muss daher in jedem Fall festgestellt werden, in welchem Umfang eine Betreuung in öffentlichen Einrichtungen wie Kindergärten, Kindertagesstätten oder Kinderhorten möglich ist; diese Möglichkeiten sind wahrzunehmen und die Zeit der Fremdbetreuung ist grundsätzlich mit Erwerbstätigkeit zu nutzen (BVerfG FamRZ 2007, 965).

(5) Dennoch darf nicht unberücksichtigt bleiben, dass ein Kind vor dem Alter von etwa 11 bis 12 Jahren nicht sich selbst überlassen bleiben darf, ohne dass eine Verletzung der Aufsichtspflicht erfolgt. Kinder im **Kindergarten- und Grundschulalter** benötigen eine **Rund-um-die-Uhr-Betreuung** und können **nicht** allein **unbeaufsichtigt** zu Hause gelassen werden, auch nicht stundenweise (BGH FamRZ 2009, 1049, 1051 zur Verletzung der Aufsichtspflicht).

(6) Trotz des Grundsatzes der Eigenverantwortung ist auf die **Belange der Kinder** abzustellen (BGH FamRZ 2009, 770), die häufig gerade wegen der Trennung der Eltern der persönlichen Betreuung durch einen Elternteil bedürfen. Auch Erkrankungen, die in kindgerechten Einrichtungen häufig nicht aufgefangen werden können, können an einer Erwerbstätigkeit hindern. Betreuungsmöglichkeiten durch **Großeltern** oder sonstige Verwandte sind

unterhaltsrechtlich nicht zu berücksichtigen, da es sich insoweit regelmäßig um freiwillige Leistungen Dritter handelt.

(7) Eine **zeitliche Verlängerung** des Betreuungsunterhalts kommt unter dem Aspekt des neben der Erwerbstätigkeit anfallenden **Betreuungsaufwands** (angemessene Lastenverteilung zwischen den Eltern) sowie aus **kindbezogenen** Gründen, aber auch aus **elternbezogenen** Gründen in Betracht (bisher gelebtes Betreuungsmodell, gemeinsame Planung für die Betreuung, Überbelastung des alleinerziehenden Elternteils, Entwicklungsstand des Kindes).

(8) Der BGH verschließt sich nicht der Erkenntnis, dass auch im Falle einer ganztägigen Betreuung des Kindes ein Betreuungsbedarf besteht, der einer vollschichtigen Erwerbstätigkeit entgegenstehen und deshalb auch zu einer **überobligationsmäßigen Belastung** führen kann.

(9) Die Anforderungen, die an die Erwerbsverpflichtung des betreuenden Elternteils gestellt werden, dürfen **nicht überspannt** werden, weil man damit auch das Kind trifft und es einer Lebensperspektive beraubt, die es ohne die Trennung der Eltern gehabt hätte. Eine volle Erwerbstätigkeit neben der Betreuung eines kleinen Kindes würde zu einer **massiven Überforderung** des betreuenden Elternteils führen, die sich dann unmittelbar auf das Wohl des Kindes auswirkt. Betreuungsunterhaltsansprüche dienen darüber hinaus nicht nur dem unmittelbaren Kindeswohl, sondern sind auch Ausdruck der **elterlichen Solidarität** zum Wohle des gemeinsamen Kindes. Spricht man dem betreuenden Elternteil eines über 3-jährigen Kindes im Kindergarten- und Grundschulalter Betreuungsunterhaltsansprüche ab, da er für seinen Unterhalt selbst zu sorgen habe, erfolgt eine Lastenverteilung zwischen den Eltern, die allgemeinen Gerechtigkeitsmaßstäben nicht entspricht (OLG München FamRZ 2008, 1946). Der betreuende Elternteil müsste dann sein gesamtes Leben an dieser Aufgabe ausrichten und eigene Interessen weitgehend zurückstellen während den anderen Elternteil lediglich die Verpflichtung zur Zahlung von Barunterhalt für das Kind trifft. Dieser wäre in seiner Freizeitgestaltung nicht beeinträchtigt und

könnte sich etwa einer neuen Partnerschaft zuwenden; eine angemessene Lastenverteilung zwischen den grundsätzlich zu gleichen Teilen verpflichteten Eltern wäre damit in keiner Weise gewährleistet (OLG München FamRZ 2008, 1946).

(10) Auch wenn **mehrere Kinder,** die alle älter als drei Jahre sind, betreut werden, können die Betreuungsaufgaben so umfangreich sein, dass nur eine Teilerwerbstätigkeit zumutbar ist. Die **Summierung aller Betreuungsaufgaben** betrifft die Belange jedes einzelnen Kindes und kann nach § 1570 Abs. 1 S. 2 BGB zu einer **Verlängerung** des Betreuungsunterhaltsanspruchs führen.

b) Alter, § 1571 BGB

Entscheidend für den Unterhaltsanspruch wegen Alters ist, dass die Anspruchsvoraussetzungen im sogenannten **Einsatzzeitpunkt** vorliegen. Ein geschiedener Ehegatte kann nicht allgemein, wenn er alt wird, Unterhalt verlangen. Die Unzumutbarkeit der Aufnahme einer Erwerbstätigkeit muss vielmehr am Ende der Ehe (d. h. bei Rechtskraft des Scheidungsurteils) oder in deren Nachwirkungsbereich (insbesondere bei Beendigung der Pflege oder Erziehung eines gemeinschaftlichen Kindes) bestehen.

Im Gesetz wird **keine feste Altersgrenze** genannt, von der ab Unterhalt wegen Alters verlangt werden könnte. Der geschiedene Ehegatte muss nachweisen, dass er aufgrund seines Alters keine angemessene Erwerbstätigkeit finden konnte oder seinen Bedarf nicht voll decken kann. Der Nachweis entsprechender, aber fehlgeschlagener Bemühungen (durch Zeitungsanzeigen, Arbeitsamt) reicht aus.

In der Praxis ist davon auszugehen, dass einer Frau, die das 55. Lebensjahr vollendet hat und längere Zeit nicht erwerbstätig war, es meist unmöglich ist, in das Erwerbsleben zurückzukehren. Auch bei Frauen, die im Zeitpunkt der Scheidung zwischen 50 und 55 Jahre alt sind, werden Versuche, ihnen eine angemessene Erwerbstätigkeit zu vermitteln, vielfach scheitern. Andererseits wird es auch Frauen geben, denen auch nach Vollendung des 55. Lebensjahres die Aufnahme einer Erwerbstätigkeit zugemutet werden kann, weil der Alterungsprozess nicht so fortgeschritten ist, dass die Aufnahme einer entsprechenden Tätigkeit nicht erwartet werden könnte. Erfahrungsgemäß stehen geeignete Arbeitsstellen, die das körperliche Leistungsvermögen restlos ausschöpfen, diesen Frauen praktisch kaum zur Verfügung, weil jüngere Arbeitskräfte bevorzugt werden.

Der BGH (FamRZ 1991, 416) weist in einer richtungweisenden Entscheidung zur Angemessenheit der Erwerbstätigkeit für eine 50-jährige Ehefrau, die sich mehr als 20 Jahre dem Haushalt und den Kindern gewidmet hat, auf die Notwendigkeit einer **umfassenden Angemessenheitsprüfung** hin, die sich nicht auf die Berücksichtigung des ursprünglichen Ausbildungsniveaus, des Zeitablaufs seit Ausbildungsende und des in der Ehe erreichten sozialen Status beschränken dürfe. Wenngleich sich dadurch der Kreis der angemessenen Tätigkeit verengen könne, so schrumpfe dieser aber nicht auf null. Im Hinblick auf die **verstärkte Eigenverantwortung** ist zu prüfen, ob der Bedürftige nicht zumindest einer **Geringverdienertätigkeit** nachgehen kann. In diesem Fall ist wegen der Subsidiarität des § 1573 Abs. 2 BGB auch bei einer wegen des Alters eingeschränkten Erwerbsobliegenheit **nur** ein Anspruch nach § 1571 BGB gegeben (nicht nach § 1573 Abs. 2 BGB). **Allein der Rentenbezug** aufgrund des Erreichens einer **flexiblen Altersgrenze** lässt die Erwerbsobliegenheit nicht entfallen (BGH FamRZ 1999, 708, 843).

Zur Befristung und Begrenzung des Altersunterhalts nach § 1578 b BGB hat der BGH (FamRZ 2009, 1207) darauf hingewiesen, dass sich ein ehebedingter Nachteil nur daraus ergeben kann, dass ein Unterhaltsberechtigter aufgrund der Rollenverteilung in der Ehe **nicht ausreichend** für den Fall des Alters vorgesorgt hat und seine Rente in Folge der Ehe und Kindererziehung geringer ist, als sie **ohne die Ehe wäre.** Dabei ist allerdings zu berücksichtigen, dass der Ausgleich unterschiedlicher Vorsorgebeiträge vornehmlich Aufgabe des **Versorgungsausgleichs** ist, durch den die Interessen beider Eheleute regelmäßig ausreichend gewahrt werden. § 1578 b BGB berücksichtigt allerdings auch eine über die Kompensation ehebedingter Nachteile hinausgehende **nacheheliche Solidarität** (BGH FamRZ 2009, 1207; 406; 2010, 629). In erster Linie ist bei der Entscheidung über die Begrenzung oder Befristung des Unterhalts wegen Alters zu berücksichtigen, ob der unterhaltsberechtigte Ehegatte trotz eines durchgeführten Versorgungsausgleichs **geringere Renteneinkünfte** erzielt, als er ohne die Ehe und die Erziehung der gemeinsamen Kinder erzielen würde (BGH FamRZ 2009, 1210 Rn. 36). Ist der Unterhaltsberechtigte bereits **Rentner,** kann lediglich auf das Renteneinkommen aus einer solchen Erwerbstätigkeit abgestellt werden, wobei von der tatsächlichen Rente nach durchgeführtem Versorgungsausgleich auszugehen ist (BGH FamRZ 2010, 629 Rn. 29). Der nach § 1578 b BGB herabgesetzte Unterhaltsbedarf muss **jedenfalls das Existenzminimum** des Unterhaltsberechtigten erreichen (BGH FamRZ 2010, 629 Rn. 28, 29). Der am Existenzminimum orientierte **Mindestbedarf** bemisst sich nach dem Betrag, der einem nichterwerbstätigen Unterhaltspflichtigen als notwendiger Selbstbehalt zur Verfügung steht und gegenwärtig **770 Euro** beträgt (BGH FamRZ 2010, 629 Rn. 32).

c) Krankheit oder Gebrechen, § 1572 BGB

Die krankheitsbedingte Erwerbsunfähigkeit braucht nicht auch ehebedingt zu sein (BGH FamRZ 2004, 779). Auch wenn die Krankheit **schon bei Eheschließung** vorhanden war, können die Voraussetzungen für den Krankheitsunterhalt gegeben sein. Dies gilt selbst dann, wenn die Krankheit **bei Eheschließung unerkannt** war (vgl. BGH FamRZ 1981, 1163; NJW 1994, 1286).

Erforderlich ist, dass die Krankheit entweder zum Zeitpunkt der Scheidung, nach Beendigung der Kindererziehung, nach einer Ausbildung oder nach einer Zeit der Arbeitslosigkeit besteht. Entscheidend für den Grad der Freistellung ist, ob die Krankheit völlige oder teilweise Erwerbsunfähigkeit zur Folge hat. Den Unterhaltsberechtigten trifft die Obliegenheit, alles zur **Wiederherstellung** der Arbeitskraft erforderliche zu tun, um seine Unterhaltsbedürftigkeit zu mindern. Wer leichtfertig die Möglichkeit ärztlicher Behandlung und Behebung der Aufnahme der Erwerbstätigkeit entgegenstehender Schwierigkeiten nicht nutzt, kann seine Bedürftigkeit mutwillig herbeiführen und seinen Unterhaltsanspruch verwirken, § 1579 BGB.

Erhebliches Übergewicht oder andere durch die eigene Lebensführung herbeigeführte Krankheiten können als Krankheit im Sinn des

§ 1572 BGB anzusehen sein, da es nicht darauf ankommt, ob die Krankheit verschuldet ist (vgl. OLG Köln FamRZ 1992, 65).

Nach den Einsatzzeitpunkten eintretende Erkrankungen werden nicht mehr dem Risikobereich des geschiedenen Ehegatten zugerechnet. Etwas anderes gilt nur dann, wenn die im Einsatzzeitpunkt vorhandene Krankheit noch nicht zu einer völligen Erwerbsunfähigkeit führt, sich in der Folgezeit aber derart verschlechtert, dass der erkrankte Ehegatte keiner Erwerbstätigkeit mehr nachgehen kann (BGH FamRZ 1987, 684, 685). In den Fällen, in denen zum Einsatzzeitpunkt (z. B. Zeitpunkt der Scheidung) eine teilweise Erwerbsunfähigkeit vorlag, die wegen der beschränkten Erwerbsfähigkeit zu einem Teilunterhalt führte, und in denen später eine völlige Erwerbsunfähigkeit eingetreten ist, weil sich der Gesundheitszustand verschlechtert hat, kann der Anspruch gemäß § 1572 BGB ab dem Zeitpunkt der völligen Erwerbsunfähigkeit auch den vollen angemessenen Unterhalt erfassen. Wird die Unterhaltbegehrende **vier Jahre nach Scheidung** der Ehe und nach fast vier Jahren fester Anstellung in Folge einer Psychose, die im Ansatz schon während der Ehe aufgetreten war, erwerbsunfähig, so **scheidet** ein Unterhaltsanspruch nach §§ 1572 Nr. 4, 1573 Abs. 4 S. 1 BGB mangels **zeitlichen Zusammenhangs aus.** In Betracht kann jedoch ein Unterhaltsanspruch nach **§ 1576 BGB** kommen (OLG Karlsruhe FamRZ 1994, 105 ff.).

Eine **ca. 21 Monate nach Rechtskraft** der Scheidung ausgebrochene Erkrankung kann, auch wenn sie bei der Scheidung bereits **latent vorhanden** gewesen sein sollte, nicht mehr der Ehe zugerechnet werden, weil es am erforderlichen nahen zeitlichen Zusammenhang fehlt (OLG Koblenz FamRZ 2006, 704; BGH FamRZ 2001, 1291).

Der Unterhalt begehrende Ehegatte muss, um die Voraussetzungen des § 1572 BGB darzutun, im Einzelnen die Krankheiten, an denen er leidet, angeben und vortragen, inwiefern sich diese auf seine Erwerbsfähigkeit auswirken. Er darf sich **nicht generell auf eine Erwerbsunfähigkeit** i. S. d. § 1572 BGB berufen, sondern von ihm ist – insbesondere im Hinblick darauf, dass nur eine teilweise Erwerbsunfähigkeit vorliegen kann, zu verlangen, dass er Art und Umfang der gesundheitlichen Beeinträchtigungen oder Leiden darlegt. Einem Beweisangebot ist erst zu entsprechen, wenn das Vorbringen **hinreichend substantiiert ist** (BGH FamRZ 2007, 201).

Der **Maßstab** des angemessenen Lebensbedarfs, der nach § 1578 b BGB regelmäßig die Grenze für die **Herabsetzung** des nachehelichen Unterhalts bildet, bemisst sich nach dem Einkommen, das der unterhaltsberechtigte Ehegatte ohne die Ehe und Kindererziehung aus eigenen Einkünften zur Verfügung hätte. Dabei ist auf die konkrete Lebenssituation des Unterhaltsberechtigten abzustellen (BGH FamRZ 2010, 629 Rn. 28). Beim Krankheitsunterhalt kann dabei nur auf das Einkommen abgestellt werden, das der kranke Unterhaltsberechtigte **ohne die Ehe und Kindererziehung** zur Verfügung hätte. Denn wenn er auch ohne die Ehe zu keiner Erwerbstätigkeit in der Lage wäre, kann nicht auf ein fiktives Einkommen abgestellt werden, das ein gesunder Unterhaltsberechtigter erzielen könnte. Falls die Krankheit – wie regelmäßig – nicht ehebedingt ist, ergibt sich der angemessene Lebensbedarf i. S. v. § 1578 b Abs. 1 S. 1 BGB bei vollständiger Erwerbsunfähigkeit also aus der **Höhe der Erwerbsunfähigkeitsrente,** wobei auch hier von der tatsächlichen Rente nach Durchführung des Versorgungsausgleichs auszugehen ist. Nur wenn der Unterhaltsberechtigte noch **teilweise erwerbsfähig** ist, kann daneben auf Erwerbseinbußen als ehebedingten Nachteil abgestellt werden. Aus dem Begriff der Angemessenheit folgt aber zugleich, dass der nach § 1578 b BGB herabgesetzte Unterhaltsbedarf **jedenfalls das Existenzminimum** des Unterhaltsberechtigten erreichen muss (BGH FamRZ 2010, 629 Rn. 29; 2009, 1990 Rn. 14). Der am Existenzminimum orientierte **Mindestbedarf** bemisst sich nach dem notwendigen Selbstbehalt eines nichterwerbstätigen Unterhaltspflichtigen und beträgt gegenwärtig **770 Euro** (BGH FamRZ 2010, 629 Rn. 33; 444).

d) Arbeitslosigkeit, §§ 1573, 1574 BGB

Voraussetzung des Anspruchs ist, dass sich der Ehegatte unter Einsatz aller Mittel **nachhaltig bemüht** hat, eine angemessene Tätigkeit zu finden und diese Bemühungen erfolglos geblieben sind. Er trägt uneingeschränkt die **Darlegungs- und Beweislast** und muss in **nachprüfbarer Weise** vortragen, welche Schritte und in welchem zeitlichen Abstand er diese unternommen hat (BGH FamRZ 2011,

1851; 2008, 2104). Bemüht sich der Ehegatte nicht ausreichend, so ist ein Unterhaltsanspruch nicht gegeben. Die Tatsache allein, dass er nicht erwerbstätig ist, soll somit den Anspruch noch nicht auslösen. Die Bedürftigkeit des Unterhaltsgläubigers entfällt im Umfang **erzielbarer Einkünfte** aus zumutbarer Erwerbstätigkeit. Im Hinblick darauf, dass die Erfüllung von Erwerbsobliegenheiten schwierig zu kontrollieren ist, sind neben objektiven Kriterien auch die **subjektive Arbeitsbereitschaft** zu berücksichtigen, wobei häufig die Arbeitsbiografie sehr aufschlussreich sein kann. Wird eine **selbstständige** Tätigkeit ausgeübt, die keinen Gewinn abwirft, ist eine abhängige Stellung anzunehmen. In Fällen, in denen der Unterhaltsbedürftige bei einer längeren Ehedauer die Familienarbeit ausübte, muss jedoch beachtet werden, dass ein unangemessener sozialer Abstieg vermieden werden soll. Die zeitliche Begrenzung und Herabsetzung des Unterhaltsanspruchs (→*Zeitliche Begrenzung des Unterhaltsanspruchs (Ehegattenunterhalt)*) wegen Arbeitslosigkeit richtet sich nach § 1578 b BGB, wobei insbesondere zu berücksichtigen ist, inwieweit durch die Ehe Nachteile im Hinblick auf die Möglichkeit eingetreten sind, für den eigenen Unterhalt selbst zu sorgen.

e) Aufstockungsunterhalt, § 1573 Abs. 2 BGB

(1) Wenn beide Ehegatten erwerbstätig, aber ihre Einkünfte unterschiedlich hoch sind, kann derjenige geschiedene Ehegatte, der eine angemessene Erwerbstätigkeit ausübt, dessen Einkünfte aber nicht ausreichen ihm seinen vollen Unterhalt zu sichern, die **Differenz** zwischen seinen Einkünften und dem vollen Lebensbedarf von dem anderen Ehegatten als Geldrente verlangen. Auch wenn wegen Verstoß gegen die Erwerbsobliegenheit ein **fiktives** Einkommen des Berechtigten angesetzt wird, kann Aufstockungsunterhalt in Betracht kommen (BGH FamRZ 2001, 1291, 1294).

(2) Bei einer **geringfügigen Differenz** kommt Aufstockungsunterhalt nicht in Betracht, z. B. wenn der Aufstockungsunterhalt **zehn Prozent** des bereinigten Nettoeinkommens des Bedürftigen nicht erreicht (OLG München FamRZ 2004, 1208).

(3) Wie der Unterhalt wegen Arbeitslosigkeit ist auch der Aufstockungsunterhalt **subsidiär** zu den Unterhaltsansprüchen nach

§§ 1570 bis 1572 BGB. Als **anderer** zunächst zu prüfender **Tatbestand** kann auch der des § 1573 I BGB in Betracht kommen. Dieser Tatbestand ist erfüllt, wenn sich der Unterhaltsberechtigte ernsthaft, aber vergeblich um eine angemessene Erwerbstätigkeit bemüht hat oder wenn für ihn selbst bei ausreichenden Bemühungen keine reale Beschäftigungschance bestanden hätte, sodass auf diesem Hintergrund festgestellt werden kann, er vermöge keine angemessene Erwerbstätigkeit zu finden (BGH FamRZ 1990, 499).

(4) **Einsatzzeitpunkt**: Scheidung, Wegfall eines anderen Unterhaltstatbestandes. Der Aufstockungsunterhalt gehört **nicht zum Kernbereich** des Scheidungsfolgenrechts, sodass auf ihn **wirksam verzichtet** werden kann (BGH FamRZ 2004, 601, 605).

(5) Der Anspruch auf Aufstockungsunterhalt ist **regelmäßig nach § 1578 b BGB zu begrenzen oder zu befristen,** wenn ehebedingte Nachteile nicht mehr vorliegen, während eine Begrenzung oder Befristung bei noch vorhandenen ehebedingten Nachteilen regelmäßig **ausgeschlossen** ist (BGH FamRZ 2009, 411 Rn. 44). Ist ein Wiedereintritt in den erlernten Beruf wegen der **langen Berufspause** ausgeschlossen, ist jedenfalls bis zur Höhe des im erlernten Beruf erzielbaren Einkommens unter Berücksichtigung sonst eingetretener Einkommensentwicklungen von einem ehebedingten Nachteil auszugehen. Ist der Unterhaltsberechtigte verpflichtet und in der Lage, eine **vollschichtige Tätigkeit** im erlernten Beruf auszuüben, spricht dieser Umstand **gegen fortdauernde ehebedingte Nachteile** (BGH FamRZ 2008, 1328).

(6) § 1578 b Abs. 2 BGB lässt eine **sofortige Begrenzung** des Unterhaltsanspruchs ab Rechtskraft der Scheidung i. d. R. **nicht** zu. Dem Unterhaltsberechtigten ist eine **Übergangszeit** einzuräumen, die ihren Grund darin findet, dass er nach der Scheidung Zeit benötigt, um sich auf die Kürzung des eheangemessenen Unterhalts einzustellen (vgl. BGH FamRZ 2008, 1508, 1511).

(7) Die zeitliche Begrenzung des Aufstockungsunterhalts setzt stets eine **individuelle Billigkeitsabwägung** voraus, die alle Umstände des Einzelfalles einbezieht (BGH FamRZ 2011, 1851).

(8) Aus der umfangreichen obergerichtlichen und höchstrichterlichen Rechtsprechung lässt sich erkennen, dass bei **langen Ehen** für den Regelfall eine Übergangszeit von etwa **einem Viertel der Ehezeit** ausgegangen wird und bei einer **kürzeren Ehedauer** die Frist auf **ein Drittel bis die Hälfte** der Ehezeit bemessen wird.

(9) Stets wird aber den ehebedingt erlittenen Nachteilen ganz maßgebliche Bedeutung zukommen. Diese können jedoch lediglich **Anhaltspunkte** sein. So kann etwa bei **langer Trennungszeit,** die das Vertrauen auf den Fortbestand der Ehe und die in ihr gegebenen materiellen Verhältnisse entfallen lässt, eine sehr viel kürzere Frist angemessen sein. Auch der Dauer der Betreuung von Kindern kommt keine ausschlaggebende Bedeutung für die Befristung zu, weil die Betreuungszeit bereits über den Grund des Unterhaltsanspruchs erfasst wird (umfassende Übersicht zur Rechtsprechung bei Heiß/Born Unterhaltsrecht Kap. 1 Rn. 213 a, 179 ff., 133 ff.).

f) Wegfall einer nicht nachhaltig gesicherten Tätigkeit, § 1573 Abs. 4 BGB

Der geschiedene Ehegatte kann auch dann Unterhalt verlangen, wenn die Einkünfte aus einer angemessenen Erwerbstätigkeit **wegfallen,** weil es ihm trotz seiner Bemühungen nicht gelungen war, den Unterhalt durch die Erwerbstätigkeit nach der Scheidung **nachhaltig zu sichern.** War es ihm gelungen, den Unterhalt **teilweise nachhaltig zu sichern,** so kann er den **Unterschiedsbetrag** zwischen dem nachhaltig gesicherten und dem vollen Unterhalt verlangen. Prüfungsmaßstab für eine nachhaltige Sicherung ist, ob die Aufnahme der Erwerbstätigkeit nach objektiven Maßstäben und allgemeiner Lebenserfahrung mit einer gewissen Sicherheit als dauerhaft angesehen werden konnte, oder ob zu befürchten war, dass der Bedürftige sie durch außerhalb seiner Entschließungsfreiheit liegende Umstände in absehbarer Zeit wieder verliert (BGH FamRZ 2003, 1734, 1736). Bei einer Erwerbstätigkeit von zwei Jahren wird man i. d. R. von einer Nachhaltigkeit der Unterhaltssicherung ausgehen können.

g) Unterhalt wegen Ausbildung, Fortbildung oder Umschulung, § 1575 BGB

Wer in Erwartung der Ehe oder während der Ehe eine Schul- oder Berufsausbildung aufgenommen oder abgebrochen hat, kann von dem anderen Ehegatten Unterhalt verlangen. Entscheidend für die Ausbildungsfinanzierung ist, dass die Ausbildung sobald wie möglich, d. h. unverzüglich nach der Scheidung aufgenommen wird und ein erfolgreicher Abschluss zu erwarten ist. Dabei geht es nur um den **Ausgleich ehebedingter Nachteile** durch versäumte Ausbildungsmöglichkeiten. Ein allgemeiner Anspruch auf eine Ausbildung nach der Scheidung besteht nicht (BGH FamRZ 2001, 350). Eine Ausbildung i. S. d. § 1575 BGB liegt nicht vor, wenn es an einem nach einem bestimmten **Ausbildungsplan** ausgeübten Ausbildungsverhältnis fehlt (BGH FamRZ 1987, 795, 797). Auch wenn eine Promotion die Chancen eines geschiedenen Ehegatten auf dem Arbeitsmarkt möglicherweise verbessert, begründet dies allein keinen weiteren Unterhaltsanspruch nach § 1575 BGB (OLG Düsseldorf FamRZ 1987, 708).

Wenn die Ausbildung **abgebrochen** werden muss (z. B. wegen Überforderung), besteht kein Anspruch auf eine **weitere Ausbildung,** denn der Anspruch aus § 1575 BGB ist auf die **durchschnittliche Ausbildungsdauer** beschränkt. Etwas anderes kann ausnahmsweise dann gelten, wenn die Ausbildungsunterbrechungen auf **Krankheit** beruhen. Nach Abschluss der Ausbildung darf der Unterhaltsberechtigte für etwa ein Jahr nach einem Arbeitsplatz auf dem **erreichten Ausbildungsniveau** suchen; danach muss er sich um Arbeit auf dem **bisherigen Niveau** bemühen (OLG Düsseldorf FamRZ 1987, 708). Der Unterhaltsanspruch nach § 1575 BGB wegen **ehebedingter Ausbildungsnachteile** ist bereits nach § 1575 Abs. 1 S. 2 BGB befristet und **lex specialis;** eine **Herabsetzung** auf den angemessenen Bedarf ist dagegen möglich.

h) Unterhalt aus Billigkeitsgründen, § 1576 BGB

Wer nach den dargestellten Tatbeständen (Kindesbetreuung, Alter, Krankheit, Arbeitslosigkeit, Ausbildung) keinen Anspruch hat, kann dennoch in Ausnahmefällen Unterhalt verlangen, wenn dies **Gerechtigkeitserwägungen** zwingend erfordern. Entscheidend für einen solchen Unterhaltsanspruch ist, dass seine Ablehnung dem Gerechtigkeitsempfinden in unerträglicher Weise widerspräche, z. B. in Fällen, in denen der in Anspruch genommene Ehegatte einen **Vertrauenstatbestand** des Inhalts gesetzt hat, der Unterhalt des bedürftigen Ehegatten werde auch in Zukunft trotz Unmöglichkeit einer Erwerbstätigkeit gesichert sein. Dabei ist jedoch zu beachten, dass das Gesetz generell nicht das Vertrauen eines Ehegatten, dass er – wenn er nur einmal einen leistungsfähigen Partner geheiratet und diesem die Rolle des Geldverdieners überlassen hat – dann ein für alle mal bis an sein Lebensende für seinen Unterhalt ausgesorgt hat. Grundprinzip des nachehelichen Unterhaltsrechts ist vielmehr die Eigenverantwortung. Wegen der vorzunehmenden Billigkeitsabwägung ist es kaum vorstellbar, dass eine zeitliche Begrenzung und Herabsetzung des Unterhaltsanspruchs (→*Zeitliche Begrenzung des Unterhaltsanspruchs (Ehegattenunterhalt)*) nach § 1578 b BGB in Betracht kommt.

2. Maß des Unterhalts

Liegen die Anspruchsvoraussetzungen für einen oder mehrere der Unterhaltstatbestände vor, ist das Maß des zu leistenden Unterhalts zu bestimmen.

Das Maß des Unterhalts bestimmt sich gemäß § 1578 Abs. 1 BGB nach den ehelichen Lebensverhältnissen. Die ehelichen Lebensverhältnisse hängen im Wesentlichen von den Einkommens- und Vermögensverhältnissen ab, sie werden insbes. durch das Einkommen der Eheleute geprägt. Sie bilden den Maßstab für die Höhe des Ehegattenunterhalts. Der nacheheliche Ehegattenunterhalt begründet **keine Lebensstandardgarantie** sondern lediglich einen **Nachteilsausgleich,** solange und soweit der Bedürftige durch die Rollenverteilung in der Ehe **nicht ausreichend** für den eigenen Unterhalt sorgen kann (BT-Drs. 16/1830, S. 18).

Als **Einkommen** sind alle Einkünfte der Eheleute zu berücksichtigen, die zur Deckung des Lebensbedarfs zur Verfügung stehen, also insbes. Erwerbseinkünfte, Vermögenserträge und wirtschaftliche Vermögensnutzungen, wie z. B. der Wohnvorteil oder die Zinsen aus dem Verkaufserlös des Familienheims und die Privatnutzung des Firmenfahrzeugs. Zu berücksichtigen sind auch **fiktive Ein-**

künfte, die der in der Ehe den Haushalt führende Berechtigte erzielen könnte, aber tatsächlich nicht erzielt, weil auch diese ein Surrogat seiner früheren Familienarbeit darstellen (BGH FamRZ 2005, 1979).

Auch beim **Ehegattenunterhalt** ist von einem **Mindestunterhalt** in Höhe des notwendigen Selbstbehalts eines Nichterwerbstätigen auszugehen (BGH FamRZ 2010, 802).

a) Ermittlung des unterhaltsrechtlich relevanten Einkommens

Checkliste: Einkommensermittlung

■ **Erwerbseinkünfte** aus nichtselbstständiger Tätigkeit, selbstständiger Tätigkeit, Einkünfte aus Landwirtschaft und Forsten, Gewerbebetrieb, Einkünfte aus Kapital, Vermietung und Verpachtung und sonstige Einkünfte sowie **Erwerbsersatzleistungen** wie Krankengeld, Arbeitslosengeld I, Renten- und Pensionen. Zu den Einkünften aus **nichtselbstständiger** Tätigkeit gehören auch Urlaubs- und Weihnachtsgeld, Zulagen, Familienzuschlag, Kinderzuschüsse, Prämien, Überstundenvergütungen im Rahmen des üblichen, Trinkgelder und Sachbezüge (z. B. Essensgeld). **Abfindungen** und **einmalige Zahlungen** (Gratifikationen, Übergangsgelder bei Ausscheiden aus der Bundeswehr, Jubiläumszuweisungen, Erfindervergütungen) sind je nach Höhe auf einen angemessenen Zeitraum zu verteilen (vgl. OLG München FamRZ 1998, 559). **Spesen**, Auslösen, Reisekosten sind zwar Einkommen, decken aber i. d. R. nur entstandene erhöhte Aufwendungen; das gilt insbesondere für Kilometergeld und Übernachtungskosten.

■ **Vermögenseinkünfte** aus Vermietung und Verpachtung, aus Kapital- und sonstigem Vermögen sowie aus Wohnvorteilen und sonstigen Gebrauchsvorteilen des Vermögens. Abziehbare Werbungskosten sind vor allem Depotgebühren und Bankspesen. Bei Einkünften aus Vermietung/Verpachtung sind abzugsfähige Werbungskosten alle Hauskosten einschließlich der Hausverwaltung, Instandhaltungskosten und die Kredit- und Finanzierungskosten (Zinsen). **Nicht abziehbar** ist die Tilgung als Vermögensbildung, **außer** wenn das Objekt beiden Eheleuten gemeinsam gehört und damit eine gemeinsame Vermögensbildung vorliegt und diese beiden Eheleuten zugute kommt oder wenn die **Tilgung als Altersvorsorge** im Rahmen der vier Prozent-Klausel zu berücksichtigen ist.

■ Einkünfte aus **sozialstaatlichen Zuwendungen** und sonstigen Leistungen des Staates, wie Wohngeld, BAföG-Leistungen, Pflegegeld und Steuererstattungen. **Arbeitslosengeld I und Krankengeld** sind als Lohnersatzleistungen unterhaltsrechtliches Einkommen (BGH FamRZ 2009, 307), ebenso wie **Umschulungsgeld;** neben Arbeitslosen- und Umschulungsgeld können monatlich 165 Euro anrechnungsfrei hinzuverdient werden. **Arbeitslosengeld II** ist dagegen wie die Sozialhilfe als subsidiäre Sozialleistung **kein unterhaltsrechtliches Einkommen** (BGH FamRZ 2009, 307). **Elterngeld** ist nach § 11 BEEG in Höhe von 300 Euro monatlich kein unterhaltsrechtliches Einkommen, außer es liegt eine Verwirkung des Anspruchs nach §§ 1579, 1611 BGB vor oder es geht um die erhöhte Leistungsverpflichtung nach § 1603 Abs. 2 BGB gegenüber einem minderjährigen Kind. Bei doppelter Laufzeit des **Elterngeldes,** bei der nur jeweils der halbe Monatsbetrag gezahlt wird, sind lediglich 150 Euro anrechnungsfrei. Die darüberhinaus gehenden Beträge sind unterhaltsrechtliches Einkommen (Gerhardt, FA-FamR Kap. 6 Rn. 64). **Pflegegeld** ist nach §§ 1610 a, 1578 a, 1361 Abs. 1 S. 1 BGB zu berücksichtigen und daher regelmäßig nicht als Einkommen anzusetzen, weil es nur erhöhte Aufwendungen abdeckt (vgl. Leitlinien Nr. 2.7). **Pflege- und Erziehungsgeld** für die Betreuung von Pflegekindern ist als Einkommen der Pflegeperson anzusetzen, **soweit** es nicht für eine angemessene Versorgung des Kindes verbraucht wird (vgl. Wendl/Dose, § 1 Rn. 463). Sozialleistungen für Körper- oder Gesundheitsschäden werden nach der gesetzlichen Vermutung der §§ 1610 a, 1361 Abs. 1 S. 1, 1578 a BGB für erhöhte Aufwendung verbraucht und sind daher i. d. R. nicht als Einkommen anzusetzen, außer es kann nachgewiesen werden, dass die Sozialleistungen für Vermögensbildung verwendet werden.

■ **Wohnwert**: Der Wohnwert errechnet sich aus den ersparten Mietkosten, also um den Betrag, um den ein Hauseigentümer billiger wohnt als ein Mieter (vgl. BGH FamRZ 2009, 23). Der Wohnwert entspricht grundsätzlich der objektiven Marktmiete (BGH FamRZ 2009, 23; 2000, 950); beim Trennungsunterhalt ist – solange nicht das endgültige Scheitern der Ehe feststeht – ein angemessener Wohnwert anzusetzen (BGH FamRZ 2008, 963). Ab endgültigem Scheitern der Ehe in der Trennungszeit und beim nachehelichen Unterhalt ist auf die objektive Marktmiete abzustellen (BGH FamRZ 2009, 23; 2008, 963).

■ **Fiktive Einkünfte** wegen Verletzung einer Erwerbsobliegenheit oder wegen Verletzung der Obliegenheit Vermögen gewinnbringend zu nutzen oder Vermögen zu verwerten oder wegen Verletzung der Obliegenheit sozialstaatliche Leistungen wie BAföG, etc. in Anspruch zu nehmen.

■ **Fiktive Einkünfte** oder Ersparnisse wegen Zusammenleben und Zusammenwirtschaften mit einem neuen Partner oder Haushaltsführung/Kinderbetreuung für diesen.

■ Nicht zum unterhaltsrechtlich relevanten Einkommen gehören **Arbeitslosengeld II**, **Sozialhilfe** und **Unterhaltsvorschuss** als subsidiäre Leistung sowie BAföG als Vorauszahlung nach §§ 36, 37 BAföG sowie **Elterngeld** bis zur Höhe von 300 Euro bzw. bis zur Höhe von 150 Euro bei doppelter Laufzeit, Arbeitnehmersparzulage und Hausgeld des Strafgefangenen sowie unentgeltliche Zuwendungen Dritter und das **Kindergeld** sowie Kinderzuschläge nach § 6 a BKBG. Einkünfte, die erzielt werden, obwohl eine Erwerbsobliegenheit nicht oder nicht in dem ausgeübten Umfang besteht, können beim **Unterhaltsberechtigten** nach § 1577 Abs. 2 BGB nur zum Teil angesetzt werden und beim **Unterhaltspflichtigen** ist sein Einkommen aus überobligatorischer Tätigkeit gemäß § 242 BGB aus Billigkeitsgründen i. d. R. nur teilweise, z. B. zu 1/3 oder zu 1/2 (vgl. Gerhardt, FA-FamR, Kap. 6 Rn. 128 ff.).

b) Unterhaltsrechtlich relevante Abzugsposten

Für die Berechnung des Unterhaltsbedarfs sowie für die Berechnung der Höhe des zu zahlenden Unterhalts wird das unterhaltsrechtlich **bereinigte Nettoeinkommen** benötigt. Dazu muss vom Bruttoeinkommen der Abzug aller **unterhaltsrechtlich relevanten Abzugsposten** erfolgen, wobei die im Selbstbehalt bereits enthaltenen allgemeinen Lebenshaltungskosten außer Betracht bleiben (zu den unterhaltsrechtlich relevanten Abzugsposten vgl. Gerhardt, FA-FamR Kap. 6 Rn. 135 ff.; Heiß/Born, Handbuch Unterhaltsrecht, Kap. 3 Rn. 5 ff.). Das Bruttoeinkommen ist um nachfolgende unterhaltsrechtlich relevante Abzugsposten **zu bereinigen.**

Checkliste: Unterhaltsrechtlich relevante Abzugsposten

■ Einkommen- und Kirchensteuer
■ Vorsorgeaufwendungen für Alter und Krankheit, einschließlich sekundäre Altersvorsorge (vier Prozent-Klausel)
■ Berufsbedingte Aufwendungen beim Nichtselbstständigen
■ Kinderbetreuungskosten und Betreuungsbonus
■ Konkreter Mehrbedarf wegen Krankheit oder Alter
■ Berücksichtigungswürdige Schulden

> ■ Tatsächlich bezahlter Kindesunterhalt für minderjährige und volljährige Kinder sowie sonstige Unterhaltslasten, soweit es sich nicht lediglich um freiwillig erbrachte Zahlungen handelt
> ■ Ausnahmsweise Aufwendungen für vermögensbildende Maßnahmen, wenn weiterhin gemeinsam Vermögen gebildet wird oder bei sehr gutem Einkommen des Unterhaltspflichtigen

Arbeitslosen-, Kranken- und Pflegeversicherungsbeiträge sind in der nachgewiesenen Höhe abzuziehen, wobei zur **Krankenversicherung** auch Privatversicherungen und Zusatzversorgungen einschließlich in Anspruch genommener Eigenbeteiligungen gehören (vgl. OLG Brandenburg FamRZ 2008, 789; Wendl/Gerhardt, Kap. 1 Rn. 597). Auch **Unfallversicherungen** sind abzugsfähig (vgl. Wendl/Gerhardt, § 1 Rn. 596; Gerhardt, FA-FamR, Kap. 6 Rn. 150).

Für die sog. **primäre Altersvorsorge** besteht ein Anspruch auf eine Gesamtversorgung von 20 Prozent des Bruttoeinkommens. Übersteigt das Einkommen des Pflichtigen die **Beitragsbemessungsgrenze** zur Rentenversicherung, kann für die Altersvorsorge eine entsprechende Zusatzversorgung einkommensmindernd berücksichtigt werden (BGH FamRZ 2007, 117). Als **sekundäre Altersvorsorge** können zusätzlich **vier Prozent des Bruttoerwerbseinkommens** einkommensmindernd berücksichtigt werden, **vorausgesetzt,** dass die Leistungen für die Zusatzvorsorge **tatsächlich erbracht** und nachgewiesen werden, wobei als Zusatzvorsorge nicht nur **Lebensversicherungsbeiträge,** sondern auch sonstige **vermögensbildende Anlagen** in Betracht kommen (wie z. B. Riester Rente, Direktversicherungen, Zusatzversorgungen, Sparguthaben, Tilgung von Immobilienschulden, Wertpapiere, Fonds) (BGH FamRZ 2008, 1739; 963).

3. Bedarf/Bedürftigkeit/Leistungsfähigkeit

Der Unterhaltsbedarf bemisst sich nach den ehelichen Lebensverhältnissen (§ 1578 Abs. 1 S. 1 BGB), ist aber nicht gleichbedeutend mit dem tatsächlich zu zahlenden Unterhalt, denn der Unterhaltsbedarf wird der Höhe nach begrenzt durch die Bedürftigkeit des Berechtigten i. S. v. § 1577 Abs. 1 BGB sowie durch die Leistungsfähigkeit des Unterhaltspflichtigen. Außerdem sind **spätere Änderungen** des verfügbaren Einkommens i. d. R. zu berücksichtigen, denn die ehelichen Lebensverhältnisse begründen **keine unveränderte Lebensstandardgarantie**. Die ehelichen Lebensverhältnisse werden nur durch solche Einkünfte geprägt, die zur Deckung des laufenden Lebensbedarfs **zur Verfügung stehen** und dafür eingesetzt werden können (BGH FamRZ 2008, 968). Dies ist das **verteilungsfähige Einkommen** (BGH FamRZ 2006, 683).

> **BEISPIEL:** Der geschiedene Ehemann erzielt nach Abzug des Kindesunterhalts ein bereinigtes Nettoeinkommen von 2000 Euro sowie Zinseinkünfte von 300 Euro, während seine geschiedene Ehefrau F. ein bereinigtes Einkommen von 1000 Euro erzielt.
> **Bedarfsberechnung:** $1/2 \times (9/10 \times 2000 + 300 + 9/10 \times 1000) = 1500$ Euro
> **geschuldeter Unterhalt:** $1500 - 9/10 \times 1000 = 600$ Euro

(1) Nach § 1577 Abs. 1 BGB hat der Berechtigte keinen Unterhaltsanspruch, solange und soweit er sich aus seinen Einkünften und seinem Vermögen **selbst unterhalten** kann. § 1577 Abs. 2 BGB regelt die Anrechnung von Einkünften aus unzumutbarer Erwerbstätigkeit und sonstige Einkünfte, die in unzumutbarer Weise erzielt werden.

(2) Die **Vermögensverwertung** ist in § 1577 Abs. 3 und 4 BGB geregelt. Danach braucht der Berechtigte den Stamm seines Vermögens nicht zu verwerten, soweit die Verwertung unwirtschaftlich oder unter Berücksichtigung der beiderseitigen wirtschaftlichen Verhältnisse unbillig wäre. Das Vermögen dient dazu, den Unterhalt des Berechtigten ergänzend zu dessen sonstigen Einkünften auf **Lebenszeit** zu sichern (BGH FamRZ 1985, 354).

(3) **Freiwillige Zuwendungen Dritter** (z. B. Geldleistungen, kostenloses Wohnen) sind als Einkommen zu berücksichtigen, wenn dies dem **Willen des Dritten** entspricht (vgl. Leitlinien Ziff. 8).

(4) **Führt** jemand einem leistungsfähigen Dritten den **Haushalt,** so ist hierfür ein Einkommen anzusetzen; bei **Haushaltsführung durch einen Nichterwerbstätigen** geschieht das i. d. R. mit einem Betrag von 200 bis 550 Euro (vgl. Leitlinien Ziff. 6).

Arbeitet jedoch der Unterhaltsbedürftige **ganztags** und teilt sich die Haushaltätigkeit mit seinem neuen Partner, sind **keine Einkünfte** für eine haushälterische Tätigkeit anzusetzen (BGH FamRZ 2004, 1170, 1173). Dann sind bei einem Zusammenleben des Bedürftigen mit einem neuen Partner aber **ersparte Aufwendungen** bedürftigkeitsmindernd zu berücksichtigen.

(5) Die **Leistungsfähigkeit** des Pflichtigen wird von sämtlichen Mitteln, die dieser zur Verfügung hat und/oder sich beschaffen könnte sowie von dem unterhaltsrechtlich relevanten Abzugsposten, um die die Einkünfte zu bereinigen sind, geprägt. Anders als bei der Bedarfsermittlung ist bei der Feststellung der Leistungsfähigkeit des Pflichtigen **kein Abzug von 1/10 Erwerbstätigenbonus** (!) vom bereinigten Nettoeinkommen vorzunehmen (vgl. Leitlinien Ziff. 15.2).

(6) In jedem Fall muss dem Unterhaltspflichtigen gegenüber dem Ehegatten der **Ehegattenmindestselbstbehalt (= Eigenbedarf)** verbleiben. Er beträgt i. d. R. 1.050 Euro. Hierin sind Kosten für Unterkunft und Heizung in Höhe von 400 Euro enthalten. Wird konkret eine erhebliche und nach den Umständen **nicht vermeidbare Überschreitung** der im Selbstbehalt enthaltenen Wohnkosten dargelegt, **erhöht sich der Selbstbehalt.** Wird die Wohnung von mehreren Personen genutzt, ist der **Wohnkostenanteil des Pflichtigen** festzustellen. Bei Erwachsenen geschieht die Aufteilung i. d. R. nach Köpfen. Kinder sind vorab mit einem Anteil von 20 Prozent ihres Anspruchs auf Barunterhalt zu berücksichtigen (Leitlinien Ziff. 21.5.2). Beim **Zusammenleben mit einem Partner** kann der Selbstbehalt wegen **ersparter Aufwendungen (Synergieeffekt) reduziert** werden (Leitlinien jew. Ziff. 21.5.3); das gilt sowohl bei Wiederverheiratung als auch bei einem sonstigen Zusammenleben mit einem neuen Partner (vgl. BGH FamRZ 2008, 598; 2006, 1010). I. d. R. wird beim Zusammenleben mit einem Partner der Selbstbehalt um **zehn Prozent** gekürzt.

4. Herabsetzung und zeitliche Begrenzung des Unterhalts, § 1578 b BGB

Der Unterhaltsanspruch des geschiedenen Ehegatten ist auf den **angemessenen Lebensbedarf herabzusetzen,** wenn eine an den ehelichen Lebensverhältnissen orientierte Bemessung des Unterhaltsanspruchs auch unter Wahrung der Belange eines dem Berechtigten zur Pflege oder Erziehung anvertrauten gemeinschaftlichen Kindes unbillig wäre, § 1578 b Abs. 1 BGB. Er ist **zeitlich zu begrenzen,** wenn ein zeitlich unbegrenzter Unterhaltsanspruch unbillig wäre, § 1578 b Abs. 2 BGB. Für die Frage einer Begrenzung oder Befristung des nachehelichen Unterhalts ist in erster Linie auf das Vorliegen →*Ehebedingter Nachteile* abzustellen.

Der **Maßstab des angemessenen Lebensbedarfs,** der regelmäßig die Grenze für die Herabsetzung des nachehelichen Unterhalts bildet bemisst sich nach dem Einkommen, das der unterhaltsberechtigte Ehegatte **ohne die Ehe und ohne die Kindererziehung** aus eigenen Einkünften zur Verfügung hätte – orientiert an der **Lebensstellung vor der Ehe** und ohne Ehe (BGH FamRZ 2007, 200). Das voreheliche Einkommen ist dabei entsprechend fortzuschreiben. Es kann auch hypothetisch ermittelt werden (BGH FamRZ 2009, 406). Bestand vor der Eheschließung keine Lebensstellung, weil der Bedürftige noch nicht erwerbstätig war oder sehr beengte Verhältnisse vorlagen, kann auf einen **Mindestunterhalt** in Höhe des notwendigen Selbstbehalts eines Nichterwerbstätigen zurückgegriffen werden (vgl. BGH FamRZ 2010, 802). Siehe →*Zeitliche Begrenzung des Unterhaltsanspruchs (Ehegattenunterhalt).*

5. Einwendungen gegen die Unterhaltspflicht

Es gibt eine **Vielzahl von** →*Verteidigungsmöglichkeiten gegen Unterhaltsansprüche* in jedem Fall sollten folgende Punkte geprüft werden:

Checkliste: Verteidigungsmöglichkeiten

- Sind die Voraussetzungen einer Anspruchsgrundlage nach §§ 1570 bis 1576 BGB schlüssig dargelegt und liegen sie vor? Sonst gilt der Grundsatz der Eigenverantwortung nach § 1569 BGB.
- Wurde der Bedarf anhand der ehelichen Lebensverhältnisse unter Berücksichtigung sämtlicher unterhaltsrechtlich relevanter Abzugsposten richtig er-

mittelt? Sonst Korrektur unter Berücksichtigung der relevanten Abzugsposten.

■ Hat der Unterhaltsberechtigte eine eigene Erwerbsobliegenheit und hat er diese Obliegenheit vollständig erfüllt? Sonst Anrechnung eines fiktiven Einkommens.

■ Ist der Anspruchsteller bedürftig, d. h. nicht in der Lage, aus seinen tatsächlichen oder fiktiven Einkünften bzw. aus seinem Vermögen seinen Bedarf selbst zu decken?

■ Ist der **Ehegattenselbstbehalt** des Pflichtigen unter Berücksichtigung sämtlicher unterhaltsrechtlich relevanter Abzugsposten gewahrt? Bei unvermeidbar erhöhten Wohnkosten möglicherweise Erhöhung des Selbstbehalts.

■ Wurde die richtige Berechnungsmethode angewandt?

■ Kommt eine Unterhaltsherabsetzung oder zeitliche Unterhaltsbegrenzung nach § 1578 b BGB in Betracht?

■ Kommt eine Versagung, Herabsetzung oder zeitliche Begrenzung des Unterhalts wegen grober Unbilligkeit nach § 1579 Nr. 1 bis 8 BGB in Betracht (insbesondere kurze Ehedauer, Leben in einer verfestigten Lebensgemeinschaft; offensichtlich schwerwiegendes, eindeutig beim unterhaltsbegehrenden Ehegatten liegendes Fehlverhalten)?

■ **Kein Unterhaltsverzicht,** der auf Rückstände immer, beim nachehelichen Ehegattenunterhalt auch für die Zukunft möglich ist (Formzwang gemäß § 1585 c BGB!).

■ **Keine Verwirkung nach Treu und Glauben,** was insbesondere beim Unterhalt für die Vergangenheit denkbar ist oder bei Verstoß gegen die **unaufgeforderte Informationspflicht** bei Einkommenserzielung.

■ **Keine Verjährung:** dreijährige Verjährungsfrist gemäß §§ 195, 197 Abs. 2, 199 Abs. 1 BGB; für Trennungsunterhalt besteht gemäß §§ 204, 207, 208 BGB Verjährungshemmung.

Siehe → *Verteidigungsmöglichkeiten gegen Unterhaltsansprüche;* → *Verwirkung des Unterhaltsanspruchs (Ehegattenunterhalt).*

► Ehegattenzuschlag

Der Ehegattenzuschlag nach § 33 a BVersG soll dem Unterhaltspflichtigen die Erfüllung seiner Unterhaltspflicht erleichtern und ist daher unterhaltsrechtlich relevantes Einkommen (BGH FamRZ 1982, 252 f.).

▶ **Eheliche Lebensverhältnisse**

1. Bestimmung der ehelichen Lebensverhältnisse und Ermittlung des Lebensbedarfs

(1) Die ehelichen Lebensverhältnisse sind der **zentrale Maßstab** für die Bemessung des Unterhaltsanspruchs, § 1578 Abs. 1 BGB. Sie bestimmen sich nach dem gemeinsamen, nachhaltig erzielten prägenden bereinigten Nettoeinkommen der Eheleute (BGH FamRZ 2008, 968). Beide Ehegatten nehmen dabei grundsätzlich in gleicher Weise, d. h. je zur Hälfte am gemeinsamen Lebensstandard teil.

(2) Die das Maß des Unterhalts bestimmenden ehelichen Lebensverhältnisse werden **nicht nur durch die Bareinkünfte** des erwerbstätigen Ehegatten, sondern auch durch den wirtschaftlichen Wert der **Leistungen** des anderen Ehegatten im **Haushalt mitgeprägt**. Somit auch durch den die häusliche Mitarbeit des nichterwerbstätigen Ehegatten erreichten sozialen Standard.

(3) Die ehelichen Lebensverhältnisse markieren die **Obergrenze** des Unterhalts.

(4) Die Bestimmung des Unterhalts**bedarfs** nach § 1578 Abs. 1 S. 1 BGB stellt den **Ausgangspunkt** der Unterhaltsberechnung dar, an dessen Ermittlung sich die Prüfung der **Leistungsfähigkeit** des Unterhaltspflichtigen anschließt. Das Unterhaltsmaß richtet sich an den „ehelichen Lebensverhältnissen" aus, die in der **geschiedenen Ehe** bestanden haben oder zumindest mit ihnen **im Zusammenhang** stehen (BVerfG NJW 2011, 836 Rn. 57, 69).

(5) **Maßgebender Zeitpunkt** für die Beurteilung der „ehelichen Lebensverhältnisse" ist die endgültige Auflösung der Ehe, der **Rechtskraft der Scheidung** (BVerfG NJW 2011, 836 Rn. 69). Dem Unterhaltsberechtigten soll also nach der Scheidung der erreichte Lebensstandard gesichert, ein sozialer Abstieg vermieden werden.

(6) Der Grundsatz gleicher Teilhabe ist im Hinblick auf den gleichrangigen Schutz **einander nachfolgender Ehen** modifizierbar (BVerfG a. a. O. Rn. 46).

(7) **Einkommenssteigerungen** nach der Scheidung sind beachtlich, soweit sie schon in der Ehe angelegt sind, nicht aber ein Einkommenszuwachs infolge eines Karrieresprungs (→*Karrieresprung*).

(8) Eine **Verringerung des Einkommens** ist bis zur Grenze der nachehelichen Solidarität zu berücksichtigen. Ein Bezug zu den ehelichen Lebensverhältnissen lässt sich jedoch nicht mehr herstellen bei Veränderungen, die nicht auf die Ehe selbst, sondern **nur auf ihre Scheidung zurückzuführen** sind und diese voraussetzen. So etwa Unterhaltspflichten gegenüber einem **neuen Ehegatten**, die durch erneute Heirat des Unterhaltspflichtigen entstanden sind (BVerfG NJW 2011, 836 Rn. 70).

(9) Damit Entwicklungen nach Rechtskraft der Scheidung bei der **Bedarfsbemessung** mit einbezogen werden können und man insofern von den Verhältnissen zum Zeitpunkt der Geltendmachung des Unterhalts ausgehen kann, muss bei der berücksichtigten Veränderung ein gewisser Bezug zu den ehelichen Lebensverhältnissen vorhanden sein. Dies kann bei Entwicklungen angenommen werden, die einen **Anknüpfungspunkt in der Ehe** finden, also gleichsam in ihr **angelegt** waren, oder die, wie bei einer unvorhersehbaren nachehelichen Einkommensverringerung auf Seiten des Unterhaltspflichtigen, soweit sie **nicht vorwerfbar** herbeigeführt wurde, bei **Fortbestand der Ehe** auch deren Verhältnisse geprägt hätten (BVerfG NJW 2011, 836 Rn. 70).

2. Zeitliche Begrenzung, § 1578 b BGB

Der Unterhaltsanspruch des geschiedenen Ehegatten ist auf den **angemessenen Lebensbedarf** herabzusetzen, wenn eine an den ehelichen Lebensverhältnissen orientierte Bemessung des Unterhaltsanspruchs auch unter Wahrung der Belange eines dem Berechtigten zur Pflege oder Erziehung anvertrauten gemeinschaftlichen Kindes **unbillig** wäre. Dabei ist insbesondere zu berücksichtigen, inwieweit durch die Ehe **Nachteile** im Hinblick auf die Möglichkeit eingetreten sind, für den **eigenen Unterhalt** zu sorgen. Solche Nachteile können sich vor allem aus der Dauer der Pflege oder Erziehung eines gemeinschaftlichen Kindes, aus der Gestaltung von Haushaltsführung und Erwerbstätigkeit während der Ehe sowie aus der Dauer der Ehe ergeben.

Das in § 1569 BGB geregelte **Prinzip der Eigenverantwortung** führt dazu, dass – unter Wahrung der Belange eines gemeinschaftlichen, vom Berechtigten betreuten Kindes – ein Unterhaltsanspruch umso eher beschränkt werden kann, je geringer die **ehebedingten,** auf der Aufgabenverteilung der Ehe beruhenden **Nachteile** sind, die beim unterhaltsberechtigten Ehegatten in Folge der Scheidung eintreten.

Der Unterhaltsanspruch **ist** zeitlich zu begrenzen und/oder herabzusetzen, wenn ein zeitlich unbeschränkter oder nach den ehelichen Lebensverhältnissen bemessener Unterhaltsanspruch **unbillig** wäre. Steht die Unbilligkeit fest, besteht **kein Ermessensspielraum;** der Unterhaltsanspruch **muss** hinsichtlich Höhe und/oder Dauer **begrenzt werden.** Die **Dauer der Ehe** führt für sich gesehen nicht zwangsläufig zu einem Nachteil, ist aber gleichwohl von Bedeutung, da sich der (berufliche) Nachteil, der sich nach der Scheidung für den Ehegatten ergibt, der sich ganz der Kindererziehung oder der Hausarbeit gewidmet hat, in aller Regel mit zunehmender Dauer der Ehe erhöht. Der zentrale Begriff der vorzunehmenden Billigkeitsabwägung ist der der **ehebedingten beruflichen Nachteile** und den sich daraus ergebenden Einkommenseinbußen.

Die **Darlegungs- und Beweislast** für diejenigen Tatsachen, die für eine Anwendung von § 1578 b BGB sprechen, trägt allgemeinen Grundsätzen zu Folge der Unterhaltspflichtige, da es sich um eine unterhaltsbegrenzende Norm mit **Ausnahmecharakter** handelt. Soweit die unterhaltpflichtige Partei entsprechende Tatsachen dargetan hat, ist es am Unterhaltsberechtigten, Umstände darzulegen und zu beweisen, die gegen eine Unterhaltsbegrenzung oder beispielsweise für eine **längere Schonfrist** sprechen.

Eheliches Fehlverhalten spielt bei der Billigkeitsabwägung keine Rolle, weil die Auswirkungen eines Fehlverhaltens des berechtigten Ehegatten vor, während oder auch nach der Ehe abschließend an anderer Stelle, nämlich in § 1579 BGB, der insoweit eine abschließende Regelung darstellt, geregelt sind, → *Verwirkung des Unterhaltsanspruchs (Ehegattenunterhalt).*

3. Ersatzmaßstab der Unterhaltsbemessung

Das Gesetz sieht als **Ersatzmaßstab** ausdrücklich die Höhe des **angemessenen Lebensbedarfs** vor. Sowohl bei der Herabsetzung als auch bei der zeitlichen Begrenzung ist außerdem zu berücksichtigen, dass die Belange eines vom Berechtigten betreuten gemeinschaftlichen Kindes gewahrt bleiben (sog. **Kinderschutzklausel**).

Für die Zeit, für die die Höhe des Unterhalts sich nicht mehr nach den ehelichen Lebensverhältnissen richtet, wird dem Berechtigten im Regelfall der Lebensstandard zugemutet, der seinem vorehelichen Lebensstandard gleicht. Der Berechtigte soll also beim Vorliegen der Voraussetzungen für die zeitliche Begrenzung des Unterhaltsmaßstabes nach einer Übergangszeit nicht besser gestellt sein, als er dies vor der Ehe war. In jedem Fall soll aber dem Berechtigten **mehr als das Existenzminimum** verbleiben. Bestand vor der Eheschließung keine Lebensstellung, weil der Bedürftige noch nicht erwerbstätig war oder lagen sehr beengte Verhältnisse vor, muss der angemessene Bedarf **stets das Existenzminimum** wahren. Der am Existenzminimum orientierte **Mindestbedarf** bemisst sich nach dem Betrag, der einem nichterwerbstätigen Unterhaltspflichtigen als notwendiger Selbstbehalt zur Verfügung steht und gegenwärtig **770 Euro** beträgt (BGH FamRZ 2010, 629, 633 Rn. 32; 440; 357).

Als Anknüpfungspunkte bieten sich zwei Alternativen an, nämlich

- die Lebensstellung des Berechtigten **vor der Ehe** oder
- die Lebensstellung, die der Berechtigte **ohne die Ehe** hätte.

Soweit die Voraussetzungen für eine zeitliche Befristung vorliegen, ist die zeitliche Begrenzung bei der erstmaligen Festsetzung des Unterhalts von Amts wegen auszusprechen. Das bedeutet jedoch nicht, dass der Unterhaltsberechtigte wegen einer möglichen zeitlichen Befristung seine Klage von Anfang an begrenzen muss, denn die Darlegung der rechtsvernichtenden Einwendungen bleibt Sache des Unterhaltspflichtigen.

▶ **Eichel-Rente**

Bis zu vier Prozent des Gesamt-Bruttoeinkommens des Vorjahres sind als angemessene zusätzliche Altersversorgung zu akzeptieren (BGH FamRZ 2005, 1817). Wegen der Einschränkungen in der gesetzlichen Rentenversicherung ist bei Zusatzversorgungen ein **großzügiger Maßstab** angebracht. Da die gesetzliche Rentenversicherung für die Altersversorgung nicht mehr ausreicht, muss zusätzlich eine private Altersvorsorge getroffen werden. Neben gesetzlichen und betrieblichen Aufwendungen sind deshalb auch zusätzliche freiwillige Versicherungsleistungen als Altersvorsorge zu berücksichtigen, auch wenn sie der Vermögensbildung dienen, da Altersvorsorge auch durch Kapitalbildung betrieben werden kann. Dies gilt **auch für Beamte** (BGH FamRZ 2003, 1179). Deshalb sind nicht nur Direktversicherungen sowie Riester- (→ *Riesterrente*) und Eichel-Rente als Zusatzversorgungen anzuerkennen, sondern auch privat abgeschlossene Lebensversicherungen, soweit die daraus zu erwartende Altersvorsorge in einem angemessenem Verhältnis zu dem erzielten Erwerbseinkommen steht und **kein Mangelfall** vorliegt – jedenfalls der Mindestunterhalt für minderjährige Kinder bezahlt werden kann.

▶ **Eidesstattliche Versicherung**

Im einstweiligen Anordnungsverfahren nach §§ 49 bis 57 FamFG (in Unterhaltssachen i. V. m. §§ 246 bis 248 FamFG) hat der Antragsteller die Voraussetzungen für die Anordnung gemäß § 51 Abs. 1 S. 2 FamFG glaubhaft zu machen. Wer eine tatsächliche Behauptung glaubhaft zu machen hat, kann gemäß § 31 Abs. 1 FamFG auch zur Versicherung an Eides statt zugelassen werden. Die eidesstattliche Versicherung, die sich lediglich auf die Angaben in der Antragsschrift beziehen, genügt i. d. R. nicht. Es können Zweifel entstehen, inwieweit die Begründung des Vortrages durch die eidesstattliche Versicherung gedeckt ist (BGH NJW 1988, 2045). Die eidesstattliche Versicherung sollte daher möglichst umfangreich **vom Antragsteller selbst verfertigt** sein. Die Unterstützung des Anwalts, wie man eine eidesstattliche Versicherung formuliert, dürfte jedoch selbstverständlich sein.

Sofern Grund zu der Annahme besteht, dass das aufgrund der →*Auskunftspflicht* erstellte Verzeichnis über das Einkommen bzw. die Vermögenseinkünfte nicht mit der erforderlichen Sorgfalt aufgestellt worden ist, ist eine entsprechende eidesstattliche Versicherung abzugeben, § 260 Abs. 2 BGB.

Die eidesstattliche Versicherung (§§ 1605 Abs. 1 S. 3, 1580 S. 2, 260 Abs. 2 BGB) ist nur abzugeben, wenn die angenommene Unvollständigkeit oder Unrichtigkeit des Verzeichnisses auf **schuldhafter Unsorgfalt** beruht, sodass bei Anwendung der erforderlichen Sorgfalt die Mängel vermieden worden wären (BGH FamRZ 1984, 144). Angaben, die nicht gemacht worden sind, können nicht Gegenstand einer eidesstattlichen Versicherung sein (BGH FamRZ 1992, 536).

Es muss ein **begründeter Verdacht** bestehen, dass die in der Aufstellung gemachten erforderlichen Angaben nicht mit der erforderlichen Sorgfalt erstellt worden sind, wobei das Gesamtverhalten des Schuldners maßgeblich ist und nicht bereits die Tatsache ausreicht, dass der Schuldner die Auskunft vor Klageerhebung verweigert hat. Unvollständige, mehrfach berichtigte Angaben können die Annahme mangelnder Sorgfalt begründen ebenso wie das Verschweigen von wesentlichen Tatsachen. Die eidesstattliche Versicherung kann erst **nach Erfüllung** des Auskunftsanspruchs verlangt werden.

Gibt der Auskunftsverpflichtete an, er verfüge über **keine Einkünfte,** besteht aber aufgrund des Vortrages des Unterhaltsberechtigten Grund zur Annahme, dass die Angaben unrichtig sind, so liegt in dieser Erklärung die vollständige Auskunftserteilung; es kann aber dann nach §§ 259 ff. BGB vorgegangen werden (Antrag auf eidesstattliche Versicherung).

Beruht die mangelhafte Auskunft auf **unverschuldeter Unkenntnis** oder einem **entschuldbaren Irrtum,** besteht der Anspruch auf eidesstattliche Versicherung nicht. Entscheidungserheblich ist, ob aufgrund fehlender Sorgfalt die Auskunft unvollständig oder unrichtig ist (BGH FamRZ 1984, 144). In den (in der Praxis häufigen) Fällen, in denen die unrichtige Auskunft auf grober Nachlässigkeit oder gar auf einem **Betrugsversuch** beruht, sollte nicht gezögert werden, die eidesstattliche Versicherung als vom Gesetzgeber vorgesehene Reaktion auf unzutreffende Auskünfte zu beantragen.

Eine rechtskräftige **Verpflichtung** wird nach § 889 ZPO vollstreckt.

Für den Anspruch auf eidesstattliche Versicherung besteht dann **kein Rechtsschutzbedürfnis,** wenn der Gläubiger auf einfachere Weise eine umfassende Klarstellung erreichen kann. Der Anspruch auf eidesstattliche Versicherung kann daher unter Umständen hinter den an sich gleichrangigen Anspruch auf Bucheinsicht zurücktreten.

Erholt das Gericht von **Amtswegen** eine Auskunft nach § 235 Abs. 1 FamFG kann sofort angeordnet werden, dass vom Auskunftspflichtigen **schriftlich versichert** wird, dass die Auskunft **wahrheitsgemäß und vollständig** erteilt wurde. Die Versicherung kann nicht durch einen Vertreter erfolgen (Kroiß/Seiler, § 3 Rn. 395). Für die Anordnung ist gemäß § 235 Abs. 1 S. 3 FamFG eine angemessene Frist zu setzen und es ist auf die Kostenfolge bei Nichterteilung (§ 243 Abs. 2 FamFG) hinzuweisen. Diese schriftliche Versicherung macht im Regelfall den Antrag auf Abgabe einer eidesstattlichen Versicherung im Rahmen einer Stufenklage entbehrlich.

▶ Eigenbedarf

→ *Selbstbehalt, Bedarfskontrollbetrag*

▶ Eigenheim, Eigentumswohnung

→ *Wohnwertanrechnung*

▶ Eilmaßnahmen

In Unterhaltsverfahren gibt es als Eilverfahren **nur** die einstweilige Anordnung und den Arrest. Gemäß § 246 FamFG kann das Gericht durch **einstweilige Anordnung** die Verpflichtung zur Zahlung von Unterhalt oder zur Zahlung von Verfahrenskostenvorschuss regeln, wobei der volle Unterhalt, nicht nur der notwendige Unterhalt gemeint ist. Das Verfahren ist ein **selbstständiges Verfahren**. Ein dringendes Bedürfnis für ein sofortiges Tätigwerden wird nicht verlangt;

notwendig ist lediglich ein **Regelungsbedürfnis**, das fehlt, wenn der geforderte Unterhalt **freiwillig bezahlt** oder **Unterhaltsrückstände** verlangt werden.

Die Voraussetzungen für die Anspruchsgrundlage und die Höhe des Unterhalts sind **glaubhaft zu machen.**

Der Unterhaltsschuldner kann gemäß § 52 Abs. 2 FamFG ein Hauptsacheverfahren erzwingen und Antrag auf Aufhebung oder Änderung gemäß § 54 FamFG stellen. Das Außerkrafttreten der einstweiligen Anordnung regelt § 56 FamFG. Die Möglichkeit, einen **negativen Feststellungantrag** zu stellen wird überwiegend abgelehnt.

Einstweilige Anordnungen in Unterhaltsverfahren sind **nicht anfechtbar**. Die **verschärfte Haftung** nach § 241 FamFG gilt im einstweiligen Anordnungsverfahren nicht! **Zu viel bezahlter Unterhalt** kann nur durch einen **Antrag auf Rückzahlung** verlangt werden, um eine verschärfte Haftung nach § 818 Abs. 4 BGB herbeizuführen.

▶ **Eingetragene Lebenspartnerschaft**

→*Lebenspartnerschaften*

▶ **Einkaufsrabatt**

Einkaufsrabatte stellen →*Sachzuwendungen* dar, die in Höhe der Ersparnis als Einkommen anzurechnen sind.

▶ **Einkommen (unterhaltsrechtlich relevantes)**

Auszugehen ist vom **Brutto**einkommen als Summe aller Einkünfte aus allen Einkunftsarten einschließlich Weihnachts- und Urlaubsgeld sowie aller Zulagen (Leitlinien Ziff. 1 bis 9). Soweit Leistungen **nicht monatlich** anfallen (z. B. Weihnachts- und Urlaubsgeld), werden sie auf das Kalenderjahr umgelegt. **Einmalige Zahlungen** (z. B. Abfindungen/Prämien/Sondervergütungen) sind auf einen angemessenen Zeitraum (i. d. R. mehrere Jahre) zu verteilen. Für die Ermittlung des zukünftigen Einkommens eines **Selbstständigen** wird i. d. R. der **Gewinn** der letzten **drei Jahre** zugrunde gelegt.

(1) **Überstundenvergütungen** werden dem Einkommen voll zugerechnet, soweit sie **berufstypisch** sind und das in diesem Beruf übliche Maß nicht überschreiten.

(2) Ersatz für **Spesen** und **Reisekosten** sowie **Auslösungen** gelten i. d. R. als Einkommen. Damit zusammenhängende **Aufwendungen,** vermindert um häusliche Ersparnis, sind jedoch abzuziehen. Bei **Aufwendungspauschalen** (außer Kilometergeld) kann **ein Drittel als Einkommen** angesetzt werden.

(3) Einkommen aus **Vermietung und Verpachtung** sowie aus **Kapitalvermögen** ist der Überschuss der Bruttoeinkünfte über die Werbungskosten. Für **Gebäude** ist keine **AfA** anzusetzen.

(4) **Trinkgelder** sind sonstige Einnahmen.

(5) **Arbeitslosengeld I und Krankengeld** haben Lohnersatzfunktion und zählen zum Einkommen.

(6) **Sozialleistungen** zur Sicherung des Lebensunterhalts nach §§ 19 ff. SGB II sind **kein Einkommen,** es sei denn, die Nichtberücksichtigung der Leistungen ist in Ausnahmefällen **treuwidrig** (vgl. BGH FamRZ 1999, 843; 2001, 619).

(7) Folgende Sozialleistungen sind nicht subsidiär:

(8) Befristete Zuschläge, § 24 SGB II

(9) Einstiegsgeld, § 29 SGB II

(10) Entschädigung für Mehraufwendungen „Ein-Euro-Job", § 16 SGB II

(11) Freibeträge nach § 30 SGB II

(12) **Wohngeld** ist Einkommen, soweit es nicht erhöhte Wohnkosten deckt (Regelfall)

(13) **BAföG**-Leistungen sind Einkommen, auch soweit sie als Darlehen gewährt werden, mit Ausnahme von Vorausleistungen nach §§ 36, 37 BAföG

(14) **Elterngeld** ist Einkommen soweit es über den Sockelbetrag in Höhe von 300 Euro, bei verlängertem Bezugsrecht über 150 Euro hinausgeht. Der Sockelbetrag (§ 11 S. 4 BEEG) und Bundeserziehungsgeld sind kein Einkommen, es sei denn, es liegt

einer der Ausnahmefälle der § 9 S. 2 BerzGG, § 11 S. 4 BEEG vor.

(15) **Unfallrenten** haben Lohnersatzfunktion und sind Einkommen.

(16) Leistungen aus der **Pflegeversicherung, Blindengeld, Versorgungsrenten, Schwerbeschädigten- und Pflegezulagen** sind nach Abzug eines Betrags für tatsächliche Mehraufwendungen Einkommen; **§§ 1610 a, 1578 a BGB** sind zu beachten.

(17) Der Anteil des **Pflegegelds** bei der Pflegeperson, durch den ihre Bemühungen abgegolten werden, ist Einkommen; bei Pflegegeld aus der **Pflegeversicherung** gilt dies nach Maßgabe des § 13 Abs. 6 SGB XI.

(18) Leistungen aus der **Grundsicherung** nach §§ 41 bis 43 SGB XII sind beim Verwandtenunterhalt Einkommen, nicht aber beim Ehegattenunterhalt

(19) Sonstige Leistungen nach SGB XII und Leistungen nach dem **UVG** sind kein unterhaltsrechtlich relevantes Einkommen, allerdings kann die Unterhaltsforderung eines Empfängers dieser Leistungen in Ausnahmefällen treuwidrig sein (vgl. BGH FamRZ 1999, 843; 2001, 619).

(20) **Kindergeld** wird nicht zum Einkommen der Eltern gerechnet.

(21) Geldwerte Zuwendungen des Arbeitgebers, z. B. **Firmenwagen** oder **freie Kost und Logis,** sind Einkommen, soweit sie entsprechende Eigenaufwendungen ersparen.

(22) Der Wohnvorteil durch **mietfreies Wohnen** im eigenen Heim ist als wirtschaftliche Nutzung des Vermögens unterhaltsrechtlich wie Einkommen zu behandeln. Neben dem Wohnwert sind auch Zahlungen nach dem **Eigenheimzulagengesetz** anzusetzen. Bei der Bemessung des Wohnvorteils ist auszugehen von der **Nettomiete,** d. h. nach Abzug der auf einen Mieter nach § 2 BetrKV umlegbaren Betriebskosten. Hiervon können in **Abzug** gebracht werden der berücksichtigungsfähige **Schuldendienst,** erforderliche Instandhaltungs- und Instandsetzungskosten und solche, die auf einen Mieter nicht nach § 3 BetrKV umgelegt

werden können. Auszugehen ist vom **vollen Mietwert.** Wenn es nicht möglich oder nicht zumutbar ist, die Wohnung aufzugeben und das Objekt zu vermieten oder zu veräußern, kann stattdessen die **ersparte Miete** angesetzt werden, die angesichts der wirtschaftlichen Verhältnisse angemessen wäre. Dies kommt insbesondere für die Zeit bis zur Rechtshängigkeit des Scheidungsantrags in Betracht.

(23) Führt jemand einem leistungsfähigen Dritten den Haushalt, so ist hierfür ein Einkommen anzusetzen; bei **Haushaltsführung** durch einen **Nichterwerbstätigen** geschieht das i. d. R. mit einem Betrag von **200 bis 550 Euro.**

(24) Einkommen aus **unzumutbarer Erwerbstätigkeit** kann nach Billigkeit ganz oder teilweise **unberücksichtigt** bleiben.

(25) **Freiwillige Zuwendungen** Dritter (z. B. Geldleistungen, kostenloses Wohnen) sind als Einkommen zu berücksichtigen, wenn dies dem **Willen des Dritten** entspricht.

(26) **Erzielbare Einkünfte** können **fiktiv** angerechnet werden, wenn eine unterhaltsrechtliche Obliegenheit zur Erwerbstätigkeit nicht oder nicht in vollem Umfang erfüllt wird.

Zum unterhaltsrechtlich maßgeblichen Einkommen zählen sowohl beim Unterhaltsberechtigten als auch beim Unterhaltspflichtigen grundsätzlich **alle zufließenden Einkünfte,** gleichgültiger welcher Art sie sind und aus welchem Anlass sie gezahlt werden. Zu erfassen sind **alle Einkünfte aus allen Einkunftsarten.**

Eine **Korrektur** des nach dem abgelaufenen Kalenderjahr berechneten durchschnittlichen Einkommens hat dann zu erfolgen, wenn sich aus dem Inbegriff der Verhandlung ergibt, dass sich das laufende Einkommen mit Sicherheit **wesentlich und nachhaltig geändert** hat. In einem solchen Fall liegt es nahe, als Zeitraum die **letzten zwölf Monate** vor der letzten mündlichen Verhandlung als Grundlage für die Einkommensermittlung heranzuziehen, um eine **möglichst realitätsgerechte** Ermittlung des Nettoeinkommens sicherzustellen (vgl. BGH FamRZ 2011, 1851).

▶ **Einkommensbereinigung**

Das unterhaltsrechtliche Einkommen ist nicht immer identisch mit dem steuerrechtlichen Einkommen. Bei der Bereinigung des Einkommens sind regelmäßig folgende **Abzugsposten** zu berücksichtigen (Leitlinien Ziff. 10):

(1) **Steuern, Sozialabgaben** und/oder angemessene, **tatsächliche Vorsorgeaufwendungen** sind vom Bruttoeinkommen vorweg abzuziehen, wobei Aufwendungen für die **Altersvorsorge** bis **24 Prozent** des Bruttoeinkommens, beim Elternunterhalt bis 25 Prozent des Bruttoeinkommens abzusetzen sind (Nettoeinkommen).

(2) **Berufsbedingte Aufwendungen** sind vom Nettoeinkommen aus **unselbstständiger Arbeit** abzuziehen, bei Vorliegen entsprechender Anhaltspunkte kann eine **Pauschale von fünf Prozent** des Nettoeinkommens abgezogen werden; bei **beschränkter Leistungsfähigkeit** müssen jedoch die konkreten Kosten dargelegt werden.

(3) **Berufsbedingte Fahrtkosten** können pro gefahrenen Kilometer mit **0,30 Euro** berücksichtigt werden; damit sind auch die **Anschaffungskosten** erfasst. Bei langen Fahrtstrecken (ab ca. 30 Kilometer einfach) werden i. d. R. **0,20 Euro** abgezogen. **Steuervorteile** sind durch Eintragung eines Freibetrages in Anspruch zu nehmen.

(4) Konkrete **Kinderbetreuungskosten** sind abzugsfähig, soweit die Betreuung durch Dritte infolge der Berufstätigkeit erforderlich ist. Kosten für **Kindergärten** und vergleichbare Betreuungsformen (ohne Verpflegungskosten) sind jedoch **Mehrbedarf des Kindes.**

(5) **Schulden** sind abzuziehen (Zins, ggf. auch Tilgung) soweit diese **berücksichtigungswürdig** sind, im Rahmen eines vernünftigen Tilgungsplans. Bei Kindesunterhalt kann die Obliegenheit zur Einleitung eines **Verbraucherinsolvenzverfahrens** bestehen.

(6) Für die Feststellung des Einkommens zur Berechnung des Unterhalts **Nachrangiger** (z. B. Ehegattenunterhalt) wird das Ein-

kommen vor Ermittlung des Erwerbstätigenbonus um den tatsächlich gezahlten **Kindesunterhalt (Zahlbetrag)** bereinigt. Erbringt der Pflichtige sowohl Bar- als auch Betreuungsunterhalt, kann im Einzelfall ein **Betreuungsbonus** angesetzt werden.

(7) Bei der **Bedarfsermittlung** für den Ehegattenunterhalt erfolgt ein Abzug von 1/10 **Erwerbstätigenbonus** vom bereinigten Nettoeinkommen, **nicht aber** bei der Ermittlung der Leistungsfähigkeit des Unterhaltsschuldners.

▶ ## Einkommensminderung

Im Fall der Verminderung der Einkünfte ist entscheidend darauf abzustellen, ob diese Entwicklung auch **ohne die Scheidung** der Ehe eingetreten wäre. Es kommt nicht darauf an, ob die Einkommensreduzierung voraussehbar war, sondern ausschließlich darauf, ob sie auch ohne die Scheidung eingetreten wäre (vgl. BGH FamRZ 2010, 111). Soweit diese Voraussetzung erfüllt ist, ist die Einkommensreduzierung in der Ehe angelegt, wenn sie darüber hinaus **unterhaltsbezogen nicht leichtfertig** entstanden ist. Beruht die Verminderung der Einkünfte auf der **Verletzung einer Erwerbsobliegenheit** des Unterhaltspflichtigen oder auf einer freiwilligen beruflichen Disposition, dann ist sie nicht zu berücksichtigen (BGH FamRZ 2008, 968, 971). Maßgebend ist somit bei Einkommensveränderungen nicht so sehr die Frage, ob diese **vor oder nach** Rechtskraft der Scheidung eingetreten sind, sondern ob die Reduzierung unterhaltsbezogen leichtfertig entstanden ist und auch ohne die Scheidung entstanden wäre. Eine Einkommensreduzierung durch die **Verrentung** eines Ehegatten ist für die Bedarfsbestimmung beachtlich, weil es sich weder um ein unterhaltsbezogen leichtfertiges Verhalten handelt und die Veränderung auch ohne die Scheidung eingetreten wäre. Eine **Ausnahme** kann dann bestehen, wenn **vorzeitiges** Altersruhegeld bezogen wird und in der Vereinbarung von Altersteilzeit ein **Verstoß** gegen die unterhaltsrechtliche Erwerbsobliegenheit zu sehen ist.

Das BVerfG (NJW 1996, 915 f.) hat betont, es sei von Verfassungs wegen nicht zu beanstanden, wenn der Vater minderjähriger Kinder, der im Familienverfahren auch um das Sorgerecht für seine Kinder kämpft, sein Arbeitsverhältnis unter unwiderruflicher Einkommensminderung so umgestaltet, dass er für den Fall der Sorgerechtsübertragung tatsächlich für die Kinder sorgen kann, auch wenn er vorher den Familienunterhalt verdient und der andere Elternteil die Kinder versorgt hat; es gebe kein Primat bei der Sorgerechtsregelung für den vorher nicht oder nur eingeschränkt berufstätigen Elternteil, wenn auch der berufstätige Elternteil „bei einer Umstellung seiner beruflichen Tätigkeit besondere Rücksichtnahme" walten lassen müsse.

▶ Einkommensschätzung

Ergeben sich aufgrund sorgfältiger Überprüfung der vorgelegten Unterlagen berechtigte Zweifel an dem behaupteten unterhaltsrechtlich relevanten Einkommen, kann dieses vom Sachverständigen oder vom Gericht nach § 287 ZPO unter Berücksichtigung der konkreten Umstände des Falles erhöht geschätzt werden.

▶ Einkommensteuer

Maßgebend für die Feststellung der Bedürftigkeit und Leistungsfähigkeit ist das vorhandene **bereinigte Nettoeinkommen.** Darunter versteht man nach allgemeiner Meinung die Gesamtheit der anrechenbaren Einkünfte nach Abzug der gesetzlichen Abzüge, der tatsächlich gezahlten →*Steuern* und Sozialleistungen und sämtlicher anderer unterhaltsrechtlich anerkannter Abzugsposten. Lohnsteuerrückzahlungen im Wege des Lohnsteuerjahresausgleichs (→*Lohnsteuerrückzahlung*) sind in dem Kalenderjahr als Einkommen zu berücksichtigen, in dem die Rückzahlung tatsächlich erfolgt. Auch wenn sich der Wechsel in die **Steuerklasse I** in Folge rascher **Wiederverheiratung** als nur vorübergehend erweist, bleibt für den Unterhaltsbedarf Steuerklasse I maßgebend (BVerfG FamRZ 2003, 1821).

▶ Einstiegsgeld

Zur Überwindung von Hilfebedürftigkeit kann erwerbsfähigen Hilfebedürftigen, die arbeitslos sind, bei **Aufnahme einer Erwerbstä-**

tigkeit nach § 29 SGB II für höchstens 24 Monate ein Einstiegsgeld gewährt werden, wenn dies zur Eingliederung in den allgemeinen Arbeitsmarkt erforderlich ist. Das Einstiegsgeld ist grundsätzlich als **unterhaltsrechtliches Einkommen** zu bewerten.

▶ Einstweilige Anordnungen

Das einstweilige Anordnungsverfahren Kindes- und Ehegattenunterhalt richtet sich nach den **Sonderregeln der §§ 246 ff. FamFG.** In Abgrenzung zu § 49 FamFG ist hier der Erlass einer **Leistungsverfügung** vorgesehen. Erforderlich ist lediglich ein **Regelungsbedürfnis.** Ohne Handlungsermessen für das Gericht ist der **volle laufende Unterhalt,** soweit die Voraussetzungen hierzu **glaubhaft gemacht** worden sind, zuzusprechen (§§ 1361, 1569 ff. BGB für Ehegattenunterhalt; §§ 1601 ff. BGB für Kindesunterhalt). Wird lediglich Kindes-**Mindestunterhalt** verlangt bedarf es keiner Glaubhaftmachung. Es empfiehlt sich dann die **Klarstellung,** dass damit kein Verzicht auf den vollen Unterhalt erfolgt. Bei pünktlicher und **freiwilliger Zahlung** des geltend gemachten Unterhalts fehlt es am **Rechtsschutzbedürfnis** für eine einstweilige Anordnung.

Die **Interessen des Unterhaltsschuldners** werden über die Vorschriften der Erzwingung des Hauptsacheverfahrens gemäß § 52 Abs. 2 FamFG und den Antrag auf **Aufhebung** oder Änderung der Entscheidung gemäß § 54 FamFG gewahrt.

Überwiegend wird wegen der Möglichkeit der Erzwingung des Hauptsacheverfahrens gemäß § 52 FamFG ein **negativer Feststellungsantrag** als **unzulässig** angesehen (vgl. Thomas/Putzo/Hüßtege, § 241 FamFG Rn. 1). Die **Kostenentscheidung** richtet sich nach § 243 FamFG.

▶ Einwendungen gegen die Unterhaltspflicht (Ehegattenunterhalt)

Aus der Schwierigkeit der Rechtsmaterie des Unterhaltsrechts ergibt sich eine Vielzahl von Verteidigungsmöglichkeiten, von denen hier nur ein geringer Teil (die in jedem Fall geprüft werden sollten) kurz angesprochen wird. Die **Härteklausel** des § 1579 BGB ist eine **rechtsvernichtende Einwendung,** keine Einrede und daher **von**

Amts wegen zu beachten. Die **Darlegungs- und Beweislast** für das Vorliegen eines Verwirkungstatbestandes trägt der Unterhaltsschuldner.

- Sind die Voraussetzungen einer Anspruchsgrundlage nach §§ 1570 bis 1576 bzw. 1361 schlüssig dargelegt und liegen sie vor? Andernfalls gilt der Grundsatz der Eigenverantwortung nach § 1569 BGB.

- Wurde der **Bedarf** anhand der stets wandelbaren ehelichen Lebensverhältnisse unter Berücksichtigung sämtlicher unterhaltsrechtlich relevanter **Abzugsposten** richtig ermittelt? Sonst Korrektur unter Berücksichtigung der relevanten Abzugsposten.

- Hat der Unterhaltsberechtigte eine eigene **Erwerbsobliegenheit** und hat er diese Obliegenheit vollständig erfüllt? Sonst Anrechnung eines fiktiven Einkommens.

- Ist der Anspruchsteller **bedürftig**, d. h. nicht in der Lage, aus seinen tatsächlichen oder fiktiven Einkünften bzw. aus seinem Vermögen seinen Bedarf selbst zu decken?

- Ist der **Ehegattenselbstbehalt** des Pflichtigen unter Berücksichtigung sämtlicher unterhaltsrechtlich relevanter Abzugsposten gewahrt? Bei unvermeidbar erhöhten Wohnkosten möglicherweise Erhöhung des Selbstbehalts.

- Wurde die richtige Berechnungsmethode angewandt?

- Kommt eine **Unterhaltsherabsetzung** oder **zeitliche Begrenzung** nach § 1578 b BGB in Betracht?

- Kommt eine Versagung, Herabsetzung oder zeitliche Begrenzung des Unterhalts wegen grober Unbilligkeit nach **§ 1579 Nr. 1 bis 8 BGB** in Betracht (insbes. kurze Ehedauer, Leben in einer verfestigten Gemeinschaft; offensichtlich schwerwiegendes eindeutig beim unterhaltbegehrenden Ehegatten liegendes Fehlverhalten)?

- **Kein Unterhaltsverzicht,** der auf Rückstände immer, beim nachehelichen Ehegattenunterhalt auch für die Zukunft möglich ist (Formzwang gemäß § 1585 c BGB!).

■ **Keine Verwirkung** nach Treu und Glauben, was insbesondere beim Unterhalt für die Vergangenheit denkbar ist oder bei Verstoß gegen die **unaufgeforderte Informationspflicht** bei Einkommenserzielung.

■ **Keine Verjährung:** 3-jährige Verjährungsfrist gemäß §§ 195, 197 Abs. 2, 199 Abs. 1 BGB; für Trennungsunterhalt besteht gemäß §§ 204, 207, 208 BGB Verjährungshemmung.

Siehe → *Verteidigungsmöglichkeiten gegen Unterhaltsansprüche.*

▶ Elterlicher Betrieb (Mitarbeit)

Arbeitet ein Unterhaltspflichtiger im **elterlichen Betrieb gegen geringe Entlohnung,** lässt sich daraus nicht ableiten, dass er nicht hinreichend leistungsfähig wäre. Denn das Leistungsvermögen eines Unterhaltsschuldners wird nicht allein durch seine tatsächlichen Einkünfte, sondern auch dadurch bestimmt, was er bei ihm **zumutbarer Verwertung** seiner Arbeitskraft erzielen könnte. Liegt das erzielte Einkommen deutlich unterhalb dessen, was im ausgeübten Beruf verdient werden kann, ist zu prüfen, was für die Arbeitsleistung angemessen und/oder nach den betrieblichen Verhältnissen tragbar wäre. Es kann nicht zu Lasten des Unterhaltsbedürftigen gehen, wenn der Unterhaltspflichtige sich mit einem geringen Einkommen begnügt und deswegen keinen anderen Arbeitsplatz anstrebt, weil durch die geringen Lohnkosten dem Familienbetrieb Gewinne und Investitionen ermöglicht werden, die dem Unterhaltspflichtigen als späteren Betriebsinhaber ganz oder teilweise zugute kommen werden. Selbst wenn der Unterhaltspflichtige tatsächlich keine entsprechende Entlohnung erhält, muss er sich so behandeln lassen, als würde er ein für die Unterhaltsleistungen angemessenes Einkommen erzielen. Eine andere Beurteilung wäre allenfalls dann gerechtfertigt, wenn und solange die wirtschaftliche Lage des Betriebes vorübergehend die Zahlung eines angemessenen Lohnes nicht zuließe; dafür müssen aber hinreichende Anhaltspunkte vorgetragen werden.

▶ Eltern (Unterhaltsansprüche gegen Kinder)

Siehe →*Verwandtenunterhalt.* Nach §§ 1601 ff. BGB sind Kinder gegenüber ihren Eltern zum Unterhalt verpflichtet. Vor allem **Selbstständige,** die keine ausreichende Altersvorsorge getroffen haben oder die durch Insolvenz ihre Altersvorsorge verloren haben, sowie betagte Eltern, die in einem **Pflegeheim** untergebracht sind, sind häufig unterhaltsbedürftig, wenn die Leistungen der Altersversorgung und der Pflegeversicherung die Heimkosten nicht vollständig abdecken. Das **Sozialamt** nimmt dann bei den unterhaltspflichtigen Kindern über § 94 SGB XII Rückgriff. Die Leistungen der **Grundsicherung** im Alter nach §§ 41 ff. SGB XII dienen nur der Grundsicherung des **Lebensunterhalt,** nicht aber eines **Bedarfs infolge von Pflegebedürftigkeit.** Gerade für den Hauptanwendungsfall der Unterhaltsbedürftigkeit infolge von **Heimunterbringung** bleibt demnach die Unterhaltspflicht der Kinder weitgehend bestehen.

Von erheblicher Bedeutung ist, ob ein **vorrangiger Unterhaltspflichtiger** vorhanden ist. Dies sind im Regelfall Ehegatten des unterhaltsbegehrenden Elternteils. Auch der **geschiedene Ehegatte** haftet gemäß § 1584 BGB vorrangig vor den Kindern des Bedürftigen, soweit er leistungsfähig ist.

Bei der **notwendigen Heimunterbringung** bestimmt sich der Bedarf nach den Heimunterbringungskosten sowie einem angemessenen Taschengeld. Die **Notwendigkeit** der Heimunterbringung muss vom Unterhaltsberechtigten dargelegt werden. Vor allem bei Heimunterbringung **ohne Pflegebedürftigkeit** in einem Seniorenheim kann der Bedarf bereits dem Grunde nach fraglich sein. Nur bei Nachweis der Notwendigkeit einer **stationären Unterbringung** stellen die Heimkosten einen unterhaltsrelevanten Bedarf dar.

Die **Berechnung des Elternunterhalts** sowie die Leistungsfähigkeit zur Zahlung von Elternunterhalt hat der **BGH** richtungweisend dargestellt in BGH FamRZ 2010, 1535 (vgl. auch BGH FamRZ 2002, 1698; 2004, 1559).

Gegenüber Eltern beträgt der **Selbstbehalt mindestens 1500 Euro.** Hierin sind Kosten für Unterkunft und Heizung in Höhe von 450 Euro enthalten. **Zusätzlich** bleibt die **Hälfte** des diesen Mindestbetrag übersteigenden bereinigten Einkommens anrechnungsfrei, bei Vorteilen aus dem Zusammenleben i. d. R. 45 Prozent des diesen Mindestbetrag übersteigenden, bereinigten Einkommens (Ziff. 21.3.3 der Leitlinien). Ist der Unterhaltspflichtige **verheiratet,** werden für den mit ihm zusammenlebenden Ehegatten mindestens 1200 Euro angesetzt. Im **Familienbedarf** von 2700 Euro (1500 Euro + 1200 Euro) sind Kosten für Unterkunft und Heizung in Höhe von 800 Euro enthalten (Ziff. 22.3 der Leitlinien).

Verwirkung: Als Verwirkungsgründe nach § 1611 BGB kommen vor allem in Betracht, dass der jetzt bedürftige Elternteil gegenüber dem Kind seine Unterhaltsverpflichtung seinerseits nicht erfüllt hatte oder dass der Unterhaltsgläubiger einen längeren Zeitraum (mehr als ein Jahr) hat verstreichen lassen, ohne den Anspruch geltend zu machen (grundlegend zu den Verwirkungsgründen BGH FamRZ 2010, 1888; 2004, 1559, 1097; 2002, 1698).

▶ Elterngeld

Elterngeld wird grundsätzlich einkommensabhängig gezahlt, sodass **Lohnersatzfunktion** hat und deswegen als Einkommen des bezugsberechtigten Elternteils zu berücksichtigen ist. Lediglich der Sockelbetrag in Höhe von **300 Euro monatlich,** bzw. bei verlängerten Bezugsrecht in Höhe von 150 Euro monatlich, bleibt es nach § 11 BEEG **unberücksichtigt.** Der **Sockelbetrag** (§ 11 S. 4 BEEG) und Bundeserziehungsgeld sind kein Einkommen, es sei denn, es liegt einer der **Ausnahmefälle** der §§ 9 S. 2 BerzGG, 11 S. 4 BEEG vor (BGH FamRZ 2011, 97).

Mütter erhalten deutlich weniger Geld, wenn sie während der Schwangerschaft ganz oder teilweise in der Steuerklasse V eingestuft sind. In den meisten Fällen empfiehlt sich daher ein frühzeitiger Wechsel beider Ehepartner in Steuerklasse IV.

▶ Enkel (Unterhaltsansprüche gegen Großeltern)

Siehe → *Verwandtenunterhalt.* Auf Kindesunterhalt in Anspruch genommene Großeltern können sich auf die **erhöhten Selbstbehaltsbeträge,** wie sie auch im Rahmen des Elternunterhalts gelten, berufen (BGH FamRZ 2006, 1099; 2007, 375). Für Großeltern besteht **keine gesteigerte Unterhaltspflicht,** sondern sie haften allein unter Berücksichtigung ihres angemessenen Eigenbedarfs und zwar nachrangig. Das rechtfertigt es, ihnen generell die erhöhten Selbstbehaltsbeträge, wie sie auch im Rahmen des Elternunterhalts gelten, zuzubilligen. Dieser beläuft sich nach den meisten Leitlinien auf mindestens 1500 Euro (vgl. Leitlinien 21.3.4).

Zum →*Schonvermögen* im Rahmen der Altersvorsorge gelten die Ausführungen zu →*Eltern (Unterhaltsansprüche gegen Kinder).* Siehe auch →*Vermögensverwertung.*

Die Großeltern haften nur, wenn vorrangig Verpflichtete nicht leistungsfähig sind bzw. trotz Titulierung gegen sie nicht vollstreckt werden kann (OLG München MDR 2000, 457) und sie können sich auf den **erhöhten angemessenen Selbstbehalt** berufen. Gemäß § 1607 Abs. 2 BGB geht der Anspruch des Kindes gegen die Eltern auf die Großeltern über. Eine cessio legis von Unterhaltsansprüchen gegen Großeltern ist nach § 33 SGB II auch bei UVG-Leistungen (§ 7 UVG) nicht möglich. Der hilfebedürftige Enkel kann **wählen,** ob er Sozialhilfe beantragt oder die Großeltern auf Unterhalt in Anspruch nimmt. Soweit für einen Zeitraum bereits **Sozialhilfe** bezogen wird, kann für den gleichen Zeitraum von den Großeltern kein Unterhalt verlangt werden. In diesem Fall ist ausnahmsweise die bezogene Sozialhilfe nach Treu und Glauben als unterhaltsrechtlich relevantes Einkommen anzusetzen. Sind mehrere Großeltern vorhanden, haften diese gleichrangig für den bedürftigen Enkel, so dass es erforderlich ist, festzustellen, welcher der gleichrangig verpflichteten Verwandten die wirtschaftlich stärkste Situation hat. Auch der Großvater eines **nichtehelichen Kindes** haftet für den Unterhalt des Enkels, wenn sein Sohn die Vaterschaft anerkannt hat. Die vier Großeltern sind grundsätzlich **Teilschuldner,** nicht Gesamtschuldner bezüglich des Unterhalts, sie haften anteilsmäßig nach ihren Erwerbs- und Vermögensverhältnissen, nicht nach Stämmen.

In den Fällen, in denen die Großeltern in einem Heim untergebracht sind, beträgt der Selbstbehalt nicht lediglich 1500 Euro, sondern mindestens den Betrag der **Heimkosten** sowie eines **Taschengeldes.**

▶ **Entfernungspauschale**

Notwendige berufsbedingte Fahrtkosten können mit einem Betrag von **0,30 Euro pro gefahrenen Kilometer** als Abzugsposten einkommensmindernd berücksichtigt werden und bei langen Fahrtstrecken (ab ca. 30 Kilometer einfach) i. d. R. 0,20 Euro je gefahrenen Mehrkilometer.

Bei höheren Fahrtkosten muss sich der Lohnempfänger die Entfernungspauschale als Freibetrag auf der Lohnsteuerkarte eintragen lassen (vgl. BGH FamRZ 1999, 372, 375) – **Höchstbetrag:** 4500 Euro, § 9 Abs. 1 S. 3 Nr. 4 EStG.

Die Entfernungspauschale gilt auch für die Benutzung anderer individueller Verkehrsmittel (Motorrad, Fahrrad, etc.) sowie für Fußgänger. Bei der Benutzung **öffentlicher Verkehrsmittel** kommt ebenfalls die Entfernungspauschale zur Anwendung. Die Benutzer öffentlicher Verkehrsmittel können ihre **vollen Kosten** absetzen und erhalten zusätzlich den Vorteil, dass sie im Falle geringerer tatsächlicher Kosten als 0,30 Euro pro Entfernungskilometer mindestens diesen Betrag geltend machen können. Für Familienheimfahrten bei **doppelter Haushaltsführung** ist die Entfernungspauschale entsprechend anzuwenden. **Behinderte Menschen** (mit einem Grad der Behinderung von mindestens 50) können die i. d. R. höheren tatsächlichen Pkw-Kosten absetzen.

▶ **Entgeltfortzahlung im Krankheitsfall**

Nach § 3 Abs. 1 Entgeltfortzahlungsgesetz ist der Arbeitgeber verpflichtet, dem krankheitsbedingt arbeitsunfähigen Arbeitnehmer das Arbeitsentgelt für bis zu sechs Wochen fortzubezahlen. Diese Entgeltfortzahlung ist **voll anrechenbares** Einkommen.

▶ **Entnahmen aus Betriebsvermögen**

→ *Privatentnahmen*

▶ **Erbansprüche**

Erbansprüche und Ansprüche aus Vermächtnissen stellen →*Vermögen* dar und gehören damit zum unterhaltsrechtlich relevanten Einkommen.

Die Leistungsfähigkeit des Verpflichteten und die Bedürftigkeit des Berechtigten werden nicht nur durch die Erwerbs- sondern auch durch die Vermögenseinkünfte bestimmt. Abzustellen ist bei den Vermögenseinkünften auf die Nettoerträge des Vermögens (→*Vermögen*) nach Abzug von →*Werbungskosten* und →*Steuern*, wobei das Vermögen in zumutbarer, ertragbringender Weise angelegt werden muss. Bei einer ertraglosen Anlage des Vermögens ist fiktiv der durchschnittliche Ertrag einer möglichen und zumutbaren gewinnbringenden Anlegung in Rechnung zu stellen.

Zur Obliegenheit sowohl des Unterhaltsschuldners als auch des Unterhaltsberechtigten gehört es, alle ihm zumutbaren Anstrengungen zu unternehmen, um sich die für den Unterhalt erforderlichen Mittel zu verschaffen; es besteht daher grundsätzlich eine Verpflichtung zur Geltendmachung von Erbansprüchen, insbesondere auch von Pflichtteilsansprüchen (→*Pflichtteilsansprüche*). Maßgeblich ist dabei darauf abzustellen, ob ein Erbteil oder Pflichtteil auch bei fortbestehender intakter Ehe zum Unterhalt der Familie zur Verfügung stehen würde. Siehe →*Pflichtteilsanspruch*.

▶ **Erbenhaftung für Geschiedenenunterhalt**

Gemäß § 1586 b BGB geht mit dem Tod des Verpflichteten die Unterhaltspflicht auf den Erben als Nachlassverbindlichkeit über, wobei mit dem Tod des Unterhaltsschuldners seiner Leistungsfähigkeit keine Bedeutung mehr zukommt. Auch wenn sich der Unterhaltsberechtigte bisher im Hinblick auf den Eigenbedarf des Unterhaltspflichtigen mit einem Billigkeitsunterhalt begnügen musste, kann er mit dem Tod des Unterhaltspflichtigen den vollen angemessenen Unterhalt verlangen. Der Erbe haftet jedoch nicht über einen Betrag hinaus, der dem **Pflichtteil** entspricht, welcher dem Berechtigten zustände, wenn die Ehe nicht geschieden worden wäre. Bei der Berechnung des fiktiven Pflichtteils als Haftungsquote wird zunächst der Fortbestand der geschiedenen Ehe bis zum Tod des Verpflichteten fingiert. Es ist somit vom Gesamtnachlass auszugehen und nicht etwa von dem Vermögen, das der Unterhaltsschuldner zurzeit der Scheidung der Ehe besessen hat.

Durch § 1586 b BGB ermöglicht der Gesetzgeber in Abweichung von den übrigen unterhaltsrechtliche Bestimmungen durch die Inanspruchnahme der Erben des Unterhaltspflichtigen einen Fortbestand der Unterhaltspflicht auch über seinen Tod hinaus. Diese Privilegierung findet über § 1933 S. 3 BGB auch auf getrennt lebende Ehegatten Anwendung, für deren Ehe zum Zeitpunkt des Todes des Unterhaltspflichtigen die gesetzlichen Voraussetzungen für eine Scheidung oder Aufhebung vorgelegen haben, sofern der später Verstorbene entsprechende Anträge beim Familiengericht gestellt oder (im Fall der Scheidung) zugestimmt hatte.

Damit wird der Grundsatz der Beendigung der Unterhaltspflicht für bisher am Unterhaltsschuldverhältnis nicht beteiligte Dritte, die Erben des Unterhaltspflichtigen, durchbrochen (so auch Roessink, FamRZ 1990, 924). Der **Erbe** kann die **Haftung** nach §§ 1975 ff. BGB beschränken. Gemäß § 1586 b Abs. 1 S. 3 BGB haftet der Erbe nur mit dem **fiktiven Pflichtteil.** Im Übrigen schuldet er aber den vollen Unterhalt (OLG Celle FamRZ 1987, 1038). Umstritten ist, ob und in welchen Fällen ein **Pflichtteilsverzicht** des unterhaltsberechtigten Ehegatten die Haftung des Erben **entfallen** lässt (vgl. Dieckmann, FamRZ 1999, 1029; Grziwotz, FamRZ 1991, 1258). In der Berechnung der Haftungsgrenze des § 1586 b BGB sind (fiktive) Pflichtteilsergänzungsansprüche des Unterhaltsberechtigten gegen den Erben einzubeziehen (BGH FamRZ 2001, 282; 2003, 521; ausführlich Heiß/Born, Unterhaltsrecht Kap. 4 Rn. 38 ff.).

▶ **Erfindervergütungen**

Erfindervergütungen sind i. d. R. relevantes Einkommen. Z. T. werden sie jedoch in der Rechtsprechung wie Einkünfte aus einer Nebentätigkeit behandelt und nach den Grundsätzen von Treu und Glauben teilweise unberücksichtigt gelassen (Einkommen aus unzumutbarer Arbeit).

▶ **Erholungsreisen**

Die Kosten für Erholungs- und Bildungsreisen, sowie allgemein die
Kosten für die Pflege geistiger und künstlerischer Interessen und
Hobbys und für die sportliche Betätigung sind als **allgemeine Le-
benshaltungskosten** i. d. R. in den Quoten nach den üblicherweise
verwendeten Tabellen enthalten und können daher keine gesonderte
Berücksichtigung finden.

▶ **Erlöschen des Anspruchs**

Ein Unterhaltsanspruch erlischt endgültig, wenn

■ der Berechtigte stirbt

■ der Berechtigte wieder heiratet (§ 1586 BGB) oder eine Lebenspartnerschaft begründet

■ der Berechtigte auf Unterhalt wirksam vertraglich verzichtet
  (§ 1585 c BGB)

■ der Unterhaltsanspruch durch Abfindung erfüllt ist, § 1585
  Abs. 2 BGB.

Geht ein geschiedener Ehegatte eine neue Ehe oder Lebenspartnerschaft ein und wird die Ehe oder Lebenspartnerschaft **wieder aufgelöst**, so kann er von dem früheren Ehegatten **Unterhalt nach
§ 1570 BGB** verlangen, wenn er ein Kind aus der früheren Ehe oder
Lebenspartnerschaft zu pflegen oder zu erziehen hat, § 1586 a BGB.
Ein **Betreuungsunterhaltsanspruch** kann somit **wieder aufleben.**
Ein titulierter Anspruch auf **Trennungsunterhalt** erlischt mit der
Wiederaufnahme der ehelichen Lebensgemeinschaft. Er lebt durch
erneute Trennung nicht wieder auf. Das Erlöschen des Anspruchs
kann mit der Vollstreckungsgegenantrag geltend gemacht werden
(OLG Düsseldorf FamRZ 1992, 943 f.). Trennungs- und Familienunterhalt sind nicht identisch. Sie sind an unterschiedliche Voraussetzungen geknüpft und verschieden ausgestaltet. Dies bedeutet,
dass der Anspruch auf Familienunterhalt mit der Trennung, der Anspruch auf Trennungsunterhalt mit der Wiederaufnahme der ehelichen Lebensgemeinschaft erlischt. Der in dieser Weise erloschene
Anspruch auf Trennungsunterhalt lebt mit einer erneuten Trennung

nicht wieder auf. Es entsteht vielmehr ein neuer Anspruch auf Trennungsunterhalt, der sich an den Lebensverhältnissen sowie an den Erwerbs- und Vermögensverhältnissen zurzeit der **erneuten Trennung** orientiert. Der Unterhalt ist nach diesem Maßstab neu zu bemessen. Dies gilt jedenfalls dann, wenn die Eheleute wieder auf längere Zeit zusammengelebt haben. Eine nur kurze Zeit während Versöhnung wird dagegen entsprechend der Regelung des § 1567 Abs. 2 BGB den Anspruch auf Trennungsunterhalt nicht berühren (OLG Düsseldorf FamRZ 1992, 943).

▶ Erpressungsgelder

Erpressungsgelder, die gezahlt werden, damit der Ehepartner nichts von einem außerehelichen Verhältnis erfährt, sind steuerrechtlich nicht als außergewöhnliche Belastung und unterhaltsrechtlich nicht als relevanter Abzugsposten abziehbar (BFH FamRZ 2004, 1199). Entscheidend ist, auf die wesentliche Ursache abzustellen, die zu den Aufwendungen geführt hatten. Wurzelt diese in der im Einzelnen gestaltbaren Lebensführung, kommt ein Abzug nicht in Betracht.

▶ Ersatzansprüche

Die Verletzung der Pflicht zur ehelichen Lebensgemeinschaft begründet i. d. R. keinen **Schadensersatzanspruch.** Dem liegt die Überlegung zugrunde, dass die Erfüllung der persönlichen Pflichten, die aus dem Wesen der ehelichen Lebensgemeinschaft fließen, nur durch die auf freier sittlicher Entscheidung beruhende eheliche Gesinnung gewährleistet werden kann; damit ist jeder, auch indirekte staatliche Zwang, wie etwa durch Zubilligung einer Vertragsstrafe oder eines Schadensersatzanspruchs, unvereinbar. Das gilt aber nur für solche Pflichten, die dem eigentlichen höchstpersönlichen Bereich der Ehe angehören, dagegen nicht für rein geschäftsmäßige Handlungen, wie die Unterzeichnung einer Steuererklärung. Wieso bei derartigen Handlungen ein staatlicher Zwang mit dem Wesen der Ehe unvereinbar sein soll, ist nicht erkennbar (so BGH FamRZ 1977, 38 ff.).

Für Schadensersatzansprüche bei **Auskunftspflichtverletzung** (Verzug, falsche Auskunft) ist umstritten, ob die Beschränkungen der

§§ 1585 b Abs. 2, 1613 Abs. 1 BGB nicht gelten (so BGH FamRZ 1985, 155), oder ob sich umgekehrt aus diesen Schutzgedanken ergibt, dass jedenfalls bei bloßer Nichterteilung der Auskunft der entgangene Unterhalt nicht als Schaden geltend gemacht werden kann (OLG Bamberg FamRZ 1990, 1235).

Neben dem gesetzlichen Unterhaltsanspruch kann ein Schadensersatzanspruch des Unterhaltsberechtigten aus § 823 BGB bestehen, z. B. wenn der geschiedene Ehegatte mit einer Geschlechtskrankheit angesteckt worden ist. Ein Anspruch auf Schadensersatz aus § 826 BGB kann gegeben sein, wenn sich ein Ehegatte durch Veräußerung seines Vermögens oder wesentlicher Teile davon zur Erfüllung seiner Unterhaltsverpflichtung unfähig gemacht hat; auch gegen den ihm dabei behilflichen Dritten kann sich ein Schadensersatzanspruch ergeben (so Palandt/Diederichsen, Vor § 1569 Rn. 3).

Ohne Rücksicht auf §§ 814, 818 BGB entsteht zugunsten des Unterhaltsschuldners „ein unterhaltsrechtlicher Erstattungsanspruch, wenn der Unterhaltsgläubiger für einen Unterhaltszahlungszeitraum gleichzeitig oder nachträglich bewilligt eine Alters- oder Erwerbsunfähigkeitsrente bezogen hat".

Der Weiterempfang von Unterhalt aus einem Unterhaltstitel trotz Wegfalls der Bedürftigkeit kann außerdem zum Schadensersatz aus § 826 BGB verpflichten (BGH NJW 1986, 1751).

▶ Ersatzhaftung

Soweit ein Elternteil aufgrund mangelnder Leistungsfähigkeit nicht unterhaltspflichtig ist, hat gemäß § 1607 Abs. 1 BGB der **nach ihm haftende Verwandte** den Unterhalt zu gewähren. Eine Ersatzhaftung nach § 1607 Abs. 2 BGB kommt nur in Betracht, wenn nachgewiesen wird, dass eine **Zwangsvollstreckung** gegen den Schuldner **erfolglos** ist (BGH FamRZ 2006, 26).

Das gleiche gilt gemäß § 1607 Abs. 2 BGB, wenn die Rechtsverfolgung gegen einen Verwandten **im Inland ausgeschlossen** oder **erheblich erschwert** ist. Der Anspruch gegen einen solchen Verwandten geht, soweit ein anderer nach § 1607 Abs. 1 BGB verpflichteter Verwandter den Unterhalt gewährt, auf diesen über. Leistet ein

Dritter, nicht unterhaltspflichtiger Verwandter oder der Ehegatte des anderen Elternteils Unterhalt an das minderjährige Kind, weil die Rechtsverfolgung gegen den Elternteil im Inland ausgeschlossen oder erheblich erschwert ist, geht der Unterhaltsanspruch des Kindes gegen den Elternteil gemäß § 1607 Abs. 3 BGB auf den Dritten über. Ein Forderungsübergang erfolgt nach § 1607 Abs. 3 BGB ferner, wenn beim Kindesunterhalt anstelle eines Elternteils ein anderer Verwandter oder der Ehegatte des betreuenden Elternteils (Stiefvater oder -mutter) oder der sog. Scheinvater geleistet hat. Führt ein Unterhaltsschuldner seine **Leistungsunfähigkeit** (hier: durch **Haftstrafe**) selbst herbei, kann dies zur Ausfallhaftung der Großeltern führen (AG Bad Homburg FamRZ 1999, 1450). Mit Rücksicht auf diese Ausfallhaftung besteht dann für die Großeltern auch die gesetzliche **Auskunftspflicht** bezüglich ihrer Einkünfte und bezüglich ihres Vermögens (§ 1605 BGB).

Soweit Unterhaltsvorschussleistungen erbracht werden und gleichzeitig **Ersatzansprüche** nach § 1607 BGB gegen die **Großeltern** vorliegen, weil sich der barunterhaltspflichtige Elternteil seiner Leistung entzieht, geht nach § 7 Abs. 1 UVG kein Unterhaltsanspruch auf den Staat über. Solange also Unterhaltsvorschussleistungen erbracht werden, sind diese ausnahmsweise gegenüber den Großeltern als **Einkommen des Kindes** anzusehen, mit der Folge, dass **Ersatzansprüche** nur für die Zukunft geltend gemacht werden können.

Der **Selbstbehalt** bei einer Ersatzhaftung der **Großeltern** für ihre Enkel beträgt **mindestens 1500 Euro** (Leitlinien Ziff. 21.3.4).

▶ **Erschwerniszulagen**

Erschwerniszulagen (für Nacht-,Schwer-, Schmutz-, und Montagearbeit, für gefährliche Arbeiten, z. B. Bergung von Sprengkörpern, Umgang mit gefährlichen Giftstoffen; siehe →*Nachtarbeitszuschläge*; →*Schmutzarbeitszulagen;* →*Schwerstarbeiterzulage;* →*Montageprämien*) sind grundsätzlich **voll anrechenbares** unterhaltspflichtiges Einkommen, **soweit** es sich nicht um Ersatz erhöhten, arbeitsbedingten Aufwandes handelt. Soweit die Erschwerniszulage aufgrund einer erheblich belastenden Arbeit, die den normalen Lebensrhythmus spürbar beeinträchtigt, bezahlt wird, steht dem Empfänger i. d. R. 1/3 der Zuschläge als Ausgleich für die erheblichen Belastungen ungeschmälert zu, denn wer diese Belastungen auf sich nimmt, soll durch den dadurch erzielten zusätzlichen Verdienst in die Lage versetzt sein, sich als Ausgleich eine etwas aufwändigere Freizeit und Erholungsgestaltung leisten zu können. Durch das ungeschmälerte Belassen eines Teils der Zuschläge soll darüber hinaus ein Anreiz geschaffen werden, die Arbeit unter den erschwerten Bedingungen auch in Zukunft auszuüben, was letztlich auch dem Unterhaltsberechtigten zugute kommt.

Eine weitere Ausnahme von dem Grundsatz der Anrechenbarkeit der Erschwerniszulagen ist dann zu machen, wenn die Berücksichtigung in hohem Maße **Treu und Glauben** widersprechen, also **unbillig** sein würde, z. B. wenn die an sich nicht zumutbare Erschwernis auf sich genommen wird, um das eigene wirtschaftliche Los durch die erschwerte Arbeit zu erleichtern, so z. B. um hohe ehebedingte Schulden abzutragen. Siehe →*Zulagen.*

▶ **Ersparnisse**

Ein bescheidenes →*Vermögen* (→*Notgroschen*, der unter heutigen Verhältnissen auch einige Tausend Euro betragen kann), das nur der Sicherung vor den Wechselfällen des täglichen Lebens dient, braucht nicht aufgebraucht zu werden und stellt daher kein unterhaltsrechtlich relevantes Vermögen dar. Siehe →*Schonvermögen,* →*Altersvorsorge.*

▶ **Erstausstattung**

→*Säuglings-Erstausstattung*

▶ **Erwerbschancen**

Für einen fast 60-jährigen, krankheitsbedingt belasteten Unterhaltsschuldner bestehen auf dem Arbeitsmarkt praktisch keine Erwerbschancen, so dass **fehlende Erwerbsbemühungen** nicht vorwerfbar sind (OLG Hamm FamRZ 1998, 623). Siehe →*Reale Beschäftigungs-chance.*

▶ **Erwerbsobliegenheiten**

Die einem Unterhaltspflichtigen gegenüber minderjährigen Kindern obliegende →*Gesteigerte Erwerbsobliegenheit* beinhaltet die Verpflichtung zu **erhöhten Anstrengungen,** um ein Einkommen zu erreichen, das den Unterhaltsbedarf der Kinder deckt. In Betracht kommen dabei **Überstunden** und **Nebentätigkeiten** in einem maßvollen Umfang jedenfalls in den Fällen, in denen dies aus tatsächlichen Gründen möglich und dem Unterhaltsschuldner zumutbar ist.

Die Erwerbsobliegenheit richtet sich nach den arbeitszeitlichen Vorschriften (BVerfG FamRZ 2003, 590). Der BGH (FamRZ 2008, 872, 875; 2009, 314, 872, 874) leitet aus § 3 ArbZG eine maximale wöchentliche Arbeitszeit von **48 Stunden** (täglich maximal acht Stunden) ab, die die Obergrenze der aus § 1603 Abs. 1, 2 BGB abzuleitenden Erwerbsobliegenheit darstellt. Wird im Rahmen der Prüfung der Erwerbsobliegenheit gegenüber einem **minderjährigen Kind** festgestellt, dass der Unterhaltspflichtige nach vergeblichen Bemühungen zur Erlangung einer beruflichen Tätigkeit in seinem ausgeübten Beruf nicht nur eine schlechter qualifizierte Erwerbstätigkeit, sondern auch Aushilfstätigkeiten aufnehmen muss, hat das Gericht **konkrete Feststellungen** zu den **aktuell erzielbaren Mindestlöhnen** anzustellen, ehe es die Leistungsfähigkeit des Unterhaltspflichtigen annimmt (BVerfG FamRZ 2010, 184).

Zur Frage der gesteigerten Ausnutzung der Arbeitskraft eines Unterhaltspflichtigen zur Sicherung des angemessenen Unterhalts seines minderjährigen Kindes hat der BGH (FamRZ 2003, 1471) betont, dass insbesondere zu prüfen ist, ob der Unterhaltspflichtige angesichts der Verhältnisse auf dem Arbeitsmarkt und seiner persönlichen Eigenschaften (Alter, Gesundheit u. ä.) überhaupt eine **reale anderweitige Beschäftigungschance** hatte. Eine reale anderweitige Beschäftigungschance ist Voraussetzung für eine Einkommensfiktion.

Nach dem Erreichen des **65. Lebensjahres** entfällt nach den sozialen Gepflogenheiten eine Verpflichtung zu weiterer Erwerbstätigkeit. Kein Ehegatte kann von dem anderen erwarten, dass er nach Erreichen des Ruhestandsalters weiter arbeiten wird. Eine vom Unterhaltspflichtigen nach Erreichen der Regelaltersgrenze für die gesetzliche Rente ausgeübte Erwerbstätigkeit ist – wie auch beim Unterhaltsberechtigten – sowohl hinsichtlich des **Ehegattenunterhalts** als auch des **Kindesunterhalts** regelmäßig **überobligatorisch.** Hierfür ist es unerheblich, ob der Unterhaltspflichtige abhängig beschäftigt oder **selbstständig tätig** ist (BGH FamRZ 2011, 454). Die auf der nachehelichen Solidarität beruhende Erwerbsobliegenheit des Unterhaltspflichtigen kann **nicht weiter reichen** als die Eigenverantwortung des Unterhaltsberechtigten, sodass sich die nach § 1571 BGB für den Unterhaltsberechtigten und nach § 242 BGB für den Unterhaltspflichtigen anzuwendenden Maßstäbe betreffend die zeitlichen Grenzen der Erwerbsobliegenheit entsprechen. Für die Abgrenzung der zumutbaren von der unzumutbaren (überobligatorischen) Erwerbstätigkeit kommt es nicht darauf an, ob die Erwerbstätigkeit im Rentenalter sich als **berufstypisch** darstellt oder von den Ehegatten während des Zusammenlebens **geplant** war. Ob eine nach Überschreiten der Altersgrenze fortgesetzte Erwerbstätigkeit berufstypisch ist und der **Lebensplanung** der Ehegatten während des Zusammenlebens entspricht, findet erst Eingang bei der gesondert zu beantwortenden Frage, in welchem konkreten Umfang das aus überobligatorische Erwerbstätigkeit erzielte Einkommen nach Billigkeitskriterien für den Unterhalt einzusetzen ist (BGH FamRZ 2011, 454 Rn. 21, 22).

Eine Erwerbsobliegenheit des **Bedürftigen** besteht nicht mehr ab Bezug der sog. **Regelaltersgrenze** mit 65 Jahren. Wird **vorzeitiges Altersruhegeld** bezogen, z. B. nach § 39 SGB VI mit 60 Jahren, ist im Einzelfall zu prüfen, inwieweit daneben noch bis 65 Jahren eine Erwerbsobliegenheit im Rahmen der Hinzuverdienergrenze des § 34 Abs. 3 Nr. 1 SGB VI besteht (BGH FamRZ 1999, 708).

► **Erwerbstätigenbonus**

Bei der Bemessung des Unterhaltsbedarfs nach den ehelichen Lebensverhältnissen muss dem erwerbstätigen **Unterhaltspflichtigen** ein die Hälfte des verteilungsfähigen Einkommens maßvoll übersteigender Betrag verbleiben (so BGH FamRZ 2004, 1867; 2001, 1693; 2000, 1494; 1989, 842 ff.). Der eheangemessene Bedarf kann somit nicht durch Halbteilung des Einkommens des Unterhaltspflichtigen ermittelt werden. Vom **bereinigten Nettoeinkommen** ist bei der **Bedarfsermittlung** (**nicht** bei der Ermittlung der **Leistungsfähigkeit** des Unterhaltsschuldners), nach Abzug des tatsächlich gezahlten Kindesunterhalts (Zahlbetrag) der **Erwerbstätigenbonus** abzuziehen.

Zur **Höhe des Erwerbstätigenbonus** hat der BGH sowohl die 1/7- als auch die 1/10-Quotierung gebilligt, ebenso die früher geltende 1/5-Quote. Er hat auch einen über 1/7 hinausgehenden **weiteren Bonus von fünf Prozent** als Verdienerabzug (statt pauschaler berufsbedingter Aufwendungen) als gerechtfertigt angesehen (BGH FamRZ 1995, 346). Im **Mangelfall** lehnt der BGH die Zubilligung eines Erwerbstätigenbonus **neben** pauschalen fünf Prozent berufsbedingten Aufwendungen wegen der besonderen beengten wirtschaftlichen Verhältnisse ab (BGH FamRZ 1992, 539); in einem anderen Fall hat er die Herabsetzung des Bonus von 1/7 auf 1/9 **neben konkreten berufsbedingten Aufwendungen** gebilligt (BGH FamRZ 2001, 1693).

Der Erwerbstätigenbonus erstreckt sich auch auf eine **Steuererstattung,** soweit sie aus einer Erwerbstätigkeit stammt (OLG München FamRZ 1993, 328 f.).

► **Erwerbsunfähigkeitsrente**

Siehe →*Renten*; →*Erwerbsunfähigkeitsrente.* Der Bezug einer Erwerbsunfähigkeitsrente indiziert, dass der Berechtigte krank ist (OLG Brandenburg FamRZ 1996, 866; OLG Nürnberg FamRZ 1992, 682). Allein der Umstand, dass der Unterhaltsgläubiger sozialhilferechtlich erwerbsunfähig ist, lässt **unterhaltsrechtlich** seine

Erwerbspflicht im Rahmen der ihm verbleibenden Möglichkeiten nicht entfallen (OLG Zweibrücken FamRZ 2007, 470).

▶ **Erziehungsgeld**

→*Elterngeld*

▶ **Essensgeld**

Freies oder verbilligtes Essen oder Gewährung von Essensgeld stellen →*Sachzuwendungen* dar und sind in Höhe der **Eigenersparnis** dem Einkommen zuzurechnen. Die SvEV setzt in § 2 den Wert der als Sachbezug zur Verfügung gestellten Verpflegung auf monatlich 210 Euro fest. Wird Verpflegung teilweise zur Verfügung gestellt, sind für Frühstück 46 Euro, für Mittagessen 82 Euro, für Abendessen 82 Euro anzusetzen.

▶ **Existenzminimum des Unterhaltsberechtigten**

Die **Untergrenze** der Herabsetzung des Unterhalts nach § 1578 b Abs. 1 BGB ist das Existenzminimum (BGH FamRZ 2009, 1990; 2010, 629; 1057; 1637). Der nach § 1578 b BGB herabgesetzte Unterhaltsbedarf muss jedenfalls das Existenzminimum des Unterhaltsberechtigten von zur Zeit 770 Euro monatlich erreichen. Der **Mindestunterhalt** für **minderjährige Kinder** richtet sich nach dem doppelten Freibetrag für das sächliche **Existenzminimum** des Kindes und bestimmt sich nach den Sätzen der DT, 1. Einkommensgruppe. Der Bedarf der nichtehelichen Mutter nach **§ 1615 l BGB** beträgt **mindestens 770 Euro.**

▶ **Existenzminimum des Unterhaltspflichtigen**

Inhalt der Unterhaltspflicht ist es nicht, dem **Berechtigten** unter allen Umständen das Existenzminimum zu sichern. Das ist notfalls Sache des Sozialhilfeträgers. Schon bei der **Bedarfsermittlung** muss sichergestellt sein, dass dem **Unterhaltspflichtigen** das Existenzminimum gesichert bleibt. Die finanzielle Leistungsfähigkeit **endet** jedenfalls **dort,** wo der Unterhaltspflichtige nicht mehr in der Lage ist,

seine eigene Existenz zu sichern. Zur Bestimmung dieser Grenze dienen die **Selbstbehaltssätze** in den unterhaltsrechtlichen Leitlinien
(BVerfG FamRZ 2010, 184; 2001, 1685). Das Existenzminimum des
Unterhaltspflichtigen wird unterschritten, wenn ihm nach Abzug des
zu leistenden Unterhalts von seinem Nettoeinkommen ein **verfügbarer Betrag** verbleibt, der **deutlich geringer** ist als der Selbstbehalt
eines Erwerbstätigen nach der DT. Dann liegt eine **unverhältnismäßige Belastung** und ein Verstoß gegen Art. 2 Abs. 1 GG vor.

▶ **Fahrerlaubnisentzug**

Eine vorsätzliche oder fahrlässige Trunkenheitsfahrt (mit nachfolgender Fahrerlaubnisentziehung), die zum Verlust des Arbeitsplatzes (als Busfahrer) führt, rechtfertigt allein noch nicht die Feststellung absichtlicher oder vorsätzlicher – auch bedingt vorsätzlicher – Herbeiführung der Leistungsunfähigkeit (OLG Köln FamRZ 1980, 362). Das OLG Köln hat in dieser Entscheidung keine Einkommensfiktion vorgenommen, da nur grobe Fahrlässigkeit im Hinblick auf die Voraussicht der Leistungsunfähigkeit vorlag und ein ausreichendes unterhaltsbezogenes „Verschulden" nicht gegeben war.

▶ **Fahrtkosten**

Bei der Ermittlung des unterhaltsrechtlich relevanten Einkommens können höhere berufsbedingte Aufwendungen als die fünf prozentige Pauschale für berufsbedingt notwendige Fahrtkosten nur abgesetzt werden, wenn der Unterhaltsschuldner im Einzelnen die **Unmöglichkeit der Nutzung öffentlicher Verkehrsmittel** darlegt und beweist. Siehe →*Entfernungspauschale.*

Notwendige Fahrtkosten zur Arbeitsstelle oder für berufsbedingte Reisen sind als notwendige →*Berufsbedingte Aufwendungen* voll abzuziehen. Von den **meisten Oberlandesgerichten** werden derzeit 0,30 Euro pro gefahrenen Kilometer in Abzug gebracht (vgl. Leitlinien Ziff. 10.2.2). In diesem Kilometergeld sind **sämtliche Kosten**

(Betrieb, Steuer, Versicherung, künftige Anschaffungskosten) enthalten (BGH NJW-RR 1998, 721). Die Anschaffungskosten, die in der km-Pauschale enthalten sind, können nicht zusätzlich als **Kreditkosten zur Finanzierung** vom einzusetzenden Einkommen abgesetzt werden. Bei **Vielfahrern,** wenn die Entfernung zwischen Wohnung und Arbeitsplatz **über 30 km hinausgeht,** ist eine **Reduzierung des Kilometersatzes** von 0,30 Euro auf 0,20 Euro für die weiteren Kilometer wegen der eintretenden Kostenersparnis anzusetzen.

In der Pauschale sind **sämtliche Pkw-Kosten** einschließlich derjenigen für Abnutzung und Finanzierungsaufwand enthalten (BGH FamRZ 2006, 846; 1182).

Vom Arbeitgeber gezahlte →*Fahrtspesen* sind in vollem Umfang anzurechnen. Die tatsächlich entstandenen Fahrtkosten können jedoch nur dann voll abgezogen werden, wenn nachgewiesen ist, dass der Gebrauch eines Fahrzeuges **erforderlich** ist. Wenn es kostengünstiger und mit der Art seiner Tätigkeit zu vereinbaren ist, kann der Unterhaltsberechtigte oder -verpflichtete gehalten sein, öffentliche Verkehrsmittel zu benutzen. In diesen Fällen können nur die Fahrtkosten, die mit einem öffentlichen Verkehrsmittel entstehen würden oder entstehen, in voller Höhe abgezogen werden. Bei Beurteilung der Frage, ob der Unterhaltsverpflichtete sich bei Fahrten zur Arbeitsstelle auf die Inanspruchnahme öffentlicher Verkehrsmittel verweisen lassen muss, kommt es **entscheidend** auf seine **wirtschaftlichen Verhältnisse** an (BGH FamRZ 1989, 483 f.). Wenn die Benutzung eines Pkw für die Fahrten zur Arbeitsstelle einen so großen Teil seines Einkommens aufzehrt, dass er deswegen keinen ausreichenden Unterhalt bezahlen kann, ist ihm i. d. R. zuzumuten, sich kostengünstigerer, öffentlicher Verkehrsmittel zu bedienen (so BGH FamRZ 1989, 483, 484).

Jedenfalls im **Mangelfall** kann vom Unterhaltsschuldner erwartet werden, dass er **öffentliche Verkehrsmittel** benutzt, auch wenn der **tägliche Zeitaufwand** dafür zwischen zwei und drei Stunden liegt und auch dann, wenn die Benutzung der öffentlichen Verkehrsmittel **umständlich** ist (OLG Brandenburg FamRZ 1999, 1010); in diesem Fall können nur die für die Benutzung öffentlicher Verkehrsmittel erforderlichen Kosten einkommensmindernd berücksichtigt werden. Wenn der Dienstherr Pkw-Reisen im Dienst nicht nach den Reisekostenvorschriften ersetzt, muss davon ausgegangen werden, dass er die Zeitersparnis dienstlich nicht für notwendig hält. Bei normaler Arbeitszeit können im Jahr etwa 220 Arbeitstage Berücksichtigung finden. Danach ergibt sich folgende Berechnung: Wenn die Arbeitsstelle von der Wohnung 30 km entfernt ist: $220 \times 30 \times 2 \times 0,30$ Euro: $12 = 330$ Euro monatlicher Aufwand. Werden jedoch die Fahrtkosten vom Arbeitgeber erstattet, kommt ein unterhaltsrechtlicher Abzug nicht in Betracht. Bei Ansatz der **Kilometerpauschale** können daneben **keine Darlehenskosten** für den Kauf des Pkw angesetzt werden (BGH FamRZ 2006, 846; vgl. Anm. Born: Rücklagen für den Kauf eines neuen Pkw können angesetzt werden). Die Fahrtkosten müssen als **steuerliche Freibeträge** oder als Kosten der **doppelten Haushaltsführung** deklariert werden. Es besteht die Obliegenheit, Steuervorteile in Anspruch zu nehmen (BGH FamRZ 2006, 108). Die steuerlichen Pauschalen betragen für die einfache Wegstrecke **0,30 Euro** mit einem Höchstbetrag von 4500 Euro.

▶ **Fahrtspesen**

Vom Arbeitgeber gezahltes **Kilometergeld** ist als zweckgebundenes Entgelt i. d. R. nicht dem unterhaltspflichtigen Einkommen hinzuzurechnen. **Übersteigt** jedoch der Spesensatz offensichtlich den tatsächlichen Aufwand, wie er sich pro Kilometer insbesondere aus dazu erstellten Tabellen, z. B. des ADAC ergibt, liegt insoweit unterhaltspflichtiges Einkommen vor. Anders als bei Aufwendungspauschalen kann das pauschal gewährte Kilometergeld nicht allgemein mit 1/3 als Einkommen angesetzt werden (vgl. Leitlinien Ziff. 1.4).

▶ **Familienrechtlicher Ausgleichsanspruch**

Siehe →*Ausgleichsanspruch, familienrechtlicher.* Ein familienrechtlicher Ausgleichsanspruch kommt in Betracht, wenn ein Elternteil allein für den Unterhalt, den Mehrbedarf oder den Sonderbedarf eines gemeinsamen Kindes aufkommt, obwohl auch der andere dem

Kind barunterhaltspflichtig ist. Er beruht auf der Notwendigkeit, die Unterhaltslast im Verhältnis zwischen den Eltern entsprechend ihrem Leistungsvermögen aufzuteilen. Der Anspruch ist seiner Rechtsnatur nach jedoch kein Unterhaltsanspruch mehr, sondern Erstattungs- und (Ausgleichs-)Anspruch. Soweit ein Elternteil die Barunterhaltsschuld des anderen übernommen hat, entsteht dieser Ausgleichsanspruch. Soweit jedoch ein Elternteil aufgrund einer **Freistellungsvereinbarung** den gesamten Kindesunterhalt aufbringt, ist für einen Ausgleichsanspruch kein Raum. Der familienrechtliche Ausgleichsanspruch **setzt voraus,** dass

■ der den Unterhalt leistende Elternteil mit seiner Leistung von Barunterhalt eine auch dem anderen Elternteil obliegende Verpflichtung erfüllt hat, und

■ die Bar-Unterhaltsleistung in der **Absicht** erbracht wurde, von dem anderen Elternteil Ersatz zu verlangen (analog § 1360 b BGB) (vgl. BGH FamRZ 1984, 775).

Für die **Vergangenheit** kann ein familienrechtlicher Ausgleichsanspruch nur im Rahmen des § 1613 Abs. 1 BGB (Rechtshängigkeit/ Verzug/Auskunftsbegehren) verlangt werden.

▶ **Familienunterhalt**

Gemäß § 1360 S. 1 BGB sind die Ehegatten einander verpflichtet, durch ihre Arbeit und mit ihrem Vermögen die Familie angemessen zu unterhalten.

Es handelt sich um einen gegenseitigen Anspruch der Ehegatten auf **Teilhabe** an den finanziellen Mitteln des anderen entsprechend dem **Lebensstandard** der Familie. Nach § 1360 BGB sind die Eheleute einander verpflichtet durch ihre Arbeit, mit ihrem Vermögen bzw. durch die Haushaltsführung und ggf. durch die Erziehung der Kinder zum Familienunterhalt beizutragen. Dabei sind Haushaltsführung und Kinderbetreuung der Erwerbstätigkeit **gleichgestellt** (BVerfG FamRZ 2002, 527).

Der **Antrag** auf Zahlung von Familienunterhalt (**Wirtschaftsgeld/ Taschengeld**) setzt zu seiner **Schlüssigkeit** voraus, dass der Antragsteller **substantiiert** darlegt, wie die Lebensgemeinschaft der Familie gestaltet ist. Ansprüche auf Familienunterhalt entstehen insbesondere, wenn ein Ehegatte seinen eigenen Beitrag durch **Haushaltsführung** voll leistet, der andere Ehegatte aber das **notwendige Wirtschaftsgeld** nicht zur Verfügung stellt. Jeder Ehegatte hat außerdem einen Anspruch auf ein **angemessenes Taschengeld** für seine persönlichen Bedürfnisse, dessen Höhe sich nach dem Familieneinkommen und dem Lebensstil richtet (BGH FamRZ 2004, 366, 369). I. d. R. beträgt es **fünf bis sieben Prozent** des bereinigten Nettoeinkommens des unterhaltspflichtigen Ehegatten (BGH FamRZ 2004, 366, 369). Hat der taschengeldberechtigte Ehegatte **eigenes Einkommen,** wird der Anspruch i. d. R. dadurch befriedigt, dass das aus dem Mehrverdienst des anderen Ehegatten errechnete Taschengeld vom Eigenverdienst einbehalten wird und nur noch ein eventuell verbleibender Rest zu leisten ist (BGH FamRZ 1998, 608). In der **Doppelverdienerehe** wird ein angemessener Beitrag zum bestehenden Lebensbedarf der gesamten Familie (einschließlich der Kinder) durch gemeinsame Finanzierung der entstehenden Kosten und gleichmäßige Verteilung der Haushaltstätigkeit geleistet. In der **Haushaltsführungsehe** nach § 1360 S. 2 BGB sorgt ein Ehegatte durch seine Berufstätigkeit für die erforderlichen Geldmittel, während der andere Ehegatte gleichwertig die Haushaltsarbeiten verrichtet. Der den Haushalt führende Ehepartner hat einen Anspruch auf Zahlung von **Wirtschaftsgeld, Taschengeld** sowie die Übernahme der Kosten für notwendige ärztliche Behandlung. Der Anspruch auf Familienunterhalt für die Zukunft ist **unverzichtbar,** § 1360 a Abs. 3, 1614 BGB und umfasst nach § 1360 a Abs. 4 BGB auch einen Anspruch auf **Verfahrenskostenvorschuss.**

Aus Billigkeitsgründen kann durch das Vollstreckungsgericht die **Pfändung des Taschengeldes** nach § 850 b Abs. 2 ZPO zugelassen werden. Dem Schuldner muss jedoch ein Teil des Taschengeldes verbleiben (OLG Celle FamRZ 1991, 726 ff.; OLG Frankfurt FamRZ 1991, 727 ff.). Einwendungen gegen die Zulässigkeit der Pfändung können nur mit vollstreckungsrechtlichen Rechtsbehelfen geltend gemacht werden; im sog. Drittschuldnerverfahren (= Familiensache) ist nur zu prüfen, ob und in welcher Höhe der Taschengeldanspruch besteht.

▶ **Familienversicherung**

Der entscheidende Vorteil der gesetzlichen Krankenversicherung liegt in der **Familienversicherung.** Nach § 10 SGB V sind Familienangehörige (Ehegatten/Lebenspartner/Kinder) mitversichert ohne dass für sie Beiträge erhoben werden, § 3 S. 3 SGB V. Die Mitversicherung **endet** in der Trennungszeit, wenn die Eigeneinkünfte den Betrag gemäß § 10 Abs. 1 Nr. 5 SGB V übersteigen (derzeit ca. 365 Euro). Die Mitversicherung des Unterhaltsberechtigten in der gesetzlichen Krankenversicherung endet mit der **Rechtskraft der Scheidung,** § 9 SGB V. Der nicht selbstständig versicherte Ehegatte hat aber die Möglichkeit, innerhalb einer **Frist von drei Monaten** als freiwilliges Mitglied einer gesetzlichen Krankenversicherung – gegen Beitragsentrichtung – beizutreten (§§ 9 Abs. 1 Ziff. 2 1. Alt., 185, 188 SGB V). Im **öffentlichen Dienst** entfällt mit der Scheidungsrechtskraft die **Beihilfeberechtigung** für Aufwendungen des geschiedenen Ehegatten.

Führt der Abschluss einer notwendigen Privatversicherung jedoch zu einer **unverhältnismäßig hohen Belastung,** beispielsweise bei **Beamten** durch Wegfall des Beihilfeanspruchs nach Scheidung, beschränkt sich die Verpflichtung auf Bezahlung des **Basistarifs** nach § 12 Abs. 1 a VAG, der allen nicht gesetzlich versicherten Personen in der privaten Krankenversicherung offen steht.

Erlischt die Familienversicherung, kann innerhalb von 3 Monaten eine **freiwillige Versicherung** beantragt werden (§ 9 SGB V). Aus welchen Gründen die Familienversicherung beendet wurde, spielt keine Rolle. Der geschiedene Ehegatte eines Mitglieds kann die Krankenversicherung freiwillig fortsetzen.

▶ **Familienzuschlag**

Der Familienzuschlag (früher: Ortszuschlag) ist Teil des Arbeitseinkommens. Familienzuschläge, die auf Wiederverheiratung beruhen sind ebenso wie Steuervorteile aufgrund neuer Ehe bei der Bedarfsbestimmung für den Geschiedenenunterhalt nicht zu berücksichtigen, weil sie als Folge der Scheidung nicht die ehelichen Lebensverhältnisse der geschiedenen Ehe prägen können (BVerfG FamRZ

2011, 437 Rn. 70). Zu beachten ist, dass die unterhaltsrechtlichen Verhältnisse eines Beamten **besoldungsrechtliche Auswirkungen** haben können: Unterhaltszahlungen unterhalb des Familienzuschlags führen zum **Wegfall des Familienzuschlags** (vgl. OLG Düsseldorf FamRZ 2008, 892).

▶ **Feiertagszuschläge**

Sie sind voll anzurechnen, wenn sie berufstypisch sind und in geringem Umfang anfallen. Übersteigen sie dieses Maß können sie ebenfalls wie Einkünfte aus unzumutbarer Erwerbstätigkeit behandelt werden. Es handelt sich dann auch insoweit um Einkünfte aus überobligationsmäßigen Leistungen mit der Folge, dass der Mehrverdienst um einen gewissen „Bonus" vermindert werden kann.

▶ **Ferienarbeit**

Grundsätzlich wird Einkommen des minderjährigen Kindes bei beiden Eltern hälftig angerechnet; bei volljährigen Kindern werden Einkünfte des Kindes auf den Unterhaltsbedarf – gekürzt um ausbildungsbedingte Aufwendungen – angerechnet. Bei Einkünften aus unzumutbarer Erwerbstätigkeit gilt § 1577 Abs. 2 BGB entsprechend (Leitlinien Ziff. 13.2). Ferienarbeit von **Schülern** ist generell als **unzumutbar** anzusehen. Die Erwerbstätigkeit von **Studenten** während der Semesterferien ist i. d. R. ebenfalls **unzumutbar,** da die Semesterferien der Wiederholung und Vertiefung des erlernten Stoffes dienen sollen, ebenso wie der notwendigen Erholung. Wird trotz der Unzumutbarkeit eine Schüler- oder Studentenarbeit ausgeübt, ist das Einkommen unter Billigkeitsgesichtspunkten zu berücksichtigen, **soweit** mit der Summe von Unterhalt und Einkommen der **volle Bedarf** überschritten wird.

▶ **Fiktive Einkünfte**

Die Zurechnung fiktiver Einkünfte kommt vor allem in Betracht

- wegen Verletzung einer Erwerbsobliegenheit
- wegen Verletzung der Obliegenheit Vermögen gewinnbringend zu nutzen oder zu verwerten

155

- wegen Verletzung der Obliegenheit sozialstaatliche Leistungen wie z. B. BAföG in Anspruch zu nehmen

- wegen Zusammenleben oder Zusammenwirtschaften mit einem neuen Partner (ersparte Aufwendungen) oder Haushaltsführung/ Kinderbetreuung für diesen.

Die Zurechnung fiktiver Einkünfte **setzt voraus,** dass der Unterhaltspflichtige die ihm zumutbaren Anstrengungen, eine angemessene Erwerbstätigkeit zu finden, nicht oder nicht ausreichend unternommen hat und bei genügenden Bemühungen eine reale Beschäftigungschance bestanden hätte (BGH FamRZ 2009, 314).

Der **Unterhaltsbedürftige** muss sich unter Einsatz aller zumutbaren und möglichen Mittel nachhaltig bemühen, eine angemessene Tätigkeit zu finden; er trägt die uneingeschränkte Darlegungs- und Beweislast für seine Bemühungen und muss in nachprüfbarer Weise **darlegen,** welche Schritte er im Einzelnen hierfür unternommen hat (BGH FamRZ 2008, 2104).

Die **mangelhafte Arbeitssuche** muss aber **ursächlich** für die Arbeitslosigkeit sein. Eine **Kausalität entfällt,** wenn nach den Gegebenheiten des Arbeitsmarktes sowie den persönlichen Eigenschaften und Fähigkeiten des Bedürftigen **keine reale Arbeitsplatzchance** bestanden hat (BGH FamRZ 2008, 2104). Allgemein darf vom Unterhaltsbedürftigen **nichts Unmögliches** verlangt werden, z. B. bei gesundheitlichen Einschränkungen oder bei Ansatz eines **fiktiven Einkommens über dem Mindestlohn** (BVerfG FamRZ 2010, 626; 793). Es sind daher stets **zwei Kriterien** zu prüfen:

- konkrete erfolglose Erwerbsbemühungen

- Vorhandensein entsprechender Arbeitsstellen unter Berücksichtigung der persönlichen Voraussetzungen des Arbeitsplatzsuchenden (Alter, berufliche Qualifikation, Erwerbsbiografie, Gesundheitszustand) (BVerfG FamRZ 2010, 626; 793; BGH FamRZ 2008, 2104).

Maßgebend ist dabei auf den **Zeitpunkt** abzustellen, ab dem die Erwerbsobliegenheit bestand z. B. ab dem Zeitpunkt der Scheidung (BGH FamRZ 2008, 2104). Das gilt auch, wenn der nacheheliche Unterhalt tituliert wurde und hierbei wegen bestehender Erwerbsobliegenheit ein fiktives Einkommen angesetzt wurde (BGH FamRZ 2008, 2104).

Ein den **Mindestunterhalt übersteigender** Unterhaltsbedarf eines Kindes kann grundsätzlich nicht aus **lediglich fiktiven** Einkünften hergeleitet werden. Der **erzielbare Stundenlohn** eines ungelernten Arbeitslosen kann mit zehn Euro brutto in Ansatz gebracht werden, was Nettobezügen von ca. 1265 Euro entspricht (OLG Hamm FamRZ 2005, 803). Davon sind 50 Euro Werbungskosten abzusetzen, weil es gerade für Ungelernte sehr schwer ist, überhaupt eine Stelle zu finden. Für ungelernte Arbeitskräfte **ohne Berufserfahrung** kann maximal ein Stundenlohn von 9 Euro brutto (rund 1030 Euro netto) in Ansatz gebracht werden (OLG Hamm FamRZ 2006, 952).

Beim Ansatz fiktiver monatlicher Nettoeinkünfte aus **Erwerbstätigkeit** ist ein **Erwerbstätigenbonus** zu berücksichtigen. Das ist erforderlich, weil derjenige Ehepartner, dem fiktive monatliche Nettoeinkünfte aus Erwerbstätigkeit zugerechnet werden, so gestellt werden muss, als erzielte er das erreichbare Erwerbseinkommen (so BGH FamRZ 1990, 979, 981; 1990, 499, 503). Krankenvorsorgeunterhalt kann die geschiedene Ehefrau **nicht** verlangen, wenn sie sich aufgrund der Verletzung ihrer Erwerbsobliegenheit **fiktive** Einkünfte aus abhängiger Tätigkeit zurechnen lassen muss und dadurch von einer vollständigen Deckung des Krankenvorsorgebedarfs auszugehen ist (OLG Hamm FamRZ 1994, 107).

In der gesetzlichen Krankenversicherung besteht eine Vollversicherung bereits bei einer Teilzeitbeschäftigung und verhältnismäßig geringen Beitragsleistungen. Selbst die Zurechnung tatsächlicher oder fiktiver Einkünfte aus einer auszuübenden Teilzeitbeschäftigung lassen daher den Krankenvorsorgebedarf gänzlich entfallen.

Unentgeltliche Erbringung geldwerter Leistungen: Arbeitstätigkeit ist auch dann zu berücksichtigen, wenn ein Arbeitslohn nicht bezahlt wird. Zu prüfen ist in diesem Fall, wie die Arbeitsleistung normalerweise zu vergüten wäre und ob dem Arbeitenden ein Anspruch gegen den Leistungsempfänger zusteht. Dabei ist der Rechtsgedanke des § 850 h Abs. 2 ZPO heranzuziehen, wonach im

Verhältnis des Gläubigers zu dem Empfänger von Dienstleistungen des Schuldners eine **üblicherweise geschuldete** Vergütung als vereinbart gilt. Dem die Arbeitsleistung erbringenden Ehegatten ist in solchen Fällen grundsätzlich eine angemessene Vergütung für seine Dienste anzurechnen, die Leistungsfähigkeit desjenigen, dem die Arbeitsleistung erbracht wird, vorausgesetzt (im Einzelnen →*Eheähnliche Lebensgemeinschaft;* →*Zuwendungen Dritter*). Verlangt ein geschiedener Ehegatte von dem anderen nachehelichen Unterhalt, so hat er im Rahmen der Darlegungs- und Beweislast für seine Bedürftigkeit Vorbringen des anderen zu **widerlegen,** er erbringe einem **anderen Partner** Versorgungsleistungen und müsse sich dafür eine **Vergütung anrechnen** lassen (BGH FamRZ 1995, 291 ff. m. w. N.).

Die **Versorgung volljähriger Kinder** im Haushalt des Unterhaltsverpflichteten ohne Entgelt rechtfertigt nicht ohne weiteres die Annahme eines fiktiven Versorgungsentgelts (OLG Frankfurt FamRZ 1987, 190). Je nach wirtschaftlichen Verhältnissen entspricht es verbreiteter Übung, für solche Versorgung kein Entgelt zu verlangen. Jedoch liegt bei unentgeltlicher **Wohnraumüberlassung** an volljährige Kinder, die ein gesichertes Einkommen haben, die Annahme einer fiktiven Mieteinnahme nahe, wenn die Wohnung auch zur Fremdvermietung geeignet ist. Erbringt eine Mutter für noch im Haushalt lebende, verdienende volljährige Kinder Leistungen, erscheint es wegen des bestehenden familiären Hintergrundes angebracht, Zurückhaltung bei der Annahme fiktiver Einkünfte zu bewahren – insbesondere erscheint es kaum gerechtfertigt, die vollen Kosten einer Fremdbetreuung in Ansatz zu bringen. Vom **volljährigen Kind** mit eigenem Einkommen, das Räume in der Wohnung bewohnt, muss eine angemessene Mietzahlung verlangt werden (so BGH FamRZ 1990, 269, 271 für Unterhaltsberechtigten). Siehe →*Gesteigerte Erwerbsobliegenheit.*

Änderung der Leistungsfähigkeit bei fiktiven Einkünften: Ein **Unterhaltsschuldner** muss sich keineswegs für alle Zeiten an der **Einkommensfiktion** festhalten lassen. Wenn er sich ausreichend um eine neue Anstellung bemüht hat, aber hierbei keinen Erfolg hatte oder nur einen Arbeitsplatz mit geringeren Einkünften finden konnte, ist ihm mit diesem Einwand der Abänderungsantrag gegen eine Einkommensfiktion eröffnet (vgl. BGH FamRZ 2008, 872; OLG Celle FamRZ 2009, 790). Wurde wegen Verstoß gegen die Erwerbsobliegenheit ein fiktives Einkommen angesetzt, ist zu **differenzieren** (vgl. BGH FamRZ 2008, 872):

(1) Wurde vom **Pflichtigen** ein sicherer Arbeitsplatz mutwillig aufgegeben und er deshalb fiktiv so behandelt, als ob er den Arbeitsplatz noch hätte, kann im Abänderungsverfahren nur eingewandt werden, dass er den Arbeitsplatz inzwischen aus anderen Gründen, z. B. wegen Erkrankung oder Abbau von Arbeitsplätzen, ebenfalls verloren hätte. Die Behauptung, er habe eine neue Arbeitsstelle mit weniger Einkommen gefunden, ist daher nicht ausreichend (BGH FamRZ 2008, 872).

(2) Wurde dagegen vom **Unterhaltspflichtigen** ein Arbeitsplatz **schuldlos verloren** und sodann ein fiktives Einkommen angesetzt, weil er sich nicht ausreichend um einen neuen Arbeitsplatz bemüht hatte bzw. beim Bedürftigen wegen Verstoß gegen die Erwerbsobliegenheit ein fiktives Einkommen angesetzt, besteht die **Bindungswirkung** nur für die derzeit unzureichenden Bemühungen um einen neuen Arbeitsplan. Pflichtiger bzw. Bedürftiger können nach einem angemessenen Zeitraum aber mit einem Abänderungsverfahren geltend machen, dass ihre zwischenzeitlich erfolgten umfangreichen Arbeitsplatzbemühungen erfolglos geblieben sind, d. h. die **Arbeitsmarktprognose** falsch war. Andernfalls würden dem Bedürftigen bzw. Pflichtigen jeglicher Arbeitsanreiz genommen.

▶ Fiktives Einkommen und Sozialhilfe

Unterhaltsansprüche, die ihre Rechtsgrundlage in der Zurechnung eines fiktiven Einkommens finden, weil der Unterhaltspflichtige seine Erwerbsobliegenheit verletzt, gehen nicht auf den Träger der Sozialhilfe über (OLG Hamm FamRZ 2000, 1222; BGH FamRZ 1998, 818).

▶ **Firmenwagen**

Die private Nutzung eines Firmenfahrzeugs ist als Nutzungsvorteil
bei der Unterhaltsberechnung als Einkommen zu berücksichtigen
(vgl. BGH FamRZ 2008, 1739), soweit entsprechende Eigenaufwendungen erspart werden (vgl. Leitlinien Ziff. 4). Der vermögenswerte
Vorteil bei der Privatnutzung eines Firmenfahrzeugs ist nicht identisch mit dem **Gehaltsbestandteil der Pkw-Nutzung,** sondern in jedem Einzelfall nach Sachlage zu schätzen. Hierbei ist die steuerliche
Mehrbelastung zu beachten, die durch die Erhöhung des Bruttoeinkommens bei der Nutzung eines Firmenfahrzeugs entsteht (OLG
München FamRZ 1999, 1350). Es ist zu berücksichtigen, wer das
Benzin, die Versicherung und die Steuer sowie die Reparaturkosten
bezahlt. Im Regelfall wird ein Betrag zwischen **150 Euro und 300
Euro** angemessen sein, wobei in den Fällen, in denen der Arbeitgeber auch die Benzinkosten übernimmt i. d. R. der Ansatz **pau-
schaler berufsbedingter Aufwendungen** entfällt (OLG München
FamRZ 1999, 1350; Gerhardt, FA-FamR Kap. 6 Rn. 70).

▶ **Flexible Altersgrenze**

Allein der Rentenbezug aufgrund des Erreichens einer flexiblen Altersgrenze lässt die Erwerbsverpflichtung einer unterhaltsberechtigten Ehefrau nicht entfallen (BGH FamRZ 1999, 708). Dies gilt auch
für den Trennungsunterhalt (OLG Koblenz FamRZ 2000, 1220).
Siehe →*Vorruhestand.*

▶ **Fliegeraufwandsentschädigung**

Die Fliegeraufwandsentschädigung für Kampfflieger der Bundeswehr zählt zum unterhaltsrelevanten **Einkommen.** Jedoch sind
Mehraufwendungen zur Erhaltung der fliegerischen Leistungsfähigkeit – notfalls im Wege der Schätzung gemäß § 287 ZPO – angemessen zu **berücksichtigen.** Vertretbar ist, dass 2/3 der Fliegeraufwandsentschädigung als nicht durch tatsächlichen Mehraufwand
verbraucht **hinzugerechnet** werden (BGH FamRZ 1994, 21 ff.).
Auch die Bestimmung einer Leistung zum Ausgleich besonderer
Aufwendungen oder zu ähnlichen Verwendungszwecken führt nicht

dazu, dass sie bei der Unterhaltsberechnung von vornherein außer Ansatz bleiben. Vielmehr kommt es darauf an, ob und in welchem Umfang sie für tatsächliche Mehraufwendungen des Empfängers aufgezehrt werden und ob sie daneben zur (teilweisen) Deckung des Lebensbedarfs zur Verfügung stehen.

▶ Fliegerzulagen

Fliegerzulagen für fliegendes Personal sind nicht von vornherein außer Ansatz zu lassen. Der Empfänger muss vielmehr **darlegen und ggf. nachweisen,** in welcher Höhe die Fliegerzulage durch **tatsächlichen Mehrbedarf** verbraucht wird. Fliegerzulage und Fliegeraufwandsentschädigung sind Einkommen, bei denen nur der konkret bewiesene Mehraufwand abgezogen werden darf (OLG Hamm FamRZ 1991, 576).

▶ Forderungseinziehung

Da grundsätzlich alle Einkünfte und Vermögenswerte der Ehegatten unterhaltsrechtlich zu berücksichtigen sind, die geeignet sind, die Unterhaltsbedürfnisse der Familie zu decken, kann eine Obliegenheit zur Geltendmachung der Ansprüche bestehen. Außenstände müssen daher eingezogen und vom Unterhaltsberechtigten zu seinem Unterhalt verwendet und vom Unterhaltspflichtigen zur Erfüllung seiner Unterhaltspflicht bereitgestellt werden. Dies gilt nicht nur für Forderungen, die →*Vermögenseinkünfte* oder Arbeitseinkommen und Darlehen (→*Darlehen, Obliegenheit zur Rückforderung*) betreffen, sondern auch für andere, auf Vertrag oder Gesetz beruhende geldwerte Ansprüche. Ferner müssen Ansprüche aus privaten Versicherungen, sowie private Rentenansprüche, auch Ruhegeldansprüche aus früheren Arbeitsverhältnissen geltend gemacht werden.

Jedoch hängt die Obliegenheit zur Geltendmachung von Ansprüchen insbesondere von Erb- (→*Erbansprüche)* und Pflichtteilsansprüchen (→*Pflichtteilsanspruch)* maßgeblich davon ab, ob der Vermögenswert auch bei fortbestehender intakter Ehe zum Unterhalt der Familie zur Verfügung gestanden hätte (BGH FamRZ 1982, 996).

▶ **Fortbildungskosten**

Fortbildungskosten im angemessenen Rahmen dienen i. d. R. dazu, das Einkommen zu erhalten oder zu verbessern und sind daher i. d. R. als →*Berufsbedingte Aufwendungen* einkommensmindernd anzuerkennen; im Einzelfall wird auf die **Notwendigkeit** der einzelnen Fortbildungsmaßnahmen abzustellen sein.

▶ **Freiberufler**

Es ist in Rechtsprechung und Literatur anerkannt, dass bei Selbstständigen (→*Selbstständige*) mit Einkünften in wechselnder Höhe zur Ermittlung des maßgeblichen Nettoeinkommens der Zeitraum der **zurückliegenden drei bis sechs Jahre** zugrundezulegen ist, um eine sichere Beurteilung der Verhältnisse zu ermöglichen (Leitlinien Ziff. 1.5.; BGH FamRZ 1982, 151). Das anrechenbare Einkommen kann durch verschiedene Berechnungsmethoden ermittelt werden; ausführlich hierzu →*Selbstständige,* →*Bilanzmäßiger Gewinn,* →*Privatentnahmen,* →*Abschreibungen.*

▶ **Freibetrag**

Lohnempfänger haben alle ihnen zustehenden Freibeträge auf der Lohnsteuerkarte eintragen zu lassen, andernfalls eine **fiktive Steuerberechnung** unter Berücksichtigung aller gesetzlichen Möglichkeiten zur Steuerentlastung durchzuführen ist (BGH FamRZ 2007, 793; Leitlinien jeweils Ziff. 10.1). Das gilt vor allem bei **höheren Fahrtkosten.** Dies gilt aber nur, wenn die Höhe des Freibetrages **zweifelsfrei feststeht,** wie dies z. B. beim Realsplitting bezüglich der genauen Unterhaltshöhe der Fall ist. Der Eintrag eines Freibetrages wegen der Möglichkeit des Realsplittings kann nur in Höhe des **unstreitig zu zahlenden Unterhalts** verlangt werden, nicht in Höhe der bestrittenen Unterhaltspflicht (BGH FamRZ 1999, 372). Für das **Realsplitting** sind Freibeträge einzutragen, wenn der Unterhalt durch Anerkenntnis, Verurteilung oder freiwillige Leistung erfüllt wird (BGH FamRZ 2007, 793). **Kein Freibetrag** ist einzutragen, wenn beim Realsplitting noch über die Unterhaltshöhe insgesamt gestritten wird (BGH FamRZ 2007, 793). Bei **gütlichen Einigungen** zum künftigen Unterhalt soll jedoch eine volle Einbeziehung des Realsplittingvorteils erfolgen, um unnötige Abänderungsverfahren zu vermeiden (Gerhardt, FA-FamR Kap. 6 Rn. 145). Dabei ist zu berücksichtigen, dass auch die **unentgeltliche Überlassung einer Wohnung** und die Übernahme verbrauchsunabhängiger Nebenkosten aufgrund einer Unterhaltsvereinbarung Unterhaltsleistungen darstellen.

▶ **Freie Kost**

Freie Kost und Logis, die vom Arbeitgeber zur Verfügung gestellt werden, sind unterhaltsrechtlich relevantes Einkommen, soweit sie entsprechende Eigenaufwendungen ersparen. Die SvEV weist für freie Verpflegung einen Wert von monatlich 217 Euro aus und einen Wert der freien Unterkunft von monatlich 206 Euro.

▶ **Freistellungsvereinbarung**

Eine Freistellungsvereinbarung besteht i. d. R. darin, dass ein Dritter, meist der eine Elternteil oder sein künftiger Partner, die Zahlungsverpflichtung des barunterhaltspflichtigen anderen Elternteils ganz oder teilweise übernimmt. Solche Freistellungsvereinbarungen, die der BGH als **Erfüllungsübernahme i. S. d. § 329 BGB** qualifiziert sind grundsätzlich wirksam (vgl. BGH FamRZ 2009, 768; Bergschneider, FamRZ 2009, 856). Für die Annahme einer Freistellungsvereinbarung genügt es jedoch nicht, dass die Eltern den Kindesunterhalt der Höhe nach begrenzen. Bei der Frage, ob eine Regelung zum Kindesunterhalt als Freistellungsvereinbarung und damit als **Verpflichtung** auszulegen ist, für die Unterhaltsspitze einzutreten, ist zu berücksichtigen:

(1) War dem freistellenden Elternteil bekannt, wie hoch der gesetzliche Unterhaltsanspruch ist und wie weit seine eigene Verpflichtung folglich reicht?

(2) Besteht zwischen der eigenen Leistungsfähigkeit des Freistellenden und der Höhe der Freistellungsverpflichtung ein Zusammenhang?

(3) War die Freistellung von Umständen abhängig, die außerhalb des Einflussbereichs des freistellenden Elternteils liegen?

(4) Gehen mit der Freistellung Vorteile für den freistellenden Elternteil einher oder liegt die Freistellung einseitig im Interesse des anderen Elternteils, etwa weil er einen höheren Ehegattenunterhalt erhält oder weil der andere Elternteil gemeinsame Schulden übernimmt (vgl. Bergschneider, FamRZ 2009, 856).

Die Freistellungsvereinbarung zwischen den Eltern ändert nichts daran, dass sich das Kind seinen Barunterhaltsanspruch gegen den im Innenverhältnis der Eltern freigestellten anderen Elternteil **titulieren lassen** und ihn notfalls im Wege der Zwangsvollstreckung durchsetzen kann (KG FamRZ 1985, 1073 f.).

Wirkt sich eine derartige Vereinbarung aber zum **Nachteil des Kindes** aus, wird sie als gegen die guten Sitten verstoßend und damit als nichtig gemäß § 138 BGB beurteilt.

Soweit in der Vereinbarung ein Verzicht des Kindes auf Unterhalt enthalten ist, liegt Unwirksamkeit nach § 1614 Abs. 1 BGB vor.

Nach der Rechtsprechung des BGH (FamRZ 1983, 474; 1986, 444, 446 i. V. m. BGH FamRZ 1984, 778; vgl. auch OLG Frankfurt FamRZ 1986, 596) sind solche Vereinbarungen gemäß § 138 Abs. 1 BGB nichtig, die die Freistellung eines Elternteils von Kindesunterhalt ohne Rücksicht auf das Wohl des Kindes oder in anstößiger Weise zur Erlangung wirtschaftlicher Vorteile mit Vereinbarungen über das Sorgerecht oder das Umgangsrecht koppeln, in denen das Kind also in einem Sorgerechtsvorschlag der Eltern zum Gegenstand eines Handelns gemacht oder das Umgangsrecht als Tauschobjekt benutzt wird.

Grundsätzlich zulässig ist es aber, dass der **künftige Partner** des Ehegatten erklärt, er stelle den früheren Ehegatten von der Unterhaltspflicht frei, solange das Kind in seinem Haushalt lebt (vgl. hierzu BGH FamRZ 1986, 254).

Bedenklich wird eine solche Vereinbarung dann, wenn sie dazu dienen soll, die Bindungen des Kindes zum nichtsorgeberechtigten Elternteil zu beeinträchtigen und dem Kind diesen Elternteil wegzunehmen.

▶ **Freiwillige Leistungen Dritter**

Im Unterhaltsrecht gilt der allgemeine Grundsatz, dass ohne Rechtsanspruch gewährte, freiwillige **Zuwendungen Dritter** nur dem Zuwendungsempfänger alleine zugute kommen, sich aber auf ein Unterhaltsrechtsverhältnis nicht auswirken sollen, es sei denn, dem **Willen des Zuwendenden** lässt sich anderes entnehmen (BGH FamRZ 2000, 154). Dabei treten zwei Fallgestaltungen auf:

(1) Leistungen eines Dritten an den Unterhaltsberechtigten, die an sich geeignet wären, dessen Unterhaltsbedarf zu decken, führen im Verhältnis zu dem Unterhaltspflichtigen nur dann zu einer **Minderung seiner Bedürftigkeit,** wenn der Dritte damit zugleich bezweckt, den **Unterhaltsverpflichteten** zu entlasten.

(2) Geht sein Wille dagegen dahin, nur den **Zuwendungsempfänger selbst** zu begünstigen, berührt dies dessen Bedürftigkeit im Verhältnis zum Unterhaltspflichtigen im Allgemeinen nicht.

Liegt **keine ausdrückliche Willensbestimmung** des Zuwendenden vor, lässt sie sich i. d. R. aus den persönlichen Beziehungen der Beteiligten zueinander schließen (BGH FamRZ 2005, 969).

Freiwillige Leistungen eines **Arbeitgebers** stellen **keine Geschenke** dar, sondern eine Entlohnung. Etwas anderes kann nur gelten, wenn die Zuwendung unabhängig von den geleisteten oder erwarteten Diensten erfolgte (OLG München FamRZ 1995, 1069). Siehe →*Höchstpersönliche Zuwendungen.*

▶ **Freiwilliges soziales Jahr**

Bei Ableistung eines freiwilligen sozialen Jahres entfällt entsprechend der Ableistung des Zivildienstes i. d. R. die Bedürftigkeit des Kindes, da durch Unterkunft, Verpflegung und Gewährung eines Taschengeldes der Bedarf gedeckt ist (OLG München FamRZ 2002, 1425). Die Tätigkeit im Rahmen eines freiwilligen sozialen Jahres ist grundsätzlich **nicht als Berufsausbildung** zu beurteilen (BFH FamRZ 2004, 1870).

Das erzielte Einkommen ist – nach Abzug der notwendigen Fahrtkosten – in vollem Umfang bedarfsdeckend einzusetzen (OLG Stuttgart FamRZ 2007, 1353).

▶ Freizeitabgeltung

Die Wahl von **Freizeitabgeltung** für geleistete Überstunden ist hinzunehmen, wenn der Unterhaltspflichtige und seine Frau ferne Aus-
länder sind und die zusätzliche Freizeit der Kontaktpflege in der
Heimat dient (OLG Frankfurt a. A. FamRZ 1995, 1423). Die Wahl
von Freizeitabgeltung muss mit Ausnahme der Fälle der gesteigerten
Unterhaltspflicht auch sonst unterhaltsrechtlich berücksichtigt werden, da nur zeitlich „normale" Erwerbsbemühungen verlangt werden können.

G

▶ **Geburt, Kosten**

→ *Säuglings-Erstausstattung*

▶ **Gerichtskosten**

Notwendige Verfahrenskosten des Scheidungsverfahrens einschließlich der amtswegigen Folgesache Versorgungsausgleich sind in angemessenen Raten abzugsfähig (auch in Form von Verfahrenskostenhilferaten). Die Kosten eines Unterhaltsverfahrens sind demgegenüber i. d. R. nicht abzugsfähig, da sonst der Unterhaltsberechtigte das Verfahren mitfinanzieren müsste (vgl. BGH FamRZ 2006, 683).

▶ **Gesamtschuld**

Soweit eine Gesamtschuld als Abzugsposten bei der Unterhaltsberechnung berücksichtigt wurde, besteht **kein Ausgleichsanspruch** nach § 426 Abs. 2 BGB (BGH FamRZ 1988, 264). Ebensowenig besteht ein Ausgleichsanspruch für die Zahlung von Gesamtschulden vor der Trennung (BGH FamRZ 1990, 855 f., 856). Ab dem Scheitern der Ehe (endgültiger Auszug eines Ehepartners) gilt hinsichtlich gemeinsamer Schulden wieder der **Halbteilungsgrundsatz** des § 426 Abs. 1 S. 1 BGB mit der Konsequenz, dass der eine abweichende Aufteilung fordernde Ehegatte für die Umstände darlegungs- und beweispflichtig ist, die auf eine „andere Bestimmung" schließen lassen. Ein Gesamtschuldnerausgleich **entfällt für den Zeitraum,** in dem die Parteien ausdrücklich oder stillschweigend vereinbarten, dass ein Ehegatte nach der Trennung/Scheidung die gemeinsamen Hausschulden weiter abbezahlt und der andere Ehegatte deshalb den ihm ansonsten zustehenden **Unterhalt nicht verlangt.** Zur Feststellung, ob dem Bedürftigen ein nicht geltend gemachter Anspruch **zustand,** ist eine Doppelberechnung durchzuführen, einmal unter Berücksichtigung der Schulden, einmal ohne Schulden (OLG München FamRZ 2006, 208).

Eine **anderweitige Bestimmung** i. S. d. § 426 Abs. 1 S. 1 BGB liegt dann nahe, wenn die alleinige Schuldentilgung durch einen der getrennt lebenden oder geschiedenen Ehegatten bei der Berechnung des dem anderen zustehenden Unterhalts bereits berücksichtigt worden ist (OLG Koblenz FamRZ 2010, 1901).

▶ Geschäftsführervergütung

Auch der beherrschende Gesellschafter kann sich auf eine angemessene Herabsetzung der Geschäftsführervergütung berufen, wenn er nach steuerlichen Kriterien die Angemessenheit seiner Vergütung nachweisen kann. Im Abänderungsverfahren ist der Abänderungskläger darlegungs- und beweispflichtig dafür, dass sein Gehalt als Alleingesellschafter-Geschäftsführer wegen **rückläufiger Betriebsergebnisse** herabzusetzen ist (BGH FamRZ 2004, 1179).

Streng zu prüfen ist, ob die angebliche Krise des Unternehmens die Gehaltsminderung erfordert; ist der Unterhaltsschuldner als sog. verkappter Selbstständiger zu behandeln ist auf den 3-Jahres-Durchschnittswert des Einkommens abzustellen (vgl. OLG Köln FamRB 2006, 330; OLG Hamm FamRZ 2009, 981). Der Gesellschafter-Geschäftsführer kann eine Quote von **24 Prozent** des Bruttoeinkommens für die primäre und zusätzliche Altersvorsorge verwenden (BGH FamRZ 2008, 1739, 1745; OLG Koblenz FamRZ 2010, 2079).

▶ Geschiedenen-Rente

→*Witwenrente*

▶ **Gesteigerte Erwerbsobliegenheit**

Nach § 1603 Abs. 2 BGB besteht gegenüber minderjährigen Kindern eine **gesteigerte Unterhaltsverpflichtung,** aufgrund deren der Unterhaltspflichtige eine Obliegenheit zur **gesteigerten Ausnutzung seiner Arbeitskraft** hat, die es sich ihm ermöglicht, nicht nur den Mindestbedarf, sondern auch den **angemessenen Unterhalt** der Kinder sicherzustellen (BGH FamRZ 2000, 1359). Dazu gehört nicht nur die Stellensuche über das Arbeitsamt, sondern auch, dass er sich aus eigenem Antrieb laufend über Zeitungsannoncen, Vermittlungsagenturen u. ä. um Arbeit bemüht. Notfalls muss er auch andere Tätigkeiten bis hin zu Aushilfs- und Gelegenheitsarbeiten übernehmen (BGH FamRZ 2000, 1359). Ein **Selbstständiger,** der voraussichtlich auf unbestimmte Zeit fortdauernd unfähig ist, das Existenzminimum seiner Kinder sicherzustellen, muss seine Selbstständigkeit **aufgeben** und eine höhere Einkünfte versprechende **anderweitige Erwerbstätigkeit** aufnehmen (BGH FamRZ 2003, 744; 1998, 357). Auch aufgrund eines **fiktiven Einkommens** kann der Pflichtige zum Unterhalt über den **Mindestbedarf hinaus** verurteilt werden, wenn er vorher entsprechend mehr verdient hatte (BGH FamRZ 2000, 1358). Gleiches gilt, wenn der Unterhaltspflichtige leichtfertig seinen bisherigen Arbeitsplatz aufgegeben hat und anschließend weniger verdient (BGH FamRZ 2003, 1471).

Verlangt das minderjährige Kind **nicht mehr als den Mindestunterhalt,** braucht es zur Leistungsfähigkeit des Barunterhaltspflichtigen nichts vorzutragen, weil von dem **Erfahrungssatz** auszugehen ist, dass ein barunterhaltspflichtiger Elternteil grundsätzlich in der Lage ist, den Mindestbedarf zu decken. Es ist vielmehr Sache des Unterhaltsschuldners darzulegen, dass er abweichend von der Lebensregel nicht einmal den Mindestunterhalt bezahlen kann (BGH FamRZ 2000, 153; OLG München FamRZ 1999, 884).

Die **gesteigerte Erwerbsobliegenheit** beinhaltet, dass auch die Aufnahme einer unter dem Ausbildungsniveau liegenden Tätigkeit zumutbar ist, ebenso wie die Annahme von **Gelegenheitsarbeiten,** das Leisten von **Überstunden** oder die Annahme einer **Nebenbeschäftigung** (BGH FamRZ 1987, 270). Bei einem gesunden Arbeitnehmer mittleren Alters kann die Aussage, dass eine **reale Beschäftigungs-chance** nicht besteht, nur getroffen werden, wenn dargelegt und nachgewiesen ist, dass alle Erwerbsmöglichkeiten **durch Bewerbungen konkret ausgeschöpft** sind. Der Pflichtige kann verpflichtet sein, **neben** seiner vollschichtigen **Erwerbstätigkeit** noch eine **Nebentätigkeit** im Rahmen des sog. Geringverdienerbereichs aus-zuüben (OLG Hamm FamRZ 2000, 1178). Die **Obergrenze** der zumutbaren Erwerbstätigkeit ist eine wöchentliche Arbeitszeit von (6 Tage × 8 Stunden =) **48 Stunden** (BGH FamRZ 2009, 316; BVerfG FamRZ 2005, 1893). Die Annahme eines **Stundenlohns,** der deutlich über den aktuellen **Mindestlöhnen** liegt, bedarf einer besonderen Feststellung durch das Gericht (BVerfG FamRZ 2010, 793).

Auch der Bezieher einer **Berufsunfähigkeitsrente** hat gegenüber seinen minderjährigen Kindern eine gesteigerte Unterhaltspflicht. Seine Leistungsfähigkeit ist nicht lediglich nach seinem Renteneinkommen zu beurteilen, denn der Bezug der Berufsunfähigkeitsrente gebietet nicht zwingend den Schluss, dass der Rentenbezieher nicht in der Lage ist, leichte Tätigkeit auszuüben. Eine Rente wegen Berufsunfähigkeit wird gezahlt, wenn die Erwerbsfähigkeit des Versicherten aufgrund seiner Erkrankung oder Behinderung so sehr gemindert ist, dass er in seinem erlernten Beruf nur noch **weniger als die Hälfte** dessen verdienen kann, was ein vergleichbarer gesunder Mensch verdienen könnte. Die **Hinzuverdienergrenze** beträgt derzeit ca. 600 Euro.

Ist der Unterhaltspflichtige **wieder verheiratet,** muss er sein eigenes Einkommen auch **über den Selbstbehalt hinaus** zur Erfüllung der Unterhaltspflicht **gegenüber minderjährigen und volljährigen** Kindern verwenden (Leitlinien Ziff. 21.5.1; BGH FamRZ 2002, 742).

Eine unterhaltspflichtige Mutter kann sich ihrer Unterhaltspflicht gegenüber dem nicht bei ihr lebenden minderjährigen Kind grundsätzlich nicht mit der Begründung entziehen, sie betreue selbst ein weiteres (über drei Jahre altes) minderjähriges Kind (OLG München OLG-Report 2005, 73). Die insbesondere beim Ehegattenunterhalt geltende Regel, dass ein Kleinkind der ständigen Betreuung durch ein Elternteil bedarf, kann nicht ohne Weiteres herangezogen werden, da jeder der Eltern für den Unterhalt jedes seiner Kinder zu sorgen hat. Die Erwerbsfähigkeit kann nur unter ganz besonderen Umständen verneint werden, z. B. wenn eine Fremdbetreuung des gemeinschaftlichen Kindes nicht möglich ist. **Voraussetzung** einer Zurechnung fiktiver Einkünfte ist aber stets, dass der Unterhaltspflichtige die ihm **subjektiv zumutbaren Anstrengungen,** eine angemessene Erwerbstätigkeit zu finden, nicht oder nicht ausreichend unternommen hat und zudem feststeht oder zumindest nicht auszuschließen ist, dass bei genügenden Bemühungen eine **reale Beschäftigungschance** bestanden hätte (vgl. BVerfG FamRZ 2006, 469; 2003, 661).

Etwas anderes kann lediglich dann gelten, wenn die sog. **Subsidiaritätsklausel** des § 1603 Abs. 2 S. 3 BGB eingreift, weil der das Kind betreuende Elternteil über ein sehr gutes Einkommen verfügt. Im Rahmen der gesteigerten Unterhaltspflicht ist auch der **Stamm des Vermögens** ein zur Herstellung bzw. Aufrechterhaltung der Leistungsfähigkeit einzusetzendes Mittel (vgl. BGH FamRZ 1980, 43).

▶ Gesundheitsschaden

Werden für Aufwendungen infolge eines Körper- oder Gesundheitsschadens Sozialleistungen in Anspruch genommen, wird bei der Feststellung eines Unterhaltsanspruchs **vermutet,** dass die Kosten der Aufwendungen nicht geringer sind als die Höhe der Sozialleistungen, § 1610 a BGB. Diese Regelung ist auch für den Trennungsunterhalt und den nachehelichen Unterhalt für anwendbar erklärt.

▶ Getrenntlebensunterhalt

Gemäß § 1361 BGB kann ein Ehegatte von dem anderen Unterhalt verlangen,

- wenn die Ehegatten getrennt leben
- soweit und solange er außerstande ist, sich durch eine für ihn zumutbare Erwerbstätigkeit selbst zu unterhalten, und
- soweit und solange er sich aus seinem Vermögen und seinen sonstigen Einkünften nicht unterhalten kann, und

- soweit dem anderen Ehegatten im Hinblick auf seine Leistungsfähigkeit die Unterhaltszahlung zumutbar ist und

- soweit nicht die Inanspruchnahme des anderen Teils nach § 1579
  Nr. 2–8 BGB grob unbillig wäre.

Soweit der Ehegatte keiner Erwerbstätigkeit nachgeht besteht **im
ersten Jahr der Trennung** i. d. R. keine Erwerbsobliegenheit, § 1361
Abs. 2 BGB (Leitlinien Ziff. 17.2; BGH FamRZ 1990, 283, 286; 2001,
350); Bei einer kurzen Ehedauer kann bei beengten Verhältnissen
die Erwerbsobliegenheit schon früher einsetzen, bei längerer Ehedauer erst dann, wenn der bedürftige Ehegatte sich auf die Endgül-
tigkeit der Trennung einrichten muss.

Die **Höhe** des Getrenntlebensunterhalts bestimmt sich nach den
ehelichen Lebensverhältnissen, § 1361 Abs. 1 S. 1 BGB. **Einkom-
menserhöhungen** sind zu berücksichtigen, wenn sie bereits in der
Ehe angelegt waren, **Einkommensreduzierungen,** wenn sie **unterhaltsbezogen** nicht leichtfertig verursacht wurden.

Ab Rechtshängigkeit des Scheidungsverfahrens kann gemäß § 1361
Abs. 1 S. 2 BGB ein Anspruch auf **Altersvorsorgeunterhalt** bestehen.

In der Regel läuft die **Familienversicherung** bis zur Rechtskraft der
Scheidung, § 10 Abs. 1 SGB V. Andernfalls sind die Kosten der
Kranken- und Pflegeversicherung zusätzlich zum Elementarunterhalt zu bezahlen. Der Krankenvorsorge- und Altersvorsorgeunterhalt sind vom bereinigten Nettoeinkommen des Pflichtigen abzuziehen bevor der Elementarunterhalt berechnet wird. Bei Ansatz eines
fiktiven Erwerbseinkommens des Unterhaltsbedürftigen entfällt
ein Anspruch auf Krankenvorsorgeunterhalt, da er bei Erfüllung seiner Obliegenheit gesetzlich versichert wäre.

Die Ehegatten können nicht wirksam auf Getrenntlebensunterhalt
für die Zukunft verzichten. Die Unterhaltsansprüche ergeben sich
zwingend aus § 1361 BGB und können wegen der ausdrücklichen
Bestimmung des § 1614 BGB, wonach für die Zukunft auf Unterhalt
nicht verzichtet werden kann, für die Zeit des Bestehens der Ehe
nicht abbedungen werden. Während ein Unterhaltsverzicht **für die
Vergangenheit** nach dieser Vorschrift zulässig ist, ist ein Verzicht

für die Zukunft, gleichgültig, ob vollständig oder teilweise, entgeltlich oder unentgeltlich, nicht zulässig. Auch ein **Unterhaltsabfindungsvertrag** ist unzulässig, soweit damit der Verzicht auf zukünftigen Getrenntlebensunterhalt verbunden ist. § 1614 Abs. 1 BGB ist **zwingendes Recht,** das schon deshalb nicht abbedungen werden kann, weil die Vorschrift auch das öffentliche Interesse in der Weise schützen soll, dass eine vermeidbare Inanspruchnahme der Sozialhilfe verhindert wird.

Der **titulierte Trennungsunterhaltsanspruch** erlischt, wenn die Eheleute erneut über einen längeren Zeitraum **zusammenleben;** er lebt dann auch durch das erneute Getrenntleben nicht wieder auf. Vielmehr muss er neu bemessen und tituliert werden. Aus einem Titel auf Trennungsunterhalt können nach **längerem Wiederzusammenleben** der Eheleute keine Rechte mehr hergeleitet werden. Der Grund hierfür ist die unterschiedliche rechtliche Qualität von **Trennungsunterhalt einerseits** und **Familienunterhalt** andererseits (OLG Hamm FamRZ 1999, 30). **Ende des Anspruchs:** Der Getrenntlebensunterhaltsanspruch erlischt

- bei Rechtskraft des Scheidungsurteils
- bei Versöhnung der Eheleute, wenn diese zu einer **Aufhebung des Getrenntlebens** führt
- bei Tod des Berechtigten oder Verpflichteten.

▶ Gewalttaten, Entschädigungen des Opfers

Wer infolge eines vorsätzlichen rechtswidrigen tätlichen Angriffs eine gesundheitliche Schädigung erlitten hat, erhält wegen der gesundheitlichen Folgen Versorgung in entsprechender Anwendung des Bundesversorgungsgesetzes gemäß § 1 Abs. 1 S. 1 des Opferentschädigungsgesetzes. Die Einkünfte sind wie Versorgungsansprüche nach dem Bundesversorgungsgesetz zu behandeln. Diese Versorgung hat **Unterhaltsersatzfunktion** und ist anrechenbares Einkommen **soweit** sie nicht durch tatsächlichen **Mehraufwand** verbraucht wird.

Die Mehraufwendungen, die insbesondere aus der Benachteiligung gegenüber einem Gesunden im Hinblick auf möglichst sparsame

Lebensführung resultieren, die daher im Einzelnen schwer erfassbar und kaum darzulegen sind, müssen gemäß § 287 ZPO in einer **jede Kleinlichkeit vermeidenden Weise** geschätzt werden (vgl. BGH FamRZ 1981, 338).

▶ **Gewerbesteuern**

Die Gewerbesteuer ist wie jede Steuerzahlung im Jahr der **tatsächlichen Leistung** einkommensmindernd anzurechnen.

▶ **Gewerbeuntersagung**

Der Unterhaltspflichtige kann sich jedenfalls dann auf seine **Leistungsunfähigkeit** berufen, wenn er infolge einer Gewerbeuntersagung seinen **selbstständigen** Betrieb aufgeben musste und er diese Untersagung nicht bewusst herbeigeführt hat, um sich seiner Unterhaltspflicht zu entziehen (OLG Frankfurt FamRZ 1995, 98).

▶ **Gewerkschaftsbeiträge**

Gewerkschaftsbeiträge zählen zu den notwendigen berufsbedingten Aufwendungen (→*Berufsbedingte Aufwendungen)* und sind daher in voller Höhe einkommensmindernd zu berücksichtigen. Soweit berufsbedingte Aufwendungen ohne Nachweis ihrer Höhe mit einer Pauschale von fünf Prozent des Nettoeinkommens in Ansatz gebracht werden, sind die Aufwendungen für Gewerkschaftsbeiträge in dieser Pauschale enthalten und können daher nicht zusätzlich einkommensmindernd berücksichtigt werden. Im **Mangelfall** sind demgegenüber Gewerkschaftsbeiträge nicht abzugsfähig, weil die Notwendigkeit zur Wahrung des Existenzminimums als nachrangig gegenüber dem Recht aus Art. 9 GG zu bewerten ist (OLG Düsseldorf FamRZ 2005, 2016).

▶ **Gewinnbeteiligung**

Gewinnbeteiligungen (Tantiemen) sind Teil des normalen Einkommens und werden voll mit den **Nettobeträgen** auf das Jahr umgelegt.

Gewinnanteile aufgrund der Beteiligung an einer **Kapitalgesellschaft** (Aktiengesellschaft, GmbH, eingetragene Genossenschaft) stellen in jedem Fall Einkünfte aus **Kapitalvermögen** dar; Gewinnanteile der Gesellschafter von **Personengesellschaften** (oHG, KG) können zum Teil Einkommen aus **Arbeit** darstellen, soweit der Arbeitende durch seine Leistung die Erzielung des Gewinns mit ermöglicht hat. Bei der Ermittlung des Nettoeinkommens sind außer den persönlichen →*Steuern* die Kapitalertragsteuer, →*Werbungskosten*, Bankspesen sowie die Auslagen für die Teilnahme an Gesellschafterversammlungen abzuziehen.

Bei Einkünften aus Kapitalvermögen treten nicht selten beträchtliche **Einkommensschwankungen** auf, so dass es sachgerecht ist, der Unterhaltsbemessung den Durchschnittswert aus einem **längeren Zeitraum** (i. d. R. drei Jahre) zugrunde zulegen und auch die mit einiger Sicherheit voraussehbare künftige Entwicklung in Betracht zu ziehen (BGH FamRZ 1984, 39, 41).

Der Unterhaltsberechtigte kann verlangen, dass der nicht ausgeschüttete Gewinn, der als Vermögen angesammelt wird, in Höhe des Unterhaltsbedarfs realisiert wird.

▶ **Gewinn- und Verlustrechnung**

Die Gewinn- und Verlustrechnung ergänzt die Bilanz. Aus ihr kann ziemlich exakt das maßgebende Einkommen ermittelt werden, weil die Einnahmen- und Ausgabenpositionen einzeln aufgeführt sind, so dass auch regelmäßig festgestellt werden kann, welche Ausgaben unterhaltsrechtlich abzugsfähig sind. Gleiches gilt für die Einnahmen-Überschuss-Rechnung.

▶ **Gratifikationen**

Gratifikationen sind Vergütungen, die dem Arbeitnehmer neben dem eigentlichen Lohn oder Gehalt aus besonderem Anlass gewährt werden; z. B. →*Weihnachtsgeld*, Abschluss- oder →*Jubiläumszuwendungen*. Die Gratifikation gilt allgemein nicht als Geschenk, sondern auch als **Teil der gesamten Arbeitsvergütung**.

Gratifikationen werden anteilig auf das durchschnittliche monatliche Nettoeinkommen des Jahres, in dem sie zugewendet wurden, umgelegt und als unterhaltsrechtlich relevantes Einkommen beurteilt. Grundsätzlich ist bei Gratifikationen Anlass, Zweck und Dauer der Zuwendungen zu beachten.

Einmalige Zahlungen (z. B. →*Abfindungen (Verlust des Arbeitsplatzes)*) sind auf einen angemessenen Zeitraum – i. d. R. mehrere Jahre – zu verteilen.

▶ **Grundrente**

Siehe →*Renten*, Kriegsbeschädigtenrente, Versehrtenrente. Grundrenten gemäß § 31 BVG werden von der Vorschrift des § 1610 a BGB grundsätzlich erfasst. Das ist aus der Gesetzesbegründung zu ersehen, in der die einzelnen Sozialleistungen, auf die die Neuregelung des § 1610 a BGB Anwendung finden soll, aufgeführt sind.

▶ **Grundsicherungsgesetz**

Gemäß § 41 SGB XII haben Personen, die das 65. Lebensjahr vollendet haben oder volljährige Personen, die dauerhaft voll erwerbsgemindert sind, einen Anspruch auf Grundsicherung, wenn sie ihren Lebensunterhalt nicht aus eigenem Einkommen oder Vermögen bestreiten können. Für den Einsatz von Einkommen oder Vermögen gelten gemäß § 41 Abs. 2 die §§ 82 – 84 und 90 SGB XII. Ein **erwerbsunfähiger Volljähriger** hat daher vorrangig Leistungen zur Grundsicherung gemäß § 43 Abs. 2 SGB XII in Anspruch zu nehmen. Eine vom Bedürftigen bezogene Grundsicherung ist **unterhaltsrechtliches Einkommen** (OLG Bremen FamRZ 2005, 801; OLG Hamm FamRZ 2004, 1807). Die Ansprüche nach dem SGB XII decken i. d. R. den Lebensbedarf vollständig ab, sodass es daneben keine ungedeckten Bedürfnisse gibt. Beim **Ehegattenunterhalt** sind Leistungen nach §§ 41 ff. SGB XII jedoch nicht als bedarfsdeckendes Einkommen anzusehen (OLG Hamm FamRZ 2006, 125).

Jede von einem nicht privilegierten Unterhaltspflichtigen zugeflossene Unterhaltszahlung ist als Einkommen des Bedürftigen zu behandeln. Gleiches gilt für die von diesen Personen noch geschuldeten Unterhaltsleistungen, sodass der Berechtigte darauf verwiesen werden kann, zunächst das Bestehen seines Unterhaltsanspruchs gegenüber einem (ggf. getrennt lebenden oder geschiedenen) Ehegatten zu prüfen und diesen geltend zu machen. Unterhaltsleistungen privilegierter Verwandter sind hingegen nur dann ausnahmsweise als Einkommen zu werten und können den Anspruch auf Grundsicherung ausschließen, soweit sie in der Vergangenheit tatsächlich geflossen sind, um den Bedarf des Leistungsberechtigten zu decken (BGH FamRZ 2007, 1158).

▶ Grundsteuern

Im Zusammenhang mit **Einkommen aus Vermietung und Verpachtung** (→*Vermietung und Verpachtung (Einkünfte und Abzugsposten)*) sind Grundsteuern und öffentliche Abgaben, **soweit** sie nicht auf den Mieter umgelegt werden, einkommensmindernd abzusetzen.

Beim **eigengenutzten Haus** ist die Grundsteuer vom Wohnwertbetrag (→*Wohnwertanrechnung*) nicht abzusetzen weil sie üblicherweise auf einen Mieter umgelegt wird.

▶ Gütergemeinschaft

Leben die Ehegatten in nicht beendeter Gütergemeinschaft, kann der bedürftige Ehegatte vom anderen **Mitwirkung** bei der Auszahlung des angemessenen Unterhalts, dessen Höhe sich nach den allgemeinen Grundsätzen für den Trennungsunterhalt richtet, aus dem Gesamtgut verlangen. Zur **Befriedigung** des Unterhaltsbedarfs sind zunächst die **Einkünfte** aus dem Gesamtgut zu verwenden, zu denen auch das **Erwerbseinkommen** der Eheleute gehört. Erst wenn dieses **nicht ausreicht,** ist auf den **Stamm** des Gesamtguts zurückzugreifen (OLG München FamRZ 1996, 166 f.).

Ist der Unterhalts**berechtigte** im **Besitz** von Teilen des **Stamms** des Gesamtgutes, kann der Unterhaltspflichtige seine Mitwirkung nicht mit dem Hinweis darauf verweigern, dass sich der Unterhaltsberechtigte aus dem Stamm des Gesamtguts bedienen könne. Dies gilt jedenfalls dann, wenn dem Berechtigen dieser Teil des Gesamtguts nicht ausdrücklich mit der **Bestimmung** überlassen wurde, ihn zur Bedarfsdeckung zu verwenden (OLG München FamRZ 1996, 166 f.).

Bei **Gütergemeinschaft** dürfen auch nach der Scheidung keine erzielbaren Mieteinkünfte als fiktives Einkommen zugerechnet werden, weil alle erzielbaren Einnahmen bis zur vollzogenen Auseinandersetzung in das Gesamtgut fallen und bei der Auseinandersetzung **beide** Eheleute an solchen Einnahmen zu **gleichen** Teilen partizipieren (§§ 1474 ff. BGB).

Wie die Unterhaltsansprüche zu befriedigen sind ist in § 1420 BGB geregelt.

Danach sind in erster Linie die **Einkünfte** heranzuziehen, die in das Gesamtgut fallen, also die beiderseitigen Erwerbseinkünfte, aber auch die Erträgnisse des Gesamtguts, also etwa Miteinnahmen oder der Veräußerungserlös beim Verkauf der Erzeugnisse eines landwirtschaftlichen Betriebes.

Neben dem Anspruch auf Mitwirkung zur ordnungsgemäßen Verwaltung aus § 1451 BGB kann nicht noch Zahlung einer Unterhaltsrente verlangt werden (BGH FamRZ 1990, 851). Allerdings kommt neben dem Anspruch aus § 1451 BGB nach herrschender Meinung ein Schadenersatzanspruch entsprechend § 1435 S. 3 BGB in Betracht, der aber nur auf Ersatz einer durch Verletzung der Mitwirkungspflicht eingetretenen Minderung des Gesamtgutes gerichtet ist (BGH FamRZ 1986, 40). Beharrliche und nicht ausreichend begründete Weigerung eines Ehegatten zur ordnungsgemäßen Verwaltung des Gesamtgutes mitzuwirken berechtigt den anderen außerdem zur Klage auf Aufhebung der Gütergemeinschaft (§ 1469 Nr. 2 BGB). Ein Zahlungsanspruch besteht nur dann, wenn für den Unterhalt auch das Sondergut und falls vorhanden Vorbehaltsgut des Verpflichteten zu verwenden wäre. Der Anspruch richtet sich daher auf **unvertretbare Handlungen,** die im Weigerungsfall durch Zwangsvollstreckung nach § 888 ZPO erwirkt werden können.

Es empfiehlt sich, im **Antrag konkret** aufzuführen, in welcher **Form** das Bewirken zur ordnungsgemäßen Verwendung des Gesamtguts für den Unterhalt geschehen soll. Wird ein **Rechtsgeschäft** erforderlich, etwa der Verkauf eines Grundstücks oder von Wertpapieren ist (bei Einzelverwaltung nach § 1430 BGB) und bei gemeinsamer Verwaltung nach § 1452 BGB das **Familiengericht** zuständig. Nach § 1452 BGB kann das Familiengericht auf Antrag die ohne ausreichenden Grund verweigerte **Zustimmung** des anderen Ehegatten zu einem Rechtsgeschäft **ersetzen,** dessen Vornahme zur ordnungsgemäßen Verwaltung des Gesamtgutes erforderlich ist. Fraglich erscheint, ob ergänzend zu der Vollstreckungsmöglichkeit nach § 888 ZPO noch der Weg des § 1452 BGB offensteht, so z. B. in Form der Ersetzung der Zustimmung zur Lohnabtretung in Höhe des festgestellten Unterhalts.

In der Praxis ist ein solcher Vollstreckungstitel nur schwerlich geeignet, tatsächlich zu einer Befriedigung der Unterhaltsansprüche zu führen. Aus diesem Grunde muss es ergänzend die Möglichkeit geben, nach § 1452 BGB durch das Familiengericht z. B. die Zustimmung zum Bewirken in Form einer Lohnabtretung ersetzen zu lassen. Nur so kann letztlich sichergestellt werden, dass – wie es dem Sinn und Zweck des Gesetzes entspricht – der Unterhalt **tatsächlich** aus dem Einkommen und nicht letztlich aus dem Gesamtvermögen befriedigt wird.

Leben die Eltern im Güterstand der Gütergemeinschaft, so gilt beim **Kindesunterhalt** Folgendes:

Bei **Trennung** kann bei **minderjährigen** Kindern wie beim Ehegattenunterhalt nach §§ 1435, 1451 BGB vorgegangen werden.

Lebt der Unterhaltpflichtige in Gütergemeinschaft, bestimmt sich seine Unterhaltspflicht **Verwandten gegenüber** so, als ob das Gesamtgut ihm alleine gehörte. Haben beide in Gütergemeinschaft lebende Personen bedürftige Verwandte, ist der Unterhalt aus dem Gesamtgut so zu gewähren, als ob die Bedürftigen zu beiden Unterhaltpflichtigen in dem Verwandtschaftsverhältnis stünden, auf dem die Unterhaltspflicht des Verpflichteten beruht, § 1604 BGB. § 1604 BGB **fingiert,** dass dem Unterhaltpflichtigen, der in Gütergemeinschaft lebt, das **Gesamtgut allein gehört.** Damit erhöht sich seine Leistungsfähigkeit über das Sonder- und Vorbehaltsgut hinaus um das **volle Gesamtgut,** nach dem Ende der Gütergemeinschaft

(Rechtskraft des Scheidungsbeschlusses) um den **ungeteilten Anteil am Gesamtgut.** Unterhaltsschulden gehören zu den **Gesamtgutsverbindlichkeiten** i. S. v. §§ 1437, 1459 BGB mit der Folge, dass dafür bei gemeinsamer Verwaltung beide Ehegatten haften und bei Verwaltung durch einen Ehegatten dieser für die Schulden des anderen mithaftet.

Ist die Ehe **geschieden,** so ist zu unterscheiden, ob den Eltern nur **Erwerbseinkünfte** zustehen bzw. nur diese maßgeblich sind. In diesem Fall: **Zahlungsantrag** gegen den Verpflichteten und Vollstreckung nach §§ 803 f. ZPO in das Erwerbseinkommen oder ein **neben** dem Gesamtgut vorhandenes sonstiges Vermögen.

Ist der Unterhalt aus dem **Gesamtgut** zu bestreiten, muss ein **volljähriges** Kind **beide** Eltern verklagen, weil sonst keine Vollstreckung möglich ist. § 743 ZPO. Bei **minderjährigen** Kindern ist Mitwirkungsklage nach § 1472 BGB zu erheben mit Zwangsvollstreckung nach § 888 ZPO (Haußleiter/Schulz, Vermögensauseinandersetzung, 5. Aufl., Rn. 419).

▶ Güterstand

Die gesetzlichen Vorschriften über den nachehelichen Unterhalt gelten bei jedem Güterstand. Wenn daher die Ehegatten in Gütergemeinschaft gelebt haben, dann kann ein Anspruch auf Ehegattenunterhalt allenfalls mangels Bedürftigkeit des unterhaltsbegehrenden Ehegatten entfallen, etwa wenn nach Beendigung der Gütergemeinschaft (gemäß § 1471 BGB) die Ehegatten das Gesamtgut bis zur Auseinandersetzung gemeinsam gemeinschaftlich verwalten (§ 1472 Abs. 1 BGB) und der Ertrag gemeinschaftlich vereinnahmt wird (so OLG München FamRZ 1988, 1276).

Ausnahme: Jedoch ist die **Geltendmachung eines Unterhaltsanspruchs** nach § 1361 BGB **statt eines Anspruchs auf Mitwirkung** an ordnungsgemäßer Verwaltung bei einer Gütergemeinschaft dann **nicht ausgeschlossen,** wenn die Ehegatten, ohne besonderen Verbindlichkeiten ausgesetzt zu sein, nur noch über ihre beiderseitigen Renten und ihr jeweiliges freies Wohnen in dem Haus verfügen, das sie auf die gemeinsame Tochter übertragen haben (OLG

Düsseldorf FamRZ 1999, 1348). In einem solchen Fall kann die Klage des einen Gesamthänders gegen den anderen auf die Regelung selbst gerichtet sein, die bei ordnungsgemäßer Verwaltung nach billigem Ermessen dem Interesse der Teilhaber der Gemeinschaft entspricht. **Sinn und Zweck des § 1420 BGB** gebieten es, die Erträgnisse des Gesamtgutes, soweit sie zum Unterhalt der Familie benötigt werden, auf möglichst **einfache und praktikable Weise** den Familienangehörigen zukommen zu lassen. Dem würde widersprechen, wenn der Unterhaltsberechtigte die Zahlung des ihm zustehenden Unterhalts nicht unmittelbar an sich verlangen könnte und auf den Umweg über das Gesamtgut verwiesen würde (OLG Bamberg FamRZ 1987, 703).

Nach § 1361 Abs. 4 S. 1 BGB ist der laufende Unterhalt durch Zahlung einer Geldrente zu gewähren. Die Vorschrift gibt dem unterhaltsbedürftigen Ehegatten, also gegen den anderen, einen **Zahlungsanspruch.** Für die Gütergemeinschaft bestimmt hingegen § 1420 BGB, dass „für den Unterhalt der Familie" die Einkünfte, die in das Gesamtgut fallen, vor den in das Vorbehaltsgut fallenden Einkünften „zu verwenden" sind, und der Stamm des Gesamtgutes vor dem Stamm des Vorbehalts- und des Sondergutes.

Nach § 1420 BGB sind für den Unterhalt in erster Linie die Einkünfte des Gesamtgutes und dessen Stamm zu verwenden. Erst wenn und soweit diese Vermögenswerte dazu nicht ausreichen, ist für den Unterhalt Sondergut heranzuziehen. § 1420 BGB gilt auch für den Trennungsunterhalt. Soweit für diesen hiernach das Gesamtgut zu verwenden ist, kann der unterhaltsberechtigte Ehegatte von dem anderen **nicht Zahlung einer Geldrente,** sondern nach § 1451 BGB Mitwirkung zu den Maßregeln verlangen, die zur ordnungsgemäßen Verwendung des Gesamtgutes für den Unterhalt erforderlich sind (so wörtlich BGH FamRZ 1990, 851 ff.).

Zur ordnungsgemäßen Verwaltung des Gesamtgutes gehört auch die Leistung des aus dem Gesamtgut zu erbringenden Unterhalts. Soweit ein Ehegatte den anderen daran hindert, aus dem Gesamtgut seinen angemessenen Unterhaltsbedarf zu befriedigen, verletzt er seine Pflicht zur ordnungsgemäßen Verwaltung des Gesamtgutes.

Antrag/Tenor:

Der Antragsgegner wird verpflichtet zu bewirken, dass die Antragstellerin aus dem Gesamtgut der Beteiligten monatlich … Euro (Höhe des Unterhalts nach den ehelichen Lebensverhältnissen i. S. v. § 1361 BGB) jeweils bis zum 3. Werktag eines Monats im Voraus erhält (vgl. BGH FamRZ 1990, 851; OLG Oldenburg FamRB 2009, 369).

▶ Haftpflichtversicherung

Die Aufwendungen für eine private Haftpflichtversicherung sind schon wegen ihrer i. d. R. geringen Höhe dem **allgemeinen Lebensbedarf** zuzuordnen und nicht als vorwegabziehbare Verbindlichkeiten zu behandeln. Daran ändert nichts, dass diese Belastungen die Lebensstellung vor der Inanspruchnahme auf Unterhalt geprägt haben (BGH FamRZ 2010, 1535 Rn. 22).

▶ Halbteilungsgrundsatz

Der Grundsatz der unterhaltsrechtlichen Halbteilung beruht auf dem Gedanken der Gleichbehandlung beider Eheleute und ist nicht darauf beschränkt, dem Unterhaltspflichtigen die Hälfte seines im Zeitpunkt der Unterhaltsleistung vorhandenen Einkommens zu belassen, wenn er nicht durch Erfüllung seiner Erwerbsobliegenheit weitere Einkünfte sicherstellen kann. Der Halbteilungsgrundsatz gebietet vielmehr schon bei der Bedarfsermittlung dem Unterhaltspflichtigen wie dem Unterhaltsberechtigten, von seinen eigenen anrechenbaren Erwerbseinkommen einen – die Hälfte seines verteilungsfähigen Einkommens (sogar) maßvoll – übersteigenden Betrag anrechnungsfrei zu belassen (BGH FamRZ 2006, 683, 686). Auch das Maß des einer nicht verheirateten Mutter nach § 1615 l Abs. 2 BGB zu gewährenden Unterhalts ist schon auf der **Bedarfsebene** nach dem Halbteilungsgrundsatz begrenzt (BGH FamRZ 2005, 442; 2006, 686).

Der BGH hat wiederholt entschieden und eingehend begründet, dass bei der Bedarfsbemessung jedem Ehegatten die Hälfte des verteilungsfähigen Einkommen zuzubilligen ist, weil die Ehegatten in gleicher Weise am ehelichen Lebensstandard teilnehmen (vgl. BGH FamRZ 2001, 986, 991). Dem Unterhaltspflichtigen muss aber **nicht immer die Hälfte seines Einkommens verbleiben.** Geht er eine **neue Ehe** ein, bemisst sich der Unterhaltsbedarf im Wege der **Dreiteilung** des tatsächlich vorhandenen Einkommens unter Einschluss des Splittingvorteils aus der neuen Ehe (BGH FamRZ 2008, 1911; 2009, 411). Hälftig aufzuteilen ist nur das **„verteilungsfähige Einkommen"**, d. h. der Teil der nachhaltig prägenden Einkünfte, der zur Deckung des Lebensbedarfs tatsächlich zur Verfügung steht. Es ist also **vorab** das Einkommen der Eheleute um Steuern, Vorsorgeaufwendungen, berufsbedingte Aufwendungen, Schulden und Kindesunterhalt sowie prägende vermögenswirksame Leistungen zu **kürzen** und **vorab** vom bereinigten Nettoeinkommen der **Erwerbstätigenbonus abzuziehen** (BGH FamRZ 1999, 367, 370).

Aus der Gleichwertigkeit der Leistungen der Ehepartner folgt, dass beide Ehegatten grundsätzlich Anspruch auf **gleiche Teilhabe** am gemeinsam Erwirtschafteten haben, das ihnen grundsätzlich zu gleichen Teilen zuzuordnen ist. Das Prinzip gleicher Teilhabe gilt nicht nur während des Bestehens der Ehe, sondern entfaltet für den Fall eines gesetzlich geregelten Unterhaltsanspruchs seine Wirkung auch nach Trennung und Scheidung, insbesondere auf die unterhaltsrechtliche Beziehung der Eheleute untereinander. Bei der gesetzlichen Ausgestaltung des nachehelichen Unterhaltsrechts ist zudem zu berücksichtigen, dass einander **nachfolgende Ehen** gleichrangig und **gleichwertig geschützt** werden. Damit sind **Modifikationen des Grundsatzes** gleicher Teilhabe nicht ausgeschlossen (BVerfG FamRZ 2011, 441 Rn. 46).

▶ **Haus**

Siehe →*Wohnwertanrechnung;* →*Veräußerung des Familienheims,* →*Instandhaltungsrücklage.* Schließlich ist zu beachten, dass die Grundsätze über →*Abschreibungen* (Investitionen); →*Vermögen;* Grundbesitz; →*Grundsteuern* und Vermietung und Verpachtung

(→*Vermietung und Verpachtung (Einkünfte und Abzugsposten)*) zur Anwendung kommen können.

▶ **Hausfrau**

Ist der Unterhaltspflichtige wieder verheiratet und ist sein eigener Unterhalt durch das Einkommen des Ehepartners gesichert, muss er sich sein eigenes Einkommen **auch über den Selbstbehalt hinaus** zur Erfüllung der Unterhaltspflicht **gegenüber minderjährigen und volljährigen Kindern** verwenden (BGH FamRZ 1998, 286). Zur Bestreitung des Mindestunterhalts gegenüber **minderjährigen Kindern** besteht eine Verpflichtung zur gesteigerten Ausnutzung der Arbeitskraft (BGH FamRZ 1998, 357).

Da **volljährige Kinder** gemäß § 1609 Abs. 1 BGB **nachrangig** sind, gilt die Hausmanns-Rechtsprechung für diese nur in eingeschränktem Umfang. Der Haushalt führende Ehegatte hat jedoch **Einkünfte aus einer Nebentätigkeit** für ein volljähriges Kind aus erster Ehe einzusetzen, wenn er seinen Verdienst nicht unbedingt für sich benötigt, weil er von seinem gut verdienenden Ehegatten „auskömmlich" unterhalten wird (BGH FamRZ 1987, 472). Auch für Hausfrauen besteht nach einer Wiederverheiratung eine **generelle Erwerbsobliegenheit,** um den **Ausbildungsunterhalt** Volljähriger anteilig mit zu finanzieren (OLG Hamm FamRZ 1997, 835; OLG Düsseldorf FamRZ 1992, 1099). Betreut die wieder verheiratete Mutter ein aus der neuen Beziehung hervorgegangenes noch minderjähriges Kind, ist i. d. R. eine **Teilzeitbeschäftigung** ausreichend (BGH FamRZ 1998, 367).

▶ **Hausgeld**

→*Strafgefangene*

▶ **Haushaltsersparnis**

Lebt ein Partner mit einem neuen **leistungsfähigen** Partner in einem gemeinsamen Haushalt, kann der Selbstbehalt wegen ersparter Aufwendungen reduziert werden, wobei die **Ersparnis** des Pflichtigen im Regelfall mit **zehn Prozent** angesetzt werden kann (vgl.

Leitlinien Ziff. 21.5.3; BGH FamRZ 2003, 363, 366). Dabei kommt es **nicht** darauf an, ob Haushaltsleistungen für den anderen Partner erbracht werden (OLG München FamRZ 1997, 313). Beim Unterhalts**pflichtigen** ist der **Selbstbehalt** in **Höhe der Ersparnis** herabzusetzen (OLG Celle FamRZ 1998, 1614; str.). Siehe →*Eheähnliche Lebensgemeinschaft.*

▶ **Haushaltshilfe, Mehraufwendungen**

Der auf Hilfe angewiesene Ehepartner darf auf jeden Fall einen Betrag bis zur Höhe der Grundrente und ggf. der Schwerstbeschädigtenzulage für die Einschaltung fremder Hilfskräfte in seinem Haushalt aufwenden, **ohne dass** der Grad seiner Hilfsbedürftigkeit noch eigenes zu diesem Zweck medizinisch begutachtet werden müsste (so entschieden vom OLG Düsseldorf für den Fall eines Schwerkriegsbeschädigten in FamRZ 1982, 380). Wenn wegen **Schwerbehinderung** Kosten für eine Haushaltshilfe geltend gemacht werden, ist der Bedürftige vorrangig auf **Ansprüche gegen die Pflegeversicherung** zu verweisen, bevor der Unterhaltpflichtige in Anspruch genommen werden kann (OLG Hamm FamRZ 1999, 1349).

Die Kosten für eine Haushaltshilfe gehören zu den **allgemeinen Lebenshaltungskosten,** falls nicht die Einschaltung einer solchen Kraft aus **Krankheits- oder Gebrechlichkeitsgründen** notwendig ist (OLG Bamberg FamRZ 1999, 1082). Umstände, wie Größe des bewohnten Hauses, Vielzahl von Beschäftigungen und gesellschaftlichen Verpflichtungen, überdurchschnittlich viel Zeit zur Erzielung und Erhalt der Einkünfte, sind nicht mit den persönlichen Einschränkungen, wie Schwerbeschädigung, hohes Alter etc., gleichzusetzen, sondern normale Gegebenheiten, die die Notwendigkeit der Abzugsfähigkeit einer Haushaltshilfe nicht zu begründen vermögen. Bei jeder Trennung von Eheleuten entstehen aus einem gemeinsamen Haushalt zwei getrennte Haushalte, für die jeder selbstständig Sorge zu tragen hat, es sei denn, besondere persönliche Einschränkungen lassen eine eigene Haushaltsführung nicht oder nur in unzumutbarer Weise zu (OLG Bamberg FamRZ 1999, 1082).

Ist der Unterhaltsschuldner **krankheitsbedingt** auf eine Haushaltshilfe angewiesen und werden die Hilfeleistungen von **Familienange-**

hörigen erbracht, so ist der für eine Haushaltshilfe erforderliche Betrag vom Einkommen des Pflichtigen **auch dann abzusetzen,** wenn an die Familienangehörigen keine Zahlungen geleistet werden. Denn im Zweifel verzichten die Angehörigen nicht deshalb auf eine Bezahlung, um die Leistungsfähigkeit des Pflichtigen zu erhöhen (OLG Hamm FamRZ 1997, 1102).

▶ **Hausmann-Hausfrau-Entgelt**

Die Grundsätze der Hausmannsrechtsprechung zur Erwerbsobliegenheit des „Hausmanns" oder der „Hausfrau" sind anzuwenden

■ gegenüber minderjährigen Kindern aus 1. Ehe (BGH FamRZ 1996, 796)

■ gegenüber einem nichtehelichen Kind, das von dem anderen Elternteil oder einem Dritten betreut wird

■ gegenüber einem nicht verheirateten privilegierten volljährigen Kind bis zur Vollendung des 21. Lebensjahres, solange dieses im Haushalt der Eltern oder eines Elternteils lebt und sich in der allgemeinen Schulausbildung befindet

■ ausnahmsweise auch gegenüber dem früheren Ehegatten, jedenfalls dann, wenn dessen Unterhaltsberechtigung auf § 1570 BGB beruht (BGH FamRZ 1996, 796)

■ gegenüber der betreuenden Mutter des nichtehelichen Kindes (BGH FamRZ 2010, 111 Rn. 47; 2006, 1827).

Ein Unterhaltspflichtiger darf sich seiner Unterhaltspflicht grundsätzlich nicht dadurch entziehen, dass er eine neue Familie gründet, keiner Erwerbstätigkeit nachgeht und sich allein auf die Haushaltsführung und ggf. Kinderversorgung in der neuen Ehe beschränkt (BGH FamRZ 1996, 796). Trotz Eingehung einer neuen Ehe bleibt ein Elternteil barunterhaltspflichtig, auch wenn er im Einvernehmen mit dem neuen Partner die Haushaltsführung/Kindesbetreuung übernimmt.

(1) **Grundgedanke:** Die Hausmann-Rechtsprechung beruht im Wesentlichen auf der Gleichrangigkeit der Kindesunterhaltsansprüche und dem Grundgedanken des § 1603 Abs. 1, § 1609

BGB (BGH FamRZ 2004, 364). Aus diesen beiden Gesichtspunkten folgt, dass bei einem Rollenwechsel zum Hausmann die Obliegenheit zum Nebenerwerb nur soweit reichen kann, dass die unterhaltsberechtigten Kinder aus der früheren Ehe nicht schlechter stehen, als wenn der Unterhaltspflichtige sich in seiner neuen Ehe nicht auf die Rolle des Hausmanns zurückgezogen hätte, sondern erwerbstätig geblieben wäre.

(2) Um einen **„klassischen" Fall der „Hausmann"-Rechtsprechung** handelt es sich, wenn ein Unterhaltspflichtiger, der nach der Scheidung der Vorehe in einer neuen Verbindung die Rolle des Hausmannes/der Hausfrau übernimmt, während er in der vorherigen Ehe durch Erwerbstätigkeit den Familienunterhalt bestritten hat. Ein solcher Rollentausch ist nur ausnahmsweise zu akzeptieren, nämlich dann, wenn er zu einer wesentlich günstigeren wirtschaftlichen Situation für die neue Familie führt und deren Interesse an dieser Wahl das Interesse der alten Familie erheblich überwiegt (umfassende Interessenabwägung nötig). Ein seinen Kindern aus erster Ehe barunterhaltspflichtiger Elternteil darf aus unterhaltsrechtlicher Sicht in einer neuen Ehe nur dann die Haushaltsführung und Kindesbetreuung übernehmen, wenn wirtschaftliche Gesichtspunkte oder sonstige Gründe von gleichem Gewicht, die einen erkennbaren Vorteil für die neue Familie mit sich bringen, im Einzelfall den Rollentausch rechtfertigen (BGH FamRZ 2006, 1827). Aber selbst dann ist weiter zu prüfen, ob der Unterhaltspflichtige nicht zumutbare Vorsorgemaßnahmen zur Sicherstellung des Unterhalts treffen musste (BGH FamRZ 1996, 796; Luthin, FamRZ 2004, 365). Dabei wird in erster Linie zu überlegen sein, ob es dem Hausmann/der Hausfrau möglich war, vor dem Rollentausch Rücklagen zu bilden und ob er sie tatsächlich gebildet hat. Sonst ist der Wechsel nicht hinzunehmen.

(3) Ist der **Rollentausch unterhaltsrechtlich nicht hinzunehmen**, so ist der Unterhaltspflichtige so zu behandeln, als hätte er sein bisheriges Einkommen. Allerdings ist dann im Wege einer Kontrollberechnung, die in der neuen Verbindung ihm obliegende gleichrangige Unterhaltslast mit zu berücksichtigen. Das führt

im Ergebnis dazu, dass niemand besser dasteht als ohne den Rollentausch (BGH FamRZ 2004, 364 mit Anm. Luthin).

(4) Ist der **Rollentausch hinzunehmen**, obliegt dem Hausmann/der Hausfrau die Aufnahme einer Nebentätigkeit, die ihn/sie in die Lage versetzt, einen Beitrag zum Unterhalt der früheren Familie zu leisten. Auch bei dieser Konstellation ist im Ergebnis darauf zu achten, dass die aus der früheren Ehe Unterhaltsberechtigten nicht besser gestellt werden als bei einer Fortführung der Vollerwerbstätigkeit des Pflichtigen (BGH FamRZ 2004, 364).

Im Falle eines **berechtigten Rollentausches** ist die Unterhaltspflicht gegenüber den Kindern aus erster Ehe auf der Grundlage einer Nebenerwerbstätigkeit und des Taschengeldanspruchs nicht durch einen fiktiven Unterhaltsanspruch begrenzt, der sich ergäbe, wenn der barunterhaltspflichtige Elternteil auch in seiner neuen Ehe vollzeiterwerbstätig wäre und von solchen Einkünften seinen eigenen Selbstbehalt sowie alle weiteren gleichrangigen Unterhaltsansprüche abdecken müsste (BGH FamRZ 2006, 1827).

Auch wenn der barunterhaltspflichtige Elternteil unterhaltsrechtlich berechtigt ist, in seiner neuen Ehe die Hausmannsrolle zu übernehmen, mutet ihm das Gesetz wegen der gesteigerten Unterhaltpflicht gegenüber allen minderjährigen Kindern besondere Anstrengungen zu. Er ist deswegen verpflichtet, neben der Beaufsichtigung und Erziehung seiner Kinder aus zweiter Ehe eine **Teilzeiterwerbstätigkeit** auszuüben. Seine zweite Ehefrau hat ihn in diesem Umfang von den Erziehungsaufgaben freizustellen, weil auch sie von den gleichrangigen Unterhaltsansprüchen der Kinder aus erster Ehe Kenntnis hat. In welchem Umfang eine Erwerbstätigkeit neben der Kindererziehung möglich ist, muss im Einzelfall geklärt werden (BGH FamRZ 2006, 1827). **Daneben** steht dem Unterhaltpflichtigen als Hausmann in seiner neuen Ehe ein Anspruch auf **Familienunterhalt** gegen seine zweite Ehefrau zu. Soweit dieser Anspruch sich als **Taschengeld** auf einen Geldbetrag richtet, kann der Unterhaltpflichtige auch diesen für den Unterhalt seiner Kinder aus der ersten Ehe verwenden. Für den Unterhalt der Kinder aus erster

Ehe muss der Unterhaltspflichtige das **Nebenerwerbseinkommen und das Taschengeld** aber nur dann einsetzen, wenn sein eigener notwendiger Unterhalt durch den (übrigen) Anspruch auf Familienunterhalt gegen seine zweite Ehefrau gesichert ist (BGH FamRZ 2006, 1827).

(5) Der **Verdienst** aus einer Nebentätigkeit ist voll anzurechnen, auch wenn er unter dem **Selbstbehalt** bleibt; die Pflicht zur Aufnahme einer Erwerbstätigkeit besteht i. d. R. nicht, solange der haushaltsführende Ehegatte **Elterngeld** bezieht (BGH FamRZ 2006, 1010; 2001, 1065).

Der Unterhaltspflichtige trägt die **Darlegungs- und Beweislast** dafür, dass der in der neuen Ehe vorgenommene Rollentausch auf Gründen beruht, die von dem geschiedenen Ehegatten unterhaltsrechtlich hingenommen werden müssen (OLG Düsseldorf FamRZ 1999, 1079).

▶ **Haushalt, Anschaffungen**

Unvermeidbare trennungsbedingte Verbindlichkeiten, die für die Anschaffung von **notwendigem,** neuen Mobiliar aufgenommen werden mussten, können im Rahmen eines angemessenen Tilgungsplans **bedarfsmindernd** berücksichtigt werden (BGH FamRZ 2006, 683). Die Anschaffungskosten für Haushalt gehören grundsätzlich zu den **allgemeinen Lebenshaltungskosten** und sind daher nicht einkommensmindernd zu berücksichtigen. Ausnahmsweise kann etwas anderes gelten, wenn eine neue Einrichtung für die Wohnung nach Trennung oder Scheidung erforderlich ist. Der Pflichtige muss die Notwendigkeit der Kreditaufnahme allerdings im Einzelnen darlegen, insbesondere warum eine Haushaltsteilung nicht erfolgen konnte, warum nicht kostengünstige gebrauchte Möbel angeschafft wurden.

▶ **Hausratversicherungen**

Die Aufwendungen für eine Hausratsversicherung sind schon wegen ihrer i. d. R. geringen Höhe dem **allgemeinen Lebensbedarf** zuzuordnen und nicht als vorwegabziehbare Verbindlichkeiten zu behandeln. Daran ändert nichts, dass diese Belastungen die Lebensstellung vor der Inanspruchnahme auf Unterhalt geprägt haben (BGH FamRZ 2010, 1535 Rn. 22).

▶ Haustiere

Wird einem Kind ein Hund zur Betreuung oder Pflege überlassen, so kann der Aufwand für die Hundehaltung einen **Mehrbedarf des Kindes** i. S. d. § 1610 Abs. 2 BGB darstellen (OLG Bremen, FamRZ 2011, 43).

Die Verpflegung von Haustieren ist i. d. R. wegen der geringen Unkostenhöhe dem allgemeinen Bedarf zuzurechnen, so dass ein Vorwegabzug ausscheidet, es sei denn, es handelt sich um höhere und bereits eheprägende Kosten. Die Kosten für die Haltung eines **Hundes** können einkommensmindernd berücksichtigt werden, wenn diese Aufwendungen die ehelichen Lebensverhältnisse geprägt haben. Ausnahmsweise kann der Aufwand für den Hund zusätzlich zur Unterhaltsquote verlangt werden (OLG Düsseldorf NJW 1998, 616).

Haustiere gehören zum Vermögen. Vor einer Inanspruchnahme des Verpflichteten hat der Berechtigte grundsätzlich den Vermögensstamm zu verwerten. Danach könnte der Fall eintreten, dass Haustiere z. B. verkauft werden müssen. Eine **unbillige Härte** wäre es jedoch, den Berechtigten zur Weggabe von Haustieren zu zwingen, deren ideeller Wert für ihn zu ihrem materiellen Wert in keinem Verhältnis steht; nichts anderes kann für die Beurteilung der Leistungsfähigkeit des Verpflichteten gelten.

▶ Heilkuren

→ *Sonderbedarf*

▶ Heimaufenthalt

Bei Unterbringung eines betagten **Ehegatten** in einem Pflegeheim wird dessen unterhaltsrechtlicher Bedarf gemäß §§ 1360, 1360 a BGB (Familienunterhalt) durch die tatsächliche Pflegekosten zzgl. eines Taschengeldes, abzüglich der Eigeneinkünfte sowie vom Pflegegeld und Pflegewohngeld bestimmt.

Bei einem Alters- oder Pflegeheimaufenthalt des Unterhaltspflichtigen ist sein **Selbstbehalt stets konkret** zu ermitteln. Der Selbstbehalt muss **so hoch** sein, dass der Unterhaltspflichtige **nicht sozialhilfebedürftig** wird, d. h. er muss die **Heimkosten** einschließlich anfallender **Zusatzkosten** und ein **Taschengeld** abdecken (OLG München FamRZ 2000, 1092; vgl. BGH FamRZ 1990, 849).

Bei Heimunterbringung wird ganz überwiegend davon ausgegangen, dass die **tatsächlichen Unterbringungskosten** mit dem unterhaltsrechtlichen Bedarf **identisch** sind (OLG Hamm FamRZ 1996, 116). Entstehen für pflegebedürftige Eltern ungedeckte Heim- und/oder Pflegekosten, handelt es sich um einen von den Kindern zu tragenden Unterhaltsbedarf. Siehe →*Grundsicherungsgesetz,* →*Eltern (Unterhaltsansprüche gegen Kinder).*

▶ **Heimerziehung**

Der Unterhaltsbedarf eines Kindes wird durch die mit der Unterbringung in einem **Kinderheim** einhergehenden Leistungen der Kinder- und Jugendhilfe vollständig gedeckt. Nach SGB VIII ist der Träger der Kinder- und Jugendhilfe für seinen **Rückgriff** gegen die Eltern stets auf einen öffentlich-rechtlichen Kostenbeitrag verwiesen. Ein Rückgriff mittels übergegangenen zivilrechtlichen Unterhaltsanspruchs ist nicht möglich (BGH FamRZ 2007, 377).

Bei der Unterbringung in einer Jugendhilfeeinrichtung können die Eltern gemäß § 94 Abs. 2 SGB VIII zu den Kosten herangezogen werden und der Unterhaltsanspruch des Kindes geht auf den Träger der Jugendhilfe über, wobei der Träger der Sozialhilfe an eine Unterhaltsregelung zwischen den Eltern nicht gebunden ist (BVerwG ZfJ 2000, 25; DAVorm 2000, 227, 232). Die Eltern haften nur anteilig nach ihren Erwerbs- und Vermögensverhältnissen (vgl. OLG Hamburg OLG-Report 2001, 322). Bei der **Heimunterbringung** des Kindes richtet sich der Unterhaltsanspruch nach den tatsächlich entstehenden Kosten, wozu auch Besuchskosten des sorgeberechtigten Elternteils gehören (OLG Bremen FamRZ 2001, 1300). Soweit der Sozialhilfeträger die Kosten aufzubringen hat und nicht erstattet verlangen kann, ist der Bedarf gedeckt (OLG Koblenz OLG-Report 2002, 154).

▶ **Heizkosten**

Wohnnebenkosten sind als Teil der **allgemeinen Lebenshaltungs-kosten** anzusehen, die bereits im Selbstbehalt (→*Selbstbehalt, Bedarfskontrollbetrag*), bzw. im Quotenunterhalt nach den allgemeinen Tabellen berücksichtigt und daher nicht gesondert einkommensmindernd abzuziehen sind. Etwas anderes kann ausnahmsweise dann gelten, wenn die Wohnkosten erheblich von den in den Selbstbehaltssätzen (360 Euro bzw. 440 Euro) enthaltenen Wohnkosten abweichen.

▶ **Herabsetzung des Unterhaltsanspruchs (Ehegattenunterhalt)**

Der nacheheliche Ehegattenunterhalt kann einerseits nach § 1578 b BGB herabgesetzt werden, wenn ehebedingte Nachteile nicht vorliegen und andererseits nach der Härteklausel des § 1579 BGB, wenn die Inanspruchnahme des Verpflichteten aus den Gründen dieser Vorschrift grob unbillig wäre. Nach § 1361 Abs. 3 BGB findet § 1579 BGB auch auf den **Getrenntlebensunterhalt** Anwendung mit der Ausnahme, dass sich allein aus einer kurzen Dauer der Ehe keine Rechtfertigung für eine Herabsetzung oder den Ausschluss des Anspruchs ergibt. Siehe →*Verwirkung des Unterhaltsanspruchs (Ehegattenunterhalt)*.

▶ **Höchstpersönliche Zuwendungen**

→*Zuwendungen Dritter* an den Unterhaltsverpflichteten sind bei der Prüfung der Voraussetzungen der Leistungsfähigkeit – ebenso wie bei der Bedürftigkeitsprüfung auf Seiten des Unterhaltsberechtigten – nur dann zu beachten, wenn es dem Willen des Spenders entspricht, dass die Zuwendungen auch jeweils dem anderen ebenfalls zugute kommen sollen. Im Zweifel ist dies nicht anzunehmen, insbesondere nicht bei höchstpersönlichen Gaben (etwa die goldene Uhr zum 25-jährigen Jahrestag der Betriebsangehörigkeit). Es kommt insoweit entscheidend auf den Einzelfall, also auf Motiv, äußeren Anlass und Zweck der Sachzuwendung an. Siehe →*Freiwillige Leistungen Dritter*.

► Informationspflicht

→*Unaufgeforderte Information (Pflicht);* →*Verwirkung des Unterhaltsanspruchs (Ehegattenunterhalt)*

► Inhaltskontrolle von Eheverträgen und Scheidungsvereinbarungen

Gemäß § 1585 c BGB bedarf eine Unterhaltsvereinbarung für die Zeit nach der Scheidung, die **vor der Rechtskraft der Scheidung** getroffen wird, der **notariellen Beurkundung** (bzw. der Form eines gerichtlich protokollierten Vergleichs, § 127 a BGB). Die notarielle Beurkundung ist **Wirksamkeitserfordernis** für Vereinbarungen über den nachehelichen Unterhalt. Der **Formzwang** gilt aber nicht für jede nacheheliche Unterhaltsvereinbarung, sondern nur für solche, die vor Rechtskraft des Scheidungsurteils abgeschlossen werden. Eine spätere, im Verlauf des Unterhaltsverhältnisses evtl. erforderlich werdende **Anpassung der Vereinbarung** an geänderte Umstände sollte durch die Einführung eines Formzwangs nicht unnötig erschwert werden.

Bei Eheverträgen, Trennungs- und Scheidungsvereinbarungen gilt der Grundsatz der **Vertragsfreiheit.** Dieser Grundsatz muss aber für **beide Ehegatten** gelten. Die **Grenzen der Privatautonomie** treten dort zutage, wo der Ehevertrag durch die **Dominanz** des einen und die **strukturelle Unterlegenheit** des anderen Ehegatten geprägt ist.

Es darf **kein Missbrauch** der Vertragsfreiheit eintreten. Eheverträgen sind dort Grenzen zu setzen, wo jene nicht Ausdruck und Ergebnis gleichberechtigter Lebenspartnerschaft sind, sondern eine auf ungleichen Verhandlungspositionen basierende einseitige Dominanz eines Ehepartners widerspiegeln. Die **grundsätzliche Disponibilität** der Scheidungsfolgen darf nicht dazu führen, dass der **Schutzzweck** der gesetzlichen Regelungen durch vertragliche Vereinbarungen beliebig unterlaufen werden kann (BGH FamRZ 2006, 1359). Auch die Eheschließungsfreiheit rechtfertigt **keine einseitige** ehevertragliche Lastenverteilung.

1. Inhaltskontrolle nach der Rechtsprechung des Bundesverfassungsgerichts (FamRZ 2001, 343; 985)

Das BVerfG verlangt für eine richterliche Inhaltskontrolle von Eheverträgen/Scheidungsvereinbarungen, dass **kumulative Vorliegen** zweier Voraussetzungen:

(1) Zum einen muss eine Ungleichgewichtslage vorliegen,

(2) zum anderen muss der Vertragsinhalt durch eine **erkennbare einseitige Lastenverteilung** gekennzeichnet sein.

Der Privatautonomie sind dort Grenzen zu setzen, wo ein Vertrag eine einseitige und ungewöhnliche Belastung eines Vertragspartners enthält, dessen **strukturelle Unterlegenheit** der Grund für diesen Vertragsinhalt ist. Diese strukturelle Unterlegenheit kann auf eine bestehende **Schwangerschaft bei Vertragsabschluss** gegründet sein. Bei einer **einseitigen Dominanz** eines Vertragspartners bedarf der andere Vertragspartner des Schutzes der Gemeinschaft, der durch die gerichtliche Inhaltskontrolle der Vereinbarungen zu erfolgen hat.

(1) Ist aufgrund einer besonders einseitigen Aufbürdung von vertraglichen Lasten ein krasses Ungleichgewicht und eine unangemessene Benachteiligung bei einer erheblich ungleichen Verhandlungsposition der Vertragspartner wegen der einseitigen Dominanz des einen Vertragspartners ersichtlich, dass in einem Vertragsverhältnis ein Partner ein solches Gewicht hat, dass er den Vertragsinhalt faktisch einseitig bestimmen kann, ist es Aufgabe des Rechts, auf die Wahrung der Grundrechtspositionen beider Vertragspartner hinzuwirken, um zu verhindern, dass

sich für einen Vertragsteil die Selbstbestimmung in eine Fremd-
bestimmung verkehrt.

(2) Bei Eheverträgen/Scheidungsvereinbarungen gebietet in solchen
Fällen **gestörter Vertragsparität** der verfassungsrechtlich erforderliche Schutz der Ehe als gleichberechtigter Partnerschaft eine
gerichtliche Kontrolle und ggf. Korrektur der Vereinbarungen
mit **Hilfe der zivilrechtlichen Generalklauseln.**

(3) Die erkennbare einseitige Lastenverteilung kann sich aus dem
Verzicht der einkommensmäßig unterlegenen Frau auf nachehelichen Unterhalt und der **Freistellung** des Mannes von Kindesunterhalt ergeben, wobei eine bestehende **Schwangerschaft**
bei Abschluss eines Ehevertrages **nur ein Indiz** für eine vertragliche Disparität sein kann, die Anlass gibt, den Vertrag einer stärkeren richterlichen Kontrolle zu unterziehen. Wenn aber auch
der Inhalt des Ehevertrages eine solche Unterlegenheitsposition
der nicht verheirateten Schwangeren zum Ausdruck bringt, werde die Schutzbedürftigkeit offenkundig. Dies sei dann der Fall,
wenn der Vertrag die Schwangere **einseitig belaste** und ihre Interessen keine angemessene Berücksichtigung finden. Darüber
hinaus sei in einem solchen Fall auch noch das **Kindeswohl** zu
berücksichtigen.

2. Inhaltskontrolle nach der Rechtsprechung des BGH (FamRZ 2006, 1395; 2005, 691; 2005, 26; 2004, 601)

(1) Nach dem Grundsatz der **Vertragsfreiheit** steht es den Ehegatten frei, die gesetzlichen Regelungen über den Zugewinn, den
Versorgungsausgleich und den nachehelichen Unterhalt ehever-
traglich **auszuschließen.** Dabei darf aber nicht der **Schutzzweck
dieser Regelungen** beliebig unterlaufen werden.

(2) Die Belastungen des einen Ehegatten werden dabei umso schwerer wiegen und die Belange des anderen Ehegatten umso ge-
nauerer Prüfung bedürfen, je unmittelbarer die vertragliche Ab-
bedingung gesetzlicher Regelungen **in den Kernbereich des
Scheidungsfolgenrechts** eingreift.

(3) Zu diesem **Kernbereich** gehört in erster Linie der Betreuungsunterhalt (§ 1570 BGB), der schon im Hinblick auf seine Aus-

richtung am Kindesinteresse nicht der freien Disposition der Ehegatten unterliegt.

- **Rangstufe 1:** Unterhalt wegen Kindesbetreuung, § 1570 BGB. Entspricht der für die Zeit nach der Scheidung vereinbarte Unterhalt in etwa den Einkommensverhältnissen zum Zeitpunkt des Vertragsschlusses und ist dort eine **Anpassung** an künftige Einkommenssteigerungen des Unterhaltspflichtigen **ausgeschlossen,** dann ist der Ehevertrag **nicht sittenwidrig,** wenn sich das Einkommen auf der Seite des Unterhaltspflichtigen **wesentlich steigert** (BGH FamRZ 2007, 975), da für die Beurteilung der Sittenwidrigkeit ausschließlich die Verhältnisse zum Zeitpunkt des Vertragsabschlusses maßgebend sind.

- **Rangstufe 2:** Unterhalt wegen Alters, § 1571 BGB; Unterhalt wegen Krankheit, § 1572 BGB. Auf derselben Stufe wie der Altersunterhalt rangiert der Versorgungsausgleich als vorweggenommener Altersunterhalt und ist daher vertraglicher Disposition nur begrenzt offen. Vereinbarungen über ihn müssen deshalb nach denselben Kriterien geprüft werden wie ein vollständiger oder teilweise Unterhaltsverzicht.

- **Rangstufe 3:** Unterhalt wegen Erwerbslosigkeit, § 1573 Abs. 1 BGB.

- **Rangstufe 4:** Krankenvorsorge- und Altersvorsorgeunterhalt, § 1578 Abs. 2 1. Variante, III BGB.

- **Rangstufe 5:** Aufstockungs- und Ausbildungsunterhalt, §§ 1573 Abs. 2, 1575 BGB.

Es gehört zwar zum grundgesetzlich verbürgten Recht der Ehegatten, ihre eheliche Lebensgemeinschaft eigenverantwortlich und frei von gesetzlichen Vorgaben entsprechend ihren individuellen Vorstellungen und Bedürfnissen zu gestalten.

Diese Grundsätze bedeuten indessen nicht, dass sich ein Ehegatte über einen ehevertraglichen Verzicht von **jeder Verantwortung** für seinen **aus dem Ausland eingereisten** Ehegatten in Fällen freizeichnen kann, in denen dieser seine bisherige **Heimat endgültig verlassen** hat, in Deutschland im Hinblick auf die

Eheschließung ansässig geworden ist und schon bei Vertragsschluss die Möglichkeit nicht fern lag, dass er sich – etwa aufgrund **mangelnder Sprachkenntnisse,** aufgrund seiner **Ausbildung** oder auch in Folge einer Krankheit – im Falle des Scheiterns der Ehe nicht selbst werde unterhalten können. Es widerspricht der nachehelichen Solidarität, den früheren Ehegatten,
der erst im Hinblick auf die Eheschließung in Deutschland ansässig geworden ist, die Folgen einer hier eingetretenen und bei
Abschluss des Ehevertrages zumindest vorhersehbaren Bedürftigkeit allein tragen zu lassen (BGH FamRZ 2007, 451).

Außerhalb des Kernbereichs: Zugewinnausgleich; dieser erweist
sich ehevertraglicher Disposition am weitesten zugänglich. Das
Gebot ehelicher Solidarität fordert keine wechselseitige Vermö-
gensbeteiligung der Ehegatten: Deren Verantwortung füreinander tritt bei konkreten und aktuelle Versorgungsbedürfnissen
auf den Plan; ihr trägt das geltende Unterhaltsrecht Rechnung.
Grob unbillige **Versorgungsdefizite,** die sich aus den für den
Scheidungsfall getroffenen Absprachen der Ehegatten ergeben,
sind vorrangig im Unterhaltsrecht und allenfalls hilfsweise durch
Korrektur der von den Ehegatten gewählten Vermögensord-
nung zu kompensieren.

(4) Die richterliche Inhaltskontrolle wird nicht dadurch obsolet,
dass der belastete Ehegatte durch einen **Notar** hinreichend über
den Inhalt und die Konsequenzen des Vertrages **belehrt oder
von einem Rechtsanwalt beraten wurde.**

(5) Der Tatrichter hat als **ersten Schritt** im Rahmen einer **Wirksamkeitskontrolle** zu prüfen, ob die Vereinbarung schon im **Zeitpunkt ihres Zustandekommens** offenkundig zu einer derart einseitigen Lastenverteilung für den Scheidungsfall führt, dass ihr –
und zwar losgelöst von der künftigen Entwicklung der Ehegatten
und ihrer Lebensverhältnisse – **wegen Verstoßes gegen die guten
Sitten** die Anerkennung der Rechtsordnung ganz oder teilweise
mit der Folge zu versagen ist, dass an ihre Stelle die **gesetzlichen
Regelungen** treten, § 138 Abs. 1 BGB. Erforderlich ist dabei eine
Gesamtwürdigung, die auf die individuellen Verhältnisse beim
Vertragsabschluss abstellt, insbesondere also auf die Einkom-

mens- und Vermögensverhältnisse, den geplanten oder bereits verwirklichten **Zuschnitt der Ehe** sowie auf die Auswirkungen auf die Ehegatten und auf die Kinder. Das **Verdikt der Sittenwidrigkeit** wird dabei regelmäßig nur in Betracht kommen, wenn durch den Vertrag Regelungen aus dem **Kernbereich** des gesetzlichen Scheidungsfolgenrechts ganz oder jedenfalls zu erheblichen Teilen abbedungen werden, ohne dass dieser Nachteil für den anderen Ehegatten durch anderweitige Vorteile gemildert oder durch die besonderen Verhältnisse der Ehegatten, den von ihnen angestrebten oder gelebten Ehetyp oder durch sonstige gewichtige Belange des begünstigten Ehegatten gerechtfertigt wird. Bei Sittenwidrigkeit ist der **gesamte Vertrag nichtig** und die Frage einer Teilnichtigkeit, auf § 139 BGB nicht mehr zu prüfen.

(6) Ist der Vertrag **nicht sittenwidrig,** aber **zu beanstanden,** muss der Richter **im Rahmen der Ausübungskontrolle** als **zweiten Schritt** prüfen, ob und inwieweit ein Ehegatte die ihm durch den Vertrag eingeräumte Rechtsmacht **missbraucht,** wenn er sich im Scheidungsfall gegenüber einer vom anderen Ehegatten begehrten gesetzlichen Scheidungsfolge darauf **beruft,** dass diese durch den Vertrag wirksam abgedungen sei, § 242 BGB. Dabei sind nicht nur die Verhältnisse im **Zeitpunkt des Vertragsschlusses** maßgebend. **Entscheidend** ist vielmehr, ob sich nunmehr – im **Zeitpunkt des Scheiterns** der Lebensgemeinschaft – aus dem vereinbarten Ausschluss der Scheidungsfolge eine **evident einseitige Lastenverteilung** ergibt, die hinzunehmen für den belasteten Ehegatten auch bei angemessener Berücksichtigung der Belange des anderen Ehegatten und seines Vertrauens in die Geltung der getroffenen Abrede sowie bei verständiger Würdigung des Wesens der Ehe unzumutbar ist. Das kann insbesondere der Fall sein, wenn die tatsächliche einvernehmliche Gestaltung der ehelichen Lebensverhältnisse von der **ursprünglichen,** dem Vertrag zugrundeliegenden **Lebensplanung** grundlegend abweicht. Nacheheliche Solidarität wird dabei ein Ehegatte regelmäßig nicht einfordern können, wenn er seinerseits die eheliche Solidarität verletzt hat; soweit ein angemessener Ausgleich ehebedingter Nachteile in Rede steht, werden dagegen **Verschuldensgesichts-**

punkte eher zurücktreten. Insgesamt hat sich die gebotene Abwägung an der **Rangordnung** der Scheidungsfolgen zu orientieren: Je höherrangig die vertraglich ausgeschlossene und nunmehr dennoch geltend gemachte Scheidungsfolge ist, umso schwerwiegender müssen die Gründe sein, die für ihren Ausschluss sprechen. Hält die Berufung eines Ehegatten auf den vertraglichen Ausschluss der Scheidungsfolge der richterlichen **Rechtsausübungskontrolle** nicht Stand, so führt dies im Rahmen des § 242 BGB noch **nicht zur Unwirksamkeit** des vertraglich vereinbarten Ausschlusses. Der Richter hat vielmehr diejenige **Rechtsfolge anzuordnen,** die den berechtigten Belangen beider Parteien in der nunmehr eingetretenen Situation in ausgewogener Weise Rechnung trägt. Dabei wird er sich allerdings umso stärker an der vom Gesetz vorgesehen Rechtsfolge zu orientieren haben, je zentraler diese Rechtsfolge im **Kernbereich** des gesetzlichen Scheidungsfolgenrechts angesiedelt ist.

(7) **Umfang der Wirksamkeitskontrolle:** Die Wirksamkeitskontrolle setzt eine Gesamtwürdigung voraus, so dass in jedem Fall eine Prüfung entsprechend § 139 BGB stattzufinden hat, inwieweit ein **Wille zur Einheitlichkeit** der vertraglichen Regelungen besteht, bei dessen Vorliegen der gesamte Vertrag nichtig ist. Soweit bei Bestehen eines Globalverzichts die Voraussetzungen des § 138 BGB wegen des Gesamtcharakters des Ehevertrages angenommen werden, wird der gesamte Vertrag von § 138 BGB erfasst, so dass auch eine salvatorische Klausel nicht dazu führt, dass einzelne Teile wirksam bleiben, weil deren Zweck nur in der Beseitigung der Wirkungen des § 139 BGB besteht (Borth, FamRZ 2004, 612). Ergibt bereits die Gesamtwürdigung eines Ehevertrages, dessen Inhalt für eine Partei **ausnahmslos nachteilig** ist, dessen Sittenwidrigkeit gemäß § 138 Abs. 1 BGB, so erfasst die Nichtigkeitsfolge notwendig den **gesamten Vertrag;** für eine **Teilnichtigkeit** bleibt in einem solchen Fall kein Raum (BGH FamRZ 2006, 1097). Eine **Salvatorische Klausel** vermag auch Teile des Vertrages nicht zu retten.

(8) **Feststellungsantrag/Leistungsantrag:** Macht der benachteiligte Ehegatte die Unwirksamkeit eines **Globalverzichts** geltend, ist

aus prozessökonomischen Gründen ein **Feststellungsantrag** nach § 256 ZPO zur Prüfung der Wirksamkeit des Vertrages zulässig, um ein aufwändiges Verfahren zur Bestimmung der Anspruchshöhe im Falle einer Leistungsklage zu vermeiden (Borth, FamRZ 2004, 612 i. Anschl. an OLG Stuttgart WM 1994, 626, 629). Macht ein Ehegatte die Unwirksamkeit eines Ehevertrages nach § 138 BGB geltend oder hält er die Berufung auf einen Verzicht nach § 242 BGB für missbräuchlich, muss er hinsichtlich **jeder einzelnen Scheidungsfolge** entweder im Verbund nach § 623 Abs. 1 ZPO oder isoliert eine Leistungsklage erheben, der i. d. R. ein **Stufenantrag zur Auskunft** voranzustellen ist. Das Familiengericht entscheidet dann inzidenter, ob der Ausschluss der Scheidungsfolgen nach dem Vertrag Bestand hat oder dieser nach §§ 138, 242 BGB zu korrigieren ist (Borth, FamRZ 2004, 612).

▶ Inhaltskontrolle zugunsten des Unterhaltspflichtigen

Auch zugunsten des auf Unterhalt in Anspruch genommenen Ehegatten kann eine Inhaltskontrolle von Eheverträgen veranlasst sein (BGH FamRZ 2009, 198), wenn ein Ehegatte dem anderen **Leistungen verspricht,** für die es **keine gesetzliche Grundlage** gibt oder wenn Ehegatten mit der Vereinbarung auf der Ehe beruhende Familienlasten zum Nachteil des Sozialleistungsträgers regeln. Das kann insbesondere dann der Fall sein, wenn die Unterhaltsabrede bewirkt, dass die Existenz des Unterhaltspflichtigen nicht mehr gesichert ist und er deshalb ergänzender Sozialleistungen bedarf (BGH FamRZ 2009, 198). Geeigneter **Maßstab** für die Begrenzung des Unterhaltsanspruchs ist die **finanzielle Leistungsfähigkeit** des Unterhaltspflichtigen. Unterhaltsvereinbarungen, die dem Unterhaltspflichtigen deutlich weniger als das Mindesteinkommen belassen, überschreiten regelmäßig die Grenzen der Dispositionsfreiheit und sind damit sittenwidrig (OLG Celle FamRZ 2004, 1969; OLG Karlsruhe FamRZ 2007, 477, jew. mit Anm. Bergschneider). Für die Beurteilung der Frage, ob eine solche Vereinbarung zu einer einseitigen und nicht gerechtfertigten Lastenverteilung führt, sind die das gesetzliche Leitbild des Ehegattenunterhalts maßgeblich prägenden Grundsätze der **Halbteilung** unter Rücksichtnahme auf die **Leis-**

tungsfähigkeit des Unterhaltsschuldners maßgebend. Dies gilt auch, wenn der voraussichtlich unterhaltspflichtige Ehegatte sich für den Fall der Ehescheidung zur Zahlung einer **Leibrente** verpflichtet hat (OLG Karlsruhe FamRZ 2007, 477).

▶ **Insolvenzverfahren**

Den Unterhaltsschuldner trifft grundsätzlich eine **Obliegenheit zur Einleitung der Verbraucherinsolvenz,** wenn dieses Verfahren zulässig und geeignet ist, den laufenden Unterhalt seiner minderjährigen Kinder dadurch sicherzustellen, dass ihm Vorrang vor sonstigen Verbindlichkeiten eingeräumt wird. Das gilt nur dann **nicht,** wenn der Unterhaltsschuldner Umstände vorträgt und ggf. beweist, die eine solche Obliegenheit im Einzelfall als **unzumutbar** darstellen (BGH FamRZ 2005, 608; 2008, 137).

Im Insolvenzverfahren gelten für den Unterhaltsschuldner nach § 36 Abs. 1 S. 2 InsO die §§ 850, 850 a, 850 c, 850 e–850 i ZPO mit der Folge, dass der Unterhaltsschuldner im Insolvenzverfahren über **deutlich höhere** unterhaltsrechtliche als vollstreckungsrechtliche **Liquidität** verfügt.

▶ **Instandhaltungsrücklage**

Soweit Aufwendungen für bestimmte **unaufschiebbare notwendige** Instandhaltungsmaßnahmen zu leisten sind und hierfür ggf. – kurzfristig – entsprechende Rücklagen gebildet werden, dienen diese auch der **Erhaltung des Gebrauchswertes** eines Hauses und ermöglichen damit zugleich seine Nutzung, auf welcher der unterhaltsrechtlich anrechenbare Wohnvorteil beruht. Vor allem in Fällen, in denen sich die **Kosten** für die Instandhaltungsmaßnahme voraussichtlich in einem Rahmen halten werden, der durch **Instandhaltungsrücklagen** aufgebracht werden kann, und nicht die Inanspruchnahme eines Kredits erfordert, wird die Zubilligung einer Instandhaltungsrücklage als Minderung des Wohnvorteils in Betracht kommen. Die Prüfung der **Voraussetzungen** im Einzelfall ist dem Tatrichter vorbehalten. Dieser wird allerdings stets zu **beachten** haben, dass es sich um **konkrete Instandhaltungsmaßnah-**

men handeln muss, die **erforderlich** sind, um die ordnungsgemäße **Bewohnbarkeit** des Hauses zu erhalten. Renovierungsarbeiten etwa in abgetrennten Räumen, die nach dem Auszug des anderen Ehegatten nicht mehr genutzt werden, fallen ebenso wenig hierunter wie **allgemeine Reparaturen,** die den aktuellen Wert des Hauses **erhöhen,** ohne durch die **Erhaltung** des Gebrauchswertes veranlasst zu sein (so BGH FamRZ 2000, 354). Es ist nicht **gerechtfertigt,** ohne **Nachweis der aktuellen Notwendigkeit** einer bestimmten unaufschiebbaren Instandhaltungsmaßnahme eine Instandhaltungsrücklage unterhaltsrechtlich als monatliche laufende Belastung des Wohnwertes zu berücksichtigen, insbesondere genügt es für die Berücksichtigung einer Instandhaltungsrücklage nicht, dass für ein Haus älteren Baujahres regelmäßig Reparaturen zur Instandhaltung erforderlich seien.

▶ **Internatsunterbringung**

Durch den Besuch einer Privatschule, Ganztagsschule oder eines Internats entsteht ein **schulischer Mehrbedarf** des minderjährigen Kindes. Die Internatsunterbringung kann durch Gründe, die in der Person des Kindes liegen, wie z.B. Lern- und Erziehungsschwierigkeiten und gesundheitliche Behinderungen, gerechtfertigt sein, wobei wegen der erheblichen Mehrkosten die Berechtigung zur Internatsunterbringung **sorgfältig zu überprüfen** ist und die Einkommens- und Vermögensverhältnisse der Eltern einerseits sowie die Begabung, Fähigkeiten und Leistungswillen des Kindes andererseits mit einzubeziehen sind. Wird die Internatsunterbringung damit begründet, dass der **betreuende Elternteil** einer **eigenen Erwerbstätigkeit** nachgehen will, sind die Internatskosten vom sorgeberechtigten Elternteil zu tragen (BGH FamRZ 1983, 689). Die durch die Internatsbetreuung entstehenden Kosten mindern dann das Einkommen des Elternteils mit der Folge, dass er unter Umständen gegen den anderen Elternteil einen Anspruch auf Ehegattenunterhalt haben kann. Bei **gemeinsamem Sorgerecht** muss wegen der erheblichen Bedeutung die Frage der Internatsunterbringung in **gegenseitigem Einvernehmen** entschieden werden, § 1687 Abs. 1 S. 1 BGB.

Das Familiengericht kann die Entscheidung einem Elternteil übertragen, § 1628 BGB.

Bei **alleinigem Sorgerecht** kann der Sorgerechtsinhaber unter Berücksichtigung der Eignung und Neigung des Kindes den Bildungsweg und die Schulart alleine bestimmen, wobei der BGH (FamRZ 1983, 48) betont, dass dabei auch **Privatschulen** gewählt werden können. Der barunterhaltspflichtige Elternteil muss eine solche Entscheidung hinnehmen, auch wenn sie sich kostensteigernd für ihn auswirkt und sie ihm nicht sinnvoll erscheint, wobei aber die Möglichkeit verbleibt, Fehlentscheidungen durch das Familiengericht gem. § 1666 BGB korrigieren zu lassen (BGH FamRZ 1983, 48). Der Lebensbedarf umfasst dann auch die durch den Internatsbesuch entstehenden Mehrkosten, wie Schulgeld, Lernmittelgeld etc. Erhebliche Mehrkosten müssen jedoch **sachlich begründet** und **wirtschaftlich zumutbar** sein, insbesondere dürfen keine anderen Möglichkeiten der schulischen Förderung des Kindes bestehen, die bei geringeren Kosten zu einem vergleichbaren Erfolg führen würden (BGH FamRZ 1983, 48). Sind die verursachten Mehrkosten nicht berechtigt, verbleibt es beim **Tabellenunterhalt**; die Mehrkosten muss dann der Elternteil tragen, der sie veranlasst hat. In der Regel sind bei Internatsunterbringung **beide Eltern** zum Barunterhalt verpflichtet und haften anteilig nach § 1606 Abs. 3 S. 1 BGB für den **Gesamtbedarf**. Der **Verteilungsschlüssel** kann unter Berücksichtigung des verbleibenden Betreuungsaufwandes (Ferien-/Wochenendbetreuung) sowie unter Berücksichtigung der **Einsparungen** bei den laufenden Lebenshaltungskosten wertend verändert werden (vgl. Leitlinien Ziff. 12.3; OLG Nürnberg FamRZ 1993, 837); OLG Brandenburg FamRZ 2005, 2094).

▶ Investitionen

Bei Investitionen in ein Grundstück ist zu unterscheiden, ob es sich um Aufwand für Vermögensbildung (wie z. B. Ausbauten und wertsteigernde Verbesserungen) oder um notwendigen Erhaltungsaufwand (wie z. B. Reparaturen oder Ersatzbeschaffung eines einkünfteabwerfenden Vermögensgegenstandes zur Aufrechterhaltung des bestehenden Zustandes) handelt. Investitionen, die einen notwendigen Erhaltungsaufwand darstellen, können im Wege der →Abschreibung einkommensmindernde Auswirkungen haben, nicht dagegen wertverbessernde Investitionen. Im Einzelnen →*Abschreibungen;* →*Selbstständige.*

Jedenfalls können steuerlich absetzbare Kosten vom anrechenbaren Einkommen nicht abgezogen werden, **wenn** die behaupteten Aufwendungen im Einzelnen nicht so ausführlich dargestellt werden, dass erkennbar ist, dass sie zur **Aufrechterhaltung** des Gewerbebetriebes **unbedingt nötig** sind. **Instandsetzungskosten** können unterhaltsrechtlich nur insoweit einkommensmindernd berücksichtigt werden, als es sich um **notwendigen Erhaltungsaufwand** handelt und nicht um den Aufwand für eine Vermögensbildung, wie er etwa vorliegt, wenn Ausbauten und **wertsteigernde** Verbesserungen vorgenommen worden sind (BGH FamRZ 1984, 39 ff.). Siehe →*Instandhlatungsrücklage.*

J

▶ Jahreswagen

Jahreswagenvorteile sind unterhaltsrechtlich relevantes Einkommen; die üblichen Abgaben sind zu berücksichtigen (vgl. AG Stuttgart FamRZ 1990, 195: 20 Prozent Rabatt jährlich; Strohal, FamRZ 1995, 459).

▶ Jubiläumszuwendungen

Jubiläumszuwendungen werden anteilig auf den Zeitraum, für den sie gewährt werden, **umgelegt** und insoweit als unterhaltsrechtlich relevantes Einkommen beurteilt. Grundsätzlich ist bei Jubiläumszuwendungen Anlass, Zweck und Dauer der Zuwendung sowie der Zeitraum, für den sie gewährt wurden, zu beachten. Nach den Leitlinien (Ziff. 1.2.) gilt: **Einmalige Zahlungen** sind auf einen **angemessenen** Zeitraum (i. d. R. **mehrere Jahre**) zu **verteilen.**

▶ Jugendamt

Ist das Jugendamt **Beistand** für die Geltendmachung von Unterhaltsansprüchen des Kindes, so ist es insofern dessen **gesetzlicher Vertreter;** aufgrund dieser Stellung kann es eine schon bestehende Unterhaltsvereinbarung auch ohne Mitwirkung des sorgeberechtigten Elternteils abändern (OLG Köln FamRZ 2002, 50).

Wird das Kind durch das Jugendamt als Beistand vertreten, ist die Vertretung durch den sorgeberechtigten Elternteil ausgeschlossen, § 234 FamFG.

Das Jugendamt trifft gemäß SGB VIII die Amtspflicht, alleinsorgende Elternteile bei der Geltendmachung von Kindesunterhaltsansprüchen bzw. junge Volljährige (bis 21 Jahre) bei der Geltendmachung ihrer Unterhaltsansprüche zu beraten und zu unterstützen. Die Verletzung dieser Pflicht kann zu Schadensersatzansprüchen gemäß § 839 BGB, Art. 34 GG führen (OLG Celle NJW-RR 1997, 135).

Beurkundungsbefugnis: Der Kindesunterhalt kann kostenfrei in **Urkunden des Jugendamtes** gemäß §§ 59, 60 SGB VIII oder von einem Notar gemäß §§ 62 Nr. 2 BeurkG, 55 a, 141 KostO (zur Kostenfreiheit vgl. OLG Hamm FamRZ 1996, 1562) tituliert werden. Die **Abänderung** von Jugendamtsurkunden richtet sich nach § 239 FamFG. Die Abänderung richtet sich allein nach materiellem Recht, wenn eine **einseitige Unterwerfungserklärung** vorliegt (OLG München FamRZ 2002, 1271). Jugendamtsurkunden sind Vollstreckungstitel nach § 60 SGB VIII.

Im Abänderungsverfahren setzt die **Herabsetzung** eines Unterhaltstitels, der in Form einer Jugendamtsurkunde nach den §§ 59 Abs. 1 Nr. 3, 60 SGB VIII **einseitig** errichtet worden ist, die Darlegung veränderter Umstände voraus (BGH FamRZ 2007, 715).

▶ Jugendhilfeträger

Eltern können unter den in § 94 Abs. 3 SGB VIII genannten Voraussetzungen dadurch zu den Kosten bestimmter **Jugendhilfeleistungen** herangezogen werden, dass der Unterhaltsanspruch des Minderjährigen bis zu einer bestimmten Höhe auf den Jugendhilfeträger übergeht, § 94 Abs. 3 u. 4 SGB VIII. Dabei geht nicht nur der Unterhaltsanspruch, sondern auch der unterhaltsrechtliche Auskunftsanspruch kraft Gesetzes über. Die übergegangenen Unterhaltsansprüche sind im Zivilrechtsweg zu verfolgen. Die Rückübertragung des Unterhaltsanspruchs zur gerichtlichen Durchsetzung ist zulässig.

K

▶ Kapitalvermögen

Einkünfte aus Kapitalvermögen gehören in vollem Umfang zum unterhaltsrechtlich relevanten Einkommen. Einkünfte aus Kapitalvermögen sind Zinsen aller Art, insbesondere von Bank- und Sparguthaben, Darlehen, Hypotheken, festverzinslichen Wertpapieren und Gewinnanteilen. Bei der Ermittlung des unterhaltsrechtlich relevanten Nettoeinkommens sind außer den persönlichen Steuern die Kapitalertragsteuer, ferner Werbungskosten in Form von Depotgebühren, Bankspesen, Auslagen für die Teilnahme an Gesellschafterversammlungen u. ä. abzuziehen. Einkünfte aus Kapitalvermögen errechnen sich aus dem Jahresgesamteinkommen vermindert um die Kapitalertragsteuer sowie um die mit der Erzielung der Einkünfte oben im Einzelnen aufgeführten verbundenen notwendigen Ausgaben.

Bei Vorliegen der Voraussetzungen des § 236 FamFG oder mit Zustimmung des Steuerpflichtigen (§§ 8 und 22 AO) können über Art und Höhe dieser Einnahmen vom zuständigen Finanzamt Auskünfte eingeholt, auch Akten beigezogen werden.

▶ Karrieresprung

Das Maß von Unterhaltsansprüchen geschiedener Eheleute richtet sich auch bei einigem zeitlichen Abstand von der Ehe nach den ehelichen Lebensverhältnissen. Nach der Rechtsprechung des BVerfG

(FamRZ 2006, 1000, 1002) tritt dabei auch der Gedanke der **Teilhabe** als Rechtfertigung für den nachehelichen Unterhaltsanspruch in den Vordergrund. Das in der Ehe Erreichte hat über die Scheidung hinaus Bestand; die gleichmäßige Teilhabe der geschiedenen Eheleute daran rechtfertigt die die Ehe überdauernde Unterhaltsverpflichtung. Zweck des § 1578 Abs. 1 S. 1 BGB ist es, dem unterhaltsberechtigten Ehegatten bei der Bestimmung seines Bedarfs grundsätzlich gleiche Teilhabe an dem zum Zeitpunkt der Rechtskraft der Scheidung gemeinsam erreichten Status zu gewähren (BVerfG, 1 BvR 918/10). Danach ist eine Verbesserung der Einkünfte bei der Bemessung des Bedarfs zu berücksichtigen, wenn sie mit einiger Sicherheit vorherzusehen war und die ehelichen Lebensverhältnissen schon geprägt hat (vgl. BGH FamRZ 2003, 590; 848; FamRZ 2006, 683). I. d. R. ist davon auszugehen, dass der in der Ehe erreichte Lebensstandard auf gleichwertigen Leistungen beider Eheleute beruht. Er ist deshalb auch Grundlage für die Bedarfsbemessung. Wenn sich nach der Ehe die Einkommensverhältnisse verbessern, so kann sich der Bedarf des Berechtigten dadurch ebenfalls erhöhen (vgl. BGH FamRZ 2006, 1006). Dies gilt jedoch nicht, wenn die Verbesserung **nicht in der Ehe angelegt** war, also nicht mehr auf einer gemeinsamen Leistung beruht. Steigerungen der Einkünfte nach der Scheidung können noch ihre Grundlage in dem während der Ehe Geschaffenen haben; sie können aber auch auf Leistungen des Pflichtigen nach der Ehe beruhen. Das ist **abzugrenzen.** Die **Vorhersehbarkeit** spielt dabei weniger eine Rolle als der **zeitliche Abstand** zur Ehescheidung (vgl. Braeuer, FamRZ 2006, 1489). Die berufliche Karriere des Unterhaltspflichtigen mit der Folge einer erheblichen Einkommenssteigerung (hier: auf etwa das Dreifache) ist jedenfalls dann bereits **während der Ehe angelegt,** wenn die **Grundlage** hierfür durch ein während der Ehe erfolgreich absolviertes Fachhochschulstudium gelegt wurde. Dies gilt auch dann, wenn die berufliche Entwicklung nach der Scheidung nur mit einem **verstärkten Arbeitseinsatz** unter Erweiterung der im Studium und in den ersten Berufsjahren erworbenen Kenntnisse und Qualifikationen vollzogen werden konnte (OLG Celle FamRZ 2006, 704; OLG Köln FamRZ 2004, 1114).

Ein nachehelicher Karrieresprung (ausf. hierzu Th. A. Heiß, FPR 2008, 69 ff., Karrieresprung und ehel. Lebensverhältnisse) ist auch nach der neueren Rechtsprechung des BGH zu den wandelbaren ehelichen Lebensverhältnissen nicht als eheprägend zu berücksichtigen (BGH FamRZ 2007, 793; 2006, 683). Die „normale", also zwangsläufige Beförderung ist nicht unter einem Karrieresprung zu verstehen. Es kommt darauf an, ob die Beförderung „regelmäßig" war oder ein „Sprung", mit dem nach den ehelichen Lebensverhältnissen nicht zu rechnen war (Büttner, FamRZ 2007, 800).

Einkommen aus einer **unerwarteten, vom Normalverlauf erheblich abweichenden Entwicklung** der Einkommensverhältnisse nach der Trennung stellt weder beim Pflichtigen noch beim Berechtigten, der nach dem (Wieder-)Einstieg in das Berufsleben Karriere macht, prägendes Einkommen dar. Das auf dem Karrieresprung beruhende Einkommen bleibt als die ehelichen Lebensverhältnisse **nicht prägend** bei der Unterhaltsberechnung unberücksichtigt (vgl. BGH FamRZ 2003, 590; 2001, 986). Eine Einkommenssteigerung von über 10 000 Euro jährlich bei einem Firmenwechsel ist ein wesentliches Indiz für einen Karrieresprung (OLG München FuR 2003, 328). Soweit ein nachehelicher Karrieresprung aber lediglich einen **neu hinzugetretenen Unterhaltsbedarf auffängt** und nicht zu einer Erhöhung des Unterhalts nach den während der Ehe absehbaren Verhältnissen führt, ist das daraus resultierende Einkommen in die Unterhaltsbemessung einzubeziehen (BGH FamRZ 2009, 411).

BEISPIELE für einen nicht voraussehbaren Karrieresprung, somit für **nicht prägendes** Einkommen:
- Vom Angestellten zum Geschäftsführer einer GmbH (BGH FamRZ 1990, 1085)
- von einer Richterplanstelle in R 2 in R 3 (OLG Celle FamRZ 1999, 858)
- vom gebogenen Dienst in den höheren Dienst (Palandt/Brudermüller, § 1578 Rn. 24)
- vom kaufmännischen Sachbearbeiter zum Abteilungsleiter (OLG Hamm FamRZ 1990, 65)
- vom Angestellten zum freien Handelsvertreter mit deutlich höherem Einkommen (OLG Stuttgart FamRZ 1991, 952)

- vom Verkaufsleiter zum Geschäftsführer mit einer Einkommenserhöhung von monatlich 4000 Euro brutto (OLG Hamm FamRZ
  1994, 515)
- vom Geschäftsführer eines mittelständischen Unternehmens zum
  Manager eines international operierenden Konzerns (OLG Hamm
  FamRZ 1994, 515).

▶ **Ketubbah-Vereinbarung**

Eine in Israel bei der religiösen Trauung geschlossene Ketubbah-
Vereinbarung ist rechtlich als Ehevertrag zu qualifizieren, die einen
Vertrag über den nachehelichen Unterhalt beinhaltet, weil mit dem
in der Ketubbah-Urkunde enthaltenen Zahlungsversprechen und
der konkret festgelegten Geldsumme (der eigentlichen Ketubbah)
gerade die materielle Sicherheit der Frau nach einer Scheidung festgelegt wird, da der Unterhaltsanspruch der Frau nach jüdisch-reli-
giösem Recht mit der Scheidung endet (OLG Düsseldorf FamRZ
2002, 1118).

▶ **Kindbezogene Gründe für Verlängerung des Betreuungsunterhalts**

Vor einer Verlängerung des Betreuungsunterhalts aus kindbezogenen Gründen nach Vollendung des dritten Lebensjahres des Kindes
ist stets zu prüfen, ob und in welchem Umfang die Kindesbetreuung
auf **andere Weise** gesichert ist oder in kindgerechten Betreuungseinrichtungen gesichert werden könnte. Soweit die Betreuung des Kindes auf andere Weise sichergestellt oder in einer kindgerechten Einrichtung möglich ist, kann einer Erwerbsobliegenheit des betreuenden Elternteils auch entgegenstehen, dass der ihm daneben verbleibende Anteil an der Betreuung und Erziehung des Kindes zu einer
überobligationsmäßigen Belastung führen kann (BGH FamRZ
2009, 770). Die Obliegenheit zur Inanspruchnahme einer kindgerechten Betreuungsmöglichkeit findet erst dort ihre **Grenze,** wo die
Betreuung nicht mehr mit dem Kindeswohl vereinbar ist, was jedenfalls bei öffentlichen Betreuungseinrichtungen wie Kindergärten, Kindertagesstätten und Kinderhorten regelmäßig nicht der Fall

ist (BGH FamRZ 2011, 1375; 2010, 1052). Neben der grundsätzlichen Betreuungsbedürftigkeit minderjähriger Kinder können allerdings auch **sonstige** kindbezogene Gründe, wie z. B. schwere Krankheiten, die im Rahmen einer Betreuung in kindgerechten Einrichtungen nicht aufgefangen werden können, für eine eingeschränkte Erwerbspflicht und damit für eine Verlängerung des Betreuungsunterhalts sprechen.

▶ Kinderbetreuung durch den Verpflichteten

Es kann der Fall eintreten, dass nach der Scheidung die minderjährigen Kinder vom vollberufstätigen Ehemann betreut und versorgt werden oder nach § 1603 Abs. 2 S. 3 BGB der berufstätige Elternteil bei dem die minderjährigen Kinder leben auch für den Barunterhalt aufkommen muss, der geschiedenen Ehefrau aber dennoch ein Unterhaltsanspruch nach §§ 1571 ff. BGB zusteht oder dass beide Ehegatten gemeinsame Kinder betreuen (vgl. BGH FamRZ 2008, 137; OLG Oldenburg FamRZ 2000, 1286).

Für den **letzteren** Fall besteht im Rahmen von § 1570 BGB eine **Gesetzeslücke.** Nach der Rechtsprechung des BGH (FamRZ 2001, 350) ist bei Betreuung eines gemeinsamen Kindes **durch den Unterhaltspflichtigen** diesem ein Freibetrag aus überobligatorischer Tätigkeit (sog. →*Kinderbetreuungsbonus*) zu belassen und nur das Resteinkommen für die Berechnung des Unterhalts als prägend anzusetzen, wenn keine konkreten Betreuungskosten geltend gemacht werden. Zum Kinderbetreuungsbonus wird auf BGH FamRZ 2005, 442 verwiesen (vgl. auch Leitlinien jeweils Ziff. 15.2 i. V. m. Ziff. 10.3 i. V. m. BGH FamRZ 2005, 442).

Erzielt der Unterhaltspflichtige wegen der Betreuung eines gemeinsamen minderjährigen Kindes sein Einkommen aus einer **überobligatorischen Tätigkeit,** so kann eine **Billigkeitsabwägung** unter Zumutbarkeitsgesichtspunkten dazu führen, dass nach Abzug der konkreten Betreuungskosten bzw. eines Betreuungsbonus (wenn z. B. die Lebensgefährtin des Unterhaltspflichtigen das Kind ohne Entgelt betreut) das verbleibende Einkommen nach den Grundsätzen von Treu und Glauben nur zum Teil berücksichtigt wird.

Bei einer **Geschwistertrennung** kann für den Unterhalt nahezu gleichaltriger Kinder aus Gründen der Gleichbehandlung bei beiden Eltern ein gleich hoher Betrag für Unterhaltsleistungen vom jeweiligen Einkommen abgezogen werden (BGH FamRZ 1984, 151).

▶ Kinderbetreuungsbonus

Geht der **Unterhaltspflichtige/Unterhaltsbedürftige** trotz Betreuung eines kleinen Kindes einer Erwerbstätigkeit nach und fallen hierfür **konkrete Kinderbetreuungskosten** an, sind diese in angemessenem Rahmen als **Abzugsposten** bei der Bereinigung des Nettoeinkommens als **eheprägend** zu berücksichtigen, auch wenn die Kosten erst durch Trennung/Scheidung konkret angefallen sind (BGH FamRZ 2001, 350). Geht der **Unterhaltspflichtige** nach Trennung/Scheidung einer Erwerbstätigkeit nach, obwohl er ein gemeinsames kleines Kind betreut und macht **keine konkreten Betreuungskosten** geltend, ist sein Einkommen um einen **Betreuungsbonus** zu kürzen (BGH FamRZ 2001, 350). Kommt der Pflichtige zusätzlich für den **Barunterhalt** des Kindes auf, ist daneben der sich aus seinem Einkommen errechnete **Kindesunterhalt Abzugsposten** (BGH FamRZ 1991, 182). Der Betreuungsbonus steht dem Pflichtigen auch zu, wenn seine neue Ehefrau oder die neue Lebensgefährtin das Kind betreut (BGH FamRZ 2001, 350). Bei **Geschwistertrennung** ist aus Gründen der **Gleichbehandlung** bei beiden Eltern ein gleich hoher Betreuungsbonus vom Einkommen abzuziehen, wenn die Kinder nahezu gleichaltrig sind (vgl. BGH FamRZ 1984, 151).

Übt der Unterhalts**bedürftige** trotz Betreuung kleiner Kinder einer Erwerbstätigkeit aus und macht **keine konkrete Betreuungskosten** geltend, ist wie beim Pflichtigen ein Betreuungsbonus als eheprägend abzuziehen (Teil des Surrogats der Familienarbeit in der Ehe). Dies gilt nach den Leitlinien sämtlicher Oberlandesgerichte, jeweils Ziff. 10.3. Ein Betreuungsbonus kann ausnahmsweise auch **neben tatsächlich entstandenen Kosten** berücksichtigt werden, wenn trotz der Betreuung der Kinder durch andere Personen mit entsprechendem Kostenaufwand noch „besondere Erschwernisse" für den betreffenden Elternteil verbleiben und hierzu konkret vorgetragen ist (vgl. OLG Köln FamRZ 1995, 1582; BGH FamRZ 1991, 182).

Die **Höhe** des Betreuungsbonus richtet sich nach dem Alter des Kindes sowie nach der **Höhe** des an Stelle der Kinderbetreuung **erzielten Einkommens,** liegt aber **unter** dem jeweiligen Bedarfssatz des Barunterhalts.

Kosten für **Kindergärten** und vergleichbare Betreuungsformen (ohne Verpflegungskosten) sind aber **Mehrbedarf des Kindes.**

▶ **Kinderfreibetrag**

Bei Einkünften von derzeit über 35000 Euro (Alleinerziehende) bzw. 37000 Euro (Verheiratete mit Splittingtarif) kommt der Kinderfreibetrag für steuerpflichtige Eltern zum Tragen. Er beträgt derzeit je Kind 2184 Euro (verdoppelt 4368 Euro). Hinzukommen kann ein weiterer Freibetrag gemäß § 31 S. 1 EStG von jährlich 1320 Euro für den Betreuungs- und den Erziehungs- oder Ausbildungsbedarf des Kindes. Der **gesamte Freibetrag beider Eltern** beläuft sich somit auf 2184 Euro + 1320 Euro = 3504 Euro × 2 = **7008 Euro.** Leistet der Barunterhaltspflichtige keinen oder nur einen geringen Kindesunterhalt, kann der andere, das Kind betreuende Elternteil, der mit seinem Einkommen für den Barunterhalt des Kindes aufkommt, nach § 32 Abs. 6 S. 6 EStG die **Übertragung des Kinderfreibetrages** verlangen (vgl. BVerfG FamRZ 2009, 2065). Zu berücksichtigen ist, dass dieser steuerliche Freibetrag den Eltern stets nur gekürzt um das bereits gezahlte **Kindergeld** zusteht.

▶ **Kindergarten, Kinderhort**

Kosten für Kindergarten und **vergleichbare Betreuungsformen** (ohne Verpflegungskosten) sind **Mehrbedarf des Kindes.** Bei Zusatzbedarf (Prozesskostenvorschuss/Mehrbedarf/Sonderbedarf) gilt § 1606 Abs. 3 S. 1 BGB. Bei anteiliger Barunterhaltspflicht ist vor Berechnung des Haftungsanteils das bereinigte Nettoeinkommen jedes Elternteils zu ermitteln. Außerdem ist vom Restbetrag ein Sockelbetrag in Höhe des **angemessenen Selbstbehalts von 1150 Euro** abzuziehen (vgl. BGH FamRZ 2009, 962 mit Anm. Born). Hat der **betreuende** Elternteil **kein eigenes Einkommen** und ist er auch nicht zu einer Erwerbstätigkeit verpflichtet, muss der barunterhaltspflichtige Elternteil dem Gesamtbedarf des Kindes (einschließlich der Mehrkosten) **allein** übernehmen, sofern er hinreichend leistungsfähig ist.

▶ Kindergeld

Das Kindergeld (§§ 62 ff. EStG) beträgt als Mindestbedarf des Familienlastenausgleichs ab dem 1. 1. 2010:

- **184 Euro** für das 1. und 2. Kind,
- **190 Euro** für ein 3. Kind und
- **215 Euro** für jedes weitere Kind

Grundprinzip des Kindergeldausgleichs ist, dass das auf das jeweilige unterhaltsbedürftige Kind entfallende Kindergeld als zweckgebundene, **existenzsichernde Leistung** für dieses zu **verwenden** ist, um damit dessen individuellen Unterhaltsbedarf zu mindern. Das Wort „verwenden" bringt zum Ausdruck, dass das Kind Anspruch auf **Auszahlung des Kindergeldes** oder die Erbringung entsprechender Naturalleistungen gegenüber demjenigen hat, der das Kindergeld ausgezahlt erhält. Es ist **Einkommen des Kindes** (BFH FamRZ 2010, 125).

Gemäß § 1612 b BGB (Deckung des Barbedarfs durch Kindergeld) ist das auf das Kind entfallende Kindergeld zur Deckung seines Barbedarfs zu verwenden:

- zur **Hälfte,** wenn ein Elternteil seine Unterhaltpflicht durch Betreuung des Kindes erfüllt (§ 1606 Abs. 3 S. 2 BGB)
- in **allen** anderen Fällen in **voller Höhe.**

In diesem Umfang mindert es den Barbedarf des Kindes.

Auswirkungen auf den Ehegattenunterhalt: Die Entlastung des barunterhaltpflichtigen Elternteils durch das Kindergeld ist bei einer anschließenden Bemessung des nachehelichen Unterhalts auf die Weise zu berücksichtigen, dass als Kindesunterhalt nur noch der **Zahlbetrag** abgesetzt werden kann (BGH FamRZ 2009, 1392 Rn. 41; 1300). Die Entlastung der Barunterhaltpflicht gegenüber minderjährigen Kindern durch das hälftige Kindergeld kann sich deswegen im Rahmen eines Anspruchs auf Ehegattenunterhalt auf bis zu (184 / 2 × 55 Prozent) = **50,60 Euro** vermindern.

Bei einem **volljährigen, noch im Haushalt lebenden Kind,** für das noch ein Kindergeldanspruch besteht, sind die **Haftungsanteile** der Eltern auf der Grundlage des **nach Abzug des vollen Kindergeldes** verbleibenden **Restbedarfs** zu ermitteln. Dies ist angemessen, weil kein Elternteil mehr dem Kind zum Betreuungsunterhalt verpflichtet ist.

Bei einem volljährigen, **außerhalb des elterlichen Haushalts** lebenden Kind ist das Kindergeld voll auf den Unterhaltsbedarf anzurechnen. Der verbleibende Bedarf ist von den Eltern entsprechend ihrer Leistungsfähigkeit anteilig zu decken, § 1606 Abs. 3 S. 1 BGB.

Soweit in diesem Fall das Kindergeld **nicht direkt an das Kind ausgezahlt wird,** hat das Kind gegen den Elternteil, der das Kindergeld bezieht, einen **Anspruch aus Auskehrung.** Dieser Anspruch kommt im Wortlaut der Bestimmung dadurch zum Ausdruck, dass das Kindergeld zur Deckung des Barbedarfs des Kindes **zu verwenden** ist; er besteht unabhängig von der unterhaltsrechtlichen **Leistungsfähigkeit** des Kindergeld beziehenden Elternteils. Das Kind kann also von einem Elternteil, der **leistungsunfähig** ist, Zahlung des ihm zugeflossenen Kindergeldes verlangen. Denn beim Kindergeld handelt es sich um eine **zweckgebundene öffentliche Leistung,** die unterhaltsrechtlich nicht als Einkommen der Eltern angesehen wird. Neben dem unterhaltsrechtlichen Anspruch auf Auskehrung besteht im Übrigen noch die Möglichkeit, das Kindergeld nach öffentlichem Recht abzuzweigen und **direkt an das Kind auszuzahlen** (§ 74 EStG).

Erbringt der nicht barleistungsfähige Elternteil dem volljährigen Kind Naturalleistungen durch **Wohnungsgewährung** oder im Rahmen der gemeinsamen Haushaltsführung, ist dies nicht als unentgeltlich anzusehen. Das Kind kann ein Entgelt für diese Leistungen entweder aus dem – voll bedarfsdeckenden – Barunterhalt des anderen Elternteils erbringen. Es kann im Umfang der Leistungen aber auch auf die Auskehr des ihm zustehenden Kindergeldes verzichten (vgl. §§ 11 Abs. 1 S. 3 SGB II, 82 Abs. 1 S. 2 SGB XII).

Ob das Kind diesem Elternteil das an ihn bezahlte Kindergeld belässt oder ob es Naturalleistungen mit dem vom Vater erhaltenen übrigen Barunterhalt bezahlt, ist letztlich unerheblich. Nur soweit der nicht (bar-)unterhaltspflichtige Elternteil Naturalleistungen erbringt, die das an ihn gezahlte Kindergeld übersteigen, leistet er über den durch Unterhaltszahlungen des anderen Elternteils und Kindergeld voll abgedeckten Unterhaltsbedarf hinaus. Wenn er dafür keinen weiteren Ausgleich von dem volljährigen Kind verlangt, handelt es sich um **freiwillige Leistungen,** die auf die Unterhaltslast des anderen Elternteils keinen Einfluss haben (BGH FamRZ 2006, 774). Auf den Unterhaltsbedarf des volljährigen Kindes ist auch seine – um die Ausbildungspauschale verminderte – **Ausbildungsvergütung** in **vollem Umfang** bedarfsdeckend anzurechnen. Das gilt auch dann, wenn das Kind noch im Haushalt eines Elternteils lebt, der mangels Leistungsfähigkeit nicht unterhaltspflichtig ist (vgl. BGH FamRZ 2006, 99).

Auch wenn ein **Student** sich in den Semesterferien beim leistungsunfähigen Elternteil im Haushalt des leistungsfähigen Elternteils aufhält, der weiterhin das Kindergeld bezieht, kürzt das Kindergeld in **voller Höhe** seinen Bedarf (OLG München FamRZ 2006, 643).

Leisten die kindergeldberechtigten Eltern tatsächlich **keinen Unterhalt,** liegt es im **pflichtgemäßen Ermessen der Familienkasse** („kann"), das Kindergeld an das volljährige Kind selbst auszuzahlen (BFH FamRZ 2006, 622).

Verfahren zur Bestimmung des **Kindergeld-Bezugsberechtigten** nach § 3 Abs. 2 S. 3 Bundeskindergeldgesetz, § 64 S. 2 S. 3 EStG sind gemäß § 231 Abs. 2 FamFG **Unterhaltssachen.** Zuständig ist der **Rechtspfleger.**

▶ Kinderzuschlag

Der Kinderzuschlag **des Arbeitgebers** wird dem Arbeitnehmer nicht im Hinblick auf die Verheiratung gewährt, sondern allein deshalb, weil der Arbeitnehmer **Kinder hat,** ohne dass es darauf ankäme, aus welcher Ehe diese stammen. Der Bezug des Kinderzuschlages setzt kein Zusammenleben der Eltern des Kindes voraus. Deshalb ist auch dieser Zuschlag im Falle der Wiederverheiratung Bestandteil des unterhaltsrelevanten Einkommens (vgl. BGH FamRZ 2007, 793, 882). Demgegenüber kommt beim **Familienzu-**

schlag nach § 40 Abs. 1 BBesG bei der Bemessung des Unterhaltsanspruchs der geschiedenen Frau nur ein hälftiger Ansatz in Betracht, wenn der Zuschlag sowohl wegen des Unterhaltsanspruchs
aus geschiedener Ehe als auch für eine bestehende Ehe gezahlt wird
(BGH FamRZ 2007, 793, 882).

Wird ein **Kinderzuschlag unabhängig von der neuen Ehe gewährt,**
z. B. weil es sich um ein leibliches Kind aus der geschiedenen Ehe
handelt, ist auch für die Bemessung des nachehelichen Ehegattenunterhalts der Kinderzuschlag dem relevanten Einkommen zuzuordnen (BGH FamRZ 2007, 882, 885).

▶ **Kindesunterhalt (Überblick)**

Bei dem Unterhaltstatbestand des § 1601 BGB handelt es sich um
einen **lebenslangen** Tatbestand für Unterhaltsansprüche des Kindes
gegen beide Eltern.

Die Einführung des Mindestunterhalts bedeutet, dass der Unterhaltspflichtige beweisen muss, dass er nicht leistungsfähig ist, den
Mindestunterhalt zu zahlen. Ferner knüpft an den Mindestunterhalt
die **Berücksichtigungsunwürdigkeit von Schulden** an. Kann der
Mindestunterhalt aufgrund von Schulden nicht gezahlt werden, ist
dies ein Ablehnungsgrund für die Berücksichtigung. Außerdem gilt
die gesteigerte Erwerbsobliegenheit bis zur Sicherstellung des Mindestunterhalts.

Für die richtige **Berechnung** des Kindesunterhalts sind folgende **Fallgruppen** zu unterscheiden, weil die Ermittlung des Unterhalts bei
den verschiedenen Fallgruppen unterschiedlichen Regeln unterliegt:

(1) minderjährige Kinder ohne eigenes Einkommen

(2) minderjährige Kinder mit eigenem Einkommen (i. d. R. Azubis)

(3) minderjährige Kinder, die auswärtig (z. B. in einem Internat/
Heim) untergebracht sind

(4) volljährige unverheiratete **Schüler,** die gemäß § 1603 Abs. 2 S. 2
den minderjährigen unverheirateten Kindern **gleichstehen** und
zwar bis zur Vollendung des 21. Lebensjahres, **solange** sie im

Haushalt der Eltern oder eines Elternteils leben und sich in der allgemeinen Schulausbildung befinden

(5) volljährige Kinder, die nicht gemäß § 1603 Abs. 2 S. 2 BGB minderjährigen Kindern gleichgestellt sind und noch im Haushalt der Eltern oder eines Elternteils wohnen (Azubis, Schüler nach Vollendung des 21. Lebensjahres, Studenten, Arbeitslose)

(6) alle volljährigen Kinder mit eigenem Hausstand.

Der **notwendige Eigenbedarf (Selbstbehalt)** gegenüber minderjährigen unverheirateten Kindern sowie gegenüber volljährigen unverheirateten Kindern bis zur Vollendung des 21. Lebensjahres, die im Haushalt der Eltern oder eines Elternteils leben und sich in der **allgemeinen Schulausbildung** befinden, beträgt beim nicht erwerbstätigen Unterhaltspflichtigen monatlich 770 Euro, beim erwerbstätigen Unterhaltspflichtigen monatlich 950 Euro. Hierin sind **bis 360 Euro** für Unterkunft einschließlich umlagefähiger Nebenkosten und Heizung (**Warmmiete**) enthalten. Der Selbstbehalt kann **angemessen erhöht** werden, wenn dieser Betrag im Einzelfall **erheblich überschritten** wird und dies **nicht vermeidbar** ist.

▶ **Kindesunterhalt (ausländisches Recht)**

Hat das Kind oder der unterhaltspflichtige Elternteil seinen gewöhnlichen Aufenthalt **nicht im Inland** ist für die Durchsetzung der Kindesunterhaltsansprüche das für den Sitz des Oberlandesgerichts, in dessen Bezirk das Kind oder der Unterhaltspflichtige seinen gewöhnlichen Aufenthalt hat, zuständige Amtsgericht, zuständig, § 28 AUG.

Der Berechtigte kann Unterhalt in der Währung seines Landes oder des Landes des Unterhaltspflichtigen verlangen. Devisenrechtliche Beschränkungen müssen berücksichtigt werden. Ist der Klageantrag auf Zahlung in ausländischer Währung gerichtet, darf der Richter nicht auf inländische Währung verurteilen (vgl. BGH IPRax 1994, 366). Der **Bedarf** eines Kindes im Ausland kann geringer sein als der Betrag, der sich aus der DT ergibt, wenn die Lebenshaltungskosten an seinem Aufenthaltsort geringer sind. Die **Bedarfskorrektur** erfolgt i. d. R. durch einen Vergleich der **Verbrauchergeldparität** mit dem Wechselkurs, zu dem man Euro in ausländische Währung tauscht (ausführlich Wendl/Dose, Unterhaltsrecht § 9 Rn. 35 ff.). In den **neuen EU-Staaten** erfolgt überwiegend eine **Herabsetzung des Bedarfs um ein Halb,** ebenso für die Türkei. Für Russland und Thailand erfolgt i. d. R. ein Abschlag von ein Halb (vgl. Dose, Unterhaltsrecht, § 9 Rn. 37).

▶ **Kindesunterhalt (auswärtige Unterbringung eines minderjährigen Kindes)**

Schuldet ein Elternteil seinem auswärts untergebrachten minderjährigen Kind neben dem Barunterhalt auch Betreuungsunterhalt, so ist der **Betreuungsunterhalt grundsätzlich pauschal in Höhe des Barunterhalts** zu bemessen. Für einen davon abweichenden Betreuungsbedarf trägt derjenige die Darlegungs- und Beweislast, der sich darauf beruft (BGH FamRZ 2006, 1597). Der BGH hat entschieden, dass nur eine Monetarisierung des Betreuungsunterhalts **in Höhe des Barunterhalts** des Gleichmäßigkeit beider Unterhaltsformen gerecht wird. Dies ergibt sich schon aus § 1606 Abs. 3 S. 2 BGB, wo von Pflege und Erziehung als ausreichenden Beitrag des betreuenden Elternteils zu Erfüllung seiner Unterhaltpflicht die Rede ist. Die Regel der Gleichwertigkeit von Bar- und Betreuungsunterhalt gilt für jedes Kindesalter bis hin zum Erreichen der Volljährigkeit (BGH FamRZ 2006, 1599).

▶ **Kindesunterhalt (erhöhte Leistungsverpflichtung gegenüber minderjährigen Kindern)**

Siehe →*Gesteigerte Erwerbsobliegenheit,* →*Hausmann-Hausfrau-Entgelt.* Die erhöhte Erwerbsobliegenheit besteht jedoch nur zur Sicherung des Mindestunterhalts. Auf die **fehlende Vollstreckbarkeit** eines möglichen Unterhaltstitels kann dabei nicht abgestellt werden.

▶ **Kindesunterhalt (minderjährige Kinder)**

1. Voraussetzungen und Umfang

Der Elternteil, der das minderjährige Kind nicht persönlich betreut, ist barunterhaltspflichtig. Die Bemessung des **Barunterhalts** richtet sich nach der Lebensstellung des Kindes, wobei das Kind keine wirtschaftliche Selbstständigkeit besitzt. Seine **Lebensstellung** wird daher von der der Eltern abgeleitet, bezüglich des Barunterhalts sind die Einkommensverhältnisse des Unterhaltspflichtigen entscheidend (BGH FamRZ 1983, 473). In Fällen besonderer Bedürftigkeit kann die Grenze des Selbstbehaltes (→*Selbstbehalt, Bedarfskontrollbetrag)* beim Verpflichteten unterschritten werden. Die **Anspruchsvoraussetzungen** für den Kindesunterhalt ergeben sich aus den Vorschriften der §§ 1601 ff. BGB, wobei § 1601 BGB das Anspruchsgrundverhältnis beschreibt, § 1602 BGB die Bedürftigkeit des Kindes und § 1603 BGB die Leistungsfähigkeit der Eltern als Anspruchsvoraussetzung nennt.

Die Höhe des angemessenen Unterhalts ergibt sich aus §§ 1610, 1612 a–d BGB und die Art der Unterhaltsgewährung ist in § 1612 BGB geregelt.

Wird als Kindesunterhalt nur der **Mindestbedarf** verlangt, ist eine nähere Darlegung der Bedarfshöhe nicht erforderlich; macht der Pflichtige geltend, er sei zu dieser Zahlung **nicht leistungsfähig,** muss der dies darlegen und beweisen (BGH FamRZ 1998, 357).

Eigenes Einkommen des Kindes kürzt dessen Unterhaltsbedarf, § 1602 Abs. 1 BGB (BGH FamRZ 1988, 159; Leitlinien Ziff. 12.2); es wird bei **beiden** Eltern **hälftig** angerechnet. Als Einkommen kommen i. d. R. neben der Lehrlingsvergütung BaföG-Leistungen sowie Einkünfte aus regelmäßigen Nebentätigkeiten, soweit sie nicht überobligationsmäßig sind (wie z. B. das Zeitungsaustragen minderjähriger Schüler zur Aufbesserung des Taschengeldes) in Betracht; wegen der Gleichwertigkeit von Bar- und Naturalunterhalt ist bei Minderjährigen eigenes Einkommen **zur Hälfte auf den Bar- und Naturalunterhalt** anzurechnen (BGH FamRZ 1988, 1039; Leitlinien Ziff. 12.2).

Eine **Ausbildungsvergütung** ist auf den Unterhaltsanspruch bedarfsmindernd anzurechnen, nachdem zuvor ausbildungsbedingte Aufwendungen und notwendiger Mehrbedarf abgezogen worden sind. Das Einkommen des Kindes muss **beiden Eltern** im Verhältnis ihrer Haftungsanteile zugute kommen. Leistet z. B. der Vater Barunterhalt und die Mutter Naturalunterhalt, so entlastet nach der Regel des § 1606 Abs. 3 S. 2 BGB das bereinigte Kindeseinkommen die Eltern zu gleichen Teilen und ist damit **nur zur Hälfte** auf den Barunterhaltsanspruch anzurechnen. Vor der Anrechnung ist die Ausbildungsvergütung nach der DT i. d. R. um einen ausbildungsbedingten Mehrbedarf von monatlich 90 Euro zu kürzen.

Gleichwertigkeit von Bar- und Naturalunterhalt: Bar- und Naturalunterhalt gelten beim **minderjährigen** Kind i. d. R. als gleichwertig, § 1606 Abs. 3 S. 2 BGB. Beim minderjährigen Kind ist deshalb eigenes Einkommen wegen der Gleichwertigkeit von Bar- und Naturalunterhalt je zur Hälfte auf den Bar- und Naturalunterhalt anzurechnen. Eine **Ausnahme** von dieser Gleichwertigkeitsregel kann dann bestehen, wenn der das Kind betreuende Elternteil über ein **Vielfaches** an Einkommen/Vermögen gegenüber dem unterhaltspflichtigen Elternteil hat, § 1606 Abs. 3 S. 2 BGB, **oder** der **angemessene Selbstbehalt des Unterhaltspflichtigen** nicht gewahrt ist und der betreuende Elternteil über ein **ausreichendes Einkommen** verfügt, um alleine für das Kind aufkommen zu können (BGH FamRZ 1998, 286). Dabei gehen aber die Grundsätze der sog. „Hausmann-Rechtsprechung" vor. Der Grundsatz der Gleichwertigkeit von Bar- und Betreuungsleistung **gilt nicht** bei einem **Zusatzbedarf** (Mehrbedarf, Sonderbedarf, Prozesskostenvorschuss), (BGH FamRZ 1998, 286).

Die Gerichtspraxis wird vom **Tabellenunterhalt** beherrscht. Für die Berechnung des Kindesunterhalts wird ganz überwiegend die **DT** angewandt. In diesen Unterhaltssätzen sind bei minderjährigen Kindern, die mit wenigstens einem Elternteil noch in familiärer Gemeinschaft leben, die Kosten für Nahrung, Wohnung, Ferien, Pflege musischer und sportlicher Interessen sowie Taschengeld enthalten.

Nicht enthalten sind **Krankenversicherung und Pflegeversicherungsbeiträge** für das Kind, wenn dieses nicht in einer gesetzlichen Familienversicherung mitversichert ist. In diesem Fall ist die Krankenversicherung **neben dem Tabellenunterhalt** zu bezahlen. Die Kosten hierfür sind bei der Ermittlung des bereinigten Nettoeinkommen des Unterhaltspflichtigen vorab abzuziehen (DT Anm. A 9; Leitlinien Ziff. 11.1.).

Die DT weist den monatlichen Unterhaltsbedarf bezogen auf **zwei Unterhaltsberechtigte** ohne Rücksicht auf den Rang aus. Der Bedarf ist nicht identisch mit dem **Zahlbetrag**. Bei einer größeren/geringeren Anzahl Unterhaltsberechtigter können **Ab- oder Zuschläge** durch Einstufung in niedrigere/höhere Gruppen angemessen sein. Zur Deckung des notwendigen Mindestbedarfs aller Beteiligten (einschließlich des Ehegatten, ist ggf. eine Herabstufung bis in die **unterste Tabellengruppe** vorzunehmen. Reicht das verfügbare Einkommen auch dann nicht aus, setzt der **Vorrang der Kinder** durch. Ggf. erfolgt zwischen den **erstrangigen** Unterhaltsberechtigten eine Mangelfallberechnung.

Der **Zahlbetrag** ergibt sich i. d. R. durch Abzug des hälftigen Kindergeldes vom jeweiligen Tabellenbetrag. Der Mindestunterhalt beträgt derzeit (Stand 1. 1. 2011) bei einem Einkommen bis 1500 Euro

- in der ersten Altersstufe: 317 – 82 = **225 Euro**
- in der zweiten Altersstufe: 364 – 82 = **272 Euro**
- in der dritten Altersstufe: 426 – 82 = **334 Euro**

2. Mindestunterhalt gemäß § 1612 a BGB

Ein minderjähriges Kind kann von einem Elternteil, mit dem es nicht in einem Haushalt lebt, den Unterhalt als **Prozentsatz des jeweiligen Mindestunterhalts** verlangen. Der **Mindestunterhalt** richtet sich nach dem **doppelten Freibetrag** für das sächliche Existenzminimum eines Kindes (Kinderfreibetrag) nach § 32 Abs. 6 S. 1 EStG. Er beträgt monatlich entsprechend dem Alter des Kindes

- für die Zeit bis zur Vollendung des 6. Lebensjahres (1. Altersstufe) **87 Prozent**
- für die Zeit vom 7. bis zur Vollendung des 12. Lebensjahres (2. Altersstufe) **100 Prozent und**
- für die Zeit vom 13. Lebensjahr an (3. Altersstufe) **117 Prozent**

eines Zwölftels des doppelten Kinderfreibetrages.

Der Mindestunterhalt einer höheren Altersstufe ist ab dem **Beginn** des Monats maßgebend, in dem das Kind das betreffende Lebensjahr vollendet, § 1612 a Abs. 3 BGB.

§ 1612 a BGB schreibt den **Mindestbedarf** ausdrücklich fest. Das ändert nichts daran, dass der **tatsächlich geschuldete Kindesunterhalt** sich nach der individuellen Leistungsfähigkeit des Barunterhaltspflichtigen gemäß § 1603 BGB bemisst. Eine **unzureichende Leistungsfähigkeit** des Unterhaltspflichtigen findet bereits bei der Höhe des Unterhaltsanspruchs Berücksichtigung. Über den **Selbstbehalt** ist stets gewährleistet, dass dem Unterhaltspflichtigen das eigene Existenzminimum verbleibt. Von daher steht der Mindestunterhalt von vornherein unter dem **Vorbehalt der Leistungsfähigkeit.** Der Mindestunterhalt ist derjenige Barunterhaltsbetrag, auf den das minderjährige Kind grundsätzlich Anspruch hat und den der Unterhaltspflichtige **grundsätzlich zu leisten** verpflichtet ist.

Den Unterhaltspflichtigen trifft die **volle Darlegungs- und Beweislast,** wenn er behauptet, zur Deckung des Mindestbedarfs nicht oder nicht in vollem Umfang leistungsfähig zu sein.

Sonder- und Mehrbedarf sowie erhöhter Bedarf (z. B. Berufsausbildungskosten) sind im Tabellenunterhalt nicht mit enthalten.

Die DT gibt die monatlichen Bedarfsbeträge wieder, ausgehend davon, dass Unterhalt gegenüber zwei Berechtigten zu gewähren ist.

3. Gleichmäßige Kindesbetreuung durch beide Elternteile

Betreuen die Eltern ihr Kind tatsächlich im „Wechselmodel" (→ *Wechselmodell),* so steht keinem Elternteil eine **Alleinvertretungsbefugnis** nach § 1629 Abs. 2 S. 2 BGB zu (OLG München FamRZ 2003, 248; OLG Nürnberg FamRZ 2011, 1803). Betreut und versorgt ein Elternteil das Kind **überwiegend,** so ist er berechtigt, Unterhaltsansprüche des Kindes gegen den anderen Elternteil geltend zu machen. Der **Bestellung eines Ergänzungspflegers** oder einer Entscheidung nach § 1628 BGB bedarf es dann nicht. Ausreichend ist dafür, dass der Betreuungsanteil den des anderen Elternteils **nur geringfügig** übersteigt. Praktizieren die Eltern ein **striktes Wechselmodell** → *Wechselmodell,* ist der Bedarf des Kindes konkret nach den Einkommens- und Vermögensverhältnissen beider Eltern unter Einbeziehung der durch den Wechsel bedingten Mehrkosten zu ermitteln. Für diesen Barbedarf haften die Eltern dann **anteilig**

nach ihren Einkünften unter Berücksichtigung ihrer Anteile an der
Betreuung (OLG Düsseldorf MDR 2001, 633). Die Unterhaltsbemessung erfolgt im Wesentlichen nach den Maßstäben für ein volljähriges Kind ohne eigenen Hausstand.

4. Die Durchsetzung des Kindesunterhalts

Zur Durchsetzung des Kindesunterhalts minderjähriger Kinder gilt
nach dem **Kindesunterhaltsgesetz** Folgendes:

Grundsatz ist, dass der Unterhalt **aller minderjährigen Kinder** im
vereinfachten Verfahren nach §§ 249 bis 260 FamFG festgesetzt
werden kann, soweit der Unterhalt nach Berücksichtigung der Leistungen den §§ 1612 b oder 1612 c BGB das **1,2-fache des Mindestunterhalts** nach § 1612 a BGB nicht übersteigt.

Nicht zulässig ist das vereinfachte Verfahren gemäß § 249 Abs. 2
FamFG, wenn der Unterhalt **bereits tituliert** oder wenn ein Unterhaltsverfahren anhängig ist.

a) Zuständigkeit

Gemäß § 232 Abs. 2 Nr. 2 FamFG ist **ausschließlich** das Gericht
zuständig, bei dem das Kind oder der Elternteil, der es gesetzlich
vertritt, seinen gewöhnlichen Aufenthalt hat.

Dies gilt jedoch nur für die reinen **Inlandsfälle.** Eine ausschließlich
internationale Zuständigkeit wird dadurch nicht begründet.

Gemäß § 20 Nr. 10 RPflG ist das Regelbetragsverfahren allein dem
Rechtspfleger anvertraut, der den Unterhalt durch **Beschluss** fest-
setzt; § 253 FamFG.

b) Kostenregelung

Die Kostenentscheidung richtet sich nach § 243 FamFG, wobei insbesondere der Umstand, dass ein Beteiligter vor Beginn des Verfahrens einer Aufforderung des Gegners zur Erteilung der **Auskunft**
und Vorlage von Belegen über das Einkommen oder einer Aufforderung des Gerichts nach § 235 Abs. 1 FamFG innerhalb der gesetzten
Frist nicht oder nicht vollständig nachgekommen ist.

c) Verfahrenswert

Für die Festsetzung des Verfahrenswerts ist § 51 FamGKG maßgebend. Danach ist der für die ersten zwölf Monate nach Einreichung des Antrags geforderte Betrag maßgeblich, höchstens jedoch der Gesamtbetrag der geforderten Leistung wobei der Monatsbetrag des zum Zeitpunkt der Einreichung des Antrags geltenden Mindestunterhalts nach der zu diesem Zeitpunkt maßgebenden Altersstufe zugrunde zu legen ist. Die bei Einreichung des Antrags **fälligen Beträge** werden dem Wert hinzugerechnet.

d) Verfahrenskostenhilfe

Die Möglichkeit, Kindesunterhalt im **vereinfachten Verfahren** zu beantragen, begründet angesichts der Schwierigkeiten des „vereinfachten" Verfahrens nicht den Vorwurf der Mutwilligkeit eines „normalen" Verfahrens wegen Kindesunterhalt. Zur Vermeidung des Vorwurfs der Mutwilligkeit muss jedoch ein Unterhaltsschuldner, der bisher seine Zahlungen regelmäßig und vorbehaltlos erbracht hat, zur Errichtung einer **kostenlosen Jugendamtsurkunde** (§§ 59 KJHG, 64 SGB X, 55 a KO) **aufgefordert** werden; andernfalls kommt eine VKH-Bewilligung nicht in Betracht. Das Gericht kann beim Unterhaltsschuldner **anfragen,** ob er zur Schaffung eines Titels durch Jugendamtsurkunde innerhalb einer bestimmten Frist bereit ist.

e) Die Geltendmachung von Kindesunterhalt bei Gütergemeinschaft

Lebt der Unterhaltspflichtige in Gütergemeinschaft, bestimmt sich seine Unterhaltspflicht Verwandten gegenüber so, als ob das Gesamtgut ihm gehörte. Habe beide in Gütergemeinschaft lebende Personen bedürftige Verwandte, ist der Unterhalt aus dem Gesamtgut so zu gewähren, als ob die Bedürftigen zu beiden Unterhaltspflichtigen in dem Verwandtschaftsverhältnis stünden, auf dem die Unterhaltspflicht des Verpflichteten beruht, § 1604 BGB.

Zur Geltendmachung von Kindesunterhalt bei →*Gütergemeinschaft* siehe dort.

▶ **Kindesunterhalt (volljährige Schüler bis zur Vollendung des 21. Lebensjahres)**

Der volljährige unverheiratete Schüler bis 21 Jahre, der noch im Haushalt wenigstens eines Elternteils lebt, ist **rangmäßig** dem minderjährigen Kind gleichgestellt. Er ist gemeinsam mit minderjährigen Kindern nach § 1609 Nr. 1 BGB gegenüber allen anderen Unterhaltsberechtigten **vorrangig**.

Der **Bedarf** des privilegierten Volljährigen richtet sich nach dem **zusammengerechneten Einkommen beider Eltern** und **Stufe 4 der DT**. Beide Eltern haften für den Barunterhalt **anteilig** entsprechend ihrem Einkommen, auch der Elternteil, **bei dem das Kind lebt.** Er kann aber von dem Kind **Kostgeld** verlangen und das Kostgeld mit seinem Haftungsanteil verrechnen bzw. kann das Kind auf die Auskehrung des Kindergeldes verzichten.

Die gegenüber minderjährigen Kindern **verschärfte Unterhaltspflicht** gilt auch gegenüber volljährigen Schülern, die das 21. Lebensjahr noch nicht vollendet haben. Gemäß § 1603 Abs. 2 S. 2 BGB stehen den minderjährigen unverheirateten Kindern volljährige unverheiratete Kinder bis zur Vollendung des 21. Lebensjahres gleich, **solange** sie im Haushalt der Eltern oder eines Elternteils leben (keine analoge Anwendung, wenn das Kind bei Großeltern, sonstigen Verwandten oder im Internat lebt) und sich in der **allgemeinen Schulausbildung** befinden. Lebt also das betreffende volljährige Kind noch bei den Eltern oder einem Elternteil und ist nicht verheiratet, ist die Lebensstellung des Kindes ungeachtet der Beendigung der elterlichen Sorge mit der Lebensstellung minderjähriger Kinder vergleichbar. Dies hat zur Folge, dass sich ihnen gegenüber die Eltern z. B. nur auf den **notwendigen Eigenbedarf** („kleiner Selbstbehalt") berufen können (vgl. DT A.5. und Leitlinien Ziff. 21.2.).

Das **Kindergeld** ist in **voller Höhe** auf den Barbedarf anzurechnen, § 1612 b Abs. 1 Ziff. 2 BGB.

Zur Berechnung des Unterhaltsanspruchs eines privilegierten Volljährigen ist zu beachten, dass neben dem bisher barunterhaltspflichtigen Elternteil ab Eintritt der Volljährigkeit auch der Elternteil zum Barunterhalt verpflichtet ist, bei dem der privilegierte Voll-jährige lebt. Die Haftung der Eltern für den Unterhalt des volljähri-gen Kindes bestimmt sich nach § 1606 Abs. 3 S. 1 BGB, also **anteilig** nach ihren Erwerbs- und Vermögensverhältnissen. Das gilt auch für das privilegierte Kind, da ein **Betreuungsunterhalt** des Elternteils, mit dem das Kind in einem Haushalt lebt, jedenfalls mit Eintritt der Volljährigkeit grundsätzlich nicht mehr geschuldet wird. **Da der Haftungsanteil des in Anspruch genommenen Elternteils sonst nicht berechnet werden kann,** gehört die Mitteilung des Einkom-mens beider Elternteile bereits zum **schlüssigen Klagevortrag,** wenn ein volljähriges Kind Unterhalt begehrt. Die notwendigen **Auskünfte und Einkommen** sind nach § 1605 BGB vorab vom Voll-jährigen zu erholen. Will demgegenüber **ein Elternteil** einen **Unter-haltstitel** eines volljährigen Kindes **abändern,** muss dieser Elternteil vorab zur Feststellung seines Haftungsanteils das **Einkommen des anderen Elternteils klären;** hierfür steht ihm ein **Auskunftsan-spruch nach § 242 BGB** zur Verfügung.

Eine Ausdehnung der Vorschrift auf weitere Fallgruppen, insbeson-dere **behinderte volljährige Kinder,** die sich nicht mehr in Schul-ausbildung befinden, hat der Gesetzgeber nicht vorgenommen.

Nicht geändert wurde vom Gesetzgeber für diesen Personenkreis dagegen die Haftungsverteilung nach § 1606 Abs. 3 BGB. Da gegen-über Volljährigen keine Betreuungsleistung mehr besteht, sind **bei-de** Elternteile nach § 1606 Abs. 3 S. 1 BGB **barunterhaltspflichtig.**

Es ist daher zunächst vom bereinigten Nettoeinkommen der Selbst-behalt von derzeit 950 Euro abzuziehen und dann das Resteinkom-men für die anteilige Berechnung anzusetzen. Bei der Bildung des bereinigten Nettoeinkommens ist dabei der Barunterhalt minder-jähriger Kinder zu berücksichtigen, nicht dagegen die Betreuungs-leistung für ein Kind und der Unterhalt für weitere volljährige Kin-der (BGH FamRZ 1988, 1039; Leitlinien Ziff. 13.3). Das **Kindergeld** wird gemäß § 1612 b BGB **bedarfsdeckend** angesetzt. Da das Kin-dergeld – wie auch bei Minderjährigen – bedarfsdeckend wirkt, ist bei der **Bereinigung des Nettoeinkommens,** z. B. für den Ehegat-tenunterhalt, der **Zahlbetrag** und nicht mehr der Tabellenbetrag abzuziehen. Auch wenn der Volljährige **einziges unterhaltsberech-**

tigtes Kind ist, erfolgt **keine Hochstufung** (OLG Braunschweig FamRZ 1999, 1453).

§ 232 Abs. 1 Nr. 2 FamFG begründet für privilegierte Volljährige eine ausschließliche **örtliche Zuständigkeit** für das Gericht, in dessen Bezirk das Kind seinen gewöhnlichen Aufenthalt im Inland hat.

▶ **Kindesunterhalt (volljährige Azubis, Studenten und Schüler nach Vollendung des 21. Lebensjahres)**

Nicht privilegierte Volljährige (i. S. d. § 1603 Abs. 2 S. 2 BGB) stehen gemäß § 1609 BGB auf **Rangstufe 4.**

Soweit ein **volljähriges Kind** Unterhalt begehrt, gehört die Mitteilung des Einkommens **beider Elternteile** bereits zum **schlüssigen Klagevortrag,** da der Haftungsanteil des in Anspruch genommenen Elternteils sonst nicht berechnet werden kann. Die notwendigen Auskünfte zum Einkommen sind daher vom Volljährigen nach § 1605 BGB zu erholen. Soweit dagegen ein Elternteil einen Unterhaltstitel eines volljährigen Kindes **abändern** will, muss er vorab zur Feststellung seines Haftungsanteils nach § 1606 Abs. 3 BGB das Einkommen des anderen Elternteils klären, wofür ihm ein Auskunftsanspruch nach § 242 BGB zusteht. Eine **unmittelbare gesetzliche Regelung** fehlt insoweit; nach der Rechtsprechung ist aber nach **Treu und Glauben** ein Auskunftsanspruch gegeben, wenn zwischen den Beteiligten rechtliche Beziehungen bestehen, bei denen der Auskunftsbegehrende entschuldbar über die Höhe seiner Verpflichtung im Unklaren und deshalb auf die Auskunft des anderen Elternteils angewiesen ist (BGH FamRZ 1988, 268).

Soweit Volljährige noch im Haushalt der Eltern/eines Elternteils leben und keine eigene Lebensstellung haben, richtet sich der Unterhalt nicht nach festen Bedarfssätzen, sondern nach dem Einkommen der Eltern (BGH FamRZ 1997, 281).

Die Unterhaltspflicht gegenüber einem volljährigen **im Haushalt lebenden Kind** ist stets eine **Barunterhaltspflicht.** § 1606 Abs. 3 S. 2 BGB sieht bewusst davon ab, die Möglichkeit zur Erfüllung der Unterhaltspflicht gegenüber minderjährigen Kindern durch Betreuung auch auf volljährige Kinder zu erweitern. Denn bei volljährigen

Kindern kann typischerweise von einem Bedürfnis nach Pflege und Erziehung keine Rede sein. Wird der Unterhaltsbedarf des volljährigen Kindes nicht – wie in einigen OLG-Leitlinien – nach festen Einsatzbeträgen, sondern nach der DT ermittelt, ist bei Erwerbstätigkeit des bisher betreuenden Elternteils der Barunterhaltsanspruch also nach den **zusammengerechneten Einkommen** beider Elternteile zu bemessen.

Soweit der Unterhaltsbedarf des Kindes nach der DT ermittelt wird, gilt für volljährige Kinder, die noch im Haushalt der Eltern oder eines Elternteils wohnen, die Altersstufe 4 der DT. Sind beide Elternteile leistungsfähig, ist der Bedarf des Kindes i. d. R. nach den zusammengerechneten Einkommen zu bemessen.

Auch wenn unterhaltsbedürftige volljährige Kinder ihre Lebensstellung nach wie vor von derjenigen ihrer Eltern ableiten und sie daher bei **vermögenden Eltern** an deren **gehobenen Lebensbedarf** Teil haben, berechtigt es die Kinder nicht, zur **Teilhabe am Luxus** und zur Ermöglichung einer der Lebensführung der Eltern entsprechenden Lebensgestaltung. Der Unterhaltsbedarf von zwei volljährigen Kindern, die noch studieren, ist bei einem Jahresbruttoeinkommen des Unterhaltspflichtigen von rund 100000 Euro **mit jeweils 770 Euro ausreichend bemessen** (OLG Köln FamRZ 1999, 1277; BFH FamRZ 2001, 1603). Bei Volljährigen kürzt eigenes Einkommen voll den Unterhaltsbedarf, so dass die anteilige Elternhaftung nur noch den **Restbedarf** betrifft (BGH FamRZ 1988, 1039).

Haftungsquote: Bei anteiliger Barunterhaltspflicht ist vor Berechnung des Haftungsanteils nach § 1606 Abs. 3 S. 1 BGB das Nettoeinkommen jedes Elternteils um berufsbedingte Aufwendungen, berücksichtigungsfähige Schulden und vorrangige Unterhaltsverbindlichkeiten zu bereinigen. Außerdem ist vom Restbetrag ein Sockelbetrag von 1150 Euro abzuziehen. Zur Errechnung der **Haftungsanteile der Eltern ist** der Barunterhaltsbedarf eines Volljährigen **vorweg** um das Kindergeld in voller Höhe sowie um sonstiges Einkommen des Minderjährigen (z. B. Ausbildungsvergütung) zu kürzen (BGH FamRZ 2006, 99; 774; 1100). Die Verrechnung ist problemlos, wenn der Volljährige noch bei einem Elternteil lebt, der nach § 64 Abs. 2 EStG Kindergeld-Bezugsberechtigter ist. Hat der

Volljährige dagegen einen **eigenen Hausstand,** hat er gegen den Elternteil, der nach § 64 Abs. 3 EStG das Kindergeld bezieht, einen **Auskehranspruch,** wenn das Kindergeld nicht freiwillig weitergeleitet wird (BGH FamRZ 2006, 99). Er kann auch beantragen, dass das Kindergeld nach § 74 EStG direkt an ihn ausbezahlt wird. Nach den Leitlinien Ziff. 13.3. errechnet sich der Haftungsanteil nach § 1606 Abs. 3 S. 1 BGB nach folgender Formel:

Nettoeinkommen eines Elternteils (N1 oder N2) abzüglich 1150 Euro mal Restbedarf (R), geteilt durch die Summe der Nettoeinkünfte beider Eltern (N1 + N2) abzüglich 2300 (1150 + 1150) Euro.

Haftungsanteil 1 = (N1 − 1150) × R: (N1 + N2 − 2300).

Der so ermittelte Haftungsanteil ist auf seine Angemessenheit zu überprüfen und kann bei Vorliegen besonderer Umstände (z. B. behindertes Kind) wertend verändert werden.

Auf den Unterhaltsbedarf werden Einkünfte des Kindes, auch BAföG-Darlehen, Ausbildungsbeihilfen (gekürzt um ausbildungsbedingte Aufwendungen) angerechnet.

Sonderfälle: Ein Anspruch des Kindes auf Ausbildung **entfällt** bei Verletzung des sog. **Gegenseitigkeitsprinzips.** Der Verpflichtung des Unterhaltsschuldners auf Ermöglichung einer Berufsausbildung steht auf Seiten des Kindes die Obliegenheit gegenüber, sie mit Fleiß und der gebotenen Zielstrebigkeit in **angemessener** und **üblicher Zeit** zu beenden. Der Unterhaltspflichtige muss zwar nach Treu und Glauben **Verzögerungen** der Ausbildungszeit hinnehmen, die auf einem vorübergehenden **leichten Versagen** des Kindes zurückzuführen sind. Verletzt aber das Kind nachhaltig die Obliegenheit, seine Ausbildung **planvoll und zielstrebig** aufzunehmen und durchzuführen, büßt es seinen Unterhaltsanspruch ein (BGH FamRZ 1998, 671).

▶ **Kindesunterhalt (volljährige Kinder mit eigenem Hausstand)**

Der angemessene Bedarf eines volljährigen Kindes mit eigenem Hausstand beträgt i. d. R. monatlich **670 Euro** (darin enthalten Kosten für Unterkunft und Heizung bis zu 280 Euro) ohne Beiträge zur Kranken- und Pflegeversicherung sowie Studiengebühren. Von diesem Betrag kann bei erhöhtem Bedarf oder mit Rücksicht auf die Lebensstellung der Eltern nach oben abgewichen werden. Auf den Unterhaltsbedarf werden Einkünfte des Kindes, auch das Kindergeld, BAföG-Darlehen und Ausbildungsbeihilfen (gekürzt um ausbildungsbedingte Aufwendungen) angerechnet. Bei Einkünften aus unzumutbarer Erwerbstätigkeit gilt § 1577 Abs. 2 BGB entsprechend.

Der Volljährige, der einen eigenen Hausstand hat, hat gegen den Elternteil, der nach § 64 Abs. 3 EStG das Kindergeld bezieht, einen **Ausgleichsanspruch,** wenn er das Kindergeld nicht freiwillig weiterleitet (BGH FamRZ 2006, 99). Er kann auch beantragen, dass das Kindergeld nach § 74 EStG **direkt an ihn ausbezahlt** wird.

1. In der Ausbildung

Nach § 1610 Abs. 2 BGB hat jedes Kind gegen seine Eltern einen Anspruch auf eine **angemessene** Ausbildung nach Begabung, Fähigkeiten, Leistungswillen und beachtenswerten Neigungen unter Berücksichtigung der **wirtschaftlichen Leistungsfähigkeit** der Eltern (sog. **„Gegenseitigkeitsprinzip").** Soweit das Kind das Abitur abgelegt hat, besteht grundsätzlich eine Eignung für ein Studium. Der Ausbildungsunterhalt kann für die Studiendauer nur **insgesamt** bejaht oder verneint werden (BGH FamRZ 1998, 671).

Die für die Unterhaltsbemessung maßgebende Lebensstellung des Kindes bleibt auch nach Volljährigkeit eine von den Eltern abgeleitete, solange das Kind keine wirtschaftliche Selbstständigkeit erreicht hat und von den Mitteln der Eltern lebt (BGH FamRZ 1997, 281).

Dieser Grundsatz muss aber dann eingeschränkt werden, wenn das gesunde Kind nach Abschluss der Ausbildung keinen Arbeitsplatz finden kann, denn dann ist nur noch **eine Anknüpfung an den Lebensstandard** eines Arbeitslosen gerechtfertigt. Die Feststellung des Barunterhaltsbedarfs eines volljährigen Kindes ist in der Rechtsprechung strittig und uneinheitlich. Zum Teil werden Bedarfssätze nach der DT angenommen, zum großen Teil aber auch vom Einkommen unabhängige Regelbedarfssätze. Der „richtige" Unterhalt kann hier nur berechnet werden, wenn die augenblickliche Rechtsprechung des jeweils örtlich zuständigen Gerichts erkundet und berücksichtigt wird.

233

Ein Gesamtüberblick über die unterhaltsrechtlichen Leitlinien der Oberlandesgerichte zeigt, dass die süddeutschen Oberlandesgerichte sowie (für Volljährige mit eigenem Hausstand), Hamburg und Celle von vom Einkommen unabhängigen **Regelbedarfssätzen** ausgehen (jeweils Ziff. 13.1.), während die übrigen Oberlandesgerichte und der BGH den Bedarf nach einkommensabhängigen Bedarfssätzen der DT ermitteln.

Soweit die DT angewandt wird (Ziff. 1.7.), ist bei volljährigen Kindern, die noch im Haushalt der Eltern oder eines Elternteils wohnen, der Unterhalt nach der 4. Altersstufe der Tabelle zu bemessen. Der angemessene Gesamtunterhalt eines Studierenden, der nicht bei seinen Eltern oder einem Elternteil wohnt, beträgt i. d. R. monatlich 670 Euro (DT A. 7.). Dieser Bedarfssatz kann auch für ein Kind mit eigenem Haushalt angesetzt werden.

Soweit für volljährige Kinder keine Regelbedarfssätze bestehen, bestimmt sich der Unterhalt eines volljährigen Kindes grundsätzlich nach den **zusammengerechneten Einkünften** beider Elternteile; diese haben anteilig nach ihren Erwerbs- und Vermögensverhältnissen für den Unterhalt aufzukommen (vgl. BGH FamRZ 1994, 696, 698).

Auf den Unterhaltsbedarf wird Einkommen des Kindes, auch BAföG-Darlehen, Ausbildungsbeihilfen **angerechnet. Kindergeld** wird ebenfalls in voller Höhe bedarfsdeckend angerechnet, § 1612 b Abs. 1 S. 1 Nr. 2 BGB.

Eine **anteilige Barunterhaltspflicht** der Eltern besteht, wenn deren jeweiliges Einkommen allein oder zusammen mit Aufstockungsunterhalt höher ist als der angemessene Mindestbedarf von 1150 Euro.

2. Nach Abschluss der Ausbildung

Nach Abschluss der Berufsausbildung hat ein volljähriges Kind **nur noch bei Erkrankung** oder **Behinderung** mit damit verbundener **Erwerbsunfähigkeit** einen Unterhaltsanspruch (BGH FamRZ 1997, 281). Volljährige Kinder haben nach dem Abschluss ihrer Ausbildung eine eigene Lebensstellung und sind daher grundsätzlich für ihren Unterhalt eigenverantwortlich (BGH FamRZ 1987, 932). Sie müssen grundsätzlich **jede,** d. h. auch eine unter ihrem Ausbildungsniveau liegende **Tätigkeit** annehmen, um den Unterhaltsbedarf selbst abzudecken; sie sind daher grundsätzlich nicht unterhaltsbedürftig (BGH FamRZ 1985, 273; 1245). Soweit sie eigenes **Vermögen** haben, muss dieses vorhandene Vermögen grundsätzlich **verwertet** werden, bevor sie von den Eltern Unterhalt beanspruchen können, es sei denn, die Vermögensverwertung ist ausnahmsweise unzumutbar (BGH FamRZ 1998, 367).

Der Unterhaltsanspruch volljähriger Kinder ist aber **nicht auf den Ausbildungsunterhalt beschränkt.** § 1610 Abs. 2 BGB stellt lediglich klar, dass der Unterhaltsbedarf auch die Erziehungs- und Ausbildungskosten umfasst, besagt aber nichts über die Beschränkung der Unterhaltspflicht zwischen Verwandten (BSG FamRZ 1985, 1251). Jedoch trifft das volljährige Kind bei **Nichtaufnahme** einer Ausbildung, bei Ausbildungsabbruch oder nach Abschluss der Ausbildung eine **umfassende** Erwerbsobliegenheit. Es gelten für die Nutzung seiner Arbeitskraft ähnliche Maßstäbe wie für den barunterhaltspflichtigen Elternteil im Verhältnis zum minderjährigen Kind (BGH FamRZ 1985, 1245). Für eine **Arbeitsplatzsuche** im erlernten Beruf ist eine Zeit von etwa **2 bis 3 Monaten** zuzubilligen (OLG Hamm FamRZ 1999, 1163; 1990, 904), danach muss Arbeit **jeder Art,** auch unterhalb des Ausbildungsniveaus und an **jedem Ort** Deutschlands aufgenommen werden, falls nicht ausnahmsweise örtliche Bindungen zu berücksichtigen sind (vgl. OLG Frankfurt FamRZ 1987, 188, 408).

Zwischen Abitur und Ausbildungs- oder Studienbeginn wird eine Orientierungs- und Erholungsphase von drei Monaten zuzubilligen sein. Danach sind **vorübergehende Aushilfstätigkeiten** zumutbar.

Je älter ein Kind wird, desto mehr steigen seine Möglichkeiten, durch eigene Erwerbstätigkeit seinen Lebensbedarf ganz oder zumindest teilweise selbst zu decken. An die Unterhaltsbedürftigkeit eines volljährigen Kindes, das sich nicht in der Ausbildung befindet, sind **strenge Anforderungen** zu stellen. Nach Abschluss seiner Ausbildung ist das volljährige Kind verpflichtet, jede Arbeit – auch berufsfremde Tätigkeiten und Arbeiten unterhalb seiner gewohnten Lebensstellung – anzunehmen. Der volljährige Unterhaltsgläubiger muss daher **intensive Bemühungen** um eine Beschäftigung jedweder Art darlegen und im Bestreitensfalle Beweis dafür anbieten.

Häufig scheitern Unterhaltsansprüche volljähriger Kinder an der **Rangordnung** gemäß § 1609 BGB. Es steht nach dieser Vorschrift innerhalb der Kleinfamilie an letzter Stelle, weil die Unterhaltsansprüche der Ehefrau(en) und des minderjährigen Kindes des Verpflichteten (manchmal aus mehreren Ehen) Vorrang genießen. Dieser Nachrang volljähriger Kinder gilt jedoch gemäß § 1603 Abs. 2 S. 2 BGB **nicht** für minderjährige unverheiratete **Schüler bis zur Vollendung des 21. Lebensjahres,** solange sie im Haushalt der Eltern oder eines Elternteils leben und sich in der allgemeinen Schulausbildung befinden. Diese stehen vielmehr auch im Range den minderjährigen Kindern und Ehegatten **gleich.** Bei einer Mangelfallberechnung sind sie also wie diese gleichberechtigt zu berücksichtigen.

3. Studium des Kindes

Die Ausbildung muss **zielstrebig begonnen und durchgeführt** werden. Nach Abschluss der Schule besteht nur eine angemessene **Orientierungsphase,** die sich nach Alter, Entwicklungsstand und den gesamten Lebensumständen richtet (BGH FamRZ 1998, 671). Bei erheblicher Überschreitung der **Regelstudienzeit** entfällt der Ausbildungsanspruch (OLG Stuttgart FamRZ 1996, 1434). Im Anschluss an das Studium ist noch eine **Bewerbungsfrist** bis zu 3 Monaten zuzubilligen (OLG Hamm FamRZ 1990, 904). Ein **Auslandsstudium** ist in den Grenzen der wirtschaftlichen Leistungsfähigkeit der Eltern zu finanzieren, soweit es die fachliche Qualifikation unter Berufsaussichten fördert, selbst wenn dadurch ein erhöhter Unterhaltsbedarf entsteht und die übliche Studienzeit verlängert wird (BGH FamRZ 1992, 1064). Der Unterhalt begehrende Student muss im Einzelnen darlegen und nachweisen, dass er sein Studium in **jedem Semester zielstrebig** betreibt (OLG Zweibrücken FamRZ 1995, 1006). Dementsprechend haben die unterhaltpflichtigen Eltern das Recht, **Vorlage von Zeugnissen,** Scheinen und dergleichen zu verlangen (OLG Celle FamRZ 1980, 914).

Der Unterhaltsanspruch eines volljährigen **Studenten** endet regelmäßig mit Ablauf der Regelstudienzeit in der jeweiligen Fachrichtung, die sich aus der Förderungshöchstdauer ergibt; in der Rechtsprechung werden gelegentlich noch zwei sich anschließende Examenssemester anerkannt (vgl. OLG Hamm FamRZ 1982, 1099; BGH FamRZ 1984, 777 f.). Zur Unterhaltsverpflichtung bei **Weiterbildung** oder **Zweitausbildung** des volljährigen Kindes s. BGH FamRZ 1989, 853; OLG München FamRZ 1989, 1221; OLG Koblenz FamRZ 1989, 308; OLG Hamm FamRZ 1989, 1219; OLG Bamberg FamRZ 1990, 790. Mit dem **Verlust** der **Studienberechtigung** an einer Universität wegen zweimaligen Nichtbestehens einer Zwischenprüfung büßt der Student den Anspruch auf Ausbildungsunterhalt gemäß § 1610 Abs. 2 BGB ein. Zur Finanzierung eines später aufgenommenen Weiterstudiums sind die Eltern nicht verpflichtet (OLG Karlsruhe FamRZ 1994, 1342 f.). Zwar ist grundsätzlich auch über zeitweiliges Versagen hinwegzusehen (BGH FamRZ 1990, 149). Dabei muss in Kauf genommen werden, dass es unter Umständen der Wiederholung von Prüfungen oder auch Semestern bedarf (vgl. BGH FamRZ 1987, 470, 471; OLG Düsseldorf FamRZ 1981, 298, 299; Johannsen/ Henrich/Graba, Eherecht, § 1610 Rn. 8). Das **zweimalige** Nichtbestehen einer Zwischenprüfung, verbunden mit dem **Verlust** der **Studienberechtigung** an der Universität ist jedoch so gravierend, dass die Finanzierung des Weiterstudiums den Eltern nicht zugemutet werden kann (OLG Karlsruhe FamRZ 1994, 1342, 1343). Nach Auffassung des OLG Frankfurt (FamRZ 1986, 498) kann ein Anspruch auf Ausbildungsunterhalt wieder **erwachsen,** wenn das volljährige Kind nach Verlust des Unterhaltsanspruchs seine Anstrengungen erhöht hat, so dass ein erfolgreicher Abschluss zu erwarten ist. Die zeitliche Verzögerung der Aufnahme eines Studiums um **fünf Jahre** nach dem Abitur führt nicht zur Verwirkung des Anspruchs auf Ausbildungsunterhalt. In diesem Fall richtet sich der Anspruch aber in erster Linie danach, ob den Eltern die Leistung von Ausbildungsunterhalt in den Grenzen ihrer **wirtschaftlichen Leistungsfähigkeit** noch **zumutbar** ist (OLG Stuttgart FamRZ 1996, 181 f.).

Eine **feste Altersgrenze** für die Aufnahme einer Ausbildung, ab deren Erreichen der Anspruch auf Ausbildungsunterhalt entfällt, lässt sich nicht ziehen. Der Begriff des **zeitlichen** Zusammenhangs (zwischen Abitur und Aufnahme des Studiums) ist in Fällen der zeitlichen Verzögerung des Ausbildungs**beginns** nicht von entscheidender Bedeutung. Allerdings muss sich die Finanzierung in den Grenzen der wirtschaftlichen **Leistungsfähigkeit** der Eltern halten (BGH FamRZ 1989, 8532 ff.). Die Frage der wirtschaftlichen Belastbarkeit der Eltern gewinnt an Gewicht, je älter der Heranwachsende wird, denn umsomehr tritt damit an die Stelle der Verantwortung der Eltern die Eigenverantwortung des Volljährigen (OLG Hamm FamRZ 1989, 1219). Nähern sich die Eltern bereits der **beruflichen Altersgrenze,** so muss ihnen ein besonderes Interesse zugestanden werden, ihre Geldmittel baldmöglichst frei von Unterhaltsansprüchen zur eigenen Verfügung zu haben (OLG Stuttgart FamRZ 1996, 181/182).

Zur Finanzierung einer Ausbildung in der Abfolge Mittlere Reife – **Ausbildung zur Erzieherin – Fachabitur – Studium,** wenn der Entschluss zu studieren erst kurz vor Beginn des Studiums gefasst wurde, hat das OLG Frankfurt (FamRZ 1995, 244 f.) ausgeführt, dass es der Eigenart vieler Bildungswege in der heutigen Zeit entspräche, dass die praktische Ausbildung vielfach aufgenommen wird, ohne dass sich der Auszubildende bereits endgültig schlüssig ist, ob er es bei der Ausbildung bewenden lassen oder nach deren Abschluss ein Studium abschließen soll. Dieser Besonderheit würde es i. d. R. nicht gerecht, wenn die **Einheitlichkeit des Ausbildungsganges** davon abhänge, dass das Studium bereits von Anfang an geplant war. Es kann keinen entscheidenden Unterschied machen, ob es sich um einen Abiturienten handelt, der vor seinen Studium eine praktische Ausbildung durchläuft oder um einen jungen Menschen, welcher zunächst lediglich die mittlere Reife ablegt und das Fachabitur während seiner praktischen Ausbildung erwirbt. Der Ausbildungsweg Lehre – Fachabitur – Hochschulstudium wird in vermehrtem Maße genutzt. Das entspricht der vom Gesetzgeber gewollten Durchlässigkeit der Bildungswege. Insofern liegt ein ähnlich **einheitlicher Bildungsweg** vor wie in den **Abitur – Lehre – Hochschulstudium** – Fällen. Der Zeitraum der gesamten Ausbildung ist im Wesentlichen ebenso gleich wie deren Kosten. Allein die unterschiedliche Reihenfolge der einzelnen Ausbildungsabschnitte kann kein eine andere Bewertung rechtfertigendes Kriterium sein (OLG Frankfurt FamRZ 1995, 244 f.).

Andererseits wird aber die Auffassung vertreten, die Rechtsprechung zum Ausbildungsabschluss in den sog. **Abitur – Lehre – Studium – Fällen** sei nicht auf Ausbildungsabläufe übertragbar, in denen nach einem **Realschulabschluss** zunächst eine Lehre, dann Fachoberschule und später die Fachhochschule absolviert wird. In solchen Fällen ist **nur dann** von einer einheitlichen, von den Eltern zu finanzierenden Berufsausbildung auszugehen, wenn schon bei **Beginn** der praktischen Ausbildung erkennbar eine Weiterbildung einschließlich eines späteren Studiums angestrebt wurde (BGH FamRZ 2006, 1100). Die Eltern schulden ihrem Kind aber jedenfalls Unterhalt für eine Berufsausbildung, die der **Begabung** und den **Fähigkeiten,** dem **Leistungswillen** und den beachtenswerten **Neigungen** des Kindes am besten entspricht und sich dabei in den Grenzen ihrer wirtschaftlichen Leistungsfähigkeit hält. Die Unterhaltspflicht der Eltern dauert deswegen auch dann fort, wenn die erste Ausbildung auf einer deutlichen **Fehleinschätzung** der Begabung des Kindes beruht (BGH FamRZ 2006, 1100). Im Einzelfall kann der Unterhaltsschuldner auch eine nicht unerhebliche Verzögerung in der Ausbildung des Kindes hinnehmen müssen, wenn diese unter Berücksichtigung aller Umstände nur auf ein leichteres, vorübergehendes Versagen des Kindes zurückzuführen ist.

4. Unterhaltspflicht eines volljährigen Kindes gegenüber einem eigenen minderjährigen Kind

Hat das volljährige unverheiratete Kind seinerseits Unterhaltspflichten gegenüber einem eigenen minderjährigen Kind (vgl. BGH FamRZ 1985, 273 f. und FamRZ 1985, 1245 f.), so ist es nur dann von der **Erwerbsobliegenheit** freigestellt und deshalb seinen eigenen Eltern gegenüber als unterhaltsbedürftig anzusehen, wenn die Betreuung und Versorgung des Kindes durch die Mutter im Interesse des Kindes erforderlich ist, weil eine **Möglichkeit** zu anderer Versorgung, z. B. in einer Tagesheimstätte, durch Verwandte oder dem Vater, nicht besteht. Es steht in diesem Zusammenhang nicht im Belieben der Kindesmutter, ob sie nun selbst das Kind versorgen möchte. Die durch die Zeugung eines Kindes trotz unzureichender ökonomischer Grundlagen verursachte Bedürftigkeit des volljährigen Kindes stellt jedoch kein sittliches Verschulden i. S. d. § 1611

BGB dar, sofern die Mutterschaft **nicht zu dem Zwecke** erfolgt ist, den Mühen des Erwerbslebens, insbesondere wegen Arbeitsscheu, zu entgehen und auf Kosten der Eltern zu leben (BGH FamRZ 1985, 273, 275 f.).

Maßstab für die Beantwortung der Frage, ob und unter welchen Umständen ein erwachsener Abkömmling wegen der Betreuung eines eigenen Kindes von der Erwerbsobliegenheit freigestellt und deshalb seinen Eltern gegenüber als unterhaltsbedürftig anzusehen ist, ist die Regelung des § 1615 l BGB. Diese Vorschrift ist unmittelbar zwar nur für die **Unterhaltsverpflichtung des Vaters des Kindes** gegenüber der Kindesmutter anzuwenden, gilt jedoch entsprechend auch für das Verhältnis der nichtehelichen Mutter gegenüber ihren eigenen Eltern (BGH FamRZ 1985, 273 ff.).

Danach ist eine Erwerbsobliegenheit der Mutter insoweit zu verneinen, als sie infolge der Schwangerschaft oder einer durch die Schwangerschaft oder die Entbindung verursachten Krankheit zu einer Erwerbstätigkeit außerstande ist (§ 1615 l BGB) oder als das Kind bei einer Erwerbstätigkeit der Mutter nicht versorgt werden könnte (§ 1615 l Abs. 2 S. 2).

In den Fällen, in denen die Mutter darlegen und nachweisen kann, dass sie einer Erwerbstätigkeit nicht nachgehen kann, weil andernfalls das Kind nicht versorgt werden könnte, gilt folgendes: Die Kindesmutter hätte dann gemäß § 1615 l BGB einen Unterhaltsanspruch gegen den Vater des nichtehelichen Kindes, welcher insoweit gemäß § 1615 l Abs. 3 S. 2 BGB vorrangig gegenüber den Eltern haften würde.

Der **Bedarf** der Mutter eines nichtehelichen Kindes richtet sich nach der Lebensstellung des betreuenden Elternteils, i. d. R. **mind. 770 Euro** (DT Ziff. D.II), der angemessene **Selbstbehalt** gegenüber der Mutter eines nichtehelichen Kindes beträgt **1.050 Euro** (DT D.II). Hierauf ist das bewilligte Erziehungsgeld nicht als bedarfsminderndes eigenes Einkommen anzurechnen, da § 9 Bundeserziehungsgeldgesetz bestimmt, dass Unterhaltsverpflichtungen durch die Gewährung des Erziehungsgeldes außer in den Fällen des § 1361

Abs. 3, der §§ 1579, 1603 Abs. 2 und des § 1611 Abs. 1 BGB nicht berührt werden.

5. Wegfall des Unterhaltsanspruchs

Ein **sittliches Verschulden,** das zur Beschränkung oder zum Wegfall des Unterhaltsanspruchs führen kann, können **Drogensucht** (OLG Celle FamRZ 1990, 1142), Alkoholismus (Palandt/Brudermüller, § 1611 Rn. 3), **schwerwiegende** Straftaten gegen den Unterhaltspflichtigen (BGH FamRZ 1995, 475; 1998, 367; OLG München FamRZ 1992, 595) sowie **schwerwiegende Beleidigungen,** die eine tiefgreifende Verachtung der Eltern erkennen lassen sowie tätliche Angriffe darstellen.

Eine bewusst **jeglichen Kontakt** mit dem unterhaltspflichtigen Verwandten meidende Haltung, die sich als unbeeinflussbare Abkehr des volljährigen Kindes von dem auf Unterhalt in Anspruch genommenen Elternteil darstellt, kann einer schweren Verfehlung gegen den Unterhaltspflichtigen im Sinn des § 1611 Abs. 1 BGB gleichkommen. Der BGH (FamRZ 1991, 322, 323) hat die Rechtsauffassung gebilligt, dass eine jeden Kontakt mit den Eltern ablehnende Haltung des volljährigen Kindes die Annahme der Verwirkung oder Kürzung des Unterhaltsanspruchs nach § 1611 BGB allein nicht rechtfertigt. Die Kürzung oder der Ausschluss von Unterhalt ist kein durch § 1611 BGB legalisiertes Mittel des Unterhaltspflichtigen, den persönlichen Umgang mit dem volljährigen Kind zu erzwingen. Verwirkung liegt jedoch vor bei versuchtem Prozessbetrug – hier: vorsätzliches Verschweigen von Einkünften aus Ausbildungsbeihilfe – wobei der versuchte Prozessbetrug trotz Vorliegens einer psychischen Krankheit schuldhaft ist, wenn dieser nicht in einem inneren Verhältnis zur durch die Krankheit ausgelösten Persönlichkeitsstörung steht (OLG Hamm FamRZ 1995, 958).

Der aufgrund psychischer Erkrankung gegenüber dem Unterhaltsschuldner erhobene Vorwurf des sexuellen Missbrauchs in der Kindheit führt nicht zur Verwirkung des Anspruchs auf Unterhalt nach § 1611 BGB (OLG Hamm FamRZ 1995, 958).

Die förmliche Anrede des Vaters durch den Sohn mit „sehr geehrter Herr" und „Sie" kann eine Verwirkung nicht begründen – ebenso

wenig, wie diese eher komische Unsitte zwischen zerstrittenen Eheleuten deren Unterhaltsanspruch tangiert (OLG Hamm FamRZ
1995, 1439).

Bei der Interessenabwägung im Zusammenhang mit § 1611 BGB ist
auch die **Rechtsnatur** des Unterhaltsverhältnisses als **„Gegenseitig-
keitsverhältnis"** zu berücksichtigen, das es verbietet, Eltern zu **bloßen Zahlstellen** zu machen; diese Rechtsnatur des Unterhaltsverhältnisses fordert vielmehr, die Eltern in angemessener Weise teilhaben zu lassen an Werdegang und Ausbildungsfortschritt und ihnen
einen Leistungsnachweis zu erbringen, der ihnen die wesentlichen
für den Ausbildungsfortgang und Ausbildungserfolg wichtigen Fak-
ten vermittelt (OLG Hamm FamRZ 1995, 1007 f.). Dennoch ist eine
bloße Verweigerung von Kontakten mit dem unterhaltspflichtigen
Elternteil kein Grund für eine Verwirkung des Unterhaltsanspruchs
(BGH FamRZ 1995, 475; OLG Frankfurt FamRZ 1995, 1513, 1520).

▶ Kindesunterhalt (Berücksichtigung bei Ehegattenunterhalt)

Leistet ein Ehegatte auch Unterhalt für ein minderjähriges, eheliches
oder nichteheliches Kind, so wird sein Einkommen vor Ermittlung
des Erwerbstätigenbonus um diesen Unterhalt bereinigt. Da das
Kindergeld auch bei Minderjährigen gemäß § 1612 b BGB bedarfsdeckend wirkt, ist bei der **Bereinigung des Nettoeinkommens** –
z. B. für den Ehegattenunterhalt – der **Zahlbetrag** und nicht mehr
der Tabellenbetrag abzuziehen. Dies gilt sowohl für den Minderjäh-
rigen- als auch für den Volljährigenunterhalt (BGH FamRZ 2008,
1414) und auch bei der Beurteilung der **Leistungsfähigkeit** (BGH
FamRZ 2009, 1477; 1300). Verfügt der Unterhaltspflichtige über
zusätzliche, die ehelichen Lebensverhältnisse **nichtprägende Einkünfte** (z. B. Karrieresprung/Erbschaft nach Scheidung) und ist
Kindesunterhalt für ein minderjähriges Kind zu bezahlen, das nach
der Trennung/Scheidung geboren ist, ist ausnahmsweise die neue
Unterhaltsverbindlichkeit aus diesem **Zusatzeinkommen** zu bezahlen, mit der Folge, dass der Zahlbetrag bei der Bedarfsermittlung für
den nachehelichen Ehegattenunterhalt nicht vorweg als Abzugsposten zu berücksichtigen ist (BGH FamRZ 2009, 411; 579). Das
BVerfG (FamRZ 2011, 437 ff.) hat zwar festgestellt, dass der Unter-

haltsbedarf nach den ehelichen Lebensverhältnissen zum **Zeitpunkt der Scheidung** und nicht nach den tatsächlichen Verhältnissen zum Zeitpunkt der Geltendmachung des Unterhalts bestimmt werden muss, mit der Folge, dass Zweifel bestehen, ob nach der Scheidung entstandene Unterhaltsverpflichtungen gegenüber minderjährigen Kindern bei der Bedarfsermittlung Berücksichtigung finden können. Überwiegend wird jedoch die Auffassung vertreten, dass die Entscheidung des Bundesverfassungsgerichts dahingehend zu verstehen ist (insbesondere wegen Rz. 70), dass Änderungen, die mit dem Fortbestehen der Ehe kompatibel sind (etwa die Entstehung neuer Unterhaltspflichten gegenüber Kindern), nach dem die Ehe prägenden Grundsatz der Halbteilung weiterhin Einfluss auf den Bedarf nach den ehelichen Lebensverhältnissen haben und wegen des absoluten Vorrangs der Unterhaltslasten für minderjährige Kinder (Art. 6 Abs. 5 GG) vor allen Unterhaltspflichten, weiterhin in die Bedarfsermittlung nach den ehelichen Lebensverhältnissen einzubeziehen sind (Gerhardt, FamRZ 2011, 537; Gutdeutsch, FamRZ 2011, 523).

Erbringt der Unterhaltspflichtige sowohl **Bar- als auch Betreuungsunterhalt,** können die erforderlichen Kinderbetreuungskosten oder ein Kinderbetreuungsbonus zusätzlich angesetzt werden (vgl. BGH FamRZ 2001, 350; Leitlinien Ziff. 15.2; 10.3). Kindesunterhalt **nachrangiger volljähriger Kinder** darf bei der Bedarfsermittlung beim Ehegattenunterhalt nur abgezogen werden, wenn der angemessene Bedarf (= angemessener Selbstbehalt) des Ehegatten gesichert ist (OLG München FamRZ 2001, 1618). Der Unterhalt für ein volljähriges Kind, das zum Zeitpunkt der Scheidung nicht mehr unterhaltsbedürftig war, aber nach der Scheidung wieder bedürftig geworden ist, kann, da nicht prägend, nicht vorweg abgezogen werden.

Fällt Kindesunterhalt weg, erhöht sich der Unterhaltsbedarf des geschiedenen Ehegatten, sofern nicht die frei werdenden Mittel nach objektivem Urteil der Vermögensbildung oder anderen nicht dem Lebensbedarf zuzurechnenden Zwecken dienen. Die ehelichen Lebensverhältnisse folgen den Veränderungen, die sich aus dem jeweiligen Unterhaltsbedarf gemeinschaftlicher Kinder ergeben (so BGH FamRZ 1990, 1085 u. 1090).

▶ **Kindesunterhalt (Festsetzung zusammen mit der Vaterschafts-feststellung)**

Ist ein Verfahren auf Feststellung der Vaterschaft anhängig, hat das Gericht auf Antrag den Antragsgegner zugleich zu verpflichten, dem Kind **Unterhalt in Höhe des Mindestunterhalts** gemäß den Altersstufen unter Berücksichtigung des anteiligen Kindergeldes zu bezahlen, § 237 FamFG. Vor Rechtskraft des Beschlusses, der die Vaterschaft feststellt oder vor Wirksamwerden der Anerkennung der Vaterschaft durch den Mann wird der Anspruch, der die Verpflichtung zur Leistung des Unterhalts betrifft, nicht wirksam, § 237 Abs. 4 FamFG.

Gemäß § 247 FamFG kann eine **einstweilige Anordnung** bereits **vor der Geburt des Kindes** die Verpflichtung zur Zahlung des für die ersten drei Monate dem Kind zu gewährenden Unterhalts sowie des der Mutter nach § 1615 l Abs. 1 BGB zustehenden Betrages geregelt werden. Ist ein Verfahren auf Feststellung der Vaterschaft anhängig, ist darüberhinaus gemäß § 248 FamFG ein Antrag auf Erlass einer einstweiligen Anordnung, durch den ein Mann auf Zahlung von Unterhalt für ein Kind oder dessen Mutter in Anspruch genommen wird, zulässig. Das Gericht kann auch anordnen, dass der Mann für den Unterhalt **Sicherheit** in bestimmter Höhe zu leisten hat, § 248 Abs. 4 FamFG.

▶ **Kindesunterhalt (heterologe Insemination)**

Ein Ehemann, der der **heterologen Insemination** mit dem Samen eines anderen Mannes bei seiner Ehefrau zugestimmt hat, kann die Vaterschaft **nicht mehr anfechten,** § 1600 Abs. 2 BGB. Das Anfechtungsrecht des Kindes ist demgegenüber nicht ausgeschlossen. Außer in den Fällen, in denen das **Kind** die Vaterschaft erfolgreich anficht, ist der Kindesvater damit sowohl dem Kind als auch der betreuenden Mutter gegenüber unterhaltspflichtig. Bei **adoptierten**

Kindern richtet sich die Verpflichtung nach §§ 1754, 1755, 1751 Abs. 4 BGB.

▶ **Kindesunterhalt (Übergang des Anspruchs bei Leistungen durch Dritte)**

Soweit ein Verwandter mangels Leistungsfähigkeit nicht unterhaltspflichtig ist, hat der nach ihm haftende Verwandte den Unterhalt zu gewähren, § 1607 Abs. 1 BGB. Das gleiche gilt, wenn die Rechtsverfolgung gegen einen Verwandten im Inland ausgeschlossen oder erheblich erschwert ist. Der Anspruch gegen einen solchen Verwandten geht, soweit ein anderer nach § 1607 Abs. 1 BGB verpflichteter Verwandter den Unterhalt gewährt, auf diesen über.

Der Anspruchsübergang bei Leistungen Dritter ist einheitlich in § 1607 Abs. 2 und 3 BGB geregelt. Die Vorschrift des Abs. 3 gilt für eheliche wie nichteheliche Kinder und erstreckt sich auf Unterhaltsbeiträge anderer, nicht unterhaltsverpflichteter Verwandter wie des anderen Elternteils. **Voraussetzung** ist aber stets, dass der Unterhalt deshalb erbracht wurde, weil gegen den eigentlich unterhaltspflichtigen Elternteil die Rechtsverfolgung im Inland ausgeschlossen oder erheblich erschwert ist (vgl. § 1607 Abs. 3 S. 1 i. V. m. Abs. 2 S. 1 BGB), z. B. bei Nichtausschöpfung der eigenen Arbeitskraft (OLG Karlsruhe FamRZ 1991, 971) oder häufigem Wechsel des Wohnsitzes. Die Vorschrift gilt entsprechend, wenn dem Kind ein Dritter **als Vater** Unterhalt gewährt (§ 1607 Abs. 3 S. 2 BGB). In diesem Fall ist die inländische Rechtsverfolgung gegen den leiblichen Vater von Gesetzes wegen ausgeschlossen (§§ 1594 Abs. 1, 1600 d Abs. 1 BGB).

▶ **Kindesunterhalt (Vollstreckung)**

Ein minderjähriges Kind, dessen Mutter einen Unterhaltstitel erwirkt hat, kann nach Beendigung der Prozessstandschaft durch Rechtskraft der Scheidung der Ehe die **Umschreibung des Titels** auf seinen Namen verlangen (OLG Hamm FamRZ 2000, 1590). Die Mutter ist zwar nach Beendigung der Prozessstandschaft durch Rechtskraft der Scheidung noch berechtigt, eine **Klauselerteilung** auf sich zu beantragen, solange das Kind **nicht volljährig** ist. Dies schließt jedoch das **Recht des Kindes,** die Vollstreckung als materiell Berechtigter selbst zu betreiben, nicht aus. Dazu bedarf es einer **Rechtsnachfolgeklausel,** da das Kind formell nicht als Gläubiger in dem Urteil ausgewiesen ist. Eine Klauselerteilung gemäß § 727 ZPO ist grundsätzlich für zulässig zu erachten. Der Gefahr einer **Doppelvollstreckung** ist durch **Anhörung des Schuldners** gemäß § 730 ZPO zu begegnen.

Die Befugnis der Mutter zur Durchführung der Zwangsvollstreckung entfällt bei **Wegfall der gesetzlichen Vertretung** des Kindes durch die Mutter, z. B. als Folge einer **abändernden Sorgerechtsentscheidung** oder bei Eintritt der **Volljährigkeit** des Kindes. Solange die Titelumschreibung aber noch nicht vorgenommen worden ist, kann der frühere Prozessstandschafter aus dem Titel noch vollstrecken. Der Titelschuldner kann die Beendigung der gesetzlichen Prozessstandschaft im Rahmen von § 767 ZPO durch einen gegen den früheren Prozessstandschafter gerichtete **Vollstreckungsgegenantrag** geltend machen oder mit der **Vollstreckungserinnerung** nach § 766 ZPO (vgl. OLG Naumburg, FamRZ 2007, 1032).

▶ Kindesunterhalt (Weiterbildung/Zweitausbildung)

Zu einer angemessenen Ausbildung, die die Eltern gemäß § 1610 Abs. 2 BGB ihrem Kind schulden, gehören auch die Kosten einer Weiterbildung; demgegenüber besteht grundsätzlich kein Anspruch auf eine Zweitausbildung, weil nach dem Wortlaut der gesetzlichen Vorschrift die Eltern ihre Verpflichtung zu **einer** angemessenen Ausbildung bereits erfüllt haben. Nach der Rechtsprechung des BGH ist zwischen Erst- und Zweitausbildung zu unterscheiden, wobei die Zweitausbildung nur ausnahmsweise finanziert werden muss, etwa bei der **Notwendigkeit eines Berufswechsels** (BGH FamRZ 1995, 416) aus gesundheitlichen Gründen oder bei **Fehleinschätzung der Begabung** (BGH FamRZ 2000, 420; 1991, 322, 931) oder wenn die Eltern das Kind in einen unbefriedigenden, seiner Begabung nicht hinreichend Rechnung tragenden Beruf **gedrängt** haben, etwa indem sie die Finanzierung einer angemessenen Ausbildung verweigert haben (BGH FamRZ 1991, 322). Die **Abgrenzung,** ob es sich um eine Weiterbildung oder um eine Zweitausbildung handelt, kann in der Praxis sehr weitreichende finanzielle Folgen haben, da **nach Abschluss** einer angemessenen Ausbildung grundsätzlich kein Unterhaltsanspruch mehr besteht, allenfalls nach allgemeinen Grundsätzen für eine **kurze Bewerbungszeit** (BGH FamRZ 1997, 372); das **Anstellungsrisiko** nach Abschluss einer angemessenen Ausbildung liegt i. d. R. beim Kind (OLG Hamm FamRZ 1990, 904).

Zur **Weiterbildung,** die finanziert werden muss, zählt der Ausbildungsweg **Schule – Lehre – Studium,** jedoch nur soweit ein **enger fachlicher und zeitlicher Zusammenhang** besteht. Dies kann dann der Fall sein, wenn die praktische Ausbildung und das gewählte Studium **der selben Berufssparte** angehören oder sich **fachlich ergänzen;** weitere Voraussetzung ist, dass das Studium nach Abschluss der Lehre **zielstrebig aufgenommen** wird. Nicht erforderlich ist, dass der Entschluss zum Studium bereits vor der Lehre gefasst wird; ausreichend ist, dass dieser Entschluss nach Beendigung der Lehre gefasst wird (BGH FamRZ 1989, 853). Wird jedoch nach Abschluss der Lehre der erlernte Beruf zunächst ausgeübt, obwohl das Studium bereits begonnen werden konnte, entfällt der notwendige enge zeitliche Zusammenhang (BGH FamRZ 1990, 149).

Die Rechtsprechung zum Ausbildungsunterhalt in den sog. **Abitur – Lehre – Studium – Fällen** ist nicht auf Ausbildungsabläufe **Realschule-Lehre-Fachoberschule-Fachhochschule** übertragbar, es sei denn, dass schon bei **Beginn** der praktischen Ausbildung erkennbar eine Weiterbildung einschließlich des späteren Studiums angestrebt wurde (BGH FamRZ 2006, 1100). Eine Ausnahme kann auch dann bestehen, wenn die erste Ausbildung auf einer deutlichen **Fehleinschätzung** der Begabung des Kindes beruht (BGH FamRZ 2006, 1100).

Ob Eltern ihrem Kind nach Abschluss eines **Bachelor-Studiengangs** auch für den nachfolgenden Studiengang mit dem Abschluss eines **Masters** Ausbildungsunterhalt schulden, ist umstritten. Teilweise wird der Grad eines Bachelors als für den Berufseinstieg angemessen angesehen. Überwiegend werden Studiengänge, in denen ein Bachelor- und Masterabschluss möglich ist, als einheitliche Ausbildungs-

gänge angesehen, wenn das Kind mit dem Bachelorabschluss die
Zugangsvoraussetzungen für den Master-Studiengang erfüllt (vgl.
OLG Celle FamFR 2010, 228 mit Anm. Kemper).

▶ Kirchensteuer

Die Kirchensteuer gehört wie die Einkommen- bzw. Lohnsteuer zu
den persönlichen Steuern, die in der tatsächlich entrichteten Höhe
voll absetzbar sind. Spätere Veränderungen aufgrund →*Lohnsteuer-*
jahresausgleich können erst berücksichtigt werden, wenn die Rückzahlung oder Nachforderung tatsächlich erfolgt ist.

▶ Klassenreise

Die Kosten für Klassenfahrten, Abiturfahrten, Auslandsfahrten,
Schullandheim und Skilager werden in Literatur und Rechtsprechung einhellig als **Sonderbedarf** angesehen, weil die Durchführung
der Fahrten i. d. R. nach Art und Umfang von Entscheidungen abhängt, die erst im jeweiligen Schuljahr gefällt werden und damit
nicht für längere Zeit im Voraus planbar feststellen, auch nicht,
wenn üblicherweise an der jeweiligen Schule diese Fahrten durchgeführt werden. Letztlich hängt die Durchführung der Fahrt immer
davon ab, ob sich genügend Teilnehmer finden und ob eine ausreichende Anzahl von Lehrern bereit ist, den Ausflug zu begleiten und
ob eine ausreichende Anzahl von Eltern die Durchführung der Fahrt
befürwortet (vgl. T. A. Heiß, Ausbildungslasten als Mehr- und Sonderbedarf, FPR 2008, 356, 362). Gemäß § 23 Abs. 3 S. 1 Nr. 3 SGB II
kann für mehrtägige Klassenfahrten ein **Zuschuss** beantragt werden
(vgl. BSG FamRZ 2009, 506).

▶ Kommunale Sitzungsgelder

Sitzungsgelder wegen Mitwirkung in einer kommunalen Bezirksver-
tretung sind zum unterhaltspflichtigen Einkommen hinzuzurechnen, **soweit** sie nicht durch konkret nachgewiesenen Mehrbedarf
(Fahrten zu den Sitzungen und gelegentliche Stärkungen während
der Sitzungen) aufgezehrt werden.

▶ Konfirmations- oder Kommunionskosten

Sonderbedarf als unregelmäßiger außergewöhnlich hoher Bedarf liegt nur dann vor, wenn der Bedarf nicht mit Wahrscheinlichkeit vorauszusehen war und deshalb bei der Bemessung der laufenden Unterhaltsrente nicht berücksichtigt werden konnte. Die Kosten für eine Konfirmation sind spätestens mit Beginn des Konfirmandenunterrichts absehbar und deswegen nicht überraschend i. S. v. § 1613 Abs. 2 Nr. 1 BGB (BGH FamRZ 2006, 612). Die zusätzlichen Kosten können aber ggf. bei der Bemessung der laufenden Unterhaltsrente als **Mehrbedarf** berücksichtigt werden (vgl. auch Luthin, FamRZ 2006, 614).

▶ Konkrete Bedarfsberechnung

Bei einem Unterhaltsbedarf des Berechtigten von **über 5000 Euro monatlich** wird i. d. R. eine konkrete Bedarfsermittlung verlangt. Dem Unterhaltspflichtigen muss auch bei dieser Berechnung die Hälfte des bereinigten prägenden Nettoeinkommens verbleiben. Eigenes Einkommen des Berechtigten kürzt bei dieser Unterhaltsermittlung immer den Bedarf (= Anrechnungsmethode).

Ein als **Haushaltsgeld** zur Verfügung gestellter Betrag kann als Schätzungsgrundlage für den allgemeinen Lebensbedarf der Eheleute dienen; der **Vorsorgeunterhalt** ist ohne Begrenzung durch die Beitragsbemessungsgrenze zu berechnen (OLG München FamRZ 2005, 367).

Anhaltspunkte für eine konkrete Bedarfsberechnung:

> ## Checkliste: konkrete Bedarfsermittlung
> (vgl. Eschenbruch/Loy, FamRZ 1994, 665 ff.):
>
> (1) Wohnbedarf
> - Hausunkosten
> - Miete und Nebenkosten
> - Instandhaltungsrücklagen und Reparaturaufwendungen
> (2) Zeitungen, Telefon, Telefax, PC, Briefporto, Zeitschriften, Rundfunk und Fernsehen

(3) Versicherungen
- Hausrat, Haftpflicht, Unfall, Rechtsschutz, Tierhaftpflicht
- Lebensversicherungen
- Kfz-Versicherungen

(4) Allgemeine Lebenshaltung
- Einkauf für Essen und Trinken
- Zigaretten (OLG Karlsruhe FamRZ 2010, 655)
- auswärtige Essen
- Einladungen, Spenden

(5) Kfz-Kosten
- Anschaffungskosten, Zweitwagen
- Steuern
- Reparaturen und Inspektionen
- Garage
- Rücklage für Neuanschaffung

(6) Kleidung
- Anschaffungskosten
- Instandhaltungs- und Reinigungskosten

(7) Kosmetika

(8) Friseur

(9) Kulturaufwand
- Theater, Oper
- Kino
- Museum

(10) Aufwendungen für Haustiere, Pferde, Sport, Freizeitgestaltung und Hobbys, Clubbeiträge

(11) Aufwendungen für Haushaltshilfe, Gärtner, Kindermädchen

(12) Aufwendungen im Urlaub

(13) Aufwendungen für kosmetische Operationen nur, wenn sie regelmäßig durchgeführt wurden und zwingend in regelmäßigem Abstand anfallen (OLG Karlsruhe FamRZ 2010, 655)

▶ **Kontoüberziehung**

Das Recht, vom Konto des Ehegatten Barabhebungen durchzuführen, dient regelmäßig der Verwirklichung der ehelichen Lebensgemeinschaft und hat das **Zusammenleben** der Ehegatten als **Ge-**

schäftsgrundlage. Bei Abhebung von einem Oder-Konto während intakter Ehe muss der abhebende Ehegatte, dem mehr als ein hälftiger Anteil zugeflossen ist, eine der hälftigen Ausgleichspflicht entgegenstehende Gestaltung des Innenverhältnisses nachweisen (BGH NJW-RR 1993, 2; FamRZ 1990, 371). Eine **Formularvollmacht**, gemäß der jeder Ehegatte den anderen bei Kontoüberziehungen mit verpflichten kann, ist einengend auszulegen und deckt nur vorübergehende Kreditaufnahmen und Krediterweiterungen im banküblichen Rahmen (OLG Hamm FamRZ 1993, 430).

Bei eigenmächtigen Verfügungen über ein Gemeinschaftskonto von Ehegatten kann der benachteiligte Teil auch dann **hälftige Erstattung** verlangen, wenn die Abhebung vor der Trennung erfolgte (OLG Düsseldorf NJW-RR 1999, 1090). Etwaige **Zugewinnausgleichsansprüche** des verfügenden Ehegatten erlauben diesem weder die Zurückbehaltung des geschuldeten Ausgleichsbetrages noch die Aufrechnung gegenüber der Erstattungsforderung. Siehe →*Bankvollmacht*.

▶ Körper- und Gesundheitsschäden

Werden für Aufwendungen infolge eines Körper- oder Gesundheitsschadens Sozialleistungen in Anspruch genommen, wird bei der Feststellung eines Unterhaltsanspruchs **vermutet,** dass die Kosten der Aufwendungen nicht geringer sind als die Höhe dieser Sozialleistungen, §§ 1610 a, 1361, 1578 a BGB. Die Tatsache, dass Sozialleistungen während des Bestehens einer funktionierenden Familie zur allgemeinen Deckung des Lebensunterhalts verwendet werden, rechtfertigt es nicht, den Sozialleistungen auch nach einer Trennung die Aufgabe zuzusprechen, den Lebensunterhalt des Geschädigten und seiner Familie sicherzustellen. Wenn der Geschädigte sich nicht mehr in einem funktionierenden Familienverband befindet, ist er i. d. R. auf zahllose Hilfestellungen Dritter (Begleitung, chauffieren, vorlesen, einkaufen und vieles andere) angewiesen, die i. d. R. auf Dauer nur bei einer etwas großzügigeren Verhaltensweise zu erhalten sind. Dem auf Dritte angewiesenen Geschädigten sollte uneingeschränkt die Möglichkeit gegeben werden, dass er die Sozialleistungen nach eigenem Gutdünken verwendet – auch als Ausgleich für den Verlust seiner körperlichen oder gesundheitlichen Integrität.

▶ **Kosten**

Die Kostenentscheidung in Unterhaltssachen erfolgt nach der **Spezialregelung** des § 243 FamFG. Dabei ist insbesondere der Umstand zu berücksichtigen, dass ein Beteiligter vor Beginn des Verfahrens einer Aufforderung des Gegners zur **Erteilung der Auskunft und Vorlage von Belegen** über das Einkommen nicht oder nicht vollständig nachgekommen ist, es sei denn, dass eine Verpflichtung hierzu nicht bestand oder dass ein Beteiligter einer **Aufforderung des Gerichts** nach § 235 Abs. 1 FamFG innerhalb der gesetzten Frist nicht oder nicht vollständig nachgekommen ist. Eine **unterlassene oder ungenügende Auskunftserteilung** vor und während des Verfahrens kann somit erheblich kostenrechtlich **sanktioniert** werden.

Kostenentscheidungen in Unterhaltssachen sind **nicht isoliert mit Beschwerde anfechtbar,** wenn nicht zugleich die Hauptsache angefochten wird, § 58 Abs. 1 Hs. 2 FamFG i. V. m. § 113 Abs. 1 S. 2 FamFG, § 99 Abs. 1 ZPO. Isolierte Kostenentscheidungen, die nach streitloser Hauptsacheregelung erfolgen, sind jedoch mit der sofortigen Beschwerde nach §§ 567 ff. ZPO anfechtbar (BGH FamRZ 2011, 1933).

▶ **Kosmetische Operationen**

Die Kosten für kosmetische Operationen können nur ausnahmsweise als Mehr- bzw. Sonderbedarf geltend gemacht werden. Auch wenn in der Vergangenheit kosmetische Operationen regelmäßig durchgeführt wurden fallen diese nicht zwingend und in regelmäßigen Abstand auch in Zukunft an (OLG Karlsruhe FamRZ 2010, 655). Ggf. müssen sie für jeden Einzelfall gesondert geltend gemacht werden.

▶ **Kraftfahrzeugkosten**

→*Fahrtkosten;* →*Leasing-Raten;* →*Entfernungspauschale;* →*Firmenwagen*

► Kraftfahrzeugüberlassung

→*Firmenwagen;* →*Fahrtkosten*

► Krankengeld

Krankengeld wird gewährt, wenn die Krankheit den Versicherten arbeitsunfähig macht und soll den Verdienstausfall ganz oder teilweise ausgleichen. Es hat damit **Lohnersatzfunktion** und ist deshalb wie Einkommen zu behandeln. Besteht infolge der Krankheit ein erhöhter Bedarf, ist ein angemessener Betrag dafür abzusetzen. Das Gleiche gilt für Krankentagegeld aus privater Versicherung.

Für das nach § 47 SGB V am früheren Einkommen orientierte Krankengeld gilt **nicht die Vermutung des § 1610 a BGB,** wonach die Kosten der Aufwendungen regelmäßig nicht geringer sind als die Sozialleistungen infolge eines Körper- oder Gesundheitsschadens (BGH FamRZ 2009, 307).

► Krankenhausaufenthalt

Zur Bedürftigkeit des Unterhaltsberechtigten während eines Krankenhausaufenthalts ist zu berücksichtigen, ob während dieses Zeitraums der Bedarf durch anderweitige Leistungen (z. B. völlige Kostenübernahme durch Krankenkasse) gedeckt ist; häufig wird in diesen Fällen lediglich noch Taschengeld und Geld für die Anschaffung von Kleidung benötigt.

► Krankenhaustagegeldversicherung

Die **Beiträge** zur Krankenhaustagegeldversicherung wirken sich bei der Ermittlung der ehelichen Lebensverhältnisse bedarfsmindernd aus, wenn diese Beiträge die ehelichen Lebensverhältnisse nachhaltig geprägt haben; bezieht der Unterhaltsberechtigte **Leistungen** aus einer privaten Krankenhaustagegeldversicherung, entfällt insoweit seine Unterhaltsbedürftigkeit. Krankenhaustagegeld gehört zum unterhaltsrechtlich relevanten Einkommen.

▶ **Krankenversicherungskosten**

Beiträge zur gesetzlichen oder einer angemessenen privaten Krankenversicherung sind als notwendige Vorsorgeaufwendungen einkommensmindernd abzusetzen und zwar bei einer gesetzlichen
Krankenversicherung **nur der Arbeitnehmeranteil** der Beiträge.

Bei Freiberuflern und Höherverdienenden sind Beiträge zu einer
angemessenen Krankenversicherung abzuziehen, während bei
Nichtselbstständigen davon auszugehen ist, dass die dem Unterhaltsschuldner zur Verfügung stehenden Einkünfte bereits um die
Sozialbeiträge vermindert sind.

Erzielt der unterhaltsberechtigte geschiedene Ehegatte **keine Einkünfte,** so ist ihm auf seinen Antrag hin grundsätzlich ein Unterhaltsanspruch in Höhe der Beiträge zu einer angemessenen Krankenversicherung **vorweg** und **zusätzlich** zum Elementarunterhalt
zuzubilligen. Das für den übrigen Lebensbedarf beider Ehegatten
zur Verfügung stehende und auf diese aufzuteilende bereinigte Nettoeinkommen des anderen Ehegatten verringert sich um diesen
Betrag. Die Bemessung des Krankenvorsorgeunterhalts ist verhältnismäßig einfach. Durchschnittlich entstehen Kosten in Höhe von
12,5 bis 14,5 Prozent des geschuldeten Unterhalts.

Der Beitragssatz in der gesetzlichen Krankenversicherung beträgt
15,5 Prozent, wovon der Arbeitgeber 7,3 Prozent und der Arbeitnehmer **8,2 Prozent** zu zahlen hat. Diesen Satz haben auch **Rentner**
zu tragen. Daneben können die Krankenkassen von ihren Mitgliedern **einkommensunabhängige Zusatzbeiträge** erheben, deren
Höhe die Krankenkassen selbst bestimmen.

In der **gesetzlichen Krankenversicherung endet die Mitversicherung** mit der Rechtskraft des Scheidungsurteils, § 10 Abs. 1 SGB V.
Der Bedürftige kann dann innerhalb einer **Ausschlussfrist von drei
Monaten** ab Rechtskraft der Scheidung der gesetzlichen Krankenversicherung beitreten, §§ 10, 9 Abs. 1 Nr. 2 SGB V. Bei allen übrigen
Versicherungen ist die Beendigung in jedem Einzelfall zu prüfen. Sobald die Mitversicherung beim Ehegatten endet, erhöht sich der Unterhaltsbedarf entsprechend der Höhe der zu zahlenden Krankenversicherung. Bei einer **privaten Krankenversicherung** besteht ein An-

spruch, in gleicher Weise weiter versichert zu sein, wie während des Bestehens der Ehe, da diese Form des Krankenversicherungsschutzes die ehelichen Lebensverhältnisse geprägt hat. Gleiches gilt auch für eine während der Ehe bestehende **Zusatzversicherung** sowie für die **Pflegeversicherung.** Besteht für den Unterhaltsbedürftigen keine Möglichkeit, sich gesetzlich versichern zu lassen, ist der unterhaltsberechtigte Ehegatte auch nach der Ehescheidung grundsätzlich zur Fortführung der privaten **Krankenvollversicherung** im Umfang des während des Bestehens der ehelichen Lebensgemeinschaft gewährten Versicherungsschutzes berechtigt. Einen Versicherungstarif mit **Selbstbeteiligung** muss der unterhaltsberechtigte Ehegatte in Kauf nehmen, soweit dies zu einer tatsächlichen Reduzierung der Krankenversicherungskosten führt; umgekehrt ist dann der andere Ehegatte verpflichtet, die entsprechende Selbstbeteiligung zu **erstatten** (OLG Brandenburg FamRZ 2008, 789). Führt der Abschluss einer notwendigen Privatversicherung jedoch zu einer **unverhältnismäßig hohen Belastung,** beispielsweise bei **Beamten** durch Wegfall des Beihilfeanspruchs nach Scheidung, **beschränkt** sich die Verpflichtung auf Bezahlung des **Basistarifs** nach § 12 Abs. 1 a VAG, der allen nicht gesetzlich versicherten Personen in der privaten Krankenversicherung offen steht (OLG Oldenburg FamRZ 2010, 567). Der Krankenvorsorgeunterhalt ist gemäß § 1578 b BGB ebenso **befristbar** wie der Elementarunterhalt.

Ist ein **Kind** schon vor der Trennung mit seinen Eltern **privat krankenversichert,** gehört die Prämie hierfür zum angemessenen Unterhalt (OLG Naumburg FamRZ 2007, 1116).

▶ Krankheitsbedingter Mehrbedarf

Unvermeidbarer Mehraufwand für konkret nachgewiesene, ärztlich als notwendig bestätigte, den allgemeinen Lebensbedarf übersteigende Kosten zur Heilung oder Besserung einer Krankheit und der Linderung von Schmerzen von Krankheitsfolgen können einkommensmindernd berücksichtigt werden, soweit ein Ersatz von der Krankenversicherung oder anderen Versicherungsträgern nicht geleistet wird; eine etwaige Eigenersparnis ist zu berücksichtigen. Dies gilt für psychische und physische Erkrankungen und umfasst neben der ärztlichen Behandlung auch die unvermeidbaren erforderlichen Arzneimittel, Krankenhauskosten, Krankentransporte, orthopädische Hilfsmittel, Zahnersatz und Kurkosten. Die krankheitsbedingten Kosten sind nur zu berücksichtigen, wenn sie **konkret nachgewiesen** werden (BGH FamRZ 2009, 307). Nicht in Anspruch genommene Versicherungsleistungen werden wie fiktives Einkommen zugerechnet.

Haushaltshilfekosten können ausnahmsweise einen krankheitsbedingten Mehrbedarf begründen, nämlich bei einem schwerbeschädigten oder in hohem Alter stehenden Unterhaltspflichtigen, dessen Versorgung bis zur Trennung dem Unterhaltsberechtigten oblag. Leistungen an die zweite Ehefrau oder eine Lebensgefährtin können nur abgesetzt werden, wenn sie Leistungen erbringen, die **über normale Beistandspflicht hinaus gehen,** da sonst § 1582 BGB unterlaufen würde (OLG Hamm FamRZ 1999, 166; 1997, 962).

▶ **Krankheitskosten**

Der getrennt lebende Unterhaltsberechtigte hat bei Krankheitskosten **keinen Freistellungsanspruch** gegen den Unterhaltspflichtigen, sondern dieser hat nur die Pflicht, die Kostenrechnungen dem Versicherungsträger bzw. der Beihilfestelle vorzulegen und die Erstattungsbeträge an den Berechtigten weiterzuleiten (so OLG Düsseldorf FamRZ 1991, 437).

▶ **Krankheitsvorsorgeunterhalt**

Wird vom Bedürftigen Krankheitsvorsorgeunterhalt geltend gemacht, ist dieser **vorweg** vom Einkommen des Pflichtigen abzuziehen. Hat der Unterhaltspflichtige ein nicht prägendes (auch fiktives) Einkommen oder sind zusätzliche Mittel vorhanden, ist der Krankheitsvorsorgeunterhalt und der Elementarunterhalt nicht in einer zweistufigen Berechnung zu ermitteln, sondern der Vorsorgeunterhalt ist neben dem errechneten Elementarunterhalt **zusätzlich** zu leisten (BGH FamRZ 1999, 372).

Verlangt der Unterhaltsberechtigte zusätzlich **Pflegevorsorgeunterhalt,** erfolgt die Berechnung im Anschluss an die Berechnung des

Krankenvorsorgeunterhalts in der gleichen Weise wie bei diesem, da er in der gleichen Weise zum allgemeinen Lebensbedarf gehört wie der Krankenvorsorgeunterhalt.

Das Ergebnis der Berechnung ist stets auf seine **Angemessenheit** zu überprüfen (BGH FamRZ 1989, 483). Stehen die Vorsorgeunterhaltsbeträge zum Elementarunterhalt in keinem angemessenen Verhältnis, ist der Gesamtunterhalt unter Berücksichtigung der Interessen beider Parteien auf die Unterhaltsbestandteile zu verteilen, wobei zu berücksichtigen ist, dass Elementarunterhalt, Krankheits- und Pflegevorsorgeunterhalt gleichrangig und ihnen gegenüber der Altersvorsorgeunterhalt nachrangig sind. Siehe →*Krankenversicherungskosten.*

▶ **Kreditaufnahme**

→*Schulden;* →*Anschaffungskosten*

▶ **Kunstgegenstände, Verwertung**

Kunstgegenstände stellen →*Vermögen* dar. Vermögenseinkünfte und der Stamm des Vermögens sind grundsätzlich für Unterhaltszwecke bereitzustellen, soweit dies zur Deckung des angemessenen Unterhalts erforderlich ist. Die Obliegenheit zur Verwertung von Kunstgegenständen nach der Scheidung zum Zwecke der Abwendung der Bedürftigkeit, bzw. zur Aufrechterhaltung oder Herbeiführung der Leistungsfähigkeit ist dann zu bejahen, wenn die Verwertung weder unbillig noch unwirtschaftlich ist. Ausführlich hierzu →*Vermögen,* →*Schonvermögen.*

▶ **Kurkosten**

Siehe →*Sonderbedarf;* →*Krankheitsbedingter Mehrbedarf.* Nicht anderweitig gedeckte unvermeidbare Aufwendungen sind einkommensmindernd zu berücksichtigen, soweit sie häusliche Ersparnisse und Steuerersparnisse (außergewöhnliche Belastungen, wenn die Kur notwendig und ärztlich überwacht ist) übersteigen.

▶ **Kurzarbeitergeld**

Kurzarbeitergeld und Schlechtwettergeld sind **Einkommensersatz** und somit in vollem Umfang unterhaltsrechtlich zu berücksichtigen.

▶ Landwirte, Einkommensermittlung

Bei Landwirten wird das Einkommen wie bei allen übrigen Selbstständigen (→*Selbstständige)* ermittelt; i. d. R. muss das Durchschnittseinkommen der letzten drei Jahre ermittelt werden. Die mit
einiger Sicherheit vorauszusehende künftige Entwicklung ist in die
Betrachtung mit einzubeziehen.

Die Höhe des **Umsatzes** gibt für sich betrachtet keine sicheren Ab-
schlüsse. Der buchmäßige Gewinn ist nicht ohne weiteres mit dem
Einkommen gleichzusetzen. Oft empfiehlt es sich, von den für
private Zwecke (→*Privatentnahmen)* entnommenen Beträgen auszugehen. Von diesen **Privatentnahmen** sind in jedem Fall die
persönlichen →*Steuern* (→*Einkommensteuer;* →*Kirchensteuer)* abzuziehen.

Werden **Eigenprodukte** für den Lebensbedarf verwandt, sind diese
grundsätzlich im Wege der Schätzung zu bewerten, mit ihrem Geldwert zu veranschlagen und in die Einkommensberechnung einzustellen (BGH FamRZ 2005, 97; 2003, 363).

Abschreibungen für Gegenstände des Anlagevermögens sind
grundsätzlich unterhaltsrechtlich nicht zu berücksichtigen. Abschreibungen für Abnutzung von **Gebäuden** berühren das unterhaltsrechtlich maßgebende Einkommen **nicht,** weil ihnen lediglich
ein tatsächlicher Verschleiß von Gegenständen des **Vermögens**
zugrundeliegt.

Instandsetzungskosten können unterhaltsrechtlich nur insoweit einkommensmindernd berücksichtigt werden, als es sich um **notwendigen Erhaltungsaufwand** handelt und nicht um den Aufwand für eine Vermögensbildung, wie er etwa vorliegt, wenn **Ausbauten** und **wertsteigernde Verbesserungen** vorgenommen worden sind (BGH FamRZ 1984, 39 ff.). →*Abschreibungen* in der Höhe **realer** Abnutzung von **Produktionsmitteln** sind somit i. d. R. zu berücksichtigen, so dass zum Beispiel ein Landwirt **Gebäude** unterhaltsrechtlich nicht „abschreiben" kann, wohl aber **unbedingt existenznotwendige** Maschinen.

▶ Leasing-Raten

Bei einkommensmindernder Berücksichtigung der →*Fahrtkosten* sind monatlich zu zahlende Leasing-Raten bereits mit erfasst. Bei Ermittlung des relevanten Einkommens für den **Kindesunterhalt** ist festzustellen, ob die monatlichen Leasing-Raten zum einen der **finanziellen Gesamtsituation** entsprechen und zum anderen **berufsbedingt notwendig** sind. Es ist zu prüfen, ob die Leasing-Raten bei Nutzung eines **preiswerten Gebrauchtwagens** oder öffentlicher Verkehrsmittel in zumutbarer Weise vermieden werden könnten. Ist dies der Fall, kann die Verpflichtung den minderjährigen Kindern nicht entgegen gehalten werden (BGH FamRZ 2002, 536).

▶ Lebenspartnerschaften

Zwei Personen **gleichen Geschlechts** begründen eine Lebenspartnerschaft, wenn sie gegenseitig persönlich und bei gleichzeitiger Anwesenheit erklären, miteinander eine Partnerschaft auf Lebenszeit führen zu wollen (Lebenspartnerinnen oder Lebenspartner). Die Erklärungen können nicht unter einer Bedingung oder Zeitbestimmung abgegeben werden. Die Erklärungen werden wirksam wenn sie vor der **zuständigen Behörde** erfolgen. Weitere **Voraussetzung** für die Begründung der Lebenspartnerschaft ist, dass die Lebenspartner eine **Erklärung über ihren Vermögensstand** abgegeben haben, § 1 Abs. 1 LPartG.

Haben zwei Personen gleichen Geschlechts eine Lebenspartnerschaft begründet sind sie gemäß § 2 LPartG einander zur **Fürsorge
und Unterstützung** sowie zur gemeinsamen Lebensgestaltung verpflichtet. Sie tragen füreinander Verantwortung.

Gemäß § 5 LPartG sind sie einander zum **angemessenen Unterhalt**
verpflichtet. § 1360 S. 2, die §§ 1360 a, 1360 b und 1609 BGB gelten
entsprechend.

Leben die Lebenspartner **getrennt,** so kann ein Lebenspartner von
dem anderen den nach den Lebensverhältnissen und den Erwerbs-
und Vermögensverhältnissen während der Lebenspartnerschaft **angemessenen Unterhalt** verlangen. Der nicht erwerbstätige Lebenspartner kann darauf verwiesen werden, seinen Unterhalt durch eine
Erwerbstätigkeit selbst zu verdienen, es sei denn, dass dies von ihm
nach seinen persönlichen Verhältnissen unter Berücksichtigung der
Dauer der Lebenspartnerschaft und nach den wirtschaftlichen Verhältnissen der Lebenspartner nicht erwartet werden kann, § 12
LPartG.

Ein Unterhaltsanspruch ist zu versagen, herabzusetzen oder zeitlich
zu begrenzen, soweit die Inanspruchnahme des Verpflichteten unbillig wäre. § 1361 Abs. 4 und § 1610 a BGB gelten entsprechend,
§ 12 LPartG.

Nach der **Aufhebung der Lebenspartnerschaft** obliegt es jedem Lebenspartner, selbst für seinen Unterhalt zu sorgen. Ist er dazu **außerstande,** hat er gegen den anderen Lebenspartner einen Anspruch
auf Unterhalt nur entsprechend den §§ 1570 bis 1586 b und 1609
BGB, § 16 Abs. 1 LPartG.

Anders als beim nachehelichen Ehegattenunterhalt besteht ein Unterhalt wegen Arbeitslosigkeit oder ein **Aufstockungsunterhalt
nicht.**

§ 16 Abs. 3 LPartG regelt den unterhaltsrechtlichen Rang des nach-
partnerschaftlichen Unterhaltsanspruchs. Der frühere Lebenspartner geht einem neuen Lebenspartner und allen übrigen Verwandten
nach § 1609 Abs. 2 BGB vor. Alle anderen gesetzlichen Unterhaltsberechtigten gehen dem früheren Lebenspartner vor. Dazu gehören
die minderjährigen und ihnen gleichstellte Kinder, volljährige Kin-

der, geschiedene oder neue Ehegatten und Berechtigte nach § 1615 l BGB.

Der Unterhalt **erlischt,** wenn der Berechtigte eine Ehe eingeht oder eine neue Lebenspartnerschaft begründet.

Nach § 269 Abs. 1 Nr. 8, 9 FamFG sind Verfahren, die durch die Lebenspartnerschaft begründete gesetzliche Unterhaltspflicht oder die gesetzliche Unterhaltspflicht für ein gemeinschaftliches minderjähriges Kind der Lebenspartner betreffen Lebenspartnerschaftssachen für die über § 270 FamFG die in Familiensachen nach § 111 Nr. 8 FamFG jeweils geltenden Vorschriften entsprechend anzuwenden sind.

▶ **Lebensversicherung**

Für die **primäre Altersvorsorge** können Ausgaben **bis zu 20 Prozent** des Bruttoeinkommens angesetzt werden (gesetzliche Rente/ Lebensversicherungen/vermögensbildende Anlagen). Die eigene angemessene Altersversorgung geht der Versorgung des Unterhaltsbedürftigen vor. Entscheidend ist, dass die Aufwendungen auch **tatsächlich erbracht** werden, d. h. nur fiktive Aufwendungen sind nicht berücksichtigungsfähig (BGH FamRZ 2003, 860; 1179; 2004, 792).

Im Hinblick auf die Entwicklung der gesetzlichen Rentenversicherung hat sich die Erkenntnis durchgesetzt, dass der Lebensstandard im Alter nur dann zu sichern ist, wenn neben der primären Vorsorge – u. a. durch die gesetzliche Rentenversicherung – private Leistungen für eine **zusätzliche Altersversorgung** erbracht werden. Für eine zusätzliche Altersversorgung ist eine Betrag von **bis zu vier Prozent des Gesamt-Bruttoeinkommens** des Vorjahres einkommensmindernd sowohl beim Unterhaltsberechtigten als auch beim Unterhaltpflichtigen zu berücksichtigen (BGH FamRZ 2005, 1817). Dies gilt sowohl gegenüber (geschiedenen) Ehegatten als auch gegenüber (minderjährigen) Kindern – es sei denn, der Kindes-Mindestunterhalt für minderjährige Kinder ist nicht gesichert (vgl. BGH FamRZ 2005, 1822). Beim **Elternunterhalt** wird eine zusätzliche Altersversorgung in Höhe von **fünf Prozent** des Bruttoeinkommens des Vorjahres abzugsfähig anerkannt (BGH FamRZ 2004, 792).

Eine Kapital-Lebensversicherung ist grundsätzlich vor Inanspruchnahme von **Verfahrenskostenhilfe** für die Verfahrenskosten einzusetzen. Hierfür kommt eine – teilweise – Verwertung durch Beleihung in Betracht (BGH FamRZ 2010, 1643).

▶ **Lehrlingsvergütung**

→*Ausbildungsvergütungen*

▶ **Leibgedinge**

Ein Leibgedinge oder Altenteil enthält gewöhnlich ein lebenslanges **Wohnrecht** an dem übertragenen Grundstück sowie die Gewährung von **Kost, Wartung und Pflege** in gesunden und kranken Tagen. Die Verpflichtung, den Berechtigten auf Lebenszeit **Dienst- und Sachleistungen** (Reallasten nach §§ 1105 ff. BGB) zu erbringen, ist als **wertmindernde Belastung** – vergleichbar einer Leibrente (→*Leibrenten*) – vom Wert des erworbenen Grundstücks abzusetzen (BGH FamRZ 2005, 1974, 1977). Die zur Erfüllung dieser Verpflichtung erforderlichen finanziellen Aufwendungen schmälern den Zugewinn. Persönliche Pflegeleistungen hindern den leistenden Ehegatten, anderweit Vermögen zu erwerben, das seinen Zugewinn erhöhen würde. Enthält das Leibgedinge auch ein Wohnrecht, ist dieser Bestandteil als beschränkt persönliche Dienstbarkeit (§§ 1090 ff. BGB) mit dem →*Nießbrauch* (§ 1030 BGB) vergleichbar und bei der Vermögensbewertung auch gleich zu behandeln, →*Doppelverwertungsverbot*.

Umstritten ist, ob wegen des Doppelverwertungsverbotes eine monatliche Leibrente bei der Unterhaltsberechnung einkommensmindernd berücksichtigt werden kann. Überwiegend wird die Auffassung vertreten, dass die Tilgung einer Verbindlichkeit, die güterrechtlich ausgeglichen wird, nicht mehr zusätzlich als Abzugsposten einkommensmindernd bei der Unterhaltsberechnung angesetzt werden darf. Nur so könne eine doppelte Benachteiligung des unterhaltsberechtigten Ehegatten vermieden werden (vgl. Kogel, FamRZ 2006, 451; Haußleiter/Schulz, Kap. 6 Rn. 307 ff.).

▶ **Leibrenten**

Leibrenten gemäß §§ 759 ff. BGB sind i. d. R. laufende Geld- oder Naturalleistungen, die z. B. anlässlich einer Hofübergabe oder der Übertragung eines Anwesens vereinbart werden und sind daher i. d. R. als →*Vermögenserträge* zu berücksichtigen, wobei jedoch zu beachten ist, dass in dem Erhalt der Bezüge die restlose Verwertung des Vermögensstammes, die je nach den Umständen des Einzelfalles unzumutbar sein kann, liegen kann (→*Vermögen*). Leibrenten stellen sonstiges Einkommen i. S. d. § 22 EStG dar und sind in **voller Höhe,** nicht nur im Ertragsanteil als unterhaltsrechtlich relevantes Einkommen zu beurteilen.

Verpflichtet sich der voraussichtlich unterhaltspflichtige Ehegatte für den Fall der Ehescheidung zur Zahlung einer Leibrente, die an die Stelle einer möglichen Unterhaltsverpflichtung treten soll, ist die Leibrente **unabhängig von einer bestehenden unterhaltsrechtlichen Leistungsfähigkeit** zu bezahlen. Eine dem § 1581 BGB vergleichbare Beschränkung ist Leibrentenansprüchen nach § 759 BGB fremd. Eine entsprechende Begrenzung ist i. d. R. auch nicht im Wege der Auslegung zulässig. Dies kann vor allem dann problematisch sein, wenn die Vereinbarung einer von der Leistungsfähigkeit unabhängigen Leibrente zu einer **Abkehr von der unterhaltsrechtlichen Rangfolge** anderer Unterhaltsberechtigter führt. Leibrentenvereinbarungen, die dem Unterhaltspflichtigen deutlich weniger als den notwendigen Selbstbehalt als Mindesteinkommen belassen, überschreiten regelmäßig die Grenzen der Dispositionsfreiheit und sind damit **sittenwidrig** und im Wege der richterlichen →*Inhaltskontrolle von Eheverträgen und Scheidungsvereinbarungen* gemäß § 138 Abs. 1 BGB als **nichtig** zu erklären. Für die Beurteilung der Frage, ob eine solche Leibrentenvereinbarung zu einer einseitigen und nicht gerechtfertigten Lastenverteilung führt, sind die das gesetzliche Leitbild des Ehegattenunterhalts maßgeblich prägenden Grundsätze der **Halbteilung** unter Rücksichtnahme auf die **Leistungsfähigkeit** des Unterhaltsschuldners maßgebend (OLG Karlsruhe FamRZ 2007,

477; OLG Celle FamRZ 2004, 1969, jeweils mit Anm. Bergschneider).

Inhaltskontrolle zugunsten des Unterhaltspflichtigen: Wenn schon im Zeitpunkt des Zustandekommens der Leibrentenvereinbarung offenkundig ist, dass die Vereinbarung zu einer **einseitigen und nicht gerechtfertigten Lastenverteilung** für den Scheidungsfall führt, führt bereits die **Wirksamkeitskontrolle** zum **Ausspruch der Nichtigkeit** der Vereinbarung.

Die Heranziehung der Leibrente als unterhaltspflichtiges Einkommen führt nicht insofern zu einer Doppelbelastung des Unterhaltspflichtigen, als aus demselben Vermögenswert einerseits Unterhalt und andererseits Zugewinnausgleich zu bezahlen ist. Denn die Leibrente unterliegt als ein mit Hilfe des Vermögens erworbenes, auf laufende Geldleistungen gerichtetes Versorgungsanrecht wegen Alters oder Invalidität i. S. d. § 1587 Abs. 1 BGB **ausschließlich dem Versorgungsausgleich.** Ein güterrechtlicher Ausgleich in Form des **Zugewinnausgleichs** findet nach § 1587 Abs. 3 BGB nicht statt. Eine doppelte Inanspruchnahme desselben Vermögenswertes durch Zugewinnausgleich und Unterhalt scheidet damit **von vornherein** aus. Ob sich eine entsprechende Doppelbelastung durch den Versorgungsausgleich ergeben kann hängt davon ab, in welcher Form der Versorgungsausgleich durchgeführt wird. Eine schuldrechtliche Ausgleichsrente bewirkt ab dem Zeitpunkt ihrer Zahlung eine Verminderung der Unterhaltsbedürftigkeit der Unterhaltsberechtigten und der Leistungsfähigkeit des Unterhaltspflichtigen und kann bei der Berechnung des Unterhalts im Wege der Abänderungsklage geltend gemacht werden. Eine **Doppelbelastung** ist allenfalls dann denkbar, wenn bei entsprechender Antragstellung der Unterhaltsberechtigten schuldrechtliche Ausgleichsrentenzahlungen auch für vergangene Zeiträume anfallen, in denen der Verpflichtete bereits vollen Unterhalt geleistet hat. Dem kann bereicherungsrechtlich begegnet werden (so BGH FamRZ 1994, 228 ff. m. w. N.).

Wird in einem Ehevertrag wechselseitig auf nachehelichen Unterhalt **verzichtet,** aber zugleich einem Ehegatten eine von Bedarf und Leistungsfähigkeit unabhängige **Geldrente** versprochen, so kann ein **Leibrentenversprechen** gemäß § 759 BGB vorliegen. Nach dieser

Bestimmung hat, wer zur Gewährung einer Leibrente verpflichtet ist, diese im Zweifel für die Lebensdauer des Gläubigers zu entrichten. Ohne Bedeutung ist bei dem Leibrentenversprechen die Bedürftigkeit des Berechtigten und die Leistungsfähigkeit des Verpflichteten (so OLG Schleswig FamRZ 1991, 1203 f.). Das Leibrentenversprechen erlischt auch nicht bei **Wiederheirat** der Frau (OLG Koblenz FamRZ 2002, 1040).

▶ **Leistungsfähigkeit des Verpflichteten**

Die Leistungsfähigkeit ist in den §§ 1581, 1603 BGB als **Einwendung** ausgestaltet; obwohl sie Unterhaltsanspruchsvoraussetzung ist, trifft daher den **Unterhaltspflichtigen** die **Darlegungs- und Beweislast** für eine von ihm behauptete beschränkte oder **fehlende** Leistungsfähigkeit. Das Bundesverfassungsgericht hat diese **Umkehr der Darlegungs- und Beweislast** für bedenkenfrei gehalten (BVerfGE 85, 143, 146; BGH FamRZ 88, 930 f.). Dies hat zur Folge, dass die Leistungsfähigkeit des Unterhaltspflichtigen vermutet wird, wenn er hinsichtlich seiner Leistungsfähigkeit keine Einwendungen erhebt. Insbesondere besteht keine Verpflichtung des Gerichts, sich von Amts wegen nach Umständen zu erkundigen, die die Leistungsfähigkeit beeinträchtigen könnten (vgl. BGH FamRZ 1988, 930 f.). Nach allgemeiner Ansicht muss der unterhaltsbegehrende Ehegatte seinen **Bedarf darlegen** und beweisen, während der auf Unterhalt in Anspruch genommene die **Einschränkung seiner Leistungsfähigkeit** in dem Sinne, dass er diesen Bedarf nicht befriedigen kann, darlegen und beweisen muss (OLG Hamm FamRZ 1996, 1216 f.). Unterhaltspflichtig ist grundsätzlich nur, wer leistungsfähig ist. Die Selbsterhaltung geht vor. Unterhaltspflichtig ist darum grundsätzlich nicht, wer bei Berücksichtigung seiner sonstigen Verpflichtungen außer Stande ist, ohne Gefährdung seines eigenen angemessenen Unterhalts den Unterhalt zu gewähren (§ 1603 Abs. 1 BGB). Es kann nicht Sinn der Unterhaltsgewährung sein, den Unterhaltsschuldner wirtschaftlich schlechter zu stellen, als den Unterhaltsgläubiger. Der Unterhaltsverpflichtete darf am Ende nicht bedürftiger sein, als der Berechtigte.

Wie die →*Bedürftigkeit des Berechtigten* wird auch die Leistungsfähigkeit des Unterhaltsverpflichteten nicht allein durch sein tatsächlich vorhandenes Vermögen und Einkommen bestimmt, sondern auch durch seine Arbeits- und Erwerbs**fähigkeit.** Er muss seine Arbeitsfähigkeit so gut wie möglich einsetzen und sich Einkünfte anrechnen lassen, die er bei gutem Willen durch zumutbare Erwerbstätigkeit, unter Umständen durch Wechsel des Arbeitsplatzes oder Arbeitsortes oder sogar des Berufes erzielen könnte (BGH FamRZ 1981, 539, 540 = NJW 1981, 1609). Die Leistungsfähigkeit des Unterhaltsschuldners bestimmt sich nach seinem **tatsächlichen,** nicht nach seinem steuerpflichtigen Einkommen. Gegenüber minderjährigen Kindern bestimmt sich die Leistungsfähigkeit darüber hinaus nach den Einkünften, die bei **gutem Willen** erzielt werden können (BGH FamRZ 1998, 357).

Im Wesentlichen wird die Leistungsfähigkeit von folgenden Faktoren beeinflusst:

- Von sämtlichen Mitteln, die der Verpflichtete zur Verfügung hat und/oder beschaffen könnte.

- Von den Abzugsposten, um die die Einkünfte zu bereinigen sind. **Nichtprägende Schulden** sind bei der Leistungsfähigkeit des Pflichtigen nur berücksichtigungswürdig, wenn die Eingehung der Verbindlichkeit **unvermeidbar** war; dieses hat der Pflichtige im Einzelnen darzulegen und ggf. zu beweisen (BGH FamRZ 1998, 1501).

- Von dem eigenen Bedarf des Verpflichteten, dem ihm zu belassenden Selbstbehalt (→*Selbstbehalt, Bedarfskontrollbetrag*).

Grundsätzlich ist Leistungsunfähigkeit auch dann zu beachten, wenn der Unterhaltsschuldner selbst sie – auch schuldhaft – herbeigeführt hat (so BGH FamRZ 1985, 158 ff. und BGH FamRZ 1987, 372 ff.; FamRZ 1988, 597, 599). Jedoch können im Einzelfall besondere, schwerwiegende Gründe dem Unterhaltpflichtigen die Berufung auf seine Leistungsunfähigkeit nach den Grundsätzen von Treu und Glauben verwehren. Liegen solche Gründe vor, so kann dem Unterhaltsschuldner die Berufung auf seine Leistungsunfähigkeit auch dann verschlossen sein, wenn das in Bezug auf seine Unterhaltspflicht verantwortungslose Verhalten, das ihm vorzuwerfen ist, dazu geführt hat, dass ihm im Krankheitsfalle Lohnfortzahlung und anschließendes Krankengeld nicht zur Verfügung stehen und er deshalb vorhersehbar außer Stande ist, Unterhalt zu leisten.

▶ **Leistungsprämien, Leistungszulagen**

Es ist zu unterscheiden zwischen Leistungszulagen und Leistungsprämien, die **regelmäßiger** Einkommensbestandteil sind und für individuelle Leistungen im Rahmen an sich **normaler** Arbeitstätigkeit zugewendet werden und solchen Leistungsprämien, die **ausnahmsweise** für hervorragende Erfolge (z. B. Erfindungen, Patente, Lizenzen, Verbesserungsvorschläge im Labor oder Entwicklungsabteilungen oder Siegprämien zusätzlich zur Grundentlohnung bei Berufssportlern oder Wettbewerbserfolge bei Architekten oder Künstlern) gewährt werden.

Die regelmäßigen →Prämien, insbesondere auch die Leistungszulagen nach langjähriger Betriebszugehörigkeit gehören zu den allgemeinen Berufs- und Einkommensmöglichkeiten und unterliegen damit der vollen unterhaltsrechtlichen Anrechnung, während ausnahmsweise bewilligte Leistungsprämien wie Einkünfte aus einer an sich nicht zumutbaren Erwerbstätigkeit (→*Überstunden*; →*Nebentätigkeit*) zu behandeln sind, die Beurteilung der Anrechnung also nach **Treu und Glauben** unter Berücksichtigung der Umstände des Einzelfalles zu erfolgen hat (vgl. BGH FamRZ 1980, 984). Soweit es sich nicht um Prämien für ganz außergewöhnliche Leistungen handelt, erfolgt eine Anrechnung nach den gleichen Grundsätzen wie bei →*Überstunden*, →*Nebentätigkeit*.

▶ **Lohnfortzahlung im Krankheitsfall**

→*Entgeltfortzahlung im Krankheitsfall*

▶ **Lohnsteuer**

Die Lohnsteuer gehört zu den persönlichen Steuern und ist in der tatsächlich entrichteten Höhe vom Bruttoeinkommen abzuziehen. Siehe →*Lohnsteuerrückzahlung*; →*Steuerbelastung (höhere) nach*

Ehescheidung; →*Steuernachzahlung;* →*Steuerschulden;* →*Steuern;* →*Realsplitting.* Auch wenn sich der Wechsel in die Steuerklasse I in Folge rascher Wiederverheiratung als nur vorübergehend erweist, bleibt für den **Ehegattenunterhaltsbedarf** (jedenfalls beim Alleinverdiener) **Steuerklasse I** maßgebend (vgl. BVerfG FamRZ 2003, 1821); der **Kindesunterhaltsbedarf** richtet sich aber nach dem **tatsächlichen Nettoeinkommen.**

▶ **Lohnsteuerrückzahlung**

Lohnsteuerrückzahlungen u. a. im Wege der Erstattung zurückgewährte →*Steuern* sind in dem Kalenderjahr als Einkommen zu berücksichtigen, in dem die Rückzahlung tatsächlich erfolgt. Spätere Veränderungen aufgrund Einkommenssteuerveranlagung und Lohnsteuerjahresausgleich können grundsätzlich erst dann berücksichtigt werden, wenn die Rückzahlung oder Nachforderung erfolgt ist (BGH FamRZ 1980, 984, 985 = NJW 1980, 2251).

Eine einkommenserhöhende Berücksichtigung der Steuerrückvergütung ist jedoch nur dann möglich, wenn mit einer Steuererstattung im bisherigen Umfang auch für die folgenden Jahre zu rechnen ist (BGH FamRZ 1988, 817, 818).

Lohnsteuererstattungen bleiben bei der Bemessung des Unterhalts unberücksichtigt, **soweit** sie auf Ausgaben des Unterhaltsschuldners beruhen, die er dem unterhaltsberechtigten Ehegatten nicht entgegenhält oder unterhaltsrechtlich nicht entgegenhalten kann (hier: Zahlung von Versicherungsbeiträgen; OLG Düsseldorf FamRZ 1984, 1092).

Bei **gemeinsamer Veranlagung** ist erstattungsberechtigt im Verhältnis zum Finanzamt grundsätzlich der Ehegatte, auf dessen Rechnung die Überzahlung erbracht wurde (§ 37 Abs. 2 AO). Entspricht die Auszahlung an nur einen nicht der materiell-rechtlichen Beteiligung an der Rückzahlung, so steht dem Benachteiligten ein Ausgleichsanspruch zu. Die **Aufteilung** erfolgt im Verhältnis der Beträge einer **fiktiven Einzelveranlagung** (OLG Hamm FamRZ 1996, 1413; OLG Köln FamRZ 1995, 55) oder entsprechend dem **Verhält-**

nis der tatsächlich einbehaltenen Lohnsteuerbeträge (OLG Düsseldorf FamRZ 1993, 70; OLG Karlsruhe FamRZ 1991, 198).

▶ **Lohnsteuerkarte, Voreintrag**

Es besteht eine unterhaltsrechtliche Obliegenheit, in zumutbarem Rahmen Steuervorteile wahrzunehmen. Dazu gehören insbesondere die den Arbeitnehmerpauschbetrag übersteigenden **Werbungskosten** sowie der **Ehegattenunterhalt.** Der Steuervorteil wirkt sich bereits beim Bezug des Gehalts und nicht erst bei der Steuerveranlagung im nächsten Jahr aus und kommt daher auch den Unterhaltsgläubigern zugute. Diese Vorteile in Anspruch zu nehmen, entspricht den unterhaltsrechtlichen Obliegenheiten (BGH FamRZ 1984, 1211; OLG Hamburg FamRZ 1992, 1308). Beim **Realsplitting** wird die Verpflichtung zum Eintrag auf der Lohnsteuerkarte nur hinsichtlich des bereits festgestellten oder vom Schuldner anerkannten Betrages oder Teilbetrages angenommen. Dagegen spricht jedoch, dass dadurch der jedwede Zahlung in Abrede stellende Schuldner begünstigt würde (OLG Sachsen-Anhalt FamRZ 2002, 959 gegen BGH FamRZ 1999, 372). Die Verpflichtung zum Voreintrag entfällt, wenn die Steuerersparnis durch den **Nachteilsausgleich** aufgezehrt wird (OLG Hamm FamRZ 2000, 608).

Damit das Einkommen nicht durch unnötig hohe Steuerabzüge geschmälert wird, besteht insbesondere auch eine Obliegenheit, die Freibeträge für →*Fahrtkosten* voreintragen zu lassen.

Bei der **Aufteilung der Steuererstattung** sind die Eheleute zwar grundsätzlich nach § 426 Abs. 1 BGB zu gleichen Anteilen verpflichtet. Beim internen Einkommensteuerausgleich kann sich jedoch aus den Umständen des Einzelfalles ein **besonderer Verteilungsmaßstab** ergeben (BGH FamRZ 2002, 740). Dabei kommt es darauf an, wer die Steuern in welcher Höhe **tatsächlich** entrichtet hat.

▶ **Lottogewinn**

Wird der Lottogewinn vor dem für den Ehegattenunterhalt **maßgeblichen Zeitpunkt der Scheidung** erzielt, erhöht sich in Höhe der laufenden Vermögenseinkünfte daraus der Unterhaltsanspruch, da insoweit die ehelichen Lebensverhältnisse auch von diesen Einkünften geprägt worden sind.

Wird der Lottogewinn **nach** dem maßgebenden Zeitpunkt erzielt und gehört er damit nicht zu den **dauerhaft** gewordenen Lebensverhältnissen, beeinflussen die daraus fließenden laufenden Vermögenseinkünfte den Unterhaltsanspruch nicht, sondern sind nur bei der Feststellung der Leistungsfähigkeit zu berücksichtigen. Die Zinseinkünfte aus einem 3 Monate vor der Trennung erhaltenen Lottogewinn von ca. 500000 Euro haben die ehelichen Lebensverhältnisse geprägt und stellen daher unterhaltsrechtlich relevantes Einkommen dar (OLG Frankfurt FamRZ 1995, 874).

M

▶ Mahnung

Für die **Vergangenheit** kann Unterhalt nur in drei Fällen gefordert werden:

- wenn der Pflichtige in Verzug i. S. d. §§ 286 ff. BGB gesetzt wurde
- wenn der Unterhaltsanspruch rechtshängig wurde oder
- der Unterhaltspflichtige zur Auskunftserteilung zum Zwecke der Unterhaltsberechnung aufgefordert worden ist, §§ 1613 Abs. 1, 1585 b Abs. 2 BGB.

▶ Mahnverfahren

Im Mahnverfahren (§ 113 Abs. 2 FamFG) können als Unterhalt nur die bis zum Ablauf der Widerspruchsfrist fälligen Beträge geltend gemacht werden, somit nur die **Unterhaltsrückstände**, §§ 688 Abs. 1 i. V. m. § 692 Abs. 1 Nr. 3 ZPO. I. d. R. ist es sinnvoller, von Anfang an den behaupteten Unterhaltsanspruch einschließlich der Rückstände in einem ordentlichen Verfahren geltend zu machen.

▶ Mangelfälle

Reicht das Einkommen des Unterhaltspflichtigen, das über dem Selbstbehalt liegt, nicht aus, den Bedarf aller gleichrangigen Unterhaltsberechtigten zu decken, liegt ein Mangelfall vor. Ist der Pflichtige wieder verheiratet und hat sein Ehegatte Einkommen oder lebt er mit einem neuen Partner zusammen, kann wegen **ersparter Aufwendungen** der **Selbstbehalt herabgesetzt** werden. Beim Mangelfall ist zunächst zu prüfen, ob durch eine **Einkommenskorrektur** eine Kürzung der Unterhaltsansprüche vermieden werden kann: **Überobligatorische Einkünfte** können im Mangelfall herangezogen werden. **Freiwillige Leistungen Dritter** können als Einkommen angesetzt werden (BGH FamRZ 1999, 843, 847). **Höhere Fahrtkosten** können im Mangelfall i. d. R. nicht berücksichtigt werden, weil dann die Benutzung öffentlicher Verkehrsmittel verlangt werden kann. **Schuldentilgungen** könne im Mangelfall gegenüber minderjährigen Kindern nur in Ausnahmefällen Berücksichtigung finden, solange der **Mindestunterhalt** nicht gesichert ist (BGH FamRZ 2002, 536, 542).

Schließlich kann auch verlangt werden, dass der **Erwerbstätigenbonus des Pflichtigen** beim Selbstbehalt für erhöhte berufsbedingte Aufwendungen oder Schulden herangezogen wird. Siehe →*Rangfolge bei mehreren Unterhaltsberechtigten.*

Reicht das Einkommen zur Deckung des Bedarfs des Unterhaltspflichtigen und der gleichrangigen Unterhaltsberechtigten nicht aus (sog. Mangelfall) ist die nach Abzug des notwendigen Selbstbehalts des Unterhaltspflichtigen verbleibende Verteilungsmasse auf die Unterhaltsberechtigten im Verhältnis ihrer jeweiligen Einsatzbeträge gleichmäßig zu verteilen. Der Einsatzbetrag für den **Kindesunterhalt** entspricht dem Zahlbetrag des Unterhaltspflichtigen. Der Einsatzbetrag für den **unterhaltsberechtigten Ehegatten** wird nach BGH mit einem der jeweiligen Lebenssituationen entsprechenden **Mindestbedarfsatz** ohne Vorwegabzug des Kindesunterhalts angenommen. Dieser ist in Höhe des notwendigen Eigenbedarfs (Existenzminimum) in die Mangelfallberechnung einzustellen (vgl. BGH FamRZ 2003, 363).

► Medikamente

Unvermeidbar erforderliche Arzneimittel zur Heilung oder Besserung einer Krankheit oder der Linderung von Schmerzen und

Krankheitsfolgen können einkommensmindernd berücksichtigt werden, soweit ein Ersatz dieses krankheitsbedingten Mehrbedarfs (→*Krankheitsbedingter Mehrbedarf*) von der Krankenversicherung oder anderen Versicherungsträgern nicht geleistet wird; erforderlich ist ein **konkreter** Nachweis der nicht von Versicherungsleistungen gedeckten notwendigen Arzneimittelkosten.

▶ Mehrarbeit

→*Nebentätigkeit;* →*Überstunden;* →*Leistungsprämien, Leistungszulagen*

▶ Mehrbedarf

Mehrbedarf ist ein während eines längeren Zeitraums regelmäßig anfallender Bedarf, der die üblichen Kosten übersteigt und deshalb mit dem laufenden Unterhalt nicht erfasst wird, insbesondere gehören dazu laufend erhöhte Aufwendungen durch Krankheit, Behinderung oder Alter sowie wegen einer Ausbildung, Fortbildung oder Umschulung.

Beim **Kindesunterhalt** haften die Eltern anteilig nach § 1606 Abs. 3 S. 1 BGB. Der **Kindergartenbeitrag** ist in jedem Fall Mehrbedarf des Kindes und zwar unabhängig vom Umfang des Besuchs der Einrichtung (BGH FamRZ 2009, 962), nicht jedoch soweit darin Verpflegungskosten in der Kindereinrichtung enthalten sind.

Trennungsbedingte Verbindlichkeiten können als Abzugsposten einkommensmindernd berücksichtigt werden, wenn die Verbindlichkeiten **berücksichtigungswürdig** sind und nicht leichtfertig entstanden sind (vgl. BGH FamRZ 2008, 963).

▶ Mehrere Unterhaltsberechtigte

Siehe →*Rangfolge bei mehreren Unterhaltsberechtigten.* Die Leistungsfähigkeit des Unterhaltsschuldners wird durch behauptete Unterhaltspflichten für **andere** Unterhaltsberechtigte so lange **nicht** beeinträchtigt, wie er keine Zahlung **leistet** und die Unterhaltsansprüche **nicht tituliert** sind (OLG Hamm FamRZ 1995, 1488).

▶ **Meisterprüfung**

Grundsätzlich ist Unterhalt bei einer praktischen Ausbildung nur bis zur Gesellen- bzw. Facharbeiterprüfung zu bezahlen. Ausnahmsweise kann die Unterhaltspflicht die Weiterbildung zum Meister umfassen, wenn die Erstausbildung das Begabungspotential des Kindes nicht ausgeschöpft hat (OLG Stuttgart FamRZ 1996, 1435). Siehe →*Weiterbildung;* →*Zweitausbildungskosten.*

▶ **Miete**

Die Kosten für Miete gehören i. d. R. zu den üblicherweise anfallenden Lebenshaltungskosten. Sie sind daher im Selbstbehalt (→*Selbstbehalt, Bedarfskontrollbetrag)* bzw. in dem quotenmäßigen Unterhalt nach den Tabellen (z. B. DT) bereits enthalten.

Der **notwendige Eigenbedarf (Selbstbehalt)** nach der DT beträgt beim nicht erwerbstätigen Unterhaltspflichtigen monatlich 770 Euro, beim erwerbstätigen Unterhaltspflichtigen monatlich 950 Euro. Hierin sind bis **360 Euro für Unterkunft** einschließlich umlagefähiger Nebenkosten und Heizung (**Warmmiete**) enthalten. Der Selbstbehalt kann angemessen erhöht werden, wenn dieser Betrag im Einzelfall erheblich überschritten wird und dies nicht vermeidbar ist.

Der **angemessene Eigenbedarf,** insbesondere gegenüber anderen volljährigen Kindern, beträgt i. d. R. mindestens monatlich 1150 Euro. Darin ist eine **Warmmiete bis 450 Euro** enthalten. Wird die Wohnung von mehreren Personen genutzt, ist der **Wohnkostenanteil** des Pflichtigen festzustellen. Bei Erwachsenen geschieht die Aufteilung i. d. R. nach Köpfen. Kinder sind vorab mit einem Anteil von 20 Prozent ihres Anspruchs auf Barunterhalt zu berücksichtigen.

Eine **Absenkung des Selbstbehalts** kommt nicht in Betracht, wenn der Unterhaltspflichtige **geringere Wohnkosten** hat, weil er auf Wohnkomfort verzichtet (OLG Hamm FamRZ 2006, 952). Begnügt sich der Unterhaltsschuldner unter Verzicht auf Wohnkomfort mit einer **preisgünstigeren Wohnung**, so sind ihm die dadurch ersparten Mittel zu belassen. Es unterliegt grundsätzlich der freien Disposition des Unterhaltspflichtigen, wie er die ihm zu belassenden

Mittel nutzt, sodass es ihm nicht verwehrt ist, seine Bedürfnisse anders als in den Unterhaltstabellen auszugestalten (vgl. BGH FamRZ 2004, 370).

▶ Mieteinnahmen

Einkünfte aus Vermietung und Verpachtung (→*Vermietung und Verpachtung (Einkünfte und Abzugsposten)* sind als Vermögenserträgnisse nach Abzug der notwendigen Ausgaben in vollem Umfang anrechenbares Einkommen. Sind beide Ehegatten Miteigentümer eines Mietobjektes, stehen im Regelfall die Mieteinnahmen nach § 743 Abs. 1 BGB jedem zur Hälfte zu. Etwas anderes gilt nur dann, wenn die Parteien ausdrücklich oder stillschweigend sich dahingehend geeinigt haben, dass die Einkünfte einem Beteiligten allein gehören sollen (so BGH FamRZ 1986, 434).

Bei einem großen **eigengenutzten** Haus kann ab Scheidung eine Teilvermietung zumutbar sein, falls dies nach den Umständen möglich ist. Zumutbar kann es auch sein, durch Vermietung einzelner Räume des Hauses Mieteinnahmen zu erzielen (BGH FamRZ 1988, 145, 149). Entsprechende Einkünfte können dann fiktiv zugerechnet werden.

Auch von einem **volljährigen Kind** mit eigenem Einkommen muss der Unterhaltsberechtigte für die Wohnungsüberlassung ein entsprechendes Entgelt verlangen und im Fall seiner Weigerung die Wohnung anderweitig vermieten. Unterlässt dies der Berechtigte, können ihm fiktive Einkünfte für die unterlassene Teilvermietung zugerechnet werden, wenn und soweit das Kind nicht mehr auf kostenlose Überlassung angewiesen ist (so BGH FamRZ 1990, 269 f.).

▶ Mietwert der eigenen Wohnung/des eigenen Hauses

Beim Wohnen im eigenen Haus bzw. der eigenen Wohnung ist der Wohnvorteil durch mietfreies Wohnen im eigenen Heim als wirtschaftliche Nutzung des Vermögens unterhaltsrechtlich **wie Einkommen** zu behandeln. Neben dem Wohnwert sind auch Zahlungen nach dem Eigenheimzulagengesetz anzusetzen. Bei der **Bemessung** des Wohnvorteils ist von der **Nettomiete** auszugehen, d. h. nach Abzug der auf einen Mieter nach § 2 BetrKV umlegbaren Betriebskosten. Hiervon können der berücksichtigungsfähige **Schuldendienst,** erforderliche Instandhaltungs- und Instandsetzungskosten und solche Kosten, die auf einen Mieter nicht nach § 2 BetrKV umgelegt werden können. Auszugehen ist vom **vollen Mietwert.** Wenn es nicht möglich oder nicht zumutbar ist, die Wohnung aufzugeben und das Objekt zu vermieten oder zu veräußern, kann stattdessen die **ersparte Miete** angesetzt werden, die angesichts der wirtschaftlichen Verhältnisse angemessen wäre. Dies kommt i. d. R. für die Zeit **bis zur Rechtshängigkeit** des Scheidungsantrags in Betracht (Leitlinien Ziff. 5).

▶ Milchrente

Die Milchrente (Nicht-Vermarktungsprämie/Milchaufgabevergütung) ist bei der Berechnung des unterhaltsrechtlich relevanten Einkommens eines Landwirts auch dann auf zehn Jahre zu verteilen, wenn sie dem Landwirt in einem Betrag ausgezahlt worden ist (OLG Hamm FamRZ 1997, 308).

▶ Mindestbedarf

Der Mindestbedarf minderjähriger Kinder gemäß § 1612 a BGB entspricht den Richtsätzen der 1. Einkommensgruppe der DT. Die **Mindestunterhaltssätze** (Stand: 1. 1. 2011) betragen:

- 0 bis 5 Jahre: **317 Euro**
- 6 bis 11 Jahre: **364 Euro**
- ab 12 Jahre: **426 Euro.**

Die **Zahlbeträge** des Kindesunterhalts errechnen sich gemäß § 1612 b BGB nach Abzug des hälftigen Kindergeldes von den Bedarfsbeträgen der DT. Das Kindergeld für das erste und das zweite Kind beträgt **184 Euro,** für das dritte Kind **190 Euro** und ab dem vierten Kind **215 Euro.**

Bei Kindergeldbezug von **184 Euro** ergeben sich folgende **Zahlbeträge:**

- 0 bis 5 Jahre: **225 Euro**

- 6 bis 11 Jahre: **272 Euro**
- ab 12 Jahre: **334 Euro.**

Der Mindestbedarf bei Ansprüchen aus § 1615 l BGB beträgt **mindestens 770 Euro,** Leitlinien Ziff. 18.

Der Mindestbedarf des **Ehegatten** beträgt **mindestens 770 Euro** (vgl. Leitlinien Ziff. 15; BGH FamRZ 2010, 802).

Der Mindestbedarf kann ohne nähere Berechnung bei beengten Verhältnissen verlangt werden, wobei eine **Korrektur** nur noch über die Leistungsfähigkeit erfolgt, da der Pflichtige durch seinen **Selbstbehalt** von derzeit 1050 Euro bzw. beim Kindesunterhalt von 770 Euro/950 Euro in dieser Höhe geschützt ist (vgl. BGH FamRZ 2010, 357).

▶ **Ministerialzulage**

Die Ministerialzulage ist ebenso wie vergleichbare Zulagen bei Obersten Behörden in **vollem** Umfang Einkommen und auch nicht teilweise Aufwendungsersatz.

▶ **Montageprämien**

Montageprämien werden i. d. R. wie Trennungsentschädigung und Auslösegelder (→*Auslösegeld*) gezahlt, um einen durch Arbeit außerhalb der heimatlichen Arbeitsstelle erhöhten Bedarf zu decken und stellen gleichzeitig auch ein gesteigertes Entgelt für die damit verbundene persönliche Unbequemlichkeit, wie z. B. ungewohnte Umgebung, Trennung von der Familie und dergl. dar. Für die Anrechnung gelten die gleichen Grundsätze wie für →*Spesen*.

Wer sich auf die Nichtanrechenbarkeit der Montageprämie beruft, muss im Einzelnen darlegen und beweisen, dass ein entsprechender tatsächlicher Mehraufwand vorliegt, ohne dass eine Eigenersparnis eingetreten ist.

▶ **Mörder**

Der Mörder eines Elternteils schuldet dem Kind des Ermordeten Schadensersatz gemäß §§ 823 Abs. 1, 844 Abs. 2 BGB. Der **entgan-**

gene Unterhalt, den der Mörder zu erstatten hat, setzt sich zusammen aus Barunterhalt und Naturalunterhalt (vgl. OLG Düsseldorf FamRZ 2000, 425).

▶ Morgengabe

Der primäre Zweck der Mahr wird heute in der finanziellen Sicherung der Ehefrau für den Zeitraum nach Auflösung der Ehe durch Scheidung oder Tod gesehen. Früher galt er im Wesentlichen als der Preis dafür, dass der Ehemann ein quasi dingliches **Recht auf ehelichen Verkehr** mit seiner Frau erwirbt (Art. 1078 ff. Iran. ZKB). Die Mahr erfüllt nach iranischem Rechtsverständnis nur sehr begrenzt Unterhaltsfunktionen (vgl. Wurmnest, FamRZ 2005, 1878). Der Anspruch auf Rückgewährung des Mahr hängt von der Form der Auflösung der Ehe ab; je nach Scheidungsgründen wird der Mahr in vollem Umfang, zur Hälfte oder gar nicht geschuldet, wobei auch Kriterien der Billigkeit zu berücksichtigen sind (OLG Hamburg FamRZ 2004, 459). Der Mahr im schiitisch-iranischen Recht soll in allenfalls untergeordneter Weise der Sicherung des nachehelichen Unterhalts der Frau dienen. Er ist in erster Linie der **Preis für die Sexualität der Frau** i. S. eines vertraglichen Austauschgeschäftes, als dass die Ehe primär angesehen wird. Auch Art. 1085 ZGB ergibt, dass der Anspruch auf den Mahr **neben einem Unterhaltsanspruch** bestehen kann, mit ihm also nicht identisch ist. Rechtsprechung zur Morgengabe: BGH FamRZ 2004, 1952, 1958; OLG Stuttgart FamRZ 2004, 25; OLG Saarbrücken FamRZ 2006, 1378; OLG Köln FamRZ 2006, 1380.

> Art. 1085 Iran. ZGB lautet: „Sollte der Mahr nicht unverzüglich geliefert werden, so kann die Frau die Erfüllung ihrer Pflichten gegenüber dem Ehemann solange verweigern, als ihr der Mahr nicht übergeben ist. Durch diese Weigerung verliert sie nicht ihren Unterhaltsanspruch (nafaqah)." (Vgl. hierzu Yassari, Überblick über das iranische Scheidungsrecht, FamRZ 2002, 1088, 1093).

Vereinbaren **türkische** Eheleute bei der Trauung nach islamisch-religiösem Ritus, dass die Ehefrau dem Ehemann gegen das Versprechen der Zahlung eines Geldbetrages zur Frau vermacht wird, so handelt es sich bei dem versprochenen Geldbetrag um eine Morgengabe, die nach Scheidung der Ehe von der Ehefrau eingefordert werden kann (OLG Düsseldorf FamRZ 1998, 623). Die Vereinbarung zur Zahlung einer Morgengabe kann grundsätzlich **nicht als abstraktes Schuldversprechen** gemäß § 780 BGB verstanden werden (BGH FamRZ 1999, 217).

▶ **Musiker**

Erzielt ein abhängig Beschäftigter nebenberuflich Einkünfte als Musiker, so ist – entsprechend der Handhabung bei Selbstständigen – auf das Durchschnittseinkommen der letzten 3 Jahre abzustellen. Von Mitgliedern einer Tanzband geltend gemachte **Abschreibungen** sind ohne nähere Darlegung unterhaltsrechtlich nur zu 2/3 anzuerkennen (OLG Hamm FamRZ 1999, 1014; 1998, 344; vgl. auch OLGR-Hamm 1997, 203). Die gesteigerte Unterhaltspflicht verlangt dem Pflichtigen alle zumutbaren Anstrengungen ab, um den Mindestunterhalt seiner minderjährigen Kinder sicherzustellen. Dazu zählt auch die Verpflichtung, als Aushilfskellner zu arbeiten, Zeitungen auszutragen oder am Wochenende in einer Kapelle als Musiker tätig zu werden (OLG Hamm FamRZ 1999, 1014).

▶ **Muster für Antrag auf Ehegattenunterhalt**

> Der Antragsgegner ist verpflichtet, an die Antragstellerin ab dem … einen monatlichen (nachehelichen) Ehegattenunterhalt in Höhe von … Euro, wobei auf den Elementarunterhalt … Euro, auf den Altersvorsorgeunterhalt … Euro und auf den Krankenvorsorgeunterhalt … Euro entfallen, zu bezahlen.

N

► Nacheheliche Solidarität

Die nach der Scheidung fortwirkende Verantwortung der Eheleute füreinander kommt dann zum Tragen, wenn ein geschiedener Ehegatte in gesetzlich bestimmten Bedarfslagen außer Stande ist, für sich selbst zu sorgen (BVerfG FamRZ 2011, 437, Rn. 47). Dabei ist auch eine über die Kompensation ehebedingter Nachteile hinausgehende nacheheliche Solidarität zu berücksichtigen (Dose, FamRZ 2011, 1341; BGH FamRZ 2010, 1972; 629; 2009, 1207 ff.; 406).

► Nachhilfeunterricht

Ein **Mehrbedarf** für Nachhilfeunterricht ist im Tabellenunterhalt nicht enthalten; er ist nur zu erstatten, wenn der Nachhilfeunterricht sachlich begründet und wirtschaftlich zumutbar ist (vgl. BGH FamRZ 1983, 48). Die tatsächlich geleisteten Aufwendungen für nachgewiesenermaßen **erforderlichen** Nachhilfeunterricht sind i. d. R. bei dem Elternteil einkommensmindernd zu berücksichtigen, der die Kosten für den Nachhilfeunterricht aufbringt. Der **Barunterhaltspflichtige** kann für die Kosten nur in Anspruch genommen werden, wenn die Nachhilfestunden bei vernünftiger Betrachtungsweise erforderlich und geeignet sind, das jeweilige Schulziel zu erreichen. Als nicht erforderlich sind sie anzusehen, wenn der Sorgeberechtigte nach Alter des Kindes und eigener Vorbildung **selbst in der Lage ist,** die Nachhilfeleistung zu erbringen. I. d. R. ist der

Mehrbedarf von den Eltern **anteilig** nach ihrem Einkommen (nach Abzug von 1150 Euro Selbstbehalt) zu tragen.

Die Kosten für Nachhilfeunterricht (z. B. Teilnahme an einem schulbegleitenden Studienkreis) stellen **Sonderbedarf** dar, wenn sie vorübergehend wegen plötzlich auftretenden Schulschwierigkeiten erforderlich werden. Entscheidend für die Abgrenzung zu einer laufenden Bedarfserhöhung ist, ob die Zusatzkosten bei der Bemessung des laufenden Unterhalts hinreichend zuverlässig absehbar berücksichtigt werden konnten.

▶ **Nachtarbeitszuschläge**

Zuschläge für Nachtarbeit sind grundsätzlich in **vollem Umfang** als **Einkommen** anzurechnen; Nachtarbeit ist dem Unterhaltspflichtigen i. d. R. auch zumutbar, da sie oft mit normaler Berufstätigkeit (z. B. beim Bäckerhandwerk und bei der Polizei) verbunden ist. Es gilt auch hier der Grundsatz, dass als Arbeitseinkommen regelmäßig alle Leistungen anzusehen sind, die im Hinblick auf das Arbeits- oder Dienstverhältnis gewährt werden, gleichgültig aus welchem Anlass sie im Einzelnen gezahlt werden.

▶ **Naturalleistungen**

→*Sachzuwendungen;* →*Firmenwagen;* →*Deputate*

▶ **Naturalunterhalt**

Geht ein Ehegatte, der ein minderjähriges Kind betreut, einer Erwerbstätigkeit nach, so kann ihm für die Leistung des Naturalunterhalts des Kindes ein angemessener Betrag, der jedoch unter dem Tabellenunterhalt liegt, anrechnungsfrei gelassen werden, dessen Höhe sich nach den Umständen des Einzelfalles bestimmt. Siehe →*Betreuungsbonus.*

Eine **Ausnahme** vom Grundsatz der Gleichwertigkeit von Bar- und Naturalunterhalt gemäß § 1606 Abs. 3 S. 2 BGB gilt für den Fall, dass der betreuende Elternteil über ein **Vielfaches an Einkommen und Vermögen** im Verhältnis zum nicht betreuenden Elternteil verfügt; in diesem Fall muss der betreuende Elternteil **auch für den Barunterhalt** aufkommen. Gleiches gilt, wenn der **angemessene Selbstbehalt des Unterhaltspflichtigen** nicht gewahrt ist und der betreuende Elternteil über ein ausreichendes Einkommen verfügt, um alleine für das Kind aufkommen zu können, § 1603 Abs. 2 S. 3 BGB (vgl. BGH FamRZ 1998, 286). Der **Grundsatz der Gleichwertigkeit gilt nicht** bei auswärtiger Unterbringung des Kindes, z. B. in einem **Internat,** oder für einen Zusatzbedarf in Form von **Mehrbedarf,** Sonderbedarf, Prozesskostenvorschuss (BGH FamRZ 1998, 286); hier erfolgt eine **anteilige Haftung** nach § 1606 Abs. 3 S. 2 BGB.

▶ **Nebentätigkeit**

Eine Nebentätigkeit ist **nicht zumutbar,** wenn von dem Pflichtigen eine Erwerbstätigkeit über 200 Stunden im Monat verlangt wird (OLG Bamberg FamRZ 2005, 1114), ebenso nicht, wenn der Pflichtige am Wochenende regelmäßig mit seinen Kindern **Umgang** hat (OLG Bamberg FamRZ 2005, 2090). Ob eine zusätzliche Tätigkeit verlangt werden kann, ist am Maßstab der **Verhältnismäßigkeit** gemäß Art. 2 Abs. 1 GG unter Berücksichtigung der Arbeitsschutzbestimmungen, z. B. des Arbeitsschutzgesetzes zu prüfen (BVerfG FamRZ 2003, 661). Grundsätzlich obliegt es dem Unterhaltspflichtigen lediglich, einer **vollschichtigen Erwerbstätigkeit** nachzugehen und die berufstypischen Überstunden abzuleisten (OLG München FamRZ 1996, 196). Nebenarbeit ist oft mit höherem subjektiven Einsatz verbunden als die Ableistung von Überstunden. Wird eine **zweite Beschäftigung** bei einem anderen Arbeitgeber ausgeübt, muss dem Pflichtigen zumindest ein angemessener Teil des Nebenverdienstes **anrechnungsfrei** verbleiben (vgl. OLG Hamm FamRZ 2002, 885). Bei einer unterhaltsrechtlichen Fiktion von Nebeneinkünften darf die persönliche Belastungsgrenze nicht überschritten werden (BVerfG FamRZ 2003, 661). **Arbeitsrechtliche Einschränkungen** einer Nebentätigkeit sind zu berücksichtigen; eine **Gefährdung des Hauptarbeitsverhältnisses** ist nicht zumutbar. Wird ein volles Arbeitspensum im tarifvertraglich bestimmten Rahmen geleistet, handelt es sich bei einer zusätzlichen Zweitarbeit in aller Regel um eine überobligationsmäßige, unzumutbare Mehrarbeit. Einkommen aus Nebenarbeit ist **nur** anzurechnen, wenn **Treu und Glauben** unter Berücksichtigung der Umstände des Einzelfalles diese Anrechnung als **zumutbar** erscheinen lassen (BGH FamRZ 1983, 152, 153). Siehe →*Gesteigerte Erwerbsobliegenheit.*

Die Anrechenbarkeit der Einkünfte erfolgt in einer **zweistufigen Prüfung:** In der ersten Stufe ist die **Zumutbarkeit** der Nebentätigkeit zu prüfen; ist die Nebentätigkeit zumutbar, so wird das hieraus erzielte Einkommen in vollem Umfang dem unterhaltspflichtigen Einkommen zugerechnet. Führt die Prüfung in der ersten Stufe zu dem Ergebnis, dass es sich um **unzumutbare** Nebentätigkeit handelt, so muss in der zweiten Stufe geprüft werden, ob das aus unzumutbarer Arbeit erzielte Einkommen gleichwohl ganz oder teilweise unterhaltspflichtig ist. Einkünfte, die **Rentner und Pensionäre** aus der Ausübung einer Nebentätigkeit nach dem **65. Lebensjahr** erzielen, werden unterhaltsrechtlich **nicht berücksichtigt** (BGH FamRZ 2011, 454) →*Rentenalter.*

Nach Erreichen des 65. Lebensjahres kann generell eine weitere Arbeitstätigkeit nicht mehr erwartet werden und eine Arbeitstätigkeit nach diesem Zeitpunkt ist für den Verpflichteten und den Berechtigten als unzumutbar anzusehen. Zwar kennt das Unterhaltsrecht keine festen Altersgrenzen, aber es kann auch für Freiberufler keine andere Auffassung ohne Verstoß gegen den Gleichheitsgrundsatz vertreten werden.

Nebenarbeit wird nur ausnahmsweise zumutbar sein, insbesondere, wenn es sich um **geringfügige** oder **berufstypische** Nebenarbeit handelt (BGH FamRZ 1980, 984).

Eine vom Unterhaltspflichtigen oder Unterhaltsberechtigten nach Erreichen der **Regelaltersgrenze** für die gesetzliche Rente ausgeübte Erwerbstätigkeit ist sowohl hinsichtlich des Ehegattenunterhalts als auch des Kindesunterhalts regelmäßig **überobligatorisch.** Dabei ist es unerheblich, ob der Unterhaltspflichtige abhängig beschäftigt oder **selbstständig** tätig ist.

Nebeneinkommen (als Discjockey) ist nicht anrechenbar, wenn der Verpflichtete im **Hauptberuf schon Überstunden** leistet und die

Berechtigte mehr als den Mindesterhalt erhält (OLG Stuttgart FamRZ 1995, 1487 f.).

▶ Negativer Feststellungsantrag

„Berühmt" sich der Verfahrensgegner eines Unterhaltsanspruchs, dann ist das rechtliche Interesse für eine negative Feststellungsklage zu bejahen, und zwar gleichgültig, ob ein solcher besteht oder nicht (BGH FamRZ 1995, 725). Nach dem Verhalten des vermeintlich Unterhaltsberechtigten muss die Befürchtung begründet sein, er werde (rückständige) Unterhaltsansprüche noch geltend machen; dabei reicht ein bloß passives Verhalten aber i. d. R. nicht aus. Hat der Ehepartner sich eines Unterhaltsanspruchs berühmt und den anderen in Verzug gesetzt, besteht nur dann kein rechtliches Interesse für einen negative Feststellungsantrag, wenn dieser eine **eindeutige Erklärung** abgibt, dass für die Vergangenheit kein Unterhalt mehr geltend gemacht werde.

Stellt der Antragsgegner als Widerantrag einen Leistungsantrag so entfällt das Feststellungsinteresse und der Feststellungsantrag wird unzulässig (OLG Frankfurt FamRZ 2002, 31).

▶ Nettoeinkommen, bereinigtes

Maßgebend für die Feststellung der →*Bedürftigkeit des Berechtigten* und →*Leistungsfähigkeit des Verpflichteten* ist das vorhandene **bereinigte** Nettoeinkommen. Darunter versteht man die Gesamtheit der anrechenbaren Einkünfte nach Abzug der gesetzlichen Abzüge, der tatsächlich gezahlten →*Steuern* und Sozialleistungen sowie sämtlicher anderer unterhaltsrechtlich anerkannter Abzugsposten.

Dem Nettoeinkommen müssen die Steuervorteile hinzugerechnet werden, so sind sowohl die →*Abschreibungen* für Abnutzung als auch die Sonderausgaben, wie z. B. Unterhalt zu berücksichtigen (siehe auch →*Realsplitting*). Sowohl dem Berechtigten als auch dem Verpflichteten obliegt es, sämtliche →*Steuervorteile* auszunutzen.

Bei der unterhaltsrechtlichen Ermittlung des durchschnittlichen monatlichen Nettoeinkommens ist bei unselbstständig Erwerbstätigen von dem **abgelaufenen Kalenderjahr** als Beurteilungszeitraum auszugehen, wenn sich das laufende Einkommen **nicht** mit Sicherheit **wesentlich und nachhaltig geändert** hat; bei einem Selbstständigen (→*Selbstständige*) mit Einkünften in wechselnder Höhe bedarf es regelmäßig der Feststellung des Einkommens über einen Zeitraum von **drei bis sechs Jahren** als Beurteilungsgrundlage, wobei auch hier die **abgelaufenen** Kalenderjahre zugrunde zu legen sind (BGH FamRZ 2011, 1851; 1985, 357, 358; OLG München FamRZ 1984, 173 f.).

Es wird im Einzelfall allerdings in Betracht kommen, dass der Tatrichter das **zuletzt** erreichte Einkommen zugrundelegt, wenn mit einer stetigen Weiterentwicklung der Einkünfte zu rechnen ist (BGH FamRZ 1985, 471). Bei Änderung der Steuerklasse durch **Wiederverheiratung** des Unterhaltspflichtigen hat der Steuervorteil aus der neuen Ehe bei der Bemessung des an den ehemaligen Ehegatten zu leistenden Unterhalts **außer Betracht** zu bleiben mit der Folge, dass insoweit **fiktiv die Steuerklasse I** anzusetzen ist (BVerfG FamRZ 2003, 1821).

Vom Nettoeinkommen sind der **Tabellenkindesunterhalt** der **vor Rechtskraft der Scheidung** geborenen Kinder abzuziehen sowie die vermögenswirksamen Leistungen des Unterhaltspflichtigen, wenn dieser ein ausreichendes Einkommen hat (BGH FamRZ 1999, 367; 2003, 860).

▶ **Nichteheliche Kinder**

→*Kindesunterhalt (Überblick)*; →*Unverheiratete Mutter*

▶ **Nichteheliche Mutter**

Siehe →*Unverheiratete Mutter*. Sind die Eltern eines Kindes zum Zeitpunkt seiner Geburt nicht oder nicht mehr miteinander verheiratet, gibt § 1615 l BGB vier verschiedene Unterhaltsansprüche, soweit die weiteren Tatbestandsvoraussetzungen Bedürftigkeit des Berechtigten und Leistungsfähigkeit des Pflichtigen erfüllt sind:

(1) **Mutterschutzunterhalt nach § 1615 l Abs. 1 S. 1 BGB:** für den Zeitraum von sechs Wochen vor und acht Wochen nach der Entbindung. Die Bedürftigkeit der Mutter entfällt jedoch häufig

wegen Lohnfortzahlung, Mutterschaftsgeld und Krankenversicherungsleistungen.

(2) **Unterhalt wegen Schwangerschaft oder Krankheit gemäß § 1615 l Abs. 2 S. 1 BGB:** wenn die Mutter infolge der Schwangerschaft oder einer durch die Schwangerschaft oder die Entbindung verursachten Krankheit zu einer Erwerbstätigkeit nicht in der Lage ist.

(3) **Anspruch auf Ersatz von Schwangerschafts- und Entbindungskosten nach § 1615 l Abs. 1 S. 2 BGB:** bei den Kosten der Schwangerschaft und der Entbindung handelt es sich unterhaltsrechtlich um Sonderbedarf. Die Bedürftigkeit der Mutter entfällt häufig wegen Lohnfortzahlung, Mutterschaftsgeld und Krankenversicherungsleistungen.

(4) **Unterhalt wegen Kindesbetreuung gemäß § 1615 l Abs. 2 S. 2 bis 5 BGB:** Der Betreuungsunterhalt besteht bis zum dritten Lebensjahr des Kindes, mit Verlängerungsmöglichkeit des Unterhaltsanspruchs über die Drei-Jahresfrist hinaus.

▶ Nießbrauch

Wem unentgeltlich der Nießbrauch an einem bebauten Grundstück bestellt wird, dem ist grundsätzlich ein Einkommen wie beim Wohnen im eigenen Haus (→*Wohnwertanrechnung*) oder in der Eigentumswohnung zuzurechnen. Siehe →*Leibgedinge*.

Bestellt der Unterhaltsberechtigte oder der Unterhaltsverpflichtete einer dritten Person ein Nießbrauchsrecht, so muss er sich Einkünfte wie aus →*Vermietung und Verpachtung (Einkünfte und Abzugsposten)* anrechnen lassen.

▶ Notgroschen

Ein bescheidenes Vermögen, das nur der Sicherung vor den Wechselfällen des täglichen Lebens dient, braucht nicht aufgebraucht zu werden. Siehe →*Schonvermögen*.

Bei der Prüfung der Billigkeit wird es regelmäßig angemessen erscheinen, dem Unterhaltsberechtigten eine Vermögensreserve als

Notgroschen für unvorhergesehene Fälle der Not oder eines Sonderbedarfs zu belassen. Die Höhe dieser Vermögensreserve wird insbesondere davon abhängen, ob und in welcher Höhe im Hinblick auf den Gesundheitszustand des Unterhaltsberechtigten und auf die Versorgungslage eine solche Vorsorgemaßnahme nahe liegt (OLG Hamm NJW-RR 1998, 724).

► Nutzung eines Eigenheims nach Trennung

Der weichende Ehegatte kann von dem nutzungsberechtigten Ehegatten eine Vergütung für die Nutzung der Ehewohnung verlangen, soweit dies der Billigkeit entspricht, § 1361 b Abs. 3 S. 2 BGB, wobei es unerheblich ist, ob er freiwillig oder aufgrund familiengerichtlicher Entscheidung ausgezogen ist. Sind **beide** Eheleute an der Ehewohnung **dinglich berechtigt,** ist für die Zeit des Getrenntlebens § 1361 b Abs. 3 S. 2 BGB lex specialis.

Bei der Bemessung des Nutzungsentgelts ist zunächst zu berücksichtigen, wer die **Hauslasten** und verbrauchsunabhängigen Nebenkosten, insbesondere die **Kreditverpflichtungen,** trägt. Trägt der **ausgezogene** Ehegatte die Lasten, **erhöht** sich sein Anspruch auf Nutzungsentgelt um einen Anspruch auf anteilige Lastentragung. **Verbrauchsabhängige** Kosten, wie Heizung, Strom, Gas, Schornsteinfeger, Müllabfuhr und Wasser sind allein von demjenigen Ehegatten zu tragen, der in der gemeinsamen Immobilie wohnen bleibt.

Nach der Scheidung hat der Ehegatte, der aus der im gemeinsamen Eigentum stehenden Wohnung ausgezogen ist, i. d. R. einen Anspruch auf Nutzungsentschädigung in Höhe des **hälftigen Wohnwertes** gegen den anderen Ehegatten, der in der Wohnung verblieben ist. Der Anspruch entfällt, wenn die Vorteile der alleinigen Nutzung schon bei der Ermittlung eines Unterhaltsanspruchs berücksichtigt worden sind.

Dem in der ehelichen Wohnung verbleibenden Ehegatten kann regelmäßig **nicht der volle Nutzungswert** zugerechnet werden, sondern lediglich ein Betrag in Höhe des unterhaltsrechtlich angemessenen Wohnbedarfs. Einem **Kind,** das bei dem in der Wohnung verbleibenden Ehegatten lebt, wird regelmäßig ein Nutzungswert nicht angerechnet, weil die DT schon berücksichtigt, dass ein minderjähriges Kind wohnkostenfrei im Haushalt eines Elternteils lebt und deshalb der Unterhaltsbedarf bereits entsprechend gemindert ist.

O

▶ Obhut

Leben die Eltern getrennt oder ist eine Ehesache zwischen ihnen anhängig, so steht die Vertretungsmacht für ihr Kind dem Elternteil zu, in dessen Obhut sich das Kind befindet, § 1629 Abs. 2 S. 2 BGB. Obhut ist ein rein **tatsächliches Verhältnis**. Es kommt darauf an, welcher Elternteil sich in erster Linie dem Wohl des Kindes annimmt, z. B. wer es tatsächlich überwiegend betreut (BGH FamRZ 2006, 1015). Betreuen die Eltern ihr Kind im **Wechselmodell** trägt derjenige die Beweislast, der sich darauf beruft, mehr als der andere die Betreuungsleistungen erbracht zu haben, also Obhutsträger zu sein (vgl. BGH FamRZ 2011, 1859; OLG München FamRZ 2003, 248; OLG Hamburg, FamRZ 2001, 1235).

▶ Oder-Depot

Die vom BGH zur Ausgleichspflicht bei Oder-Konten von Ehegatten entwickelten Grundsätze (FamRZ 1990, 370) sind auch auf ein gemeinsames **Wertpapier-Depot** von Ehegatten, über das jeder Ehegatten einzeln verfügungsberechtigt ist (Oder-Depot), anwendbar. Wenn ein Ehegatten den **gesamten Bestand** eines Oder-Depots veräußert und sich den Veräußerungserlös auszahlen lässt, ist er dem anderen in Höhe der Hälfte des Erlöses ausgleichspflichtig, sofern er nicht eine andere Gestaltung des Innenverhältnisses darlegt und beweist (OLG Düsseldorf FamRZ 1998, 165). Sind Ehegatten als **Inha-**

ber eines Gemeinschaftskontos mit jeweiliger Einzelverfügungsbefugnis (sog. Oderkonto) Gesamtgläubiger der Bank i. S. d. § 428
BGB, kann im Innenverhältnis grundsätzlich eine Ausgangspflicht
eines Ehegatten nach § 430 BGB in Betracht kommen, soweit er von
dem Guthaben **mehr für sich allein verwendet** hat, als ihm nach
der rechtlichen Ausgestaltung des Innenverhältnisses zusteht (BGH
FamRZ 1990, 370). Ein solcher Ausgleichsanspruch wird auch
durch die Vorschriften des **Zugewinnausgleichs** grundsätzlich nicht
verdrängt.

Zur Frage der Teilhabe eines Ehegatten an Guthaben auf dem **Sparkonto des anderen Ehegatten,** wenn **beide** darauf Mittel angespart
haben, hat der BGH (FamRZ 2000, 948) entschieden, dass Beden-
ken bestehen, auf diesen Fall die **Grundsätze zum Oderkonto** anzuwenden. In diesem Fall besteht nämlich zwischen den Ehegatten eine Bruchteilsgemeinschaft an der Forderung gegen die Bank gemäß
§§ 741 ff. BGB, bei der im Zweifel anzunehmen ist, dass ihnen im
Innenverhältnis **als Teilhaber gleiche Anteile zustehen.** Im Übrigen
sei zu fragen, ob nicht in den Fällen, in denen die Eheleute lediglich
um die Verwirklichung der ehelichen Lebensgemeinschaft Willen
zusammengewirkt und Mittel angespart haben, die nur **einem von
ihnen formal** zugeordnet sind, der **Zugewinnausgleich** einen ausreichenden Interessenausgleich bewirkt, indem er dem anderen
Ehegatten mit dem geringeren Zugewinn einen Ausgleichsanspruch
zubilligt.

▶ Opferentschädigung

→*Gewalttaten, Entschädigungen des Opfers*

▶ Ordensangehörige

Die Unterhaltsklage des nichtehelichen Kindes eines Benediktiner-
Mönchs (Vaterschaft von ihm anerkannt) gegen dessen Orden (Abtei), der die Tätigkeit des Mönchs im Orden nicht vergütete, wurde
nach Auffassung des Bundesverfassungsgerichts (FamRZ 1992, 531)
zu Recht zurückgewiesen. Erwirbt also der Unterhaltsverpflichtete
als Ordensangehöriger keine Vergütungsansprüche für seine Tätig-

keit, so besteht keine Verpflichtung der staatlichen Organe, dem unterhaltsberechtigten Kind die Möglichkeit einzuräumen, auch den Orden oder die Abtei für seinen Unterhalt in Anspruch zu nehmen.

▶ **Ortszuschlag**

→*Familienzuschlag*

P

▶ Parteibeiträge

Die Kosten, die durch die Mitgliedschaft in einer politischen Partei oder durch die Förderung einer politischen Partei oder allgemein durch die Teilnahme am politischen Leben entstehen, gehören zu den Aufwendungen für kulturelle Bedürfnisse und sind damit i. d. R. im Selbstbehalt (→*Selbstbehalt, Bedarfskontrollbetrag*) bzw. im →*Quotenunterhalt* bereits enthalten, sodass eine gesonderte einkommensmindernde Berücksichtigung nicht stattfindet. Etwas anderes kann dann gelten, wenn die Mitgliedsbeiträge **notwendige** Voraussetzung für **Einkünfte** aus einer politischen Tätigkeit sind (z. B. bei einem Mandatsträger). In diesem Fall sind die notwendigen Parteibeiträge – ähnlich den Gewerkschaftsbeiträgen (→*Gewerkschaftsbeiträge*) – zu den berufsbedingten Aufwendungen (→*Berufsbedingte Aufwendungen)* zu zählen und entsprechend einkommensmindernd abzuziehen.

Dies gilt jedenfalls dann, wenn der Beitrag im Verhältnis zum Einkommen eine vertretbare Höhe hat.

Ab zehn Prozent des Nettoeinkommens handelt es sich jedoch i. d. R. um eine verdeckte Parteienfinanzierung, die der Unterhaltsberechtigte nicht hinnehmen muss.

▶ **Patchwork-Familien**

Patchwork-Familien sind solche Familien, die sich aus **Teilfamilien** zusammensetzen, früher sprach man von „Stief-Familien". Das zentrale Problem bildet hier die Verhältnisrechnung bei **beiderseitiger Barunterhaltpflicht** der Eltern, wenn **mehr als zwei Elternteile** zu berücksichtigen sind.

> **BEISPIEL:** A und B sind Halbgeschwister und studieren. Der gemeinsame Vater ist ebenso barunterhaltspflichtig wie die Mutter von A, ebenso wie die Mutter von B.
>
> Bei der Ermittlung des **Haftungsanteils** bei Barunterhaltpflicht beider Elternteile sind auch gleichrangige Unterhaltspflichten zu berücksichtigen. Dies geschieht durch Vorabzug bei der Ermittlung des verfügbaren (verteilungsfähigen) Einkommens. Wenn sich dabei ein verfügbarer Betrag ergibt, der geringer ist als der aufzuteilende Unterhalt, dann ist der verfügbare Betrag im Wege der Verhältnisrechnung auf die gleichrangigen Unterhaltspflichten zu verteilen.
>
> Das verfügbare Einkommen für die Verteilungsrechnung ist das den notwendigen Selbstbehalt übersteigende Einkommen, wenn der Elternteil für den Kindesunterhalt nach § 1603 II 1, 2 BGB verschärft haftet (Gutdeutsch, Unterhaltsberechnung bei Patchwork-Familien, FamRZ 2006, 1724, mit ausführlichen Berechnungsbeispielen).

▶ **Pauschalabzüge**

Gerade im Unterhaltsrecht ist eine Pauschalierung dringend erforderlich, weil es sich hier um ein **Massenphänomen** handelt und deswegen schon aus Gründen der Praktikabilität erleichterte Berechnungsregeln für die gerichtliche Praxis notwendig sind. So gilt die aus § 1606 Abs. 3 S. 2 BGB abgeleitete **Regel der Gleichwertigkeit** von Bar- und Betreuungsunterhalt für jedes Kindesalter bis hin zum Erreichen der Volljährigkeit (BGH FamRZ 2006, 1599).

→*Berufsbedingte Aufwendungen*, die sich von den privaten Lebenshaltungskosten nach objektiven Merkmalen eindeutig abgrenzen lassen, sind im Rahmen des Angemessenen vom Nettoeinkommen aus unselbstständiger Arbeit abzuziehen. Der **BGH** (FamRZ 2000, 1492) hat festgestellt, dass der Abzug einer Pauschale von **fünf Pro-**

zent für berufsbedingte Aufwendungen zulässig ist. Bei **beschränkter Leistungsfähigkeit** kann im Einzelfall nur mit konkreten Kosten gerechnet werden. Übersteigen die berufsbedingten Aufwendungen diese Pauschale, so sind sie im einzelnen darzulegen (Leitlinien Ziff. 10.2.). Bei einem Auszubildenden sind 90 Euro als ausbildungsbedingter Aufwand abzuziehen.

Nach der **DT** sind vom Einkommen diejenigen berufsbedingten Aufwendungen, die sich von den privaten Lebenshaltungskosten nach **objektiven Merkmalen** eindeutig abgrenzen lassen abzuziehen, wobei ohne Einzelnachweis eine Pauschale von fünf Prozent – mindestens 50 Euro, bei geringfügiger Teilzeitarbeit auch weniger, und höchstens 150 Euro monatlich – geschätzt werden kann. Übersteigen die berufsbedingten Aufwendungen die Pauschale sind sie **insgesamt nachzuweisen.** Mit der Inanspruchnahme einer Pauschale sind alle berufsbedingten Aufwendungen aus abhängiger Arbeit abgegolten. Es kann dann neben der Pauschale nicht konkret abgerechnet werden.

Ein Abzug der berufsbedingten Aufwendungen ($\rightarrow$*berufsbedingte Aufwendungen)* kommt **nur in Betracht,** wenn sie **dem Grunde nach dargelegt** und bewiesen sind, wobei der bloße Hinweis auf die steuerrechtlichen Werbungskosten unterhaltsrechtlich nicht ausreicht. Ein pauschaler Abzug ist erst dann gerechtfertigt, wenn lediglich die **Höhe** der berufsbedingten Aufwendungen nicht nachgewiesen werden kann. Es ist also nicht ein automatischer Abzug vorzunehmen. I. d. R. ist ein solcher Abzug nur bei Einkünften aus **unselbstständiger** Erwerbstätigkeit möglich, denn bei den anderen Einkünften können keine berufsbedingten Aufwendungen anfallen oder die entsprechenden Abzüge sind bereits vorher gemacht worden (wie z. B. bei Selbstständigen ($\rightarrow$*Selbstständige)* oder bei einem Gewinn aus Vermietung und Verpachtung ($\rightarrow$*Vermietung und Verpachtung (Einkünfte und Abzugsposten)).*

Ein pauschaler Abzug vom Einkommen für Diätkost ($\rightarrow$*Diätkosten)* als Sonder- oder Mehrbedarf wird nur ausnahmsweise und nur dann in Betracht kommen, wenn die diät-bedingten Aufwendungen dem Grund nach dargelegt und bewiesen sind, insbesondere, wenn auch die **Einsparungen** gegenüber der Normalkost aufreichend dargelegt sind und wenn vom Facharzt die Diät als unumgänglich **notwendig** angeordnet worden ist. Ein pauschaler Abzug ist also erst dann gerechtfertigt, wenn lediglich die **Höhe** der diät-bedingten Mehraufwendungen nicht konkret nachgewiesen werden kann. Im Regelfall wird dann eine Diät-Pauschale von 20 Euro bis 60 Euro einkommensmindernd angesetzt werden können.

▶ Pensionszahlung

Regelmäßige, gleich bleibende Geldbeträge, die nach Beendigung der aktiven Tätigkeit im Arbeitsleben gezahlt werden (Pension, Ruhegehalt, oder sonstige Ruhestandsbezüge) treten an die Stelle des Arbeitseinkommens und sind **voll** anrechenbares Einkommen.

▶ Personalrabatt

Der einem Betriebsrentner von seinem früheren Arbeitgeber gewährte Personalrabatt wirkt sich nicht einkommenserhöhend aus, wenn er nicht in Anspruch genommen wird (OLG Hamm FamRZ 1999, 166). Soweit der Personalrabatt in Anspruch genommen wird, ist er einkommenserhöhend zu berücksichtigen.

▶ Pfändung/Steuerklasse

Die von Ehegatten (lange vor der **Pfändung**) getroffene Wahl der Steuerklasse ist auch dann **nicht rechtsmissbräuchlich,** wenn sie für den Gläubiger **ungünstig** ist (LG Osnabrück FamRZ 1999, 1003). Grundsätzlich ist nur das tatsächliche Einkommen **pfändbar** und nicht ein fiktives Einkommen, das der Schuldner bei gehöriger Anstrengung hätte erzielen können. Hat ein Ehegatte daher von der Möglichkeit Gebrauch gemacht, eine von der Steuerklasse IV abweichende Steuerklasse zu wählen, so muss diese rechtlich zulässige Wahl grundsätzlich auch von dem Pfändungsgläubiger hingenommen werden. Eine Ausnahme ist allenfalls dann zu machen, wenn der Schuldner **gerade wegen** der ausgebrachten oder bevorstehenden Pfändung eine die Pfändung benachteiligende Steuerklasse wählt.

▶ **Pflegegeld**

(1) Pflegegeld nach §§ 23 Abs. 1, 2, 39 SGB VIII bei Förderung in Kindertagespflege, Tagesgruppe, Vollzeitpflege, Heimerziehung oder Eingliederungshilfe für seelisch behinderte Kinder und Jugendliche ist als **Einkommen der Pflegeperson** zu berücksichtigen, soweit es den für den Unterhalt des Pflegekindes benötigten Betrag übersteigt und als Anerkennung für die Betreuung und erzieherischen Bemühungen der Pflegeperson gezahlt wird. Auf den Unterhaltsanspruch des Kindes oder des Jugendlichen wirkt sich das für sie gezahlte Pflegegeld bedarfsdeckend aus.

(2) Leistungen der Pflegeversicherung nach § 37 Abs. 1 SGB XI werden aus der Pflegeversicherung an die bedürftige Person gezahlt. Diese kann sich i. d. R. auf die Vermutung des § 1610 a BGB stützen, weil regelmäßig vermutet wird, dass mit dem Pflegegeld ein entsprechend hoher zusätzlicher pflegebedingter Aufwand einhergeht, auch wenn das Pflegegeld nicht vollständig für Hilfsdienste ausgegeben wird, weil diese zum Teil unentgeltlich erbracht werden; eine unentgeltliche Pflege soll aber den Unterhaltspflichtigen nicht entlasten.

Pflegegeld nach **Pflegegeldgesetz,** das an den Pflegenden **weiter geleitet** wird, ist nach § 13 Abs. 6 SGB XI **kein Einkommen,** außer in den Fällen der §§ 1579, 1611 und 1603 Abs. 3 BGB, sowie wenn erwartet werden kann, dass die Pflegeperson ihr Einkommen selbst decken kann und der Unterhaltpflichtige mit dem Pflegebedürftigen **nicht in gerader Linie** verwandt ist.

Wird Pflegegeld nach § 37 SGB XI oder eine vergleichbare Geldleistung an eine **Pflegeperson** weitergeleitet, bleibt dies bei der Ermittlung von Unterhaltsansprüchen und Unterhaltsverpflichtungen der Pflegeperson **unberücksichtigt,** § 13 Abs. 6 SGB XI (OLG Koblenz FamRZ 2005, 1482). Dies gilt nicht

(1) in den Fällen des § 1361 Abs. 3, der §§ 1579, 1603 Abs. 2 und des § 1611 Abs. 1 des BGB,

(2) für Unterhaltsansprüche der Pflegeperson, wenn von dieser **erwartet** werden kann, ihren Unterhaltsbedarf ganz oder teilweise **durch eigene Einkünfte** zu decken **und** der Pflegebedürftige mit

dem Unterhaltspflichtigen nicht in gerader Linie verwandt ist, § 13 Abs. 6 SGB XI.

▶ **Pflegeversicherung**

Leistungen aus der Pflegeversicherung gehören wie Blindengeld, Unfall- und Versorgungsrenten, Schwerbeschädigten- und Pflegezulagen nach Abzug eines Betrags für tatsächliche Mehraufwendungen grundsätzlich zum Einkommen; handelt es sich um Sozialleistungen nach § 1610 a BGB, wird vermutet, dass sie durch Aufwendungen aufgezehrt werden. Der Anteil des Pflegegeldes bei der Pflegeperson, durch den ihre Bemühungen abgegolten werden, gilt grundsätzlich als unterhaltsrechtliches Einkommen; bei **Pflegegeld aus der Pflegeversicherung** gilt dies jedoch nur nach Maßgabe des § 13 Abs. 6 SGB XI (Leitlinien Ziff. I.2.8.). **Beiträge** zur Pflegeversicherung sind einkommensmindernde Abzugsposten.

▶ **Pflegevorsorgeunterhalt**

Der Pflegevorsorgebedarf ist zwar eigenständig gegenüber dem Krankenvorsorgebedarf, aber ebenso wie dieser nach der gesetzlichen Regelung der Pflegeversicherung allgemeiner Lebensbedarf, weil das Gesetz die Pflegevorsorge der Sache nach der Krankenvorsorge **gleichstellt.** Auch der Aufwand des unterhaltsberechtigten Ehegatten für die Pflegeversicherung ist gemäß § 1578 Abs. 2 BGB als Teil des notwendigen Lebensbedarfs vom unterhaltspflichtigen Ehegatten zur Verfügung zu stellen.

Der Pflegevorsorgeunterhalt ist daher wie der Krankenvorsorgeunterhalt (BGH FamRZ 1989, 483, 485) **gleichrangig mit dem Elementarunterhalt,** denn er ist ebenso wie dieser Teil der dringenden gegenwärtigen Unterhaltsbedürfnisse, da Pflegebedürftigkeit ebenso wie Krankheit altersunabhängig jederzeit eintreten kann. Wird vom Unterhaltsbedürftigen Pflegevorsorgeunterhalt geltend gemacht, ist dieser **vorweg** vom Einkommen des Pflichtigen abzuziehen. Hat der Unterhalts**berechtigte** ein nichtprägendes (auch fiktives) Einkommen oder sind zusätzliche Mittel vorhanden, ist der Pflegevorsorgeunterhalt **nicht in einer zweistufigen** Berechnung zu ermitteln, sondern der Vorsorgeunterhalt ist neben dem errechneten Elementarunterhalt **zusätzlich** zu leisten (BGH FamRZ 1999, 372).

▶ Pflegezulagen

Pflegezulagen sollen wie Pflegegeld regelmäßig als Sozialleistung nur den behinderungsbedingt erhöhten Bedarf ausgleichen, § 1610 a BGB. Sie dürfen grundsätzlich auch nicht teilweise auf den allgemeinen Unterhaltsbedarf des Behinderten angerechnet werden. Dies gilt auch für die Pflegezulagen nach § 37 SGB V (häusliche Krankenpflege) oder nach §§ 267, 279, 280 Abs. 2 Nr. 3 LAG und nach den Vorschriften des BVG.

▶ Pflichtteilsanspruch

Ein Pflichtteilsanspruch muss geltend gemacht werden, wenn dies **zumutbar** ist (BGH FamRZ 1993, 1065). **Unwirtschaftlich** kann die Geltendmachung vor allem dann sein, wenn dadurch eine **Einsetzung zum Schlusserben** entfällt. Zur Zumutbarkeit der Geltendmachung eines dem unterhaltspflichtigen Ehegatten zustehenden Pflichtteilsanspruchs hat der BGH (FamRZ 1982, 996 ff.) ausgeführt, dass es zwar **grundsätzlich** der freien Entscheidung des Pflichtteilsberechtigten unterliege, ob er einen ihm zustehenden Pflichtteil verlangen will oder nicht, jedoch würde dieser Grundsatz im Unterhaltsrecht durch die Obliegenheit **eingeschränkt,** alle Einkünfte und Vermögenswerte, die geeignet sind, die Unterhaltsbedürfnisse der Familie zu decken, heranzuziehen.

Es ist maßgeblich darauf abzustellen, ob ein Pflichtteil auch bei **fortbestehender intakter Ehe** zum Unterhalt der Familie zur Verfügung stehen würde. So ist insbesondere dann, wenn im Testament für den Fall der Geltendmachung von Pflichtteilsansprüchen eine **Verfallklausel** enthalten ist, eine Obliegenheit zur Geltendmachung des Pflichtteilsanspruchs zu verneinen und zwar deshalb, weil davon auszugehen ist, dass bei fortbestehender Ehe und weiterem Zusammenleben in diesem Fall von der Geltendmachung des Pflichtteils abgesehen worden wäre mit der Folge, dass der Pflichtteil für den Familienunterhalt nicht zur Verfügung gestanden hätte. Die Geltendmachung des Pflichtteilsanspruchs gegen den Willen des erstversterbenden Elternteils wird aus moralischen Gründen – und bei Vorliegen einer entsprechenden Verfallklausel – auch unter wirtschaftlichen Gesichtspunkten als nicht zumutbar angesehen. Im Einzelfall müssen jedoch die Interessen beider Parteien **abgewogen** und auch die berechtigten Belange des Unterhaltsberechtigten berücksichtigt werden. So kann insbesondere etwas anderes gelten, wenn wegen mangelnder →*Leistungsfähigkeit des Verpflichteten* nicht einmal der **notwendige Kindesunterhalt** (→*Kindesunterhalt (Überblick)*)geleistet werden kann.

Nur wenn während intakter Ehe die Absicht bestand, einen Erbanteil zu verwerten oder zu nutzen besteht nach der Trennung eine Obliegenheit zur Verwertung eines Erbanteils (OLG München FamRZ 1993, 63 f.).

▶ **Pflichtteilsverzicht**

In die Berechnung der Haftungsgrenze nach § 1586 b Abs. 1 S. 3 BGB sind (fiktive) Pflichtteilsergänzungsansprüche des Unterhaltsberechtigten gegen den Erben einzubeziehen (BGH FamRZ 2003, 848; 2001, 282). Ein Pflichtteilsverzicht eines Ehegatten lässt nach einer späteren Scheidung die Haftung der Erben des unterhaltspflichtigen Ehegatten für nachehelichen Ehegattenunterhalt als Nachlassverbindlichkeit gemäß § 1586b Abs. 1 S. 1 BGB nicht entfallen (so zutreffend Grziwotz, FamRZ 1991, 1258 f.).

▶ **Pflichtversicherungsbeiträge**

Aufwendungen für die notwendige Kranken- (→*Krankenversicherungskosten)*; →*Pflegeversicherung*, →*Rentenversicherung* und Arbeitslosenversicherung sind als →*Vorsorgeaufwendungen* vom Bruttoeinkommen vorweg abzuziehen.

▶ **Pkw-Kosten**

→*Fahrtkosten*

▶ **Pkw-Nutzungsüberlassung**

→ *Firmenwagen*

▶ **Prägende Einkünfte**

Der Anspruch des geschiedenen Ehegatten wird **nach oben** begrenzt durch den Bedarf nach den ehelichen Lebensverhältnissen.

Der Maßstab des angemessenen Lebensbedarfs, der nach § 1578 b BGB regelmäßig die Grenze für die Herabsetzung des nachehelichen Unterhalts bildet, bemisst sich nach dem Einkommen, das der unterhaltsberechtigte Ehegatte ohne die Ehe und Kinderziehung aus eigenen Einkünften zur Verfügung hätte. Dabei ist auch auf die konkrete Lebenssituation des Unterhaltsberechtigten abzustellen; beim Krankheitsunterhalt ergibt sich – wenn die Krankheit nicht ehebedingt ist – der angemessene Lebensbedarf i. S. v. § 1578 b Abs. 1 S. 1 BGB bei vollständiger Erwerbsunfähigkeit i. d. R. aus der Höhe der (hypothetischen) Erwerbsunfähigkeitsrente, nach unten **begrenzt** durch das Existenzminimum (BGH FamRZ 2010, 629).

Bei der **Bedarfsbemessung** darf **nur eheprägendes** Einkommen berücksichtigt werden. Bei Aufnahme oder Erweiterung einer Erwerbstätigkeit nach Trennung/Scheidung **gilt** das (Mehr-)Einkommen als prägend (BGH FamRZ 2001, 986).

Veränderungen **zwischen Trennung und Scheidung** sind grundsätzlich **eheprägend.** Dies hat zur Folge, dass in den Fällen, in denen der unterhaltsberechtigte Ehegatte nach der Trennung ein **Einkommen erzielt oder erzielen kann,** dieses gleichsam als Surrogat des wirtschaftlichen Wertes seiner bisherigen Haushaltstätigkeit anzusehen ist und in die Unterhaltsberechnung nach der Differenzmethode einzubeziehen ist (BGH FamRZ 2001, 986). Einkommensänderungen, die **vor** der Scheidung der Eheleute erfolgten, sind **immer prägend** (BGH FamRZ 1988, 259 ff.).

In die ehelichen Lebensverhältnisse fließen die in der Ehe vorhandenen Einkommensverhältnisse und der normale Fortentwicklung ein, ebenso **Veränderungen** nach der Scheidung, die auch ohne Trennung/Scheidung eingetreten wären (BVerfG FamRZ 2011, 437),

d. h. eine übliche Einkommenserhöhung oder eine nicht vorwerfbare Einkommenssenkung. Der Unterhalt eines neuen Ehegatten
kann in den Bedarf des Geschiedenen nicht mit einbezogen werden,
weil diese neue Verbindlichkeit ohne Scheidung der ersten Ehe des
Unterhaltspflichtigen nicht entstehen konnte (BVerfG FamRZ 2011,
437). Auch nach der Scheidung nicht leichtfertig entstandene
neue Verbindlichkeiten können den Bedarf beeinflussen, wenn sie
auch ohne Scheidung entstanden wären und es sich um **berücksichtigungswürdige Ausgaben** handelt (vgl. Wendl/Dose, 8. Aufl.
Rn. 413).

Bei der Bedarfsbemessung darf nur auf **regelmäßig und nachhaltig**
erzielte dauerhafte Einkünfte, die zumindest die Gewähr einer gewissen Stetigkeit in sich tragen und den ehelichen Lebensstandard
tatsächlich geprägt haben, berücksichtigt werden.

Folgende Fallkonstellationen werden als **Normalentwicklung** beurteilt und somit als die ehelichen Lebensverhältnisse **prägendes Einkommen** angesehen:

– Aufnahme oder Ausweitung einer Erwerbstätigkeit nach der Trennung als
   Surrogat für die Haushaltsführung in der Ehe (BGH FamRZ 2001, 986)
– fiktiv anzusetzendes Erwerbseinkommen als Surrogat des Wertes der bisherigen Haushaltsführung (BGH FamRZ 2003, 434), beim Unterhaltsberechtigten. Das Gleiche gilt für wegen unterhaltsbezogen leichtfertiger Aufgabe eines Arbeitsplatzes oder Verstoß gegen die Erwerbsobliegenheit beim Unterhaltspflichtigen angesetzten Einkünften. **Nicht angesetzt** werden dagegen
   beim Unterhalts**pflichtigen** fiktive Einkünfte, die er während des Zusammenlebens nie oder jedenfalls nicht nachhaltig hatte. Nicht in der Ehe angelegte Einkünfte sind als Unterhaltsmaßstab ungeeignet und dürfen daher im
   Rahmen der Bedarfsbemessung nicht berücksichtigt werden (BGH FamRZ
   2008, 968)
– Einkommensminderung durch Arbeitslosigkeit, Verrentung (Nachehelich eingetretene Einkommensminderungen sind nach der Rechtsprechung des BGH
   zu den wandelbaren ehelichen Lebensverhältnissen stets als eheprägend zu
   berücksichtigen, sofern sie nicht auf einer Verletzung der Erwerbsobliegenheit beruhen oder durch freiwillige berufliche oder wirtschaftliche Dispositio-
   nen des Unterhaltspflichtigen veranlasst sind und von diesem durch zumutbare Vorsorge aufgefangen werden können, BGH FamRZ 2007, 793; 2006,
   683; 2003, 59)

- Einkommenserhöhung durch Regelbeförderungen oder vorhersehbaren beruflichen Aufstieg; dabei ist im Einzelfall genau zu unterscheiden, ob es sich um eine Regelbeförderung, die als prägend zu beurteilen ist, oder um eine **Leistungsbeförderung,** die als die ehelichen Lebensverhältnisse nicht prägend zu beurteilen ist, handelt
- Renteneinkommen, das auf dem Versorgungsausgleich beruht (BGH FamRZ 2003, 848), ebenso Renteneinkünfte, die auf vorehelichen Einkünften oder einer prägenden Tätigkeit nach Trennung/Scheidung beruhen (BGH FamRZ 2003, 848), ebenso Erhöhung einer Erwerbsunfähigkeitsrente durch den Versorgungsausgleich (BVerfG FamRZ 2002, 527)
- Fiktives Einkommen wegen Verstoß gegen Erwerbsobliegenheiten (sowohl beim Unterhaltsberechtigten als auch beim Unterhaltspflichtigen) (BGH FamRZ 2001, 986)
- überobligatorisches Einkommen (beim Berechtigten und Verpflichteten) (BGH FamRZ 2002, 88), Ausnahme: Vom Unterhaltsberechtigten überobligationsmäßig erzielter Einkommensanteil (BGH FamRZ 2003, 518)
- Haushaltsführung für den neuen Partner durch den Unterhaltsberechtigten (BGH FamRZ 2001, 1693; BGH, Urteile vom 5. 5. 2004, XII ZR 10/03 und XII ZR 132/02)
- Änderung der Steuerklasse und der Vorsorgeaufwendungen, einschließlich der berufsbedingten Aufwendungen (BGH FamRZ 1991, 304)
- bis zur Trennung entstandene Verbindlichkeiten (BGH NJW 1998, 2821)
- vermögensbildende Ausgaben, soweit sie nach einem objektiven Maßstab angemessen sind, weil sie zu keinem Konsumverzicht führten
- Wegfall von Verbindlichkeiten oder Kindesunterhalt (BGH FamRZ 1988, 701; BGH FamRZ 1990, 1085)
- mietfreies Wohnen während des Zusammenlebens in Höhe des Wohnwertes abzüglich Zins und Tilgung (BGH FamRZ 1998, 87)
- Zinsen aus dem Erlös des Verkaufs des Familienheims (BGH FamRZ 2002, 88); der Erlös wird als Surrogat des früheren Wohnwertes angesehen, selbst wenn die Zinsen den früheren Wohnwert übersteigen (BGH FamRZ 2002, 88)
- Miet- und Kapitaleinkünfte, die bereits während der Ehe bezogen wurden
- Zinsen aus dem Zugewinn, wenn aus dem Vermögen bereits während der Ehe Nutzungen gezogen wurden; beruht der Zugewinn auf Vermögen, für das noch keine Nutzungen gezogen wurden, handelt es sich dagegen um nichtprägendes
- Vom Unterhaltsberechtigten wegen Betreuung kleiner Kinder und gleichzeitiger Berufstätigkeit überobligationsmäßig erzielter Einkommensanteil (BGH FamRZ 2005, 1154)

- Unterhaltszahlungen für minderjährige **Kinder** und privilegierte Volljährige sind bei den ehelichen Lebensverhältnissen **zu berücksichtigen,** unabhängig davon, ob die Kinder vor oder nach der Scheidung geboren sind oder erst nach der Scheidung adoptiert wurden (vgl. BGH FamRZ 2009, 23). Eine **Ausnahme** für die bedarfsprägende Berücksichtigung von Unterhaltslasten für Kinder, die nach der Scheidung geboren sind, besteht für den Fall, dass der Pflichtige über **neue nicht prägende Einkünfte,** z. B. aus einem Karrieresprung oder einer Erbschaft verfügt. Dann müssen zunächst diese Mittel herangezogen werden, um neue Verbindlichkeiten abzuzahlen
- Ansprüche nach § 1615 l BGB leiten sich aus der Geburt des Kindes ab und können daher nicht anders behandelt werden als der Kindesunterhalt. Es besteht keine Parallelität zum Ehegattenunterhalt. Damit müssen die Ansprüche nach **§ 1615 l BGB** wie der Anspruch des minderjährigen Kindes bereits in die Bedarfsermittlung des Geschiedenen einfließen, da dieser Unterhalt auch ohne Scheidung zu zahlen gewesen wäre (str., vgl. Gerhardt/Dose, 8. Aufl. § 4 Rn. 448)

Dem gegenüber gelten nach der Rechtsprechung des BGH als **nicht-prägende Einkünfte:**

- Steuervorteil bei Wiederverheiratung des Unterhaltspflichtigen (BVerfG FamRZ 2003, 1821)
- Einkommensreduzierung durch einen nicht leichtfertigen Arbeitsplatzwechsel mit niedrigerem Einkommen (BGH FamRZ 2003, 590)
- Auf dem **Vorsorgeunterhalt** beruhende Renteneinkünfte (BGH FamRZ 2003, 848; kritisch hierzu Hoppenz, Anm. zu BGH FamRZ 2003, 848, da diese Rente Surrogat der früheren Haushaltsführung und damit eheprägend ist)
- Es werden zusätzliche Vermögenseinkünfte, die erst nach der Trennung entstanden sind, erzielt, etwa durch Zugewinn Erbschaft oder Lottogewinn
- Nutzungsentschädigung für das gemeinsame Eigenheim
- nach der Trennung entstandene Verbindlichkeiten und vermögensbildende Aufwendungen
- Einkommen, das aus einer unerwarteten, vom Normalverlauf erheblich abweichenden Entwicklung der Erwerbsverhältnisse beruht, etwa durch einen nicht voraussehbaren Karrieresprung (ausf. hierzu Th. A. Heiß, FPR 2008, 69 ff.)

Nicht in der Ehe angelegte Einkünfte des Pflichtigen erhöhen dessen **Leistungsfähigkeit.**

▶ Präklusion

Präklusion ist der Ausschluss bestimmter Rechte bzw. Rechtshandlungen. Regelmäßig ist die Begrenzung des nachehelichen Unterhalts im Abänderungsverfahren **nicht präkludiert.** Zwar setzte die Begrenzung des nachehelichen Unterhalts aus Billigkeitsgründen schon in der Vergangenheit nicht zwingend voraus, dass der Zeitpunkt, ab dem der Unterhaltsanspruch entfällt, bereits erreicht war. Soweit die dafür ausschlaggebenden Umstände bereits eingetreten oder **zuverlässig voraussehbar,** konnte der nacheheliche Unterhalt begrenzt werden und durfte nicht einer späteren Abänderung vorbehalten bleiben.

Das **neue Unterhaltsrecht** berechtigt nur dann zur Abänderung bestehender Titel, wenn bestimmte Umstände erst durch die Gesetzesänderung **erheblich geworden** sind und diese gegenüber der früheren Rechtslage zu einer wesentlichen Änderung führen (BGH FamRZ 2010, 111 Rn. 63). Für Entscheidungen **nach dem 12. 4. 2006** kommt eine Präklusion der entsprechenden Umstände nur in Betracht, wenn diese schon im Zeitpunkt der Ausgangsentscheidung zu einer Begrenzung oder Befristung des nachehelichen Unterhalts geführt hätten. Ob die für die Begrenzung ausschlaggebenden Umstände bereits im Ausgangsverfahren **zuverlässig vorhersehbar** waren, lässt sich nur unter Berücksichtigung aller Umstände des Einzelfalles beantworten (vgl. BGH FamRZ 2007, 200; 1232; 2049; 2052; 2009, 134). Es bleibt zwar beim Grundsatz, dass die Begrenzungsbestimmungen beim Erstverfahren geltend zu machen sind, wenn sämtliche relevanten Umstände zu diesem Zeitpunkt **zuverlässig voraussehbar** sind. Dies betrifft aber nur Tatsachen, die allein vom Zeitablauf abhängen, z. B. bei einer kinderlosen Ehe mit beiderseitiger Erwerbstätigkeit. Kann im Zeitpunkt der Erstentscheidung dagegen noch **keine zuverlässige Prognose** getroffen werden, ob alle durch Ausübung der Familienarbeit entstandenen ehebedingten Nachteile durch eine Berufstätigkeit ausgeglichen werden können, liegen die Voraussetzungen für die Anwendung der Begrenzungsbestimmungen noch nicht vor. Sie können erst in einem späteren Abänderungsverfahren geprüft werden und sind dort **nicht präkludiert** (BGH FamRZ 2007, 793).

Maßgebender Zeitpunkt für eine **Präklusion nach § 238 Abs. 2 FamFG** ist bei einer Abweisung im Abänderungsverfahren die letzte mündliche Verhandlung im Abweisungsverfahren (BGH FamRZ 2008, 872). Die Präklusion von Abänderungsgründen nach § 238 Abs. 2 FamFG gilt beim **Antragsgegner** nicht zur Einführung von Tatsachen, die zwar beim Erstverfahren bereits vorlagen, dort aber nicht vorgetragen wurden und deshalb unberücksichtigt blieben. Dies gilt aber nur, soweit es um die **Beibehaltung** des Titels ging, nicht wenn er als Widerkläger eine Verbesserung erreichen wollte.

▶ Prämiensparen

Prämiensparen ist wie Bausparen Vermögensbildung und kann als geringfügige Vermögensbildung i. d. R. als die ehelichen Lebensverhältnisse prägend einkommensmindernd berücksichtigt werden, →*Altersvorsorge*. Dies gilt jedoch **nicht im Mangelfall,** weil die Erfüllung der Unterhaltspflicht der Bildung eigenen Vermögens vorgeht.

▶ Praxisgebühr

Die vierteljährlich zu zahlende Praxisgebühr von zehn Euro stellt im Regelfall weder auf Seiten des Unterhaltspflichtigen noch auf Seiten des Unterhaltsberechtigten Sonderbedarf dar. Wegen des regelmäßigen Anfalls und der geringen Höhe gehört sie zu den allgemeinen Lebenshaltungskosten und ist daher nicht einkommensmindernd zu berücksichtigen.

Zuzahlungen zu Arzneimitteln und die sog. Praxisgebühr sind kein trennungsbedingter Mehrbedarf (OLG Karlsruhe FamRZ 2008, 2120).

▶ **Privatärztliche Behandlungskosten (eines Kassenpatienten)**

Bevor durch Krankheit verursachte Kosten einkommensmindernd berücksichtigt werden können, müssen sämtliche gesetzlichen oder vertraglichen Versicherungsleistungen in Anspruch genommen werden; die Inanspruchnahme eines Privatarztes durch einen Kassenpatienten kann **nur** dann einkommensmindernd berücksichtigt werden, wenn die erfolgten Aufwendungen **unumgänglich notwendig** waren, was nur dann der Fall sein wird, wenn die erforderliche Behandlung nicht auch durch einen Kassenarzt hätte erfolgen können, →*Chefarztbehandlung.*

Sowohl der Berechtigte als auch der Verpflichtete darf zur Feststellung und Heilung oder wenigstens Besserung seiner Krankheit und zur Linderung von Schmerzen und Krankheitsfolgen eine ärztliche Kapazität heranziehen oder eine mit besonderen Hilfsmitteln (künstliche Niere, Herz-Lungen-Maschine) ausgestattete Klinik aufsuchen, um schweren Gesundheitsschäden mit vielleicht tödlichen Folgen (Blutvergiftung, Herzversagen, Amputation und dergl.) zu entgehen. Selbst umstrittene Behandlungsmethoden (z. B. Frischzellentherapien, Psychotherapien bei schweren psychischen Erkrankungen) können bei **Versagen der üblichen Heilverfahren** gerechtfertigt sein, wenn eine medizinische Autorität ihre Anwendung empfiehlt.

▶ **Privatentnahmen**

Da es für die Gestaltung der ehelichen Lebensverhältnisse **auf die tatsächlich verfügbaren Geldmittel** ankommt, liefern bei vielen Selbstständigen die Entnahmen den entscheidenden Ausgangspunkt, um mit verhältnismäßig geringem Aufwand die zur Lebensführung eingesetzten Mittel zu erfassen (OLG Dresden FamRZ 1999, 850). Bei einem Selbstständigen, der seine gesamten Einnahmen aus dem Betrieb zieht und sonst über kein Vermögen verfügt, bieten die Privatentnahmen ein **vollständiges Spiegelbild seiner Lebensführung. Grundsatz** muss immer bleiben, dass der Unterhaltsanspruch und die →*Leistungsfähigkeit des Verpflichteten* vom **wirklichen Einkommen** abhängt. Privatentnahmen sind die Entnahmen des Steuerpflichtigen sämtlicher Wirtschaftsgüter (Barentnahmen, Waren, Erzeugnisse, Nutzungen und Leistungen, auch private Kfz-Nutzung), die für **betriebsfremde** Zwecke im Laufe des Wirtschaftsjahres entnommen werden.

Privatentnahmen können grundsätzlich hinreichend verlässliche Grundlage zur Feststellung der effektiven Leistungsfähigkeit sein und verdienen i. d. R. den Vorzug gegenüber zu steuerlichen Zwecken erstellten Bilanzen und Gewinn- und Verlustrechnungen. Dieser Erfahrungssatz kann jedoch dann **nicht mehr** zugrunde gelegt werden, wenn die **tatsächlichen** Verhältnisse über längere Zeiträume hinweg so gestaltet sind, dass derartige Entnahmen nur um den Preis einer **gravierenden** Verschuldung getätigt werden können, wenn also die Entnahmen die tatsächlichen Geschäftsgewinne erheblich übersteigen und nur mit den Mitteln einer fortlaufenden Verschuldung getätigt werden können.

Wenn die Privatentnahmen im konkreten Einzelfall als geeignetes Hilfsmittel zur Einkommensfeststellung anzusehen sind, muss weiter beachtet werden, dass die im gleichen Zeitraum verbuchten **Privateinlagen** des Unternehmers **abgezogen** werden müssen und die sich ergebende Differenz nur wie **Brutto**einkommen des Unternehmers behandelt werden darf, das jedenfalls noch um die persönlichen →*Steuern* und →*Versorgeaufwendungen* (in angemessener Höhe) gekürzt werden muss, **soweit** diese Aufwendungen mit den Privatentnahmen finanziert worden sind.

Die Privatentnahmen, die der selbstständige Unterhaltspflichtige aus seinem Unternehmen heraus vornimmt, können im Unterhaltsprozess ein **Hilfsmittel** sein, um das unterhaltsrechtlich relevante Einkommen festzustellen. Es hängt jedoch von der Prüfung aller Umstände des Einzelfalles ab, ob es angemessen ist, zur Einkommensfeststellung **allein** an die Höhe der Privatentnahmen anzuknüpfen. **Überhöhte Privatentnahmen,** die nicht zum privaten Verbrauch, sondern auch zur Bezahlung von Betriebsausgaben verwendet worden sind, bilden keinen Maßstab für die **tatsächlich** den Eheleuten zur Verfügung stehenden Mittel (BGH FamRZ 2005, 1159; OLG München FamRZ 2005, 1907).

Will der Unterhaltsschuldner aus den getätigten Privatentnahmen nicht auf seine Leistungsfähigkeit (→*Leistungsfähigkeit des Verpflichteten*) schließen lassen und behauptet er eine **Beschränkung** seiner **Leistungsfähigkeit,** muss er seine Einnahmen und Aufwendungen **im Einzelnen** so darstellen, dass die **allein steuerlich beachtlichen Aufwendungen** von solchen, die **unterhaltsrechtlich** von Bedeutung sind, **abgegrenzt** werden können. Selbst steuerlich absetzbare Kosten braucht der Unterhaltsberechtigte sich nur dann entgegenhalten zu lassen, wenn sie zur **Aufrechterhaltung** des Gewerbebetriebes **unbedingt nötig** sind.

Die erforderliche **Darlegung** kann insbesondere **nicht** durch den Antrag auf **Vernehmung eines Steuerberaters,** Steuerbevollmächtigten oder Buchhalter ersetzt werden. Die Vernehmung eines solchen Zeugen kommt vielmehr erst in Betracht, wenn die Richtigkeit **detailliert behaupteter** Aufwendungen vom Unterhaltsgläubiger **bestritten** wird (vgl. BGH FamRZ 1980, 770, 771).

▶ **Privatschule**

Zusatzkosten, die durch den Besuch einer Privatschule verursacht werden, sind unterhaltsrechtlich wie die Zusatzkosten für eine →*Internatsunterbringung* zu behandeln. Grundsätzlich kommt es darauf an, ob für eine teurere als die übliche Ausbildung ein **berechtigter Anlass** besteht (vgl. OLG Koblenz FamRZ 1992, 1218; BGH FamRZ 1983, 48; OLG Nürnberg FamRZ 1993, 837). Der **Lebensbedarf** des Kindes umfasst dann die dort entstehenden Mehrkosten, wie Schulgeld, Lernmittel etc.

▶ **Prostitution**

→*Dirnenlohn*

▶ **Prothesen**

Die Kosten für Prothesen, Krücken, Schuheinlagen und Brillen können einkommensmindernd berücksichtigt werden, **soweit** sie durch gesetzliche oder private Versicherungsleistungen nicht gedeckt sind und der Mehraufwand objektiv **notwendig ist.**

▶ **Provisionen**

Provisionen sind in gleicher Weise unterhaltsrechtlich relevantes
Einkommen wie sonstige Lohn- oder Gehaltszahlungen.

▶ **Prozesskostenhilfe**

→ *Verfahrenskostenhilfe*

▶ **Prozesskostenvorschuss**

→ *Verfahrenskostenvorschuss*

▶ **Prozessstandschaft und Vertretung**

→ *Verfahrensstandschaft*

▶ **Prüfungsschema für Unterhaltsanspruch**

(1) Liegen die **tatbestandlichen Voraussetzungen** einer Anspruchsgrundlage vor, aus der der Unterhaltbegehrende einen Anspruch
herleiten kann? Als Anspruchsgrundlagen kommen in Betracht:
§§ 1601 ff. für den Kindes- und Verwandtenunterhalt; §§ 1570
bis 1576 BGB für den nachehelichen Ehegattenunterhalt; § 1361
für den Getrenntlebensunterhalt; § 1615 l BGB für den Unterhaltsanspruch nicht verheirateter Eltern.

(2) In welcher **Höhe** bemisst sich der **Bedarf des Berechtigten?** Das
Maß des Unterhalts bestimmt sich beim Ehegattenunterhalt
nach den ehelichen Lebensverhältnissen, § 1578 Abs. 1 S. 1 BGB,
der gemäß § 1578 b BGB herabgesetzt und/oder zeitlich wegen
Unbilligkeit **begrenzt** werden kann. Beim Kindes- und Verwandtenunterhalt bestimmt sich gemäß § 1610 BGB das Maß
des zu gewährenden Unterhalts nach der **Lebensstellung des Bedürftigen,** die beim Kindesunterhalt jedoch von dem barunterhaltspflichtigen Elternteil abgeleitet wird. Die Höhe des Unterhaltsbedarfs der nichtehelichen Mutter richtet sich danach, in
welchen wirtschaftlichen Verhältnissen sie bis zur Geburt des
Kindes gelebt hat, wobei ein **Mindestbedarf** in Höhe von monatlich 770 Euro anerkannt ist.

(3) Kann der **Unterhaltbegehrende** diesen **Bedarf selbst decken oder ist er bedürftig?** Das Unvermögen, sich aus eigenen Einkünften und eigenem Vermögen selbst zu unterhalten, ist Anspruchsvoraussetzung; der Unterhaltbegehrende trägt hierfür die Darlegungs- und Beweislast.

(4) Ist der **In Anspruch Genommene** bei der Wahrung des ihm zustehenden Selbstbehalts **leistungsfähig,** den ungedeckten Bedarf des Unterhaltbegehrenden zu decken? Die Grenze der Leistungsfähigkeit wird durch den Selbstbehalt gesetzt.

(5) Bestehen die Voraussetzungen für eine Herabsetzung, zeitliche Begrenzung oder Versagung des Unterhaltsanspruchs, z. B. nach §§ 1578 b, 1579, 1611, 242 BGB?

▶ **Psychische Erkrankungen**

Für die einkommensmindernde Berücksichtigung der Aufwendungen zur Feststellung und Heilung oder wenigstens zur Besserung psychischer Erkrankungen gelten die gleichen Voraussetzungen wie für physische Erkrankungen. Siehe →*Privatärztliche Behandlungskosten (eines Kassenpatienten);* →*Krankheitsbedingter Mehrbedarf;* →*Kurkosten;* →*Chefarztbehandlung.*

R

▶ Rangfolge bei mehreren Unterhaltsberechtigten

1. Allgemeines

Rangverhältnisse wirken sich erst dann aus, wenn der Unterhaltspflichtige aufgrund seiner wirtschaftlichen Verhältnisse nicht in der Lage ist, den Unterhaltsbedarf sämtlicher Unterhaltsberechtigter zu erfüllen. Die Vorschrift des § 1609 BGB beschränkt sich auf die Regelung der Rangfolgen mehrerer Berechtigter, betrifft also die **Leistungsfähigkeit.** Auf die **Höhe des Unterhaltsbedarfs** hat sie dagegen **keine Auswirkung** (BGH FamRZ 2008, 968; 1911).

Vorrangige Unterhaltspflichten mindern die Leistungsfähigkeit stets um den gesamten, an den ranggünstigeren Unterhaltsgläubiger zu zahlenden Betrag. **Gleichrangige** Unterhaltspflichten sind bei Würdigung der Leistungsfähigkeit anteilig anzusetzen (→*Mangelfälle*). Ein volljähriger Schüler bis 21 Jahre, der noch im Haushalt eines Elternteils lebt, ist **rangmäßig** dem minderjährigen Kind gleichgestellt, es gilt ihm gegenüber auch die **erhöhte Leistungsverpflichtung** wie bei minderjährigen Kindern (§ 1603 Abs. 2 S. 2 BGB). Für volljährige, noch im Haushalt eines Elternteils lebende Schüler bis 21 Jahre ist damit sichergestellt, dass sie im Mangelfall nicht leer ausgehen. Eine Ausweitung dieser Regelung auch auf volljährige behinderte Kinder wurde vom Gesetzgeber abgelehnt.

2. Rangordnung

Nach § 1609 BGB sind folgende **Rangstufen** zu unterscheiden:

(1) **Rangstufe 1:** Minderjährige unverheiratete Kinder und Kinder i. S. d. § 1603 Abs. 2 S. 2 BGB. Umfasst sind **alle Kinder,** also sowohl leibliche als auch adoptierte, inner- oder außerhalb einer bestehenden Ehe geborene Kinder unabhängig davon, ob das unterhaltsbedürftige Kind aus der ersten oder einer weiteren Ehe des Unterhaltspflichtigen stammt. Erfasst werden somit minderjährige unverheiratete Kinder sowie volljährige, **privilegierte** Kinder.

(2) **Rangstufe 2:** Elternteile, die wegen der Betreuung eines Kindes unterhaltsberechtigt sind oder im Falle einer Scheidung wären, sowie Ehegatten und geschiedene Ehegatten bei einer Ehe von langer Dauer. Nr. 2 meint neben Elternteilen, die in einer bestehenden Ehe leben und wegen der Betreuung von Kindern Familienunterhalt beziehen, auch getrenntlebende oder geschiedene Eltern. Erfasst werden auch die Ansprüche der **nicht verheirateten Mutter** nach § 1615 l BGB bzw. des nicht verheirateten Vaters nach § 1615 l Abs. 4 BGB. Auch Unterhaltsansprüche von Lebenspartnern, die ein Adoptivkind betreuen, gehören zur Rangstufe 2. Der **Familienunterhalt** fällt in den zweiten Rang, soweit dadurch ein aus Anlass der Betreuung von Kindern entstehender Unterhaltsbedarf gedeckt wird. Von Nr. 2 werden weiter die Unterhaltsansprüche von Ehegatten bei **Ehen von langer Dauer** erfasst. Ausgangspunkt für die wertende Erkenntnis, wann eine Ehe von langer Dauer vorliegt, ist der Zweck der Regelung, **Vertrauensschutz** zu gewährleisten. Maßgebend kann nicht nur die tatsächliche Ehedauer sein, sondern auch das Alter der Eheleute, der Zeitpunkt der Eheschließung, die Betreuung gemeinschaftlicher Kinder, das Ausmaß der gegenseitigen wirtschaftlichen Verflechtung und die Art der konkurrierenden Unterhaltsansprüche (z. B. Familienunterhalt und Anspruch nach § 1615 l BGB). Entscheidend darauf abzustellen ist, ob die unterhaltsberechtigte geschiedene Ehefrau **ehebedingte Nachteile** erlitten hat (BGH FamRZ 2008, 1911, auch nach 30-jähriger Ehe erfolgt keine Einstufung in Rang 2, wenn ehebedingte Nachteile nicht ersichtlich sind).

(3) **Rangstufe 3:** Ehegatten, die nicht unter Nr. 2 fallen. Nr. 3 betrifft die Ansprüche von Ehegatten bzw. geschiedenen Ehegatten, die von der vorangehenden Rangklasse nicht erfasst werden.

(4) **Rangstufe 4:** Kinder, die nicht unter Nr. 1 fallen (= nicht privilegierte Volljährige). Nr. 4 regelt den unterhaltsrechtlichen Rang von Kindern, die nicht unter Nr. 1 fallen, also denjenigen von **volljährigen, nicht privilegierten** Kindern. Dabei handelt es sich i. d. R. um volljährige Kinder, die sich in der **Berufsausbildung** befinden oder ein **Studium** absolvieren.

(5) **Rangstufe 5:** Enkelkinder und weitere Abkömmlinge. Unterhaltsansprüche von Enkelkindern sind gleichrangig mit denen weiterer Abkömmlinge.

(6) **Rangstufe 6:** Eltern.

(7) **Rangstufe 7:** Weitere Verwandte der aufsteigenden Linie; unter ihnen gehen die **Näheren** den **Entfernteren** vor. Zwischen den Unterhaltsansprüchen von weiteren Verwandten der aufsteigenden Linie besteht kein Gleichrang, sondern es ist ausdrücklich bestimmt, dass die Ansprüche der näheren Verwandten denjenigen von entfernteren vorgehen.

Wenn zwischen den Beteiligten rechtliche Beziehungen bestehen, besteht nach § 242 BGB ein **Auskunftsanspruch** (BGH FamRZ 1988, 268).

▶ Reale Beschäftigungschance

Auf die Behauptung, es bestehe keine reale Erwerbschance in abhängiger Beschäftigung, kann sich ein Unterhaltspflichtiger nicht berufen, wenn **mangels jedweder Bewerbung** nicht ausgeschlossen werden kann, dass der Pflichtige bei gehörigen Bemühungen eine entsprechende Tätigkeit gefunden hätte (vgl. BGH FamRZ 2011, 1851; OLG Köln FamRZ 2007, 1756). Das Fehlen einer realen Beschäftigungschance auf dem Arbeitsmarkt kann erst nach Durchführung einer nicht unerheblichen Anzahl von Bewerbungen oder bei anderen besonderen Umständen festgestellt werden (OLG Hamm FamRZ 2000, 1374). Auch **längere Arbeitslosigkeit** begründet keinen Erfahrungssatz, dass eine reale Erwerbsmöglichkeit nicht besteht (OLG Dresden FamRZ 2000, 1176).

▶ **Realsplitting**

Nach § 10 Abs. 1 Nr. 1 EStG kann der Unterhaltspflichtige seine Unterhaltsleistungen an den geschiedenen oder dauernd getrennt lebenden unbeschränkt einkommensteuerpflichtigen Ehegatten mit Zustimmung des Unterhaltsberechtigten als Sonderausgaben absetzen. Weil die Sonderausgaben auf einen Betrag bis 13 805 Euro jährlich (rund 1150 Euro monatlich) beschränkt sind und zugleich maximal der Betrag abgesetzt werden kann, der auch tatsächlich als Unterhalt gezahlt wird, spricht man vom begrenzten Realsplitting.

Dieser Betrag kann sich um die im jeweiligen Veranlagungszeitraum für die Absicherung des getrenntlebenden oder geschiedenen Ehegatten aufgewandten **Beiträge zur Kranken- und Pflegeversicherung** erhöhen, soweit sie nach § 10 Abs. 1 Nr. 3, Abs. 4 EStG steuerlich berücksichtigungsfähig sind (Borth, FamRZ 2010, 416). Bei gesetzlich Versicherten: 1900/3800 Euro; bei Privatversicherten: 2800 bzw. 5600 Euro bei gemeinsamer Veranlagung. Von § 10 Abs. 1 S. 1 EStG werden nicht nur der gezahlte **Barunterhalt** erfasst, sondern auch **Naturalleistungen** wie Bezahlung der Krankenversicherung oder bei einer gemeinsamen Immobilie die Überlassung des Miteigentumsanteils zum alleinigen Wohnen (BFH FamRZ 2000, 1360). Der Unterhaltsberechtigte muss den erhaltenen Unterhalt dann **als Einkommen versteuern** (BGH FamRZ 2010, 717). Der Unterhaltsgläubiger muss dem Realsplitting nur **zustimmen**, wenn der Unterhaltspflichtige sich **bindend verpflichtet, finanzielle Nachteile auszugleichen** (BGH FamRZ 2010, 717).

Eine **Sicherheitsleistung** für die entstehenden Nachteile darf nur verlangt werden, wenn konkrete Anhaltspunkte bestehen, dass der Pflichtige die dem Bedürftigen durch das Realsplitting entstehenden Nachteile nicht oder nicht rechtzeitig ersetzt (BGH FamRZ 2002, 1024). Mit den aus dem Realsplitting erwachsenden Nachteilen darf **nicht aufgerechnet** werden. Wird die Zustimmung zum Realsplitting grundlos verweigert, besteht Anspruch auf **Schadensersatz**.

Nach ständiger Rechtsprechung des BGH ist der Unterhaltsberechtigte verpflichtet, einem Antrag des Unterhaltspflichtigen auf begrenztes Realsplitting nach § 10 Abs. 1 Nr. 1 EStG zuzustimmen (FamRZ 2005, 1162). Dies gilt auch, wenn die Voraussetzungen für das Realsplitting zweifelhaft sind. Ausgeschlossen ist ein Anspruch auf Zustimmung nur dann, wenn ein Realsplitting zweifelsfrei nicht in Betracht kommt (BGH FamRZ 2005, 182).

Der barunterhaltsberechtigte Ehegatte muss dem sogenannten begrenzten Realsplitting nach § 10 Abs. 1 Nr. 1 EStG grundsätzlich zustimmen, wenn der Unterhaltspflichtige die finanziellen Nachteile **ausgleicht,** die dem Berechtigten daraus erwachsen.

Diese Nachteile erschöpfen sich nicht nur in der (Mehr-)Steuer, sondern strahlen auch auf andere Bereiche aus, in denen Leistungen bestimmten Einkommensgrenzen unterliegen (z. B. Wohngeld, Krankenversicherungsprämie, Renten nach dem Lastenausgleichsgesetz usw.).

Formulierungsvorschlag für eine Vereinbarung zum Realsplitting:

Der Unterhaltsgläubiger verpflichtet sich, für die Jahre... dem steuerlichen Sonderausgabenabzug des Ehegattenunterhalts zuzustimmen. Der Unterhaltspflichtige verpflichtet sich hiermit, den Unterhaltsgläubiger von allen durch diese Zustimmung entstehenden **finanziellen Nachteilen** im Innenverhältnis gegen ausreichenden und üblichen Nachweis **freizustellen.** Der Unterhaltsgläubiger verpflichtet sich, seine Steuerangelegenheiten ordnungsgemäß zu bearbeiten und die betreffenden Steuerbescheide dem Unterhaltsschuldner so rechtzeitig zu übermitteln, dass diese noch vor Ablauf der Einspruchsfrist auf Kosten des Unterhaltsschuldners geprüft werden können. Zu den auszugleichenden Nachteilen gehören insbesondere die steuerliche Mehrbelastung einschließlich etwaiger Zuschlagsteuern durch Besteuerung des Unterhalts sowie mögliche sozialrechtliche Nachteile, auch im Rahmen von staatlichen Transferleistungen (z. B. Familienversicherung sowie etwaige höhere Krankenversicherungskosten oder der Entzug öffentlicher Leistungen). Gegen den Freistellungsanspruch darf unter keinem Gesichtspunkt aufgerechnet werden oder ein Zurückbehaltungsrecht geltend gemacht werden.

► **Rechtshilfeersuchen im Ausland**

Bei übermäßiger Verzögerung von Rechtshilfeersuchen im Ausland kommt eine **öffentliche Zustellung** nach § 203 Abs. 2 ZPO in Betracht. Von einer Unausführbarkeit kann je nach den Umständen auch schon vor Ablauf von **2 Jahren** auszugehen sein. Das materielle rechtliche Gehör kann in solchen Fällen regelmäßig durch die **formlose Übersendung** von Schriftsätzen bzw. die formlose Terminsmitteilung auf dem Postweg gesichert werden (OLG Köln FamRZ 1998, 561).

Bei Auslandswohnsitz ist die Partei nach § 174 Abs. 2 ZPO kraft Gesetzes (ohne Antrag und ohne Anordnung) verpflichtet, einen **inländischen** Zustellungsbevollmächtigten zu bestellen. Eine weitere Auslandszustellung ist daher entbehrlich. Vielmehr kann nach § 175 Abs. 1 S. 2 ZPO verfahren und durch Aufgabe zur Post zugestellt werden (FamRZ 1998, 563).

► **Rechtsschutzversicherungskosten**

Beiträge für Familien- und Vertragsrechtsschutz einschließlich Verkehrsrechtsschutz können **nicht einkommensmindernd** berücksichtigt werden, weil es sich bei ihnen um **allgemeine Lebenshaltungskosten** handelt, die ähnlich wie Kosten für Miete, Haftpflichtversicherung und dergleichen in der Quotenverteilung nach den einzelnen Tabellen in Form des Selbstbehalts bzw. des notwendigen Eigenbedarfs bereits enthalten sind. Die Aufwendungen für eine Rechtsschutzversicherung sind schon wegen ihrer i. d. R. geringen Höhe dem **allgemeinen Lebensbedarf** zuzuordnen und nicht als vorwegabziehbare Verbindlichkeiten zu behandeln (BGH FamRZ 2010, 1535 Rn. 22).

Beiträge zur Rechtsschutzversicherung für **Firmenrechtschutz** (für gewerbliche Betriebe) stellen existenznotwendige Betriebsausgaben dar und sind daher unterhaltsrechtlich einkommensmindernd zu berücksichtigen. Dies ergibt sich daraus, dass im Rahmen eines Gewerbebetriebes häufig Prozesse geführt werden müssen, deren wirtschaftliches Ergebnis nicht absehbar ist, weil z. B. der Gegner vermögenslos ist und der Unternehmer deshalb trotz Obsiegens in der Sache die Prozesskosten nicht beitreiben kann.

▶ Regelstudienzeit

Dem Unterhaltsberechtigten obliegt es, das Studium innerhalb angemessener Zeit zu beenden. **Mehr als 15 Semester** sind auch unter Berücksichtigung eines einjährigen **Auslandsaufenthaltes** nicht mehr angemessen, sodass eine weitere Unterhaltsverpflichtung entfällt (OLG Köln FamRZ 1999, 1162). Zwar kann die ordnungsgemäße Dauer der Studienzeit nicht mit der nach den Studienordnungen erforderlichen **Mindeststudienzeit** gleichgesetzt werden, da dem Studierenden ein gewisser Spielraum für die selbstständige Auswahl der angebotenen Lehrveranstaltungen und für eine gewisse Eigenständigkeit beim Aufbau des Studiums zu geben ist. Bei **erheblicher Überschreitung der Regelstudienzeit** kann indes nicht mehr auf die Eltern zurückgegriffen werden. Insoweit gebietet es der das Unterhaltsrecht beherrschende **Grundsatz der Gegenseitigkeit,** nach welchen dem Anspruch auf eine kostspielige Ausbildung die Verpflichtung entspricht, mit der gebotenen Sparsamkeit und Pflichtentreue dem Ziel nachzugehen und auf einen möglichst schnellen Abschluss zielstrebig hinzuarbeiten, das Studium innerhalb der Förderungshöchstdauer nach dem BAföG zu beenden (OLG Köln FamRZ 1999, 1162).

▶ Reisekosten

Siehe →*Fahrtkosten;* →*Fahrtspesen.* Dass solche Leistungen **steuerfrei** gewährt werden, rechtfertigt **nicht ohne jede weitere Prüfung** die Außerachtlassung, vielmehr muss derjenige, der sich auf die Nichtanrechenbarkeit des steuerfreien Reisekostenersatzes beruft, darlegen, dass ein entsprechender tatsächlicher Mehraufwand vorliegt, andernfalls wird 1/3 des Nettoreisekostenersatzes als Einkommen angerechnet (vgl. BGH FamRZ 1980, 342, 344; FamRZ 1983, 1252).

▶ **Renten**

Werden für Aufwendungen infolge eines Körper- oder Gesundheitsschadens Sozialleistungen in Anspruch genommen, wird bei der
Feststellung eines Unterhaltsanspruchs vermutet, dass die Kosten
der Aufwendungen nicht geringer sind als die Höhe dieser Sozialleistungen, §§ 1610 a, 1361 Abs. 1 S. 1, 1578 a BGB.

1. Altersruhegelder, Pensionen, sonstige Ruhestandbezüge und laufende Einkünfte aus privaten Versicherungen

Diese stellen eine Kompensationsleistung mit **Lohnersatzfunktion**
dar. Sie fallen unter den Begriff Einkünfte; in ihrem Umfang liegt
Leistungsfähigkeit des Unterhaltsverpflichteten vor, während eine
Bedürftigkeit des Berechtigten insoweit nicht vorliegt. Problematisch ist der Fall, wenn ein geschiedener Ehegatte pflichtwidrig unterlassen hat, während der Ehe zu arbeiten und damit eine eigene
Altersversorgung aufzubauen. In diesem Fall wird zu prüfen sein,
ob der Unterhaltsanspruch nicht gemäß § 1579 Nr. 4 BGB entfällt
oder entsprechend gemindert ist, weil der Berechtigte seine Bedürftigkeit „mutwillig" herbeigeführt hat.

2. BEG-Rente

Renten nach dem Bundesentschädigungsgesetz wegen Schadens an
Körper oder Gesundheit und wegen Schadens im beruflichen Fort-
kommen rechnen zum unterhaltsrechtlich relevanten **Einkommen**
des Empfängers. Über ihre Höhe ist daher auf Verlangen Auskunft
zu erteilen (BGH FamRZ 1983, 674 ff.).

3. Berufsschadensausgleich

Der Berufsschadensausgleich nach § 30 Abs. 3, 4 BVersG wird zum
anrechenbaren Einkommen gerechnet.

4. Erwerbsunfähigkeitsrente

Die Erwerbsunfähigkeitsrente tritt an die Stelle des Arbeitseinkommens und ist für Unterhaltszwecke zu berücksichtigen, nachdem
vorweg die zur Erfüllung aus der zugrundeliegenden gesundheitlichen Behinderung entstehenden Mehraufwendungen erforderlichen
Mittel abgezogen wurden.

5. Kriegsbeschädigtenrente, Versehrtenrente

Die Renten im Rahmen der Kriegsopferversorgung bestehen aus der Grundrente, der Ausgleichsrente sowie verschiedener Zulagen wie z. B. Schwerstbeschädigten- und Pflegezulage, Kleiderzulage und Ehegattenzuschlag. Die **Grundrente** ist bei der Ermittlung der Leistungsfähigkeit des Rentenempfängers zur Feststellung seines Einkommens grundsätzlich mit heranzuziehen. **Vor der Verteilung** der für den allgemeinen Lebensunterhalt bestimmten Mittel ist der konkrete Mehrbedarf, den der Rentenempfänger als Folge seiner Schädigung hat, **vorab** auszugleichen (BGH FamRZ 1981, 338 = NJW 1981, 1313, 1314). In dieser grundsätzlichen Entscheidung des BGH wurde ausgeführt, dass auch zweckbestimmte Sozialleistungen im privaten Unterhaltsrecht wie sonstiges Einkommen des Empfängers zu behandeln sind, soweit sie geeignet sind, den **allgemeinen Lebensunterhalt** des Leistungsempfängers und seiner Familie zu decken.

6. Lastenausgleichsrente

Die Unterhaltshilfen nach dem Lastenausgleichsgesetz stellen eine Versorgung für denjenigen dar, der durch Kriegs- oder Nachkriegsereignisse Vermögensschäden erlitten hat. Es handelt sich um Ersatz für verloren gegangene Existenz. Als Ersatz für verlorengegangene anderweitige Einkommensquellen ist diese Unterhaltshilfe voll unterhaltspflichtiges **Einkommen.**

7. Schmerzensgeldrente

Bei Schmerzensgeldrenten muss geprüft werden, ob eine Berücksichtigung als bedarfsminderndes Einkommen zur Zweckverfehlung dieser Leistung führen würde. Eine Schmerzensgeldzahlung dient im Grunde dem Ausgleich eines Sonderbedarfs, für den ein Dritter aufzukommen hat. Eine Anrechnung verbietet sich damit (vgl. Göppinger, Rn. 1074). Zweck von Schmerzensgeldrenten ist der Ausgleich ausschließlich immaterieller Schäden; Schmerzensgeldzahlungen sind damit als höchstpersönliche Zuwendung anzusehen.

8. Unfallrente

Die Verletztenrente aus der gesetzlichen Unfallversicherung ist dem Einkommen des unterhaltspflichtigen Ehegatten zuzurechnen, **soweit** sie nicht durch tatsächlichen unfallbedingten Mehraufwand aufgezehrt wird (BGH FamRZ 1982, 252 ff.). Die Unfallrente wird gemäß § 56 Abs. 1 S. 1 SGB VII gewährt, wenn die zu entschädigende Minderung der Erwerbsfähigkeit mindestens 20 Prozent beträgt und über die 26. Woche nach einem Arbeitsunfall hinaus andauert. Sie bemisst sich nach dem vorangegangenen Jahresarbeitsverdienst und gewährt dem Berechtigten einen Ausgleich für die durch den Berufsunfall bedingte Erwerbsminderung und hat somit **Lohn- bzw. Einkommensersatzfunktion.** Danach ist sie unterhaltsrechtlich als Einkommen anzurechnen. Die Mehraufwendungen können unter Zuhilfenahme allgemeiner Erfahrungssätze nach Maßgabe des § 287 ZPO geschätzt werden, wobei eine großzügigere Beurteilung geboten ist, wenn dem Beschädigten eine spezifizierte Darlegung seiner Mehraufwendungen nicht zumutbar ist. Insbesondere ist dabei abzuwägen, ob und inwieweit bei der Anerkennung eines schädigungsbedingten Mehraufwandes dem ideellen Zweck der Unterhaltsrente in billiger Weise besonders Rechnung zu tragen ist (BGH FamRZ 1981, 338).

9. Wiederauflebende Witwenrente

Wiederauflebende Witwenrenten haben keine Unterhaltsersatzfunktion, so dass sie bei der Bemessung des Unterhaltsbedarfs gegen den geschiedenen Ehegatten aus zweiter Ehe außer Betracht bleiben. Der Unerhaltsanspruch ist vielmehr auf die wiederauflebende Witwenrente **anzurechnen** (OLG Düsseldorf FamRZ 1998, 743; BGH FamRZ 1986, 889; BGH FamRZ 1979, 211). Siehe → *Witwenrente.*

▶ Rentenalter

Eine vom Unterhaltspflichtigen nach Erreichen der Regelsaltersgrenze für die gesetzliche Rente ausgeübte Erwerbstätigkeit ist – wie auch beim Unterhaltsberechtigten – sowohl hinsichtlich des **Ehegattenunterhalts** als auch des **Kindesunterhalts** regelmäßig **überobligatorisch.** Hierfür ist es unerheblich, ob der Unterhaltspflichtige abhängig beschäftigt oder **selbstständig tätig** ist (BGH FamRZ 2011, 454). Die auf der nachehelichen Solidarität beruhende Erwerbsobliegenheit des Unterhaltspflichtigen kann **nicht weiter reichen** als die Eigenverantwortung des Unterhaltsberechtigten, sodass sich die nach § 1571 BGB für den Unterhaltsberechtigten und nach § 242 BGB für den Unterhaltspflichtigen anzuwendenden Maßstäbe betreffend die zeitlichen Grenzen der Erwerbsobliegenheit entsprechen. Für die Abgrenzung der zumutbaren von der unzumutbaren (überobligatorischen) Erwerbstätigkeit kommt es nicht darauf an, ob die Erwerbstätigkeit im Rentenalter sich als **berufstypisch** darstellt oder von den Ehegatten während des Zusammenlebens **geplant** war. Ob eine nach Überschreiten der Altersgrenze fortgesetzte Erwerbstätigkeit berufstypisch ist und der **Lebensplanung** der Ehegatten während des Zusammenlebens entspricht, findet erst Eingang bei der gesondert zu beantwortenden Frage, in welchem konkreten Umfang das aus überobligatorischer Erwerbstätigkeit erzielte Einkommen nach Billigkeitskriterien für den Unterhalt einzusetzen ist (BGH FamRZ 2011, 454 Rn. 21, 22).

▶ **Rentennachzahlung, Rentenbewilligungsverfahren**

Eine Nachzahlung, die ein **unterhaltspflichtiger** getrennt lebender Ehegatte aufgrund der rückwirkenden Bewilligung einer Rente wegen Berufsunfähigkeit erlangt, führt nicht zu einer unmittelbaren quotenmäßigen Beteiligung des Unterhaltsberechtigten am Gesamtbetrag einer Rentennachzahlung (BGH FamRZ 1985, 155 ff.) und stellt kein geeignetes Mittel zur Anpassung einer vereinbarten monatlichen Unterhaltsrente an veränderte Verhältnisse gemäß § 238 Abs. 1 FamFG dar. Steigert sich nämlich die Leistungsfähigkeit erst zu einem Zeitpunkt, für den Unterhalt bereits gezahlt worden ist, wird der Umfang der Unterhaltspflicht für eine zurückliegende Zeit dadurch nicht mehr beeinflusst, mit der Folge, dass Nachzahlungen für die Vergangenheit nicht zu leisten sind. Dies gilt unabhängig davon, ob die Steigerung der Leistungsfähigkeit auf einer Erhöhung des laufenden Einkommens oder auf einem einmaligen Vermögenszuwachs oder auf beidem beruht (BGH FamRZ 1985, 155/156). Dies bedeutet jedoch nicht, dass eine solche Zahlung auf die Unterhaltsbemessung ohne Einfluss bleibt; sie ist vielmehr grundsätzlich in eine Anpassung der **laufenden Unterhaltsrente** einzubeziehen.

Rentennachzahlungen an den **Unterhaltsberechtigten** beeinflussen dessen Bedürftigkeit.

Die Unterhaltsbedürftigkeit entfällt jedoch **nicht** bereits durch die Stellung eines **Antrages** auf Erwerbsunfähigkeitsrente sondern erst durch die tatsächliche Zahlung der Rente. Solange ein Antrag auf Bewilligung einer Rente wegen Erwerbsunfähigkeit noch nicht beschieden ist, kommt regelmäßig auch nicht die Zahlung von Vorschüssen durch den zuständigen Leistungsträger in Betracht, weil – anders als bei Altersrenten – der Anspruch dem Grunde nach noch nicht von vorneherein feststeht, sondern die Erwerbsunfähigkeit erst festgestellt werden muss.

Während des Rentenbewilligungsverfahrens bleibt daher der Unterhaltsanspruch bestehen (BGH FamRZ 1983, 574).

Wenn die Rente – wie häufig – ab einem zurückliegenden Zeitpunkt bewilligt wird, kann diese Rechtslage allerdings dazu führen, dass der Unterhaltsberechtigte eine Rentennachzahlung für einen Zeitraum erhält, für den der Unterhaltspflichtige bereits Unterhalt bezahlt hat.

Zur Vermeidung einer Benachteiligung des Unterhaltsleistenden sind verschiedene Wege denkbar, z. B. eine bedarfsmindernde Berücksichtigung der Rentennachzahlung oder eine Abtretung des Rentenanspruchs.

Beide Möglichkeiten sind mit Schwierigkeiten verbunden (vgl. BGH FamRZ 1983, 574 und OLG Düsseldorf FamRZ 1982, 821 ff.), die sich vermeiden lassen, wenn der Unterhaltsverpflichtete dem Berechtigten, der den Antrag auf Bewilligung einer Erwerbsunfähigkeitsrente gestellt hat, zur Abwendung der Bedürftigkeit zins- und tilgungsfreie Darlehen mit der Verpflichtung anbietet, im Falle der endgültigen Ablehnung des Rentenantrages auf deren Rückzahlung zu verzichten. Zur Sicherung des Anspruchs auf Rückzahlung solcher Darlehen kann der Anspruch auf Rentennachzahlung gemäß § 53 Abs. 2 S. 1 SGB I **abgetreten** werden. Dem Unterhaltsberechtigten **obliegt** es, einen in dieser Weise angebotenen Kredit zur Behebung oder Verminderung seiner Bedürftigkeit aufzunehmen und zur Sicherheit auf Verlangen den Anspruch auf Rentennachzahlung abzutreten.

Erfährt der Unterhaltspflichtige erst nach Bewilligung der Rente von der Rentennachzahlung ab Antragstellung, kommt ein **Erstattungsanspruch** des Unterhaltspflichtigen in der Höhe in Betracht, in der sich der Unterhaltsanspruch des Berechtigten ermäßigt hätte, wenn die Rente sofort bewilligt worden wäre.

Eine Rentennachzahlung beseitigt nicht rückwirkend die Bedürftigkeit; sie kann jedoch zu einem Erstattungsanspruch gemäß § 242 BGB führen, dessen Höhe sich danach bemisst, inwieweit sich der Unterhaltsanspruch ermäßigt hätte, wenn die Rente schon während des fraglichen Zeitraums bezahlt worden wäre (so BGH FamRZ 1990, 269 ff.). Auf diesen familienrechtlichen Erstattungsanspruch ist aber nur zurückzugreifen, wenn ein unterhaltsrechtlicher **Ausgleich nicht mehr möglich ist** (so OLG Hamburg FamRZ 1991, 953 f. m. w. N.). Siehe → *Versorgungsausgleich.*

▶ **Rentenversicherung**

Beiträge zur gesetzlichen Rentenversicherung gehören zu den notwendigen → *Vorsorgeaufwendungen* und sind somit abzugsfähige Sozialabgaben. Siehe → *Altersvorsorge;* → *Lebensversicherung.*

▶ **Reparaturkosten**

Die Kosten für unabwendbar erforderliche Reparaturen an Maschinen, sonstigen Gerätschaften und Gebäuden, die der Einkommenserzielung dienen, sind voll einkommensmindernd abzuziehen, soweit sie nicht bereits bei der Ermittlung des Nettoeinkommens, weil steuerlich absetzbar, berücksichtigt wurden und soweit sie nicht bereits im Wege der Rücklagenbildung abgezogen worden waren. Größere Aufwendungen können nur im Rahmen eines vernünftigen Tilgungsplanes berücksichtigt werden. Insbesondere ist zu überprüfen, ob es sich bei den Reparaturkosten wirklich nur um **Erhaltungs**aufwand handelt und nicht um **Herstellungs**aufwand, der als vermögensbildende Maßnahme nicht einkommensmindernd berücksichtigt werden kann. Siehe →*Haus;* →*Abschreibungen,* →*Vermietung und Verpachtung (Einkünfte und Abzugsposten).*

▶ **Repräsentationskosten**

Repräsentationskosten und Geschenke können regelmäßig nicht einkommensmindernd berücksichtigt werden, auch wenn sie steuerlich absetzbar sind, weil unterhaltsrechtlich nur diejenigen Aufwendungen anzuerkennen sind, die zur Aufrechterhaltung des Gewerbebetriebes **unbedingt nötig** sind (vgl. BGH FamRZ 1980, 770). Bei Aufwendungen für Repräsentation kann der Unterhaltsbedürftige verlangen, so gestellt zu werden, als ob diese Aufwendungen **nicht vorgenommen** worden wären, d. h. die Ausgaben sind beim Unterhaltspflichtigen nicht abzugsfähig, der **Steuervorteil** hat ihm aber zu verbleiben, so dass eine **fiktive Steuerberechnung** vorzunehmen ist (BGH FamRZ 2003, 741).

▶ **Riester-Rente**

Die Aufwendungen für die Riester-Rente sind den gesetzlichen Abzügen und den gesetzlichen Sozialabgaben im Ergebnis gleichzustellen. Die Aufwendungen sind also als **Abzugsposten** bei der Berechnung des unterhaltsrechtlich relevanten Einkommens sowohl des Unterhaltsberechtigten als auch des Unterhaltspflichtigen zu behandeln. Dies gilt ganz besonders, wenn die Aufwendungen für die Riester-Rente prägend sind. Die **steuerlichen Entlastungen** sind dem Einkommen nach dem Grundgedanken der Bauherrenmodell-Entscheidung des BGH (FamRZ 1987, 36) **hinzuzurechnen.** Erfüllt die Zusatzversorgung **nicht die Voraussetzungen** der Riester-Rente, bleibt jedoch betragsmäßig im Rahmen der Riester-Rente (bis zu vier Prozent des sozialversicherungspflichtigen Einkommens des Vorjahres), ist zu berücksichtigen, dass nicht zertifizierte Produkte für die Altersversorgung besser geeignet sein können als die Riester-Rente, auch wenn sie **steuerlich** nicht privilegiert sind. Hier gelten die **allgemeinen Grundsätze** zur Altersvorsorge.

Die Riester-Rente gehört nicht zum **einsatzpflichtigen Vermögen**, weil im Hinblick auf die staatliche Förderung die Riester-Rente zumindest einer aus staatlichen Mitteln gewährten Sicherung der Lebensgrundlage gleich zu achten ist und der Staat nicht mit der einen Hand dem Hilfsbedürftigen etwas wegnehmen darf, was die andere ihm zuvor gegeben hat. Aufwendungen für die Riester-Rente sind bei der **Verfahrenskostenhilfe** vom einsatzpflichtigen Einkommen abzuziehen.

▶ **Risiko-Lebensversicherung**

Beiträge zur Risiko-Lebensversicherung, die der Unterhaltspflichtige wegen der vom Abschluss des Versicherungsvertrages abhängigen Auszahlung eines Bauspardarlehens zahlen muss, dienen lediglich der Sicherung der Bausparkasse. Es handelt sich i. d. R. um verlorene Aufwendungen, die nicht der Vermögensbildung dienen und demgemäß als berücksichtigungsfähige Verpflichtungen (§§ 1603 Abs. 1, 1581 BGB) die Leistungsfähigkeit des Unterhaltspflichtigen beeinträchtigen können.

▶ **Rollenwahl**

Eine Rollenwahl – Übernahme der Haushaltsführung und Kindesbetreuung durch den Unterhaltspflichtigen und Aufnahme einer Erwerbstätigkeit durch den neuen Ehegatten – ist unterhaltsrechtlich nur dann anzuerkennen, wenn dies zu einer wesentlich günstigeren Einkommenssituation der neuen Familie führt, als sie der Unterhaltspflichtige bei Beibehaltung seiner Erwerbstätigkeit selbst erzielen könnte (OLG München FamRZ 1999, 1076). In anderen Fällen ist der **Rollentausch** unterhaltsrechtlich nicht anzuerkennen. Rollentausch kann auch nicht damit gerechtfertigt werden, dass sich die Einkommenssituation der neuen Familie insofern gebessert habe, als ein **Zugriff der Gläubiger** verhindert werde. Dadurch erleiden die Unterhaltsberechtigten eine nicht hinzunehmende Einbuße ihrer Unterhaltsansprüche. Siehe →*Hausmann-Hausfrau-Entgelt.*

Die Rollenverteilung in der Ehe darf **nicht zu Lasten** minderjähriger Kinder eines Ehegatten aus einer anderen Beziehung gehen. Betreuungsbedürftige Kinder aus einer neuen Ehe entbinden nicht von der Unterhaltspflicht für sonstige minderjährige Kinder.

▶ **Rückforderung überzahlten Unterhalts**

1. Freiwillige Mehrleistungen

Für überhöhte Unterhaltsleistungen beim **Familien- und Tren-nungsunterhalt** besteht die widerlegbare Vermutung, dass eine Rückforderung nicht beabsichtigt ist, §§ 1361 Abs. 4 S. 4, 1360 b BGB; freiwillige Mehrleistungen können nicht zurückverlangt werden. Kann nachgewiesen werden, dass die Mehrleistung mit Erstattungsabsicht erfolgte, besteht ein Anspruch nach § 812 Abs. 1 S. 2 BGB.

2. Unfreiwillige titulierte Mehrleistungen

Ist ein Unterhaltsanspruch tituliert, entspricht der Titel aber materiell-rechtlich nicht oder nicht mehr der Rechtslage kommt als Anspruchsgrundlage für die Rückforderung von überzahltem Unterhalt vor allem § 812 BGB in Betracht, z. B. bei rückwirkender Abänderung eines Unterhaltstitels nach §§ 238 bis 240 FamFG oder die **Feststellung,** dass entgegen einer einstweiligen Anordnung kein oder nur ein geringerer Unterhalt geschuldet wird. Wird der Unterhalt jedoch zur Begleichung der laufenden Lebenshaltungskosten verwendet und tritt dadurch Entreicherung ein, führt diese Anspruchsgrundlage i. d. R. nur bei Vorliegen einer verschärften Haftung zum Erfolg.

Ferner kommen **Schadensersatzansprüche** aus dem Vollstreckungsrecht nach §§ 248 Abs. 5, 120 FamFG, §§ 717, 945 ZPO und aus unerlaubter Handlung wegen Verfahrensbetrugs bzw. vorsätzlicher sittenwidriger Ausnützung eines unrichtig gewordenen Vollstreckungstitels in Betracht: Bei diesen Ansprüchen spielt die Entreicherungsproblematik keine Rolle.

Für den Sonderfall einer **Rentennachzahlung** kann sich aus dem Grundsatz von Treu und Glauben ein **Erstattungsanspruch eigener Art** nach § 242 BGB auf einen Teil der Rentennachzahlungen ergeben (BGH FamRZ 1990, 269, 272).

3. Einstweilige Anordnungen

Die einstweilige Anordnung Unterhalt ist nach § 57 FamFG nicht anfechtbar. Überstieg die erlassene einstweilige Anordnung den im späteren Hauptsacheverfahren titulierten Betrag, wurde insoweit nach § 812 Abs. 1 S. 1 BGB ohne Rechtsgrund geleistet; gleiches gilt, wenn der Unterhaltsbedürftige trotz Aufforderung des Gerichts nicht fristgerecht einen Hauptsacheantrag stellt und die einstweilige Anordnung deshalb nach § 52 Abs. 2 S. 3 FamFG aufgehoben wird. Der Unterhaltsberechtigte kann jedoch einwenden, dass er nicht mehr bereichert ist, § 818 Abs. 3 BGB. Dies ist dann der Fall, wenn er den geleisteten Unterhalt restlos für seine laufenden Lebensbedürfnisse verbraucht, keine Rücklagen gebildet, keine Vermögenswerte angeschafft und keine Schulden getilgt hat.

4. Abänderung eines Hauptsachetitels

Wird ein Hauptsachetitel (Beschluss, Vergleich, Vollstreckbare Urkunde) rückwirkend nach §§ 238 bis 240 FamFG abgeändert, entfällt nachträglich die Rechtsgrundlage aus dem früheren Titel für den bisher geleisteten Unterhalt, § 812 Abs. 1 S. 2 BGB

5. Verschärfte Haftung

Ab **Rechtshängigkeit des Abänderungsverfahrens** besteht nach § 241 FamFG die verschärfte Haftung. Das bedeutet, dass sich der Unterhaltsberechtigte – wie bei § 818 Abs. 4 BGB – nicht mehr auf den Wegfall der Bereicherung stützen kann. Aus dem Gesetzeswortlaut des § 241 FamFG ergibt sich, dass die verschärfte Haftung aber nur bei **Erhebung eines Abänderungsantrags** nach §§ 238, 239, 240 gilt, **nicht** bei Erhebung eines Leistungsantrags im Hauptsacheverfahren oder eines negativen Feststellungsantrags bei einstweiligen Anordnungen (die wegen § 52 Abs. 2 FamFG wohl als unzulässig anzusehen ist).

In § 112 Abs. 1 S. 2 FamFG ist für einstweilige Anordnungen Unterhalt eine Schadensersatzpflicht ausdrücklich nicht normiert; die Rückforderung bedeutet im Ergebnis einen Schadensersatz unter Berücksichtigung der Besonderheiten des Bereicherungsrechts. Daher entfällt eine analoge Anwendung des § 241 FamFG auf Rückforderungsansprüche nach einstweiliger Anordnung Unterhalt (Gerhardt, FA-FamR, Kap. 6 Rn. 215).

6. Zu hoch titulierte einstweilige Anordnung

Bei zu hoch titulierten einstweiligen Anordnungen scheitert die Rückforderung häufig an der Entreicherung nach § 818 Abs. 2, 3

BGB. Der Pflichtige kann seinen Antrag, dass der Bedürftige nach § 52 Abs. 2 FamFG das Hauptsacheverfahren einleitet sofort mit einem **Rückforderungsantrag** verbinden oder, wenn der Bedürftige Hauptsacheantrag bereits gestellt hat, den Rückforderungsantrag im gleichen Verfahren als **Widerantrag** geltend machen. Durch die **Rechtshängigkeit des Rückforderungsantrags** tritt die **verschärfte Haftung nach § 818 Abs. 4 BGB** ein, wobei der Rückforderungsantrag gemäß § 253 Abs. 2 Nr. 2 ZPO **genau zu beziffern** ist.

Außerdem hat der Unterhaltsschuldner stets die Möglichkeit, die behauptete Überzahlung als **zins- und tilgungsfreies Darlehen** anzubieten, verbunden mit der Verpflichtung, im Falle der Abweisung des Abänderungsbegehrens auf Rückzahlung zu verzichten. Der Unterhaltsgläubiger hat nach Treu- und Glauben die **Obliegenheit**, einen in solcher Weise angebotenen Kredit anzunehmen (BGH FamRZ 2010, 1637; FamRZ 1992, 1152, 1155). Kommt der Unterhaltsberechtigte diesem Angebot nicht nach, macht er sich **schadensersatzpflichtig**.

7. Schadensersatzansprüche aus unerlaubter Handlung, § 823 Abs. 2 i. V. m. § 263 StGB

Ein **Prozessbetrug** kommt vor allem in Betracht, wenn im Unterhaltsverfahren Einkünfte oder Einkommensveränderungen verschwiegen wurden oder ein entsprechender Sachvortrag bestritten wird. Die einen Unterhaltsanspruch begründenden tatsächlichen Umstände müssen **wahrheitsgemäß** angegeben werden und es darf **nichts verschwiegen** werden, was die Unterhaltsbedürftigkeit in Frage stellen könnte (BGH FamRZ 2000, 153). Im besonderen Maße gilt dies im Hinblick auf die prozessuale Wahrheitspflicht nach § 138 Abs. 1 ZPO während eines laufenden Rechtsstreits, § 235 Abs. 3 FamFG.

Die **Vollstreckung** aus einem erst nachträglich unrichtig gewordenen Titel kann eine sittenwidrige, vorsätzliche Ausnützung eines unrichtig gewordenen Vollstreckungstitels darstellen und damit **gegen die guten Sitten** verstoßen, wenn

(1) dem vom Beschluss gebrauch machenden Titelinhaber die Unrichtigkeit bekannt war und

(2) besondere Umstände hinzutreten, aufgrund deren es **in hohem Maße unbillig** ist, die Vollstreckung des Titels zuzulassen.

§ 826 BGB erfordert in **subjektiver Hinsicht** nicht, dass dem Unterhaltsberechtigten bewusst ist, sich sittenwidrig zu verhalten. Es genügt, dass er die Tatumstände kennt, die sein Verhalten objektiv als Verstoß gegen die guten Sitten erscheinen lassen, was z. B. der Fall ist, wenn in einem Vergleich eine Klausel aufgenommen wurde, dass ein bestimmter monatlicher Nettoverdienst des Berechtigten **anrechnungsfrei** bleiben soll und der Berechtigte diese Einkommensgrenze deutlich übersteigt (BGH FamRZ 1997, 483).

▶ **Rückkauf einer Lebensversicherung**

Der Rückkauf einer Lebensversicherung stellt eine Verwertung des Vermögensstammes dar, weshalb geprüft werden muss, ob die Verwertung des Vermögens zumutbar ist (→*Vermögen*). Der Rückkauf einer Lebensversicherung bei teilweiser oder vollständiger Leistungsunfähigkeit bzw. Bedürftigkeit kann nur dann nicht erwartet werden, wenn sich daraus für den Berechtigten wirtschaftliche Nachteile ergeben, die zu den Vorteilen für den Verpflichteten außer Verhältnis stehen.

Soweit die Lebensversicherung als **zusätzliche Altersversorgung** im Rahmen der vier Prozent-Klausel (beim Elternunterhalt fünf Prozent) aufgebaut wurde und damit nicht nur der Vermögensbildung dient, besteht keine Obliegenheit zur Auflösung der Lebensversicherung (vgl. BGH FamRZ 2003, 860; 2005, 1817; 2007, 193, 793).

▶ **Rücklagenbildung**

Die Bildung von Rücklagen für künftige Notfälle kann i. d. R. bei der Prüfung der Leistungsfähigkeit **nicht** einkommensmindernd berücksichtigt werden, da es sich regelmäßig um Vermögensbildung handelt.

Etwas anderes wird dann gelten, wenn Rücklagen für sich bereits **konkret abzeichnende,** zur Aufrechterhaltung des Gewerbebetriebes notwendige Reparaturaufwendungen gebildet werden. Dabei ist jedoch zu beachten, dass kein Doppelabzug von Aufwendungen er-

folgen darf, die bereits steuerlich absetzbar sind. Die einkommensmindernde Berücksichtigung einer derartigen Rücklagenbildung ergibt sich daraus, dass es keinen Unterschied machen kann, ob der
Verpflichtete notwendige Ausgaben auf Kreditbasis erledigt oder
vorab die erforderlichen Beträge anspart. Siehe →*Instandhaltungsrücklage.*

▶ **Rückständiger Unterhalt für die Vergangenheit**

Dieser kann gemäß §§ 1613 Abs. 1, 1585b BGB neben Rechtshängigkeit und Verzug bereits **ab dem Auskunftsbegehren,** das zum
Zwecke der Geltendmachung eines Unterhaltsanspruchs verlangt
wurde, beantragt werden. Der Unterhalt wird gemäß § 1613 Abs. 1
S. 2 **ab dem 1. des Monats,** in dem das Verzugs- oder Auskunftsschreiben zuging bzw. die Klage rechtshängig wurde, wenn der Unterhaltsanspruch dem Grunde nach bereits bestand. **Ohne Rechts-
hängigkeit/Verzug/Auskunftsbegehren** kann gemäß § 1613 Abs. 2
BGB Unterhalt für die Vergangenheit geltend gemacht werden,
wenn der Unterhalt

(1) aus rechtlichen Gründen (insbesondere Vaterschaftsfeststellung)

(2) aus tatsächlichen, in den Verantwortungsbereich des Pflichtigen
    fallenden Gründen (Auslandsaufenthalt; unbekannter Aufent-
    halt) nicht geltend gemacht werden konnte.

▶ **Rückübertragung von Unterhaltsansprüchen**

Gemäß § 94 Abs. 5 SGB XII kann der Träger der Sozialhilfe den auf
ihn übergegangenen Unterhaltsanspruch (§§ 93, 94 SGB XII) im
Einvernehmen mit der leistungsberechtigten Person auf diesem zur
gerichtlichen Geltendmachung rückübertragen und sich den geltend gemachten Unterhaltsanspruch abtreten lassen. Kosten, mit
denen die leistungsberechtigte Person dadurch selbst belastet wird,
sind zu übernehmen.

Durch § 7 Abs. 4 S. 2 u. 3 UVG kann das Land den auf ihn übergegangenen Unterhaltsanspruch im Einvernehmen mit dem Unerhalts-
leistungsempfänger auf diesen zur gerichtliche Geltendmachung
rückübertragen und sich den geltend gemachten Unterhaltsanspruch

abtreten lassen. Zugleich wird klargestellt, dass Kosten, mit denen der Unterhaltsleistungsempfänger dadurch selbst belastet wird, zu übernehmen sind. Der Leistungsberechtigte ist für die gerichtliche Geltendmachung der vom Sozialhilfeträger rückübertragenen Unterhaltsansprüche grundsätzlich **nicht bedürftig** i. S. v. § 114 ZPO, da ihm ein Anspruch auf **Verfahrenskostenvorschuss** gegen den Leistungsträger zusteht (BGH FamRZ 2008, 1159).

▶ **Rürup-Rente**

Die Aufwendungen für die staatliche geförderte Rürup-Rente sind im Rahmen einer angemessenen Altersvorsorge einkommensmindernd zu berücksichtigen (bis vier Prozent des Bruttoeinkommens) (vgl. BGH FamRZ 2005, 1817; 2006, 1511), →*Riester-Rente*.

S

▶ Sachbezugsverordnung

→ *Sozialversicherungsentgeltverordnung*

▶ Sachzuwendungen

Sachbezüge stellen grundsätzlich in Höhe der Eigenersparnis Einkommen dar. Der Einkommensvorteil bei Nutzung eines **Firmenfahrzeugs** richtet sich nach der **Nutzungsmöglichkeit,** nicht nach der tatsächlichen Nutzung (OLG Hamm FamRZ 1999, 74). Der vermögenswerte Vorteil ist nicht identisch mit dem Gehaltsbestandteil der Pkw-Nutzung, sondern im Einzelfall nach § 287 ZPO zu schätzen. Hierbei ist die **steuerliche Mehrbelastung** zu beachten, die durch die Erhöhung des Bruttoeinkommens durch die Pkw-Nutzung entsteht. Werden durch die Nutzung des Firmenfahrzeugs auch die Fahrten zum Arbeitsplatz abgedeckt, entfällt i. d. R. der Ansatz pauschaler berufsbedingter Aufwendungen (OLG München FamRZ 1999, 1350).

Sachzuwendungen (z. B. Deputate, freies oder verbilligtes Wohnen oder Essen, Einkaufsrabatt, Kraftfahrzeugüberlassung, verbilligter Strombezug) werden in Höhe der **Eigenersparnis** als Einkommen angerechnet.

Einen guten Anhaltspunkt für die Berechnung des Geldwertes von Sachleistungen bieten die Bewertungsrichtlinien des Steuer- und Sozialversicherungsrechts. Für die Bewertung von Sachzuwendungen sind die üblichen Mittelpreise des Verbrauchsortes maßgebend, d. h. grundsätzlich die **Kleinverkaufspreise**. Für oft vorkommende Sachverhalte (z. B. freie oder verbilligte Kost und Wohnung) sind die durch die →*Sozialversicherungsentgeltverordnung* bestimmten Werte maßgebend.

▶ Sättigungsgrenze

Ab einem Bedarf von 5.000 Euro wird in der Praxis i. d. R. eine **konkrete Bedarfsbemessung** vorgenommen. Dabei reicht es aus, dass der Bedürftige die in den einzelnen Lebensbereichen anfallenden Kosten überschlägig darstellt, sodass sie nach § 287 ZPO geschätzt werden können (vgl. OLG Karlsruhe FamRZ 2010, 655; OLG Hamm FamRZ 2006, 44). Der **Altersvorsorgeunterhalt** ist in diesem Fall **zusätzlich** zu dem vollen Elementarunterhalt zuzusprechen (BGH FamRZ 2010, 1637 Rn. 34). Siehe →*Konkrete Bedarfsberechnung*.

▶ Säuglings-Erstausstattung

Die sog. Säuglings-Erstausstattung ist Sonderbedarf i. S. v. § 1613 Abs. 2 BGB und wird nicht mit den Mindestunterhaltszahlungen des Pflichtigen abgegolten (vgl. BVerfG FamRZ 1999, 1342). Soweit nicht überdurchschnittliche finanzielle Verhältnisse vorliegen, ist für die Erstausstattung eines Säuglings eine **Pauschale von 1000 Euro** angemessen (OLG Koblenz FamRZ 2009, 2098). Für den Sonderbedarf müssen die Eltern **anteilig** aufkommen, wenn das Einkommen der Mutter im Jahr der Geburt des Kindes über dem Selbstbehalt liegt.

▶ Schätzung der Einkommenshöhe

Bei Divergenz zwischen rechnerisch belegtem Einkommen und **konkreter** Lebensführung eines Selbstständigen kann die effektive Lebensführung nicht außer Betracht gelassen werden, wenn sie evident dem vorgelegten Zahlenmaterial widerspricht. Das gilt vor allem dann, wenn der Unterhaltsschuldner zur Aufklärung des Widerspruchs zwischen den steuerlich erfassten Einkommenszahlen und den privaten Ausgaben nicht beigetragen hat.

▶ Scheinvaterregress

1. Kindesunterhalt

Der Scheinvater kann wegen des dem Kind gewährten Unterhalts gemäß § 1607 Abs. 3 BGB gegen den wirklichen Vater **Regressansprüche** erst durchsetzen, wenn dessen Vaterschaft durch Anerkenntnis oder im Statusprozess mit Wirkung für und gegen alle festgestellt ist (OLG Celle OLG Report 2000, 37). Der Scheinvater ist nicht zu einer positiven Vaterschaftsklage befugt (keine Klagebefugnis nach § 1600 e Abs. 1 BGB) und er kann insbesondere die Vaterschaftsfrage **nicht als Vorfrage** im Erstattungsprozess klären lassen (vgl. BGH FamRZ 1993, 696). Die vom Scheinvater für das Kind erbrachten **Naturalunterhaltsleistungen** sind in Barunterhaltsleistungen umzurechnen. Insgesamt ist der Regressanspruch gemäß § 1607 Abs. 3 durch die Höhe des Anspruchs gegen den wirklichen Vater **beschränkt,** es kommt also auf dessen Leistungsfähigkeit an (KG FamRZ 2000, 441). In **Täuschungsfällen** können auch **gegen die Mutter** des Kindes **Schadensersatzansprüche** bestehen, wobei die **Nichtmitteilung des Mehrverkehrs** nicht genügt (OLG Köln NJW-RR 1999, 1673).

Die **Inzidentfeststellung** der Vaterschaft im Regressprozess zwischen dem Scheinvater und dem von ihm vermuteten Erzeuger des Kindes ist ausnahmsweise zulässig, wenn davon auszugehen ist, dass ein Vaterschaftsfeststellungsverfahren auf längere Zeit nicht stattfinden wird, weil die zur Erhebung einer solchen Klage Befugten dies ausdrücklich ablehnen oder von einer solchen Möglichkeit **seit längerer Zeit** (hier 1 3/4 Jahre) keinen Gebrauch gemacht haben (BGH FamRZ 2009, 32; 2008, 1424).

2. Betreuungsunterhalt

Hat der Scheinvater gemäß § 1570 BGB bzw. § 1615 l BGB Betreuungsunterhalt an die geschiedene Frau bezahlt, scheitert eine Rückforderung des Unterhalts i. d. R. daran, dass sich die Mutter mit Erfolg auf Entreicherung berufen kann, § 818 Abs. 3 BGB. Ansprüche gegen den **biologischen Vater** können sich aus einer **analo-**

gen Anwendung des § 1607 Abs. 3 S. 2 BGB ergeben. Danach kann der Scheinvater vom biologischen Vater, der dem Kind auch von Rechtswegen zugeordnet worden ist, rückwirkend ab der Geburt des Kindes bis zur Einstellung der Zahlungen oder Vollendung des dritten Lebensjahres des Kindes die Zahlung des eigentlich der Mutter geschuldeten Unterhalts aus übergegangenem Recht verlangen, §§ 1607 Abs. 3 S. 2 BGB analog, 1615 l Abs. 3 S. 4, 1613 Abs. 2 Nr. 2 a BGB (siehe auch „Der Unterhaltsregress des Scheinvaters", Huber, FamRZ 2004, 145 ff.).

▶ **Schenkungen, Pflicht zur Rückforderung**

Ist jemand, nachdem er Geld oder geldwerte Gegenstände verschenkt hat, außer Stande, seinen angemessenen Unterhalt zu bestreiten oder die ihm gesetzlich obliegende Unterhaltspflicht zu erfüllen, besteht sowohl für den Unterhaltsberechtigten als auch für den Unterhaltsverpflichteten eine Obliegenheit, Geschenke nach der Maßgabe des § 528 Abs. 1 BGB zurückzuverlangen (BGH FamRZ 2003, 224; 2001, 1137; OLG Celle FamRZ 2003, 233).

Der Rückforderung und dem Widerruf unterliegen nicht Schenkungen, die einer sittlichen Pflicht oder Anstandsrücksichten entsprechen (§ 534 BGB). Eine sittliche Pflicht wird z. B. durch die Unterstützung bedürftiger, nicht unterhaltsberechtigter Verwandter erfüllt; auch Zuwendungen eines Mannes an eine Frau, mit der er eheähnlich zusammenlebt, können darunterfallen. Anstandsgeschenke i. S. des § 534 BGB sind Geburtstags-, Hochzeits-, Weihnachts- oder Jubiläumsgeschenke.

▶ **Schichtzuschläge**

Schicht- und Feiertagszuschläge sind voll anzurechnen, wenn sie berufstypisch sind. Übersteigen sie dieses Maß ganz **erheblich,** können sie in ganz besonderen Ausnahmefällen wie Einkünfte aus unzumutbarer Erwerbstätigkeit behandelt werden. Es handelt sich dann auch insoweit um Einkünfte aus überobligationsmäßigen Leistungen mit der Folge, dass der Mehrverdienst um einen gewissen „Bonus" vermindert werden kann.

▶ **Schlechtwettergeld**

Schlechtwettergeld hat Lohnersatzfunktion und ist in vollem Umfang unterhaltspflichtiges Einkommen.

▶ **Schmerzensgeld**

Das **BVerfG** (FamRZ 2006, 1824) weist darauf hin, dass in allen Fällen, in denen zur Bestimmung der Einkommensgrenze für staatliche Leistungen auf den steuerrechtlichen Begriff des Einkommens verwiesen wird, die **Anrechnung von Schmerzensgeld entfällt,** weil diese Schadensersatzleistung keiner der Einkommensarten des EStG zugeordnet wird. Wird im Zusammenhang mit der Stellung des Antrags auf Verfahrenskostenhilfe festgestellt, ob der Antragsteller unbemittelt ist, ist nach h. M. Schmerzensgeld als Einkommen oder Vermögen nicht einzusetzen. Das Schmerzensgeld dient seiner **gesetzlichen Funktion** nach nicht der Deckung des materiellen Bedarfs. Schmerzensgeld dient vor allem dem Ausgleich einer erlittenen oder andauernden Beeinträchtigung der körperlichen und seelischen Integrität, insbesondere auch dem Ausgleich von Erschwernissen, Nachteilen und Leiden, die über den Schadensfall hinaus anhalten und die durch die materielle Schadensersatzleistung nicht abgedeckt sind und trägt zugleich dem Gedanken Rechnung, dass der Schädiger dem Geschädigten für das, was er ihm angetan hat, **Genugtuung** schuldet. Selbst soweit dem Schmerzensgeld Ausgleichsfunktion zukommt, hat es gerade nicht die Funktion eines Beitrags zur materiellen Existenzsicherung. Im Lichte dieser Rechtsprechung des BVerfG wird es nur in seltenen Fällen ausnahmsweise zulässig sein, das Schmerzensgeld in die Unterhaltsberechnung – sei es bei der Leistungsfähigkeit oder aber auch bei der Bedürftigkeit – einzustellen.

Bei Schmerzensgeldzahlungen muss geprüft werden, ob eine Berücksichtigung als bedarfsminderndes Einkommen zur Zweckverfehlung dieser Leistung führen würde. Eine Schmerzensgeldzahlung dient im Grunde dem Ausgleich eines Sonderbedarfs, für den ein Dritter aufzukommen hat. Eine Anrechnung verbietet sich damit. Zweck von Schmerzensgeldzahlungen ist der Ausgleich ausschließlich immaterieller Schäden; Schmerzensgeldzahlungen sind damit als höchstpersönliche Zuwendungen anzusehen und dem unterhaltsrechtlich relevanten Einkommen **nicht** hinzuzurechnen. Jedoch kann gegenüber unverheirateten **minderjährigen Kindern** auch Schmerzensgeld Einkommen sein, weil gerade bei erweiterter Unterhaltspflicht die Leistungsfähigkeit dem Grundsatz nach unabhängig von der Zweckbestimmung der tatsächlich zur Verfügung stehenden Mittel ist, obwohl der **besonderen Ausgleichsfunktion** des Schmerzensgeldes bei Festlegung der unterhaltsrechtlichen Opfergrenze in besonderer Weise **Rechnung zu tragen ist** (so BGH NJW 1989, 524, 525).

Zu den Einkünften des Unterhaltsberechtigten, die in ihrer vollen Höhe seine Unterhaltsbedürftigkeit mindern, gehören jedoch Vermögenserträge **aus der Anlage von Schmerzensgeld** (so BGH FamRZ 1988, 1031 ff.).

▶ Schmutzarbeitszulagen

Es handelt sich hier um Zulagen für Arbeitserschwernisse, die grundsätzlich voll anrechenbares unterhaltspflichtiges Einkommen darstellen, **jedenfalls** solange es sich um Zulagen für Arbeitserschwernisse handelt, die im Hinblick auf die Art der Tätigkeit nichts Außergewöhnliches darstellen. Eine (teilweise) Nichtberücksichtigung der Erschwerniszulage kommt dann in Betracht, wenn die Berücksichtigung in hohem Maße **Treu und Glauben** widersprechen, also unbillig sein würde (→*Schichtzuschläge*). Das kann dann der Fall sein, wenn die wegen der Erschwernis besser bezahlte Arbeit angenommen wird, obwohl dies nach Alter und Gesundheit oder Ausbildung an sich unzumutbar wäre, damit das **eigene** wirtschaftliche Los durch die Mehrmühe erleichtert wird.

▶ Schöffenentschädigung

Soweit diese Entschädigung auf notwendige Fahrtkosten und andere konkrete Mehraufwendungen entfällt, scheidet eine Anrechnung aus. Soweit – etwa für Zeitversäumnis und bei den Tagegeldern – eine pauschale Entschädigung gewährt wird, ist diese als unterhaltspflichtiges Einkommen anzusehen, soweit sie nicht durch konkreten Mehrbedarf – etwa für außerhäusliche Mahlzeiten – aufgezehrt wird. Im Ergebnis werden im Allgemeinen keine Überschüsse von Gewicht zustande kommen (BGH FamRZ 1983, 673).

▶ **Schonvermögen**

Der Schonbetrag gemäß § 90 SGB XII beträgt **2600 Euro;** wird er überschritten, ist der Einsatz des Vermögens zumutbar. Auch die Verwertung eines angemessenen, selbst genutzten Immobilienbesitzes kann regelmäßig nicht gefordert werden. Nach der Rechtsprechung des BGH (FamRZ 2006, 1511) ist dem Unterhaltspflichtigen auch ein **weiteres Vermögen** zu belassen, das er für eine angemessene eigene **Altersvorsorge** vorgesehen hat. Die **Höhe** des insoweit zu belassenden Schonvermögens ergibt sich aus dem Umfang der neben der gesetzlichen Rentenversicherung unterhaltsrechtlich zuzubilligenden **ergänzenden Altersvorsorge.** Der Unterhaltspflichtige ist im Rahmen des Elternunterhalts berechtigt, neben den Beiträgen zur gesetzlichen Rentenversicherung bis zu fünf Prozent seines Bruttoeinkommens und im Rahmen des Ehegattenunterhalts/Verwandtenunterhalts **bis zu vier Prozent** seines Bruttoeinkommens als zusätzliche private Altersversorgung aufzuwenden. Dann ist es nur konsequent, ihm auch ein Vermögen in der Höhe zu belassen, wie er es mit diesen Aufwendungen im Laufe eines Erwerbslebens ansparen kann. Im konkreten Fall setzte der BGH diesen Betrag bei rund 100000 Euro an (vgl. auch OLG Karlsruhe NJW 2004, 296; OLG Koblenz NJW-RR 2000, 293). Bei Nichtvorhandensein von Grundvermögen, einem nicht allzu sicheren Arbeitsplatz, fortgeschrittenem Alter und verhältnismäßig niedrigem Einkommen kann das Schonvermögen mit **80000 Euro** angesetzt werden (OLG München FamRZ 2005, 299).

▶ **Schornsteinreinigung**

Verbrauchsunabhängige Nebenkosten kürzen den Wohnwert (BGH FamRZ 1998, 899); nach überwiegender Rechtsprechung (Leitlinien Ziff. I.5.) aber nur, wenn sie üblicherweise **nicht auf einen Mieter umgelegt** werden; i. d. R. werden heute aber alle Betriebskosten auf den Mieter umgelegt (Ausnahme: Verwaltungskosten). Verbrauchsabhängige Nebenkosten sind generell nicht umlegbar.

Von dem bei der Unterhaltsbemessung zu berücksichtigenden **Nutzwert der eigenen Wohnung** können die Kosten für Schornsteinreinigung, ebenso wie die Kosten für Grundsteuer und Feuerversicherung, **nicht** als mit dem Eigentum verbundene Belastungen **abgesetzt** werden (so OLG Braunschweig FamRZ 1996, 1216). Der Nichtabzug der Kosten für Grundsteuer, Schornsteinfeger und Brandkasse wird damit begründet, dass von dem Wert des Wohnvorteils nur die mit dem Eigentum verbundenen Belastungen, die üblicherweise von einem **Mieter nicht aufzubringen sind,** abzuziehen sind. Die Aufwendungen für Grundsteuer, Schornsteinreinigung und Gebäudeversicherung gehören zu den Betriebskosten. Solche **Betriebskosten** können, wie sich aus § 4 des Gesetzes zur Regelung der Miethöhe ergibt, **auf die Mieter umgelegt** werden und werden dies in der Praxis zumeist auch.

▶ Schulden

Bei der Einkommensbereinigung sind berücksichtigungswürdige Schulden (Zins und Tilgung) im Rahmen eines vernünftigen Tilgungsplanes in angemessenen Raten abzuziehen. Bei der **Bedarfsermittlung** für den **Ehegattenunterhalt** sind grundsätzlich nur **eheprägende Verbindlichkeiten** abzusetzen (vgl. Leitlinien Ziff. 10.4).

Den Unterhaltsschuldner trifft grundsätzlich eine Obliegenheit zur Einleitung eines Insolvenzverfahrens (→*Insolvenzverfahren)*, wenn dieses Verfahren zulässig und geeignet ist, den laufenden Unterhalt seiner minderjährigen Kinder dadurch sicherzustellen, dass ihm Vorrang vor sonstigen Verbindlichkeiten eingeräumt wird (BGH FamRZ 2005, 608).

1. Berücksichtigung beim Ehegattenunterhalt

Grundgedanke bei der Berücksichtigung von ehegemeinschaftlichen oder ehebedingten Schulden ist, dass der unterhaltsberechtigte Ehegatte durch die Trennung nicht **schlechter, aber auch nicht besser** gestellt werden soll als vorher und sich daher Schulden entgegenhalten lassen muss, deren Folgen er auch bei Fortdauer der ehelichen Gemeinschaft mitzutragen gehabt hätte. **Während des Zusammenlebens** begründete Schulden sind im allgemeinen im Rahmen eines **vernünftigen Tilgungsplanes** zu berücksichtigen – dies gilt insbesondere für die die ehelichen Lebensverhältnisse **prägenden Darlehen** und **unausweichliche Schulden,** soweit die gebotene **umfassende Interessenabwägung** nicht zu einem anderen Ergebnis führt.

Berücksichtigungswürdige Verbindlichkeiten und Schulden sind als Abzugsposten zu berücksichtigen, weil diese Beträge nicht für die Deckung des allgemeinen Lebensbedarfs zur Verfügung stehen. **Voraussetzung** für die Berücksichtigung bereits bei der **Bedarfs**ermittlung ist jedoch ein Anknüpfungspunkt in der Ehe (in der Ehe angelegt), **andernfalls** kommt erst auf der Leistungsfähigkeitsebene eine Berücksichtigung in Betracht. Ob eine Schuld **berücksichtigungswürdig** ist, beurteilt sich nach dem Zweck der Verbindlichkeit, Zeitpunkt und Art den Entstehung der Schuld, sowie Grund, Höhe und Kenntnis der Unterhaltsschuld. Maßgebend für den Begriff der **Prägung** ist, ob die entsprechende Ausgabe **berücksichtigungswürdig** ist (Gerhardt, Die Bereinigung des Nettoeinkommens, FamRZ 2007, 945). Berücksichtigungswürdig sind Ausgaben, wenn sie bereits die in der Ehe vorhandenen Einkünfte kürzen oder wenn sie nach der Scheidung nicht vorwerfbar neu entstanden sind. Der Prüfung der **Berücksichtigungswürdigkeit** kommt auch bei bereits in der Ehe vorhandenen Verbindlichkeiten mehr Gewicht zu. Nach der Rechtsprechung des BGH sind leichtfertig, für luxuriöse Zwecke oder ohne verständlichen Grund in der Ehe eingegangene Verbindlichkeiten kein Abzugsposten. **Nicht berücksichtigungswürdig** sind Tilgungsleistungen zur **einseitigen Vermögensbildung** ab Rechtshängigkeit des Scheidungsverfahrens, sofern sie nicht berechtigt der **Altersvorsorge** dienen oder die Einkommensverhältnisse so gut sind, dass nur ein Teil für die Lebensführung benötigt wird.

Die Frage, ob die Verbindlichkeiten unterhaltsrechtlich zu berücksichtigen sind, muss durch eine **umfassende Interessenabwägung** geklärt werden. Dabei sind zu berücksichtigen: Zweck der Schulden; Zeitpunkt der Entstehung; Möglichkeiten des Schuldners, sein Leistungsvermögen wieder herzustellen; schutzwürdige Belange Dritter; verständiger Grund für die Eingehung der Schuld (BGH NJW-RR 1996, 321). Unterhaltsrelevante Verbindlichkeiten sind schon bei der **Einkommensfeststellung,** nicht erst beim Selbstbehalt zu berücksichtigen (BGH FamRZ 2002, 536).

Im Falle seiner **Leistungsunfähigkeit** aufgrund anderweitig zu bedienender Verbindlichkeiten obliegt es dem Unterhaltsschuldner, durch **Verhandlungen mit seinen Gläubigern** eine Zins- oder Tilgungsstreckung zu erlangen, weil nur **angemessene Tilgungsraten** einkommensmindernd berücksichtigt werden können. In der Vergangenheit genügte der Unterhaltsschuldner seiner Darlegungslast, wenn er **ablehnende Bescheide der Banken** zur Tilgungsstreckung vorlegte. Diese Rechtslage hat sich seit Inkrafttreten der **Insolvenzordnung** grundlegend gewandelt. Nunmehr können von dem Unterhaltsschuldner **ernsthafte und nachhaltige Verhandlungen** erwartet werden. Dazu gehören insbesondere auch die Aktivierung und Geltendmachung der Möglichkeiten der Insolvenzordnung. Mit der Insolvenzordnung in der Hand ist der Schuldner bestens gewappnet und muss diese erweiterten Möglichkeiten als unterhaltsrechtliche Obliegenheit nutzen (OLG Stuttgart FamRZ 2003, 1216; Schürmann, FamRZ 2003, 1030; Melchers, FamRZ 2003, 1069). Siehe →*Insolvenzverfahren.*

2. Umfang der Berücksichtigung/umfassende Interessenabwägung

Kredite, deren Abzahlung die **ehelichen Lebensverhältnisse geprägt hat** und die der **Bedürftige** nach der Trennung weiter abzahlt, sind als Abzugsposten zu berücksichtigen, soweit es sich nicht um einseitige Vermögensbildung handelt. Schulden, die die ehelichen Lebensverhältnisse **nicht geprägt haben,** sind nach einer umfassenden Interessenabwägung nur zu berücksichtigen, wenn die Kreditaufnahme **notwendig und unausweichlich** war (BGH FamRZ 1998, 1501).

Bei **gesteigerter Unterhaltspflicht** sind Schulden nur eingeschränkt abzugsfähig.

Wird nach der Trennung ein Konsumkredit **vorzeitig getilgt,** weil die Eheleute wegen der Trennung z. B. einen Schrebergarten verkauften, ist der **Wegfall dieser Schuld eheprägend.** Denn es handelt sich um den Einsatz eines vorhandenen Kapitals aus vernünftigen Überlegungen (BGH NJW 1998, 2821).

Bei Darlehen **naher Verwandter** oder des neuen Lebenspartners muss besonders sorgfältig geprüft werden, ob in Wahrheit die Zurückzahlung des als Darlehen bezeichneten Betrages überhaupt gewollt war und ob in einer behaupteten Kündigung des Darlehens tatsächlich die Absicht alsbaldiger Rückforderung der Darlehenssumme liegt. Der Abzug von geleisteten Zahlungen auf **Darlehensverbindlichkeiten des anderen Ehegatten** ist jedenfalls dann unzulässig, wenn der Unterhaltspflichtige nicht darlegt, dass ein **Ausgleichsanspruch** nach § 426 BGB nicht geltend gemacht werden kann (OLG Dresden FamRZ 1999, 1351).

Macht ein **Unternehmer** die **Tilgung von Verbindlichkeiten** geltend, ist zu prüfen, ob diese zur Anschaffung eines Wirtschaftsgutes eingegangen und hierfür **Abschreibungen** vorgenommen wurden (BGH FamRZ 1987, 36).

3. Berücksichtigung beim Kindesunterhalt

Da **minderjährige Kinder** ihren notwendigen Lebensunterhalt nicht durch eigene Anstrengung decken können, muss bei der gebotenen Abwägung, ob Kreditverbindlichkeiten einkommensmindernd wirken können, in besonderem Maße das Angewiesensein der minderjährigen Kinder auf die Unterhaltsleistungen der Eltern berücksichtigt werden (BGH FamRZ 1990, 266 ff.).

Wird im Rahmen der gesteigerten Unterhaltspflicht **Mindestunterhalt für minderjährige Kinder** geschuldet, dann hat der Pflichtige lediglich Anspruch darauf, dass ein **Anwachsen der Schulden** vermieden wird; deshalb sind **nur Kreditzinsen, nicht aber Tilgungen** zu berücksichtigen (OLG Hamm FamRZ 1999, 1014). Schulden sind bei **gesteigerter Unterhaltspflicht** nur eingeschränkt abzugsfähig. Schulden aus der Zeit nach der Trennung der Ehegatten sind gegenüber Unterhaltsansprüchen minderjähriger Kinder nur bei **unumgänglicher Notwendigkeit** zu berücksichtigen. Die **Ausstattung der Wohnung** ist als solche keine unumgängliche Aufwendung, jedenfalls solange nicht dargelegt ist, dass die Anschaffungen unumgänglich und nicht kostengünstiger zu tätigen waren (OLG Köln FamRZ 2000, 1434).

Kinder leiten ihre Lebensstellung von derjenigen ihrer unterhaltspflichtigen Eltern ab. Der für die Unterhalsbemessung maßgebliche Lebensstandard wird letztlich (**nur**) durch **tatsächlich** verfügbare Mittel geprägt mit der Folge, dass sich auch die abgeleitete Lebensstellung des Kindes danach richtet.

Die Auffassung, dass bei der Ermittlung des Kindesunterhalts **generell** ein Vorwegabzug von Schulden abzulehnen sei, ist **nicht** zutreffend. Der Wortlaut des § 1603 Abs. 1 BGB enthält dafür keine hinreichende Rechtfertigung. Diese Vorschrift regelt lediglich die **Grenzen** der Leistungspflichtigkeit des Verpflichteten und hat ihre eigentliche Bedeutung damit nur in **Mangelfällen.**

▶ Schuldenausgleich

Ein Schuldenausgleich wegen Aufwendungen eines Ehegatten aus gemeinsamem Hauseigentum zwischen Trennung und Scheidungsantrag ist gemäß § 748 BGB (je 1/2) vorzunehmen, während allein gezogene Hausnutzungen im Rahmen einer (auch konkludent) möglichen Neuregelung von Verwaltung und Nutzung des Hauses abzurechnen sind. Soweit eine **Gesamtschuld** als Abzugsposten bei der Unterhaltsberechnung berücksichtigt wurde, besteht kein Ausgleichsanspruch nach § 426 Abs. 2 BGB (BGH FamRZ 1988, 264).

▶ Schülerarbeit

Grundsätzlich sind Einkünfte aus Schülerarbeit als solche aus **unzumutbarer Tätigkeit** anzusehen. Das bedeutet jedoch nicht, dass solche Einkünfte stets in jeglicher Höhe und in vollem Umfang als anrechnungsfreies Einkommen zu behandeln sind. Anrechnungsfrei bleibt vielmehr nur ein Einkommen, welches den Rahmen eines üblichen, auch großzügig bemessenen Taschengeldes nicht wesentlich überschreitet. Darüber hinausgehende Einkünfte können nur dann anrechnungsfrei bleiben, wenn damit besondere, anzuerkennende Bedürfnisse (wie z. B. Führerschein, Tanzkurs, Ausbildungsliteratur, PC, Handy etc.) gedeckt werden sollen, die nicht aus den übrigen dem Kind zur Verfügung stehenden Mitteln bestritten werden können (OLG Köln FamRZ 1995, 55, 56 m. w. N.). Zu berücksichtigen sind auch die vermehrten Bedürfnisse eines volljährigen Kindes (OLG Köln FamRZ 1995, 55 ff.).

▶ **Schwarzarbeitslohn**

Grundsätzlich sind alle tatsächlich vorhandenen Mittel als Einkommen einzusetzen, also auch der Schwarzarbeitslohn. Zu beachten ist jedoch, dass Schwarzarbeit gegen ein gesetzliches Verbot verstößt und niemand gehalten sein kann, eine solche wegen Gesetzesverstoß unzumutbare Arbeit aufzunehmen oder fortzusetzen. Dies gilt auch für Vorteile aus Schwarzarbeit, da es sich um Einkünfte aus strafbarem Verhalten handelt. Solange wirtschaftliche Vorteile aus dieser Tätigkeit erzielt werden, sind sie zwar zu berücksichtigen, die Tätigkeit darf aber ohne dass für die Zukunft entsprechende →*fiktive Einkünfte* anzurechnen wären jederzeit aufgegeben werden. Die unterhaltsrechtliche Berücksichtigung von Schwarzarbeitseinkommen muss umso eindeutiger gelten, als nunmehr der BGH einem Schwarzarbeiter sogar einen (ggf. einklagbaren) Anspruch auf „Wertersatz" zugesteht (so BGH NJW 1990, 2542). Siehe →*Nebentätigkeit.*

▶ **Schwerstarbeiterzulage**

Bezüglich der Zulagen für Schwer- und Schwerstarbeit gelten die gleichen Grundsätze wie für →*Schmutzarbeitszulagen* und →*Schichtzuschläge* mit der Folge, dass eine volle Anrechnung jedenfalls solange erfolgt, als es sich um Zulagen für Arbeitserschwernisse handelt, die im Hinblick auf die Art der Tätigkeit nichts außergewöhnliches darstellen, während eine – teilweise – Nichtberücksichtigung nach den Grundsätzen von Treu und Glauben geboten sein kann, wenn die Aufnahme oder Fortsetzung der Schwer- oder Schwerstarbeit an sich unzumutbar wäre.

▶ **Schwerstbeschädigtenzulage**

Die Schwerstbeschädigtenzulage ist grundsätzlich dem Einkommen nicht zuzurechnen. Gemäß § 1610 a BGB wird dann, wenn für Auf-

wendungen infolge eines Körper- oder Gesundheitsschadens Sozialleistungen in Anspruch genommen werden, bei der Feststellung
eines Unterhaltsanspruchs vermutet, dass die Kosten der Aufwendungen nicht geringer sind als die Höhe der Sozialleistungen.

▶ Selbstbehalt, Bedarfskontrollbetrag

Die finanzielle Leistungsfähigkeit endet dort, wo der Unterhaltspflichtige nicht mehr in der Lage ist, seine **eigene Existenz** zu
sichern (BGH FamRZ 2006, 683; BVerfG FamRZ 2001, 1685). Die
Bemessung dieses **Mindestselbstbehalts** ist Aufgabe des Tatrichters.
Dabei ist es diesem nicht verwehrt, sich an Erfahrungs- und Richt-
werte anzulehnen, sofern nicht im Einzelfall besondere Umstände
eine Abweichung gebieten.

Der Selbstbehalt ist der eigene Unterhaltsbedarf, der dem Pflichtigen
immer bleiben muss. Er muss nach BGH so hoch sein, dass der
Pflichtige nicht sozialhilfebedürftig wird (BGH FamRZ 2000, 221).
Verbleibt dem Unterhaltspflichtigen nach Abzug des ausgeurteilten
Unterhalts von seinem durchschnittlichen monatlichen Nettoein-
kommen ein **verfügbarer Betrag,** der **deutlich geringer** ist als der
Selbstbehalt eines Erwerbstätigen, so ist damit das **Existenzmini-
mum** des Unterhaltspflichtigen unterschritten und es liegt hiermit
eine unverhältnismäßige Belastung und ein Verstoß gegen Art. 2
Abs. 1 GG vor (BVerfG FamRZ 2001, 1685).

Danach gelten folgende Selbstbehaltsgrenzen:

(1) Der notwendige Eigenbedarf (Selbstbehalt)

- gegenüber minderjährigen unverheirateten Kindern
- gegenüber volljährigen unverheirateten Kindern bis zur Vollendung des 21. Lebensjahres, die im Haushalt der Eltern
  oder eines Elternteils leben und sich in der allgemeinen
  Schulausbildung befinden,

beträgt beim nicht erwerbstätigen Unterhaltspflichtigen **monatlich 770 Euro,** beim erwerbstätigen Unterhaltspflichtigen **monatlich 950 Euro.** Hierin sind bis 360 Euro für Unterkunft
einschließlich umlagefähiger Nebenkosten und Heizung (Warmmiete) enthalten. Der Selbstbehalt kann angemessen erhöht wer-

den, wenn dieser Betrag im Einzelfall erheblich überschritten wird und dies nicht vermeidbar ist.

(2) Der **angemessene Eigenbedarf,** insbesondere gegenüber anderen volljährigen Kindern, beträgt i. d. R. mindestens **monatlich 1150 Euro.** Darin ist eine Warmmiete bis 450 Euro enthalten.

(3) **Angemessener Selbstbehalt gegenüber den Eltern: mindestens monatlich 1500 Euro** (einschließlich 450 Euro Warmmiete) **zuzüglich** der Hälfte des darüber hinausgehenden Einkommens bei Vorteilen des Zusammenlebens i. d. R. 45 Prozent des darüber hinausgehenden Einkommens. Der angemessene Unterhalt des mit dem Unterhaltspflichtigen zusammenlebenden **Ehegatten** bemisst sich nach den ehelichen Lebensverhältnissen (Halbteilungsgrundsatz), beträgt jedoch mindestens 1200 Euro (einschließlich 350 Euro Warmmiete).

(4) **Angemessener Selbstbehalt gegenüber der Mutter und dem Vater eines nichtehelichen Kindes** (§§ 1615 l Abs. 3 S. 1, 5, 1603 Abs. 1 BGB): unabhängig davon, ob erwerbstätig oder nicht erwerbstätig: **1050 Euro.** Hierin sind bis 400 Euro für Unterkunft einschließlich umlagefähiger Nebenkosten und Heizung (Warmmiete) enthalten.

(5) Der **Ehegattenselbstbehalt** gegenüber dem **getrenntlebenden** und dem **geschiedenen** Ehegatten beträgt **1050 Euro,** unabhängig davon, ob erwerbstätig oder nicht erwerbstätig. Hierin sind 400 Euro für Unterkunft einschließlich umlagefähiger Nebenkosten und Heizung (Warmmiete) enthalten. Das **Existenzminimum des unterhaltsberechtigten Ehegatten** einschließlich des trennungsbedingten Mehrbedarfs beträgt i. d. R. **950 Euro,** falls erwerbstätig und 770 Euro, falls nicht erwerbstätig.

(6) **Rentnerselbstbehalt:** Einem Rentner, dessen volljähriges Kind zu einem späteren Zeitpunkt wieder unterhaltsbedürftig wird, steht ein **pauschaler Selbstbehalt von 1400 Euro** zu (OLG Köln FamRZ 2010, 1739).

(7) **Selbstbehalt der Großeltern:** Auf Kindesunterhalt in Anspruch genommene Großeltern können sich auf die erhöhten Selbstbehaltsbeträge, wie sie auch im Rahmen des Elternunterhalts gel-

ten, berufen (BGH FamRZ 2006, 1099). Für Großeltern besteht keine gesteigerte Unterhaltspflicht, sondern sie haften allein unter Berücksichtigung ihres angemessenen Eigenbedarfs, und zwar nachrangig. Das rechtfertigt es, ihnen generell die erhöhten Selbstbehaltsbeträge, wie sie auch im Rahmen des Elternunterhalts gelten, zuzubilligen. Der Selbstbehaltsbetrag beläuft sich nach den Leitlinien derzeit auf **1500 Euro.**

Bei **Zusammenleben** mit einem leistungsfähigen Partner kann der Selbstbehalt wegen **ersparter Aufwendungen** reduziert werden, wobei die **Ersparnis** des Unterhaltspflichtigen im Regelfall mit **zehn Prozent** angesetzt werden kann (vgl. Leitlinien Ziff. 21.5.3; BGH FamRZ 2008, 598).

Eine **Absenkung des Selbstbehalts** kommt nicht in Betracht, wenn der Unterhaltspflichtige **auf Wohnkomfort verzichtet** (OLG Hamm FamRZ 2006, 952). Begnügt sich der Unterhaltsschuldner unter Verzicht auf Wohnkomfort mit einer preisgünstigeren Wohnung, so sind ihm die dadurch ersparten Mittel zu belassen. Wie der BGH ausgeführt hat, unterliegt es grundsätzlich der freien Disposition des Unterhaltspflichtigen, wie er die ihm zu belassenden Mittel nutzt, sodass es ihm nicht verwehrt ist, seine Bedürfnisse anders als in den Unterhaltabellen auszurichten (vgl. BGH FamRZ 2004, 370; OLG Hamm FamRZ 2006, 952).

Für den **Vorsorgeunterhalt** ist der Unterhaltspflichtige nicht mehr leistungsfähig, wenn er den geforderten Vorsorgeunterhalt nur unter Gefährdung seines eigenen angemessenen Selbstbehalts (nach DT 1150 Euro) aufbringen könnte. Einem **Umschüler** steht regelmäßig nur der (geringere) Selbstbehalt eines nicht Erwerbstätigen zu (OLG Dresden FamRZ 1999, 1015).

Ist der Unterhalt des Pflichtigen durch das Einkommen des Ehepartners gesichert, muss er sein eigenes Einkommen über den Selbstbehalt hinaus zur Erfüllung der Unterhaltspflicht gegenüber minderjährigen und volljährigen Kindern verwenden (BGH FamRZ 1998, 286).

Der **Selbstbehalt des Vollstreckungsschuldners kann nicht nach den Grundsätzen** bemessen werden, die im Unterhaltsrecht für den notwendigen Selbstbehalt gelten (BGH FamRZ 2003, 1466).

▶ Selbstständige

Bei Selbstständigen genügt zum **Nachweis des Einkommens** nicht die Vorlage des Steuerbescheides, sondern es muss daneben die entsprechende **Steuererklärung** überreicht werden, um die unterhaltsrechtliche Relevanz von Ausgaben überprüfen zu können (BGH FamRZ 2008, 1739). Die maßgebliche Größe zur Bestimmung des unterhaltsrechtlich relevanten Einkommens von Selbstständigen ist der **Gewinn**. Ausgehend vom festgestellten **Überschuss** ist der Gewinn unterhaltsrechtlich zu **bereinigen**.

Ein Selbstständiger hat **von sich aus** seine Einkünfte im Einzelnen so darzustellen, dass sich ohne Weiteres sein **tatsächlich ihm zur Verfügung stehendes Gesamteinkommen** ermitteln lässt.

Die maßgebliche Größe zur Bestimmung des unterhaltsrechtlich relevanten Einkommens von Selbstständigen ist der **Gewinn** innerhalb der letzten drei bis sechs Jahre. Ausgehend vom festgestellten **Überschuss** ist der Gewinn unterhaltsrechtlich zu bereinigen:

Hinzuzurechnen sind steuerfreie Einnahmen, wie z. B. Investitionszulagen, ggf. der Kinderfreibetrag, der Haushaltsfreibetrag, →*Abschreibungen*, soweit ihnen nicht ein konkreter Werteverzehr in entsprechender Höhe zugrunde liegt, Sonderabschreibungen in voller Höhe (BGH FamRZ 2003, 741), Privatentnahmen sowie Steuererstattungen im Jahr des Anfalls sowie Positionen, durch die der Gewinn in unterhaltsrechtlich unzulässiger Weise geschmälert worden ist, etwa wann Personalkosten als Lohn für die Geliebte angesetzt sind oder ein zu gering angegebener privater Eigenverbrauch.

Vom festgestellten Überschuss **abzuziehen** sind Beiträge zur Altersversorgung in Höhe der gesetzlichen Rentenversicherung zuzüglich einer Zusatzversorgung, aber höchstens bis zu 24 Prozent des Gewinns (vgl. BGH FamRZ 2003, 741; 2003, 860), Beiträge zur Kranken- und Pflegeversicherung, Einkommensteuer, Solidaritätszuschlag, Kirchensteuer, Privateinlagen, berücksichtigungswürdige betriebsnotwendige Schulden, Kindesunterhalt und sonstige vorrangige Unterhaltslasten.

Privatentnahmen, stellen demgegenüber grundsätzlich kein Einkommen im unterhaltsrechtlichen Sinne dar. Es entspricht den allgemein anerkannten Grundsätzen des Unterhaltsrechts, dass es darauf ankommt, welches Einkommen für die Gestaltung der Lebensverhältnisse tatsächlich zur Verfügung stand und weiterhin zur Verfügung steht. Ausgehend von dieser Überlegung, dass es auf die **tatsächlich verfügbaren Geldmittel** ankommt, liefern bei vielen bilanzierenden Selbstständigen die **Entnahmen** den entscheidenden Ausgangspunkt, um mit verhältnismäßig geringem Aufwand die zur Lebensführung eingesetzten Mittel zu erfassen (Schürmann, FamRZ 2002, 1149; OLG Dresden FamRZ 1999, 850).

1. Begriff

Checkliste zur Einkommensermittlung:

Berechnung des unterhaltsrelevanten Einkommens	2009	2010	2011
Gewinn			
+ Privatentnahmen			
./. Privateinlagen			
+ Ansparabschreibung (wenn kein entspr. Werteverzehr)			
+ steuerfreie Einnahmen			
+ Rücklagen/Rückstellungen			
+ Sonderposten mit Rücklageanteil			
+ Gebäudeabschreibung			
+ AfA soweit kein entspr. Werteverzehr			
+ Privatnutzungsanteil Pkw			
+ Privatnutzungsanteil Raumkosten			
+ Weggefallene Personalkosten (z. B. Ehepartner)			
+ Privatanteile sonst. Betriebskosten:			
– Telefon / Porto			
Beweis: ...			
– Reisekosten			

Berechnung des unterhaltsrelevanten Einkommens	2009	2010	2011
Beweis: ...			
– Repräsentationskosten			
Beweis: ...			
– Werbungskosten			
Beweis: ...			
– Bewirtungskosten			
Beweis: ...			
–			
–			
Unterhaltsrelev. Bruttogewinn			
+ Wohnwert mietfreies Wohnen (... qm ×... Euro)			
./. nicht umlegbare Hauskosten			
+ sonstige Einkünfte (die nicht in Gewinnermittlung enthalten sind)			
./. tatsächlich bezahlte Steuern (soweit möglich Für-Prinzip; sonst In-Prinzip)			
./. Solidaritätszuschlag			
./. Kirchensteuer			
./. aufgelöste Ansparabschreibung			
./. aufgelöste Rücklagen			
./. Hauslasten (Zinsen, die nicht in Gewinnermittlung enthalten)			
./. Tilgungsleistungen (soweit unterhaltsrechtlich und nicht in Gebäude-AfA enthalten)			
./. KV / Pflvers.			
./. Unfallvers.			
./. tatsächlich erbrachte Altersvorsorge (bis 24 Prozent des Bruttogewinns des Vorjahres)			
./. Privateinlagen			
./.			
Unterhaltsrelevantes Einkommen			

Es ist zu beachten, dass häufig eine verdeckte freiberufliche Tätigkeit vorliegt, so z. B. wenn sich der Unterhaltsverpflichtete bei seiner eigenen oder von einem Angehörigen geführten GmbH **anstellen** lässt. Beruft sich der Unterhaltsverpflichtete in diesem Fall auf sein Gehalt als Angestellter, so hat eine **wirtschaftliche Betrachtungsweise** zu erfolgen, mit der Folge, dass das Einkommen aus dem Jahresabschluss der GmbH bei der Ermittlung des Unterhalts zugrundezulegen ist (BGH FamRZ 1982, 680). Ein Erwerbstätiger, der als Geschäftsführer einer GmbH ein festes Gehalt bezieht, daneben aber aus seiner Kapitalbeteiligung an dieser Gesellschaft Gewinne erzielt, hat insoweit Einkünfte in wechselnder Höhe, ähnlich wie ein selbstständiger Gewerbetreibender. Die Mitteilung der Gehaltshöhe reicht daher zur zuverlässigen Beurteilung seines Einkommens nicht aus. Erforderlich ist vielmehr, ein durchschnittliches Einkommen unter Einbeziehung der **Gewinnanteile** zu ermitteln, da sich erst daraus die tatsächlichen Einkommensverhältnisse ergeben.

2. Einkommensermittlung/Auskunft

Die unterhaltsrechtliche Auskunftspflicht ist durch Vorlage einer **systematischen Aufstellung** der erforderlichen Angaben zu erfüllen, die dem Berechtigten ohne übermäßigen Arbeitsaufwand die Berechnung des Unterhaltsanspruchs ermöglicht (BGH FamRZ 1983, 996). Zu den erforderlichen Angaben gehören insbesondere Gewinn- und Verlustrechnungen, Bilanzen, Steuererklärungen und Steuerbescheide sowie die dazugehörigen Belege.

Die erforderliche Auskunft kann nicht durch den Antrag auf **Vernehmung eines Steuerberaters, Steuerbevollmächtigten oder Buchhalters** ersetzt werden. Die Vernehmung eines solchen Zeugen setzt vielmehr voraus, dass Auskunft erteilt worden ist und dass die Richtigkeit detailliert behaupteter Aufwendungen vom Anspruchsberechtigten bestritten wird (BGH FamRZ 1980, 770, 771). Zur Auskunft eines Geschäftsführers einer GmbH hat der BGH (FamRZ 1982, 680) entschieden, dass ein entsprechendes Bedürfnis für die Vorlage der Bilanzen nebst Gewinn- und Verlustrechnungen auch dann besteht, wenn der Auskunftspflichtige nicht allein Inhaber der Firma, aber daran beteiligt ist und seine Einkünfte insoweit vom Gewinn des Unternehmens abhängen. Die Belege, die den Unternehmensgewinn ergeben, sind in einem solchen Fall gleichzeitig Belege über die Höhe der von diesem Gewinn abhängigen Einkünfte des Auskunftspflichtigen. Der Verpflichtete kann die Vorlage nicht mir dem (allgemeinen) Hinweis auf die Belange der GmbH oder eines anderen beteiligten Gesellschafters verweigern. Diese Belange müssen regelmäßig hinter dem Interesse des Unterhaltsberechtigten zurücktreten.

Der **Einkommensteuerbescheid** ist regelmäßig geeignet wenigstens ein **Mindesteinkommen** als Grundlage der Unterhaltsbemessung zu belegen (BGH FamRZ 1982, 680). Die Verpflichtung zur Vorlage von Belegen gemäß § 1605 Abs. 1 S. 2 BGB erfasst daher in aller Regel auch die Vorlage von Steuerbescheiden. Auf Verlangen muss der Auskunftspflichtige auch die Kopie der zugrundeliegenden **Steuererklärung** vorlegen; denn in nicht seltenen Fällen reicht der Steuerbescheid allein nicht aus, um die unterhaltsrechtlich wesentlichen Einkünfte verständlich zu belegen. Dem meist maschinell erstellten Einkommensteuerbescheid können für die verschiedenen Einkunftsarten nur die jeweiligen Salden entnommen werden. Erst im Zusammenhang mit der Steuererklärung lässt sich hinreichend deutlich erkennen, welche Einkommensteile steuerrechtlich unberücksichtig geblieben sind und inwieweit steuerrechtlich anerkannte Absetzungen vorliegen, die unterhaltsrechtlich möglicherweise nicht als einkommensmindernd hinzunehmen sind (BGH FamRZ 1980, 770).

Umfasst der Auskunftsanspruch die Vorlage des Steuerbescheides, so muss der Auskunftspflichtige den Bescheid auch dann vorlegen, wenn er **zusammen mit seinem Ehegatten** veranlagt worden ist. Er darf dabei jedoch solche Beitragsangaben abdecken oder sonst unkenntlich machen, die ausschließlich seinen Ehegatten betreffen oder in denen Werte für ihn und seinen Ehegatten zusammengefasst sind, ohne dass sein eigener Anteil daraus entnommen werden kann (BGH FamRZ 1983, 680).

3. Schätzung der Einkommenshöhe

Die **Privatentnahmen** können **Hilfsmittel** sein, um das unterhaltsrechtlich relevante Einkommen festzustellen, weil sich aus ihnen der **tatsächliche Lebenszuschnitt** des Unternehmers ablesen lässt.

Es muss beachtet werden, dass die im gleichen Zeitraum verbuchten **Privateinlagen** abgezogen werden müssen und die sich ergebende Differenz nur wie **Bruttoeinkommen** behandelt werden darf, das jedenfalls noch um die **persönlichen Steuern** und **Vorsorgeaufwendungen gekürzt** werden muss, soweit diese Aufwendungen mit den Privatentnahmen finanziert worden sind.

Bei **Divergenz** zwischen rechnerisch belegtem Einkommen und **konkreter Lebensführung** eines Selbstständigen kann die effektive Lebensführung nicht außer Betracht gelassen werden, wenn sie evident dem vorgelegten Zahlenmaterial widerspricht. Das gilt vor allem dann, wenn der Unterhaltsschuldner zur Aufklärung des Widerspruchs zwischen den steuerlich erfassten Einkommenszahlen und den privaten Ausgaben nicht beigetragen hat (OLG Frankfurt FamRZ 1992, 64 ff.). Vermag das Gericht anhand der Unterlagen – notfalls unter Hinzuziehen eines Sachverständigen – eine Abgrenzung der steuerlich beachtlichen Aufwendungen von den unterhaltsrechtlich relevanten Aufwendung nicht zu treffen oder ergeben sich aufgrund unvollständiger Aufzeichnungen und widersprüchlicher Angaben konkrete Zweifel am behaupteten unterhaltsrechtlich relevanten Einkommen, kann es solche Posten gemäß § 286 ZPO als unwahr zurückweisen. Es kann darüber hinaus gemäß § 287 Abs. 2 ZPO solche unklaren Positionen auch unter Zuhilfenahme von Erfahrungswerten in vergleichbaren Fällen schätzen und so zur Annahme eines ggf. höheren Einkommens gelangen (BGH FamRZ 1993, 789). Hier empfiehlt es sich in der Praxis, den **konkreten Lebensstandard während der Ehe** darzulegen durch Nachweis von Fixkosten wie Miete, Pkw-Kosten u. a. sowie ggf. durch Nachweis eines entsprechend hohen Lebensstandards (Urlaube, Luxusausgaben u. a.).

Erzielt der Unternehmer auch nach unterhaltsrechtlichen Maßstäben mit seinem Betrieb keinen Gewinn, kann von ihm zum einen verlangt werden, dass er nur solche Investitionen vornimmt, die zur Weiterführung des Betriebes unbedingt erforderlich sind, es kann sich aber andererseits für ihn auch die Verpflichtung ergeben, seine **Kreditfähigkeit** zur Erfüllung der Unterhaltspflicht einzusetzen (BGH FamRZ 1986, 556).

Problematisch sind häufig die Fälle, in denen vorgebracht wird, ein bestimmter Anteil der Umsätze sei **nicht verbucht** worden. Eine Kontrollmöglichkeit besteht dann darin, dass geprüft wird, in welchem Verhältnis Umsatzerlös einerseits und Wareneinsatz andererseits zueinander stehen. Auch aus der Kalkulationsgrundlage für eine Ware, dem Anteil der Personalkosten und den betrieblichen Steuern können Rückschlüsse auf **Schwarzgelder** gezogen werden. In solchen Fällen ist ggf. das Einkommen unter Einbeziehung eines Sachverständigen zu schätzen.

Zur unterhaltsrechtlichen **Berücksichtigungsfähigkeit von Betriebskosten** hat der BGH (FamRZ 2006, 387 mit Anm. Büttner, S. 393) erstmalig die **Durchschnittssätze der Personalkosten** (ca. 25 Prozent der Einnahmen) berücksichtigt, jedenfalls dann, wenn der Betroffene nichts Konkretes zur Kostenstruktur in seinem Büro oder als Begründung dafür, warum gerade ein bestimmtes Gehalt besonders hoch ist, vorbringt. Derartige **Durchschnittssätze** können von den jeweiligen Standesorganisationen auch bei Steuerberatern und selbstständigen Handwerkern zugrundegelegt werden.

4. Steuern Vorsorgeaufwendungen

Steuern werden grundsätzlich in der **tatsächlich** bezahlten Höhe berücksichtigt (BGH FamRZ 1990, 491 = NJW 1990, 1476). Die Steuerberücksichtigung erfolgt damit allein nach dem Zufluss-Abfluss-Prinzip, so dass die tatsächlich bezahlten Steuern sowie die geleisteten Vorschüsse, sowie etwaige Steuererstattungen oder Steuernachzahlungen zu berücksichtigen sind. Dies jeweils für den der Unterhaltsbemessung zugrundegelegten Zeitraum, also i. d. R. für drei Jahre. Man spricht hier vom sog. **„In-Prinzip"**. Danach sind somit nicht die **für** die 3 Jahre, für welche die Einnahmen-Überschuss-Rechnung berücksichtigt wird, geleisteten Steuern zu berücksichtigen, sondern die **in** diesen Jahren **tatsächlich bezahlten** Steuern. Diese Rechtsprechung wird – nicht zu unrecht – kritisiert (siehe Fischer-Winkelmann/Maier, FamRZ 1993, 880; vgl. BGH FamRZ 2011, 1851).

Das In-Prinzip eröffnet Möglichkeiten zur Manipulation. Wer in der Krisenzeit Rückstände auflaufen lässt, kann später auf hohe Belastungen verweisen. Wegen dieser Probleme wird trotz der an sich eindeutigen Rechtsprechung des BGH in der Praxis von den Instanzgerichten weitgehend vom **Für-Prinzip** ausgegangen (so jetzt für Einzelfälle auch BGH FamRZ 2011, 1851). Dieser Weg biete sich immer dann an, wenn die entsprechenden Steuerbescheide schon vorliegen. In der Praxis häufig übersehen wird der Abzug der nicht unerheblichen **Kirchensteuerbelastung.**

Vorsorgeaufwendungen: Einem Selbstständigen ist bei Inanspruchnahme auf Unterhalt grundsätzlich zuzubilligen, dass er einen Anteil von **rund 20 Prozent seines Bruttoeinkommens** für seine (primäre) Altersversorgung einsetzt (BGH FamRZ 2003, 860); dabei steht es ihm grundsätzlich frei, in welcher Weise er Vorsorge für sein Alter trifft. Wegen der generellen unsicheren Entwicklung der herkömmlichen Altersvorsorge sind nicht nur Renten- und Lebensversicherungsbeiträge anzuerkennen, sondern auch Sparguthaben und sonstige rein vermögensbildende Anlagen, wie z. B. Immobilien, Wertpapiere oder Fonds, soweit es sich nicht nur um spekulative Anlageformen handelt. **Maßgebend** ist allerdings, dass die Aufwendungen auch **tatsächlich erbracht** werden; d. h. **nur fiktive Aufwendungen** sind nicht berücksichtigungsfähig (BGH FamRZ 2003, 860). Werden vom Selbstständigen Beiträge in die **gesetzliche Alterskasse** bezahlt, wird die Berücksichtigung **zusätzlicher Beiträge** regelmäßig nicht angemessen sein, jedenfalls dann nicht, wenn er mangels Leistungsfähigkeit nicht in der Lage ist, das Existenzminimum der unterhaltsberechtigte Ehefrau und Kinder abzudecken (BGH FamRZ 2003, 744). Für eine **zusätzliche Altersvorsorge** ist ein weiterer Betrag von **bis zu vier Prozent des Gesamt-Bruttoeinkommens** des Vorjahres einkommensmindernd zu berücksichtigen (BGH FamRZ 2005, 1817), wobei die Altersvorsorge auch in der Weise betrieben werden kann, dass **Kreditverbindlichkeiten** für eine Eigentumswohnung oder ein Haus zurückgeführt werden, weil dadurch erhebliche Wohnkosten gespart werden, die dem Immobilienbesitzer im Alter zugute kommen. In jedem Fall sind die tatsächlichen Zahlungen für **Kranken- und Pflegeversicherung** einkommensmindernd zu berücksichtigen.

5. Erwerbsobliegenheit

Auch bei Selbstständigen beginnt die sog. **Regelaltersgrenze** mit 65 Jahren. Einem Arzt oder Rechtsanwalt etc., der mit Erreichen der

Regelaltersgrenze seine Tätigkeit beendet und Ruhestandsbezüge erhält, können dann keine fiktiven Erwerbseinkünfte zugerechnet werden.

Eine vom Unterhaltpflichtigen nach Erreichen der Regelsaltersgrenze für die gesetzliche Rente ausgeübte Erwerbstätigkeit ist – wie auch beim Unterhaltsberechtigten – sowohl hinsichtlich des **Ehegattenunterhalts** als auch des **Kindesunterhalts** regelmäßig **überobligatorisch.** Hierfür ist es unerheblich, ob der Unterhaltspflichtige abhängig beschäftigt oder **selbstständig tätig** ist (BGH FamRZ 2011, 454). Die auf der nachehelichen Solidarität beruhende Erwerbsobliegenheit des Unterhaltspflichtigen kann **nicht weiter reichen** als die Eigenverantwortung des Unterhaltsberechtigten, sodass sich die nach § 1571 BGB für den Unterhaltsberechtigten und nach § 242 BGB für den Unterhaltspflichtigen anzuwendenden Maßstäbe betreffend die zeitlichen Grenzen der Erwerbsobliegenheit entsprechen. Für die Abgrenzung der zumutbaren von der unzumutbaren (überobligatorischen) Erwerbstätigkeit kommt es nicht darauf an, ob die Erwerbstätigkeit im Rentenalter sich als **berufstypisch** darstellt oder von den Ehegatten während des Zusammenlebens **geplant** war. Ob eine nach Überschreiten der Altersgrenze fortgesetzte Erwerbstätigkeit berufstypisch ist und der **Lebensplanung** der Ehegatten während des Zusammenlebens entspricht, findet erst Eingang bei der gesondert zu beantwortenden Frage, in welchem konkreten Umfang das aus überobligatorische Erwerbstätigkeit erzielte Einkommen nach Billigkeitskriterien für den Unterhalt einzusetzen ist (BGH FamRZ 2011, 454 Rn. 21, 22).

6. Fiktive Einkünfte

Ein selbstständiger Unternehmer, der nur Verluste erwirtschaftet, muss das Unternehmen aufgeben und eine abhängige Tätigkeit annehmen, wenn er sonst auf absehbare Zeit zu Unterhaltsleistungen nicht in der Lage ist.

Kommt er dieser Verpflichtung nicht nach, dann ist zur Beurteilung seiner Leistungsfähigkeit darauf abzustellen, was er im fiktiven Fall, nämlich der Aufnahme einer anderen besser bezahlten Arbeit voraussichtlich verdienen würde.

Dabei darf freilich nicht außer Acht gelassen werden, dass gerade die Aufgabe einer selbstständigen Erwerbstätigkeit dem Unterhaltsschuldner nur unter bestimmten, einengenden Voraussetzungen zugemutet werden kann, insbesondere dürfen nicht schon **Gründungs-** und bloße **Übergangsschwierigkeiten** dazu führen, einen selbstständigen Unterhaltsschuldner zum Berufswechsel zu nötigen. Schließlich ist, wenn sich der Wechsel in eine abhängige Tätigkeit als unerlässlich notwendig erwiesen hat, dem Unterhaltsverpflichteten eine gewisse **Karenzzeit** zuzubilligen, bis zu deren Ablauf der konkreten Lage Rechnung zu tragen ist; erst **nach** Ablauf dieser Zeit ist die Leistungsfähigkeit des Unterhaltsschuldners **fiktiv** anzusetzen.

▶ **Sicherung von Unterhaltsansprüchen**

Um der Gefahr zu entgehen, dass der Pflichtige eine Abfindung für die Aufgabe des Arbeitsplatzes **vorab verbraucht** und damit zur Unterhaltszahlung nicht mehr leistungsfähig ist, ist beim nachehelichen Unterhalt dem Bedürftigen regelmäßig anzuraten, eine **Sicherheitsleistung nach § 1585 a BGB** zu verlangen. Beim Trennungsunterhalt kann ein **Arrest** zur Sicherung des künftigen Unterhalts beantragt werden, wenn die Gefahr besteht, dass der Pflichtige die Abfindung über die ehelichen Lebensverhältnisse hinaus verbraucht (vgl. Gerhardt/Schulz, FamRZ 2005, 147).

Die Verpflichtung, Sicherheit zu leisten entfällt, wenn kein Grund zu der Annahme besteht, dass die Unterhaltsleistung gefährdet ist oder wenn der Pflichtige durch die Sicherheitsleistung unbillig belastet würde (OLG Hamm FamRZ 2011, 569).

In den Fällen, in denen der unterhaltspflichtige Ehegatte Eigentümer oder Miteigentümer eines Grundstücks ist, kann die Verpflichtung zur Zahlung einer Unterhaltsrente durch Bestellung einer **Reallast** dinglich gesichert werden, §§ 1105 Abs. 1, 1106, 1107, 1108, 1111 BGB. Es ist aber auch möglich, dass der Unterhaltsanspruch durch Bestellung eines **Nießbrauchs** an einem Grundstück gesichert wird, § 1030 BGB.

▶ **Soldatenversorgung**

Sämtliche Dienst- und Nebenbezüge, Beihilfen, sowie der Wehrsold sind anrechenbares Einkommen. Das Entlassungsgeld nach Beendigung des Wehrdienstes bzw. der Dienstzeit ist in gleicher Weise bereitzustellen, wie sonstige Lohn- und Unterhaltszahlungen, vergleichbar der →*Abfindung* bei Verlust des Arbeitsplatzes aufgrund eines Sozialplanes.

▶ Solidaritätszuschlag

Der tatsächlich bezahlte Solidaritätszuschlag ist vom Bruttoeinkommen in gleicher Weise abzuziehen wie Steuern und notwendige Vorsorgeaufwendungen.

▶ Sonderabschreibung gemäß § 7 g EStG

Die Sonder-AfA nach § 7 g EStG ist nicht anders zu behandeln, als jede andere Abschreibung, also auch in eine **lineare Abschreibung** umzurechnen. Dies gilt umso mehr, als sie im Zusammenhang mit dem Investitionsabzugsbetrag und der linearen AfA im ersten Jahr eine **Gewinnminderung von mehr als 50 Prozent** bedingen kann.

▶ Sonderbedarf

Sonderbedarf ist ein unregelmäßiger, außergewöhnlich hoher Bedarf, § 1613 Abs. 2 S. 1 BGB. Dies bedeutet, dass es sich um Bedarf handeln muss, der überraschend und der Höhe nach nicht abschätzbar auftritt. Davon zu unterscheiden ist der **Mehrbedarf,** unter dem man regelmäßig anfallende **erhöhte Kosten** versteht (BGH FamRZ 1984, 470).

Unregelmäßig ist der Bedarf, wenn er nicht mit Wahrscheinlichkeit vorauszusehen war und deshalb bei der Bemessung der laufenden Unterhaltsrente nicht berücksichtigt werden konnte. Aufwendungen, mit denen zu rechnen ist, gehören grundsätzlich zum laufenden Unterhalt. Bei größeren, voraussehbaren Ausgaben ist also der laufende Unterhalt so zu bemessen, dass genügend Spielraum für eine vernünftige Planung bleibt. Jedoch wird unterhaltsrechtlicher Sonderbedarf auch bei einem Bedarf anerkannt, der zwar voraussehbar ist, auf den sich der Berechtigte aber von der Kenntniserlangung bis zum Anfall nicht mehr rechtzeitig durch Ansparen aus-

reichender Beträge oder durch Realisierung des zusätzlichen Bedarfs
hat einstellen können.

Entscheidend ist, ob sich das Kind bzw. sein gesetzlicher Vertreter
auf den Sonderbedarf einstellen und **Rücklagen aus dem laufenden
Unterhalt** bilden konnte, was bei Unterhalt im unteren Bereich der
DT i. d. R. ausscheidet. Der leistungsfähige **betreuende Elternteil** ist
am Sonderbedarf anteilig zu beteiligen, § 1606 Abs. 3 S. 1 (BGH
FamRZ 1998, 286).

Außergewöhnlich hoch ist ein Bedarf dann, wenn dem Berechtigten bei einer Gesamtbetrachtung nicht zugemutet werden kann,
den Bedarf selbst aus dem laufenden Unterhalt zu bestreiten. Das
bedeutet zugleich, dass sich grundsätzlich nur von Fall zu Fall für
die jeweils in Frage stehende Aufwendung beurteilen lässt, ob sie als
Sonderbedarf zu behandeln ist.

Regelmäßig außergewöhnlicher hoher Bedarf, etwa wegen einer Behinderung und unregelmäßig, nicht außergewöhnlich hoher Bedarf
(etwa für Unterrichtsmaterialien zum Schuljahresbeginn) gehören
nicht zum Sonderbedarf. Sonderbedarf ist die punktuelle Bedarfserhöhung, die von der pauschalen Bemessung des laufenden Unterhalts nach billigem Urteil nicht erfasst wird. Es ist aufgrund einer
Gesamtbetrachtung der Verhältnisse des Einzelfalles zu entscheiden, ob und in welcher Höhe dem Berechtigten zugemutet werden
kann, den Sonderbedarf selbst zu bestreiten (BGH FamRZ 1982,
145). Bei dieser Gesamtabwägung ist zu berücksichtigen, dass der
laufende Unterhalt pauschal den gesamten gewöhnlichen Lebensbedarf umfasst. Nur außerhalb dieses Rahmens liegende, plötzlich
auftretende konkrete Bedarfsspitzen können einen zusätzlich zum
laufenden Unterhalt zu befriedigenden Bedarf darstellen.

Der Sonderbedarfsanspruch darf nicht isoliert betrachtet werden,
sondern unterliegt den allgemeinen Regeln des Unterhaltsrechts.
Auch insoweit muss daher **Unterhaltsbedürftigkeit** auf der einen
und **Leistungsfähigkeit** auf der anderen Seite gegeben sein.

Darüberhinaus ist jeweils zu prüfen, wie weit der Unterhaltsberechtigte an den Aufwendungen zur Deckung des Sonderbedarfs zu beteiligen ist. Dies ergibt sich daraus, dass davon auszugehen ist, dass

durch die laufende Unterhaltsrente eine angemessene Aufteilung der Mittel herbeigeführt wird, die für den Lebensbedarf beider Beteiligter zur Verfügung stehen. Es wäre daher nicht gerecht, wenn auftretender Sonderbedarf stets allein von dem unterhaltsverpflichteten Ehegatten aufzubringen wäre.

I. d. R. wird der Unterhaltsberechtigte einen Teil seinen Sonderbedarfs selbst zu tragen haben und nur die Erstattung des Restes verlangen können (vgl. BGH FamRZ 1983, 31). **Im Zweifel** soll es im Interesse der Beruhigung der Verhältnisse bei der laufenden Unterhaltsrente sein Bewenden haben. Der Sonderbedarf ist durch einen **Zusatzantrag** geltend zu machen.

Der Sonderbedarfsanspruch wird **fällig,** sobald der Sonderbedarf entsteht. I. d. R. muss daher der Unterhaltsberechtigte den Sonderbedarf zunächst vorfinanzieren. Der Unterhaltsberechtigte hat jedoch auch die Möglichkeit einen Antrag auf künftige Leistung nach § 259 ZPO.

Sonderbedarf kann für die **Vergangenheit** auch dann verlangt werden, wenn der Schuldner nicht vorher in Verzug gesetzt worden ist, § 1613 Abs. 1 BGB. Der Anspruch **erlischt** jedoch spätestens 1 Jahr nach seiner Entstehung, wenn nicht vor Fristablauf Verzug oder Rechtshängigkeit eingetreten ist, § 1613 Abs. 2 BGB.

Beim **Ehegattenunterhalt,** bei dem der laufende Unterhalt bereits vom **Halbteilungsgrundsatz** bestimmt wird, wird bezüglich des Sonderbedarfs i. d. R. nur ein **hälftiger Ausgleich** verlangt werden können. Etwas anderes kann dann gelten, wenn der Unterhaltsschuldner über **nichtprägende** Einkünfte verfügt.

Beim **Kindesunterhalt** ist abzuwägen, inwieweit der Sonderbedarf aus dem laufenden Unterhalt gedeckt werden kann und inwieweit auch der **betreuende Elternteil** verpflichtet ist, zum Sonderbedarf beizutragen, wenn er über Einkünfte verfügt. Dabei sind die beiderseitigen Erwerbs- und Vermögensverhältnisse in die Abwägung miteinzubeziehen. Die **Hauptanwendungsfälle** des Sonderbedarfs sind die Kosten, die durch **Krankheit** entstehen und nicht von der Krankenkasse getragen werden. Erfordert jedoch die Krankheit eine **län-**

gere Behandlung, deren Dauer sich nicht absehen lässt, liegt kein Sonderbedarf, sondern **Mehrbedarf** vor.

Sonderbedarf kann auch für die **Vergangenheit** verlangt werden, § 1585 b BGB. Jedoch kann der Unterhaltsanspruch nicht beliebig weit in die Vergangenheit erstreckt werden. Wer seine Ansprüche durchsetzen will, muss **innerhalb eines Jahres** nach der Entstehung des Sonderbedarfs Klage erheben, sonst verliert er seinen Anspruch nach § 1585 b Abs. 3 BGB. Es genügt also nicht, dass der Unterhaltsverpflichtete in Verzug gesetzt wird. Erforderlich ist vielmehr in diesem Fall, dass der Anspruch innerhalb der Jahresfrist **rechtshängig** gemacht wird, es sei denn, dem Unterhaltsschuldner kann nachgewiesen werden, dass er sich seiner Zahlungsverpflichtung absichtlich entzogen hat.

Als Sonderbedarf kommen in Betracht:

- Krankheitskosten infolge eines Verkehrsunfalls BGH FamRZ 1982, 145; OLG Karlsruhe FamRZ 1981, 146
- Kieferorthopädische Behandlung OLG Düsseldorf FamRZ 1981, 76; nicht aber Kosten einer vorhersehbaren Zahnbehandlung OLG Zweibrücken FamRZ 1984, 169
- Umzugskosten, einschließlich Umzugsnebenkosten (z. B. Renovierungs- und Malerarbeiten, Teppichbodenverlegung) BGH FamRZ 1983, 29 ff. Jedoch hat der Unterhaltsverpflichtete Sonderbedarf wegen eines Umzugs zur Ermöglichung des Getrenntlebens dann nicht zu decken, wenn der Berechtigte nicht dartut und beweist, dass ihm ein Getrenntleben in der Ehewohnung nicht möglich oder nicht zumutbar ist (so OLG Köln FamRZ 1986, 163)
- Behindertenbedarf (OLG Köln FamRZ 1990, 310)
- →*Säuglings-Erstausstattung* (BVerfG FamRZ 1999, 1342)
- →*Klassenreise*, Abiturfahrt, Auslandsfahrten, Schullandheim und Skilager, weil die Durchführung der Fahrten i. d. R. nach Art und Umfang von Entscheidungen abhängt, die erst im jeweiligen Schuljahr gefällt werden und damit nicht für längere Zeit im Voraus planbar feststehen, auch nicht, wenn üblicherweise in der jeweiligen Schule diese Fahrten durchgeführt werden
- →*Nachhilfeunterricht* (OLG Köln NJW 1999, 295)
- →*Konfirmations- oder Kommunionskosten* (OLG Dresden FuR 2000, 122; OLG Hamm FamRZ 1993, 995)

▶ Sonderzuwendungen

Einmalige Zahlungen sind auf einen angemessenen Zeitraum (i. d. R. mehrere Jahre) zu verteilen; werden etwa Jubiläumszulagen alle fünf - Jahre gewährt, ist es angemessen, den zugewandten Betrag jeweils auf fünf Jahre zu verteilen.

Bei der Ermittlung der Leistungsfähigkeit des Unterhaltsverpflichteten sind zur Feststellung seines Einkommens grundsätzlich alle Einkünfte heranzuziehen, die ihm zufließen. Demgemäß sind als Arbeitseinkommen regelmäßig alle Leistungen anzusehen, die im Hinblick auf das Arbeits- oder Dienstverhältnis gewährt werden, gleichgültig aus welchem Anlass sie im Einzelnen gezahlt werden. Werden Sonderzuwendungen zum Ausgleich besonderer Aufwendungen gezahlt, dann gelten hinsichtlich der Anrechnung dieser Sonderzuwendungen die gleichen Regeln wie bei →*Spesen*.

▶ Sozialhilfe

Sozialhilfe erhält nur noch, wer **nicht erwerbsfähig** i. S. d. SGB II ist. Alle, die als **erwerbsfähig** nach dem SGB II einzustufen sind, erhalten keine Sozialhilfe mehr, § 21 SGB XII. Die Sozialhilfe ist weiterhin gegenüber anderen staatlichen Sozialleistungen **subsidiär,** z. B. gegenüber Grundsicherung und Unterhaltsvorschuss. Wer zwischen 15 und 65 Jahre alt, nicht erwerbsfähig ist und unter den üblichen Bedingungen des allgemeinen Arbeitsmarktes mindestens drei Stunden täglich berufstätig sein kann, erhält **Arbeitslosengeld II,** §§ 7 Abs. 1 Nr. 1, 8 Abs. 1 SGB II. Siehe →*Überleitung*.

▶ Sozialstaatliche Zuwendungen

Bei den sozialstaatlichen Zuwendungen ist zu unterscheiden zwischen Sozialleistungen mit **Lohn- oder Einkommensersatzfunktion** und **subsidiären** Sozialleistungen.

Zu den Sozialleistungen mit Lohn- oder Einkommensersatzfunktion gehören insbesondere die Leistungen der Sozialversicherung wie Krankengeld, Übergangsgeld in der Unfallversicherung, Altersruhegeld sowie Renten wegen Berufs- oder Erwerbsunfähigkeit und Arbeitslosengeld; Sozialleistungen sind anrechenbar, wenn und soweit sie geeignet sind, den allgemeinen Lebensunterhalt des Leistungsempfängers und seiner Familie zu decken. § 1610 a BGB bestimmt jedoch, dass bei Aufwendungen infolge eines Körper- oder Gesundheitsschadens, für den Sozialleistung in Anspruch genommen wird, bei Feststellung des Unterhaltsanspruchs vermutet wird, dass die Kosten der Aufwendungen nicht geringer sind als die Höhe der Sozialleistungen.

Sozialstaatliche Zuwendungen, die ihren Leistungsgrund in Körper- und Gesundheitsschäden haben (Leistungen i. S. v. § 5 SGB I) und daher unter die Regelung der §§ 1610 a 1578 a, 1361 Abs. 1 HS 2 BGB fallen, sind:

(1) Contergan-Renten
(2) Blindengeld
(3) Pflege- und Mehrbedarfsrente
(4) Leistungen des Versorgungsrechts
(5) Grundrente nach BVG
(6) Pflegegeld gemäß SGB XI
(7) Zuschüsse und Zulagen für orthopädische Mittel, Heil- und Krankenbehandlung, Badekuren
(8) Privatrechtliche Entschädigungsleistungen (§ 1610 a analog)
(9) Pflegezulagen nach § 35 BVG
(10) Leistungen nach der Pflegeversicherung (vgl. Büttner, FamRZ 1995, 193 ff.; OLG Hamm 1994, 1193)
(11) Schwerstbeschädigtenzulage nach § 31 Abs. 5 BVG
(12) Leistungen nach § 1 Opferentschädigungsgesetz
(13) Leistungen nach § 51 Bundesseuchengesetz
(14) Leistungen nach § 59 Bundesgrenzschutzgesetz
(15) Leistungen nach §§ 47, 47 a und 50 Zivildienstgesetz
(16) Leistungen nach § 80 Soldatenversorgungsgesetz
(17) Leistungen nach §§ 4 und 4 Häftlingshilfegesetz
(18) private Unfallrenten (in analoger Anwendung des § 1610 a BGB)

Wird eine der oben angeführten Sozialleistungen in Anspruch genommen, ist es aufgrund der Regelung des § 1610 a BGB Sache des Gegners, darzulegen, dass die Sozialleistungen den behinderungsbedingten Mehrbedarf übersteigen. Die Tatsache, dass während des Zusammenlebens die Sozialleistungen zur allgemeinen Lebensführung verbraucht wurden, genügt noch nicht um die gesetzliche Vermutung zu widerlegen.

Nicht unter § 1610 a BGB fallen:

(1) die Arbeitsunfallrente und Leistungen nach §§ 26, 56 SGB VII (früher §§ 547, 580 RVO)

(2) Versorgungskrankengeld nach §§ 16 ff. BVG

(3) Berufsschadensausgleichsrente gemäß § 30 BVG

(4) Ausgleichsrente nach § 32 BVG

(5) Steuervergünstigungen z. B. durch Freibeträge für Schwerbehinderung (a. A. OLG Stuttgart FamRZ 1994, 1407)

(6) Pflegegeld (BGH FamRZ 1993, 417), soweit es Entgelt für die Pflege ist

▶ Sozialversicherungsentgeltverordnung

Die Sozialversicherungsentgeltverordnung, die für die Bewertung von freier Kost und Logis im Unterhaltsrecht als Anhaltspunkt herangezogen werden kann, weist seit 2009 den Wert der als Sachbezug zur Verfügung gestellten Verpflegung mit monatlich 210 Euro aus. dieser Wert setzt sich zusammen aus dem Wert für

■ Frühstück von 46 Euro,

■ Mittagessen von 82 Euro und

■ Abendessen von 82 Euro.

Der Wert einer als Sachbezug zur Verfügung gestellten Unterkunft wird auf monatlich 204 Euro festgesetzt.

▶ Sparerfreibetrag

Der Sparerfreibetrag ist bei Vermögenseinkünften geltend zu machen und beträgt 801 Euro für Ledige bzw. 1602 Euro für zusammen veranlagte Verheiratete.

▶ Sparguthaben

Sparguthaben gehören zu Einkünften aus Kapitalvermögen. Die Erträgnisse aus den Sparguthaben (Zinsen und dergleichen) sind voll anrechenbares Einkommen **nach Abzug** der Kapitalertragssteuer und der Werbungskosten in Form von Bankspesen und ähnlichem. →*Vermögen* ist möglichst gewinnbringend anzulegen. Das unterhaltspflichtige Einkommen und Vermögen des Verpflichteten ist grundsätzlich nach den gleichen Regeln zu ermitteln wie Einkommen und Vermögen des Berechtigten. Zur Frage der Teilhabe eines Ehegatten an **Guthaben auf dem Sparkonto des anderen Ehegatten,** wenn beide darauf Mittel angespart haben, hat der BGH (FamRZ 2000, 949) entschieden, dass zwischen den Ehegatten eine Bruchteilsgemeinschaft an der Forderung gegen die Bank gemäß §§ 741 ff. BGB besteht und im Zweifel anzunehmen ist, dass ihnen im Innenverhältnis als Teilhaber **gleiche Anteile zustehen.**

▶ Spenden

Steuerrechtlich abgesetzte Ausgaben für Spenden wirken sich i. d. R. nicht unterhaltsmindernd, da sie zu den allgemeinen Lebenshaltungskosten gehören (a. A. OLG Karlsruhe FamRZ 1990, 1234 f., das einen Jahresbetrag von 185 Euro als zum üblichen Lebensaufwand eines frei praktizierenden Arztes einkommensmindernd berücksichtigt hat). **Ausnahmsweise** kann eine andere Beurteilung gerechtfertigt sein, wenn die ehelichen Lebensverhältnisse davon geprägt waren, dass in maßvollem Rahmen Spenden hingegeben wurden oder wenn berufliche Spenden einer allgemeinen Erwartung entsprachen oder wenn **an Stelle der Kirchensteuer** regelmäßig für eine andere Religionsgemeinschaft gespendet wurde.

▶ Spesen

Überwiegend werden in der Rechtsprechung (BGH FamRZ 1980, 984; Leitlinien Ziff. 1.4) Spesen i. d. R in **voller Höhe** als unterhaltsrechtlich relevantes Einkommen beurteilt. Dass solche Leistungen **steuerfrei** gewährt wurden, rechtfertigt nicht ohne weitere Prüfung die Außerachtlassung, vielmehr muss derjenige, der sich auf die Nichtanrechenbarkeit der Spesen beruft, **darlegen,** dass ein entsprechender **tatsächlicher Mehraufwand** vorliegt. Damit **zusammenhängende Aufwendungen,** vermindert um häusliche Ersparnis sind jedoch abzuziehen. Bei **Aufwendungspauschalen** kann ein Drittel als Einkommen angesetzt werden (vgl. Leitlinien Ziff. 1.4).

▶ Spielgewinne

Spielgewinne stellen →*Vermögen* dar. Soweit die Verwertung des Vermögensstammes unwirtschaftlich oder grob unbillig i. S. des § 1577 Abs. 3 BGB wäre, sind jedenfalls die Zinseinkünfte, bereinigt um die Kapitalertragssteuer, anrechenbares Einkommen und erhöhen entsprechend die Leistungsfähigkeit bzw. mindern die Bedürftigkeit. In der Vergangenheit erzielte Spielgewinne könne eine Einkommensfiktion für die Zukunft nicht begründen, und zwar auch dann nicht, wenn es sich nicht um gesetzwidrig erlangte Einkünfte handelt (z. B. Skat). Wegen des hohen Verlustrisikos besteht keine Verpflichtung, einmal begonnenes Spiel fortzusetzen.

Nach einer Entscheidung des OLG Oldenburg (FamRZ 1988, 69 f.) ist bei der Beurteilung der Leistungsfähigkeit des Unterhaltspflichtigen grundsätzlich auch ein Spielbankgewinn zu berücksichtigen. Wenn der Unterhaltspflichtige ihn binnen kurzer Zeit zum größten Teil wieder verspielt hat, obwohl sich ihm aufdrängen musste, dass er danach wahrscheinlich nicht mehr leistungsfähig sein werde, muss er sich so behandeln lassen, als ob seine Leistungsfähigkeit weiterhin gegeben sei.

▶ Spielschulden

Kredite für Spielschulden des Unterhaltspflichtigen bleiben bei der Ermittlung seines unterhaltspflichtigen Einkommens außer Ansatz, wenn der Unterhaltspflichtige noch zur Steuerung seines Spielverhaltens imstande war, also leichtfertig unterhaltsbezogen seine Leistungsfähigkeit beeinträchtigte, da er merken musste, dass Glücksspiele keine insgesamt reale Erwerbserwartung erlaubten (OLG Hamm FamRZ 1992, 1178 f.).

▶ Spielzeug

Die Abgrenzung, was und in welchem gegenständlichen und wertmäßigen Umfang zum Regelbedarf gehört, hat der Normgeber in §§ 27, 28 SGB XII festgelegt. Spielzeug für Kinder gehört zur Bedarfsgruppe der persönlichen Bedürfnisse des täglichen Lebens

(§ 27 SGB XII) und damit uneingeschränkt zum Regelbedarf
(BVerwG FamRZ 1991, 798) i. S. d. § 28 SGB XII.

▶ **Splittingvorteil**

An den Steuervorteilen nach einer Wiederverheiratung des Unterhaltspflichtigen in Folge des Wechsels in Steuerklasse III (statt
Steuerklasse I) soll nicht der geschiedene Ehepartner, sondern nur
der neue Ehegatte teilhaben, ebenso alle Kinder des Unterhaltspflichtigen sowie Unterhaltsberechtigte nach § 1615 l (für die gemäß
§ 1615 l Abs. 3 BGB die Vorschriften über die Unterhaltspflicht zwischen Verwandten entsprechend anzuwenden sind) (vgl. BVerfG
FamRZ 2003, 1821; BGH FamRZ 2005, 1817; 2007, 983, 882).

Die nach der Rechtsprechung des BVerfG (FamRZ 2011, 443) streng
am Begriff der ehelichen Lebensverhältnisse vorzunehmende **Bestimmung des Bedarfs** verlangt, dass staatliche Transferleistungen
(vor allem in Form **steuerlicher Entlastungen** der Familie) und familienbezogene Einkommensbestandteile bei mehreren bestehenden Unterhaltsverbänden (wieder) **konkret zugeordnet werden**.
Der Splittingvorteil muss daher der **neuen Ehe** zugutekommen und
darf nicht zur Bedarfsbestimmung der geschiedenen Ehe herangezogen werden (vgl. Borth, FamRZ 2011, 446).

▶ **Sprachschwierigkeiten**

Ein seinen minderjährigen Kindern zum Unterhalt Verpflichteter
kann sich nicht auf Leistungsunfähigkeit aufgrund mangelnder
Sprachkenntnisse berufen, wenn er sich seit längerer Zeit in
Deutschland (hier: fünf Jahre) aufhält. Zu den gesteigerten Bemühungen um eine erfolgreiche Bewerbung um einen Arbeitsplatz gehört es auch, sich unter Ausnutzung sämtlicher Hilfsangebote inten-
siv um eine Verbesserung der deutschen Sprachkenntnisse zu bemühen (OLG Celle FamRZ 1999, 1165).

▶ **Steuerbelastung (geringere) nach Wiederverheiratung**

→ *Wiederverheiratung*

▶ Steuerbelastung (höhere) nach Ehescheidung

Für die **Bedarfsermittlung** nach den ehelichen Lebensverhältnissen ist nach der ständigen Rechtsprechung des BGH (FamRZ 1990, 503; 979) grundsätzlich auf das **tatsächliche** auf der Grundlage der konkreten Besteuerung verfügbar **Nettoeinkommen** des Ehegatten abzustellen, der während der Ehe durch seine Erwerbstätigkeit allein die für den Unterhalt der Ehegatten benötigten Mittel erwirtschaftet hat, also regelmäßig auf **Steuerklasse I.** Auch wenn sich der Wechsel in die Steuerklasse I in Folge **rascher Wiederverheiratung** als nur vorübergehend erweist, bleibt für den **Unterhaltsbedarf** des geschiedenen Ehegatten **Steuerklasse I maßgebend** (BVerfG FamRZ 2003, 1821).

Damit familienbezogene Einkommensbestandteile konkret zugeordnet werden können, muss jeweils eine **Fiktivberechnung** des der Unterhaltsberechnung zugrundeliegenden Einkommens vorgenommen werden (Umrechnung in Steuerklasse I). Gleiches gilt für Familienzuschläge (vgl. BVerfG FamRZ 2011, 443 mit Anm. Borth, S. 446).

▶ Steuerberatungskosten

Steuerberatungs- und ähnliche Werbungskosten sind, soweit nach Art und Umfang der Geschäfte üblich und verständigerweise vertretbar, voll abzugsfähig, soweit sie nicht bei der Ermittlung des Nettoeinkommens bereits berücksichtigt wurden.

Zum Anspruch eines Unterhaltsberechtigten auf Erstattung der Kosten eines Steuerberaters, die ihm durch die Zustimmung zum steuerlichen Realsplitting entstehen, führt der BGH (FamRZ 1988, 820 ff.) aus:

> „Allerdings wird es im Allgemeinen nicht notwendig sein, dass ein Unterhaltsempfänger sich zunächst an einen Steuerberater wendet, ehe er sich über die Erteilung der Zustimmung zum Realsplitting schlüssig wird, oder dass er diesen sonst im Zuge der Steuerveranlagung einschaltet. Erklärt der Unterhaltspflichtige von vorneherein verbindlich, dass er den anderen von den ihn dadurch treffenden steuerlichen Lasten freistellt, so hat dieser im Allgemeinen keinen Anlass, wegen des Realsplittings noch den Rat oder die Unterstützung eines Steuerberaters in Anspruch zu nehmen."

Das bedeutet aber nicht, dass der Unterhaltsberechtigte in jedem Fall darauf verwiesen werden kann, an Stelle der Einschaltung eines Steuerberaters sich vom zuständigen Finanzamt beraten zu lassen. Werden die tatsächlich angefallenen Steuerberaterkosten unterhaltsrechtlich als nicht berücksichtigungsfähig beurteilt, sind die Ausgaben beim Pflichtigen nicht abzugsfähig, der Steuervorteil hat ihm aber zu verbleiben, sodass eine fiktive Steuerberechnung vorzunehmen ist (BGH FamRZ 2005, 1159).

▶ Steuerfreibeträge

In zumutbarer Weise erzielbare Steuervorteile sind wahrzunehmen und insoweit auch Freibeträge einzutragen. Dies gilt aber nur, wenn die Höhe des Freibetrages zweifelsfrei feststeht (z. B. beim Realsplitting die genaue Unterhaltshöhe). Siehe →*Freibeträge.*

▶ Steuerhinterziehung

Wird das Einkommen aufgrund von Steuerhinterziehungen erhöht, so ist nach dem allgemeinen Grundsatz, dass alle tatsächlichen vorhandenen Mittel unterhaltsrechtlich einzusetzen sind, von dem aufgrund der Steuerhinterziehung erhöhten Einkommen auszugehen. Wird die hinterzogene Steuer später nachgefordert, so kann diese Veränderung in der Einkommenshöhe erst dann berücksichtigt werden, wenn die Nachforderung erfolgt ist bzw. diese Nachforderung tatsächlich beglichen wurde.

▶ Steuerklasse

Bei der Unterhaltsbemessung ist auf das **tatsächlich verfügbare möglichst realitätsgerechte Einkommen** abzustellen.

(1) Die Änderung der Steuerklasse von III auf I **infolge Trennung und Scheidung** ist daher bereits bei der Bedarfsbemessung zu berücksichtigen, ebenso das Hinzutreten einer **neuen Steuer** (BGH FamRZ 2007, 793).

(2) Für den Unterhaltsberechtigten erfolgt ein **Ausgleich** über das **Realsplitting**.

(3) Der **Splittingvorteil durch Wiederverheiratung** des Pflichtigen hat grundsätzlich in der neuen Ehe zu verbleiben (BVerfG FamRZ 2003, 1821; 2011, 437), weil die Vorteile der neuen Ehe nicht in der früheren Ehe angelegt und daher nicht für diese prägend sind.

(4) Es ist daher in diesen Fällen stets eine **fiktive Steuerberechnung** entsprechend einer getrennten Veranlagung des Pflichtigen unter **Berücksichtigung des Realsplittings** durchzuführen.

(5) Änderungen der Steuerklasse **infolge Wiederheirat** (§ 26 EStG) oder sonstiger familiärer Veränderungen sind bei der Bedarfsbestimmung für den nachehelichen Ehegattenunterhalt ebenso **unbeachtlich** wie sonstige staatliche *„Transferleistungen",* die ihren Grund nicht in der geschiedenen Ehe und den aus ihr hervorgegangenen Kindern, sondern in der neuen Ehe haben, wie insbesondere der →*Familienzuschlag* und **erhöhtes Arbeitslosengeld nach Wiederverheiratung.**

(6) Die nicht in der Ehe angelegten Einkommensveränderungen sind zwar nicht bei der Bedarfsbestimmung zu berücksichtigen, sehr wohl aber bei der **Leistungsfähigkeit.**

▶ **Steuern**

Steuern und sonstige persönliche öffentliche Abgaben (Einkommen- bzw. Lohnsteuer, Solidaritätszuschlag, Kirchensteuer, Vermögenssteuer, Feuerwehrabgaben der Männer) sind grundsätzlich in der Höhe vom Bruttoeinkommen bzw. den Privatentnahmen oder dem Gewinn abzusetzen, in der sie **tatsächlich entrichtet** werden (vgl. BGH FamRZ 2011, 1851). Ergeben sich später Veränderungen in der Steuerhöhe, können diese erst berücksichtigt werden, nachdem die Rückzahlung oder die Nachforderung erfolgt ist (→*Realsplitting*). Für die **Bedarfsermittlung** nach den ehelichen Lebensverhältnissen ist grundsätzlich auf das tatsächliche, auf der Grundlage der konkreten Besteuerung verfügbare Nettoeinkommen des Ehegatten abzustellen, der während der Ehe durch seine Erwerbstätigkeit allein die für den Unterhalt der Ehegatten benötigten Mittel erwirtschaftet hat, also regelmäßig auf Steuerklasse I.

▶ **Steuernachzahlung**

Steuernachzahlungen kürzen das unterhaltsrechtlich relevante Einkommen. Steuern sind grundsätzlich in der tatsächlich entrichteten Höhe einkommensmindernd zu berücksichtigen. Spätere Veränderungen aufgrund Einkommenssteuerveranlagung oder Lohnsteuerjahresausgleich können grundsätzlich erst berücksichtigt werden, wenn die Rückzahlung oder Nachforderung erfolgt ist; die tatsächlich geleistete Nachzahlung mindert das Einkommen in dem Jahr, in dem die Nachzahlung erbracht wurde.

Die **Aufteilung** von Nachzahlungsansprüchen gegen zusammenveranlagte Ehegatten hat im Innenverhältnis grundsätzlich unter entsprechender Heranziehung des § 270 AO auf der Grundlage **fiktiver getrennter Veranlagung** der Ehegatten zu erfolgen (BGH FamRZ 2006, 1178). Der einfachste Weg zur exakten Berechnung auf der Grundlage fiktiver getrennter Veranlagung ist, dass beim Finanzamt zunächst getrennte Veranlagung beantragt wird, nach Vorlage der Steuerbescheide Einspruch eingelegt und dann Zusammenveranlagung beantragt wird. Der zweite Weg, eine Berechnung der bei getrennter Veranlagung jeweils geschuldeten Steuer durch das Finanzamt zu erreichen, ist das Stellen eines Antrags nach §§ 268, 270 AO (die Vollstreckung der aufgrund Zusammenveranlagung gemeinsam geschuldeten Steuern auf den jeweils bei getrennter Veranlagung geschuldeten Betrag zu beschränken); er kommt aber nur in dem Fall in Betracht, dass nicht eine Steuererstattung, sondern eine rückständige Steuerforderung in Rede steht (vgl. die Hinweise Weyer, Anm. zu BGH FamRZ 2006, 1178). Siehe →*Steuerrückvergütung;* →*Zusammenveranlagung nach § 26 EStG.*

▶ **Steuerrückvergütung**

Die Leistungsfähigkeit wird durch Steuerrückvergütungen erhöht und zwar in dem Jahr, in dem die Rückvergütung tatsächlich erfolgt (BGH FamRZ 1980, 984). Eine einkommenserhöhende Berücksichtigung der Steuerrückvergütung ist jedoch nur dann möglich, wenn mit einer Steuererstattung im bisherigen Umfang auch für die folgenden Jahre zu rechnen ist (BGH FamRZ 1988, 817, 818). Für den geschiedenen Ehegatten besteht gegenüber dem anderen die Pflicht, **Auskunft** über die Höhe seiner Steuererstattung zu erteilen, damit dieser das unterhaltsrelevante Einkommen zutreffend berechnen kann (so OLG Düsseldorf FamRZ 1991, 1315 f.). Bei der **Aufteilung der Steuererstattung** sind die Eheleute zwar grundsätzlich nach § 426 Abs. 1 BGB zu gleichen Anteilen verpflichtet. Beim internen Einkommensteuerausgleich kann sich jedoch aus den Umständen des Einzelfalles ein **besonderer Verteilungsmaßstab** ergeben (BGH FamRZ 2002, 740). Dabei kommt es darauf an, wer die Steuern in welcher Höhe tatsächlich entrichtet hat. Die Aufteilung einer nach Trennung fällig gewordenen Steuerschuld und der sich hieraus ergebenden Erstattungs- bzw. Nachzahlungsansprüche zusammen veranlagter Ehegatten hat im **Innenverhältnis** grundsätzlich unter entsprechender Heranziehung des § 270 AO auf der Grundlage **fiktiver getrennter Veranlagung** der Ehegatten zu erfolgen (BGH FamRZ 2006, 1178). Im Innenverhältnis besteht zwischen Gesamtschuldnern eine **Ausgleichspflicht** nach § 426 Abs. 1 S. 1 BGB.

Nachzahlungsansprüche zusammen veranlagter Ehegatten sind im Innenverhältnis auf der Grundlage fiktiver getrennter Veranlagung zu berechnen (BGH FamRZ 2006, 1178).

▶ Steuerschulden

Steuerschulden aus früheren Zeiträumen, für die kein Unterhalt verlangt wird, sind wie andere Verbindlichkeiten zu behandeln (→*Schulden*). Möglichkeiten der Steuerstundung und des Steuererlasses sind vom Berechtigten auszunützen.

▶ Stiefkinder

Unterhaltsleistungen an Stiefkinder können grundsätzlich nicht einkommensmindernd berücksichtigt werden, da insoweit eine gesetzliche Unterhaltpflicht nicht besteht. Anders sind die Unterhaltsleistungen an Adoptivkinder zu beurteilen, da ihnen gegenüber eine Unterhaltspflicht besteht, mit der Folge, dass die Unterhaltsleistungen in gleicher Weise zu berücksichtigen sind wie Unterhaltszahlungen an leibliche Kinder. **Familienzuschläge für Stiefkinder** haben keinen Bezug zu der früheren Ehe mit der Folge, dass sie für die Unterhaltsbedarfsbemessung der geschiedenen Ehefrau außer Betracht zu bleiben haben (vgl. BVerfG FamRZ 2003, 1821 für Splittingvorteil).

► **Stipendien**

Stipendien sind mit Ausbildungsförderungen vergleichbar, wenn der Empfänger einen rechtlich gesicherten Anspruch hat. Allerdings kann auch dann eine besondere **Zweckbestimmung** zu beachten sein. So wird etwa bei Zuwendungen einer privaten Stiftung zur laufenden Studienfinanzierung in Form eines monatlichen **Büchergeldes** der Zuwendungswille zu beachten sein, denn der durch das Stipendium **verfolgte Zweck** würde mit der Anrechnung auf das eigene Einkommen und damit auf den Unterhaltsanspruch verfehlt.

► **Strafgefangene**

Ein Strafgefangener erhält während des Strafvollzugs Einkommen in Form von Eigengeld, Hausgeld sowie Überbrückungsgeld. Fiktives Einkommen wegen Verletzung einer Erwerbsobliegenheit kann ihm nicht zugerechnet werden. Ein unterhaltspflichtiger Strafgefangener kann sich auch gegenüber einem minderjährigen Kind auf seine durch die Haft bedingte **Leistungsunfähigkeit** berufen, außer wenn die Strafhaft auf einem Fehlverhalten beruht, das sich **gerade auf die Unterhaltspflicht** des Strafgefangenen gegenüber dem Unterhalt begehrenden Kind bezieht.

Das **Hausgeld** übersteigt regelmäßig selbst unter Berücksichtigung der freien Unterkunft, Verpflegung, Bekleidung und Gesundheitsfürsorge den **Mindestbedarf der notwendigen Ausgaben** des Inhaftierten nicht und ist ihm daher auch bei gesteigerter Unterhaltsverpflichtung nach § 1603 Abs. 2 BGB zu belassen (OLG Hamm FamRZ 2011, 732). Verfügt der Inhaftierte allerdings neben dem Hausgeld auch über **weitergehende Ansprüche,** um seinen eigenen Bedarf zu befriedigen, ist auch das Hausgeld für seine Unterhaltsverpflichtungen zu verwenden.

Das **Überbrückungsgeld** dient dem Strafgefangenen und seiner Familie als Unterhalt in den ersten 4 Wochen nach seiner Haftentlassung. Da der Strafgefangene erst nach seiner Entlassung über dieses Geld verfügen kann, steht es auch unterhaltsrechtlich frühestens erst ab diesem Zeitpunkt zur Verfügung. Für laufenden, während der Haft verlangten Unterhalt ist das Überbrückungsgeld mithin **nicht verfügbar** (OLG München FamRZ 2010, 127).

Demgegenüber ist das **Einkommen als Strafgefangener** zur Unterhaltsbemessung heranzuziehen, soweit es über dem zu beachtenden **Selbstbehalt eines Strafgefangenen** liegt oder durch eine unterhaltsrechtlich verbindliche konkrete Zweckbestimmung der Einbeziehung in die Unterhaltsbemessung nicht entzogen ist. Über dieses **Eigengeld** kann der Strafgefangene verfügen und es für den Kindesunterhalt einsetzen. Erhält der Strafgefangene neben dem Eigengeld ein **Hausgeld** in Höhe von 3/7 seines Arbeitsverdienstes ist dieses durch Arbeit erzielte Hausgeld dem Strafgefangenen zum Zwecke des Einkaufs von Nahrungs- und Genussmitteln, von Körperpflegemitteln oder zur Bezahlung von Postgebühren zu belassen (vgl. OLG München FamRZ 2010, 127).

Das Eigengeld eines Strafgefangenen unterliegt **nur dem Pfändungsschutz** nach § 51 Abs. 4 S. 2 StVollzG, nicht zusätzlich nach den §§ 850 ff. ZPO (BGH FamRZ 2004, 1717). Die Pfändungsgrenzen des § 850 c ZPO finden somit weder unmittelbar noch entsprechend Anwendung.

Der **Selbstbehalt** eines eine Freiheitsstrafe verbüßenden Unterhaltspflichtigen, der im offenen Vollzug erwerbstätig ist, beträgt i. d. R. **340 Euro** (OLG Hamm FamRZ 2004, 1743).

▶ Straftaten, Einkünfte aus

Vorteile aus Straftaten sind grundsätzlich als Einkommen zu berücksichtigen. Dies gilt jedoch dann nicht, wenn eine Berücksichtigung gegen die guten Sitten verstoßen würde, wie dies jedenfalls bei Verbrechen der Fall sein dürfte. Der **Unterschied** zu legalen Einkünften besteht lediglich darin, dass eine illegale Tätigkeit vom Unterhaltsschuldner jederzeit abgebrochen werden darf (LG Berlin

FamRZ 2006, 732). Siehe →*Steuerhinterziehung;* →*Schwarzarbeit;* →*Dirnenlohn.*

▶ Streikgeld

Streikgeld hat **Lohnersatzfunktion** und ist damit unterhaltsrechtlich in vollem Umfang als Einkommen zu berücksichtigen. Beteiligte sich der Unterhaltsverpflichtete als Arbeitnehmer an einem Streik zur Erreichung besserer Arbeitsbedingungen, insbesondere Lohnerhöhungen, so müssen die Unterhaltsberechtigten eine dadurch verursachte vorübergehende Beeinträchtigung der Unterhaltsleistung hinnehmen. Gewerkschaftsmitglieder müssen Streikgeld in Anspruch nehmen. Erhält der Unterhaltsschuldner kein Streikgeld, weil er nicht Gewerkschaftsmitglied ist oder erhält er ein niedrigeres Streikgeld, als erzielbar ist (infolge zu niedriger Beitragszahlungen an die Gewerkschaft), kann der Unterhalt nur nach dem tatsächlich gezahlten niedrigen Streikgeld oder nach dem eingetretenen Verdienstverlust berechnet werden, weil niemand gezwungen werden darf, überhaupt einer Gewerkschaft beizutreten. Im Hinblick darauf, dass Streiks seltene Ausnahme sind, ist der Unterhaltsschuldner auch nicht gehalten, private Rücklagen für den Streikfall zu bilden, um während des Streiks ungeschmälert Unterhalt zahlen zu können.

▶ Studiengebühren

Die von den Universitäten erhobenen Studiengebühren sind in den Unterhaltsbeträgen nach der DT bzw. in dem angemessenen Gesamtunterhaltsbedarf eines Studierenden nicht mitenthalten. Wegen der Vorhersehbarkeit handelt es sich um unterhaltsrechtlichen Mehrbedarf (vgl. DT A Anm. 9 und 7).

▶ Tabellen und Leitlinien

Die DT gilt für den Barunterhalt aller ehelichen und nichtehelichen minderjährigen und der noch im elterlichen Haushalt lebenden unverheirateten volljährigen Kinder. Sie weist den monatlichen Unterhaltsbedarf bezogen auf **zwei Unterhaltsberechtigte** aus, ohne Rücksicht auf den Rang. Der Bedarf ist nicht identisch mit dem Zahlbetrag. Bei einer größeren/geringeren Anzahl Unterhaltsberechtigter können **Ab- oder Zuschläge** durch Einstufung in eine niedrigere/höhere Gruppe angemessen sein. Die Beiträge zur **Kranken- und Pflegeversicherung** sowie **Studiengebühren** sind in den Tabellensätzen nicht enthalten. Die in den Tabellen und Leitlinien angeführten Einsatzbeträge sind stets, unabhängig davon, ob es sich um einen Mangelfall handelt oder nicht, auf ihre Angemessenheit und Ausgewogenheit zu überprüfen (BGH FamRZ 2002, 536).

Alle familienrechtlichen Leitlinien und Tabellen aller Oberlandesgerichte in der jeweils aktuellen Fassung finden Sie als Hilfsmittel für Ihren Rechtsprechungsbezirk kostenlos auf unserer Homepage unter der Rubrik „Familienrechtliche Leitlinien und Tabellen": www.heiss-born.de

▶ Tagesmutter

Einkünfte als Tagesmutter sind in der Höhe, in der sie eine Anerkennung für die Leistungen der Pflegeperson darstellen, anrechenbares Einkommen. Soweit der gezahlte Betrag für die angemessene Versorgung des Kindes oder für andere Mehraufwendungen im Zusammenhang mit der Betreuung des Kindes verbraucht wird, bleibt er unberücksichtigt. Die **Aufwendungen für** eine Tagesmutter sind →*Berufsbedingte Aufwendungen*, wenn die Betreuung durch Dritte allein infolge der Berufstätigkeit erforderlich wird; auf konkreten Nachweis können diese Aufwendungen vom Arbeitseinkommen in voller Höhe abgezogen werden (Leitlinien Ziff. 10.3.). Ausnahmsweise können die Kosten einer Tagesmutter **Sonderbedarf des Kindes** sein, wenn der Einsatz der Tagesmutter etwa wegen Krankheit des Sorgeberechtigten oder des Kindes und dadurch bedingter Überforderung des Sorgeberechtigten notwendig ist (vgl. BGH FamRZ 1983, 689). Entstehen die Kosten für die Tagesmutter, allein weil der Sorgeberechtigte einer Erwerbstätigkeit nachgeht, handelt es sich dagegen um keinen Sonderbedarf des Kindes.

▶ Tantiemen

Tantiemen sind in gleicher Weise bereitzustellen wie sonstige Lohn- oder Gehaltszahlungen.

▶ Taschengeld

Der Anspruch auf Taschengeld ist Bestandteil des Familienunterhalts nach §§ 1360, 1360 a BGB und beinhaltet einen **Zahlungsanspruch** (BGH FamRZ 2004, 1784; 369), sofern nicht das Familieneinkommen schon durch den notwendigen Grundbedarf der Familienmitglieder restlos aufgezehrt wird. Im Rahmen des **Familienunterhalts** nach § 1360 BGB steht neben dem Wirtschaftsgeld den Familienmitgliedern Taschengeld zu (einhellige Rspr.; vgl. Braun, NJW 2000, 97). Zur Familie gehören auch die gemeinsamen Kinder. Unter Taschengeld versteht man einen Geldbetrag, über den zur Befriedigung reiner Privatinteressen frei verfügt werden kann, ohne dass jemandem Rechenschaft geschuldet wird. Die Höhe des Taschengeldes errechnet sich nach den Einkünften, dem Vermögen, dem Lebensstil und der Zukunftsplanung der Eheleute und hängt damit im Wesentlichen vom Einzelfall ab. I. d. R. werden **fünf Prozent des Nettoeinkommens** als angemessen angesehen (vgl. OLG München FamRZ

1981, 449, 450; OLG Zweibrücken FamRZ 1980, 445). Das Taschengeld für einen **haushaltsführenden Ehegatten** beträgt i. d. R. fünf bis sieben Prozent des bereinigten Nettoeinkommens. Bei **eigenem Einkommen** des taschengeldberechtigten Ehegatten ist nur noch ein eventuell verbleibender Rest vom anderen Ehegatten zu leisten (BGH FamRZ 1998, 608). Das Taschengeld stellt keine Gegenleistung für die Haushaltsführung dar und steht einem Familienmitglied auch dann zu, wenn keine Haushaltsführungsleistungen erbracht werden. Der Taschengeldanspruch ist gemäß § 850 b II ZPO **bedingt pfändbar**. Die **Pfändung des Taschengeldes** kann aus Billigkeitsgründen durch das Vollstreckungsgericht nach § 850 b Abs. 2 ZPO zugelassen werden; maßgebend ist dabei nur, dass nach der Rechtslage ein Taschengeldanspruch besteht, nicht, dass es auch **tatsächlich ausgezahlt** wird (BGH FamRZ 1998, 608).

Der Taschengeldanspruch der **Kinder** richtet sich nach ihrem Alter und den Einkommensverhältnissen der Eltern; den Eltern muss hierbei **Freiraum** für erzieherische Einflussnahme belassen werden.

Eine allgemein gültige Antwort auf die Frage, wieviel Taschengeld Kinder in den verschiedenen Altersstufen bekommen sollen, kann nicht gegeben werden. Auch hierbei kommt es auf den Einzelfall an. **Anhaltspunkte** können folgende Richtlinien geben:

Sechs- bis siebenjährige wöchentlich	3 Euro
Acht- bis neunjährige wöchentlich	4 Euro
Zehn- bis elfjährige monatlich	20 Euro
Zwölf- bis dreizehnjährige monatlich	25 Euro
Vierzehn- bis fünfzehnjährige monatlich	30 Euro
Sechzehn- bis siebzehnjährige monatlich	40 Euro bis 60 Euro

Die Sätze ab 16 Jahren gelten für Jugendliche, die wirtschaftlich noch ganz von den Eltern abhängig sind, i. d. R. also für Schüler und arbeitslose Jugendliche.

Als **Minimum** wird üblicherweise der wöchentliche Euro-Betrag angesehen, der der Klassenzahl des Kindes entspricht (ein Kind, das in die vierte Grundschulklasse geht, erhält demnach mindestens wöchentlich vier Euro).

▶ **Taxikosten**

Kosten für die Benutzung eines Kraftfahrzeuges zu Privatzwecken sind dann einkommensmindernd anzuerkennen, wenn ein Körperbehinderter nach Art und Schwere seine Beschädigung zu einer Fortbewegung auf das Kraftfahrzeug angewiesen ist. Das wird im Steuerrecht regelmäßig bejaht, wenn der Körperbehinderte zu mehr als 80 Prozent erwerbsgemindert oder geh- und stehbehindert ist und eine Erwerbsminderung von mindestens 70 Prozent vorliegt. Ohne Nachweis wird im Steuerrecht eine Fahrtstrecke von 3000 km zu je 0,40 Euro berücksichtigt.

Bei **Gehbehinderten,** die sich außerhalb des Hauses nur mit Hilfe eines Kfz bewegen können (Merkzeichen: „aG" im Ausweis), werden im Allgemeinen alle Privatfahrten (Urlaubs- und Freizeitfahrten) anerkannt.

Es erscheint angemessen und sachgerecht, die im Steuerrecht angewendeten Grundsätze auch bei der Ermittlung der Leistungsfähigkeit zur Anwendung zu bringen.

▶ **Teilleistungen**

Ein Unterhaltsschuldner, der **nur Teilleistungen** auf den geschuldeten Unterhalt erbringt, gibt auch dann Veranlassung für einen Antrag auf den **vollen Unterhalt,** wenn er zuvor nicht zur Titulierung des freiwillig gezahlten Teils aufgefordert worden ist (BGH FamRZ 2010, 447). Lässt der Schuldner außergerichtlich einen Unterhaltstitel über einen **Teilbetrag beurkunden,** z. B. über den Mindestunterhalt, muss der Unterhaltsgläubiger den darüber hinaus gehenden Spitzenbetrag mit einem **Leistungsantrag** gesondert geltend machen. Ein **Abänderungsantrag** wäre unzulässig (BGH FamRZ 2010, 195 Rn. 19).

▶ **Teilzeitbeschäftigung**

Ein Unterhaltsschuldner, der lediglich eine Teilzeitbeschäftigung ausübt, hat sich im Rahmen der Erwerbsobliegenheit regelmäßig um eine angemessene Vollzeittätigkeit zu bemühen (BGH FamRZ

2010, 639). Die Obliegenheit, sich um eine angemessene Erwerbs-tätigkeit zu bemühen, gilt nicht nur für den beschäftigungslosen Schuldner. Auch der Schuldner, der eine nicht auskömmliche **selbstständige Tätigkeit** ausübt, ist gehalten, sich nachweisbar um eine angemessene Erwerbstätigkeit zu bemühen, um den Verschul-densvorwurf zu entkräften. Nichts anderes gilt für den Schuldner, der anstelle einer angemessenen Vollzeittätigkeit lediglich eine Teil-zeitbeschäftigung ausübt. Gleiches gilt, wenn ein Unterhaltsgläubi-ger eine Erwerbsobliegenheit hat.

Auch ein Unterhaltsgläubiger, der eine **sichere Teilzeitbeschäfti-gungsstelle** hat, ist bei entsprechender Erwerbsobliegenheit ver-pflichtet, sich nachhaltig um eine **vollschichtige Erwerbstätigkeit** zu bemühen (OLG Frankfurt FamRZ 2000, 25).

▶ Telefonkosten

Die Versorgung der Familie mit einem Telefonanschluss ist unter Berücksichtigung der heutigen Lebensverhältnisse ein anerkanntes **Grundbedürfnis**, wobei davon auszugehen ist, dass sich aus der jederzeitigen Verfügbarkeit eines solchen Anschlusses für die Fami-lienmitglieder der Bezug zur familiären Konsumgemeinschaft er-gibt. Der Abschluss eines Telefondienstvertrages für einen in der Fa-milienwohnung befindlichen Festnetzanschluss ist als ein Geschäft zur angemessenen Deckung des Lebensbedarfs anzusehen. Bei der Anwendung des § 1357 BGB auf einen Telefondienstvertrag über einen Festnetzanschluss in der Ehewohnung ist jedoch zu berück-sichtigen, dass die Regelung des § 1357 BGB in das **Unterhaltsrecht** zusammen lebender Eheleute und damit in deren Lebenszuschnitt eingebunden ist. Dies bedeutet, dass eine **Mitverpflichtung des Ehegatten** nur im Rahmen einer **angemessenen** Bedarfsdeckung in dem abgerechneten Zeitraum erfolgt. Überschreiten die von einem Ehepartner verursachten Telefonkosten diesen Rahmen exorbitant und springen die finanziellen Verhältnisse der Familie, kann eine Mitverpflichtung des anderen Ehegatten ausgeschlossen sein (BGH FamRZ 2004, 778 für den Fall, dass ein Ehemann ca. 3 200 EUR ausschließlich auf Verbindungen zum Tele-Info-Service 0190x ver-ursacht hat). Der BGH vertritt die Auffassung, dass in solchen Fällen das **Doppelte des Betrages,** der sich als Durchschnitt der unbeanstandeten Zahlungen in dem zurückliegenden Jahr der Vertragslaufzeit ergibt, im Regelfall als **Maß für den Haftungsumfang** nach § 1357 BGB herangezogen werden.

▶ Telefonsex

Betreibt die Ehefrau ohne Wissen des Ehemannes und unter Vorspiegelung falscher Tatsachen gewerbsmäßig „Telefonsex", so kann hierdurch ein **Anspruch auf Trennungsunterhalt** auch in Ansehung der Belange eines von ihr zu versorgenden minderjährigen Kindes **ausgeschlossen** sein (OLG Karlsruhe FamRZ 1995, 1488 f.). Im entschiedenen Fall wurde der Unterhaltsanspruch trotz Kindesbetreuung wegen der Schwere der Verfehlungen völlig ausgeschlossen. Die Unterhaltsberechtigte hatte über Monate in größerer Zahl derartige Gespräche gegen Entgelt geführt und dem Verpflichteten diese Tätigkeit nicht nur verheimlicht. Sie hat diesen vielmehr mit der Lüge einer angeblichen Büroarbeit bewusst hinters Licht geführt. Hierin liegt eine tiefgreifende Verletzung der ehelichen Pflichten (§ 1579 Nr. 7 BGB). Die Voraussetzungen des § 1579 Nr. 7 BGB, jedenfalls aber die der Auffangvorschrift des § 1579 Nr. 8 BGB sind erfüllt – vergleichbar etwa einem Nachgehen der Prostitution oder einem auf längere Dauer angelegten intimen Verhältnis zu einem anderen Partner.

Der Unterhaltsanspruch war des Weiteren gemäß § 1579 Nr. 3 BGB ausgeschlossen, weil die Berechtigte hartnäckig bestritten hatte, Einkünfte aus der Tätigkeit zu erzielen.

▶ Titulierte Ansprüche (Berücksichtigung)

Ob und in welcher Höhe ein Unterhalt bereits tituliert ist, ist im Regelfall ohne Bedeutung. Eine Titulierung ist zwar ein Indiz, dass der Kindesunterhalt in dieser Höhe geschuldet und bezahlt wird. Soweit die Titulierung aber mit dem geschuldeten Unterhalt nicht mehr übereinstimmt, kann davon ausgegangen werden, dass bei Abweichungen von der materiellen Rechtslage eine Abänderung des Titels möglich ist (vgl. BGH FamRZ 2003, 363, 367). Eine andere

Beurteilung kann sich ergeben, wenn es um **Unterhaltsrückstände** geht und eine Änderung eines überhöht titulierten und bereits bezahlten Kindesunterhalts nicht mehr rückwirkend erfolgen kann. Für die **Vergangenheit** ist dann der titulierte Kindesunterhalt Abzugsposten.

▶ **Titulierung des Unterhalts**

Selbst dann, wenn der Unterhaltsschuldner den Unterhalt bisher regelmäßig und rechtzeitig bezahlt hat, hat der Unterhaltsgläubiger grundsätzlich ein **Rechtsschutzbedürfnis** an voller Titulierung des Unterhaltsanspruchs (BGH FamRZ 1998, 1165). **Kosten** für die außergerichtliche Titulierung von **Kindesunterhalt** fallen nicht an, weil die Möglichkeit der kostenlosen Titulierung beim Jugendamt für den Unterhalt sowohl Minderjähriger als auch Volljähriger bis 21 Jahren besteht, § 59 Abs. 3 SGB VIII. Die Kosten für die außergerichtliche Titulierung des **Ehegattenunterhalts** hat i. d. R. der Unterhaltsschuldner zu tragen, weil die Titulierungskosten eine unterhaltsrechtliche Nebenpflicht darstellen.

Vom Rechtsschutzbedürfnis zu **unterscheiden** ist die Frage, ob der Unterhaltsschuldner **Veranlassung** zur Einleitung eines Unterhaltsverfahrens nach § 243 Nr. 4 FamFG i. V. m. § 93 ZPO gegeben hat, bzw. ob **Mutwilligkeit** im Sinn der VKH-Vorschriften nach § 114 ZPO vorliegt.

▶ **Tod des Unterhaltspflichtigen**

(1) Wird die Ehe durch den Tod aufgelöst, so endet damit die gegenseitige Unterhaltspflicht der Ehegatten für die Zukunft, §§ 1615 Abs. 1, 1360 a Abs. 3 BGB. Einen Witwen-/Witwerunterhalt kennt das geltende Recht nicht. Dagegen erlischt der Anspruch des **geschiedenen** Ehegatten auf nachehelichen Unterhalt nicht mit dem Tode des Verpflichteten, sondern geht auf dessen Erben als **Nachlassverbindlichkeit** über, § 1586 Abs. 1 Satz 1 BGB. Diese haften jedoch nicht über den Betrag hinaus, der dem Pflichtteil entspricht, welcher dem Unterhaltsberechtigten zustände, wenn die Ehe nicht geschieden worden wäre, § 1586 b Abs. 1 S. 3 BGB. Ein auf nachehelichen Unterhalt gerichteter **Ti-**

tel kann gegen den Erben des Unterhaltsschuldners umgeschrieben werden (BGH FamRZ 2004, 1546). Die Möglichkeit der **Umschreibung des Titels** entspricht dem Bestreben des Gesetzgebers, eine **dauerhafte Sicherung** des unterhaltsberechtigten geschiedenen Ehegatten über den Tod des Unterhaltspflichtigen hinaus zu schaffen, die andernfalls zumindest vorübergehend in Frage gestellt wäre, wenn erst ein neuer Titel erstritten werden müsste (BGH FamRZ 2004, 1547). Siehe →*Erbenhaftung für Geschiedenenunterhalt.* Mit dem Tod des Unterhaltsberechtigten erlischt gemäß § 1586 Abs. 1 BGB der Unterhaltsanspruch. Demgegenüber geht gemäß § 1586 b Abs. 1 mit dem Tod des Unterhaltspflichtigen die Unterhaltspflicht auf den Erben als **Nachlassverbindlichkeit** über. Die Beschränkungen nach § 1581 BGB fallen weg, was bedeutet, dass mit dem Tod des Unterhaltsschuldners seiner **Leistungsfähigkeit** keine Bedeutung mehr zukommt. Der Unterhaltsberechtigte kann somit den **vollen Unterhalt** nach den ehelichen Lebensverhältnissen verlangen, weil der angemessene Unterhalt des Unterhaltspflichtigen nicht mehr gefährdet werden kann. Auch die Beschränkungen des Unterhaltsanspruchs wegen Vorrangs von minderjährigen Kindern oder wegen Gleichrangs eines neuen Ehegatten des Unterhaltspflichtigen bleiben außer Betracht. Der **Erbe** haftet jedoch nicht über einen Betrag hinaus, der dem **Pflichtteil** entspricht, welcher dem **Berechtigten** zustände, wenn die Ehe nicht geschieden worden wäre. Der geschiedene Ehegatte soll nicht mehr erhalten, als er gehabt hätte, wenn seine Ehe statt durch Scheidung durch Tod des Verpflichteten ausgelöst worden wäre. Maßgebend ist der **kleine Pflichtteil** gemäß § 1931 Abs. 1, 2 BGB (Palandt/Brudermüller, Rn. 7 zu § 1586 b). Der **Erbe** kann die Haftung nach §§ 1975 ff. BGB **beschränken.** Gemäß § 1586 b Abs. 1 S. 3 haftet der Erbe nur mit dem **fiktiven** Pflichtteil des Unterhaltsberechtigten. Im Übrigen schuldet er aber den vollen Unterhalt (OLG Celle FamRZ 1987, 1038). Die Unterhaltslast des Erben **entfällt,** wenn der überlebende Ehegatte auf sein **Pflichtteilsrecht verzichtet** hatte (so Dieckmann, NJW 1980, 2777; 1992, 633; FamRZ 1999, 1029). Nach anderer Ansicht lässt ein **Pflichtteilsverzicht** eines Ehegatten nach einer späteren Scheidung die Haftung der Erben des unterhaltpflichtigen Ehegatten für nachehelichen Unterhalt nicht entfallen (so mit überzeugenden Gründen Grziwotz, FamRZ 1991, 1258 f.). Ein beim Tode des Unterhaltsberechtigten noch nicht erfüllter **Anspruch auf eine Abfindung** für künftigen Unterhalt ist erloschen und daher **nicht vererbbar** (OLG Hamburg FamRZ 2002, 234).

(2) Nach § 844 Abs. 2 BGB entsteht bei der **Tötung** eines gesetzlich zum Unterhalt Verpflichteten für die unterhaltsberechtigte Person Anspruch auf Ersatz des Schadens, der hier durch Entzug des Unterhaltsrechts entsteht. Der Ersatz ist grundsätzlich durch Entrichtung einer Geldrente zu leisten. Dabei hat nach §§ 823 Abs. 1, 844 Abs. 2 BGB der Schädiger dem Geschädigten insoweit Schadensersatz zu leisten, als der Getötete während der mutmaßlichen Dauer seines Lebens zur Gewährung des Unterhalts nach dem Gesetz verpflichtet gewesen wäre. Der **Umfang** der gesetzlichen Unterhaltspflicht bestimmt sich nicht nach § 844 Abs. 2 BGB, sondern nach den **unterhaltsrechtlichen Vorschriften.** Ein geschuldeter Unterhalt i. S. d. § 844 Abs. 2 BGB kann auch die Gewährung des Unterhalts als Naturalunterhalt nach § 1612 Abs. 1 S. 2 BGB vorliegen (BGH FamRZ 2006, 1108; 2004, 777).

► **Trennungsbedingte Mehraufwendungen**

Trennungsbedingter Mehrbedarf kann sowohl beim Berechtigten als auch beim Pflichtigen auftreten (BGH FamRZ 1990, 979 ff.). Erforderlich ist, dass der trennungsbedingte Mehrbedarf **konkret dargelegt** wird. Allerdings kann ein trennungsbedingter Mehrbedarf **nur berücksichtigt** werden, wenn **neben dem prägenden** Einkommen der Eheleute oder bei Berücksichtigung von Mitteln für Vermögensbildung bei der Bildung des bereinigten Nettoeinkommens des Pflichtigen noch **zusätzliche Einkünfte** vorhanden sind (BGH FamRZ 1987, 36 ff., 266 f.). Im **Ergebnis** kommt eine Berücksichtigung des trennungsbedingten Mehrbedarfs somit nur in Betracht, wenn **nichtprägende Einkünfte** vorhanden sind. Nachdem durch die Rechtsprechung des BGH die Härten der Anrechnungsmethode für Hausfrauen beseitigt wurden, besteht keine Veranlassung mehr, dieses im Gesetz nicht verankerte Rechtsinstitut fortzuführen (Gerhardt, FamRZ 2003, 275). Etwas anderes kann dann gelten, wenn **zusätzliche Mittel** vorhanden sind (vgl. Borth, FamRZ 2001, 1653).

▶ **Trennungsentschädigung**

Trennungsentschädigung wird i. d. R. wie die →*Erschwerniszulagen*, die →*Montageprämien* und das →*Auslösegeld* gezahlt, um einen durch Arbeit außerhalb der heimatlichen Arbeitsstelle erhöhten Bedarf zu decken und stellt gleichzeitig auch ein gesteigertes Entgelt für die damit verbundene persönliche Unbequemlichkeit, wie die Trennung von der Familie und dergleichen dar. Mit Rücksicht auf die erzielten häuslichen Ersparnisse für die allgemeine Lebenshaltung kann im Zweifel davon ausgegangen werden, dass eine Ersparnis eintritt, die mit einem **Drittel** der Nettobeträge zu bewerten und insoweit dem anrechenbaren Einkommen zuzurechnen ist; die Ersparnis kann je nach Art der Tätigkeit und des damit verbundenen Aufwandes auch bis zur Hälfte der Trennungsentschädigung betragen; auch bei Trennungsentschädigungen kommt es jedoch in erster Linie auf den **tatsächlichen** Mehrbedarf an, den der Empfänger einer derartigen Entschädigung darzulegen hat.

▶ **Treueprämien**

Die regelmäßigen Prämien, insbesondere auch die Leistungszulagen nach langjähriger Betriebszugehörigkeit gehören zu den allgemeinen Berufs- und Einkommensmöglichkeiten und unterliegen damit der vollen unterhaltsrechtlichen Anrechnung (vgl. BGH FamRZ 1980, 984; BGH FamRZ 1970, 636). Sie sind i. d. R. auf die Zeiträume zu verteilen, für die sie gewährt wurden.

▶ **Trinkgelder**

Trinkgelder sind wie sonstige Lohn- oder Gehaltszahlungen nach Abzug der dafür zu entrichtenden →*Steuern* voll anrechenbares Einkommen. Einem Beweisantritt über die tatsächliche Trinkgeldhöhe (weniger als „erfahrungsgemäß" angenommen) ist nachzukommen (so BGH FamRZ 1991, 182).

U

▶ Überbrückungsgeld

Das Überbrückungsgeld, das ein Strafgefangener erhält, soll dazu dienen, seinen Lebensunterhalt und den seiner Unterhaltsberechtigten in den ersten vier Wochen **nach der Entlassung** zu sichern. Für den laufenden Unterhaltsbedarf kann es nicht herangezogen werden, weil der Strafgefangene vor seiner Entlassung darüber nicht verfügen kann. Es kann als Einkommen erst in dem Monat angesehen werden, in den der Zeitpunkt der Entlassung fällt und in dem es in der angesammelten Höhe ausbezahlt wird (BGH FamRZ 1982, 792, 794). Siehe →*Strafgefangene.*

▶ Übergangsgeld

Es gleicht den Lohnausfall aus und hat damit **Lohnersatzfunktion,** stellt also anrechenbares Einkommen dar. Das sog. Übergangsgeld nach § 24 SGB II ist keine subsidiäre Sozialleistung und damit unterhaltsrechtliches Einkommen des Bedürftigen (OLG München FamRZ 2006, 1125).

▶ Überleitung

In § 33 SGB II ist der gesetzliche Anspruchsübergang normiert. Der Anspruchsübergang vollzieht sich **kraft Gesetzes** und ist vom Familiengericht zu beachten. Siehe →*Arbeitslosengeld II.*

Werden übergeleitete Unterhaltsansprüche auf den Leistungsberechtigten von einem Sozialhilfeträger **rückübertragen,** fehlt für die gerichtliche Geltendmachung die **VKH-Bedürftigkeit** im Sinn von § 113 Abs. 1 FamFG, § 114 ZPO, da dem Berechtigten ein Anspruch auf **Verfahrenskostenvorschuss** gegen den Sozialhilfeträger zusteht (BGH FamRZ 2008, 1159).

> ### Hinweis:
>
> Für laufende Unterhaltsansprüche bei Bedarfsdeckung durch die mit einer **Heimunterbringung** einhergehenden Jugendhilfeleistungen ist der Träger der Kinder- und Jugendhilfe für seinen **Rückgriff gegen die Eltern** auf einen öffentlich-rechtlichen Kostenbeitrag verwiesen. Ein Rückgriff mittels übergegangenen zivilrechtlichen Unterhaltsanspruchs ist nicht möglich (BGH FamRZ 2007, 377).

▶ Übermäßiger Unterhalt

Immer dann, wenn ein Ehegatte übermäßige finanzielle Opfer in der Erwartung bringt, im Laufe der Ehe hierfür einen Ausgleich zu erhalten, empfiehlt sich die Vereinbarung eines bei Scheidung fälligen Darlehens. Dies gilt vor allem für die Fälle des § 1360 b BGB, etwa wenn die Sekretärin das Studium des Ehemannes finanziert.

▶ Übernachtungsspesen

Reine Übernachtungsspesen sind i. d. R. dem Einkommen nicht hinzuzurechnen, weil durch die Nichtbenutzung des häuslichen Bettes keine messbare Eigenersparnis eintritt, anders als bei Spesen für Essen und bei Fahrtspesen; etwas anderes kann jedoch dann gelten, wenn als Übernachtungsspesen nicht die tatsächlich aufgewendeten Beträge ersetzt werden, sondern **Übernachtungspauschalspesen** gewährt werden. In diesen Fällen obliegt es dem Empfänger, den tatsächlichen Mehraufwand darzulegen und ggfl. zu beweisen. Im Zweifel wird ein Drittel der Nettobeträge dem anrechenbaren Einkommen zuzurechnen sein.

▶ Überobligatorische Erwerbstätigkeit

Von einer überobligatorischen Erwerbstätigkeit spricht man, wenn Einkünfte erzielt werden, obwohl eine Erwerbsobliegenheit nicht oder nicht in dem ausgeübten Umfang besteht. Das ist z. B. dann der Fall, wenn eine Frau trotz Betreuung kleiner Kinder **unter drei Jahren** einer Erwerbstätigkeit nachgeht. Das dadurch erzielte Einkommen ist **vorab** nach § 1577 Abs. 2 BGB aus Billigkeitsgründen **zu kürzen** (BGH NJW 2000, 145). Erfolgt eine Kürzung des Einkommens nach § 1577 Abs. 2 BGB können **daneben keine Kinderbetreuungskosten** abgezogen werden, da diese Beträge bereits im anrechnungsfreien Teil des Einkommens enthalten sind; die **Höhe der Kürzung** ist immer eine Frage des Einzelfalles und hängt von den besonderen **Umständen des Einzelfalles** ab (BGH FamRZ 2005, 970).

Eine vom Unterhaltspflichtigen nach Erreichen der **Regelsaltersgrenze** für die gesetzliche Rente ausgeübte Erwerbstätigkeit ist – ebenso wie für den Unterhaltsberechtigten – sowohl hinsichtlich des **Ehegattenunterhalts** als auch des **Kindesunterhalts** regelmäßig **überobligatorisch.** Hierfür ist es unerheblich, ob der Unterhaltspflichtige abhängig beschäftigt oder **selbstständig** tätig ist (BGH FamRZ 2011, 454). Es kommt auch nicht darauf an, ob die Erwerbstätigkeit im Rentenalter sich als **berufstypisch** darstellt oder von den Ehegatten während des Zusammenlebens **geplant** war. Dies kann erst bei der gesondert zu beantwortenden Frage, in welchem konkreten Umfang das aus überobligatorischer Erwerbstätigkeit erzielte Einkommen nach Billigkeitskriterien für den Unterhalt einzusetzen ist. Dabei ist – vergleichbar mit § 1577 Abs. 2 S. 2 BGB – eine umfassende **Würdigung der Einzelfallumstände,** die der Überobligationsmäßigkeit der Tätigkeit angemessen Rechnung trägt, vorzunehmen (BGH FamRZ 2011, 454 Rn. 22 bis 24).

▶ Überschuldung

Ist der Unterhaltsverpflichtete völlig überschuldet, so kann Trennungs- und Kindesunterhalt nur im Rahmen der gesetzlichen **Pfändungsfreigrenze** verlangt werden (OLG Celle FamRZ 2002, 887). Siehe →*Insolvenzverfahren;* →*Schulden.*

▶ **Überstunden**

Die Vergütung von Überstunden ist grundsätzlich in **voller Höhe**
mit einzusetzen (BGH FamRZ 2004, 186).

Eine Überstundenvergütung ist jedenfalls dann in voller Höhe dem
unterhaltspflichtigen Einkommen zuzurechnen, wenn sie in geringem Umfang anfällt oder die abgeleisteten Überstunden das im Beruf des Unterhaltsschuldners **übliche Maß** nicht überschreiten
(BGH FamRZ 1980, 984). Bei der Ermittlung der Leistungsfähigkeit
sind grundsätzlich alle Einkünfte heranzuziehen, die dem Unterhaltsverpflichteten zufließen. Deshalb sind als Arbeitseinkommen
regelmäßig alle Leistungen anzusehen, die im Hinblick auf das
Arbeits- oder Dienstverhältnis gewährt werden, gleichgültig aus
welchem Anlass sie gezahlt werden.

Geht das Maß der Überstunden allerdings deutlich **über den üblichen Rahmen hinaus,** so ergeben sich in der Frage der Anrechnung
der dafür anfallenden Vergütung gewisse Parallelen zu den Einkünften aus einer an sich **nicht zumutbaren Erwerbstätigkeit.** Derartige
Einkünfte sind unter Berücksichtigung der Umstände des Einzelfalles nach Treu und Glauben zu beurteilen. Auch bei Überstundenvergütungen, die aus einer an sich nicht zumutbaren, erheblichen,
unüblichen Mehrarbeit resultieren, kann es im Einzelfall aus Gründen der Billigkeit gerechtfertigt erscheinen, von einer vollen Anrechnung dieser Einkünfte abzusehen (BGH FamRZ 1980, 984).

Grundsätzlich ist es aber nicht gerechtfertigt, Dauereinnahmen aus
Tätigkeiten, die über eine Arbeitszeit von 40 Stunden wöchentlich
hinausgehen, bei **unselbstständig** Tätigen nicht oder nur teilweise
als Einkünfte, aber bei **freiberuflich** Tätigen voll zu berücksichtigen
(so OLG München FamRZ 1980, 150/151). So werden z. B. bei
Berufskraftfahrern Überstunden **bis zu 25 Prozent der normalen
Arbeitszeit** als berufstypisch angesehen (OLG Hamm FamRZ 2000,
605).

▶ **Umgangsrecht**

Dem Unterhaltspflichtigen darf nicht die Möglichkeit genommen
werden, sein Umgangsrecht zur Erhaltung der Eltern-Kind-Bezie-

hung unter Berücksichtigung des Kindeswohls auszuüben (BVerfG FamRZ 2003, 1371, 1377). Die damit verbundenen Kosten sind deshalb konsequenterweise unterhaltsrechtlich zu berücksichtigen, wenn und soweit sie nicht anderweitig, insbesondere nicht aus dem anteiligen Kindergeld bestritten werden können (BGH FamRZ 2005, 708). Kosten der Ausübung des Umgangsrechts, die deutlich über den verbleibenden Anteil am Kindergeld hinausgehen, können durch einen – teilweisen – **Abzug vom Einkommen** oder eine **Erhöhung des Ehegattenselbstbehalts** berücksichtigt werden (BGH FamRZ 2009, 1392 – Rn. 41; 2008, 594, 599). Jedenfalls sind Fahrtkosten, die dem in **größerer Entfernung** von seinen Kindern wohnenden Umgangsberechtigten anlässlich von einmal monatlich stattfindenden Umgang entstehen – wenn sie weder aus Kindergeld noch aus anderen Mitteln getragen werden können – bei der Beurteilung der Leistungsfähigkeit auch für den Kindesunterhalt in vollem Umfang zu berücksichtigen (OLG Bremen FamRZ 2008, 1274). Allerdings sind Fahrtkosten nur in **angemessener Höhe** geltend zu machen; insbesondere ist der Unterhaltsschuldner gehalten, eine direkte Bahnverbindung sowie vorhandene Sondertarife zu nutzen. Erhöhte Umgangskosten sind nur mit den **notwendigen Betriebskosten des Pkw** in Höhe von **0,15 Euro pro Kilometer** in Ansatz zu bringen (OLG Koblenz FamRZ 2008, 417; vgl. auch OLG Stuttgart FamRZ 2008, 1273).

Sozialrechtlich handelt es sich bei Fahrt- und Übernachtungskosten um einen Mehrbedarf der bei der zuständigen Agentur für Arbeit beantragt werden kann (§§ 36 S. 3, 38 Abs. 2 SGB II). Bei einem alle 2 Wochen für ein Wochenende wahrgenommenen Umgang führt dies für ein Kind der zweiten Altersgruppe zu einem monatlichen Bedarf von **rund 35 Euro** (BSG FamRZ 2009, 1967).

▶ Umschulung

Auch während einer Umschulung besteht unterhaltsrechtlich die Obliegenheit, sich bereits um einen neuen Arbeitsplatz zu bemühen (BGH FamRZ 1999, 843).

Ein Umschüler darf den **Selbstbehalt** eines Erwerbstätigen für sich beanspruchen und muss sich nicht mit dem geringeren notwendi-

gen Selbstbehalt zufrieden geben (OLG Hamm FamRZ 1999, 1015).
Eine Umschulung durch das Arbeitsamt ist mit der Erwerbstätigkeit
gleichzustellen, denn der Umschüler hat im Vergleich zu einem Ar-
beitlosen oder Rentner **denselben Mehraufwand** wie ein Berufstäti-
ger.

▶ Umzugskosten

Die Kosten eines Umzuges stellen →*Sonderbedarf* dar und zwar sowohl hinsichtlich der Transport- als auch der Umzugsnebenkosten
(Kosten für Dekoration, Renovierung und Teppichbodenverlegung),
jedenfalls bis zur Hälfte der getätigten Aufwendungen, zumal, wenn
der Umzug erforderlich ist, um an dem neuen Wohnort eine Erwerbstätigkeit aufzunehmen (BGH FamRZ 1983, 29 ff.). Jedoch hat
der Unterhaltsverpflichtete Sonderbedarf wegen eines Umzugs zur
Ermöglichung des Getrenntlebens dann nicht zu decken, wenn der
Berechtigte nicht dartut und beweist, dass ihm ein Getrenntleben in
der Ehewohnung nicht möglich oder nicht zumutbar ist (so OLG
Köln FamRZ 1986, 163).

▶ Unaufgeforderte Information (Pflicht)

§ 234 Abs. 3 FamFG statuiert die Pflicht der Beteiligten während des
Verfahrens, wesentliche Änderungen von Umständen, die Gegenstand einer familiengerichtlichen Auskunftsanordnung waren,
ungefragt mitzuteilen. Das Unterlassen kann **kostenrechtlich sanktioniert** werden oder im Rahmen der Beweiswürdigung, z. B. als
Beweisvereitelung, nach § 286 ZPO frei gewürdigt werden. Auch ist
der Weg zur richterlichen Schätzung gemäß § 287 Abs. 2 ZPO eröffnet.

Die Rechtsfigur der Pflicht zur ungefragten Information, deren Verletzung zum **Schadensersatz** verpflichtet, vermag Unebenheiten des
Unterhaltsrechts zu begradigen. Dem **Unterhaltsgläubiger** gibt sie
die Rechtsmacht, Unterhalt jenseits von § 1613 Abs. 1 BGB nachzu-
fordern, auch über frühere gerichtliche Entscheidungen und Partei-
vereinbarungen hinaus. Der **Unterhaltsschuldner** kann durch sie
eine Leistungspflicht für die Vergangenheit revidieren und bereits

Geleistetes zurückverlangen. **Evident unredlich ist die Nichtoffen-barung,** wenn der andere Beteiligte des Unterhaltsrechtverhältnisses aufgrund vorangegangenen Tuns **keinen Anlass** hatte, sich einer Änderung der unterhaltsrechtlichen Umstände durch eine Auskunft zu vergewissern (BGH FamRZ 1986, 450, 794; 1988, 270; OLG Bremen FamRZ 2000, 256). Eine Obliegenheit des unterhaltsbedürfti-gen geschiedenen Ehegatten, Beziehungen zu einem **neuen Partner** zu offenbaren, besteht nicht, es sei denn, es ginge um die Sicherstel-lung der Versorgung des Bedürftigen durch den Partner (BGH FamRZ 1986, 1082). **Verstöße** gegen die Obliegenheit, ungefragt Auskunft zu erteilen, lösen auf Seiten des Pflichtigen Schadensersat-zansprüche aus (OLG Bremen FamRZ 2000, 256), auf Seiten des Berechtigten führen sie zu einer **Verwirkung** der Unterhaltsansprü-che nach § 1579 Nr. 3 BGB. Ein im Unterhaltsrechtsstreit oder außergerichtlich geschlossener Vergleich kann nach § 123 BGB **an-gefochten** werden (BGH FamRZ 2000, 150).

Verschweigen kann im Unterhaltsprozess den Tatbestand des § 1579 Nr. 3 BGB erfüllen, z. B. wenn der Abbruch der Berufsausbildung nicht mitgeteilt wird oder eigenes Einkommen des Berechtigten (BGH FamRZ 2000, 153). Der Unterhaltsberechtigte ist verpflichtet, den Pflichtigen unaufgefordert über die **Verbesserung seiner Ein-kommens- und Vermögensverhältnisse** zu informieren.

Wird in einem Unterhaltsvergleich zwischen den Parteien ausdrück-lich **geregelt,** bis zu welcher **Höhe** der Unterhaltsberechtigte **hinzu-verdienen** darf, so ist dieser verpflichtet, **unaufgefordert** über die Höhe seines Verdienstes Auskunft zu erteilen. Kommt er dieser Ver-pflichtung nicht nach, so liegt hierin ein Fall der **Verwirkung** gemäß § 1579 Nr. 5 BGB. Der **Abänderungsgrund** tritt sofort mit dem Monat ein, in dem die Berechtigte höheres Einkommen erzielt.

▶ **Unfallrenten**

Eine Unfallrente, die von der Unterhaltspflichtigen bereits während des ehelichen Zusammenlebens bezogen wurde, ist als eheprägend in die Berechnung des Trennungsunterhalts einzubeziehen unab-hängig davon, ob und in welchem Umfang sie neben einer Lohner-satzfunktion auch eine **Genugtuungsfunktion** hat – jedenfalls soweit kein finanzieller Mehrbedarf dargelegt ist (OLG München FamRZ 2007, 471). Erhält ein Unterhaltsschuldner nach der Scheidung eine Unfallrente, so ist diese als **prägendes Einkommen** anzusehen, jedenfalls wenn sie nicht zu einer Erhöhung des Gesamteinkommen des Pflichtigen führt, weil noch weiterhin Einkünfte aus vollständiger Erwerbstätigkeit im bisherigen Umfang erzielt werden (OLG Koblenz FamRZ 2003, 1106). Siehe →*Renten.*

▶ **Unfallversicherung**

Beiträge zur gesetzlichen Unfallversicherung sind vom Bruttoeinkommen als berufsbedingte Aufwendungen einkommensmindernd abzusetzen; **freiwillige** Beiträge zur gesetzlichen Unfallversicherung oder Beiträge zu privaten Unfallversicherungen sind als notwendige Vorsorgeaufwendungen ebenfalls einkommensmindernd zu berücksichtigen (OLG Hamburg FamRZ 1984, 59, 61). Auch die Aufwendungen für eine **freiwillige Unfallversicherung** können einkommensmindernd berücksichtigt werden, vorausgesetzt, sie werden **tatsächlich erbracht** (vgl. BGH FamRZ 2002, 88, 91). Auch die Kosten für eine **Unfallversicherung für Kinder** sind Abzugsposten (OLG Koblenz FamRZ 2008, 434).

▶ **Unterhaltsleistungen**

Unterhaltsleistungen, die ein Unterhaltspflichtiger von seinem Ehegatten erhält, stellen grundsätzlich Einkommen dar. Da gegenüber minderjährigen Kindern und privilegierten volljährigen Kindern eine gesteigerte Unterhaltspflicht besteht und die Eltern verpflichtet sind, alle verfügbaren Mittel gleichmäßig zu ihrem Unterhalt und zum Unterhalt der Kinder zu verwenden, müssen auch Unterhaltsleistungen für die Deckung des Unterhalts der Kinder verwendet werden. Da Unterhaltsleistungen aber der **Deckung des eigenen angemessenen Bedarfs** dienen, muss der Unterhaltspflichtige im Übrigen den an ihn bezahlten Unterhalt nicht für den Unterhalt anderer Berechtigter auch nicht für den seiner volljährigen Kinder verwenden. Wenn beide Eltern ihren volljährigen Kindern dem Grunde nach gemäß §§ 1601, 1606 Abs. 3 BGB unterhaltspflichtig sind, der

Aufstockungsunterhalt unter ihnen aber auf der Grundlage errechnet wird, dass der Besserverdienende den vollen Kindesunterhalt bezahlt, muss der andere Ehegatte sein Einkommen und den entsprechend reduzierten Aufstockungsunterhalt nicht mehr für den Kindesunterhalt einsetzen (BGH FamRZ 2009, 762). Grundsätzlich ist der Unterhalt nicht dazu bestimmt, Unterhaltsverpflichtungen gegenüber Kindern zu erfüllen.

▶ **Unterhaltsrückstände**

1. Überblick

Unterhalt für die Vergangenheit kann nach **unterschiedlichen Voraussetzungen** geltend gemacht werden. Es ist vorab zu **unterscheiden,** ob

(1) rückständiger **nachehelicher Ehegattenunterhalt** verlangt wird. Dann nach den Voraussetzungen des § 1585 b BGB: Wegen eines Sonderbedarfs (§ 1613 Abs. 2 BGB) kann der Berechtigte Unterhalt für die Vergangenheit verlangen. Im Übrigen kann der Berechtigte für die Vergangenheit Erfüllung oder Schadensersatz wegen Nichterfüllung **nur entsprechend § 1613 Abs. 1 BGB** fordern, § 1585 b Abs. 2 BGB.

(2) rückständiger

(a) Kindesunterhalt

(b) Verwandtenunterhalt (Eltern gegen Kind)

(c) Unterhalt der Kindesmutter gegen den Erzeuger des Kindes nach § 1615 l BGB

(d) Getrenntlebensunterhalt, § 1360 a Abs. 3 BGB

(e) Familienunterhalt, § 1661 Abs. 4 S. 4 BGB

geltend gemacht wird. **Dann** nach den Voraussetzungen des § 1613 Abs. 1 BGB: ab dem **1. des Monats,** in dem das **Auskunftsbegehren,** das zum Zwecke der Geltendmachung eines Unterhaltsanspruchs oder das **Verzugsschreiben** zuging, bzw. die Klage **rechtshängig** wurde.

(3) rückwirkend **Sonderbedarf** verlangt wird. **Dann**

(a) ohne die Einschränkungen des § 1613 Abs. 1 BGB

(b) nach den Voraussetzungen des § 1613 Abs. 2 BGB wenn der
   Unterhalt

– aus **rechtlichen** Gründen (insbesondere Vaterschaftsfeststellung)

– aus **tatsächlichen** in den Verantwortungsbereich des Pflichtigen fallenden Gründen (insbesondere unbekannter Aufenthalt; Auslandsaufenthalt)

nicht geltend gemacht werden konnte.

2. Nachehelicher Ehegattenunterhalt

Die Voraussetzungen, nach denen nachehelicher Ehegattenunterhalt
für die Vergangenheit gefordert werden kann, richtet sich nach
§ 1585 b i. V. m. § 1613 BGB. Der Unterhalt wird ab dem ersten des
Monats, in dem das **Auskunftsbegehren,** das zum Zwecke der Geltendmachung eines Unterhaltsanspruchs oder das **Verzugsschreiben** zuging bzw. der Unterhaltsanspruch rechtshängig geworden ist,
geschuldet.

3. Kindesunterhalt, Verwandtenunterhalt, Trennungs- und Familien-
unterhalt, Unterhaltsansprüche der Kindesmutter gegen den Erzeuger
des Kindes nach § 1615 l BGB

Auch hier gilt der **Grundsatz,** dass der Berechtigte Unterhalt für die
Vergangenheit Erfüllung oder Schadensersatz wegen Nichterfüllung
nicht verlangen kann, wenn nicht einer der **Ausnahmetatbestände,**

(1) dass der Verpflichtete zum Zwecke der Geltendmachung des
   Unterhaltsanspruchs aufgefordert worden ist, über seine Einkünfte und sein Vermögen Auskunft zu erteilen

(2) dass der Verpflichtete in Verzug gesetzt worden ist oder

(3) der Unterhaltsanspruch rechtshängig geworden ist oder

(4) Unterhalt wegen Sonderbedarf begehrt wird

gegeben ist. Die sog. Stufenmahnung ist damit in diesen Fällen entbehrlich. Dadurch, dass der Unterhalt ab dem 1. des Monats, in
dem das Verzugs- oder Auskunftsschreiben zuging bzw. die Klage
rechtshängig wurde, geschuldet wird, wenn der Unterhaltsanspruch
dem Grunde nach bereits bestand, wird eine Quotelung nach einzelnen Tagen vermieden.

4. Ersatzhaftung

Auch in allen Fällen des Forderungsübergangs nach § 1607 BGB wegen vorangegangener Ersatzhaftung gilt der **Grundsatz,** dass der Berechtigte für die Vergangenheit Erfüllung oder Schadensersatz wegen Nichterfüllung für die Vergangenheit nicht verlangen kann, wenn nicht einer der **Ausnahmetatbestände,**

(1) dass der Verpflichtete zum Zwecke der Geltendmachung des Unterhaltsanspruchs aufgefordert worden ist, über seine Einkünfte und sein Vermögen Auskunft zu erteilen, oder

(2) dass der Verpflichtete in Verzug gesetzt worden ist, oder

(3) Rechtshängigkeit eingetreten ist, oder

(4) Unterhalt wegen Sonderbedarf begehrt wird, oder

(5) der Berechtigte aus rechtlichen oder tatsächlichen Gründen, die in den Verantwortungsbereich des Unterhaltspflichtigen fallen, an der Geltendmachung des Unterhaltsanspruchs gehindert war.

► Unterhaltsverzicht

(1) **Verzicht auf Kindesunterhalt:** Gemäß § 1614 BGB kann auf Kindesunterhalt **für die Zukunft nicht** verzichtet werden, auch nicht teilweise. Werden die Tabellensätze der DT um mehr als ein Drittel unterschritten, liegt ein **unzulässiger Teilverzicht** vor (BGH FamRZ 1984, 997). Demgegenüber ist ein Unterhaltsverzicht für die **Vergangenheit zulässig.** Vom Unterhaltsverzicht zu unterscheiden ist die Vereinbarung über die **Freistellung** eines Elternteils durch den anderen. Derartige Vereinbarungen sind zulässig, binden aber das Kind nicht.

(2) **Familienunterhalt:** Der Anspruch auf Familienunterhalt für die Zukunft ist gemäß §§ 1360 a Abs. 3, 1614 BGB unverzichtbar; dieser Familienunterhalt umfasst nach § 1360 a Abs. 4 BGB auch den Anspruch auf **Verfahrenskostenvorschuss.**

(3) **Trennungsunterhalt:** Auf Trennungsunterhalt kann gemäß §§ 1361 Abs. 4 S. 3, 1360 a Abs. 3, 1614 Abs. 1 BGB für die Zukunft **nicht verzichtet werden.** Ein vereinbarter Unterhaltsverzicht ist nach § 134 BGB unwirksam. Für die **Vergangenheit** ist

ein Unterhaltsverzicht dagegen möglich. Ein Verzicht auf Unterhalt liegt nicht bereits **bei jeglicher Abweichung** der von den Ehegatten getroffenen Regelung von dem nach dem Gesetz geschuldeten Unterhalt vor, sondern erst dann, wenn eine **gewisse Toleranz** überschritten wird, die bei **20–33 Prozent des Bedarfs** angenommen wird (OLG Hamm FuR 2000, 280).

(4) **Nachehelicher Unterhalt:** Ein Unterhaltsverzicht, der gemäß § 1585 c für die Zeit nach der Scheidung grundsätzlich durch **Notarvertrag** oder zu gerichtlichem Protokoll möglich ist, kann nicht durch einseitige Erklärung, sondern nur durch einen **Erlassvertrag** zustande kommen, wobei man die Feststellung eines **Verzichtswillens strenge Anforderungen** zu stellen sind. Zu den **Grenzen der Vertragsfreiheit** beim nachehelichen Ehegattenunterhalt sind die Entscheidungen des Bundesverfassungsgerichts (FamRZ 2001, 343, 985) und des BGH (FamRZ 2004, 601) zu beachten, die oben unter →*Inhaltskontrolle von Eheverträgen und Scheidungsvereinbarungen* dargestellt sind.

(5) **Verzicht zu Lasten der Sozialhilfe:** Die Voraussetzungen für die richterliche Inhaltskontrolle und für die Sittenwidrigkeit von Eheverträgen zu Lasten der Sozialhilfe hat der BGH (FamRZ 2007, 197) dahingehend präzisiert, dass bei **beiderseitiger Mittellosigkeit** der Ehepartner, deren wechselseitiger Unterhaltsverzicht **keine einseitige Lastenverteilung** begründet, jedenfalls dann nicht sittenwidrig ist, wenn die **Wechselseitigkeit des Unterhaltsverzichts** nicht nur formal vereinbart wurde, sondern sich jeder der Ehegatten vor einer im Zeitpunkt des Vertragsschlusses zumindest vorstellbaren Inanspruchnahme durch den jeweils anderen Ehegatten im Scheidungsfall schützen wollte. Eine Pflicht von Eheschließenden zur **Begünstigung des Sozialhilfeträgers** für den Scheidungsfall kennt das geltende Recht nicht. Dies gilt unabhängig davon, ob der Ehevertrag vor oder nach der Eheschließung vereinbart worden ist und ob die Ehegatten im ersten Fall die spätere Eheschließung vom Abschluss des Ehevertrages abhängig gemacht haben (BGH FamRZ 2007, 199). Sittenwidrig kann der Unterhaltsverzicht jedoch dann sein, wenn die Eheleute ehebedingte Nachteile, die das Recht des

nachehelichen Unterhalts angemessen zwischen ihnen ausgleichen will, auf die Sozialhilfe verlagern.

▶ Unterhaltsvorschussleistungen

(1) Gemäß § 2 UVG wird als Unterhaltsleistung der **Mindestunterhalt abzüglich des vollen Kindergeldes** gezahlt. Der Sozialleistungsträger, der Unterhaltsleistungen nach dem UVG erbringt, kann künftigen Unterhalt im Wege der gewillkürten Prozessstandschaft gegen den Unterhaltsschuldner einklagen (BGH FamRZ 1998, 357).

(2) Es handelt sich dabei um eine **gesetzliche Prozessstandschaft.** Unterhaltsvorschussleistungen werden für Kinder bis zur Vollendung des 12. Lebensjahres erbracht. Damit gewinnen die Fragen zur Rückforderung von Unterhaltsvorschussleistungen an Bedeutung. Nach § 7 Abs. 1 UVG genügt für die **Legalzession** auch ohne Verzug des Unterhaltsschuldners seine unverzügliche Inanspruchnahme; einer **Überleitungsanzeige bedarf es nicht.** Der Forderungsübergang bei Unterhaltsvorschussleistungen nach dem Unterhaltsvorschussgesetz hat auf den laufenden Prozess keinen Einfluss und lässt für **künftige Unterhaltsansprüche** die Aktivlegitimation unberührt (vgl. BGH FamRZ 1995, 1131). Bereits übergegangene Ansprüche können im Wege der gewillkürten Prozessstandschaft oder nach **Rückübertragung** geltend gemacht werden.

(3) Wird Unterhaltsvorschuss geleistet und geht deshalb gemäß § 7 Abs. 1 UVG der Unterhaltsanspruch des Kindes gegen den barunterhaltspflichtigen Elternteil auf das Land über, soll dies künftig **zusammen mit dem unterhaltsrechtlichen Auskunftsanspruch** geschehen. Dadurch hat die öffentliche Hand die Möglichkeit, den Unterhaltsschuldner zivilrechtlich auf Auskunftserteilung in Anspruch zu nehmen und ggf. auch bei Rückgriffsansprüchen im Wege der Stufenklage vorzugehen. Neben diesem Anspruch bleibt weiterhin der öffentlich-rechtliche Auskunftsanspruch des § 6 UVG bestehen. Ein Übergang des Unterhaltsanspruchs nach § 7 UVG **findet nicht statt,** wenn

dem Schuldner bei Zahlung des Unterhalts weniger als der **Bedarf nach Sozialhilferecht** verbleiben würde. Daher findet **keine öffentlich-rechtliche Vergleichsberechnung** statt (BGH FamRZ 2001, 619).

(4) Auch ein Unterhaltsanspruch, der auf **fiktivem Einkommen** des Schuldners beruht, geht auf das Land über. Der Grundsatz, dass niemand durch die Erfüllung einer Unterhaltspflicht sozialhilfebedürftig werden darf, gilt auch hier, da er letztlich aus dem Verfassungsrecht herzuleiten ist. Jedoch meint der BGH (FamRZ 2001, 619), dass der Schuldner durch den notwendigen Selbstbehalt des § 1603 Abs. 1 S. 2 BGB hinreichend geschützt ist. Der auf Unterhalt bis zur Höhe des **Regelbetrages** in Anspruch genommene Elternteil trägt auch dann die Darlegungs- und Beweislast für seine **verminderte Leistungsfähigkeit,** wenn der Unterhalt nicht vom Kind, sondern aus **übergegangenem Recht** von öffentlichen Einrichtungen oder Verwandten geltend gemacht wird (BGH FamRZ 2003, 444; 2002, 536).

(5) Die **Schutzklausel** des § 7 Abs. 3 S. 2 UVG steht der Titulierung der übergegangenen Unterhaltsansprüche auch dann nicht entgegen, wenn der Unterhaltspflichtige über den geschuldeten **laufenden Unterhalt** hinaus nicht leistungsfähig ist (BGH FamRZ 2006, 1664). § 7 Abs. 3 S. 2 UVG ist eine ausdrückliche Regelung der widerstreitenden Interessen des Kindes einerseits und des Trägers der Unterhaltsvorschusskasse andererseits für den Fall, dass nach der Beendigung der Unterhaltsvorschussleistungen die Regressansprüche der öffentlichen Hand mit den dann bestehenden laufenden Unterhaltsansprüchen des Kindes konkurrieren. Der Unterhaltsberechtigte würde benachteiligt, wenn der übergegangene Anspruch neben einem eigenen Anspruch besteht und der Unterhaltsschuldner nicht in der Lage ist, beide Ansprüche zu erfüllen. In diesem Fall hat der Anspruch des Unterhaltsberechtigten **Vorang** gegenüber dem übergegangenen Anspruch. Dieses Verbot, den Unterhaltsberechtigten zu benachteiligen, ist sowohl im Verhältnis zwischen dem Unterhaltsberechtigten und dem Unterhaltspflichtigen als auch im Verhältnis zwischen dem Zessionar und dem Unterhaltsschuldner zu

berücksichtigen. Dem Schutz des Unterhaltsberechtigten ist dadurch zu genügen, dass die Gefahr der Vollstreckung durch entsprechenden Hinweis im Beschluss, ggf. bereits im Tenor vermieden wird (BGH FamRZ 2006, 1665). Dem Träger der Unterhaltsvorschusskasse muss aber die Möglichkeit der Titulierung gegeben sein, weil titulierte regelmäßig wiederkehrende künftig fällig werdende Ansprüche auf Unterhalt der 3-jährigen Verjährungsfrist unterfallen, während titulierte Unterhaltsrückstände erst in 30 Jahren verjähren. Der Lauf der 3-jährigen Verjährungsfrist ist nicht nach § 207 S. 2 Nr. 2 BGB gehemmt.

(6) In die einer Klage auf künftige Leistungen stattgebende **Entscheidung** ist die **Bedingung** aufzunehmen, dass die Festsetzung bezüglich der laufenden Unterhaltsleistungen nur gilt, soweit tatsächlich Leistungen nach dem UVG erbracht werden, längstens bis zur Vollendung des 12. Lebensjahres des Kindes, insgesamt nicht mehr als 72 Monate (OLG Stuttgart FamRZ 2006, 1769).

▶ Unverheiratete Mutter

1. Unterhaltsbedarf

Das Maß des einer nicht verheirateten Mutter nach § 1615 l BGB zu gewährenden Unterhalts bestimmt sich nach ihrer Lebensstellung (§§ 1615 l Abs. 3 S. 1, 1610 Abs. 1 BGB). Diese richtet sich grundsätzlich nach dem Einkommen, das die Mutter **ohne die Geburt** ihres Kindes zur Verfügung hätte. Die Mutter, die in der Vergangenheit eine höhere Lebensstellung als der Vater erreicht hatte, kann diese nicht i. S. einer unveränderten Lebensstandardgarantie fortschreiben. Ihr Maß des Unterhalts wird vielmehr durch die Lebensstellung des Vaters **begrenzt.** Der Anspruch nach § 1615 l BGB ist der Höhe nach mit dem nach § 1570 BGB vergleichbar. Wenn selbst der stärker ausgestaltete nacheheliche Betreuungsunterhalt stets durch den **Halbteilungsgrundsatz** begrenzt wird, muss dies erst recht für den Anspruch der nicht verheirateten Mutter gelten (BGH FamRZ 2005, 442). Ob und in welchem Umfang die nach § 1615 l BGB unterhaltsberechtigte Mutter sich ein **überobligationsmäßiges Einkommen** auf ihren Bedarf anrechnen lassen muss, ergibt sich aus einer entsprechenden Anwendung von § 1577 Abs. 2 BGB. Danach verbietet sich eine pauschale Beurteilung; maßgeblich sind vielmehr die besonderen Verhältnisse des Einzelfalles (BGH FamRZ 2005, 442). **Setzt** die Mutter eines Kindes nicht verheirateter Eltern ihre **selbstständige Tätigkeit** trotz Kindesbetreuung nach der Geburt **fort**, handelt es sich um eine **überobligatorische** Tätigkeit (OLG München FamRZ 2006, 812). Bei der **Gewinnermittlung** sind dabei auch die Kosten für Umsatzprovisionen freier Mitarbeiter, die sie wegen der Kinderbetreuung beschäftigen muss, Abzugsposten. Laut DT bemisst sich der **Bedarf der Mutter und des Vaters eines nichtehelichen Kindes** (§ 1615 l Abs. 1, 2, 5 BGB) nach der Lebensstellung des betreuenden Elternteils, beträgt mindestens aber 770 Euro, bei Erwerbstätigkeit 950 Euro.

Der **angemessene Selbstbehalt gegenüber der Mutter und dem Vater eines nichtehelichen Kindes** (§§ 1615 l Abs. 3 Satz 1, 5, 1603 Abs. 1 BGB): beträgt monatlich mindestens 1050 Euro.

Ein **Altersvorsorgeunterhalt** wird bei Ansprüchen nach § 1615 l BGB nicht geschuldet, da die Kindesmutter für die ersten drei Jahre die Kindererziehung vom Staat in Höhe des Durchschnittseinkommens in der gesetzlichen Rentenversicherung versichert ist (OLG München FamRZ 2006, 812).

2. Unterhaltsansprüche nach § 1615 l BGB

§ 1615 l BGB gibt der nicht verheirateten Mutter gegen den Vater des nichtehelichen Kindes **drei verschiedene Unterhaltsansprüche,** nämlich

(1) den gemäß § 1609 BGB auf **Rangstufe 2** stehenden Betreuungsunterhalt nach § 1615 l Abs. 2 S. 3 BGB. Die Unterhaltspflicht beginnt frühestens vier Monate vor der Geburt und besteht für **mindestens drei Jahre nach der Geburt.** Sie **verlängert sich,** solange und soweit dies der **Billigkeit** entspricht. Dabei sind insbesondere die **Belange des Kindes** und die **bestehenden Möglichkeiten der Kinderbetreuung** zu berücksichtigen.

(a) Die **Dauer des Anspruchs** wegen der Betreuung des Kindes richtet sich beim nichtehelichen Kind nach denselben Grundsätzen wie beim ehelichen Kind und ist **gleich lang** ausgestaltet.

(b) Für die ersten drei Lebensjahre des Kindes hat der betreuende Elternteil – Bedürftigkeit vorausgesetzt – stets einen Unterhaltsanspruch.

(c) Für die Zeit nach Vollendung des dritten Lebensjahres wird der Unterhaltsanspruch des nicht verheirateten Elternteils **nach Billigkeit verlängert,** § 1615 l Abs. 2 S. 4 BGB. Bei der Billigkeitsentscheidung kommt den **Belangen des Kindes** entscheidende Bedeutung zu. Die bestehenden zumutbaren Möglichkeiten der Kindesbetreuung sind zu berücksichtigen. Maßstab für eine Verlängerung sind kindbezogene Gründe. Die Belange des Kindes sind immer dann berührt, wenn das Kind **in besonderem Maße** wegen Krankheit oder Behinderung **betreuungsbedürftig** ist. Wesentlich ist, dem nichtehelichen Kind Lebensverhältnisse zu sichern, die seine Entwicklung fördern und dem Gleichstellungsauftrag aus Art. 6 Abs. 5 GG Rechnung tragen.

(d) Neben den kindbezogenen Gründen können im Einzelfall zusätzlich auch andere Gründe, nämlich **elternbezogene Gründe,** berücksichtigt werden. Das wird durch das Wort „insbesondere" klargestellt. Die in der Rechtspraxis bewährte **Differenzierung** nach kind- und elternbezogenen Umständen kann fortgeführt und im Lichte des Beschlusses des BVerfG (FamRZ 2007, 965 = NJW 2007, 1735) weiter entwickelt werden.

(e) **Gewichtige elternbezogene Gründe** für einen längeren Unterhaltsanspruch liegen beispielsweise vor, wenn die Eltern in einer **dauerhaften Lebensgemeinschaft** mit einem **gemeinsamen Kinderwunsch** gelebt und sich hierauf eingestellt haben (vgl. BGH FamRZ 2006, 1362).

(f) Es ist auch von Bedeutung, wenn ein Elternteil zum Zwecke der Kindesbetreuung einvernehmlich eine **Erwerbstätigkeit aufgegeben** hat oder wenn ein Elternteil **mehrere gemeinsame Kinder** betreut. Auch die **Dauer der Lebensgemeinschaft** kann ein Gradmesser für gegenseitiges **Vertrauen** und Füreinandereinstehenwollen sein.

(g) Bei der **Gesamtabwägung** ist – wie auch beim Betreuungsunterhalt nach § 1570 BGB – zu berücksichtigen, dass der
Hintergrund für die Begrenzung des Betreuungsunterhalts
auf regelmäßig bis zu drei Jahre nach der Geburt des Kindes
ist, dass an dem Drei-Jahreszeitraum zahlreiche **sozial-staat-
liche Leistungen** und Regelungen anknüpfen. So besteht der
Anspruch des Kindes auf einen **Kindergartenplatz** vom voll-
endeten dritten Lebensjahr an (§ 24 Abs. 3 SGB VIII) oder
nach § 10 Abs. 1 SGB II die **Zumutbarkeit einer Erwerbstätigkeit** eines Hilfebedürftigen, soweit die Betreuung des
Kindes, das das dritte Lebensjahr vollendet hat, in einer
Tageseinrichtung sichergestellt ist.

(h) Die Frage, wann Betreuungsunterhalt über die Drei-Jahres-
grenze hinaus gewährt werden kann, ist eine Frage der Billigkeit. Es ist nicht mehr erforderlich, dass die Versagung von
Betreuungsunterhalt dem Gerechtigkeitsempfinden in unerträglicher Weise widersprechen würde. Wann die Versagung
weiteren Betreuungsunterhalts unbillig ist, kann nur von den
Gerichten aufgrund einer umfassenden Abwägung unter
Berücksichtigung aller Umstände des konkreten Einzelfalles
bestimmt werden, wobei in erster Linie **kindbezogene Belange** zu berücksichtigen sind (vgl. BGH FamRZ 2011, 1375;
Löhnig, FamRZ 2011, 1537).

(2) den Unterhaltsanspruch aus Anlass der Entbindung, § 1615 l
Abs. 2 S. 1 BGB, wonach der Vater der Mutter für die Dauer **von
sechs Wochen vor und acht Wochen** nach der Geburt des Kindes Unterhalt zu gewähren hat. Dieser sog. **kleine Unterhaltsanspruch** für die Dauer von 14 Wochen beruht auf der Erwägung,
dass die Bedürftigkeit der Kindesmutter in Folge Schwangerschaft und Entbindung regelmäßig gegeben ist. Die Geltendmachung dieses Anspruchs setzt nicht voraus, dass die Nicht-
ehelichkeit des Kindes rechtskräftig feststeht. Der Anspruch
kann geltend gemacht werden, wenn der als Erzeuger des Kindes
in Betracht kommende Mann die Vaterschaft nicht bestreitet
(OLG Zweibrücken FamRZ 1998, 554).

(3) den Anspruch auf Erstattung der Kosten, die in Folge der Schwangerschaft oder der Entbindung außerhalb dieses Zeitraums entstehen, § 1615 l Abs. 1 S. 2 BGB. Zu diesen Kosten gehören vor allem die unmittelbaren **Entbindungskosten,** wie z. B. die Kosten für Arzt, Hebamme, Klinik, Pflegepersonen, Medikamente und weitere durch die Schwangerschaft oder Entbindung entstehende notwendige Aufwendungen, wie etwa ärztliche Vor- und Nachuntersuchungen, Schwangerschaftsgymnastik, mit der Schwangerschaft zusammenhängende Krankheiten, Schwangerschaftsgarderobe und dgl. Die Kosten für die Krankenhausunterbringung des **Kindes** nach der Geburt gehören dagegen nicht zu den erstattungsfähigen Aufwendungen, da diese Aufwendungen zum eigenen Unterhalt des Kindes zählen. Zu ersetzen sind jeweils nur die wirklich entstandenen Kosten, ermäßigt um die Leistungen, welche die Mutter tatsächlich von anderen Stellen erhalten hat, insbesondere um Zahlungen von Sozialversicherungsträgern oder von privaten Versicherungen.

Kosten, die in Folge der Schwangerschaft oder der Entbindung entstehen, sind:

- unmittelbare Entbindungskosten, insbesondere Kosten für Arzt, Hebamme, Klinik, Pflegepersonen und Medikamente

- durch die Schwangerschaft oder Entbindung entstehende weitere notwendige Aufwendungen, insbesondere ärztliche Vor- und Nachuntersuchung

- Kosten für die Einstellung eines Vertreters in der Betriebsleitung oder für **eine Praxisvertretung,** wenn die Mutter als Selbstständige tätig ist, jedoch nur **soweit** diese Kosten zur Sicherung des Lebensunterhalts erforderlich sind.

Die Ansprüche nach § 1615 l BGB **setzen voraus,** dass die **Vaterschaft** festgestellt oder anerkannt wurde. Gemäß § 1613 Abs. 2 Nr. 2 a BGB kann der Unterhalt **rückwirkend** verlangt werden.

Ist die Mutter des Kindes mit einem **anderen Mann verheiratet** oder **geschieden,** besteht der Anspruch nach § 1615 l **neben** dem Anspruch gegen den **Ehepartner.** Der Ehemann und der Vater des nichtehelichen Kindes haften für den Betreuungsunterhalt der Mutter **anteilig** (BGH FamRZ 1998, 541). **Gibt** die Mutter eines in der Trennungszeit geborenen nichtehelichen Kindes mit Rücksicht auf die Betreuung des Kindes **ihre bisherige Erwerbstätigkeit auf,** so kann sie ihren **Ehemann** auf Trennungsunterhalt nur insoweit in Anspruch nehmen, als unter **fiktiver Fortschreibung ihres früheren Einkommens** ein ungedeckter Unterhaltsbedarf besteht. In **diesem Umfang** haften der Ehemann und der Vater des nichtehelichen Kindes entsprechend § 1606 Abs. 3 S. 1 BGB als **Teilschuldner,** während hinsichtlich des bisher durch das eigene Einkommen gedeckten Bedarfs eine auch nur subsidiäre Haftung des Ehemanns ausscheidet (OLG Hamm FamRZ 2000, 637).

Ehemann und Kindesvater haften **auch dann anteilig** für den Unterhalt der Ehefrau und Kindesmutter, wenn diese erst nach Entstehen der Unterhaltspflicht des Kindesvaters heiratet (OLG Schleswig FamRZ 2000, 637). Für die grundsätzliche Anwendung des § 1615 l Abs. 2, 3 i. V. m. § 1606 Abs. 3 BGB kann nicht von Bedeutung sein, in **welcher zeitlichen Reihenfolge** die jeweiligen Unterhaltsschuldner für die Deckung des Unterhaltsbedarfs zur Verfügung stehen; entscheidend ist allein die Tatsache, dass mit dem Ehemann und dem Vater des nichtehelichen Kindes **zwei Unterhaltsschuldner vorhanden** sind (OLG Schleswig FamRZ 2000, 638).

Bei gleichzeitiger **Betreuung weiterer Kinder** haften die **verschiedenen Väter** der **verschiedenen Kinder** anteilig für den Betreuungsunterhalt entsprechend § 1606 Abs. 3 S. 1 BGB. Bei der Ermittlung der **Haftungsanteile** sind zunächst das bereinigte Nettoeinkommen jedes Verpflichteten zu ermitteln, vom Restbetrag der jeweilige **Selbstbehalt abzuziehen** und die Ergebnisse zueinander ins Verhältnis zu setzen; sodann können unter Berücksichtigung der Umstände des Einzelfalles die ermittelten Anteile nach oben oder unten korrigiert werden (OLG Bremen FamRZ 2006, 1207).

Die unverheiratete Mutter kann gemäß § 1614 BGB auf ihren Anspruch aus § 1615 l BGB für die Zukunft **nicht wirksam verzichten.**

Die **Verwirkung** des Unterhaltsanspruchs richtet sich ausschließlich nach § 1611 BGB (OLG Karlsruhe FamRZ 2011, 1800). Gemäß

§ 1615 o Abs. 2 BGB kann durch **einstweilige Verfügung** angeordnet werden, dass der Mann, der die Vaterschaft anerkannt hat oder der **als Vater vermutet** wird, die nach § 1615 l Abs. 1 voraussichtlich zu leistenden Beträge an die Mutter zu zahlen hat.

Für die **Verlängerung des Betreuungsunterhalts über das dritte Lebensjahr des Kindes hinaus** schlägt Büttner (FamRZ 2000, 783) vor, folgende Gründe anzuerkennen:

(1) Besonderer Betreuungsbedarf des Kindes wegen Behinderung oder Krankheit, wenn selbst bei teilweiser Fremdbetreuung ein überdurchschnittlicher Betreuungsbedarf durch die Mutter verbleibt

(2) Fälle, in denen keine anderweitige Betreuungsmöglichkeit für das Kind besteht, z. B. bei Aufenthalt im Ausland, wo keine Kindergartenplätze zur Verfügung stehen

(3) Besonders günstige wirtschaftliche Verhältnisse des Vaters

(4) Betreuung **mehrerer Kinder desselben** nichtehelichen Vaters

(5) Krankheit oder Behinderung der Mutter, die eine Berufstätigkeit neben der auch bei Fremdbetreuung verbleibenden Betreuungsarbeit unzumutbar erscheinen lassen

(6) Schaffung besonderer Vertrauenstatbestände durch den Vater, z. B. bei langjährigem Zusammenleben unter vereinbarungsgemäßer Freistellung der Frau für Kindererziehung oder bei freiwilliger Unterhaltszahlung über die Vollendung des dritten Lebensjahres hinaus

(7) Besondere Verpflichtung gegenüber der Mutter, z. B. wenn diese die Ausbildung des Vaters finanziert hat oder wenn das Kind aus einer **Vergewaltigung** hervorgegangen ist.

Der BGH (FamRZ 2011, 1375) weist darauf hin, dass überwiegend zwischen kindbezogenen und elternbezogenen Gründen für eine Verlängerung des Unterhaltsanspruchs zu unterscheiden ist.

Kindbezogene Gründe liegen z. B. dann vor, wenn das Kind behindert, dauerhaft krank oder schwer in seiner Entwicklung gestört und deshalb auf weitere Betreuung durch die Mutter angewiesen ist. Weil die kindbezogenen Gründe aus verfassungsrechtlichen Grün-

den besonders ins Gewicht fallen, kommt eine Verlängerung des
Unterhaltsanspruchs in solchen Fällen schon dann in Betracht,
wenn der Aufschub der Aufnahme einer Erwerbstätigkeit durch die
Mutter aus objektiver Sicht wegen der besonderen Bedürfnisse des
Kindes als vernünftig und dem **Kindeswohl förderlich** erscheint
oder wenn das Kind in **besonderem Maße betreuungsbedürftig** ist.
Ausnahmsweise kann dazu auch eine **fehlende Betreuungsmöglichkeit** zu rechnen sein, etwa wenn kein Kindergartenplatz zur Verfügung steht.

Elternbezogene Gründe für eine grobe Unbilligkeit können vorliegen, wenn der Unterhaltspflichtige gegenüber dem Unterhaltsberechtigten einen **besonderen Vertrauenstatbestand** geschaffen hat,
z. B. weil die Eltern das Kind in der Erwartung eines dauernden gemeinsamen Zusammenlebens gezeugt haben. Andernfalls würde
sich der Vater mit seinem früheren Verhalten in Widerspruch setzen, wenn z. B. in der nichtehelichen Lebensgemeinschaft ein gemeinsamer Kinderwunsch verwirklicht wurde und Einigkeit bestand, dass ein Elternteil das gemeinsame Kind betreut, während
der andere den hierfür benötigten Unterhalt zur Verfügung stellt.

3. Höhe des Unterhaltsbedarfs

Grundsätzlich ist der **Einkommensausfall der Mutter** zu ersetzen,
gleichgültig, wie die Lebensverhältnisse des Vaters sind. Neben dem
angemessenen Selbstbehalt muss jedoch auch der **Halbteilungsgrundsatz** gewahrt sein, denn es liegen keine Gründe vor, die nicht
verheiratete Mutter besser zu stellen als die geschiedene Mutter, die
ehegemeinschaftliche Kinder betreut.

Die Höhe des Unterhaltsbedarfs richtet sich gemäß § 1610 Abs. 1
S. 2 BGB nach der **Lebensstellung der Mutter.** War die Mutter berufstätig, ist von ihrem früheren Einkommen auszugehen. Bei einer
getrennt lebenden oder geschiedenen Hausfrau richtet sich ihr Bedarf nach den **ehelichen Lebensverhältnissen** (BGH FamRZ 1998,
451). War die Kindesmutter bisher **nicht erwerbstätig,** ist ein **Pauschalbetrag von 770 Euro** anzusetzen. Nach der DT bemisst sich
der Bedarf nach der Lebensstellung des betreuenden Elternteils, beträgt **mindestens aber 770 Euro,** bei Erwerbstätigkeit **950 Euro.**

4. Bedürftigkeit

Ist die Kindesmutter vor der Geburt einer versicherungspflichtigen Erwerbstätigkeit nachgegangen, erhält sie →*Elterngeld*. Dieses wirkt sich ebenso wie eine eventuelle Lohnfortzahlung oder Krankengeld **bedürftigkeitsmindernd** aus, soweit die Zahlung 300 Euro monatlich übersteigt, § 11 BEEG. Zur Deckung ihres Bedarfs muss die Kindesmutter darüber hinaus vorab **vorhandenes Vermögen** – mit Ausnahme des Schonvermögens – einsetzen, vgl. §§ 1615 l Abs. 3 S. 1, 1602 BGB.

5. Leistungsfähigkeit

Die Leistungsfähigkeit wird nicht nur durch das tatsächlich vorhandene Einkommen und Vermögen bestimmt, sondern auch durch die **Arbeits- und Erwerbsfähigkeit.** Der Vater muss seine Arbeitskraft so gut wie möglich einsetzen und sich Einkünfte anrechnen lassen, die er bei gutem Willen durch zumutbare Erwerbstätigkeit erzielen könnte. Grundsätzlich sind **sämtliche Einkünfte** des Unterhaltsschuldners im Rahmen seiner Leistungsfähigkeit zu berücksichtigen. Es sind aber auch alle diejenigen **Belastungen** zu berücksichtigen, die für den Unterhaltsbedarf keine Rolle spielen, d. h. dass **alle nicht mutwillig eingegangenen Belastungen** abzuziehen sind. Es ist insgesamt auf die **tatsächliche wirtschaftliche Situation** des Unterhaltsschuldners abzustellen.

Im Einzelnen gilt folgende **Rangfolge:**

(1) Die Verpflichtung des Vaters geht der Verpflichtung der Verwandten der Mutter (insbesondere deren Eltern) vor, § 1615 l Abs. 3 S. 2 BGB. Eine Haftung der Verwandten der Mutter kommt nur bei **Leistungsunfähigkeit des Vaters** in Betracht.

(2) **Minderjährige unverheiratete Kinder des Vaters** sind gegenüber der unverheirateten Mutter **vorrangig.** Der Anspruch des nichtehelichen Kindes sowie die Ansprüche sonstiger minderjähriger Kinder des Erzeugers gehen somit den Ansprüchen der unverheirateten Mutter vor.

(3) **Volljährige Kinder** des Erzeugers und **andere Verwandte** sind nachrangig, § 1609 Nr. 4 BGB.

(4) Die nichteheliche Mutter steht **gleichrangig** neben den Elternteilen, die wegen der Betreuung eines Kindes unterhaltsberechtigt sind oder im Falle einer Scheidung wären, sowie neben Ehegatten und geschiedenen Ehegatten bei einer Ehe von langer Dauer, wobei bei der Feststellung einer **Ehe von langer Dauer** auch die Nachteile i. S. d. § 1578 b Abs. 1 S. 2 u. 3 BGB zu berücksichtigen sind.

(5) Die nichteheliche Mutter steht im **Rang vor** den Ehegatten und geschiedenen Ehegatten, die nicht wegen der Betreuung eines Kindes unterhaltsberechtigt sind oder im Falle einer Scheidung wären und bei denen keine Ehe von langer Dauer i. S. d. § 1609 Ziff. 2 BGB festzustellen ist.

6. Einzelprobleme

Gemäß § 1615 l Abs. 3 BGB gelten für den Unterhaltsanspruch der nicht verheirateten Mutter die Vorschriften über die Unterhaltspflicht zwischen Verwandten entsprechend.

(1) **Auskunftspflichten:** In entsprechender Anwendung des § 1605 BGB sind der Vater und die nicht verheiratete Mutter einander verpflichtet, auf Verlangen über ihre Einkünfte und ihr Vermögen Auskunft zu erteilen, soweit dies zur Feststellung des Unterhaltsanspruchs oder einer Unterhaltsverpflichtung erforderlich ist. Über die Höhe der **Einkünfte** sind auf Verlangen **Belege,** insbesondere Bescheinigungen des Arbeitgebers vorzulegen. Vor Ablauf von zwei Jahren kann Auskunft **erneut** nur verlangt werden, wenn glaubhaft gemacht wird, dass der zur Auskunft Verpflichtete später wesentlich höhere Einkünfte oder weiteres Vermögen erworben hat. Für den Fall, dass eine **anteilige Mithaftung** des Ehemannes oder eines weiteren Vaters eines weiteren nichtehelichen Kindes in Betracht kommt, erstreckt sich die Auskunftsverpflichtung der Mutter auch auf das Einkommen des (geschiedenen) Ehemannes bzw. auf das Einkommen des weiteren Vaters (damit die Anteilshaftung berechnet werden kann).

(2) **Unterhalt für die Vergangenheit:** Aufgrund der Neuregelung des § 1613 BGB, der in Folge der Verweisung durch § 1615 l Abs. 3 BGB zur Anwendung kommt, kann rückständiger Unter-

halt unter den Voraussetzungen des § 1613 Abs. 1 BGB geltend gemacht werden und darüber hinaus gemäß § 1613 Abs. 2 BGB, wenn der Unterhalt
- aus rechtlichen Gründen oder
- aus tatsächlichen in den Verantwortungsbereich des Pflichtigen fallenden Gründen nicht geltend gemacht werden konnte.

Rechtliche Gründe i. S. d. § 1613 Abs. 2 Nr. 2 a BGB sind insbesondere die Vaterschaftsfeststellung; tatsächliche Gründe i. S. d. Vorschrift, die in der Person des Pflichtigen liegen, sind überwiegend Auslandsaufenthalt oder unbekannter Aufenthalt. Es kann somit für die Vergangenheit nach § 1613 Abs. 2 BGB auch Unterhalt verlangt werden, **bevor die Vaterschaft anerkannt** oder festgestellt wurde.

Soweit die sofortige Erfüllung für den Verpflichteten eine **unbillige Härte** bedeuten würde, kann in den Fällen, in denen der Unterhalt aus rechtlichen oder tatsächlichen, in der Person des Pflichtigen liegenden Gründen nicht sofort geltend gemacht werden konnte, der Unterhaltspflichtige in Härtefällen eine **Stundung,** eine **Ratenzahlung** oder einen **Erlass** beantragen, § 1613 Abs. 3 BGB. Bei übergeleiteten oder **gesetzlich übergegangenen Unterhaltsansprüchen** (z. B. § 7 UVG, § 91 Abs. 1 BSHG, § 97 BAföG) kann rückständiger Unterhalt auch ab dem Zeitpunkt geltend gemacht werden, ab dem dem Unterhaltspflichtigen die Hilfeleistung schriftlich mitgeteilt worden ist bzw. ab Rechtswahrungsanzeige. Die Mutter kann ihren Anspruch aus § 1615 l Abs. 1 BGB ebenso wie den Anspruch aus § 1615 l Abs. 2 BGB **nachträglich geltend** machen, wenn sie vor Anerkennung oder gerichtlicher Feststellung der Vaterschaft entstanden sind.

(3) **Sonderbedarf:** Wegen der Verweisung in § 1615 l Abs. 3 S. 3 BGB auf § 1613 Abs. 2 BGB kann die Kindesmutter vom Vater zusätzlich zum allgemeinen Unterhalt einen entstandenen unregelmäßig außergewöhnlich hohen Bedarf (Sonderbedarf) geltend machen. Jedoch mit der Einschränkung, dass nach **Ablauf eines Jahres** seit seiner Entstehung dieser Anspruch nur geltend

U Unzumutbare Erwerbstätigkeit

gemacht werden kann, wenn vorher der Verpflichtete in Verzug gekommen oder der Anspruch rechtshängig geworden ist. Voraussetzung für die Geltendmachung von Sonderbedarf ist auch hier, dass das Entstehen des Bedarfs **nicht mit Wahrscheinlichkeit vorauszusehen** war und dass der Bedarf im Verhältnis zum laufenden Unterhalt **außergewöhnlich hoch** ist, abzustellen ist regelmäßig auf die Frage, ob die betreffende Ausgabe von einer vorausschauenden Bedarfsplanung durch Bildung von Rücklagen im laufenden Unterhalt einkalkuliert werden konnte (vgl. OLG Düsseldorf FamRZ 1990, 1144). Als Sonderbedarf in der Rechtsprechung anerkannt wurde die **Erstausstattung des Säuglings** →*Säuglings-Erstausstattung.*

(4) **Ersatzansprüche gegen die Eltern:** Hat eine Kindesmutter gegen den Erzeuger des Kindes **mangels dessen Leistungsfähigkeit** keinen Unterhaltsanspruch nach § 1615 l BGB, besteht ein **Ersatzanspruch** nach §§ 1607, 1601 BGB **gegen ihre eigenen Eltern.** Die Kindesmutter muss in diesem Fall Elterngeld nicht bedarfsdeckend einsetzen. Eine Ersatzhaftung kommt nur in Betracht, wenn nachgewiesen wird, dass eine **Zwangsvollstreckung** gegen den Schuldner **erfolglos** ist (BGH FamRZ 2006, 26).

(5) **Einstweilige Anordnung:** Gemäß § 247 FamFG kann bereits vor der Geburt des Kindes die Verpflichtung zur Zahlung des für die ersten drei Monate dem Kind zu gewährenden Unterhalt sowie des der Mutter nach § 1615 l Abs. 1 BGB zustehenden Betrages geregelt werden. Gemäß § 248 FamFG ist ein Antrag auf Erlass einer einstweiligen Anordnung, durch den ein Mann auf Zahlung von Unterhalt für ein Kind oder dessen Mutter in Anspruch genommen wird, wenn die Vaterschaft des Mannes nach § 1592 Nr. 1 und 2 oder § 1593 BGB nicht besteht, nur zulässig, wenn ein **Verfahren auf Feststellung der Vaterschaft** nach § 1600 d BGB anhängig ist.

▶ **Unzumutbare Erwerbstätigkeit**

Einkommen aus unzumutbarer Erwerbstätigkeit kann nach Billigkeit ganz oder teilweise unberücksichtigt bleiben (Leitlinien Ziff. 7).

Eine nach Erreichen der **Regelaltersgrenze** für die gesetzliche Rente ausgeübte Erwerbstätigkeit ist sowohl hinsichtlich des Ehegattenunterhalts als auch hinsichtlich des Kindesunterhalts regelmäßig überobligatorisch (BGH FamRZ 2011, 454), unabhängig davon, ob es sich um eine freiberufliche Tätigkeit oder um eine abhängige Tätigkeit handelt.

Eine unzumutbare Tätigkeit liegt vor, wenn derjenige, der sie ausübt, unterhaltsrechtlich nicht gehindert ist, sie jederzeit zu beenden. Dies ist insbesondere der Fall bei Einkünften trotz **fehlender Erwerbsobliegenheit**, z. B. bei Berufstätigkeit trotz Betreuung kleiner Kinder, Nebentätigkeiten neben einer Vollzeitbeschäftigung, Leistung von **Bar- und Naturalunterhalt** für ein gemeinschaftliches Kind, Nebentätigkeit des Studenten. Nach der Rechtsprechung des BGH (NJW 2005, 2145 und NJW-RR 2005, 945) **prägt** auch eine unzumutbare Tätigkeit die ehelichen Lebensverhältnisse; das Einkommen ist aber **vorab** nach § 1577 Abs. 2 BGB aus Billigkeitsgründen **zu kürzen.**

▶ **Urlaubsgeld**

Urlaubsgeld ist voll als Einkommen anzurechnen. **Verzichtet** ein Arbeitnehmer auf seinen tarifgemäßen Urlaubsanspruch und arbeitet während des Urlaubes regulär weiter, sind die Geldbeträge, die der Arbeitgeber zur Abgeltung für nicht genommenen Urlaub leistet, Einkünfte aus unzumutbarer Erwerbstätigkeit (vgl. BGH NJW-RR 1992, 1283; AG Freiburg FamRZ 2004, 705).

▶ **Urlaubskosten**

Die finanziellen Mittel für Urlaub gehören zum normalen Lebensbedarf und müssen damit aus dem für den eigenen Unterhalt vorgesehenen Einkommensanteil bestritten werden.

▶ **Vaterschaft, Antrag auf Feststellung**

Ein Antrag, durch den ein Mann auf Zahlung von Unterhalt für ein Kind in Anspruch genommen wird, ist wenn die Vaterschaft des Mannes nach § 1592 Nr. 1 und 2 oder § 1593 BGB nicht besteht, nur zulässig, wenn das Kind minderjährig und ein Verfahren auf Feststellung der Vaterschaft nach § 1600 d BGB anhängig ist. Dabei kann Unterhalt lediglich in Höhe des Mindestunterhalts und gemäß den Altersstufen nach § 1612 a Abs. 1 S. 3 BGB und unter Berücksichtigung der Leistungen nach § 1612 b oder § 1612 c BGB beantragt werden, § 237 FamFG. Ist ein Verfahren auf Feststellung der Vaterschaft anhängig, kann nach § 248 FamFG auch eine **einstweilige Anordnung** auf Unterhalt für das Kind und dessen Mutter beantragt werden.

▶ **Veräußerung des Familienheims**

Wird das Familienheim nach Trennung oder Scheidung veräußert, waren während der Ehe die ehelichen Lebensverhältnisse der Parteien durch das mietfreie Wohnen geprägt, sodass sich der ehe-angemessene Bedarf grundsätzlich auch durch die daraus gezogenen Nutzungsvorteile erhöhte. Mit dem Verkauf des Hauses nach der Scheidung sind diese **Nutzungsvorteile** jedoch für beide Ehegatten **entfallen,** so dass ein (fiktiver) Ansatz des Wohnvorteils nicht mehr in Betracht kommt. Diese Einbuße muss von beiden Ehegatten getragen werden (BGH FamRZ 2001, 986, 1140; 2002, 88). Aus dem nach Verkauf des Hauses und nach Ablösung von Schulden und einer etwaigen Zugewinnausgleichszahlung an den anderen Ehepartner verbliebenen Restkapital erzielte Zinsvorteile aus dem Verkaufserlös **treten an die Stelle des Nutzungsvorteils** und sind daher mit in die Differenz- bzw. in die Additionsmethode einzubeziehen (BGH FamRZ 2001, 986, 1140; 2002, 88). Dies bedeutet, dass bei Veräußerung des Eigenheims der nach Ablösung von Schulden verbleibende Erlös als **Surrogat** des mietfreien Wohnens bei der Bestimmung des Bedarfs nach den ehelichen Lebensverhältnissen als prägend einzustellen ist. Erwirbt ein Ehegatten den Miteigentumsanteil des anderen Ehegatten an dem ehemals gemeinsamen Familienheim, so kann die Berücksichtigung eines Wohnvorteils bei der Bemessung des nachehelichen Unterhalts nicht mit der Begründung außer Betracht bleiben, die Ehegatten seien so zu behandeln, als hätten sie das Haus an einen Dritten veräußert und den Erlös geteilt (BGH FamRZ 2005, 1159). In diesem Fall tritt für den veräußernden Ehegatten der Erlös als **Surrogat** an die Stelle der Nutzungsvorteile seines Miteigentumsanteils. Für den **übernehmenden** Ehegatten verbleibt es grundsätzlich bei einem Wohnvorteil, und zwar nunmehr in **Höhe des vollen Wertes,** gemindert um die schon bestehenden Kosten und Lasten sowie um die **Zinsbelastungen,** die durch den Erwerb der anderen Hälfte anfallen (BGH FamRZ 2005, 1161).

Wird der Verkaufserlös ganz oder teilweise für berechtigte Zwecke **ausgegeben,** z. B. für Kosten des Scheidungsverfahrens, Anschaffung eines Pkw oder von Wohnungseinrichtung oder als Einzahlung in eine Lebensversicherung zur Altersvorsorge, wird man i. d. R. aus Billigkeitsgründen beim Miteigentum die **beiderseitigen Zinseinkünfte gleich hoch** ansetzen, auch wenn ein Partner mehr von dem Verkaufserlös ausgegeben hat als der andere. Dies hat zur Folge, dass sich die **Zinseinkünfte im Ergebnis wertneutral** verhalten.

▶ Vereinbarung (richterliche Inhaltskontrolle)

Siehe →*Inhaltskontrolle von Eheverträgen und Scheidungsvereinbarungen.* Die **Wirksamkeit** von Eheverträgen und Scheidungsvereinbarungen ist unter folgenden Gesichtspunkten zu überprüfen:

(1) **Verstoß gegen die Formvorschrift des § 1585 c BGB:** wonach eine Vereinbarung zum nachehelichen Ehegattenunterhalt, die vor der Rechtskraft der Scheidung getroffen wird, der **notariellen Beurkundung** bedarf,

(2) **Verstoß gegen ein gesetzliches Verbot (§ 134 BGB):** z. B. Verzicht auf Kindesunterhalt oder Getrenntlebensunterhalt für die Zukunft,

(3) **Sittenwidrigkeit gemäß § 138 Abs. 1 BGB:** z. B. bei Vereinbarungen zu Lasten der Sozialhilfe oder bei einer Kommerzialisierung von elterlicher Sorge und Umgangsrecht,

(4) **unzulässige Rechtsausübung i. S. v. § 242 BGB:** z. B. wenn wegen eines Unterhaltsverzichts die Ehefrau trotz der Betreuung eines kleinen Kindes einer Erwerbstätigkeit nachgehen muss oder wenn die Mutter ein Kind betreut, das schwer krank ist,

(5) **richterliche Inhaltskontrolle nach der Rechtsprechung des BVerfG** (FamRZ 2001, 343, 985): bei struktureller Unterlegenheit und einseitiger Dominanz, die zu einem krassen Ungleichgewicht und einer unangemessenen Benachteiligung führt,

(6) **richterliche Inhaltskontrolle von Eheverträgen nach der Rechtsprechung des BGH** (FamRZ 2004, 601 ff.): wonach eine Sittenwidrigkeit regelmäßig dann in Betracht kommen kann, wenn Regelungen aus dem Kernbereich des gesetzlichen Scheidungsfolgenrechts ganz oder zu erheblichen Teilen abbedungen wurden, ohne dass dieser Nachteil durch anderweitige Vorteile gemildert oder durch die besonderen Verhältnisse der Ehegatten gerechtfertigt ist.

▶ **Vereinbarungsmöglichkeiten**

1. Kindesunterhalt

Die Vereinbarungsschranke für den Kindesunterhalt stellt § 1614 BGB dar, wonach **für die Zukunft** auf den gesetzlichen Unterhalt nicht verzichtet werden kann. Durch eine Vereinbarung kann lediglich der gesetzlich geschuldete Unterhalt konkretisiert oder erhöht werden, bei **Unterschreitung** des gesetzlichen Unterhalts ist sie nichtig. Ein **vollstreckbarer Unterhaltstitel** für das Kind kann nach der **Ausnahmeregelung des § 1629 Abs. 2, 3 BGB** durch unmittelbar für das Kind wirksame Vereinbarung der Ehegatten nur im **gerichtlichen Verfahren** hergestellt werden. Im Rahmen **notarieller** Vereinbarungen ist dies nur bei Mitwirkung eines Pflegers möglich, §§ 1629 Abs. 2, 1995 Nr. 1 BGB.

Beim **volljährigen** Kind scheidet § 1629 BGB aus; das Kind kann aber an der außergerichtlichen Vereinbarung beteiligt werden. Bei mehreren unterhaltsrechtlichen Kindern sind die Beträge für jedes Kind einzeln anzugeben und vollstreckbar zu machen, damit einer späteren separaten Abänderung und Vollstreckung nichts im Wege steht. Die **Bemessungsfaktoren** und rechnerischen Grundlagen sollen in der Vereinbarung möglichst genau festgehalten werden.

2. Getrenntlebensunterhalt

Auch hier sind die Vereinbarungsmöglichkeiten durch § 1614 BGB, wonach für die Zukunft auf Unterhalt nicht verzichtet werden kann, begrenzt. Für die Zeit des Bestehens der Ehe kann § 1614 BGB nicht abbedungen werden. Das Verbot, auf künftigen Trennungsunterhalt zu verzichten, schließt vergleichsweise Regelungen, die bestehende Ansprüche in einem noch angemessenen Rahmen verkürzen, nicht aus. Dabei sind Unterschreitungen des gesetzlichen Unterhaltsanspruchs in der Größenordnung von bis zu 20 Prozent unproblematisch, während Verkürzungen um **mehr als ein Drittel** nicht mehr hinzunehmen sind. Im Bereich dazwischen bedarf es einer Abwägung nach den Umständen des Einzelfalles (OLG Hamm FamRZ 2007, 732). Ein Unterhaltsverzicht für die Vergangenheit ist zulässig, unzulässig ist dagegen ein Unterhaltsabfindungsvertrag, soweit damit der Verzicht auf zukünftigen Getrenntlebensunterhalt verbunden ist.

3. Nachehelicher Ehegattenunterhalt

Siehe →*Inhaltskontrolle von Eheverträgen und Scheidungsvereinbarungen*. Bei der Scheidungsvereinbarung über den nachehelichen Unterhalt gewährt § 1585 c BGB einen **weiten Vereinbarungsspielraum.** Den Ehegatten steht bis zur Grenze des § 138 BGB volle Vereinbarungsfreiheit zu. Gemäß § 1585 c BGB bedürfen vor Rechtskraft der Ehescheidung getroffene Vereinbarungen über den nachehelichen Unterhalt der **notariellen Beurkundung** (bzw. der Form eines gerichtlich protokollierten Vergleichs, § 127 a BGB). Die notarielle Beurkundung ist Wirksamkeitserfordernis für Vereinbarungen über den nachehelichen Unterhalt. Zweck der Form ist es, durch die Mitwirkung eines Notars die fachkundige und unabhängige Beratung sicherzustellen, um die Vertragspartner vor übereilten Erklärungen zu bewahren und ihnen die rechtliche Tragweite ihrer Vereinbarungen vor Augen zu führen. Der Formzwang betrifft aber nur Unterhaltsvereinbarungen, die **vor Rechtskraft** des Scheidungsurteils abgeschlossen werden. Spätere Anpassungen der Vereinbarung an geänderte Umstände bedürfen grundsätzlich **keiner Form.** Die häufigste Form der Vereinbarung über den nachehelichen Unterhalt ist der völlige **Unterhaltsverzicht;** er umfasst auch den Verzicht auf den sog. Notbedarf, soweit der Fall der Not nicht ausdrücklich ausgenommen worden ist.

Möglich ist auch ein Unterhaltsverzicht gegen **Abfindung,** etwa eine Kapitalabfindung als „Startgeld".

Im **Verhältnis zur Sozialhilfe** ist zu beachten, dass ein Ehegatte, der bereits Sozialhilfe/Arbeitslosengeld II in Anspruch genommen hat, kein Verfügungsrecht über seine Unterhaltsansprüche mehr hat. Der Verzicht ist dann unwirksam.

Sittenwidrig und nichtig ist auch ein Unterhaltsverzicht, der in Anbetracht der wirtschaftlichen Situation der Eheleute zwingend dazu führen würde, dass der verzichtende Ehegatte der Sozialhilfe anheim fällt.

Wird in der Unterhaltsvereinbarung der Unterhaltsanspruch zeitlich begrenzt, wird daraus regelmäßig der Schluss gezogen, dass der Ehegatte für die folgende Zeit auf Unterhalt verzichtet.

Ferner kann eine Unterhaltsverzichtsvereinbarung wegen **Wegfalls der Geschäftsgrundlage** unwirksam sein (BGH FamRZ 1985, 788 ff.).

In der Vereinbarung von Ehegatten, für den Fall der Scheidung in erster Linie **zu eigener Arbeit verpflichtet** zu sein und sich selbst zu unterhalten, liegt weder ein einseitiger noch ein wechselseitiger

Unterhaltsverzicht. Ein Unterhaltsverzicht bedarf stets klarer und eindeutiger Vereinbarung; denn es ist ein Erfahrungssatz, dass ein Verzicht nicht zu vermuten und im Zweifel eng auszulegen ist (OLG Schleswig FamRZ 1993, 72). Zu den **Grenzen** der Vertragsfreiheit beim nachehelichen Ehegattenunterhalt sind die Entscheidungen des Bundesverfassungsgerichts (FamRZ 2001, 343, 985) und des BGH (FamRZ 2004, 601 ff.) zu beachten, die oben unter →*Inhaltskontrolle von Eheverträgen und Scheidungsvereinbarungen* dargestellt sind.

▶ Vereinfachtes Verfahren, §§ 249 bis 260 FamFG

Die §§ 249 bis 260 FamFG regeln das Vereinfachte Verfahren über den Unterhalt minderjähriger Kinder. Der **Zweck** des Verfahrens ist es, unterhaltsberechtigten Kindern in einem einfachen Verfahren schnell zu einem Vollstreckungstitel zu verhelfen. Dabei kann der Unterhalt bis zum **1,2-fachen des Mindestunterhalts** verlangt werden. Das Vereinfachte Verfahren ist nur eine **Möglichkeit,** aber **keine Verpflichtung;** das Kind kann also auch einen ganz normalen Unterhaltsantrag stellen. Die notwendigen **Formalien** ergeben sich aus § 250 Abs. 1 FamFG.

Das Vereinfachte Verfahren kann nur beantragt werden, wenn **bisher kein Unterhaltstitel** (Beschluss, Vergleich, notarielle Urkunde, Jugendamtsurkunde) vorliegt und **kein gerichtliches Verfahren** anhängig ist, § 249 Abs. 2 FamFG. Entscheidend ist jeweils der **Zeitpunkt der Einleitung** des Verfahrens; ist zu diesem Zeitpunkt kein Titel vorhanden, ist das Vereinfachte Verfahren zulässig. Wird der Titel (z. B. eine Jugendamtsurkunde) während des Verfahrens neu errichtet, ändert das nichts an der Zulässigkeit des vereinfachten Verfahrens.

Der Pflichtige kann **formelle Einwendungen** erheben, § 252 Abs. 1 FamFG; und zwar gegen die **Statthaftigkeit** des Vereinfachten Verfahrens nach § 249 Abs. 2 FamFG, die Fälligkeit des Unterhalts, die Berechnung der Prozentsätze für die 3 Altersstufen, die Kindergeldverrechnung und die Kostentragungspflicht.

Der Pflichtige kann außerdem Einwendungen in der Sache gemäß § 252 Abs. 2 FamFG erheben und sich damit gegen die Höhe des Anspruchs wenden.

Die **Abänderung** des Titels richtet sich nach § 240 FamFG. Bei Titeln nach § 253 FamFG ist das Abänderungsverfahren nach § 240 FamFG als „lex specialis" anzusehen. Bei Titeln nach § 254 FamFG ist zunächst das streitige Verfahren nach § 255 FamFG durchzuführen.

▶ Vereinsbeiträge

Beiträge zu Vereinen gehören regelmäßig zu den Aufwendungen für kulturelle Zwecke, Unterhaltung und gesellschaftlichen Verkehr, die bereits bei der Bemessung des Selbstbehalts nach den gebräuchlichen Unterhaltstabellen berücksichtigt sind, so dass sie i. d. R. nicht einkommensmindernd angesetzt werden können. Etwas anderes kann dann gelten, wenn die Beiträge als **berufsbedingte** Aufwendungen zu beurteilen sind.

▶ Verfahrenskostenhilfe

Die Bewilligung von Verfahrenskostenhilfe richtet sich nach §§ 76 bis 78 FamFG i. V. m. den Vorschriften zur ZPO über die PKH. Ein Beschluss, der im Verfahrenskostenhilfeverfahren ergeht, ist mit der sofortigen Beschwerde anfechtbar, § 76 Abs. 2 FamFG. Das Verfahrenskostenhilfe-Verfahren dient dazu, bedürftigen Beteiligten den **Zugang** zu den Gerichten zu ermöglichen, nicht aber das gerichtliche Verfahren vorwegzunehmen (BVerfG FamRZ 2003, 833). Hängt die Entscheidung in der Hauptsache von der Antwort auf eine bisher ungeklärte Rechtsfrage ab, darf VKH nicht verweigert werden (BVerfG FamRZ 2010, 867). Die **Anforderungen an die Erfolgsaussicht** der beabsichtigten Rechtsverfolgung dürfen **nicht überspannt** werden (BVerfG FamRZ 2007, 273).

Dem Antrag ist eine **Erklärung über die persönlichen und wirtschaftlichen Verhältnisse** beizufügen, § 117 Abs. 2 ZPO. Dabei ist der **amtliche Vordruck** zu verwenden. Werden keine Belege zu den im Vordruck genannten Angaben vorgelegt oder begehrte Auskünfte verweigert, so ist der Antrag nach § 118 Abs. 2 ZPO zurückzuweisen. Neben der **Bedürftigkeit** muss der antragstellende Beteiligte darlegen, dass die beabsichtigte Rechtsverfolgung oder Rechtsverteidigung hinreichend **Aussicht auf Erfolg** und die beabsichtigte Rechtsverfolgung oder Rechtsverteidigung **nicht mutwillig** erscheint, § 114 ZPO.

Vor Inanspruchnahme von VKH hat der Antragsteller eine **Kapital-Lebensversicherung** für die Verfahrenskosten einzusetzen. Hierfür kommt auch eine – teilweise – **Verwertung durch Beleihung** in Betracht, soweit der Rückkaufswert der Lebensversicherung zusammen mit dem sonstigen Barvermögen den **Schonbetrag von 2600 Euro** überschreitet (BGH FamRZ 2010, 1643).

Für das **Verfahrenskostenhilfeprüfungsverfahren** besteht kein Anspruch auf VKH (BGH FamRZ 2010, 197 Rn. 25).

Der Anspruch auf Verfahrenskostenvorschuss **beseitigt die Bedürftigkeit** für die Bewilligung von Verfahrenskostenhilfen. Eine Verweisung auf einen Verfahrenskostenvorschuss kommt aber nur in Betracht, wenn der Anspruch rechtlich **unzweifelhaft** besteht und darüber hinaus einigermaßen sicher **durchsetzbar** ist.

Die Darlegungslast dafür, dass ein **Verfahrenskostenvorschussanspruch** entweder nicht besteht oder nicht durchgesetzt werden kann, liegt beim Antragsteller. VKH ist **subsidiär** gegenüber einem Verfahrenskostenvorschussanspruch (BGH FamRZ 2008, 1842).

Nach Rücknahme des Hauptsacheantrags ist dem Antragsgegner Verfahrenskostenhilfe zu gewähren, wenn Rechtsverteidigung und VKH-Antragstellung bereits zuvor erfolgt waren und die Rechtsverteidigung hinreichende Aussicht auf Erfolg hatte (BGH FamRZ 2010, 197). Etwas anderes gilt dann, wenn die Antragsgegnerseite im Zeitpunkt der Antragsrücknahme lediglich VKH beantragt, sich in der Sache aber noch nicht verteidigt hatte. Denn in diesem Fall fehlt es an einer **Rechtsverteidigung.**

Für die **Bewilligung** der Verfahrenskostenhilfe ist ihn nachfolgende Tabelle maßgebend, § 115 ZPO:

Berechnung der Verfahrenskostenhilfe-Raten (§ 115 Abs. 2 ZPO)	
einzusetzenden Einkommen (Euro)	eine Monatsrate von (Euro)
bis 15	0
50	15
100	30
150	45
200	60
250	75
300	95
350	115
400	135
450	155
500	175
550	200
600	225
650	250
700	275
750	300
über 750	300
	zuzüglich des 750 übersteigenden Teils des einzusetzenden Einkommens.

▶ **Verfahrenskostenvorschuss**

(1) Rechtsgrundlage für eine Vorschusspflicht sind die §§ 1360 a Abs. 4, 1361 Abs. 4 S. 4 und 1610 BGB. § 246 Abs. 1 FamFG ist keine eigene Rechtsgrundlage für die Zahlung eines Kostenvorschusses.

(2) Die einstweilige Anordnung Verfahrenskostenvorschuss ist nach § 246 Abs. 1 FamFG als selbstständiges Verfahren geltend zu machen, § 51 Abs. 3 S. 1 FamFG; i. d. R. wird daneben kein Hauptsacheverfahren eingeleitet.

(3) Eine Verfahrenskostenvorschuss-Pflicht kann bestehen:

– zwischen verheirateten, nicht getrennt lebenden Ehegatten, § 1360 Abs. 4 BGB,

- zwischen getrennt lebenden, jedoch nicht geschiedenen Ehegatten, § 1361 Abs. 4 S. 3 i. V. m. § 1360 a Abs. 4 BGB,
- für Eltern gegenüber minderjährigen, unverheirateten Kindern gemäß §§ 1601 ff. BGB
- für Eltern gegenüber ihren volljährigen Kindern, wenn die Kinder wegen der Fortdauer ihrer Ausbildung noch keine eigene Lebensstellung erreicht haben (BGH FamRZ 2005, 883),
- für Großeltern gegenüber ihrem minderjährigen, unverheirateten Enkelkind gemäß §§ 1601 ff. BGB

(4) Beim **Trennungsunterhalt** besteht bei durchschnittlichen Einkünften des Pflichtigen i. d. R. keine Leistungsfähigkeit für einen VKV, da die gemeinsamen Einkünfte der Eheleute über den Unterhalt **hälftig verteilt** werden, außer wenn der Pflichtige im Gegensatz zum Bedürftigen über **Vermögen** verfügt oder nicht pflegende Einkünfte (z. B. bei Karrieresprung) vorhanden sind (OLG München FamRZ 2006, 791).

(5) **Geschiedene Ehegatten** sind nicht verpflichtet, einander Verfahrenskosten vorzuschießen. Verfahrenskosten sind auch **kein Sonderbedarf**

(6) Der Anspruch auf VKV beseitigte Bedürftigkeit für die Bewilligung von VKH.

(7) Der VKV ist unterhaltsrechtlicher Natur und kann deshalb grundsätzlich ebenso wenig **zurückgefordert** werden wie sonstiger Unterhalt. Eine **Rückzahlungspflicht** kann jedoch dann bestehen, wenn sich die Verhältnisse des Berechtigten aufgrund einer späteren Vermögensauseinandersetzung der Ehegatten wesentlich gebessert haben oder eine Rückzahlung aus anderen Gründen der Billigkeit entspricht (BGH FamRZ 1990, 491). Der Rückforderungsanspruch ist ein familienrechtlicher Anspruch eigener Art, der nicht nach den Grundsatz des Bereicherungsrechts zu beurteilen ist, sodass auch die §§ 814, 818 Abs. 3 BGB nicht anzuwenden sind.

(8) Anerkannt ist, dass der Vorschusspflichtige, der dem Berechtigten eine fällige **Zugewinnausgleichsforderung** schuldet, mit seinem Rückzahlungsanspruch **aufrechnen** kann, sofern auf-

grund der Verbesserung der wirtschaftlichen Verhältnisse des Vorschussberechtigten ein solcher entstanden ist. Ferner kann mit dem Rückzahlungsanspruch gegen die Forderung auf Zahlung rückständigen Unterhalts **aufgerechnet** werden (vgl. BGH FamRZ 2010, 462).

(9) Der Anspruch auf VKV ist nicht erst wegen Aussichtslosigkeit der Rechtsverfolgung zu verneinen, sondern bereits dann, wenn der beabsichtigten Rechtsverfolgung die **hinreichende Erfolgsaussicht** nach dem Maßstab des § 114 ZPO fehlt. Es obliegt dem Antragsteller, die Erfolgsaussichten in einer entsprechenden Weise zu prüfen, wie dies regelmäßig durch einen auf den Einsatz **eigener finanzieller** Mittel angewiesenen erfolgt (BGH FamRZ 2001, 1363).

▶ Verfahrensstandschaft

Steht die elterliche Sorge für ein Kind den Eltern gemeinsam zu, so kann der Elternteil, in dessen Obhut sich das Kind befindet, **Unterhaltsansprüche des Kindes** gegen den anderen Elternteil geltend machen, § 1629 Abs. 2 S. 2 BGB.

Betreuen die Eltern ihr Kind tatsächlich im „**Wechselmodell**", so steht keinem Elternteil eine Alleinvertretungsbefugnis nach § 1629 Abs. 2 S. 2 BGB zu (OLG München FamRZ 2003, 248). Betreut und versorgt ein Elternteil das Kind aber überwiegend oder hat das Kind den **tatsächlichen Schwerpunkt** seiner Lebensverhältnisse bei ihm, so ist er berechtigt, Unterhaltsansprüche des Kindes gegen den anderen Elternteil geltend zu machen. Der Bestellung eines **Ergänzungspflegers** oder einer Entscheidung nach § 1628 BGB bedarf es dann nicht (vgl. BGH FamRZ 2011, 1859).

Bei einem **Obhutswechsel** erlischt die Ermächtigung zur Antragstellung und der Antrag wird **unzulässig** (OLG Köln FamRZ 2009, 619). Ein nicht bezahlter Kindesunterhalt für die Vergangenheit kann vom bisher betreuenden Elternteil als **familienrechtlicher Ausgleichsanspruch** geltend gemacht werden (vgl. OLG Köln FamRZ 2009, 619). Zur Geltendmachung von Kindesunterhalt **gegenüber einem alleinsorgeberechtigten Elternteil** ist die Anordnung einer **Ergänzungspflegschaft** erforderlich (OLG Dresden FamRZ 2010, 1995), §§ 1909 Abs. 1, 1688 Abs. 1 S. 2 BGB.

▶ **Vergleich**

(1) **Aufgabe** des Gerichts ist es, in jedem Stadium des Verfahrens auf eine vergleichsweise Regelung des Verfahrens hinzuwirken, § 278 ZPO i. V. m. § 113 Abs. 1 FamFG.

(2) Lassen sich die **Vergleichsgrundlagen** nicht unzweifelhaft ermitteln, ist der Unterhalt im Abänderungsverfahren **allein nach dem Gesetz** festzusetzen (BGH FamRZ 2008, 968). Ist keine **Geschäftsgrundlage** niedergelegt, kann dies für einen Ausschluss der Anpassung an die abweichenden tatsächlichen Verhältnisse bei Vertragsschluss sprechen (BGH FamRZ 2010, 192). Die **Abänderbarkeit** wegen Änderung der Geschäftsgrundlage (§ 313 BGB) durch geänderte tatsächliche Verhältnisse seit Vertragsschluss oder durch eine Änderung des Gesetzes oder höchstrichterlichen Rechtsprechung ist dadurch aber regelmäßig **nicht ausgeschlossen** (BGH FamRZ 2010, 192).

(3) Die **Unabänderlichkeit** eines Vergleichs kann als Ausnahme von § 313 BGB (§ 239 FamFG) nur aus besonderen Umständen geschlossen werden, z. B. einem Abfindungsvergleich. Unabänderlich ist ein Vergleich **nur,** wenn dies **ausdrücklich vereinbart** wurde oder bewusst eine **endgültige Regelung** abschließend getroffen wurde. Auch bei Vergleichen besteht eine **Bindungswirkung** an die vereinbarte Geschäftsgrundlage (BGH FamRZ 2010, 1238). Anders als bei Beschlüssen gibt es aber bei Vergleichen **keine Präklusion,** mit der Folge, dass der Vergleich aus **anderen Gründen,** die in der festgehaltenen Geschäftsgrundlage **nicht erwähnt** wurden, abgeändert werden kann, z. B. bei Verwirkung oder geänderter Rechtsprechung.

(4) Auch wenn bei Vergleichsabschluss **Streitfragen offen geblieben** sind, ist eine Abänderung möglich (BGH FamRZ 2010, 1238), z. B. wenn die Frage der Begrenzung des nachehelichen Unterhalts nach § 1578 b BGB nicht geregelt wurde. Wenn insoweit **nichts ausdrückliches geregelt** ist, bedeutet es, dass die Beteilig-

ten zunächst die weitere Entwicklung abwarten wollten (BGH FamRZ 2010, 1238). Wegen des Interesses der Beteiligten an einer **rechtssicheren Regelung,** kann in diesen Fällen aber eine Abänderung **nicht sofort** beantragt werden, sondern erst nach Ablauf einer **angemessenen Frist,** z. B. bei der Begrenzung nach § 1578 b BGB nach einer angemessenen Übergangsfrist (BGH FamRZ 2010, 1238). Ein verfrüht gestellter Abänderungsantrag wäre treuwidrig.

(5) Die **inhaltliche Abänderung** eines Vergleichs richtet sich nach dem **materiellen** Recht, d. h. zuerst nach der Vereinbarung und dann nach gesetzlichem Recht, insbesondere den Regeln der Geschäftsgrundlage (§ 313 BGB). Wegen Änderung der tatsächlichen Verhältnisse kann ein Vergleich über **nachehelichen Unterhalt** etwa abgeändert werden, wenn ein unterhaltsberechtigter Beteiligter im Zeitpunkt des Vertragsschlusses zwar mit einem Partner zusammen lebte, sich aber die neue Lebensgemeinschaft noch nicht im Sinne des Ausschlusstatbestandes des § 1579 Nr. 2 BGB verfestigt hatte.

(6) Im Zweifel ist davon auszugehen, dass die Beteiligten die **spätere Befristung** des Unterhalts offen halten wollten.

(7) Bei Verfahrensvergleichen erfolgt die in § 239 FamFG vorgesehene **Anpassung** allein nach den Regeln des **materiellen Rechts;** es besteht also kein Unterschied zu einem außergerichtlichen Vergleich. Maßgebend sind allein die aus §§ 242, 313 BGB abgeleiteten Grundsätze über die Veränderung der Geschäftsgrundlage.

(8) Ob eine **Störung der Geschäftsgrundlage** eingetreten ist, bestimmt sich nach dem der Einigung zugrundegelegten Willen. Dieser ist Geltungsgrund der Vereinbarung und er allein entscheidet, welche Verhältnisse zur Grundlage des Vergleichs gehören und wie die Beteiligten diese Verhältnisse bewertet haben.

(9) Für die Abänderung von Verfahrensvergleichen ist es daher **entscheidend,** ob die Veränderung nach den Regeln über die Veränderung oder den Fortfall der Geschäftsgrundlage **rechtlich erheblich** ist. Eine rechtliche Erheblichkeit ist dann gegeben, wenn das Festhalten am bisherigen Vertrag einen Verstoß

gegen Treu und Glauben darstellen würde und deshalb den betroffenen Beteiligten **nicht zugemutet** werden kann. Die Frage, ob bei einem Festhalten am Unterhaltsvergleich die **Opfergrenze** überschritten würde, kann nur aufgrund einer an den Verhältnissen des konkreten Falles ausgerichteten umfassenden Würdigung aller Umstände zutreffend beantwortet werden.

(10) Vergleiche können gemäß § 239 FamFG **auch rückwirkend abgeändert** werden, weil hier weder eine Wesentlichkeitsschwelle noch eine zeitliche Begrenzung gilt.

(11) Wird im **einstweiligen Anordnungsverfahren** ein Vergleich abgeschlossen, findet ein Abänderungsverfahren nach § 239 FamFG **nur** statt, wenn sich aus dem Vergleich oder aus den Umständen eindeutig ergibt, dass mit dem Vergleich nicht nur das einstweilige Anordnungsverfahren erledigt werden sollte, sondern dass darüber hinaus eine endgültige Regelung des Unterhalts durch den Vergleich erfolgen sollte.

(12) Vereinbaren die Eheleute in einer Scheidungsvereinbarung, dass der Ehemann der Ehefrau **anstelle einer Unterhaltszahlung** die frühere **Ehewohnung** zur Nutzung überlässt, kann eine Abänderung dieser Vereinbarung nur nach den Grundsätzen der Abänderung eines Unterhaltsvergleichs beansprucht werden.

▶ Verjährung

Unterhaltsansprüche verjähren gemäß §§ 197 Abs. 2, 199 BGB in **drei Jahren** ab Fälligkeit, beginnend mit dem Schluss des Jahres, in dem der Anspruch entstanden ist und der Gläubiger von den den Anspruch begründenden Tatsachen und der Person des Schuldners Kenntnis erlangt hat oder ohne grobe Fahrlässigkeit hätte erlangen müssen, § 199 Abs. 1 BGB. Das gilt auch für Ansprüche nach § 1615 l BGB sowie für familienrechtliche Ausgleichsansprüche und Ansprüche wegen Sonderbedarfs.

Die **Vollstreckungsverjährung** beträgt nach § 197 Nr. 3 BGB für **titulierte Rückstände** bis zur Rechtskraft der Entscheidung **30 Jahre,** für den titulierten **künftigen Unterhalt** nach § 197 Abs. 1 Nr. 3, Abs. 2 BGB dagegen nur **drei Jahre** (Büttner, FamRZ 2002, 361).

Die **Verjährung ist gehemmt** bei Verhandlungen (§ 203 BGB) durch Rechtsverfolgung (§ 204 BGB) – auch durch Rechtshängigkeit einer **Stufenklage** –, bei höherer Gewalt (§ 206 BGB) und aus familiären und ähnlichen Gründen (§§ 207, 208 BGB).

Gemäß § 207 BGB ist die Verjährung gehemmt, solange die Ehe oder die Lebenspartnerschaft besteht, sowie beim Kindesunterhalt während der **Minderjährigkeit der Kinder.**

Die **Hemmung der Verjährung** nach § 207 Abs. 1 S. 2 Nr. 2 BGB dient nur der Wahrung des Familienfriedens, gilt also nicht bei einem Forderungsübergang, bei Leistung von UVG, Arbeitslosengeld II oder Sozialhilfe (BGH FamRZ 2006, 1664).

Zu beachten ist, dass eine **Verwirkung des rückständigen Unterhalts** nach § 242 BGB schon **vor Ablauf der Verjährung** in Betracht kommt: Das **Zeitmoment** ist i. d. R. bereits für Zeitabschnitte, die **mehr als ein Jahr vor Rechtshängigkeit** des Antrags oder einem erneuten Tätigwerden zurückliegen zu bejahen (BGH FamRZ 2010, 1888). Ist der Unterhaltsanspruch z. B. nach §§ 33 Abs. 1 SGB II, 94 SGB XII auf eine **Behörde übergangen,** gelten für die Verwirkung die gleichen Voraussetzungen, denn durch den gesetzlichen Übergang von Unterhaltsansprüchen wird deren Natur, Inhalt und Umfang nicht verändert (BGH FamRZ 2010, 1888).

Das **Umstandsmoment** ist zu bejahen, wenn nach einem Auskunftsbegehren der Bedürftige nach erteilter Auskunft in einem Zeitraum von **15 Monaten** nichts unternimmt oder sich zwei Jahre nach der letzten Mahnung untätig verhält oder wenn er sich widerspruchslos über einen längeren Zeitraum mit geringeren Zahlungen als dem geforderten Unterhalt zufrieden gibt (vgl. BGH FamRZ 2010, 1888; 2002, 1698; OLG Karlsruhe FamRZ 2002, 1039).

▶ ## Vermietbarer Grundbesitz

Grundbesitz ist, wie sonstiges Vermögen, unterhaltsrechtlich in zumutbarer, ertragbringender Weise zu nutzen. Wer eine zumutbare Nutzung durch Vermietung unterlässt, dem ist der durchschnittlich erzielbare Ertrag (Mietzins) als **fiktives Einkommen** zuzurechnen. Als Orientierung für eine Schätzung gemäß § 287 ZPO dient der voraussichtlich erzielbare Mietzins für ein nach Ortslage, Zuschnitt und Bequemlichkeit vergleichbares, qualitativ gleichwertiges Objekt (so BGH NJW 1985, 49 f.). Bei einem großen **eigengenutzten** Haus kann ab Scheidung eine Teilvermietung zumutbar sein, falls dies nach den Umständen möglich ist. Zumutbar kann es auch sein, durch Vermietung einzelner Räume des Hauses Mieteinnahmen zu erzielen (BGH FamRZ 1988, 145 ff.). Auch von einem **volljährigen Kind** mit eigenem Einkommen muss der Berechtigte für die Wohnungsüberlassung ein entsprechendes Entgelt verlangen und im Fall seiner Weigerung die Wohnung anderweitig vermieten. Unterlässt dies der Berechtigte, können ihm fiktive Einkünfte für die unterlassene Teilvermietung zugerechnet werden, wenn und soweit das Kind nicht mehr auf kostenlose Überlassung angewiesen ist (so BGH FamRZ 1990, 269 f.). In allen Fällen einer fiktiven Zurechnung von Einkünften wegen unterlassener Vermietung oder Teilvermietung müssen im Rahmen einer Zumutbarkeitsprüfung die Belange des Berechtigten und des Verpflichteten unter Berücksichtigung der Umstände des Einzelfalles angemessen gegeneinander abgewogen werden (so BGH FamRZ 1988, 145 ff.; 1990, 269 f.).

▶ **Vermietung und Verpachtung (Einkünfte und Abzugsposten)**

Einkünfte aus Vermietung und Verpachtung sind als Vermögenserträgnisse **nach Abzug** der notwendigen Ausgaben in vollem Umfang anrechenbares Einkommen. Es handelt sich um Einkünfte, die dem Berechtigten regelmäßig oder unregelmäßig zufließen, ohne dass der Stamm des Vermögens dadurch gemindert wird. Abzugsfähig sind die auf Einkommen aus Vermietung und Verpachtung ruhenden Lasten in folgendem Umfang: voll zu berücksichtigen sind Abgaben, soweit sie nicht auf den Mieter umgelegt werden, wie z. B. Verwaltungskosten, Beiträge zum Haus- und Grundbesitzerverein, Steuerberatungs- und ähnliche Werbungskosten, soweit nach Art und Umfang der Geschäfte üblich und verständigerweise vertretbar, Hypothekenzinsen, **soweit** die Hypothek dem Hausgrundstück im Rahmen des **notwendigen** Reparaturaufwandes zugute kommt. Beträge zur **Tilgung** der Hypothek sind i. d. R., da sie zur Vermögensbildung beitragen, **nicht abziehbar.**

Bei den Kosten für Reparaturen ist zu unterscheiden zwischen dem zur Erhaltung des Grundstücks erforderlichen Aufwand (z. B. Außenanstrich, Dachreparaturen und dergleichen) und dem Herstellungsaufwand für Ausbauten und sonstige wertsteigernde Verbesserungen.

Kosten für Reparaturen zur Erhaltung des Grundstücks sind i. d. R. voll absetzbar, soweit es sich um größere Aufwendungen handelt, jedoch nur ratenweise. Hierfür sind dem Verpflichteten auch gewisse Rücklagen gestattet, die in Ansatz gebracht werden können, jedenfalls ab dem Zeitpunkt, zu dem sich die Notwendigkeit einer Reparatur abzeichnet. →Investitionsrücklage

Dabei muss jedoch darauf geachtet werden, dass kein Doppelabzug von Aufwendungen erfolgt, die bereits bei der Ermittlung des Nettoeinkommens berücksichtigt wurden, weil sie steuerlich absetzbar sind. Größere Aufwendungen müssen nach einem wirtschaftlich sinnvollen Zeitplan auf etwa 2–5 Jahre gleichmäßig verteilt werden.

Die Verluste aus Vermietung und Verpachtung können unterhaltsrechtlich ebenso wenig abgesetzt werden, wie Verlustzuweisungen aus der Beteiligung an Verlustgesellschaften, weil sich diese Vorgänge auf dem Sektor der Vermögensbildung abspielen (→Abschreibungen →Haus →Gebäudeabschreibungen). Negativeinkünfte aus Vermietung und Verpachtung sind unterhaltsrechtlich nicht zu berücksichtigen, da sie der Vermögensbildung dienen, aber dem Unterhaltpflichtigen ist der daraus resultierende Steuervorteil zu belassen, so dass insoweit eine fiktive Steuerberechnung durchzuführen ist (so BGH FamRZ 1987, 36 f.).

▶ **Vermögen**

Die Leistungsfähigkeit des Verpflichteten wird sowohl durch seine Erwerbs- als auch durch seine Vermögenseinkünfte bestimmt. **Vermögenseinkünfte** sind grundsätzlich für Unterhaltszwecke bereitzustellen, soweit dies zur Deckung des angemessenen Unterhalts erforderlich ist. Abzustellen ist bei den Vermögenseinkünften auf die

Nettoerträge des Vermögens nach Abzug von Werbungskosten und Steuern, wobei das Vermögen in zumutbarer, ertragbringender Weise angelegt werden muss. Bei einer ertraglosen Anlage des Vermögens ist fiktiv der durchschnittliche Ertrag einer möglichen und zumutbaren gewinnbringenden Anlage in Rechnung zu stellen.

Die Verpflichtung des Unterhaltsschuldners zur **Verwertung des Vermögensstammes,** zum Einsatz der Substanz seines Vermögens für Unterhaltszwecke, ist nicht einheitlich geregelt. Der Unterhaltsberechtigte und der Unterhaltsverpflichtete werden schon im Ausgangspunkt ganz unterschiedlich behandelt: zunächst hat der **Berechtigte** sein gesamtes Vermögen zu verwerten, denn der Unterhaltsanspruch setzt voraus, dass der Berechtigte zur Selbsterhaltung außer Stande ist, also im Grundsatz Vermögenslosigkeit und Erwerbslosigkeit des Berechtigten vorliegt. Die Bestimmungen zum **Verwandtenunterhalt** enthalten im Gegensatz zu den Bestimmungen zum Ehegattenunterhalt (§§ 1577 Abs. 3, 1581 BGB) keine allgemeine Billigkeitsklausel. Vorhandenes Vermögen ist daher beim bedürftigen **Kind** vorab **bedarfsdeckend** anzusetzen, es sei denn, die Verwertung ist **unzumutbar** bzw. **grob unbillig.** Ein sog. Notgroschen ist dem Bedürftigen jedoch zu belassen (BGH FamRZ 1998, 367). Unter **Vermögen des Bedürftigen** fallen auch realisierbare **Forderungen** gegen Dritte, die er in zumutbarer Weise einziehen kann, z. B. ein Vermächtnis (BGH FamRZ 1998, 367). **Erst wenn** der Berechtigte zur Selbsterhaltung außer Stande ist, muss auch der Unterhalts**verpflichtete** sein Vermögen verwerten; auf fehlende Leistungsfähigkeit kann sich der Unterhaltsverpflichtete nur dann berufen, wenn er tatsächlich außer Stande ist, den Unterhalt zu gewähren. Leistungsunfähigkeit liegt daher nur vor, wenn auch das Stammvermögen verwertet ist. Bei der Obliegenheit des Unterhaltsberechtigten zur Verwertung seines Vermögens ist auch die **Dauer der Unterhaltsbedürftigkeit** und die Ertragsmöglichkeit des zur Verfügung stehenden Einkommens zu berücksichtigen (BGH FamRZ 1985, 355 f.).

Vom Verpflichteten wird nicht verlangt, dass er sein Vermögen alsbald vollständig aufbraucht, wenn dadurch sein eigener künftiger angemessener Unterhalt voraussichtlich beeinträchtigt würde. Der Forderung, auch den Stamm des Vermögens zu verwerten, liegt der Gedanke zugrunde, dass dieser nicht den Erben erhalten werden soll, wenn davon bei Lebzeiten der Unterhalt bestritten werden kann.

Das Gesetz (§ 1577 Abs. 3 BGB) mutet dem **geschiedenen** Ehegatten grundsätzlich zu, den Stamm des Vermögens zu verwerten, ehe er sich wegen seines Unterhalts an den anderen Ehegatten wendet.

Der Grundsatz ist allerdings durch eine weitgefasste Ausnahmeregelung durchbrochen:

Zu einer Verwertung ist der Ehegatte nicht verpflichtet, soweit sie **unwirtschaftlich** oder unter Berücksichtigung der beiderseitigen wirtschaftlichen Verhältnisse **unbillig** wäre. Siehe →*Schonvermögen*.

(1) **Unwirtschaftliche Verwertung:** Unwirtschaftlich ist z. B. die Veräußerung von Gegenständen, mit deren Hilfe der Betreffende anrechenbare Erträge erzielt, wie durch den gewerblichen oder landwirtschaftlichen Betrieb oder Gegenstände, die zur Berufsausübung benötigt werden, es sei denn, dass die Erträge in keinem vernünftigen Verhältnis zum Wert des dafür eingesetzten Vermögens stehen. Als unwirtschaftlich kann auch der Verkauf von Vermögensgegenständen angesehen werden, wenn sich ihre erhebliche Wertsteigerung unmittelbar abzeichnet (z. B. bei der zu erwartenden Einbeziehung von landwirtschaftlich genutzten Grundstücken in die Baulandplanung). Der **Verkauf eines kleinen Eigenheimes** wird dann unwirtschaftlich sein, wenn eine entsprechende Mietwohnung auf die Dauer teurer wäre. Würde aber der Verkauf eines – unter Umständen vorher von beiden bewohnten – Hauses einen wesentlichen Teil des Unterhalts voraussichtlich auf Lebensdauer decken, so ist der Verkauf nicht deshalb unwirtschaftlich, weil das Vermögen so langsam aufgebraucht wird. Bei der Frage der Wirtschaftlichkeit der Vermögensverwertung wird neben der Vermögenslage auch das Lebensalter zu berücksichtigen sein. Der BGH hat (in FamRZ 1986, 556 ff.) zur Obliegenheit eines Ehegatten, Unterhalt für den **getrennt lebenden** Ehepartner durch **Verwertung** seines Vermögens (hier: **landwirtschaftliches Anwesen**) aufzubringen die Auffassung vertreten, dass zwar dem Unterhaltsschuldner

nicht angesonnen werden könne, den landwirtschaftlichen Betrieb während der Trennungszeit aufzugeben und das Anwesen zu veräußern, aber es sei jedenfalls die Möglichkeit einer **Teilverwertung,** etwa in Form von Verkäufen aus dem auf dem Hof gehaltenen Viehbestand oder eine Veräußerung einzelner Grundstücke zu prüfen.

(2) **Unbilligkeit der Vermögensverwertung:** Die Verwertung der Vermögenssubstanz kommt weiter nicht in Betracht, soweit die Verwertung unter Berücksichtigung der beiderseitigen wirtschaftlichen Verhältnisse der Ehegatten unbillig wäre; so soll dem berechtigten Ehegatten nicht angesonnen werden, Vermögensgegenstände, die für ihn einen erheblichen ideellen Wert besitzen, zu veräußern, wenn der erzielbare Preis in keinem vernünftigen Verhältnis zur subjektiven Wertschätzung steht (z. B. Gemälde aus der Familientradition, persönliche Erinnerungsstücke). Insbesondere ist auch das Interesse an sozialer Sicherheit im Alter bei dieser Billigkeitsprüfung in Ansatz zu bringen.

Der Obliegenheit, den Stamm des Vermögens zu verwerten, steht der Umstand, dass das Vermögen aus dem **Zugewinnausgleich** stammt, nicht von vornherein entgegen (BGH FamRZ 1985, 357/359). Das Gesetz stellt nicht auf die Herkunft des Vermögens ab. Bei der Prüfung der Frage der Billigkeit der Vermögensverwertung ist insbesondere auch darauf abzustellen, ob auch der andere Ehegatte einen entsprechenden Erlösanteil zu seiner freien Verfügung erhalten hat (BGH FamRZ 1985, 354, 357).

Generell sollte die **sinnvolle Nutzung** des Vermögens den Vorrang vor seiner Zerstörung haben. Keinesfalls sollte es dem Ehegatten zugemutet werden, bescheidene Vermögensrücklagen, die der Sicherheit in unvorhergesehenen Wechselfällen des Lebens dienen, für den Unterhalt zu verwenden. Andererseits muss aber auch die Situation des Unterhaltspflichtigen der an einen vermögenden Unterhaltsberechtigten Unterhalt leisten soll, mitberücksichtigt werden.

Die Verwertung eines Vermögens, das aus wertvollen Einrichtungsgegenständen, Sammlerstücken an Möbeln, Teppichen, Gemälden, Porzellan, Silbergerät usw. besteht, ist nach erfolgter Scheidung auch

dann nicht unbillig, wenn der geschiedene Ehegatte außergewöhnlich gut verdient (so OLG Köln FamRZ 1982, 1018).

Bei der Prüfung der Bedürftigkeit des unterhaltsbegehrenden Ehegatten ist daher stets zu prüfen, ob Einkunftsquellen vorhanden
sind, durch die der Ehegatte sich selbst unterhalten könnte. Soweit
die **Möglichkeit besteht,** Einkünfte aus Vermögen zu erzielen, besteht unterhaltsrechtlich die gleiche Obliegenheit, diese Einkünfte
auch zu erzielen, wie dies bei der Arbeitskraft der Fall ist.

Der unterhaltsbegehrende Ehegatte muss alle Umstände darlegen
und ggfl. beweisen, aus denen sich die Unwirtschaftlichkeit bzw.
Unbilligkeit der Verwertung seines Vermögens ergibt. Andererseits
ist es Sache des auf Unterhalt in Anspruch genommenen Ehegatten,
im Rahmen der Billigkeitsprüfung darzulegen, welche Gründe **für
die Verwertung** des Vermögens des Unterhaltsklägers sprechen.

**Rechtsprechung des BGH betr. Obliegenheiten zur Verwertung von Ver-
mögen:**

- Vermietung einzelner Räume eines Wohnhauses: FamRZ 1988, 145 ff.;
  1986, 439 ff.
- Verkauf eines Hauses und nutzbringende Anlegung des Kapitals: FamRZ
  1988, 145 ff.
- Verkauf einzelner Grundstücke eines landwirtschaftlichen Anwesens:
  FamRZ 1986, 556 f.
- Verkauf eines Baugrundstücks: BGH FamRZ 1982, 23 ff.
- Belastung eines Grundstücks durch Kreditaufnahme: FamRZ 1988, 259 ff.
- Zufluss von Barmitteln: FamRZ 1986, 441 ff.; 1988, 145 ff.
- Umschichtung des Vermögens: FamRZ 1986, 439 ff., 560 ff.
- Verwertung einer Lebensversicherung (OLG Hamm FamRZ 2000, 1286)
- Verwertung von Kindesvermögen, das zur Ausbildungssicherung angelegt
  wurde (OLG Düsseldorf OLG-Report 1993, 8; OLG Celle FamRZ 2001, 47)
- Leibrente (Zins- und Tilgungsanteil) (BGH FamRZ 1994, 228)
- Wertvoller Hausrat (OLG Köln FamRZ 1982, 1018)

▶ **Vermögensbildung**

Vermögensbildende Aufwendungen sind i. d. R. bei der **Bedarfsbestimmung für den Ehegattenunterhalt** zu berücksichtigen, wenn sie **eheprägend** und nach einem objektiven Maßstab **angemessen** sind. Beim Unterhalt **minderjähriger Kinder** sind vermögensbildende Aufwendungen i. d. R. nicht zu berücksichtigen (OLG München FamRZ 1999, 1350). Jedoch können für eine zusätzliche →*Altersvorsorge* ein Betrag von bis zu vier Prozent des Gesamt-Bruttoeinkommens des Vorjahres (beim Elternunterhalt bis zu fünf Prozent) einkommensmindernd sowohl beim Unterhaltsberechtigten als auch beim Unterhaltspflichtigen berücksichtigt werden (BGH FamRZ 2005, 1817; 2004, 792). Bei einem gehobenen Einkommen sind diejenigen Teile bei der Ermittlung der ehelichen Lebensverhältnisse außer Betracht zu lassen, die zur Vermögensbildung verwendet wurden, wobei hinsichtlich der Höhe in jedem Einzelfall unter Anwendung eines **objektiven Maßstabes** zu prüfen ist, ob es sich nicht um übermäßiges Sparen handelt (vgl. BGH FamRZ 1984, 358; 1987, 36, 37). Nur Teile eines **gehobenen Einkommens** (ab etwa 5000 Euro netto monatlich) können in angemessener Höhe für die nacheheliche Unterhaltsbemessung außer Ansatz gelassen werden, wenn sie zur Vermögensbildung verwendet wurden und werden (vgl. BGH FamRZ 1992, 1045); nicht jedoch, wenn die Parteien in Gütertrennung leben, da andernfalls der Berechtigte doppelt benachteiligt würde: Geringerer Unterhalt und keine Teilhabe am Vermögenszuwachs.

Bei der Prüfung der **Bedürftigkeit bzw. Leistungsfähigkeit** können Aufwendungen für die Vermögensbildung **nicht berücksichtigt** werden, da Unterhalt weder der Finanzierung einseitiger Vermögensbildung dient noch die Vermögensbildung dem Unterhalt vorgeht (BGH FamRZ 2000, 950).

▶ **Vermögenseinkünfte**

Den Unterhaltsberechtigten trifft die Obliegenheit, eigenes Vermögen so ertragreich wie möglich anzulegen, weil auch solche Einkünfte die Bedürftigkeit mindern, die in zumutbarer Weise eingezogen werden könnten, aber nicht eingezogen werden. Ein Ansatz **fiktiver Zinseinkünfte** scheidet jedoch aus, wenn das einzusetzende Kapital nicht mehr vorhanden ist (so BGH FamRZ 1990, 989, 991; 1988, 159). Ist das einzusetzende Kapital nicht mehr vorhanden, ist zu prüfen, ob eine mutwillige Herbeiführung der Bedürftigkeit i. S. d. § 1579 Nr. 3 BGB vorliegt. Diese Vorschrift setzt jedoch mindestens eine unterhaltsbezogene Leichtfertigkeit voraus, die vorliegt, wenn sich der Unterhaltsberechtigte unter grober Missachtung dessen, was jedem einleuchten muss, oder in Verantwortungs- und Rücksichtslosigkeit gegen den Unterhaltspflichtigen über die erkannte Möglichkeit nachteiliger Folgen für seine Bedürftigkeit hinweggesetzt hat. Eine **Umschichtung** des Vermögens kann nur verlangt werden, wenn die bisherige Anlageform eindeutig unwirtschaftlich ist und kein schutzwürdiges Interesse an der gewählten Anlageform besteht. Es sind dabei alle Umstände des Einzelfalles unter Berücksichtigung der Belange des Verpflichteten ebenso wie des Berechtigten abzuwägen. I. d. R. besteht bei einem höheren Sparguthaben die Obliegenheit zu einer besseren Anlage, wenn die erzielten Beträge offensichtlich unter üblicher Weise erzielbaren Einkünften liegen (z. B. bei Sparbuchzinsen); dies gilt jedenfalls dann, wenn die bisherige Vermögensanlage eindeutig unwirtschaftlich ist (vgl. BGH FamRZ 1992, 423; 1986, 48; OLG Stuttgart FamRZ 1993, 559). Dem Berechtigten kann jedoch nicht zugemutet werden, dass er wirtschaftliche Risiken eingeht (Umstieg auf Aktien) oder Spekulationsgeschäfte macht. Bleibt vorhandenes Vermögen **ungenutzt,** etwa in der Weise, dass vorhandenes Bargeld nicht angelegt wird oder dass Wohnungseigentum leersteht, sind erzielbare Einkünfte fiktiv anzurechnen. Die **Veräußerung** eines Hauses oder einer Wohnung kann auch dann nicht verlangt werden, wenn mit dem Erlös **höhere Zinsen** erzielt werden könnten, wenn das Wohnen im eigenen Haus den ehelichen Lebensverhältnissen entspricht und auch der Unterhaltspflichtige in einer eigenen Wohnung oder in einem eigenen Haus wohnt (vgl. hierzu BGH FamRZ 1992, 423; FamRZ 1998, 87).

▶ **Vermögenserträge**

Erträge des Vermögens sind unterhaltsrechtliches relevantes Einkommen. **Fiktiv** zu berücksichtigende Zinsen müssen der Höhe nach auch tatsächlich **erzielbar** sein und sich im Rahmen der gegenwärtigen Anlagezinsen halten (BGH FamRZ 2010, 629 Rn. 21), i. d. R. ist eine Nettoverzinsung von 2 bis 2,5 Prozent (nach Abzug der Steuern) zu erreichen.

Der in der Praxis häufigste Fall von Vermögenseinkünften ist die **Anrechnung des Wohnwertes** (→*Wohnwert*). Der Wohnwert bestimmt sich beim nachehelichen Unterhalt grundsätzlich nach der **objektiven Marktmiete** (BGH FamRZ 1994, 1100). Der Unterhaltsberechtigte hat die Obliegenheit, den **Wohnwert insgesamt** zu nutzen, ggf. auch durch teilweise Untervermietung oder Weitervermietung, nachdem er selbst in eine günstigere Wohnung umgezogen ist.

▶ **Vermögensverwertung**

Die Obliegenheit zur Vermögensverwertung **entfällt nur,** wenn dies für den Unterhaltsschuldner mit einem wirtschaftlich nicht mehr vertretbaren Nachteil verbunden wäre, z. B. bei der Veräußerung eines selbst bewohnten Familienheims oder eines gebrauchten Pkw (BGH FamRZ 2001, 21) oder wenn das Vermögen für den eigenen Unterhalt benötigt wird (BGH FamRZ 2002, 1698). Beim **nachehelichen Unterhalt** muss der Verpflichtete nach § 1581 Satz 2 BGB bei beschränkter Leistungsfähigkeit den Stamm seines Vermögens verwerten, wenn die Verwertung **nicht unwirtschaftlich** oder unter Berücksichtigung der beiderseitigen wirtschaftlichen Verhältnisse **nicht unbillig** ist.

Gegenüber minderjährigen Kindern hat der Verpflichtete grundsätzlich im Rahmen des § 1603 Abs. 1 BGB auch den Stamm seines Vermögens zur Bestreitung des Unterhalts einzusetzen, jedoch nur solange sein eigener angemessener Unterhalt nicht gefährdet ist. Der verpflichtete Elternteil hat gemäß § 1603 Abs. 2 BGB für minderjährige Kinder **alle verfügbaren Mittel,** d. h. auch den Vermögensstamm zu seinem und der Kinder Unterhalt gleichmäßig zu verwenden. Eine Obliegenheit zur Vermögensverwertung besteht nur dann nicht, wenn dem Verpflichteten wegen der Verwertung des Vermögensstammes bedarfsnotwendige Einkünfte verloren gehen (OLG Hamburg FamRZ 1991, 472). Sind die Kinder bereits **volljährig,** müssen diese allerdings zunächst ihr eigenes Vermögen verwerten, soweit dies nicht unwirtschaftlich ist (OLG Düsseldorf FamRZ 1990, 1137). Demgegenüber brauchen **minderjährige Kinder** ihren eigenen Vermögensstamm im Verhältnis zu ihren Eltern nicht zu verwerten, solange die Eltern leistungsfähig sind, § 1602 Abs. 2 BGB. Siehe →*Schonvermögen;* →*Vermögen.*

Nach der Rechtsprechung des **BGH** (FamRZ 2006, 1511; 2004, 1184) gelten für die Vermögensverwertung im Rahmen des Verwandtenunterhalts nach §§ 1601 ff. BGB folgende Grundsätze:

(1) Ein Unterhaltspflichtiger hat grundsätzlich auch den Stamm seines Vermögens zur Bestreitung des Unterhalts einzusetzen.

(2) Eine allgemeine Billigkeitsgrenze, wie sie insoweit etwa für den Unterhalt geschiedener Eheleute gemäß § 1577 Abs. 3 BGB gilt, sieht das Gesetz im Bereich des Verwandtenunterhalts nicht vor.

(3) Andererseits hat die Pflicht zur Vermögensverwertung **Grenzen:**

– Eine Verwertung des Vermögensstammes kann nicht verlangt werden, wenn sie den Unterhaltsschuldner von fortlaufenden Einkünften abschneiden würde, die er benötigt: Zur Erfüllung weiterer Unterhaltsansprüche, zur Erfüllung anderer berücksichtigungswürdiger Verbindlichkeiten oder zur Bestreitung eines eigenen Unterhalts. Auch ein Vermögensverzehr kann hier erforderlich werden, dann ist der Unterhaltsbedarf für die gesamte **voraussichtliche Lebensdauer** des Unterhaltspflichtigen zu berücksichtigen.

– Die Verwertung, jedenfalls die Veräußerung, eines nach den übrigen Verhältnissen der Familie angemessenen **Familieneigenheims** wird im Allgemeinen nicht verlangt werden können, weil es ebenfalls der Befriedigung des Unterhaltsbedarfs des Schuldners selbst und ggf. weiterer Familienangehöriger dient und zugleich Mietaufwendungen erspart (BGH FamRZ 2004, 1184).

– Allgemein braucht der Unterhaltsschuldner den Stamm seines Vermögens nicht zu verwerten, wenn dies für ihn mit einem wirtschaftlich nicht mehr vertretbaren Nachteil verbunden wäre. Denn auch das wäre mit der nach dem Gesetz gebotenen Berücksichtigung der ansonsten zu erfüllenden Verbindlichkeiten nicht zu vereinbaren und müsste letztlich den eigenen angemessenen Unterhaltsbedarf des Verpflichteten in Mitleidenschaft ziehen.

▶ Vermögenswirksame Leistungen

Vermögenswirksame Leistungen sind Bestandteile des Lohnes und damit unterhaltspflichtiges Einkommen; sie vermindern das Einkommen nicht, soweit sie nicht im Rahmen zulässiger sekundärer Altersvorsorge berücksichtigungsfähig sind. Jedoch sind dem Pflichtigen bzw. Berechtigten in jedem Fall etwaige **Zusatzleistungen** des Arbeitgebers für die vermögenswirksame Anlage (mit dem Nettobetrag) sowie die **staatliche Sparzulage** voll zu belassen (vgl. Leitlinien Ziff. 10.6).

▶ Versagung des Unterhaltsanspruchs (Ehegattenunterhalt)

Nach der sog. negativen Härteklausel des § 1579 BGB ist ein Unterhaltsanspruch beim Vorliegen besonderer Gründe zu **beschränken** (nach Höhe, zeitlicher Dauer der Leistung oder einer Kombination aus Höhe und Dauer) oder vollständig zu **versagen,** soweit die Inanspruchnahme des Verpflichteten grob unbillig wäre. Die Unbilligkeit kann sich aus einem **vorwerfbaren Fehlverhalten** des Unterhaltsberechtigten (§ 1579 Nr. 3 – 8 BGB) oder aus einer **objektiven Unzumutbarkeit** der Unterhaltsleistung für den Unterhaltspflichtigen (Nr. 1, 2, 8) ergeben. Von § 1578 b BGB werden Fälle ehelichen Fehlverhaltens nicht erfasst. Für diese Fälle gelten ausschließlich die spezielleren Tatbestände von § 1579 BGB, der insoweit eine **abschließende** Regelung enthält. Nach § 1361 Abs. 3 BGB findet § 1579 BGB auch auf den **Getrenntlebensunterhalt** Anwendung mit der Ausnahme, dass sich allein aus einer kurzen Dauer der Ehe keine Rechtfertigung für eine Herabsetzung oder den Ausschluss des Anspruchs ergibt. Im Einzelnen siehe →*Verwirkung des Unterhaltsanspruchs (Ehegattenunterhalt).*

▶ Verschärfte Haftung nach § 241 FamFG

Nach § 241 FamFG besteht die verschärfte Haftung für **zu Unrecht geleisteten Unterhalt** bereits ab Rechtshängigkeit des Abänderungsverfahrens (vgl. Gerhardt, FA-FamR Kap. 6 Rn. 834). Die Vorschrift gilt aber **nur** bei Erhebung eines Abänderungsantrags nach §§ 238, 239, 240 FamFG, **nicht aber** bei Erhebung eines Leistungsantrags im Hauptsacheverfahren nach Erlass einer einstweiligen Anordnung, ebenso wenig bei Erhebung eines negativen Feststellungsantrags, wobei umstritten ist, ob dieser überhaupt noch zulässig ist. Nach Erlass einer **einstweiligen Anordnung** besteht **nur** die Möglichkeit des Rückforderungsantrags im Rahmen des anhängigen Leistungsantrags zur Herbeiführung der verschärften Haftung nach § 818 Abs. 4 BGB (vgl. Gerhardt, FA-FamR Kap. 6 Rn. 834, 838).

▶ Verschwiegene Einkünfte

Der Vorwurf einer Verwirkung des Unterhaltsanspruchs wegen verschwiegener Einkünfte ist weniger schwerwiegend, wenn dieses Einkommen ohnehin **anrechnungsfrei** zu belassen ist (OLG Hamm FamRZ 1998, 561). Siehe →*Unaufgeforderte Information (Pflicht);* →*Verwirkung des Unterhaltsanspruchs (Ehegattenunterhalt).*

▶ Verschwiegenheitsverpflichtung

Arbeitgeber, Sozialleistungsträger, Versorgungsträger, Versicherungsunternehmen oder **Finanzämter** sind gemäß § 236 FamFG verpflichtet auf gerichtliche Anordnung hin in Auskunft über die Höhe der Einkünfte der Beteiligten in einem Unterhaltsverfahren zu erteilen und bestimmte Belege vorzulegen. Diese Personen und Stellen, sind verpflichtet der gerichtlichen Anordnung Folge zu leisten; sie haben **kein Aussage- oder Zeugnisverweigerungsrecht.** Wird die gerichtliche Anordnung von einer Behörde nicht befolgt, muss die übergeordnete Behörde eingeschaltet werden. Im Übrigen gilt § 390 ZPO entsprechend. Eine Verschwiegenheitspflicht in Arbeitsverträgen, Gesellschaftsverträgen oder bei Abfindungsverträgen, bei denen die vertraglich vereinbarte Verschwiegenheitspflicht auch solche Fälle umfassen sollte, in denen **kraft Gesetzes** eine Auskunftsverpflichtung besteht, sind insoweit **unwirksam.** Insbesondere können die Belange des Arbeitgebers keine Verschwiegenheitspflicht gegenüber dem Auskunftsbegehren im Rahmen eines Verfahrens um Kindesunterhalt rechtfertigen. Dies ergibt sich zweifelsfrei aus der gesetzlichen Wertung des § 236 FamFG, weil sich der Gesetzgeber für den **Vorrang des Unterhaltsinteresses vor dem Geheimhaltungsinteresse** entschieden hat. Daraus ist ersichtlich, dass die Sicherung des Unterhalts sogar Vorrang vor der Wahrung des Steuergeheimnisses hat (BGH FamRZ 2005, 1987).

▶ **Versicherungen**

Aufwendungen für die notwendige Kranken- (→*Krankenversicherungskosten*) und *Pflegeversicherung;* →*Rentenversicherung* und Arbeitslosenversicherung zählen zu den Vorsorgeaufwendungen (→*Altersvorsorge*) und sind vom Bruttoeinkommen abzuziehen.

Eine **Zusatzversicherung** zu einer freiwilligen Krankenversicherung wird dann einkommensmindernd zu berücksichtigen sein, wenn die eigentliche Krankenversicherung keine volle oder ausreichende Absicherung im Krankheitsfall bewirkt, z. B. bei einem Beamten, der durch seinen Anspruch auf Beihilfe für den Krankheitsfall nicht in vollem Umfang abgesichert ist, oder die Beitragszahlungen eheprägend waren. Siehe →*Lebensversicherung;* →*Eichel-Rente.*

Kapitalversicherungen können i. d. R. nur im Rahmen der sekundären Altersvorsorge bis zu vier Prozent des Bruttoeinkommens (fünf Prozent beim Elternunterhalt) einkommensmindernd berücksichtigt werden. Eine private **Haftpflichtversicherung** und Rechtsschutzversicherung ist in den Tabellen bereits in Form des notwendigen Eigenbedarfs enthalten und dem allgemeinen Lebensbedarf zuzuordnen und daher nicht vorweg abziehbar (BGH FamRZ 2010, 1535 Rn. 22).

▶ **Versöhnung**

Aus einem Titel auf Trennungsunterhalt können nach längerem Wiederzusammenleben der Eheleute keine Rechte mehr hergeleitet werden. Wegen der unterschiedlichen rechtlichen Qualität von **Trennungsunterhalt** einerseits und **Familienunterhalt** gemäß den §§ 1360 und 1360 a BGB andererseits, führt das über einen längeren Zeitraum sich erstreckende Zusammenleben zu einem **Erlöschen** des titulierten Trennungsunterhaltsanspruchs, der auch durch ein **erneutes Getrenntleben** nicht wiederauflebt. Vielmehr muss der Trennungsunterhalt dann neu bemessen und tituliert werden (OLG Hamm FamRZ 1999, 30). Ein Titel über den Trennungsunterhalt kann daher nach einer Versöhnung mit der Vollstreckungsgegenklage bekämpft werden, wenn bei einem nur **versuchsweisen** erneuten Zusammenleben nicht klargestellt worden ist, dass es sich nur um einen Versuch handelt und dass bei einem Scheitern wieder auf den bereits erwirkten Trennungsunterhaltstitel zurückgegriffen werden soll. Das Erlöschen des titulierten Trennungsunterhaltsanspruchs gilt nicht für einen titulierten Kindesunterhaltsanspruch; dieser gilt weiter (BGH FamRZ 1997, 281).

▶ Versorgungsausgleich

Das auf dem Versorgungsausgleich beruhende Renteneinkommen des Unterhaltsberechtigten ist eine Fortentwicklung der ehelichen Lebensverhältnisse (BGH FamRZ 2003, 848); es ist damit **prägendes Einkommen** und in die Bestimmung der ehelichen Lebensverhältnisse mit einzubeziehen. Der Unterhaltsanspruch ermäßigt sich auf den Unterschiedsbetrag zwischen der auf dem Ausgleich beruhenden Rente und dem angemessenen Unterhalt; gleiches gilt für die **Altersrente** der Ehefrau, **ohne Unterscheidung** danach, ob die Altersrente teilweise auf eigenen vorehelich erworbenen Anwartschaften, teilweise auf den mit Folge der Scheidung durchgeführten Versorgungsausgleich beruht (BGH FamRZ 2002, 89).

Die Rentenänderung infolge des Versorgungsausgleichs ist ungeachtet der rückwirkenden Festsetzung erst von dem Zeitpunkt ab zu berücksichtigen, von dem ab der unterhaltsberechtigte Ehegatte über den Nachzahlungsbetrag **verfügen kann** (so BGH FamRZ 1990, 269, 272). So wie eine Nachzahlung an einen Unterhaltspflichtigen diesen nicht für vergangene Zeiträume leistungsfähig macht, so beseitigt eine an einen Unterhaltsberechtigten geleistete Nachzahlung nicht rückwirkend dessen Bedürftigkeit. Die **Nachzahlung** an den Berechtigten kann allerdings gemäß § 242 BGB einen von der Unterhaltsberechnung unabhängigen **familienrechtlichen Erstattungsanspruch** auslösen, der gesondert geltend zu machen ist. Auf diesen familienrechtlichen Erstattungsanspruch ist aber nur zurückzugreifen, wenn ein unterhaltsrechtlicher **Ausgleich nicht mehr möglich ist** (so OLG Hamburg FamRZ 1991, 953 f.).

Der Unterhaltspflichtige kann in diesem Fall eine **Überzahlung abwenden,** wenn ihm bekannt ist, dass beim Unterhaltsberechtigten der Rentenfall eingetreten ist:

Er ist berechtigt, in diesem Fall ausnahmsweise den Unterhalt als **zins- und tilgungsfreies Darlehen** anzubieten, verbunden mit der Verpflichtung, im Falle der Abweisung des Rentenantrags auf Rückzahlung zu verzichten. Nach der Rechtsprechung des BGH ist der Unterhaltsbedürftige nach Treu und Glauben verpflichtet, einen derartigen **Kredit** anzunehmen (BGH FamRZ 1992, 1152).

Ist dem Unterhaltsschuldner der Eintritt des Rentenfalles nicht bekannt und leistet er weiterhin nach der Antragstellung Unterhalt, entsteht bei Rentennachzahlung **kein Unterhaltsrückforderungsanspruch** (vgl. BGH FamRZ 1989, 718), aber es entsteht aus dem Grundsatz von Treu und Glauben ein **Erstattungsanspruch eigener Art** nach § 242 BGB auf den Teil der Rentennachzahlung, um den sich der Unterhalt bei sofortiger Rentenzahlung ermäßigt hätte (BGH FamRZ 1990, 269).

▶ **Versorgungsausgleichsprivilegien**

Die Kürzung von Anrechten des ausgleichspflichtigen Ehegatten aufgrund des VA kann zeitweise oder auf Dauer nach §§ 32 bis 38 VersAusglG aufgehoben werden; man spricht hier von „Anpassungen nach Rechtskraft".

Anpassungsfähige Anrechte sind nach § 32 VersAusglG nur Anrechte der „Regelsicherungssysteme" (gRV, Beamtenversorgung, berufsständische Versorgung, Alterssicherung der Landwirte, Versorgung der Abgeordneten und Regierungsmitglieder), **nicht** aber Anrechte der **betrieblichen oder privaten** Vorsorge, sodass z. B. die erfolgte Kürzung eines **Betriebsrentenanrechts** nach dem Tod der ausgleichsberechtigten Person nicht mehr entfallen kann. Fraglich ist jedoch, ob diese Regelung des § 32 VersAusglG verfassungsgemäß ist.

(1) **Unterhaltsprivileg:** Erhält der Ausgleichsberechtigte noch keine Vorteile aus dem Versorgungsausgleich, hat oder hätte er aber einen gesetzlichen Unterhaltsanspruch gegen den Ausgleichs-

pflichtigen, können beide (§ 34 Abs. 2 VersAusglG) den Antrag stellen, dass die Kürzung der laufenden Versorgung der ausgleichspflichtigen Person ausgesetzt wird, § 33 Abs. 1 Vers AusglG. Die Kürzung kann dabei nur **in Höhe des Unterhaltsanspruchs** ausgesetzt werden, der sich ohne die Kürzung ergeben hätte, allerdings höchstens in Höhe der Differenz der beiderseitigen Ausgleichswerte aus Anrechten nach § 32 VersAusglG. Die Anpassung wirkt **ab dem 1. des Monats,** der auf den Monat der Antragstellung folgt, § 34 Abs. 3 VersAusglG. Über die Anpassung und deren Abänderung entscheidet das **Familiengericht,** § 34 Abs. 1 VersAusglG.

(2) **Heimfallprivileg:** Stirbt die ausgleichsberechtigte Person, so wird ein Anrecht der ausgleichspflichtigen Person auf Antrag nicht länger aufgrund des Versorgungausgleichs gekürzt, wenn die ausgleichsberechtigte Person die Versorgung aus dem im Versorgungsausgleich erworbenen Anrecht **nicht länger als 36 Monate** bezogen hat, § 37 VersAusglG. Der „Rückausgleich" erfolgt erst ab dem 1. Tag des Monats, der auf den Monat der Antragstellung folgt, § 38 Abs. 2 i. V. m. § 34 Abs. 3 VersAusglG. Über den Antrag entscheidet der **Versorgungsträger,** bei dem das gekürzte Anrecht besteht, § 38 Abs. 1 VersAusglG. Der „Rückausgleich" (Wegfall der Kürzung) wegen des Todes der ausgleichsberechtigten Person gilt **nur** für Anrechte der Regelsicherungssysteme, aber nicht für Anrechte der betrieblichen/ privaten Vorsorge.

(3) **Invaliditätsprivileg:** Nach §§ 35, 36 VersAusglG kann die Aussetzung der Kürzung durch den **Versorgungsträger** in Fällen erfolgen, in denen die ausgleichspflichtige Person eine **laufende Versorgung wegen Invalidität** oder Erreichen einer besonderen Altersgrenze erhält und sie aus dem im Versorgungsausgleich erworbenen Anrecht keine Leistung beziehen kann, weil aus diesem Anrecht die entsprechenden Leistungsvoraussetzungen (noch) nicht erfüllt sind.

▶ **Versorgungsleistungen für Dritte**

Führt jemand einem leistungsfähigen Dritten den Haushalt, so ist hierfür ein Einkommen anzusetzen; bei Haushaltsführung durch einen nicht Erwerbstätigen geschieht das i. d. R. mit einem Betrag von 250 bis 550 Euro. Auch bei Haushaltsführung neben der Berufstätigkeit oder bei Teilzeittätigkeit ist je nach Umständen des Einzelfalles ein Einkommen anzusetzen (i. d. R. weniger als 250 Euro), wobei es sich regelmäßig um keine unzumutbare Tätigkeit handelt (BGH FamRZ 1995, 343). Maßgebend ist darauf abzustellen, ob nicht nur eine reine Wohn-, sondern eine Wohn- und Wirtschaftsgemeinschaft vorliegt. Dabei ist der Bedürftige darlegungs- und beweispflichtig, dass nur eine Wohngemeinschaft gegeben ist und deshalb kein Einkommen anzusetzen ist (BGH FamRZ 1995, 343). Siehe →*Zusammenleben mit Dritten;* →*Verwirkung des Unterhaltsanspruchs (Ehegattenunterhalt).*

▶ **Verteidigungsmöglichkeiten gegen Unterhaltsansprüche**

Neben den Verteidigungsmöglichkeiten des Unterhaltsverpflichteten, die § 1579 BGB gibt (→*Verwirkung des Unterhaltsanspruchs (Ehegattenunterhalt)*), besteht eine Vielzahl weiterer möglicher Einwendungen gegen die Unterhaltsverpflichtung, die häufig nicht erkannt werden, wobei die Auswirkungen des § 1579 BGB sehr oft überschätzt werden. Regelmäßig sind die nicht aus § 1579 BGB abgeleiteten Verteidigungsmöglichkeiten wesentlich wirksamer, wenngleich sie im Hinblick auf die Schwierigkeit der Rechtsmaterie des Unterhaltsrechts nicht so leicht zu erkennen sind. Im Rahmen dieses Buches kann nur ein geringer Teil davon kurz angesprochen werden; diese Möglichkeiten sollten aber in jedem Fall geprüft werden:

(1) Eine gründliche Überprüfung des Sachvortrags zur **Anspruchsgrundlage** ergibt häufig, dass eine Anspruchsgrundlage für einen Unterhaltsanspruch gar nicht gegeben ist, denn bei zahlreichen Anspruchsgrundlagen (ausführlich hierzu Heiß/Born, Unterhaltsrecht, S. 1 ff.) hat der Gesetzgeber demjenigen, der einen anderen auf Unterhalt in Anspruch nimmt, **Obliegenheiten** auferlegt, deren Erfüllung der Unterhaltsantragsteller substan-

tiiert darlegen und ggf. beweisen muss. Am substantiierten Sachvortrag zu allen Voraussetzungen der geltend gemachten Anspruchsgrundlage, aber auch an den erforderlichen Beweisangeboten fehlt es häufig. Eine gewissenhafte Prüfung und Würdigung der einem Unterhaltsantrag beigefügten Unterlagen, insbesondere der Verdienstbescheinigungen, der ärztlichen Atteste und der Bewerbungsnachweise stellt sich häufig als wesentlich bessere Verteidigung heraus als Vorwürfe gegen den Unterhaltsantragsteller. Beim **Betreuungsunterhalt** müssen zu den kind- oder elternbezogenen **Verlängerungsgründen** über die Vollendung des 3. Lebensjahres des Kindes hinaus **konkrete,** auf den jeweiligen Einzelfall bezogene individuelle **Tatsachen** dargelegt werden, wobei pauschale Wertungen oder allgemeine oder abstrakte Überlegungen oder gar das Alter des Kindes die Fortdauer des Betreuungsunterhalts nicht begründen können (vgl. BGH FamRZ 2011, 1209). Eine Verlängerung des Betreuungsunterhalts kommt nur in Betracht, wenn der Anspruchsteller substantiiert darlegt und beweist, dass

– die Kindesbetreuung nicht auf andere Weise gesichert ist und auch nicht in kindgerechten Betreuungseinrichtungen gesichert werden kann

– kindbezogene Gründe die Verlängerung erfordern

– elternbezogene Gründe eine Verlängerung als billig erscheinen lassen

– einer Vollzeitbeschäftigung entgegensteht, dass der daneben verbleibende Anteil der Betreuung und Erziehung des Kindes zu einer überobligatorischen Belastung führen würde.

In den Fällen, in denen Unterhalt wegen **Krankheit** begehrt wird, muss mindestens ein amtsärztliches Gutachten hinsichtlich Art, Umfang, Dauer und Folgen der Erkrankung eingeholt werden, zumal sich dann häufig herausstellt, dass eine gänzliche Erwerbsunfähigkeit nicht vorliegt; als besonders sachkundig erweisen sich hier oft die Ärzte des örtlichen Arbeitsamtes.

Besonders ergiebig ist die Prüfung des Vorbringens zu den Voraussetzungen der geltend gemachten Anspruchsgrundlage, wenn der Anspruch aus § 1573 BGB abgeleitet wird. Hier empfiehlt es sich, streng zu prüfen, ob die **Bemühungen um Arbeit** ausreichend und ernsthaft waren, wobei i. d. R. im Monat mindestens sieben erfolglose ernsthafte Bewerbungen als notwendig angesehen werden. Bestehen Zweifel an der Ernsthaftigkeit der Bemühungen um Arbeit und liegen Anhaltspunkte dafür vor, dass der Unterhalt Begehrende sich an potentielle Arbeitgeber nur gewandt hat, um sog. Negativ-Atteste zu erhalten, muss mindestens darauf bestanden werden, dass einige Arbeitgeber, bei denen die Bemühungen um Arbeit erfolglos waren, als Zeugen vernommen werden. Bei der Behauptung des Unterhalt begehrenden Ehegatten, dass er sich nicht um Arbeit bemüht habe, weil seine Beschäftigungschance ohnehin „gleich Null" sei, kann es sich – wenn Zweifel an der Richtigkeit dieser Behauptung bestehen – empfehlen, den zuständigen Sachbearbeiter des Arbeitsamtes als sachverständigen Zeugen hierzu vernehmen zu lassen. Dem Problem, dass der Unterhalt begehrende Ehegatte erfolgreiche Bewerbungen um eine Arbeitsstelle verschweigt, kann dadurch begegnet werden, dass der auf Unterhalt in Anspruch genommene Ehegatte dem Anspruchsteller eine angemessene und für ihn geeignete **Beschäftigung konkret nachweist;** dies erweist sich in den meisten Fällen als die beste Verteidigung des auf Unterhalt in Anspruch genommenen Ehegatten. Geht nämlich der Unterhaltskläger auf den Nachweis nicht ein oder schlägt er die nicht von der Hand zu weisende Beschäftigungschance ohne vernünftigen Grund aus, so riskiert er die Abweisung seiner Unterhaltsklage. Dabei sind jedoch i. d. R. aus Zeitungen ausgeschnittene Stellenangebote keine konkreten Nachweise. Hilfen bei der Arbeitsplatzsuche liegen in jedem Fall im eigenen Interesse des Verpflichteten und verschaffen ihm zudem wichtige Erkenntnisse über die Verhältnisse auf dem Arbeitsmarkt.

(2) Eine der wichtigsten Verteidigungsmöglichkeiten ist die Herabsetzung und zeitliche Begrenzung des Unterhalts wegen Unbilligkeit nach § 1578 b BGB, wonach der Unterhaltsanspruch des geschiedenen Ehegatten auf den angemessenen Lebensbedarf herabzusetzen ist, wenn eine an den ehelichen Lebensverhältnis-

sen orientierte Bemessung des Unterhaltsanspruchs auch unter Wahrung der Belange eines dem Berechtigten zur Pflege oder Erziehung anvertrauten gemeinschaftlichen Kindes unbillig wäre. Dabei ist insbesondere zu berücksichtigen, inwieweit **durch die Ehe Nachteile** im Hinblick auf die Möglichkeit eingetreten sind, für den eigenen Unterhalt zu sorgen. Solche Nachteile können sich vor allem aus der Dauer der Pflege oder Erziehung eines gemeinschaftlichen Kindes, aus der Gestaltung von Haushaltsführung und Erwerbstätigkeit während der Ehe sowie aus der Dauer der Ehe ergeben. Der Unterhaltsanspruch des geschiedenen Ehegatten ist **zeitlich zu begrenzen,** wenn ein zeitlich unbegrenzter Unterhaltsanspruch auch unter Wahrung der Belange eines dem Berechtigten zur Pflege oder Erziehung anvertrauten gemeinschaftlichen Kindes unbillig wäre. Mit § 1578 b BGB ist eine grundsätzlich **für alle Unterhaltstatbestände** geltende Billigkeitsregelung eingefügt. Bei der **Auslegung** von § 1578 b BGB erlangt der **Grundsatz der Eigenverantwortung** nach § 1569 BGB eine besondere Bedeutung. Je geringer die ehebedingten Nachteile sind, desto eher ist wegen des Grundsatzes der Eigenverantwortung unter Billigkeitsgesichtspunkten eine Beschränkung des Unterhaltsanspruchs geboten.

(3) Beim **Bedarf aufgrund der ehelichen Lebensverhältnisse** wird häufig übersehen, dass zum maßgebenden Zeitpunkt nicht das gesamte erzielte Einkommen zur Lebensführung zur Verfügung stand, sondern Teile des Einkommens zur Vermögensbildung oder zu anderen Zwecken verwendet wurden; der Bedarf bemisst sich aber nach dem Betrag, der zur Lebensführung tatsächlich zur Verfügung stand. Für eine **zusätzliche** →*Altersvorsorge* ist ein Betrag von bis zu vier Prozent des Gesamt-Bruttoeinkommens (fünf Prozent beim Elternunterhalt) des Vorjahres einkommensmindernd sowohl beim Unterhaltsberechtigten als auch beim Unterhaltspflichtigen zu berücksichtigen (BGH FamRZ 2005, 1817).

(4) Es empfiehlt sich, gründlich zu überprüfen, ob der Unterhalt Begehrende sich nicht aus seinen eigenen Einkünften und seinem Vermögen selbst unterhalten kann. Nicht nur die **tatsäch-**

lichen Einkünfte, sondern insbesondere die fiktiven Einkünfte sind dabei zu berücksichtigen, wobei vor allem Versorgungsleistungen für Dritte, das Bestehen einer eheähnlichen Gemeinschaft, mietfreies Wohnen, unzureichende Vermögensnutzung oder mangelnde Erfüllung einer der zahlreichen Obliegenheiten eines Unterhalt Begehrenden von Bedeutung sind.

(5) Im Rahmen der Prüfung der **Leistungsfähigkeit des Verpflichteten** wird häufig übersehen, sämtliche **Abzugsmöglichkeiten** zu berücksichtigen oder die möglichen Abzugskosten so ausführlich **darzulegen,** dass sie vom Gericht als abzugsfähig anerkannt werden können. Die Erläuterungen zu bestehenden **Verbindlichkeiten** (wann begründet? Zu welchem Zweck verwendet? Vom gemeinsamen Willen getragen?), insbesondere die Darlegung eines vernünftigen **Tilgungsplanes,** sollten so ausführlich erfolgen, dass das Gericht in die Lage versetzt wird, ernsthaft zu prüfen, ob Zins- und Tilgungsleistungen sich unterhaltsmindernd auswirken können. Ist die zusätzliche →*Altersvorsorge* in Abzug gebracht?

(6) Es ist stets zu prüfen, welcher Selbstbehalt (**eheangemessener,** angemessener oder notwendiger) dem Unterhaltspflichtigen gegen den Unterhalt Begehrenden zusteht und ob dieser Selbstbehalt bei dem geltend gemachten Unterhalt nicht unterschritten wird (nach Abzug der unterhaltsrechtlich relevanten Abzugsposten).

(7) Fehlende Ausführungen zur richtigen **Berechnungsmethode** können das Ergebnis eines Unterhaltsrechtsstreits völlig verfälschen.

(8) Wird Unterhalt für die Vergangenheit geltend gemacht, ist zu überprüfen, ob die strengen Voraussetzungen hierfür tatsächlich rechtzeitig erfüllt wurden.

(9) Bei zahlreichen Fallkonstellationen ist dem Richter vom Gesetz oder von der höchstrichterlichen Rechtsprechung auferlegt, das gefundene Ergebnis unter Billigkeitsgesichtspunkten zu überprüfen; nur wenn ausreichender Sachvortrag hierzu vorliegt und Beweis dafür geboten ist, wird der Richter in die Lage versetzt, eine entsprechende Prüfung auch tatsächlich durchzuführen.

Erst nachdem die allgemeinen Verteidigungsmöglichkeiten erschöpfend geprüft sind, sollte man sich der unterhaltsrechtlichen Härteklausel des § 1579 BGB (→ *Verwirkung des Unterhaltsanspruchs (Ehegattenunterhalt)*) zuwenden.

▶ **Verwandtenunterhalt**

1. Verwandte in gerader Linie als Verpflichtete

Gemäß § 1601 BGB sind grundsätzlich alle in gerader Linie Verwandten gegenseitig zur Unterhaltsleistung verpflichtet und berechtigt (nicht also Geschwister oder Verschwägerte). Das Gesetz legt die Reihenfolge, in der für den Unterhalt eines Bedürftigen gehaftet werden muss, genau fest. Nachrangige Verpflichtete haften für den Unterhalt nur, wenn der Lebensbedarf des Berechtigten nicht durch die vorrangig Leistungspflichtigen gedeckt werden kann. An erster Stelle der Rangfolge steht der Ehegatte, als nächstes folgen die Abkömmlinge. Kinder müssen also den Eltern Unterhalt nur gewähren, wenn der Ehegatte nicht leistungsfähig ist, Enkel erst nach den Kindern. Bei mehreren potentiellen Unterhaltspflichtigen sind in jedem Fall Feststellungen zur wirtschaftlichen Situation der einzelnen potentiellen Verpflichteten notwendig. Den Unterhaltskläger trifft jeweils die Beweislast für die Leistungsunfähigkeit eines vorrangig Verpflichteten. Werden z. B. Großeltern in Anspruch genommen, ist der Enkel beweispflichtig, dass die Eltern ohne Gefährdung ihres eigenen angemessenen Unterhalts leistungsunfähig sind. Wird ein Verwandter auf – vollen – Unterhalt in Anspruch genommen, muss der **Berechtigte** die fehlende Unterhaltspflicht des geschiedenen Ehegatten ebenso darlegen und **beweisen,** wie die eines **gleichrangig** haftenden Verwandten (OLG Hamm FamRZ 1996, 116).

2. Angemessener Selbstbehalt

Beim **Verwandtenunterhalt** gilt der angemessene Selbstbehalt (DT D.1; Leitlinien Ziff. V.21.3, 5).

- Er beträgt gegenüber volljährigen Kindern 1150 Euro.
- Gegenüber **Eltern** beträgt er mindestens 1500 Euro.
- Ist das unterhaltspflichtige Kind verheiratet, werden für den mit ihm zusammenlebenden Ehegatten im Regelfall 1200 Euro angesetzt (DT D.1).

3. Ansprüche der Enkel gegen die Großeltern

Da gemäß § 1606 Abs. 2 BGB nähere Verwandte vor den entfernteren haften, ist Anspruchsvoraussetzung für einen Unterhaltsanspruch gegen Großeltern, dass beide Elternteile leistungsunfähig sind. Ist diese Voraussetzung erfüllt, ist weitere Anspruchsvoraussetzung, dass der Unterhalt begehrende Enkel bedürftig ist. Gemäß § 1602 Abs. 1 BGB sind Verwandte bedürftig, wenn sie außerstande sind, sich selbst zu unterhalten. Auch wenn ein Unterhaltsanspruch eines minderjährigen Kindes gegen Großeltern in Betracht kommt, richtet sich die Bedürftigkeit des Anspruchsberechtigten nach der **Lebensstellung der Eltern** und nicht nach der der Großeltern.

Auf Kindesunterhalt in Anspruch genommene Großeltern können sich auf die **erhöhten Selbstbehaltsbeträge,** wie sie auch im Rahmen des Elternunterhalts gelten, berufen (BGH FamRZ 2006, 1099). Für Großeltern besteht **keine gesteigerte Unterhaltspflicht,** sondern sie haften allein unter Berücksichtigung ihres angemessenen Eigenbedarfs, und zwar **nachrangig.** Das rechtfertigt es, ihnen generell die erhöhten Selbstbehaltsbeträge, wie sie auch im Rahmen des Elternunterhalts gelten, zuzubilligen. Dieser beläuft sich nach den SL auf mindestens 1500 Euro (Leitlinien Ziff. 21.3.4.).

Sind **mehrere Großeltern** vorhanden, haften diese gleichrangig für den bedürftigen Enkel, sodass es erforderlich ist, festzustellen, welcher der gleichrangig verpflichteten Verwandten die wirtschaftlich stärkste Situation hat.

Auch der Großvater eines **nichtehelichen Kindes** haftet für den Unterhalt des Enkels, wenn sein Sohn die Vaterschaft anerkannt hat.

Die vier Großeltern sind grundsätzlich **Teilschuldner,** nicht Gesamtschuldner bezüglich des Unterhalts, sie haften anteilsmäßig nach ihren Erwerbs- und Vermögensverhältnissen, nicht nach Stämmen. Auch eine Auskunftspflicht der Großeltern besteht erst dann, wenn die Leistungsunfähigkeit beider vorrangig haftender Eltern feststeht (so Unterhaltsrecht/Deisenhofer, S. 13.5 mit Anschluss an LG Osnabrück FamRZ 1984, 1032).

Die Unterhaltspflicht der Großeltern gegenüber dem Enkel ist insoweit eingeschränkt, als Leistungen der öffentlichen Hand an den

Enkel dessen Bedürftigkeit im Sinne des Unterhaltsrechts vermindern bzw. entfallen lassen. Selbst wenn die öffentlich-rechtliche Hilfe subsidiär ist, entfällt die Bedürftigkeit gegenüber den Großeltern. Nach der Zahlung von Leistungen durch die öffentliche Hand ist eine **Überleitung** des Unterhaltsanspruchs gegen die Großeltern **nicht möglich.** Dabei spielt es keine Rolle, ob von der öffentlichen Hand Sozialhilfe/Arbeitslosengeld II oder Unterhaltsvorschuss nach dem UVG oder Ausbildungsförderung nach BAföG geleistet wird.

Letztlich hat der Enkel ein **Wahlrecht:** Es steht in seinem Belieben, ob er Sozialhilfe in Anspruch nimmt oder gegen die Großeltern Unterhaltsansprüche geltend macht. Der zuerst in Anspruch Genommene muss leisten. Im Umfang der von ihm erbrachten Beträge entfällt die Bedürftigkeit des Enkels (so Unterhaltsrecht/Deisenhofer, S. 13.7).

In den Fällen, in denen die Großeltern in einem Heim untergebracht sind, beträgt der Selbstbehalt nicht lediglich 1500 Euro, sondern mindestens den Betrag der Heimkosten sowie eines Taschengeldes.

4. Unterhaltsansprüche der Eltern gegen die Kinder

Gemäß §§ 1601 ff. BGB können Eltern grundsätzlich von ihren Kindern Unterhalt verlangen. Gemäß § 1608 S. 1 BGB haftet jedoch der **Ehegatte** eines Bedürftigen **vor den Kindern.** Die Kinder haften nur dann vor dem Ehegatten, wenn dessen angemessener Selbstbehalt durch die Unterhaltsleistung gefährdet wäre.

Bei Personen über 65 Jahren ist zunächst stets zu prüfen, ob nach dem **Grundsicherungsgesetz** Leistungen bezogen werden können, da diese bei Ansprüchen von Eltern gegen ihre Kinder **bedarfsdeckend** anzusetzen sind, § 43 Abs. 2 SGB XII.

Bei einer **Heimunterbringung** ist beim Bedarf auch der Lebensstandard des Berechtigten und der vom Heim gebotene Standard zu berücksichtigen; eine Unterbringung in einer Wohngruppe ist deshalb nicht zu finanzieren, wenn Pflegeheimkosten günstiger sind. Der BGH hat in mehreren Entscheidungen die Unterhaltsverpflichtung von Kindern gegenüber ihren Eltern insbesondere über die Auslegung des Begriffs der Leistungsfähigkeit **erheblich eingeschränkt** und die Eltern damit, z. B. im Pflegefall, in vielen, wenn nicht in den meisten Fällen, ohne Rückgriffsmöglichkeit auf die Leistungen der Allgemeinheit verwiesen (BGH FamRZ 2003, 860; 1179; 2004, 186, 366 und 370). Die **Berechnung** des Anspruchs auf Elternunterhalt hat sich nach den Vorgaben des BGH (FamRZ 2010, 1535) zu richten. Gegenüber Eltern beträgt der **angemessene Selbstbehalt** mindestens 1.500 Euro. Zusätzlich bleibt die Hälfte des diesen Mindestbetrag übersteigenden, bereinigten Einkommens **anrechnungsfrei** (vgl. Leitlinien Ziff. 21.3.3).

Die Unterhaltsverpflichtung eines Kindes kann gemäß § 1611 BGB **beschränkt** werden oder **wegfallen.** Nach dieser Vorschrift braucht der Verpflichtete nur einen Beitrag zum Unterhalt in der Höhe zu leisten, die der Billigkeit entspricht, wenn der Unterhaltsberechtigte durch sein sittliches Verschulden bedürftig geworden ist oder er seine **eigene Unterhaltspflicht** gegenüber dem Unterhaltspflichtigen gröblich vernachlässigt oder sich vorsätzlich einer schweren Verfehlung gegen den Unterhaltspflichtigen oder einen nahen Angehörigen des Unterhaltspflichtigen schuldig gemacht hat. Die Verpflichtung fällt **ganz weg,** wenn die Inanspruchnahme des Verpflichteten **grob unbillig wäre.** Die Verwirkung eines Unterhaltsanspruchs nach § 1611 BGB durch ein Verhalten des Unterhaltsberechtigten, das eine **vorsätzliche schwere Verfehlung** i. S. dieser Norm darstellt, bleibt auf diejenigen Ausnahmefälle beschränkt, in denen dem Unterhaltsberechtigten ein **schwerer Schuldvorwurf** zu machen ist. Die **Verwirkungsgründe** im Elternunterhalt hat der BGH in einer grundlegenden Entscheidung (FamRZ 2010, 1888) umfassend dargestellt (s. auch BGH FamRZ 2004, 1559).

▶ **Verwirkung des Unterhaltsanspruchs (Ehegattenunterhalt)**

1. Verwirkung nach § 1579 BGB
Nach § 1579 BGB ist ein nach den §§ 1570 ff. BGB an sich gegebener Unterhaltsanspruch beim Vorliegen besonderer, in Nr. 1 bis 8 aufgeführter Gründe (zeitlich oder der Höhe nach) **zu beschränken oder zu versagen,** soweit die Inanspruchnahme des Pflichtigen auch unter **Wahrung der Belange** eines dem Berechtigten zur Pflege oder

Erziehung anvertrauten gemeinschaftlichen Kindes aus diesen Gründen grob unbillig wäre. Die **spezielleren Tatbestände** des § 1579 BGB gehen als abschließende Regelung der Begrenzungsbestimmung nach § 1578 b BGB vor, auch bei sog. kurzen Ehen nach Nr. 1. Bei allen Ausschlusstatbeständen des § 1579 BGB muss geprüft werden, ob die **Grenzen des Zumutbaren** eines verschuldensunabhängigen Unterhaltsanspruchs überschritten werden (BVerfG FamRZ 1989, 941). Es kommt bevorzugt darauf an, in welcher Weise im konkreten Fall die Unterhaltspflicht den Schuldner wirtschaftlich trifft (BGH FamRZ 1989, 483 ff.).

Den Belangen eines anvertrauten gemeinschaftlichen Kindes kommt bei der gebotenen Interessenabwägung eine ganz besondere Bedeutung zu, die die Gerichte bei der Anwendung dieser Vorschrift zu berücksichtigen haben. Den Belangen des Kindes, das dem unterhaltsberechtigten Ehegatten zur Pflege oder Erziehung anvertraut ist, kommt gegenüber denjenigen des unterhaltspflichtigen Elternteils grundsätzlich der **Vorrang** zu. Eine zeitliche Begrenzung des Unterhaltsanspruchs gemäß § 1570 BGB oder gar eine Versagung des Unterhaltsanspruchs wird darum nur in Ausnahmefällen in Betracht kommen. Bei der zeitlichen Begrenzung ist darzulegen, in welcher Weise die Belange des Kindes – noch – gewahrt werden. Trotz Vorliegen eines Verwirkungstatbestandes wird bei Kinderbetreuung i. d. R. kein völliger Wegfall des Ehegattenunterhalts, sondern nur eine **Kürzung** in Betracht kommen. Zumindest muss der notwendige Bedarf als **Existenzminimum** gesichert sein. Auf die Sozialhilfe darf der Bedürftige nicht verwiesen werden (BGH FamRZ 1991, 670 ff.).

Wahrung der Kindesbelange bedeutet i. d. R. vor allem, dass ein Anspruch auf **Mindestunterhalt** verbleiben muss (OLG Koblenz FamRZ 1997, 873), der sorgeberechtigte Ehegatte von anderer Seite Unterhalt bekommt oder die Sorge für das Kind anderweitig als durch die Betreuung durch den unterhaltsbedürftigen Elternteil sichergestellt ist (BGH FamRZ 1997, 671).

Die **gänzliche Versagung** des Unterhaltsanspruchs ist die härteste Maßnahme, die das Gesetz ermöglicht. Sie setzt voraus, dass dem Gerechtigkeitsempfinden und den Interessen der Beteiligten nicht bereits durch eine bloße Herabsetzung des Unterhaltsanspruchs Rechnung getragen werden kann.

Bei der **Billigkeitsabwägung** können unter anderem folgende Gesichtspunkte von Bedeutung sein:

■ Lange Ehedauer und ehebedingte Nachteile, um selbst für seinen Unterhalt zu sorgen

■ verhältnismäßig kurze, aber nicht sehr kurze Ehedauer

■ Dauer des Zusammenlebens

■ Wirtschaftsgemeinschaft

■ Alter

■ Aufgabe einer Erwerbstätigkeit im Hinblick auf die Ehe

■ Aufgabe einer früheren Wohnung im Hinblick auf die Ehe

■ Aufgabe der wirtschaftlichen Selbstständigkeit

■ Dauer des Funktionierens der Ehe

■ Gründe, die von früherer Einreichung des Scheidungsantrages abgehalten haben

■ Inwieweit kann der Berechtigte nach der Scheidung eine Erwerbstätigkeit gleicher Art und gleichen Umfangs wie vor der Scheidung ausüben?

■ Inwieweit hat der Berechtigte Leistungen für den anderen erbracht (Studium finanziert, beim Aufbau des Geschäfts geholfen)?

■ Inwieweit wurde die Bedürftigkeit durch die Ehe verursacht?

■ Inwieweit wurde der Unterhaltsanspruch gegen einen früheren Ehepartner aufgegeben und insoweit ehebedingte Nachteile in Kauf genommen?

Eine **unverhältnismäßige** Belastung des Verpflichteten kann sich auch daraus ergeben, dass der unterhaltbegehrende Ehegatte die Voraussetzungen des § 1579 BGB **in besonders krasser Weise** verwirklicht hat.

Einwendungen von **Härtegründen nach § 1579 BGB** führen, unabhängig von ihrer Begründetheit, regelmäßig **nicht zum Verlust des**

Auskunftsanspruchs zur Höhe des Einkommens des anderen Ehegatten zum Zwecke der Bestimmung der ehelichen Lebensverhältnisse. Eine Prüfung dieser Einwendungen vor einer Verurteilung zur Auskunft ist daher regelmäßig nicht geboten.

2. Ausschluss-, Herabsetzungs- und Begrenzungstatbestände nach § 1579

a) Kurze Ehedauer, Nr. 1

Unter der Ehedauer ist die Zeit von der Eheschließung bis zur Rechtshängigkeit, also dem Zeitpunkt der Zustellung des Scheidungsantrages zu verstehen. Nach der Rechtsprechung liegt eine kurze Ehedauer i. d. R. vor, wenn die Ehe **nicht mehr als zwei Jahre** gedauert hat. In diesen Fällen besteht keine Veranlassung zur näheren Prüfung. Auch bei einer **sehr kurzen tatsächlichen Ehedauer** kann wegen der Belange des gemeinsamen minderjährigen Kindes eine Verwirkung des Unterhaltsanspruchs nach Nr. 1 verneint werden (BGH FamRZ 2005, 1979).

Eine **nicht mehr kurze** Ehedauer liegt i. d. R. vor, wenn die Ehe **drei Jahre** oder länger gedauert hat.

Bei Ehen mit einer Dauer **zwischen zwei und drei Jahren** kommt es entscheidend darauf an, inwieweit die Ehegatten ihre Lebensführung in der Ehe bereits aufeinander eingestellt und in wechselseitiger Abhängigkeit auf ein gemeinsames Lebensziel ausgerichtet haben. Zur Ehe von kurzer Dauer bei Betreuung minderjähriger Kinder hat das BVerfG (FamRZ 1989, 941 ff.) **bindend** festgestellt, dass bei der Auslegung und Anwendung des § 1579 Nr. 1 BGB zunächst auf die **tatsächliche Ehezeit** abzustellen ist, und wenn diese als kurz zu beurteilen ist, anschließend die gesetzlich vorgesehene Abwägung durchzuführen ist. Beim **Trennungs**unterhalt kommt es nicht darauf an, ob die Parteien nur kurz zusammengelebt haben, denn § 1361 Abs. 3 BGB verweist nicht auf § 1579 Nr. 1 BGB. Das kurze Zusammenleben kann grundsätzlich auch nicht über den Umweg des § 1579 Nr. 8 BGB zu einer Versagung, Herabsetzung oder zeitlichen Begrenzung des Unterhalt führen (BGH FamRZ 1982, 573, 575).

b) Leben in einer verfestigten Lebensgemeinschaft, Nr. 2

Der Ehegattenunterhalt kann wegen grober Unbilligkeit beschränkt oder versagt werden, wenn der Berechtigte in einer verfestigten Lebensgemeinschaft lebt. Das dauerhafte Zusammenleben des Unterhaltsberechtigten mit einem neuen Partner ist der bedeutsamste Härtegrund und grenzt die neue Partnerschaft klar von einer reinen Freundschaft ab, wobei es keinen Unterschied macht, ob die Partnerschaft heterosexuell oder homosexuell ist. Von einer verfestigten Lebensgemeinschaft spricht man entweder beim **Zusammenleben in einer Unterhaltsgemeinschaft** oder bei einer **eheähnlichen Gemeinschaft.** Eine Unterhaltsgemeinschaft wird von der Rechtsprechung bejaht, wenn der Bedürftige dauerhaft in **fester sozialer Bindung** mit einem neuen Partner zusammenlebt, sie gemeinschaftlich wirtschaften und der haushaltsführende Ehegatte wie in einer Ehe von dem anderen unterhalten wird, wobei es erforderlich ist, dass der Bedürftige in der neuen Gemeinschaft sein wirtschaftlich volles Auskommen findet, d. h. der neue Partner leistungsfähig ist – andernfalls liegt keine Unterhaltsgemeinschaft vor (vgl. BGH FamRZ 1995, 540).

Eine **eheähnliche Gemeinschaft** wird bejaht, wenn der Berechtigte zu einem neuen Partner **ein auf Dauer angelegtes Verhältnis** aufnimmt und das nichteheliche Zusammenleben gleichsam an die Stelle der Ehe getreten ist. Maßgebend ist das **Erscheinungsbild** der Verbindung in der Öffentlichkeit. Die wirtschaftliche Lage des neuen Partners spielt dabei keine Rolle. Eheähnlich ist eine Lebensgemeinschaft, die **auf Dauer angelegt** ist und daneben **keine weitere Lebensgemeinschaft gleicher Art** zulässt (BVerfG FamRZ 1999, 1053). Keine Unterhaltsgemeinschaft oder eheähnliche Gemeinschaft liegt bei einer **bloßen Freundschaft** oder **ausschließlich sexuellen Beziehung** vor. Bei **Auflösung** einer eheähnlichen Partnerschaft ist § 1586 a Abs. 1 BGB als **Auslegungsregel** heranzuziehen.

c) Straftaten gegen den Verpflichteten, Nr. 3

Nach der Härteklausel Nr. 3 kann ein Unterhaltsanspruch versagt, herabgesetzt oder zeitlich begrenzt werden, soweit die Inanspruchnahme des Verpflichteten grob unbillig wäre, weil der Berechtigte sich eines Verbrechens oder eines **schweren vorsätzlichen Vergehens** gegen den Verpflichteten oder dessen nahe Angehörige schuldig gemacht hat. Die Verwirklichung des Ausschluss-, Herabsetzungsbzw. Begrenzungstatbestandes nach Nr. 3 setzt ein **schuldhaftes** Fehlverhalten und damit die Schuldfähigkeit des unterhaltsbedürftigen Ehegatten voraus. **Krankheitsbedingte** Handlungen stellen keine Verfehlungen i. S. d. Härteregelung des § 1579 BGB dar, da diese ein schuldhaftes Verhalten voraussetzt (vgl. BGH FamRZ 1989, 1279, 1280; 1990, 983, 987).

In Betracht kommen insbesondere folgende Straftaten: Körperverletzung/Beleidigung/ Verleumdung/falsche Anschuldigung/Psychoterror/Stalking/Täuschung über das Ausmaß der eigenen Bedürftigkeit (Betrug)/falsche Aussage im Ehelichkeitsanfechtungsverfahren/ Diebstahl/ Unterschlagung/vehementes Bestreiten des Zusammenlebens mit einem anderen Partner (Betrug)/Sachbeschädigung/Vergehen nach dem Gewaltschutzgesetz/Misshandlung ehegemeinsamer Kinder.

d) Mutwillig herbeigeführte Bedürftigkeit, Nr. 4

Leichtfertig handelt, wer seine Arbeitskraft oder sein Vermögen und damit die Möglichkeit, sich aus eigenen Kräften selbst zu unterhalten, in sinnloser Weise aufs Spiel setzt und einbüßt. Dabei muss er sich in grober Nichtachtung dessen, was jedem einleuchten muss, über die nachteiligen Folgen seines Verhaltens verantwortungslos und rücksichtslos gegenüber dem Unterhaltsschuldner hinwegsetzen.

In Betracht kommen: Vermögensverschwendung/Spielleidenschaft/ Alkohol-, Tabletten- und Drogenmissbrauch/unterlassene Heilbehandlung/gefährliche Aktivitäten/ Aufgabe der Berufstätigkeit/ Nichtbezug von Arbeitslosen- und Krankengeld/Nichtbegründung oder Nichtbezug von Rentenanwartschaften.

Führt die Ehefrau durch **künstliche Befruchtung** eine Schwangerschaft herbei, obwohl ihr Ehepartner an dieser zunächst gemeinsam gewollten Form der Familienplanung nicht mehr festhält, so macht sie sich auch im Falle einer Ehekrise weder mutwillig bedürftig i. S. d. § 1579 Nr. 4 BGB, noch setzt sie sich über **schwerwiegende Vermögensinteressen** des Verpflichteten i. S. d. § 1579 Nr. 5 BGB

mutwillig hinweg (OLG Stuttgart FamRZ 1999, 1136). Die Entscheidung der Eheleute, ob sie Kinder haben wollen oder nicht, stehe zur
gemeinsamen, aber **nicht zur einseitigen** Disposition. Das heißt,
dass eine Verabredung in der Frage der Familienplanung für beide
Eheleute bindend bleibt, solange auch nur einer von ihnen daran
festhält; ein späterer **Gesinnungswandel** eines Ehegatten kann den
anderen nicht ins Unrecht setzen. Der BGH hat sich mit der Frage,
ob das **vorsätzliche Herbeiführen einer Schwangerschaft entgegen
der einvernehmlichen Abrede zur Empfängnisverhütung** ein zum
Schadensersatz (Freistellung von Unterhaltsansprüchen des Kindes)
verpflichtendes Verhalten darstellt (BGH FamRZ 1986, 773) befasst,
die ein unverheiratetes Paar betraf. Er hat einen Schadensersatzanspruch des hintergangenen Geschlechtspartners verneint mit der
Begründung, zur **personalen Würde und zum Persönlichkeits-
recht** von Partnern, die miteinander Geschlechtsverkehr haben,
gehöre es, sich **immer wieder neu und frei** für ein Kind entscheiden
zu können. Daraus folgt, dass ein Partner sich nicht wirksam im
Voraus zur regelmäßigen Anwendung eines Empfängnisverhütungs-
mittels **rechtsverbindlich verpflichten** könne. Bei der Verwirklichung eines Kinderwunsches mit dem Ehemann **ohne sein Einverständnis** oder im Wege der homologen **In-vitro-fertilisation** ohne
sein Einverständnis fehlt es an einer unterhaltsbezogenen Leichtfertigkeit (BGH FamRZ 2001, 541).

e) Mutwillige Missachtung schwerwiegender Vermögensinteressen, Nr. 5

Nicht nur Fragen der ehelichen Untreue, sondern auch andere For-
men des ehelichen Fehlverhaltens können zur Versagung, Herabsetzung oder Begrenzung des Unterhaltsanspruchs führen. Ein
Regelfall solchen Fehlverhaltens liegt insbesondere vor, wenn der
Berechtigte sich über schwerwiegende Vermögensinteressen des
Verpflichteten mutwillig hinweggesetzt hat. Zu beachten ist, dass
die Vorschrift nur anwendbar ist, wenn der Berechtigte mutwillig
gehandelt hat; eine Pflichtwidrigkeit des Berechtigten ist nur dann
beachtlich, wenn diese den Verpflichteten ebenso hart trifft, wie der
Verlust des Unterhaltsanspruchs den Berechtigten. Für die Bejahung
der Mutwilligkeit reicht ein einfaches Verschulden nicht aus, es

braucht sich aber nicht um ein vorsätzliches oder gar absichtliches Verhalten zu handeln, sondern es genügt eine **leichtfertige** Handlungsweise. Nicht erforderlich ist, dass das mutwillige Verhalten unterhaltsbezogen ist. Der Tatbestand der Nr. 5 kann bereits durch eine bloße **Vermögensgefährdung** erfüllt sein.

Im Einzelnen kommen folgende Fälle in Betracht: Anschwärzen beim Arbeitgeber/geschäftliche Schädigung/Strafanzeigen ohne berechtigte Interessen (z. B. wegen vermeintlicher Steuerhinterziehung)/Nichtverwendung des Vorsorgeunterhalts für Altersvorsorge/ Verschweigen von Einkünften, wenn dies evident unredlich ist/ Nichtzustimmung zur steuerlichen Zusammenveranlagung bei hinreichender Intensität.

f) Gröbliche Verletzung der Pflicht, zum Familienunterhalt beizutragen, Nr. 6

Eine weitere Form des Fehlverhaltens, die zur Versagung, Herabsetzung und/oder zeitlichen Begrenzung des Unterhalts führen kann, ist gegeben, wenn der Berechtigte **vor der Trennung** längere Zeit hindurch seine Pflicht, zum Familienunterhalt beizutragen, gröblich verletzt hat. In den nicht seltenen Fällen, dass der Mann einen großen Teil seines Lohnes vertrinkt, während die Frau neben der Kindererziehung arbeitet, um sich und die Kinder durchzubringen, ist nunmehr die Frau vor Unterhaltsansprüchen des Mannes geschützt, wenn der Mann wegen seiner Trunksucht arbeitslos wird. Es werden nicht nur Unterhaltspflichtverletzungen gegenüber dem Verpflichteten, sondern auch gegenüber gemeinschaftlichen **Kindern** erfasst. Der Tatbestand kann auch dann erfüllt sein, wenn ein Ehegatte seine Pflicht, im Beruf oder Geschäft des anderen Ehegatten mitzuarbeiten, nicht erfüllt hat.

Zu beachten ist, dass einerseits eine schwerwiegende Unterhaltspflichtverletzung vorliegen muss und dass diese andererseits über **längere Zeit hindurch** erfolgt sein muss. Eine gelegentliche oder hin und wieder erfolgte Unterhaltspflichtverletzung reicht somit nicht aus. Eine „gröbliche" Unterhaltspflichtverletzung setzt subjektiv mindestens grob fahrlässiges Verhalten voraus. Eine gröbliche Unterhaltspflichtverletzung wird erst dann angenommen werden können, wenn die Familie durch das Verhalten des Unterhalts begehrenden Ehegatten in eine **Notlage** geraten ist. Häufig kommt bei dieser Art des Fehlverhaltens bereits ein Unterhaltsausschluss nach der Härteklausel der Nr. 3 in Betracht, wenn eine **strafbare Unterhaltspflichtverletzung** vorliegt.

g) Offensichtlich schwerwiegendes einseitiges Fehlverhalten, Nr. 7

Voraussetzungen für die Anwendbarkeit der Härteklausel Nr. 7:

Fehlverhalten: Ein solches liegt bei einem schwerwiegenden Verstoß gegen eheliche Pflichten, insbesondere bei einem Verstoß gegen Treuepflichten, eheliche Solidarität und gegen den Grundsatz der Gegenseitigkeit vor, wobei die Pflicht zur ehelichen Treue jedenfalls mit der Scheidung ihr Ende findet. Voreheliche Täuschungshandlungen sind nur als Fehlverhalten i. S. d. Nr. 7 zu beurteilen, wenn sie Auswirkungen auf die ehelichen Lebensverhältnisse gehabt haben.

Offensichtlich schwerwiegend ist ein Fehlverhalten, wenn es als grob **verantwortungslos** und **pflichtwidrig** zu beurteilen ist.

Gegen den Verpflichteten gerichtetes Fehlverhalten: Nur wenn sich das Fehlverhalten gegen den Verpflichteten selbst gerichtet hat, kann der Härtegrund der Nr. 7 erfüllt sein; anders als beim Härtegrund nach Nr. 3 reicht ein Fehlverhalten gegen nahe Angehörige oder den neuen Lebenspartner der Unterhaltspflichtigen nicht aus, es sei denn, das Fehlverhalten wirkt sich mittelbar als schweres Fehlverhalten auch gegenüber dem Unterhaltspflichtigen aus.

Einseitiges Fehlverhalten: Nur schwerwiegendes Fehlverhalten, das **eindeutig beim Unterhaltsberechtigten** liegt, kann zur Anwendung der Härteklausel Nr. 7 führen. Bei der Gesamtabwägung ist also stets mitzuberücksichtigen, ob **Gegenvorwürfe** von einigem Gewicht vorliegen, die einer Anwendung der Nr. 7 entgegenstehen. So fehlt es an einem einseitigen Fehlverhalten, wenn der Unterhaltsberechtigte geraume Zeit nach einer einvernehmlichen Trennung eine neue Beziehung aufgenommen hat (BGH FamRZ 1981, 1042) oder wenn eine intime Beziehung aufgenommen wurde, nachdem zuvor bereits eine Scheidungsfolgenvereinbarung abgeschlossen wurde (OLG Hamm FamRZ 1996, 1080). Hat der **Unterhaltspflichtige** vor der Aufnahme intimer Beziehungen des Berechtigten mit einem Dritten ehewidrige Beziehungen unterhalten oder konkrete Scheidungsabsichten geäußert, hat das Fehlverhalten des Unterhaltsberechtigten kein eindeutiges Übergewicht mehr und die zuvor aufgenommenen ehewidrigen Beziehungen des Unterhaltspflichtigen lassen das Tatbestandsmerkmal der Einseitigkeit entfallen. Letztlich ist darauf abzustellen, ob die Ehe an dem Fehlverhalten des Unterhaltsberechtigten zerbrochen ist oder ob dessen Fehlverhalten eine **Reaktion** auf vorangegangenes Fehlverhalten des Unterhaltspflichtigen ist. Dabei hat jedoch nicht jedes Fehlverhalten des Unterhaltspflichtigen die Folge, dass das Fehlverhalten des Berechtigten nicht mehr als einseitig zu beurteilen ist, sondern das vorausgegangene Fehlverhalten des Pflichtigen muss ebenso schwerwiegend gewesen sein wie das nachfolgende Fehlverhalten des Berechtigten und es muss in einem Bezug zu dessen Fehlverhalten stehen. Ständiges Schimpfen des Unterhaltspflichtigen rechtfertigt etwa nicht eine Verletzung der ehelichen Treuepflichten durch den Unterhaltsberechtigten (vgl. BGH FamRZ 1983, 670). Hat der Ehemann nur Interesse am Fernsehen, Essen, Erfüllung der „ehelichen Pflichten" durch die Ehefrau und keine Zeit für die Kinder, ist dieser Vorwurf zu allgemein gehalten und von zu geringem Gewicht (OLG Nürnberg FamRZ 1995, 674), um das eigene ehewidrige Verhalten der Ehefrau in milderem Licht erscheinen zu lassen. Etwas anderes kann wiederum dann gelten, wenn der Unterhaltspflichtige häufig betrunken ist und dann die Ehefrau auf üble Weise beschimpft und schlägt (vgl. BGH FamRZ 1989, 487; 1279).

Offensichtlich schwerwiegend ist ein Fehlverhalten, wenn sich ein Ehepartner ganz bewusst von jeglichen ehelichen Bindungen gelöst hat, oder wenn er sich von den ehelichen Bindungen zwar nur teilweise, aber schwerwiegend abkehrt. Umstände und Folgen, wie sie sich normalerweise bei einer sich anbahnenden Scheidung ergeben, reichen nicht aus. Es muss sich um Verfehlungen handeln, die sich **deutlich von** den beim Auseinanderleben der Ehegatten **häufig auftretenden Bosheiten** abheben. Für die Anwendung des § 1579 Nr. 7 kommt es entscheidend darauf an, ob die aus der Unterhaltspflicht erwachsenden Belastungen für den Verpflichteten die **Grenzen des Zumutbaren** überschreiten. Bei einer Gesamtabwägung des Verhaltens beider Parteien muss eine Unterhaltsverpflichtung einem objektiven Betrachter wegen vom Unterhaltsberechtigten begangener gravierender Ehewidrigkeiten **unerträglich** erscheinen (vgl. Gerhardt, FA-FamR Kap. 6 Rn. 461).

Nr. 7 ist **nicht anwendbar** bei beiderseitigem Fehlverhalten, das zur Trennung der Parteien führte; gerade das ist aber bei Scheidungen der Regelfall.

Für die Frage, ob ein **einseitiges Fehlverhalten** vorliegt, kommt es darauf an, ob sich die Hinwendung zu einem Dritten als **evidente Abkehr aus einer intakten Ehe** darstellt oder die Folge eines Fehlverhaltens des anderen Ehegatten bzw. die **reaktive Flucht** aus einer **bereits gescheiterten** Ehe ist. Die Bewertung der Aufnahme einer eheähnlichen Lebensgemeinschaft als Fehlverhalten kann deshalb nur unter Einbeziehung des vorhergehenden Ehekonfliktes durch eine entsprechende **Verschuldensanalyse** erfolgen. Der Unterhaltspflichtige kann sich auf die Verwirkung des Unterhaltsanspruchs dann nicht mehr berufen, wenn er dem Berechtigten das **Fehlverhalten verziehen** hat, weil der Einwand der Verwirkung durch den Gegeneinwand der Verzeihung entfällt (vgl. OLG Düsseldorf FamRZ 1997, 1159).

Allerdings muss nicht in jedem Fall der Ausübung des Geschlechtsverkehrs, der Fortsetzung der Ehe oder der Weiterzahlung des Unterhalts eine bereits erfolgte Verzeihung liegen; denkbar sind auch Fälle, in denen nur erprobt werden soll, ob die Ehe noch gerettet werden kann. Die **Beweislast für eine Verzeihung** trägt der Berechtigte. Im Zusammenhang mit der Nr. 7 ist stets zu berücksichtigen, dass die Anwendung der Nr. 7 eine subtile Verschuldensabwägung erfordert, sodass ein entsprechender **Sachvortrag** notwendig ist. Im Einzelnen kommen folgende Fälle in Betracht:

(1) **Aufnahme einer eheähnlichen Lebensgemeinschaft:** Ein offensichtlich schwerwiegendes Fehlverhalten kann insbesondere darin liegen, dass der unterhaltsbegehrende Ehegatte sich **einseitig** gegen den Willen des anderen von der **normal verlaufenden** Ehe abkehrt und einem anderen Partner auf Dauer zuwendet, dem er die seinem Ehegatten geschuldete Hilfe und Betreuung

zuteil werden lässt. So erfüllt nach einer Entscheidung des OLG Frankfurt (FamRZ 1999, 1135) die Aufnahme einer **auf Dauer angelegten intimen Beziehung** zu einem neuen Partner **nach einer aus anderen Gründen herbeigeführten Trennung** den Verwirkungstatbestand des § 1579 Nr. 7, **es sei denn,** dass die Trennung im **beiderseitigen Einvernehmen** oder auf Veranlassung des **anderen** unterhaltspflichtigen Ehegatten herbeigeführt worden ist. Begründet wird dies damit, dass auch in dieser Fallkonstellation widersprüchlich handelt, wer sich auf den die Unterhaltspflicht tragenden Grundsatz der unter Ehegatten geschuldeten Solidarität beruft und sich selbst unter **Abkehr von den ehelichen Bindungen,** die während des Getrenntlebens weiter bestehen, einem neuen Partner zuwendet. Ein **einmaliger Ehebruch** rechtfertigt die Anwendung der Nr. 7 nicht, auch nicht wenn daraus ein Kind hervorgegangen ist. **Intime Beziehungen zu verschiedenen Männern** können, auch wenn sie jeweils nur kürzere Zeit gedauert haben, für die Anwendung der Nr. 7 ausreichen (OLG Frankfurt OLG-Report 2002, 8). Ein intimes Verhältnis zu einem engen **Freund der Familie** stellt ebenfalls ein anstößiges Verhalten dar (OLG Koblenz FamRZ 2000, 290).

(2) **Fortgesetztes ehebrecherisches Verhältnis:** Ebenso liegt ein offensichtlich schwerwiegendes Fehlverhalten, das ein Unterhaltsverlangen grob unbillig erscheinen lassen kann, vor, wenn ein Ehepartner während des Bestehens der ehelichen Lebensgemeinschaft nebenher ein fortgesetztes ehebrecherisches Verhältnis unterhalten hat oder wenn es zur Aufnahme eines nachhaltigen, auf längere Dauer angelegten intimen Verhältnisses mit einem anderen Partner gekommen ist, auch wenn es zur Begründung einer eheähnlichen Gemeinschaft nicht kommt. Nachhaltig in diesem Sinne ist eine solche Beziehung, wenn die subjektive Vorstellung der Beteiligten, das Verhältnis sei auf längere Zeit angelegt, auch objektiv wenigstens so weit verwirklicht ist, dass es über eine flüchtige Augenblicksbeziehung hinausgeht. Die Aufnahme intimer Beziehungen vor der Trennung der Eheleute zu einer **größeren Anzahl** neuer Intimpartner ist i. d. R. auch dann

als schwerwiegendes Fehlverhalten zu beurteilen, wenn **kein nachhaltiges** auf längere Dauer angelegtes intimes Verhältnis daraus entsteht (vgl. BGH FamRZ 1983, 670; 1982, 463). Das Erfordernis der Nachhaltigkeit eines intimen Verhältnisses kann auch dann entfallen, wenn die Aufnahme des intimen Verhältnisses geeignet ist, den Unterhaltspflichtigen zu demütigen, bloßzustellen oder lächerlich zu machen, wobei hier nicht nur darauf abzustellen ist, ob das Bloßstellen in der Öffentlichkeit erfolgt; es kann auch genügen, dass die kränkenden Umstände allein der engeren Familie bekannt sind. Das bloße allgemeine Bekanntsein der neuen Verbindung wird i. d. R. jedoch nicht ausreichen, den Trennungsunterhalt oder nachehelichen Unterhalt zu versagen.

(3) **Abhalten von der Anfechtung der Ehelichkeit eines Kindes; Unterschiebung eines fremden Kindes:** Der nacheheliche Unterhaltsanspruch ist gemäß § 1579 Nr. 7 BGB verwirkt, wenn eine Ehefrau ein **während der Ehe empfangenes,** nicht vom Ehemann abstammendes Kind diesem mit bedingtem Vorsatz als **eheliches Kind untergeschoben hat** (OLG Köln FamRZ 1998, 749). Hat jedoch die Ehefrau den **Ehebruch gestanden** und konnte subjektiv annehmen, der Ehemann habe aus den Umständen die Herkunft des Kindes folgern können, können die tatbestandlichen Voraussetzungen der Nr. 7 **entfallen** (OLG Zweibrücken NJW-RR 1997, 1168).

(4) **Verweigerung eines gemeinsamen Wohnsitzes:** In der Weigerung eines Ehegatten, einen (gemeinsamen) Wohnsitz an dem vom anderen Ehegatten gewünschten Ort zu begründen, kann nur dann ein Härtegrund i. S. d. § 1579 Nr. 7 BGB liegen, wenn er sich einem objektiv vernünftigen und zumutbaren Vorschlag ohne sachliche Gründe von einigem Gewicht **willkürlich** verschlossen hat (so BGH FamRZ 1990, 492).

(5) **Schuldhafte Vereitelung des Umgangsrechts:** Eine fortgesetzte schuldhafte Vereitelung des Umgangsrechts gemäß § 1634 BGB kann zu einer Herabsetzung des Unterhaltsanspruchs des personensorgeberechtigten Elternteils gemäß § 1579 Nr. 7 BGB führen. Die planmäßige Vereitelung des Umgangsrechts durch Um-

zug und Verschweigen der neuen Anschrift kann zu einer zeitweiligen Verwirkung des Anspruchs auf Geschiedenenunterhalt führen, welche durch **Vollstreckungsgegenklage** geltend zu machen ist. Es ist anerkannt, dass Beeinträchtigungen des Umgangsrechts auf den Anspruch auf Ehegattenunterhalt Einfluss haben können (OLG München FamRZ 1997, 1160; BGH FamRZ 1987, 356; OLG Celle FamRZ 1989, 1194; OLG Nürnberg FamRZ 1994, 1393). **Bloße Schwierigkeiten** bei der Ausübung des – tatsächlich gewährten – Umgangsrechts reichen für eine Verwirkung des Unterhalts nicht aus (BGH FamRZ 2007, 195). Die Verweigerung jeden Umgangs des gemeinsamen Kindes mit dem Kindesvater mit extremer Hartnäckigkeit stellt ein offensichtlich schwerwiegendes, eindeutig bei dem anderen Ehegatten liegendes Fehlverhalten dar (OLG München FamRZ 2006, 1605). Werden verhängte Zwangsmittel und die Anordnung einer Umgangspflegschaft nicht beachtet, liegt eine **Totalverweigerung des Umgangs** vor, die zu einer gänzlichen Versagung des Unterhaltsanspruchs führen kann. Zur Verwirkung des Anspruchs auf nacheheliche Unterhalt wegen Vereitelung des Umgangsrechts des Unterhaltspflichtigen mit seinem Kind hat der **BGH** (FamRZ 2007, 882) betont, dass die Verwirkungsfolge zwar grundsätzlich möglich ist, erforderlich ist aber auf Seiten der Unterhaltsgläubigerin ein s**chwerwiegendes Fehlverhalten**. Auch die **Auswanderung** nur zum Zwecke der Vereitelung des Umgangsrechts kann zur Versagung oder Herabsetzung des Unterhaltsanspruchs nach Ziffer 7 führen, nicht jedoch, wenn die Übersiedlung in die Karibik (auch bei Täuschung über die Auswanderungsabsicht) geschieht, um Abstand von der ehelichen Situation zu bekommen (so BGH NJW 1987, 893).

(6) **Verlassen des Ehepartners:** Das Verlassen des Ehepartners kann auch dann nicht als mutwillige Herbeiführung der Bedürftigkeit angesehen werden, wenn die unmittelbare Folge der Trennung die unterhaltsrechtliche Bedürftigkeit ist. Würde man die Trennung vom Partner als mutwillige Herbeiführung der Bedürftigkeit beurteilen, hätte dies einen mittelbaren Zwang zur Aufrechterhaltung der ehelichen Gemeinschaft zur Folge. Gerade

diesen aber wollte der Gesetzgeber ausschließen (BGH FamRZ 1989, 1160).

(7) **Schwangerschaft:** Das Absetzen der Pille ohne Einverständnis des Ehemannes, um von ihm schwanger zu werden, kann i. d. R. nicht als mutwillige Herbeiführung der Bedürftigkeit angesehen werden, da die Handlung **nicht als unterhaltsbezogen** anzusehen ist, sondern die Unterhaltsbedürftigkeit nur **mittelbare Folge** anderer Lebensziele ist (Büttner, Eherecht § 1579 Rn. 16). Die Fälle der „Schwangerschaftsfalle", in denen eine mutwillige Herbeiführung der Bedürftigkeit zu bejahen wäre, weil diese unterhaltsbezogen erfolgte, werden in der Praxis nur selten nachzuweisen sein.

(8) **Weitere Fallkonstellationen des schwerwiegenden Fehlverhaltens:**

– **Böswilliges Im-Stich-lassen:** Die einseitige grundlose Abwendung von einem wegen Erkrankung, Körperschaden oder Alters auf **persönliche Betreuung angewiesenen** Ehepartner wiegt besonders schwer und kann den Tatbestand der Nr. 7 erfüllen (OLG Hamm FamRZ 1981, 162; 1983, 186, 187).

– **Ein nur von Hass und Verachtung geprägtes Verhalten** gegen den Ehemann kann zum Unterhaltsausschluss führen (OLG Celle FamRZ 1995, 1489).

– Bigamie (OLG Hamm FamRZ 1987, 947).

– Eingriffe in Eigentum des Verpflichteten durch Vernichtung persönlicher Gegenstände des Pflichtigen von erheblichem Wert (OLG Oldenburg FamRZ 2002, 243).

– **Offenbarung von Geheimnissen.** Die Offenbarung von wahren Geheimnissen kann den Tatbestand der Nr. 7 erfüllen, wenn vorher Stillschweigen vereinbart war und das Geheimnis nun als Druckmittel benutzt wird (OLG Hamm OLG-Report 2000, 42) (Zeugung von Kindern für zeugungsunfähigen Bruder).

– Telefonsex (vgl. OLG Karlsruhe FamRZ 1995, 1488).

h) Anderer Grund, Nr. 8

§ 1579 Nr. 8 BGB enthält einen **Auffangtatbestand** für alle sonstigen, nicht benannten Fälle, in denen eine unbeschränkte Unterhaltsverpflichtung grob unbillig wäre. Auf ein **Verschulden** kommt es nicht an; es muss sich jedoch um gravierende Sachverhalte handeln. Es kommt hierbei entscheidend darauf an, ob die aus der Unterhaltspflicht erwachsenden Belastungen für den Verpflichteten die Grenze des Zumutbaren überschreiten. Die Regelung will allgemein eine unverhältnismäßige Belastung des Unterhaltspflichtigen vermeiden und greift Platz, wenn eine Inanspruchnahme, sei es auch nur aus objektiven Gründen, für den Unterhaltspflichtigen die Grenze des Zumutbaren in unerträglicher Weise übersteigen würde.

In Betracht kommen vor allem Fälle **grob rücksichtslosem Verhaltens** des Unterhaltsberechtigten gegenüber dem Unterhaltspflichtigen oder dessen neuen Partner oder gegenüber gemeinsamen Kindern. In jedem Fall ist eine **Abwägung** erforderlich, ob und inwieweit die Inanspruchnahme des Pflichtigen auf Unterhalt für diesen eine unzumutbare Belastung wäre. Dabei sind auch die Folgen, die sich für beide Ehegatten bei Gewährung, Versagung, Minderung oder zeitlicher Begrenzung ergeben würden, gegeneinander abzuwägen.

▶ Verzeihung

Eine ausdrückliche oder konkludente Verzeihung der die Verwirkung begründenden Umstände kann die grobe Unbilligkeit entfallen lassen. Eine Verzeihung kann daraus hergeleitet werden, dass der Pflichtige trotz Kenntnis der Umstände den Unterhalt weiter bezahlt (BGH FamRZ 2003, 521). Mit der Fortzahlung des Ehegattenunterhalts über einen längeren Zeitraum hinweg **in Kenntnis eines Verwirkungsgrundes** kann der Schuldner – ähnlich einer Verzeihung – zum Ausdruck gebracht haben, dass er aus dem Verwirkungsgrund für den Unterhalt auch in Zukunft keine Folgerungen ziehen will. Wird nach Bekanntwerden eines Verwirkungsgrundes der Geschlechtsverkehr ausgeübt, ist das Fehlverhalten **verziehen.** Eine Verzeihung liegt nicht vor, wenn die Unterhaltsleistung erfolgte, um eine Rentenkürzung bis zum Eintritt des Rentenfalles des Unterhaltsbedürftigen zu verhindern (BGH FamRZ 2003, 421).

► **Verzicht**

Siehe →*Inhaltskontrolle von Eheverträgen und Scheidungsvereinbarungen*; →*Vereinbarung (richterliche Inhaltskontrolle)*. Auf Trennungsunterhalt/Kindesunterhalt/Verwandtenunterhalt/Unterhalt der nichtverheirateten Mutter nach § 1615 l BGB kann nach § 1614 BGB **für die Zukunft nicht** (auch nicht teilweise) **verzichtet werden.** Auf nachehelichen Ehegattenunterhalt kann wirksam verzichtet werden. Eine Vereinbarung, die **vor der Rechtskraft der Scheidung** getroffen wird, bedarf jedoch gemäß § 1585 c BGB der **notariellen Beurkundung.** In einem Verfahren in Ehesachen kann die Vereinbarung auch vor dem Prozessgericht **protokolliert** werden.

Wird in einem Ehevertrag wechselseitig auf nachehelichen Unterhalt **verzichtet,** aber zugleich einem Ehegatten eine von Bedarf und Leistungsfähigkeit unabhängige **Geldrente** versprochen, so kann ein **Leibrentenversprechen** gemäß § 759 BGB vorliegen. Nach dieser Bestimmung hat, wer zur Gewährung einer Leibrente verpflichtet ist, diese im Zweifel für die Lebensdauer des Gläubigers zu entrichten. Ohne Bedeutung ist bei dem Leibrentenversprechen die Bedürftigkeit des Berechtigten und die Leistungsfähigkeit des Verpflichteten (so OLG Schleswig FamRZ 1991, 1203 f.; vgl. OLG Koblenz FamRZ 2002, 1040; BGH FamRZ 1994, 228).

► **Verzug**

1. Unterhaltsansprüche für die Vergangenheit in den Ausnahmefällen des § 1613 BGB

Unterhalt für die Vergangenheit kann nicht verlangt werden, wenn nicht einer der Ausnahmefälle des § 1613 BGB vorliegt. Nach dieser Vorschrift kann der Berechtigte für die Vergangenheit Erfüllung oder Schadensersatz wegen Nichterfüllung nur von dem Zeitpunkt an fordern, zu welchem der Verpflichtete zum Zwecke der Geltendmachung des Unterhaltsanspruchs **aufgefordert** worden ist, über seine Einkünfte und sein Vermögen **Auskunft zu erteilen,** zu welchem der Verpflichtete in **Verzug** gekommen oder der Unterhaltsanspruch **rechtshängig** geworden ist. **Darüber hinaus** kann Unterhalt für die Vergangenheit ab **Auskunftsverlangen** (§ 1613 Abs. 1 S. 1 BGB) und in den Fällen des § 1613 Abs. 2 BGB verlangt werden. § 1613 Abs. 1

S. 2 BGB enthält nur insoweit eine besondere Vorschrift für den Unterhalt, als dieser ab dem **Ersten des Monats,** in den der Verzugseintritt fällt, verlangt werden kann. Diese Vorschrift gilt auch für § 284 Abs. 3 BGB. Eine Zahlungsaufforderung, die z. B. am 27. eines Monats dem Schuldner zugeht, begründet also schon ab dem Ersten des folgenden Monats Verzug, denn der Verzug tritt am 28. des folgenden Monats ein, erfasst aber nach § 1613 Abs. 1 BGB diesen Monat ab dem Monatsersten (Büttner, FamRZ 2000, 921 ff.).

Werden einzelne, in der Vergangenheit fällig gewordene Unterhaltsansprüche längere Zeit nicht verfolgt, kann ihrer Durchsetzung der Einwand der **Verwirkung** entgegen stehen (BGH FamRZ 2007, 453). Ein Unterhaltsanspruch kann schneller verwirkt werden als ein sonstiger Anspruch. Gerade bei Unterhaltsansprüchen spricht vieles dafür, an das sog. **Zeitmoment** der Verwirkung keine strengen Anforderungen zu stellen. Nach § 1585 b Abs. 2 BGB kann Unterhalt für die Vergangenheit ohnehin nur **ausnahmsweise** gefordert werden. Diese Gründe, die eine möglichst zeitnahe Geltendmachung des Unterhalts nahe legen, sind so gewichtig, dass das Zeitmoment der Verwirkung auch schon dann erfüllt sein kann, sobald die Rückstände Zeitabschnitte betreffend, die **ein Jahr oder länger** zurückliegen (BGH FamRZ 2007, 455). Denn der Gesichtspunkt des **Schuldnerschutzes** bei mindestens ein Jahr zurückliegenden Unterhaltsrückständen verdient besondere Beachtung.

2. Weitere Ausnahmen für rückwirkende Unterhaltsforderungen

Ohne dass die Voraussetzungen des § 1613 Abs. 1 BGB vorliegen, kann gemäß Abs. 2 dieser Vorschrift für die Vergangenheit Erfüllung verlangt werden.

(1) Wegen eines unregelmäßigen außergewöhnlich hohen Bedarfs (**Sonderbedarf);** nach Ablauf eines Jahres seit seiner Entstehung kann dieser Anspruch nur geltend gemacht werden, wenn vorher der Verpflichtete in Verzug gekommen oder der Anspruch rechtshängig geworden ist;

(2) für den **Zeitraum,** in dem er
  – aus rechtlichen Gründen oder
  – aus tatsächlichen Gründen

die in den Verantwortungsbereich des Unterhaltspflichtigen fallen, an der Geltendmachung des Unterhaltsanspruchs gehindert war. Dies erfasst vor allem die Fälle, in denen die unterhaltsrechtlichen Wirkungen der Vaterschaft auch für den Zeitraum geltend gemacht werden sollen, zu dem die Vaterschaft noch nicht anerkannt oder rechtskräftig festgestellt war sowie die Fälle von Auslandsaufenthalten des Verpflichteten bei unbekanntem Aufenthalt.

3. Härtefallregelung

In den Fällen, in denen der Berechtigte aus rechtlichen oder tatsächlichen Gründen, die in den Verantwortungsbereich des Unterhaltspflichtigen fallen, an der Geltendmachung des Unterhaltsanspruchs gehindert war, soll zur Vermeidung von Härten gemäß § 1613 Abs. 3 BGB Erfüllung nicht, nur in Teilbeträgen oder erst zu einem späteren Zeitpunkt verlangt werden können, soweit die volle und die sofortige Erfüllung für den Verpflichteten eine **unbillige Härte** bedeuten würde. Dies gilt auch, soweit ein Dritter vom Verpflichteten Ersatz verlangt, weil er an der Stelle des Verpflichteten Unterhalt gewährt hat.

Der Auskunftsaufforderung, dem Verzug und der Rechtshängigkeit steht die **vertragliche Regelung** des Unterhalts gleich. Bei vertraglicher Regelung des Unterhalts kann Unterhalt für die Vergangenheit auch ohne Mahnung verlangt werden.

▶ **Verzugszinsen**

Unterhaltsrückstände sind **während des Verzugs** für das Jahr mit fünf Prozentpunkten über dem Basiszinssatz **zu verzinsen.** Kann der Gläubiger aus einem anderen Rechtsgrund höhere Zinsen verlangen, so sind diese fort zu entrichten. Die Geltendmachung eines weiteren Schadens ist nicht ausgeschlossen, § 288 BGB. Verzugszinsen für Unterhaltsrückstände können **gestaffelt nach Fälligkeitszeitpunkten** verlangt werden. Auf den konkreten Schadensnachweis kommt es nach dem Gesetz nicht an. Auch gegenüber Zinsansprüchen gilt das **Aufrechnungsverbot** gemäß §§ 394 BGB, 850 b ZPO (OLG Hamm FamRZ 1988, 952).

▶ **Vorbehalt**

Erfolgen Unterhaltszahlungen unter dem Vorbehalt der Rückforderung, tritt der Unterhaltsschuldner damit im Allgemeinen lediglich dem Verständnis seiner Leistung als Anerkenntnis (§ 208 BGB) entgegen und schließt die Wirkungen des § 814 BGB aus, hält sich also die Möglichkeit offen, das Geleistete gemäß § 812 BGB zurückzufordern. Ein solcher Vorbehalt stellt die Erfüllung nicht in Frage. Existiert ein rechtskräftiger **Unterhaltsbeschluss** und leistet der Unterhaltspflichtige auf diesen Beschluss hin unter Vorbehalt Unterhalt und wird der Beschluss gemäß § 238 FamFG rückwirkend zugunsten des Unterhaltsschuldners abgeändert, also ermäßigt, ergibt sich eine verschärfte Haftung aus § 241 FamFG.

▶ **Vorruhestand**

Eine **Vorruhestandsvereinbarung** beinhaltet eine freiwillige Beendigung des Arbeitsverhältnisses. Solange nicht gleichzeitig der Arbeitgeber berechtigt war, das Arbeitsverhältnis zu kündigen oder der Arbeitnehmer wichtige und unterhaltsrechtlich beachtliche Gründe für eine Beendigung des Arbeitsverhältnisses – z. B. gesundheitliche Beeinträchtigung, Sozialplan aufgrund geplanter Betriebsveränderung (§ 112 BetrVG) u. a. – hatte, wird deshalb in der Vorruhestandsvereinbarung ein Verstoß gegen die unterhaltsrechtliche **Erwerbsobliegenheit** des Unterhaltspflichtigen wie des Unterhaltsberechtigten zu sehen sein.

Dies gilt insbesondere im Fall der erweiterten Unterhaltspflicht (§ 1603 Abs. 2 BGB). Soweit die Abfindung zusammen mit dem Arbeitslosengeld den Wegfall des Arbeitseinkommens dann nicht ausgleicht, werden die bisher bezogenen Arbeitseinkünfte als **fiktive** Einkünfte der Unterhaltsberechnung zugrundezulegen sein.

Der Unterhaltspflichtige kann die **Minderung seiner Leistungsfähigkeit** durch die Inanspruchnahme einer **Altersteilzeit- oder Vorruhestandsregelung** dem unterhaltsberechtigten geschiedenen Ehegatten **nicht ohne Weiteres** entgegenhalten (BGH FamRZ 2004, 255; OLG Hamm FamRZ 1999, 1078). Die Tatsache, dass Vereinbarungen von Vorruhestandsregelungen sozialpolitisch erwünscht seien und vom Staat gefördert würden, spielt dabei keine Rolle. Aus der Existenz derartiger sozialpolitischer Möglichkeiten folgt noch nicht die Berechtigung des Unterhaltsschuldners, von diesen Gebrauch zu machen, denn ein Unterhaltsberechtigter muss bei der Wahl von bestehenden Gestaltungsmöglichkeiten im Rahmen seiner beruflichen Entwicklung auf die **Belange des Unterhaltsberechtigten** Rücksicht nehmen. In **aller Regel** ist in der **Vereinbarung von Altersteilzeit** ein **Verstoß** gegen die unterhaltsrechtliche Erwerbsobliegenheit zu sehen (OLG Hamm FamRZ 1999, 1079).

Macht der unterhaltspflichtige Ehegatte von der Möglichkeit Gebrauch, nach den Bestimmungen zur flexiblen Altersgrenze vorzeitig die Altersrente zu beziehen, so liegt hierin i. d. R. ein **leichtfertiges Verhalten,** wenn der vorzeitige Bezug der Versorgung weder aus gesundheitlichen noch aus betrieblichen Gründen geboten war oder nicht der **gemeinsamen Lebensplanung** der Ehegatten entsprach (OLG Saarbrücken FamRZ 2011, 647).

Eine Unterscheidung zwischen Männern und Frauen hinsichtlich der Altersgrenze wegen der günstigeren flexiblen Altersgrenze bei Frauen ist **unterhaltsrechtlich** grundsätzlich nicht gerechtfertigt; schon nicht wegen der allgemein höheren **Lebenserwartung von Frauen.** Es ist stets auf die Einzelfallumstände abzustellen und die Arbeitsunfähigkeit wegen Alters muss **individuell** bestimmt werden (OLG Hamm FamRZ 1995, 1416).

Beim Vorruhestand ist zu berücksichtigen, dass die vorgezogenen Altersgrenzen etwa für Polizeibeamte, Bergleute und Soldaten aus Gründen des Schutzes der Allgemeinheit bei gefährlichen Berufen eingeführt wurde. Diese Gründe können sich i. d. R. unterhaltsrechtlich nicht auswirken. Es ist daher zu prüfen, ob nicht eine Beschäftigung in einem anderen Beruf in Betracht kommt oder ob der Vorruhestand auch unter Berücksichtigung der unterhaltsrechtlichen Obliegenheiten beachtlich ist (vgl. KG FamRZ 1981, 1173). Etwas anderes gilt bei einer **vorzeitigen Pensionierung** aus Gesundheitsgründen. Für diesen Fall hat der BGH (FamRZ 1984, 662) entschieden, dass der Berechtigte diese Einkommensminderung **ohne Nachprüfung der Gesundheitsgründe** hinnehmen muss. Dies gilt jedenfalls dann, wenn die Versorgungsbezüge für eine angemessene Lebensführung ausreichen.

Wird **vorzeitiges** →**Altersruhegeld** bezogen, ist zu prüfen, inwieweit **daneben** noch bis zum Alter von 65 Jahren eine Erwerbsobliegenheit im Rahmen der **Hinzuverdienergrenze** besteht (BGH FamRZ 1999, 708).

Zur unterhaltsrechtlichen Erwerbsobliegenheit von Beamten und Soldaten mit **vorgezogener Altersgrenze** nach ihrer Pensionierung (hier: Pensionierung eines Strahlflugzeugführers mit 41 Jahren) siehe BGH FamRZ 2004, 254.

▶ **Vorsorgeaufwendungen**

→*Altersvorsorge*

W

▶ **Wahrheitspflicht**

Wer einen Unterhaltsanspruch geltend macht, hat die der Begründung des Anspruchs dienenden tatsächlichen Umstände wahrheitsgemäß anzugeben und darf **nichts verschweigen,** was seine Unterhaltsbedürftigkeit in Frage stellen könnte. Das gilt mit Rücksicht auf die nach § 138 Abs. 1 ZPO bestehende prozessuale Wahrheitspflicht erst recht während eines laufenden Verfahrens. Ändern sich die maßgeblichen Verhältnisse während des Rechtsstreits, so sind Umstände, die sich auf den geltend gemachten Anspruch auswirken können, **auch ungefragt** anzuzeigen, § 235 Abs. 3 FamFG.

Jede arglistige Täuschung ist Anfechtungsgrund nach § 123 BGB, sofern sie den Getäuschten zu dem Vergleich bestimmt hat, den er ohne die Täuschung nicht abgeschlossen hätte (BGH FamRZ 2000, 154).

▶ **Waisenrente**

Waisenrente erhalten nach dem Tod des Versicherten seine Kinder bis zur Vollendung des 18. Lebensjahres. Bei Schul- und Berufsausbildung oder bei Gebrechlichkeit ist die Zahlung bis zur Vollendung des 25. Lebensjahres möglich, wenn die Waise kein anderes ausreichendes Einkommen hat. Die Halbwaisenrente beträgt 1/10 der Rente wegen Erwerbsunfähigkeit des Versicherten, die Vollwaisenrente 2/10, wobei in beiden Fällen noch ein Zuschlag hinzukommt.

Die Waisenrente ist unterhaltsrechtlich relevantes – die Bedürftigkeit minderndes – Einkommen.

▶ Wechselmodell

Die **gesetzliche Regelung** geht davon aus, dass ein Elternteil das Kind betreut und versorgt und der andere Elternteil die hierfür erforderlichen Mittel zur Verfügung zu stellen hat. Wird das Kind von einem Elternteil versorg und betreut, während der andere Elternteil Barunterhalt leistet, so bestimmt sich die Lebensstellung des Kindes (§ 1610 Abs. 1 BGB) grundsätzlich nach den Einkommens- und Vermögensverhältnissen des barunterhaltpflichtigen Elternteils. Das ist solange nicht in Frage zu stellen, wie das **deutliche Schwergewicht** der Betreuung bei einem Elternteil liegt. Deshalb ändert sich an der aus dem Schwergewicht der Betreuung durch einen Elternteil folgenden Aufteilung zwischen Bar- und Betreuungsunterhalt nichts, wenn der barunterhaltpflichtige Elternteil seinerseits Betreuungs- und Versorgungsleistungen erbringt, selbst wenn dies im Rahmen eines **über das übliche Maß hinaus wahrgenommenen Umgangsrechts** erfolgt, dessen Ausgestaltung sich bereits einer **Mitbetreuung annähert** (BGH FamRZ 2007, 708; OLG Nürnberg FamRZ 2011, 1803). Wenn und soweit der andere Elternteil gleichwohl die **Hauptverantwortung** für ein Kind trägt, muss es dabei bleiben, dass dieser Elternteil seine Unterhaltspflicht i. S. d. § 1606 Abs. 3 S. 2 BGB durch die Pflege und Erziehung des Kindes erfüllt. Nur wenn die Eltern ein **Wechselmodell** mit im Wesentlichen gleichen Betreuungsanteilen praktizieren, besteht eine beiderseitige Barunterhaltspflicht, wobei sich der Bedarf des Kindes an den zusammengerechneten Einkünften der Eltern orientiert (BGH FamRZ 2006, 1015; 2007, 708). Bei einem Betreuungsanteil der Mutter von **ca. 64 Prozent** hat der BGH das deutliche Schwergewicht der Betreuung auf ihrer Seite gesehen (BGH FamRZ 2007, 709) mit der Folge, dass das Kind als in ihrer **Obhut** befindlich anzusehen ist, sodass sie es bei der Geltendmachung seiner Unterhaltsansprüche gegen den Vater gesetzlich vertreten kann (anders als beim strikten Wechselmodell) und dass die Mutter ihrer Unterhaltspflicht vollständig durch die Betreuung des Kindes nachkommt; sie ist nicht anteilig barunterhaltspflichtig. Dass das Kind beim barunterhaltspflichtigen Elternteil **verpflegt** wird, ist irrelevant, solange die Verweildauer des Kindes bei ihm den zeitlichen Rahmen üblicher Umgangskontakte nur maßvoll (hier: um vier bis fünf Tage im Monat) überschreitet, ebenso, dass der Wohnbedarf in den Zeiten, in denen sich das Kind beim Vater befindet, von diesem gedeckt wird. Ein Kind lebt i. S. d. § 1629 Abs. 2 S. 2 BGB in der Obhut desjenigen Elternteils, bei dem das **Schwergewicht** der tatsächlichen Betreuung liegt (BGH FamRZ 2006, 1015). Bei dem sog. Wechselmodell, bei dem das Kind abwechselnd gleich lang jeweils bei dem einen oder dem anderen Elternteil lebt, hat **kein Elternteil die Obhut** i. S. d. § 1629 Abs. 2 S. 2 BGB inne. Will ein Elternteil gleichwohl gegen den anderen einen Titel auf Barunterhalt für das Kind erwirken, muss er für das Kind einen Pfleger bestellen lassen oder einen Antrag nach § 1628 BGB auf Übertragung der Entscheidung zur Geltendmachung des Kindesunterhalts stellen.

Betreuen die Eltern ihr Kind tatsächlich im „Wechselmodell", so steht keinem Elternteil eine Alleinvertretungsbefugnis nach § 1629 Abs. 2 S. 2 BGB zu (OLG München FamRZ 2003, 248). Bei einem **Obhutswechsel** endet die Alleinvertretungsbefugnis und eine bereits erhobene Unterhaltsklage wird insgesamt unzulässig, nicht nur für den Unterhaltszeitraum ab Obhutswechsel. Beruft sich das Kind darauf, es befinde sich in der Obhut **eines** Elternteils, ist es hierfür darlegungs- und beweisbelastet. Abzustellen ist auf den Zeitpunkt der Antragszustellung; mit der Einreichung des VKH-Gesuchs ist die Unterhaltsklage i. d. R. noch nicht erhoben (OLG München FamRZ 2003, 249). Materiell-rechtlich folgt aus dem Wechselmodell eine **anteilige Barunterhaltspflicht** beider Eltern. Dabei macht der BGH (FamRZ 2006, 1015) sich die Auffassung zu eigen, dass der **Bedarf des Kindes** – wie bei einem volljährigen Kind – aus den beiderseitigen addierten Einkünften der Eltern abzuleiten ist, wobei Mehrkosten (erhöhte Wohnkosten/Fahrtaufwendungen) hinzuzurechnen sind. Für diesen Bedarf müssen die Eltern anteilig nach ihren Einkommensverhältnissen unter Berücksichtigung erbrachter Naturalleistungen aufkommen (BGH FamRZ 2006, 1015 mit Anm. Luthin, S. 1018).

▶ **Weihnachtsgeld**

Das Weihnachtsgeld ist (auch schon im **Jahr des Erstbezugs**) voll anzurechnen, und zwar anteilig pro Monat. Eine Heranziehung der Rechtsgedanken, welche der teilweisen Unpfändbarkeit von Weihnachtsgeld und dem steuerlichen Weihnachtsfreibetrag zugrunde liegen, scheidet wegen der insoweit anderen Interessenlage des Unterhaltsrechts aus.

▶ **Weiterbildung**

Weiterbildung ist die Ausbildung zu einer höheren Qualifikationsstufe innerhalb derselben Berufssparte, wobei bereits erworbene Kenntnisse und Fähigkeiten ausgebaut und vertieft werden, um dadurch bessere Aufstiegs- und Erwerbschancen zu erlangen (BGH FamRZ 1992, 1407). I. d. R. muss eine Weiterbildung hinter den Unterhaltsinteressen minderjähriger Kinder und der ihnen gleichstehenden Berechtigten zurückstehen, und zwar auch dann, wenn sie der ehelichen Lebensplanung entsprach oder der Berechtigte sogar während intakter Ehe sein Einvernehmen dazu erteilt hat (vgl. BGH FamRZ 1981, 539; OLG Karlsruhe FamRZ 1998, 560). Siehe →*Zweitausbildungskosten.*

Beim **Kindesunterhalt** kann ausnahmsweise dann die **Weiterbildung zum Meister** von den Eltern finanziert werden müssen, wenn erst die Meisterprüfung als begabungsgerechte Ausschöpfung der Möglichkeiten des Kindes anzusehen ist (OLG Stuttgart FamRZ 1996, 1434). Berufliche Weiterbildung des **Unterhaltspflichtigen,** die Unterhaltsinteressen beeinträchtigt, kann, obwohl i. d. R. die Unterhaltsinteressen Vorrang haben, im Einzelfall bei Würdigung aller Umstände hinnehmbar sein, etwa bei anzuerkennendem Aufstiegsstreben oder Sicherung des (gefährdeten) Arbeitsplatzes oder des Kindesunterhalts auf zuverlässige Dauer (OLG Saarbrücken NJW-RR 1990, 1027; FamRZ 1990, 306).

▶ **Werbegeschenke**

Werbegeschenke sind – wie Repräsentationskosten – i. d. R. nicht unumgänglich notwendig, um den Gewerbebetrieb aufrechterhalten zu können und sind daher im Regelfall nicht einkommensmindernd zu berücksichtigen.

▶ **Werbungskosten**

Werbungskosten sind nicht in steuerlich absetzbarem Umfang auch unterhaltsrechtlich einkommensmindernd zu berücksichtigen, sondern nur insoweit, als hinreichend dargelegt ist und zwar sowohl hinsichtlich Art als auch Umfang der Kosten, dass sie zur **Aufrechterhaltung** des Gewerbebetriebes **unbedingt nötig** sind (vgl. BGH FamRZ 1980, 770). Bei hohen Werbungskosten besteht unterhaltsrechtlich die Obliegenheit, sich wegen der den Arbeitnehmerpauschbetrag übersteigenden Aufwendungen einen **Freibetrag** in die Lohnsteuerkarte eintragen zu lassen (OLG Hamburg FamRZ 1992, 1308 ff.).

▶ **Wiederauflebende Witwenrente**

→*Renten;* →*Witwenrente*

▶ **Wiederverheiratung**

Der Einwand gegen einen Unterhaltstitel, der Anspruch sei aufgrund Wiederverheiratung gemäß § 1586 BGB weggefallen, ist mit **Vollstreckungsgegenantrag** nach § 767 ZPO geltend zu machen. Der unterhaltsbedürftige Ehegatte löst sich mit der Eingehung einer neuen Ehe **endgültig** von der aus der früheren, geschiedenen Ehe abgeleiteten nachehelichen Solidarität; der Grundsatz der Eigenverantwortung des geschiedenen Ehegatten steht dem Wiederaufleben von Anschlussunterhaltsansprüchen entgegen.

Die **Wiederverheiratungsklausel** des § 1586 Abs. 1 BGB kann **vertraglich abbedungen** werden. Hierzu bedarf es einer **klaren und eindeutigen Festlegung.** Der Verzicht auf die Abänderungsmöglichkeit nach § 323 ZPO **reicht** hierzu **nicht aus.**

Wiederverheiratung des **Unterhaltsberechtigten:** Gemäß § 1586 Abs. 1 BGB **erlischt** mit der Wiederverheiratung der Unterhaltsanspruch für die Zukunft. Für die Vergangenheit und den **Heiratsmo-**

nat bleibt der Anspruch bestehen, § 1586 Abs. 2 BGB. Die Vorschrift des § 1586 BGB ist **abdingbar,** so dass vertraglich auch für den Fall der Wiederverheiratung Unterhalt vereinbart werden kann, aber nur durch eine völlig eindeutige Regelung. Vereinbaren Eheleute anlässlich der Ehescheidung nach einem wechselseitigen Unterhaltsverzicht die Zahlung einer monatlichen **Leibrente** an die Frau „bis zu ihrem Tod", so **erlischt** der Anspruch bei Wiederheirat der Frau **nicht** (OLG Koblenz FamRZ 2002, 1040).

Wiederverheiratung des **Unterhaltspflichtigen:** siehe →*Splittingvorteil.*

▶ **Witwenrente**

Siehe auch →*Renten.* Anspruch auf Witwenrente hat die Witwe nach dem Tod des versicherten Ehemannes, wenn die kleine **Wartezeit** erfüllt ist.

Nach § 66 Abs. 1 S. 1 SGB VII erhalten frühere Ehegatten von Versicherten, deren Ehe mit ihnen geschieden, für nichtig erklärt oder aufgehoben ist, auf Antrag eine Rente entsprechend § 65 SGB VII, wenn ihnen die Versicherten Unterhalt unter den dort genannten Voraussetzungen geleistet oder geschuldet haben. Die **Dauer der Leistung** ist danach grundsätzlich nicht begrenzt. Die einzige vom Gesetz vorgesehene Ausnahme von dieser Regel findet sich in § 66 Abs. 1 S 2 SGB VII. Danach wird die Rente dann, wenn der Unterhaltsanspruch auf §§ 1572, 1573, 1575 oder 1576 BGB beruhte, (nur) solange gezahlt, wie der frühere Ehegatte ohne den Versicherungsfall unterhaltsberechtigt gewesen wäre. Der gemäß § 1570 BGB eingetretene Verlust des familienrechtlichen Unterhaltsanspruchs hat für den Anspruch auf Geschiedenen-Witwenrente **keine Konsequenzen.** Eine analoge Anwendung des § 66 Abs. 1 S. 2 SGB VII kommt nicht in Betracht (BSG FamRZ 2007, 729).

Heiratet eine Witwe, fällt die Witwenrente weg. Als Ausgleich dafür wird eine Abfindung gezahlt. Sie beträgt das 24-fache der bisher bezogenen Monatsrente.

Der Witwer erhält eine Witwenrente unter den gleichen Bedingungen wie eine Witwe ihre Witwenrente; das heißt: Bei dem Tod der

Ehefrau muss nur die kleine Wartezeit erfüllt sein. Eigenes Einkommen ist jedoch, soweit es den Freibetrag übersteigt, auf die Witwerrente anzurechnen (Einkommensanrechnung). Eine Witwenrente, die **wegen Heirat weggefallen** ist, kann wieder **aufleben,** wenn die neue Ehe aufgelöst oder für nichtig erklärt wird. Unterhalts- oder Versorgungsansprüche, die aus der neuen Ehe entstehen, sind auf die wiederaufgelebte Witwenrente anzurechnen. Das Gleiche gilt für die **Geschiedenen-Renten.** Für die **Unbeachtlichkeit** eines **Unterhaltsverzichts** kommt es darauf an, ob er sich nach den objektiven Gegebenheiten des Falles als **„leere Hülse"** darstellt. Der Tatbestand der „leeren Hülse" ist erfüllt (so Bundessozialgericht NJW 1993, 3285 ff.), wenn

- sowohl im Zeitpunkt der Scheidung als auch im Zeitpunkt des Todes kein Unterhaltsanspruch bestand und

- nach den bei Abschluss des Unterhaltsverzichts gegebenen objektiven Umständen vernünftigerweise in Zukunft nicht mit dem Entstehen von Unterhaltsansprüchen der geschiedenen Frau gerechnet werden konnte; es ist also eine Bewertung aus der Sicht eines verständigen Dritten vorzunehmen, dem alle bei Abschluss des Unterhaltsverzichts vorhandenen objektiven Umstände bekannt waren.

Der Tatbestand der „leeren Hülse" wird demgegenüber nicht dadurch in Frage gestellt, dass der Unterhaltsverzicht Wirkungen hat, die keinen Bezug zu Unterhaltsansprüchen der geschiedenen Ehefrau haben. Insbesondere ist unbeachtlich, ob der Unterhaltsverzicht den Zweck und die Wirkung hatte, die geschiedene **Ehefrau** von Unterhaltsverpflichtungen gegenüber ihrem früheren Ehemann zu schützen; denn der Ausschluss einer Unterhaltsverpflichtung der Frau gegenüber dem Versicherten hat unter keinem denkbaren Gesichtspunkt Einfluss auf den **Geschiedenenwitwenrentenanspruch.**

Anspruchsgrundlage für eine Witwen- oder Witwerrente an vor dem 1. 7. 1977 geschiedenen Ehegatten ist § 243 SGB VI.

Gemäß §§ 67, 82 i. V. m. § 255 SGB VI beträgt die kleine **Witwen- oder Witwerrente** 25 v. H. und die **große Witwen- oder Witwerrente** 60 v. H. einer Rente wegen Alters des verstorbenen Ehepartners.

Das **derzeit geltende Recht** kennt einen Witwer-/Witwenunterhalt nicht. Wird die Ehe durch den Tod aufgelöst, so endet damit die gegenseitige Unterhaltspflicht der Ehegatten für die Zukunft, §§ 1615 Abs. 1, 1360 a Abs. 3 BGB). Dagegen erlischt der Anspruch des **geschiedenen** Ehegatten auf nachehelichen Unterhalt nicht mit dem Tode des Verpflichteten, sondern geht auf dessen Erben als **Nachlassverbindlichkeit** über, § 1586 Abs. 1 S. 1 BGB.

▶ Wohngeld

Das Wohngeld ist zunächst **auf den erhöhten Wohnkostenbedarf anzurechnen.** Im Ergebnis wird daher das Wohngeld vielfach nicht zur Erhöhung des anrechenbaren Einkommens führen, weil es nur unvermeidbare erhöhte Aufwendungen für die Wohnung ausgleicht und der Bedarf lediglich auf das unter den gegebenen wirtschaftlichen Verhältnissen normale Maß zurückführt (vgl. Leitlinien Ziff. 2.3).

▶ Wohnkosten

Die laufenden Mietkosten einschließlich der Nebenkosten zur Deckung des Wohnbedarfs rechnet man zu den Kosten der privaten Lebensführung, die bei der Bemessung des Selbstbehalts (→*Selbstbehalt, Bedarfskontrollbetrag)* bereits berücksichtigt werden; sie können daher nicht zusätzlich einkommensmindernd berücksichtigt werden. Zur Bemessung des notwendigen **Selbstbehalts** gegenüber dem Unterhaltsbegehren eines minderjährigen Kindes, wenn die **Wohnkosten des Unterhaltspflichtigen** den insofern im Selbstbehalt berücksichtigten Betrag unterschreiten, hat der BGH (FamRZ 2006, 1664; 2004, 189) eine Herabsetzung des Selbstbehalts verneint.

> Es unterliegt grundsätzlich der freien Disposition des Unterhaltspflichtigen, wie er die ihm zu belassenden, ohnehin knappen Mittel nutzt. Ihm ist es deshalb nicht verwehrt, seine Bedürfnisse anders als in den Unterhaltstabellen vorgesehen zu gewichten und sich z. B. mit einer preiswerteren Wohnung zu begnügen, um zusätzliche Mittel für andere Zwecke, etwa für Bekleidung, Urlaubsreisen oder kulturelle Interessen einsetzen zu können. Diese **Lebensgestaltungsautono-**

mie kann dem Unterhaltsschuldner auch gegenüber Unterhaltsansprüchen für ein minderjähriges Kind nicht verwehrt werden. Denn auch insoweit ist ihm der notwendige Selbstbehalt zu belassen, über den er unter Berücksichtigung seiner eigenen Belange verfügen kann. Das bedeutet, dass einem Unterhaltsschuldner der Selbstbehalt als Mindestbetrag unabhängig davon zu belassen ist, wie er seine Ausgaben im Einzelnen gestaltet. **Geringe Wohnkosten erhöhen die Leistungsfähigkeit nicht.** Dieser zunächst zum Elternunterhalt entwickelte Grundsatz gilt in jedem Unterhaltsverhältnis – Unterschiede ergeben sich lediglich aus der Höhe des jeweiligen Selbstbehalts. Eine Herabsetzung des Selbstbehalts kommt nicht mehr in Betracht, wenn der Unterhaltsschuldner die ihm verbleibenden Mittel anders nutzt, als nach den Leitlinien unterstellt. Der notwendige Selbstbehalt ist mehr als das physische Existenzminimum. Er soll dem Unterhaltsschuldner die autonome Gestaltung seiner Lebensführung ermöglichen.
Siehe →*Wohngeld;* →*Wohnwertanrechnung.*

▶ **Wohnungsüberlassung**

Bei der kostenlosen Überlassung einer Wohnung an ein volljähriges bereits verdienendes Kind ist ein fiktives Einkommen anzusetzen (vgl. BGH FamRZ 1990, 269; 2006, 99; 2006, 774). Siehe → *Sozialversicherungsentgeltverordnung.*

▶ **Wohnwertanrechnung**

1. Überblick

(1) Der Wohnvorteil durch mietfreies Wohnen im eigenen Heim ist als wirtschaftliche Nutzung des Vermögens unterhaltsrechtlich **wie Einkommen** zu behandeln, wobei neben dem Wohnwert auch Zahlungen nach dem **Eigenheimzulagengesetz** anzusetzen sind. Beim **Ehegattenunterhalt** kürzen bei **gemeinsamem Eigentum** der Eheleute Zins und Tilgung bei der Bedarfsermittlung den prägenden Wohnwert (BGH FamRZ 2000, 950). Bei **Alleineigentum** prägen ab Rechtshängigkeit des Scheidungsantrags **nur noch die Zinsen** den Wohnwert, **nicht mehr die Tilgung**; insoweit handelt es sich um einseitige Vermögensbildung (BGH FamRZ 2008, 963; 2009, 23). Eine Ausnahme gilt nur insoweit als es sich bei der Tilgung um eine zulässige Altersvorsorge (vier Prozent-Klausel) handelt (BGH FamRZ 2008, 963).

(2) Ein **Wohnvorteil liegt nur vor,** soweit der Wohnwert den be-
rücksichtigungsfähigen **Schuldendienst** (Zins und Tilgung) und
die **verbrauchsunabhängigen Kosten,** mit denen ein Mieter
üblicherweise nicht belastet wird, übersteigt.

(3) Dabei ist i. d. R. vom **vollen Mietwert** auszugehen. Nur wenn es
nicht möglich oder nicht zumutbar ist, die Wohnung aufzugeben und das Objekt zu vermieten oder zu veräußern, kann statt
dessen die **ersparte Miete** angesetzt werden, die angesichts der
wirtschaftlichen Verhältnisse angemessen wäre. Dies kommt insbesondere **für die Zeit bis zur Scheidung** in Betracht, wenn ein
Ehegatte das Eigenheim allein bewohnt (Leitlinien Ziff. 5.). Als
Regel ist bei mietfreiem Wohnen als Wohnwert die **objektive
Marktmiete** ohne verbrauchsabhängige Nebenkosten (sog. Kalt-
miete) anzusetzen. Dies gilt insbesondere beim nachehelichen
Unterhalt (BGH FamRZ 2000, 950) und beim Verwandtenunterhalt (OLG München FamRZ 1999, 251).

(4) Die **objektive Marktmiete** ist i. d. R. nach § 287 ZPO vom Gericht zu schätzen unter Berücksichtigung der Größe der Wohnung, des Baujahres, der Anzahl der Räume, der Lage und der
Ausstattung.

(5) Bewohnen **mehrere Personen** das Eigenheim, ist der Wohnwert
aufzuteilen, wobei dies i. d. R. **nach Köpfen** geschieht. Kinder
sind vorab mit einem Anteil von 20 Prozent ihres Anspruchs auf
Barunterhalt mit zu berücksichtigen.

(6) **Während der Trennungszeit** ist der Vorteil mietfreien Wohnens
nur in dem Umfang zu berücksichtigen, wie er sich als angemessene Wohnungsnutzung durch den in der Ehewohnung verbliebenen Ehegatten darstellt. Dabei ist auf den Mietzins abzustellen,
den er auf dem örtlichen Wohnungsmarkt für eine **dem ehelichen Lebensstandard entsprechende kleinere Wohnung** zahlen
müsste (BGH FamRZ 2007, 879). Regelmäßig gezahlte Raten auf
einen Kredit für die Ehewohnung sind während der Trennungszeit in **voller Höhe** (Zins und Tilgung) und auch nicht nur
beschränkt auf die Höhe des angemessenen Wohnvorteils als
eheprägend zu berücksichtigen (BGH FamRZ 2007, 880).

(7) **Verbrauchsunabhängige Nebenkosten** stellen keinen Abzugs-posten beim Wohnwert dar, wenn sie nach der BetrKV auf den Mieter umgelegt werden können (BGH FamRZ 2009, 1300). Bei der Bemessung des Wohnvorteils ist auszugehen von der Netto-miete, d. h. nach Abzug der auf einen Mieter nach § 2 BetrKV umlegbaren Betriebskosten. Hiervon können in Abzug gebracht werden der berücksichtigungsfähige **Schuldendienst,** erforder-liche Instandhaltungs- und Instandsetzungskosten und solche Kosten, die auf einen Mieter **nicht** nach § 2 BetrKV umgelegt werden können (SL Ziff. 5).

(8) **Notwendige Instandhaltungskosten** sind wohnwertmindernd zu berücksichtigen, jedoch nicht Ausgaben für **wertsteigernde** Ausbauten und Modernisierungsaufwendungen (BGH FamRZ 2000, 351). Dabei muss es sich um **konkrete Instandhaltungs-maßnahmen** für **unaufschiebbare** Maßnahmen handeln; für diese können auch Rücklagen gebildet werden. Nicht berück-sichtigungsfähig sind allgemeine Instandhaltungsrücklagen ohne konkreten Anlass oder durch den Auszug des Ehepartners ent-stehende Renovierungsarbeiten (BGH FamRZ 2000, 351).

2. Berücksichtigung von Schulden
Bezüglich der Berücksichtigung von **Zins- und Tilgungsleistungen** ist zu **unterscheiden,** ob es sich um die Berechnung des **Verwand-ten- insbesondere Kindesunterhalts** handelt oder um die Berech-nung des **Ehegattenunterhalts.**

(1) Beim **Verwandten- insbesondere Kindesunterhalt** sind bei der Leistungsfähigkeit des Unterhaltspflichtigen Zins- und Tilgungs-leistungen für Wohnwertschulden **nicht zu berücksichtigen, so-weit** sie den Wohnkosten entsprechen, die der Pflichtige ohne das Vorhandensein von Wohneigentum aufbringen müsste; dies gilt zumindest für die im notwendigen bzw. angemessenen Selbstbehalt enthaltenen Wohnkosten von derzeit 360 Euro bzw. 440 Euro (vgl. DT A. Ziff. 5; Leitlinien Ziff. 21.2, 21.3). Darüber hinaus ist wie bei allen Verbindlichkeiten eine umfassende Inte-ressenabwägung nach dem Zweck der Verbindlichkeit, Zeitpunkt und Art ihrer Entstehung und Kenntnis von Grund und Höhe der Unterhaltsschuld vorzunehmen (BGH FamRZ 2002, 815).

(2) **Nach der Scheidung der Ehe** wird der Wertzuwachs für das im Eigentum stehende Haus durch weitere Darlehenstilgung dann nicht mehr über den Zugewinn ausgeglichen und kommt nur noch dem Eigentümer allein zugute. Nach der ständigen Rechtsprechung des BGH (vgl. FamRZ 2007, 881) ist der **Tilgungsanteil** der Darlehensraten, soweit er zur Schuldenrückführung und damit zur **Vermögensbildung** nur eines Ehegatten führt, im Rahmen des nachehelichen Ehegattenunterhalts deswegen grundsätzlich nicht mehr zu berücksichtigen. Dann sind dem – dann relevanten – objektiven Mietwert bei der Bemessung des Unterhaltsbedarfs nach den ehelichen Lebensverhältnissen nur noch die Zahlungen für den **Zinsaufwand** gegenüber zu stellen. Allerdings ist nach der Rechtsprechung des BGH unter dem Gesichtspunkt einer **zusätzlichen Altersvorsorge** auch im Rahmen des nachehelichen Ehegattenunterhalts eine Vermögensbildung durch Zahlung von Tilgungsraten bis zur Höhe von **vier Prozent des eigenen Bruttoeinkommens** zu berücksichtigen (BGH FamRZ 2007, 882).

3. Wohnwertanrechnung bei Veräußerung des Familienheims

Bei einer →*Veräußerung des Familienheims* ist der Erlös als **Surrogat** eheprägend, auch wenn er den früheren Wohnwert übersteigt (BGH FamRZ 2001, 986, 1140; 2002, 88).

Im Fall einer Veräußerung des Familienheims an einen Dritten oder des Erwerbs des Miteigentumsanteils eines Ehegatten durch den anderen (auch nach der Scheidung), ist bereits bei der **Ermittlung des Bedarfs** im Rahmen des Ehegattenunterhalts auf die Verhältnisse nach der Veräußerung der Immobilie abzustellen, sodass etwa erzielte oder erzielbare **Zinsen aus dem Erlös** oder der Mietwert einer mit dessen Hilfe angeschafften neuen Immobilie als Surrogat an die Stelle des ursprünglichen Wohnwerts treten (BGH FamRZ 2009, 23). Überträgt also ein Ehegatte dem anderen Ehegatten seinen Hälfteanteil, sind beim **veräußernden** Ehegatten die Zinsen aus dem Erlös als prägendes Surrogat anzusetzen, beim **anderen Ehegatten** der volle Wohnwert abzüglich der Zinsen der prägenden Hausschulden und der nicht prägenden Zinsen aus dem Übernahmekredit (BGH FamRZ 2008, 963, 1600; 2005, 1159). Dabei hat der

BGH darauf hingewiesen, dass von den Hausschulden **nur die Zinsen,** nicht mehr die Tilgung als einseitige Vermögensbildung berücksichtigungsfähig sind (FamRZ 2008, 963), es sei denn es handelt sich um eine zulässige Altersvorsorge.

4. Wohnwert/Kindesunterhalt

Lebt das Kind mietfrei in Wohn- und Haushaltsgemeinschaft mit dem **Sorgeberechtigten,** wird dadurch die Bedürftigkeit des Kindes **nicht** gemindert. Das mietfreie Wohnen des betreuenden Elternteils führt damit nicht zu einer Kürzung des Barunterhalts des Kindes (BGH FamRZ 1992, 425).

Der für das Kind geleistete Barunterhalt **erhöht** aber durch den darin enthaltenden Mietkostenzuschuss den Wohnwert des mietfrei wohnenden, das Kind betreuenden Elternteils.

Es kann ein Betrag von **20 Prozent** des **Tabellenunterhalt** als Erhöhungsbetrag angesetzt werden (Leitlinien Ziff. 21.5.2.).

5. Volljähriges Kind

Lebt ein volljähriges Kind in der Wohnung eines leistungsfähigen Elternteils, kürzt dieses Wohnen seinen Bedarf **nicht.** Nach Berechnung des Haftungsanteils nach § 1606 Abs. 3 BGB kann der die Unterkunft gewährende Elternteil jedoch diese Naturalleistung auf den anteiligen Unterhaltsanspruch verrechnen.

Lebt das Kind in Haushalts- und Wohngemeinschaft mit einem **nicht** leistungsfähigen Elternteil, so mindert dieser Vorteil den Barunterhaltsanspruch gegen den anderen Elternteil ebenfalls **nicht,** weil der nicht barunterhaltspflichtige Elternteil i. d. R. mit seinen freiwilligen unentgeltlichen Zuwendungen nicht den barunterhaltspflichtigen Elternteil von dessen Unterhaltsverpflichtung entlasten will.

Z

▶ **Zählkindervorteil**

Ist das Kindergeld wegen der Berücksichtigung eines nicht gemeinschaftlichen Kindes erhöht, ist es im Umfang der Erhöhung nicht
bedarfsmindernd zu berücksichtigen, § 1612 b Abs. 2. Zwischen den
beiden Elternteilen soll nur derjenige Kindergeldbetrag ausgeglichen
werden, der für ein gemeinschaftliches Kind anfallen würde und
nicht der „Zählkindvorteil". Dieser wird vielmehr i. d. R. dem bezugsberechtigten Elternteil als Einkommen verbleiben. Der Zählkindvorteil für ein nicht gemeinsames Kind ist auch dann nicht in
die Bedarfsberechnung einzubeziehen, wenn das Kind **noch vor
Rechtskraft der Scheidung** geboren wurde (BGH FamRZ 2000,
1492).

▶ **Zahnersatz**

Die Kosten für Zahnersatz können soweit der Zahnersatz unabwendbar erforderlich geworden ist und soweit die Kosten nicht von
einer gesetzlichen oder privaten Krankenversicherung getragen werden, im Rahmen eines vernünftigen Tilgungsplanes einkommensmindernd berücksichtigt werden. Siehe →*Sonderbedarf;* →*Krankheitsbedingter Mehrbedarf.*

▶ **Zeitliche Begrenzung des Unterhaltsanspruchs (Ehegattenunterhalt)**

(1) § 1578 b BGB ist eine **Kernvorschrift** des Unterhaltsrechts und ist eine grundsätzlich für alle Unterhaltstatbestände geltende **Billigkeitsregelung,** die eine Herabsetzung, gänzliche Versagung oder zeitliche Begrenzung von Unterhaltsansprüchen, aber auch die Kombination dieser Möglichkeiten erlaubt.

(2) Bei der Billigkeitsprüfung nach § 1578 b BGB ist **vorrangig** zu berücksichtigen, ob **ehebedingte Nachteile** eingetreten sind, die schon deswegen regelmäßig einer Befristung des nachehelichen Unterhalts entgegenstehen, weil der Unterhaltsberechtigte dann seinen eigenen angemessenen Unterhalt nicht selbst erzielen kann (BGH FamRZ 2010, 1971).

(3) Im Rahmen der Prüfung des § 1578 b BGB ist aber **nicht nur** der Gesichtspunkt der ehebedingten Nachteile zu berücksichtigen, sondern erforderlich ist auch eine Berücksichtigung der **nachehelichen Solidarität.** Hierbei sind das **Alter** der Ehefrau, die Geburt **mehrerer Kinder** sowie die Aufgabe der Berufsausbildung als entscheidende Kriterien für eine nicht vorzunehmende Begrenzung bzw. Befristung heranzuziehen. Andererseits dürfte Anforderungen an die „fortwirkende eheliche Solidarität" **nicht überspannt** werden (vgl. BGH FamRZ 2009, 1207; 406; 2008, 1325; 1508; Dose, FamRZ 2011, 1341).

(4) Eine **zeitliche Begrenzung entfällt,** wenn ein ehebedingter Nachteil vorliegt, insbesondere wenn der Bedürftige mit seinem erzielbaren Eigeneinkommen seinen angemessenen Bedarf nicht decken kann (BGH FamRZ 2010, 2059).

(5) Eine **Begrenzung auf den angemessenen Bedarf** kann dagegen auch bei einem ehebedingten Nachteil erfolgen und erfordert nur eine Billigkeitsprüfung (BGH FamRZ 2010, 1637). Dabei ist auch die nacheheliche Solidarität zu berücksichtigen, insbesondere bei **Aufgabe der eigenen Berufstätigkeit** wegen Kindesbetreuung (BGH FamRZ 2010, 1971; 2059; 2011, 713).

(6) Ehebedingte Nachteile sind vor allem **Erwerbsnachteile,** die durch die von den Ehegatten **praktizierte Rollenverteilung**

während der Ehe entstanden sind. Dazu genügt es, wenn ein Ehegatte sich entschließt seinen **Arbeitsplatz aufzugeben,** um die Haushaltsführung und Kinderbetreuung zu übernehmen. Es ist auch grundsätzlich nicht von Bedeutung, ob der unterhaltspflichtige Ehegatte damit einverstanden war oder nicht. Etwas anderes gilt nur, wenn die Aufgabe (oder der Verlust) der Arbeitsstelle ausschließlich auf Gründen beruhte, die **außerhalb der Ehegestaltung** liegen (BGH FamRZ 2011, 628 Rn. 18).

(7) Vom **Regelfall der Begrenzung** des nachehelichen Unterhalts aus Billigkeitsgründen nach § 1578 b BGB gibt es nur dann eine **Ausnahme** mit der Folge einer lebenslangen Beibehaltung des ehelichen Lebensstandards, wenn die Ehe lange gedauert hat und aus ihr gemeinsame Kinder hervorgegangen sind, die der Unterhaltsbedürftige betreut und versorgt hat und wenn der Bedürftige wegen der Ehe erhebliche berufliche Nachteile auf sich genommen hat oder wenn sonstige Gründe, z. B. Alter oder Gesundheitszustand für eine **dauerhafte Lebensstandardgarantie** sprechen (BGH FamRZ 2010, 1311, 538; 2009, 1300). So kann etwa die nacheheliche Solidarität dann fortwirken, wenn bei Betreuung von vier Kindern und Erkrankung in der Ehe oder bei Betreuung von zwei Kindern und 14-jähriger voller Berufspause berufliche Nachteile dargelegt und nachgewiesen sind.

(8) Die **Höhe des ehebedingten Nachteils** bemisst sich nach der **Differenz** aus dem angemessenen Lebensbedarf des Unterhaltsberechtigten i. S. d. § 1578 b Abs. 1 S. 1 BGB zu dem Einkommen, das der Unterhaltsberechtigte tatsächlich erzielt bzw. gemäß §§ 1574, 1577 BGB erzielen könnte (BGH FamRZ 2010, 2059).

(9) Der angemessene Lebensbedarf gemäß § 1578 b Abs. 1 BGB bestimmt sich nach der Lebensstellung, die der Unterhaltsberechtigte **ohne die Ehe und damit verbundene Erwerbsnachteile** erlangt hätte. Die – besseren – Verhältnisse des anderen Ehegatten sind für den sich nach der eigenen Lebensstellung des Unterhaltsberechtigten bemessenden Bedarf ohne Bedeutung

(BGH FamRZ 2011, 192; 2010, 1633; 2059). Der **Maßstab** bemisst sich nach dem Einkommen, das der unterhaltsberechtigte Ehegatte **ohne die Ehe und Kindererziehung** aus eigenen Einkünften zur Verfügung hätte. Aus dem Begriff der Angemessenheit folgt aber zugleich, dass es sich grundsätzlich um einen Bedarf handeln muss, der **Existenzminimum** wenigstens erreicht (BGH FamRZ 2009, 1990). Es muss jedenfalls das **Existenzminimum des Unterhaltsberechtigten** erreicht werden (BGH FamRZ 2010, 629; 2009, 1990).

(10) Die **Darlegungs- und Beweislast** für Umstände, die zu einer Befristung oder Beschränkung des nachehelichen Unterhalts führen können, trägt grundsätzlich der Unterhaltpflichtige, weil § 1578 b BGB als Ausnahmetatbestand konzipiert ist. Hat der Unterhaltpflichtige allerdings Tatsachen vorgetragen, die – wie z. B. die Aufnahme einer vollzeitigen Erwerbstätigkeit in dem vom Unterhaltsberechtigten erlernten oder vor der Ehe ausgeübten Beruf oder die Möglichkeit dazu – einen Wegfall ehebedingter Nachteile und damit eine Begrenzung des nachehelichen Unterhalts nahelegen, obliegt es dem Unterhaltsberechtigten, Umstände darzulegen und zu beweisen, die gegen eine Unterhaltsbegrenzung oder für eine längere „Schonfrist" sprechen (BGH FamRZ 2010, 875; 2009, 1990 – Rn. 18; 2008, 1325, 134). Der Unterhaltsberechtigte muss danach die Behauptung, es seien keine ehebedingten Nachteile entstanden, **substantiiert bestreiten** und seinerseits **darlegen,** welche **konkreten** ehebedingten Nachteile entstanden sein sollen. Je länger die Ehe gedauert hat, werden **ehebedingte Nachteile** des Berechtigten i. d. R. von dem Verpflichteten durch den **Versorgungsausgleich** aufgefangen, sodass die ehebedingten Nachteile damit auch den Unterhaltpflichtigen treffen (BGH FamRZ 2008, 1325 – Rn. 43). Das gilt aber **dann nicht,** wenn die vom Unterhaltsberechtigten aufgrund der ehelichen Rollenverteilung erlittene Einbuße bei seiner Altersvorsorge durch den Versorgungsausgleich **nicht vollständig erfasst** wird, weil der Unterhaltpflichtige nur für einen geringen Teil der Ehezeit Rentenanwartschaften erworben hat (BGH FamRZ 2010, 1633).

Die Rechtskraft einer Entscheidung, die das spätere Eingreifen der Folgen nach § 1578 b BGB **offen lässt,** schließt dann eine **künftige Abänderung** nicht aus, was selbst dann gilt, wenn über die Folgen des § 1578 b BGB richtigerweise **im Ausgangsverfahren** hätte entschieden werden müssen (BGH FamRZ 2010, 1884 Rn. 27; 1238 Rn. 13, 23). **Das Gericht muss** jedoch insoweit entscheiden, als eine Entscheidung aufgrund der gegebenen Sachlage und der zuverlässig voraussehbaren Umstände möglich ist (BGH FamRZ 2011, 454 Rn. 43). Das gilt insbesondere für eine **bereits mögliche** Entscheidung über die Herabsetzung.

(11) **Fehlt es an ehebedingten Nachteilen,** kann dem unterhaltsberechtigten Ehegatten zugemutet werden, nach einer **Übergangszeit** auf den Lebensstandard nach den ehelichen Lebensverhältnissen zu verzichten und sich mit dem zu begnügen, was er **ohne die Ehe** erreicht hätte. In den meisten Fällen kommt also ein **sofortiger Wegfall** des Unterhaltsanspruchs nicht in Betracht, vielmehr soll dem Unterhaltberechtigten ein gewisser Zeitraum zur Verfügung stehen, in dem er sich auf die geänderten Verhältnisse **einstellen** kann. Viele Gerichte orientieren sich an der **Ehedauer:** Je kürzer die Ehe dauerte, umso kürzer wird i. d. R. die Übergangsfrist bemessen, deren Dauer in den meisten Fällen einen Bruchteil der Ehezeit entsprechen soll (zahlreiche Beispiele aus der Rechtsprechung bei Langheim, FamRZ 2010, 414). Bei **sehr kurzer Ehezeit** kann ein Unterhaltsanspruch ausnahmsweise sogar sofort ausscheiden, ohne dass es einer Übergangszeit bedarf. Als **Faustregel** für die **Bestimmung der Dauer** der Übergangszeit wird man die Formel **„Zeitpunkt der Eheschließung bis Zeitpunkt der Trennung geteilt durch 2"** im Regelfall anwenden können, wobei das Alter der Eheleute sowie die Betreuungsbedürftigkeit gemeinsamer Kinder wertend mit zu berücksichtigen sind.

▶ **Zeitpunkt der Unterhaltsleistung**

Für die Rechtzeitigkeit der Leistung von Unterhalt kommt es auf die **Absendung** (Einzahlung bei der Bank, Post etc.) an. Auch die in der Praxis häufig vorkommende Vereinbarung in Verfahrensvergleichen, dass der Unterhalt bis zu einem bestimmten Datum monatlich zu zahlen ist, bedeutet nicht, dass das Geld bis dahin beim Gläubiger eingegangen sein muss (so OLG Köln FamRZ 1990, 1243). Nach § 270 BGB trägt der Gläubiger das Verzögerungsrisiko, während der Schuldner das Verlustrisiko trägt. Für Unterhaltsgeldschulden gemäß §§ 1585 Abs. 1, 1612 Abs. 1 BGB gilt nichts abweichendes, denn es handelt sich um Geldschulden i. S. d. § 270 BGB.

▶ **Zinseinkünfte**

Zinseinkünfte stellen Einkünfte aus Vermögen dar. Bei der Ermittlung des Nettoeinkommens sind außer den persönlichen Steuern die Kapitalertragssteuer, ferner Werbungskosten in Form von Bankspesen und ähnliches abzuziehen. Sowohl für den Unterhaltsgläubiger, als auch für den Unterhaltspflichtigen besteht eine Obliegenheit, zugeflossenes Kapitalvermögen zinsbringend anzulegen (BGH FamRZ 1998, 87; →*Vermögen;* →*Zugewinnausgleich*).

Den Unterhaltsberechtigten trifft die Obliegenheit, eigenes Vermögen so ertragreich wie möglich anzulegen, weil auch solche Einkünfte die Bedürftigkeit mindern, die in zumutbarer Weise eingezogen werden könnten, aber nicht eingezogen werden. Ein Ansatz **fiktiver Zinseinkünfte** scheidet jedoch aus, wenn das einzusetzende Kapital nicht mehr vorhanden ist (so BGH FamRZ 1990, 989, 991; 1988, 159). Ist das einzusetzende Kapital nicht mehr vorhanden, ist zu prüfen, ob eine **mutwillige Herbeiführung** der Bedürftigkeit i. S. d. § 1579 Nr. 4 BGB vorliegt. Diese Vorschrift setzt jedoch mindestens eine unterhaltsbezogene Leichtfertigkeit voraus, die vorliegt, wenn sich der Unterhaltsberechtigte unter grober Missachtung dessen, was jedem einleuchten muss, oder in Verantwortungs- und Rücksichtslosigkeit gegen den Unterhaltspflichtigen über die erkannte Möglichkeit nachteiliger Folgen für seine Bedürftigkeit hinweggesetzt hat.

Bei einem **wechselseitigen Fortfall** der Vermögenseinkünfte darf sich dies nicht zugunsten des Unterhaltsberechtigten auswirken (BGH FamRZ 2009, 23).

▶ **Zugewinnausgleich**

(1) **Unterhaltsrückstände und Zugewinnausgleich:** Ein am Bewertungsstichtag bestehender Unterhaltsrückstand ist als Passivposten im Endvermögen des Unterhaltsschuldners anzusetzen (BGH FamRZ 2011, 25 mit Anm. Koch, FamRZ 2011, 28).

(2) **Konkurrenz von Verbindlichkeiten beim Unterhalt und beim Zugewinnausgleich:** Eine der umstrittensten Fragen des Familienrechts ist die Konkurrenz von Verbindlichkeiten beim Unterhalt und beim Zugewinnausgleich. Die Konkurrenz besteht zeitlich begrenzt **nur** für die Zeit zwischen Rechtshängigkeit des Scheidungsantrags und (rechtskräftiger) Entscheidung über den Zugewinnausgleich. Denn vor Rechtshängigkeit des Scheidungsantrags erhöht eine unterhaltsrechtliche Beteiligung des Ehegatten an der Schuldentilgung das Endvermögen des anderen (BGH FamRZ 2008, 761). Eine Vermögensposition darf nur einmal ausgeglichen werden und der Zugewinnausgleich ist, bezogen auf die einzelnen Vermögenspositionen, **gegenüber dem Ehegattenunterhalt subsidiär** (vgl. BGH FamRZ 2008, 761). **Erträge** aus einem im Zugewinnausgleich erworbenen Vermögen sind **eheprägend, wenn** sie zuvor als Erträge des ausgleichspflichtigen Ehegatten die ehelichen Lebensverhältnisse geprägt hatten (BGH FamRZ 2007, 1532).

▶ **Zulagen**

Zulagen und Zuschüsse zur Rente und zum Gehalt sind i. d. R. als Teil des Einkommens anzusehen. Dies gilt jedenfalls unbestritten bei einer Unterhaltspflicht gemäß § 1603 Abs. 2 BGB, weil die Eltern grundsätzlich verpflichtet sind, alle verfügbaren Mittel für den Unterhalt ihrer Kinder einzusetzen. Vgl. →*Erschwerniszulagen;* →*Renten;* →*Auslandszulagen;* →*Pflegezulagen.*

▶ **Zusammenleben mit Dritten**

(1) **Berechtigter lebt mit neuem Partner zusammen:** Führt jemand einem leistungsfähigen Dritten den Haushalt, so ist hierfür ein Einkommen anzusetzen; bei Haushaltsführung durch einen

Nichterwerbstätigen geschieht das i. d. R. mit einem Betrag von 200 Euro bis 550 Euro (vgl. Leitlinien Ziff. 6.). Arbeitet jedoch der Unterhaltsbedürftige **ganztags** und teilt sich die Haushaltstätigkeit mit seinem Partner, sind nach BGH **keine Einkünfte** für eine haushälterische Tätigkeit anzusetzen (BGH FamRZ 2005, 967). Dann sind bei einem Zusammenleben des Bedürftigen mit einem neuen Partner aber **ersparte Aufwendungen** bedürftigkeitsmindernd zu berücksichtigen (vgl. OLG München FamRZ 2006, 1535).

(2) **Unterhaltspflichtiger lebt mit neuem Partner zusammen:** Lebt der Unterhaltspflichtige mit einem leistungsfähigen Partner zusammen, kann der Selbstbehalt wegen **ersparter Aufwendungen** reduziert werden, wobei die Ersparnis des Unterhaltspflichtigen im Regelfall mit **zehn Prozent** angesetzt werden kann (Leitlinien Ziff. 21.5.3). Die Ersparnis durch das Zusammenleben in einer **zweiten Ehe** ist zu berücksichtigen (BGH FamRZ 2010, 802; 111). Für die **Höhe der Ersparnis** ist § 20 Abs. 3 SGB II heranzuziehen (BGH FamRZ 2010, 1535), d. h. dass als Ersparnis **insgesamt 20 Prozent des Bedarfs** anzusetzen sind. Der **Eigenbedarf** des bedürftigen Ehegatten kann insoweit z. B. von 1050 auf 840 Euro herabgesetzt werden (BGH FamRZ 2010, 802). Der Selbstbehalt des **Unterhaltspflichtigen** kann bei einem Zusammenleben mit einem neuen Partner wegen ersparter Aufwendungen **herabgesetzt** werden, allerdings nur bis zur Höhe des **Existenzminimums nach sozialhilferechtlichen Grundsätzen** (BGH FamRZ 2008, 594; 2009, 314). Auch gegen eine **Pauschalierung der Ersparnis** – z. B. 100 Euro pro Person – hat der BGH keine Einwände erhoben.

Siehe →*Eheähnliche Lebensgemeinschaft;* →*Verwirkung des Unterhaltsanspruchs (Ehegattenunterhalt).*

▶ **Zusammenveranlagung nach § 26 EStG**

Bei dem Anspruch auf Zustimmung des jeweils anderen Ehegatten zur Zusammenveranlagung der Einkommensteuer, wenn die Gesamtbelastung beider dadurch geringer wird, handelt es sich um eine „**sonstige Familiensache**" gemäß § 266 Abs. 1 Nr. 2 FamFG (Familienstreitsache nach §§ 112 Nr. 3, 113 FamFG). Aus dem Wesen der Ehe ergibt sich für beide Ehegatten die Verpflichtung, die finanziellen Lasten des anderen Teils nach Möglichkeit zu vermindern, soweit dies ohne eine Verletzung eigener Interessen möglich ist. Ein Ehegatte ist daher dem anderen gegenüber verpflichtet, in eine von diesem gewünschte Zusammenveranlagung zur Einkommenssteuer einzuwilligen, wenn dadurch die Schuld des anderen verringert, der auf Zustimmung in Anspruch genommene aber **keiner zusätzlichen steuerlichen Belastung** ausgesetzt wird (BGH FamRZ 2007, 1229; 2005, 182). Das ist dann der Fall, wenn der die Zusammenveranlagung begehrende Ehegatte sich verpflichtet, den anderen von ihm hierdurch etwa entstehenden Nachteilen frei zu stellen. In diesem Zusammenhang ist zu **beachten,** dass Personen, die wegen einer Zusammenveranlagung zur Einkommenssteuer eine Steuer als Gesamtschuldner schulden, beantragen können, dass die Vollstreckung gegen jeden Gesamtschuldner auf den Betrag **beschränkt** wird, der sich nach einer Aufteilung der Steuerschuld auf jeden Steuerschuldner entsprechend den Regelungen der **§§ 269 bis 278 AO** ergibt. Den Antrag kann jeder der Gesamtschuldner stellen. Nach § 270 AO ist die Steuerschuld in dem **Verhältnis** aufzuteilen, der sich bei **getrennter** Veranlagung gemäß § 26 a EStG ergeben würde (vgl. Peetz, FamRZ 2007, 1799). Hatten die Eheleute bisher die Steuerklassen III und V kann die Zustimmung nur davon abhängig gemacht werden, dass der Besserverdienende die sich aus der gemeinsamen Veranlagung ergebende **Steuernachzahlung übernimmt,** nicht dagegen dass er dem anderen Ehegatten die sich für diesen bei getrennter Veranlagung ergebende Steuererstattung ersetzt (BGH FamRZ 2002, 1024).

Eine **gemeinsame Veranlagung** kommt bei einem kurzen Versöhnungsversuch von nur einer Woche nicht in Betracht; erforderlich für die Wiederaufnahme der ehelichen Wirtschaftsgemeinschaft ist ein **Zusammenleben von mindestens einem Monat.**

Durch die **Verweigerung der Zustimmung** zur Zusammenveranlagung macht sich ein Ehegatte **schadensersatzpflichtig** (BGH FamRZ 2010, 269). Die Zustimmung zur gemeinsamen Veranlagung kann i. d. R. nicht von der Übernahme von **Steuerberaterkosten** oder einer **Sicherheitsleistung** abhängig gemacht werden (BGH FamRZ 2002, 1024). Der Anspruch des Ehegatten auf Zustimmung zur Zusammenveranlagung richtet sich nach der **Eröffnung des Insolvenzverfahrens** über das Vermögen des anderen Teils gegen den Insolvenzverwalter. Der Insolvenzverwalter kann die Zustimmung nicht davon abhängig machen, dass sich der Ehegatte zur Auszahlung des Wertes des durch die Zusammenveranlagung erzielten Steuervorteils verpflichtet (BGH FamRZ 2011, 210).

▶ **Zusatztätigkeit**

Zusatztätigkeiten sind zumutbar, wenn sie tatsächlich möglich sind, wobei die **Grenze** der Zumutbarkeit bei einer Gesamtarbeitszeit von **48 Stunden wöchentlich** (6 Tage × 8 Stunden) liegt, §§ 3, 9 ArbZG. Das Gericht muss darüber hinaus konkrete Feststellungen zu den **aktuell erzielbaren Mindestlöhnen** anstellen, ehe es die Leistungsfähigkeit des Unterhaltspflichtigen annimmt (BVerfG FamRZ 2010, 183).

▶ **Zusatzversicherung**

Die Aufwendungen für eine **eheprägende** Zusatzversicherung können dann einkommensmindernd berücksichtigt werden, wenn die eigentliche Krankenversicherung keine ausreichende Absicherung im Krankheitsfall bewirkt, wie z. B. bei **Beamten** der Anspruch auf Beihilfe keine vollständige Absicherung im Krankheitsfall zur Folge hat.

▶ **Zuwendungen Dritter**

Freiwillige Zuwendungen Dritter (z. B. Geldleistungen, kostenloses Wohnen) können nur als Einkommen angesetzt werden, wenn dies dem Willen des Dritten entspricht. Bei freiwilligen Zuwendungen Dritter ist zu beachten, dass endgültig und zweckfrei überlassene Beträge (z. B. Schenkung ohne Auflage und erbliche Zuwendungen) einsatzpflichtig sind (OLG München FamRZ 1996, 1433). Bei freiwilligen Leistungen Dritter an den Unterhaltsbedürftigen oder an den Unterhaltsverpflichteten ist danach zu unterscheiden, welchen **Zweck** der Schenker mit der Leistung verfolgt. Soll sie dem Beschenkten zur Befriedigung seines eigenen persönlichen Bedarfs dienen, ist die Zuwendung dem unterhaltsrechtlich relevanten Einkommen nicht zuzurechnen. Dagegen sind die Zuwendungen zu berücksichtigen, wenn sie dem Unterhaltspflichtigen die Erfüllung seiner Unterhaltspflicht gerade ermöglichen oder erleichtern sollen. Soll die Leistung nach dem Willen und der Zweckbestimmung des Dritten dem Unterhaltsbedürftigen **zusätzlich** zugute kommen, ist sie nicht anzurechnen, da die Unterhaltspflicht durch die freiwillige Leistung des Dritten nicht berührt wird und der Wille des Dritten nicht missachtet werden darf.

Allerdings können im **Mangelfall** auch freiwillige unentgeltliche Zuwendungen eines Dritten im Rahmen einer Billigkeitsabwägung auf der **Leistungsstufe** ganz oder teilweise auch entgegen dem Zuwendungswillen berücksichtigt werden.

Bei **Leistungen aus dem Familienkreis** spricht eine tatsächliche Vermutung dafür, dass die Leistung dem begünstigten Familienangehörigen allein zugute kommen soll (vgl. BGH FamRZ 1995, 537). Bei Zuwendungen von **Großeltern** an **Enkelkinder** wird daher meist eine Entlastung des von den Großeltern abstammenden Elternteils beabsichtigt.

Anrechenbar sind dagegen Einkünfte, die der Berechtigte aus **eigenem Recht** zieht, mag auch der Gegenstand (Haus) oder das Kapital schenkweise zugewandt worden sein (OLG München FamRZ 1996, 1433). Freiwillige Zuwendungen, die in **Sachleistungen** bestehen, wie z. B. die freiwillige Mitbetreuung von Kindern des Berechtigten durch Großeltern, sind nicht anders zu behandeln als freiwillige finanzielle Zuwendungen (BGH FamRZ 1995, 537). Freiwillige Zuwendungen, die im Rahmen einer eheähnlichen Lebensgemeinschaft (→*Eheähnliche Lebensgemeinschaft*) erfolgen, sind beim Unterhalts**pflichtigen** als **ersparte Aufwendungen selbstbehaltskürzend** zu berücksichtigen und beim Unterhaltsberechtigten als **ersparte Aufwendungen** bedürftigkeitsmindernd →*Zusammenleben mit Dritten.*

Wird eine **Wohnung** ohne Gegenleistung zur Verfügung gestellt, ist **kein Wohnwert** anzusetzen, wenn nach der Willensrichtung des Zuwendenden die Zuwendung zur Befriedigung des eigenen persönlichen Bedarfs des Unterhaltsberechtigten dienen soll (BGH FamRZ 1995, 537; OLG München FamRZ 1996, 169).

Bei allen Zuwendungen Dritter ist streng darauf zu achten, ob es sich wirklich um freiwillige Zuwendungen **ohne Gegenleistung** handelt. Erfolgt nämlich die Zuwendung als **verstecktes Entgelt,** z. B. für Pflege, Mithilfe im Haushalt oder Geschäft, ist sie als Eigeneinkommen im Umfang einer **angemessenen Vergütung** anzusehen (Rechtsgedanke des § 850 h ZPO) (Büttner, Eherecht, Rn. 15 zu § 1577).

▶ **Zweitausbildungskosten**

Eltern schulden im Rahmen ihrer wirtschaftlichen Leistungsfähigkeit sowohl ihren minderjährigen als auch den volljährigen Kindern nach § 1610 Abs. 2 BGB eine **optimale begabungsbezogene Berufsausbildung,** d. h. eine Ausbildung, die der Begabung und den Fähigkeiten, dem Leistungswillen und den beachtenswerten, nicht nur vorübergehenden Neigungen des einzelnen Kindes am besten entspricht. Die Wahl der in diesem Sinne angemessenen Ausbildung haben die Eltern in gemeinsamer verantwortlicher Entscheidung mit dem Kind zu treffen, wobei den individuellen Umständen vor allem den bei dem Kind vorhandenen persönlichen Voraussetzungen maßgebliche Bedeutung zukommt (BGH FamRZ 2000, 420). Haben die Eltern die ihnen hiernach obliegende Pflicht, ihrem Kind eine **angemessene Ausbildung** zu gewähren, in rechter Weise erfüllt und hat das Kind einen **Abschluss einer Ausbildung** erlangt, dann sind die Eltern ihrer Unterhaltspflicht aus § 1610 Abs. 2 BGB ausreichend nachgekommen und sind sie im Allgemeinen **nicht verpflichtet,** die Kosten für eine **weitere Ausbildung** zu tragen (BGH FamRZ 2001, 1601). Der BGH betont, dass unter einer angemessenen Vorbildung zu einem Beruf i. S. d. § 1610 Abs. 2 BGB ein **einheitlicher Ausbildungsgang** zu verstehen ist. Die einzelnen Ausbildungsabschnitte müssen daher nicht nur in engem zeitlichen und sachlichen Zusammenhang stehen, sondern der weitere Ausbildungsabschnitt muss für die Eltern grundsätzlich von **vorneherein erkennbar** angestrebt sein, wenn auch der Entschluss ihnen nicht ausdrücklich mitgeteilt worden sein muss (BGH FamRZ 1991, 320). Der enge zeitliche Zusammenhang kann noch bejaht werden, wenn zwischen Lehre und Studium ein zweijähriger Dienst als **Soldat auf Zeit** absolviert wird (BGH FamRZ 1992, 170).

Ein einheitlicher Ausbildungsgang wurde in folgenden Fällen bejaht:

- Abitur – Banklehre – Jurastudium (BGH FamRZ 1992, 170)
- kaufmännische Lehre – Studium der Anglistik, Germanistik und Soziologie bei Berufsziel Fremdsprachenassistentin (NJW 1994, 3362)
- Abitur – landwirtschaftliche Lehre – Agrarwirtschaftsstudium (FamRZ 1990, 149)
- Ausbildung als Bauzeichner – Architekturstudium (BGH FamRZ 1989, 853)
- kaufmännische Lehre – Studium der Betriebswirtschaft (BGH FamRZ 1993, 1057)
- Bachelor-Master-Ausbildung. Es handelt sich um einen **einheitlichen Studiengang,** so dass der Master-Studiengang vom Anspruch des Kindes gegen seine Eltern auf Ausbildungsunterhalt nach § 1610 Abs. 2 BGB grundsätzlich erfasst wird und Bestandteil eines **einheitlichen** mit der Master-Prüfung endenden Studiums ist (so z. B. OLG Celle FamRZ 2010, 370). Jedenfalls endet die Unterhaltspflicht der Eltern nicht in jedem Fall mit dem erfolgreichen Bachelorabschluss ihres Kindes. Viel mehr besteht unter der Voraussetzung eines sachlichen und zeitlichen Zusammenhangs ein Anspruch auf Ausbildungsunterhalt auch für einen sich daran anschließenden (konsekutiven) Master-Studiengang.

Verneint wurde ein einheitlicher Ausbildungsgang bei:

- Ausbildung zum Industriekaufmann – Medizinstudium (FamRZ 1991, 1044)
- Ausbildung zum Speditionskaufmann – Jurastudium (FamRZ 1992, 1407)
- Ausbildung zum Industriekaufmann – Maschinenbaustudium (FamRZ 1993, 1057)
- Beim Ausbildungsgang **Realschule – Lehre – Fachoberschule – Studium** liegt grundsätzlich keine einheitliche Ausbildung vor (BGH FamRZ 1991, 320; 1995, 416), es **sei denn,** die Ausbildungsabschnitte greifen **zeitlich** ineinander über und der Ausbildungsweg war bereits bei Beginn der Lehre geplant und zumindest mit einem Elternteil so besprochen.

- Letztlich muss in diesen Fällen eine **umfassende Interessenabwägung** unter Berücksichtigung der Interessen des Kindes und der Eltern im Einzelfall stattfinden.
- Die Ausbildung zum **Meister** ist eine Weiterbildung, die nur in **Ausnahmefällen** von den Eltern finanziert werden muss (OLG Stuttgart FamRZ 1996, 1435).
- Die **Promotion** ist eine in Ausnahmefällen zu finanzierende Weiterbildung, **wenn** in der jeweiligen Berufssparte die Promotion im Regelfall erwartet wird (OLG Karlsruhe FamRZ 1981, 72); während der Promotion ist i. d. R. eine Teilzeitarbeit zumutbar (OLG Hamm FamRZ 1990, 904).

Ausnahmsweise ist die Zweitausbildung zu finanzieren:

- wenn sich die **Notwendigkeit** des Berufswechsels aus gesundheitlichen Gründen oder deshalb ergibt, weil der zunächst erlernte Beruf keine Lebensgrundlage mehr bietet.
- wenn sich herausstellt, dass die erste Ausbildung auf einer **deutlichen Fehleinschätzung** der Begabung des Kindes beruht (BGH FamRZ 2006, 1100; 2000, 420; 1998, 671; OLG Stuttgart OLG-Report 2001, 256) oder das Kind von den Eltern in einen unbefriedigenden, seiner Begabung nicht hinreichend Rechnung tragenden Beruf gedrängt worden war.
- wenn die gemeinsame Planung die weitere Ausbildung umfasste (vertragliche Abrede)

Das **Ausmaß der finanziellen Belastung** der Eltern durch die Erstausbildung ist grundsätzlich nicht maßgebend dafür, ob eine Zweitausbildung geschuldet wird (BGH FamRZ 1990, 149).

Das **Anstellungsrisiko** hinsichtlich des erlernten Berufes haben nicht die Eltern zu tragen (OLG Stuttgart OLG-Report 2001, 256), falls das Kind nicht in den Beruf gedrängt worden ist. Anders als in Fällen, in denen der erlernte Beruf **keine Lebensgrundlage** mehr bietet, kann also nicht deshalb eine Zweitausbildung beansprucht werden, weil im erlernten Beruf keine Anstellung gefunden werden kann. **Nicht ausreichend** für die Begründung einer Finanzierungspflicht für die Zweitausbildung sind ein bloßer **Neigungswechsel** nach abgeschlossener Ausbildung oder die Erreichbarkeit einer besseren gesellschaftlichen Stellung.

Eine **fachfremde Zweitausbildung** brauchen die Eltern grundsätzlich nicht zu finanzieren, da sie ihre Verpflichtung zu einer angemessenen Ausbildung dann bereits erfüllt haben (BGH FamRZ 1981, 344). Dabei soll es keine Rolle spielen, ob die Eltern die Erstausbildung tatsächlich finanziert haben (BGH FamRZ 1990, 149). Etwas anderes kann jedoch dann gelten, wenn **gestörte häusliche Verhältnisse** sich nachteilig auf die schulische Entwicklung des Kindes auswirken (BGH FamRZ 1981, 437), das Kind zunächst einen Beruf ergreifen musste, der seiner Begabung und seinen Neigungen nicht entsprach, weil die Eltern eine angemessene Ausbildung nicht finanzieren wollten (BGH FamRZ 1991, 322) oder die Eltern das Kind in einen seiner Begabung und seinen Fähigkeiten nicht entsprechenden Beruf gedrängt haben (BGH FamRZ 1977, 629; 1991, 931). Ein **Studienwechsel nach** einer Orientierungsphase von zwei bis drei Semestern zählt nicht als Zweitausbildung (BGH FamRZ 1987, 470; 1993, 1057).

▶ **Zweitehe, Auflösung**

Geht ein geschiedener Ehegatte eine neue Ehe oder Lebenspartnerschaft ein und wird die Ehe oder Lebenspartnerschaft **wieder aufgelöst**, so kann er von dem früheren Ehegatten Unterhalt nach § 1570 BGB verlangen, wenn er ein Kind aus der früheren Ehe oder Lebenspartnerschaft zu pflegen oder zu erziehen hat, § 1586 a BGB. Der Ehegatte der später aufgelösten Ehe haftet vor dem Ehegatten der früher aufgelösten Ehe.

Bei Auflösung einer eheähnlichen Partnerschaft ist § 1586 a Abs. 1 BGB als **Auslegungsregel** heranzuziehen.

▶ **Zweithaushalt**

Die Kosten für einen **notwendigen** Zweithaushalt infolge auswärtiger Tätigkeit sind einkommensmindernd zu berücksichtigen, soweit sie nicht durch den Arbeitgeber ersetzt werden und soweit sie konkret dargelegt und nachgewiesen sind, auch im Hinblick auf eine etwaige Eigenersparnis.

▶ **Zweittätigkeit**

Eine Zweittätigkeit neben einer normalen Erwerbstätigkeit ist i. d. R. **überobligatorisch.** Ein Einkommen des Pflichtigen aus einer überobligatorischen Nebentätigkeit ist **nichtprägend** und damit nur bei der Leistungsfähigkeit und **nicht bereits bei der Bedarfsermittlung** zu berücksichtigen (OLG München FamRZ 1998, 623). Während **eheprägende** Nacht- und Feiertagszuschläge sowie eheprägende Schichtarbeit jedenfalls im **Mangelfall** in vollem Umfang bereits bei der Bedarfsermittlung anzusetzen sind, ist das Einkommen aus einer später aufgenommenen Nebentätigkeit nicht heranzuziehen, da diese überobligationsmäßig und damit nichtprägend ist (OLG München FamRZ 1998, 623). Siehe →*Zusatztätigkeit.*

Anhang

Hinweis:

Alle familienrechtlichen Leitlinien und Tabellen aller Oberlandesgerichte in der jeweils aktuellen Fassung finden Sie als Hilfsmittel für Ihren Rechtsprechungsbezirk kostenlos auf unserer Homepage unter der Rubrik „Familienrechtliche Leitlinien und Tabellen": **www.heissborn.de**

I. Düsseldorfer Tabelle (Stand: 1. 1. 2011)

Die neue Tabelle nebst Anmerkungen beruht auf Koordinierungsgesprächen, die unter Beteiligung aller Oberlandesgerichte und der Unterhaltskommission des Deutschen Familiengerichtstages e.V. stattgefunden haben (Stand: 1. 1. 2011).

513

A. Kindesunterhalt

	Nettoeinkommen des Barunterhaltspflichtigen (Anm. 3, 4)	Altersstufen in Jahren (§ 1612a Abs. 1 BGB)				Pro-zent-satz	Bedarfs-kontroll-betrag (Anm. 6)
		0–5	6–11	12–17	ab 18		
		Alle Beträge in Euro					
1.	bis 1.500	317	364	426	488	100	770/950
2.	1.501–1.900	333	383	448	513	105	1.050
3.	1.901–2.300	349	401	469	537	110	1.150
4.	2.301–2.700	365	419	490	562	115	1.250
5.	2.701–3.100	381	437	512	586	120	1.350
6.	3.101–3.500	406	466	546	625	128	1.450
7.	3.501–3.900	432	496	580	664	136	1.550
8.	3.901–4.300	457	525	614	703	144	1.650
9.	4.301–4.700	482	554	648	742	152	1.750
10.	4.701–5.100	508	583	682	781	160	1.850
	ab 5.101 nach den Umständen des Falles						

Anmerkungen:

1. Die Tabelle hat keine Gesetzeskraft, sondern stellt eine Richtlinie dar. Sie weist den monatlichen Unterhaltsbedarf aus, bezogen auf zwei Unterhaltsberechtigte, ohne Rücksicht auf den Rang. Der Bedarf ist nicht identisch mit dem Zahlbetrag; dieser ergibt sich unter Berücksichtigung der nachfolgenden Anmerkungen.

Bei einer größeren/geringeren Anzahl Unterhaltsberechtigter können **Ab- oder Zuschläge** durch Einstufung in niedrigere/höhere Gruppen angemessen sein. Anmerkung 6 ist zu beachten. Zur Deckung des notwendigen Mindestbedarfs aller Beteiligten – einschließlich des Ehegatten – ist gegebenenfalls eine Herabstufung bis in die unterste Tabellengruppe vorzunehmen. Reicht das verfügbare Einkommen auch dann nicht aus, setzt sich der Vorrang der Kinder im Sinne von Anm. 5 Abs. 1 durch. Gegebenenfalls erfolgt zwischen den erstrangigen Unterhaltsberechtigten eine Mangelberechnung nach Abschnitt C.

2. Die Richtsätze der 1. Einkommensgruppe entsprechen dem Mindestbedarf in Euro gemäß § 1612a BGB. Der Prozentsatz drückt die Steigerung des Richtsatzes der jeweiligen Einkommensgruppe gegenüber dem Mindestbedarf (= 1. Einkommensgruppe) aus. Die durch Multiplikation des gerundeten Mindestbedarfs mit dem Prozentsatz errechneten Beträge sind entsprechend § 1612a Abs. 2 S. 2 BGB aufgerundet.

3. Berufsbedingte Aufwendungen, die sich von den privaten Lebenshaltungskosten nach objektiven Merkmalen eindeutig abgrenzen lassen, sind vom Einkommen abzuziehen, wobei bei entsprechenden Anhaltspunkten eine Pauschale von 5 % des Nettoeinkommens – mindestens 50 EUR, bei geringfügiger Teilzeitarbeit auch weniger, und höchstens 150 EUR monatlich – geschätzt werden kann. Übersteigen die berufsbedingten Aufwendungen die Pauschale, sind sie insgesamt nachzuweisen.

4. Berücksichtigungsfähige **Schulden** sind in der Regel vom Einkommen abzuziehen.

5. Der **notwendige Eigenbedarf (Selbstbehalt)**

- gegenüber minderjährigen unverheirateten Kindern,

- gegenüber volljährigen unverheirateten Kindern bis zur Vollendung des 21. Lebensjahres, die im Haushalt der Eltern oder eines Elternteils leben und sich in der allgemeinen Schulausbildung befinden,

beträgt beim nicht erwerbstätigen Unterhaltspflichtigen monatlich 770 EUR, beim erwerbstätigen Unterhaltspflichtigen monatlich 950 EUR. Hierin sind bis 360 EUR für Unterkunft einschließlich umlagefähiger Nebenkosten und Heizung (Warmmiete) enthalten. Der Selbstbehalt kann angemessen erhöht werden, wenn dieser Betrag im Einzelfall erheblich überschritten wird und dies nicht vermeidbar ist.

Der **angemessene Eigenbedarf,** insbesondere gegenüber anderen volljährigen Kindern, beträgt in der Regel mindestens monatlich 1.150 EUR. Darin ist eine Warmmiete bis 450 EUR enthalten.

6. Der **Bedarfskontrollbetrag** des Unterhaltspflichtigen ab Gruppe 2 ist nicht identisch mit dem Eigenbedarf. Er soll eine ausgewogene Verteilung des Einkommens zwischen dem Unterhaltspflichtigen und den unterhaltsberechtigten Kindern gewährleisten. Wird er unter Berücksichtigung anderer Unterhaltspflichten unterschritten, ist der Tabellenbetrag der nächst niedrigeren Gruppe, deren Bedarfskontrollbetrag nicht unterschritten wird, anzusetzen.

7. Bei **volljährigen Kindern,** die noch im Haushalt der Eltern oder eines Elternteils wohnen, bemisst sich der Unterhalt nach der 4. Altersstufe der Tabelle.

Der angemessene Gesamtunterhaltsbedarf eines **Studierenden,** der nicht bei seinen Eltern oder einem Elternteil wohnt, beträgt in der Regel monatlich 670 EUR. Hierin sind bis 280 EUR für Unterkunft einschließlich umlagefähiger Nebenkosten und Heizung (Warmmiete) enthalten. Dieser Bedarfssatz kann auch für ein Kind mit eigenem Haushalt angesetzt werden.

8. Die **Ausbildungsvergütung** eines in der Berufsausbildung stehenden Kindes, das im Haushalt der Eltern oder eines Elternteils wohnt, ist vor ihrer Anrechnung in der Regel um einen ausbildungsbedingten Mehrbedarf von monatlich 90 EUR zu kürzen.

9. In den Bedarfsbeträgen (Anmerkungen 1 und 7) sind **Beiträge zur Kranken- und Pflegeversicherung sowie Studiengebühren** nicht enthalten.

10. Das auf das jeweilige Kind entfallende **Kindergeld** ist nach § 1612b BGB auf den Tabellenunterhalt (Bedarf) anzurechnen.

B. Ehegattenunterhalt

I. Monatliche Unterhaltsrichtsätze des berechtigten Ehegatten ohne unterhaltsberechtigte Kinder (§§ 1361, 1569, 1578, 1581 BGB):

1. gegen einen **erwerbstätigen Unterhaltspflichtigen:**

   a) wenn der Berechtigte kein Einkommen hat: 3/7 des anrechenbaren Erwerbseinkommens zuzüglich 1/2 der anrechenbaren sonstigen Einkünfte des Pflichtigen, nach oben begrenzt durch den vollen Unterhalt, gemessen an den zu berücksichtigenden ehelichen Verhältnissen;

   b) wenn der Berechtigte ebenfalls Einkommen hat: 3/7 der Differenz zwischen den anrechenbaren Erwerbseinkommen der Ehegatten, insgesamt begrenzt durch den vollen ehelichen Bedarf; für sonstige anrechenbare Einkünfte gilt der Halbteilungsgrundsatz;

   c) wenn der Berechtigte erwerbstätig ist, obwohl ihn keine Erwerbsobliegenheit trifft: gemäß § 1577 Abs. 2 BGB;

2. gegen einen **nicht erwerbstätigen Unterhaltspflichtigen** (z. B. Rentner): wie zu 1 a, b oder c, jedoch 50 %.

II. Fortgeltung früheren Rechts:

1. Monatliche Unterhaltsrichtsätze des nach dem Ehegesetz berechtigten Ehegatten **ohne unterhaltsberechtigte Kinder:**

   a) §§ 58, 59 EheG: in der Regel wie I,

   b) § 60 EheG: in der Regel 1/2 des Unterhalts zu I,

   c) § 61 EheG: nach Billigkeit bis zu den Sätzen I.

2. Bei Ehegatten, die vor dem 3. 10. 1990 in der früheren DDR geschieden worden sind, ist das DDR-FGB in Verbindung mit dem Einigungsvertrag zu berücksichtigen (Art. 234 § 5 EGBGB).

III. Monatliche Unterhaltsrichtsätze des berechtigten Ehegatten, wenn die ehelichen Lebensverhältnisse durch Unterhaltspflichten gegenüber Kindern geprägt werden:

Wie zu I bzw. II 1, jedoch wird grundsätzlich der Kindesunterhalt (Zahlbetrag; vgl. Anm. C und Anhang) vorab vom Nettoeinkommen abgezogen.

IV. Monatlicher Eigenbedarf (Selbstbehalt) gegenüber dem getrennt lebenden und dem geschiedenen Berechtigten:

unabhängig davon, ob erwerbstätig oder nicht erwerbstätig 1.050 EUR

Hierin sind bis 400 EUR für Unterkunft einschließlich umlagefähiger Nebenkosten und Heizung (Warmmiete) enthalten.

V. Existenzminimum des unterhaltsberechtigten Ehegatten einschließlich des trennungsbedingten Mehrbedarfs in der Regel:

1. falls erwerbstätig: 950 EUR

2. falls nicht erwerbstätig: 770 EUR

VI.

1. Monatlicher notwendiger Eigenbedarf des von dem Unterhaltspflichtigen getrennt lebenden oder geschiedenen Ehegatten unabhängig davon, ob erwerbstätig oder nicht erwerbstätig:

   a) gegenüber einem nachrangigen geschiedenen Ehegatten 1.050 EUR

   b) gegenüber nicht privilegierten volljährigen Kindern 1.150 EUR

   c) gegenüber Eltern des Unterhaltspflichtigen 1.500 EUR

2. Monatlicher notwendiger Eigenbedarf des Ehegatten, der in einem gemeinsamen Haushalt mit dem Unterhaltspflichtigen lebt, unabhängig davon, ob erwerbstätig oder nicht erwerbstätig:

   a) gegenüber einem nachrangigen geschiedenen Ehegatten   840 EUR

   b) gegenüber nicht privilegierten volljährigen Kindern   920 EUR

   c) gegenüber Eltern des Unterhaltspflichtigen   vergl. Anm. D I

Anmerkung zu I–III:

Hinsichtlich **berufsbedingter Aufwendungen** und **berücksichtigungsfähiger Schulden** gelten Anmerkungen A. 3 und 4 – auch für den erwerbstätigen Unterhaltsberechtigten – entsprechend. Diejenigen berufsbedingten Aufwendungen, die sich nicht nach objektiven Merkmalen eindeutig von den privaten Lebenshaltungskosten abgrenzen lassen, sind pauschal im Erwerbstätigenbonus von $1/_7$ enthalten.

C. Mangelfälle

Reicht das Einkommen zur Deckung des Bedarfs des Unterhaltspflichtigen und der gleichrangigen Unterhaltsberechtigten nicht aus (sog. Mangelfälle), ist die nach Abzug des notwendigen Eigenbedarfs (Selbstbehalts) des Unterhaltspflichtigen verbleibende Verteilungsmasse auf die Unterhaltsberechtigten im Verhältnis ihrer jeweiligen Einsatzbeträge gleichmäßig zu verteilen.

Der Einsatzbetrag für den **Kindesunterhalt** entspricht dem Zahlbetrag des Unterhaltspflichtigen. Dies ist der nach Anrechnung des Kindergeldes oder von Einkünften auf den Unterhaltsbedarf verbleibende Restbedarf.

Beispiel: Bereinigtes Nettoeinkommen des Unterhaltspflichtigen (M): 1.350 EUR. Unterhalt für drei unterhaltsberechtigte Kinder im Alter von 18 Jahren (K 1), 7 Jahren (K 2), und 5 Jahren (K 3), Schüler die bei der nicht unterhaltsberechtigten, den Kindern nicht barunterhaltspflichtigen Ehefrau und Mutter (F) leben. F bezieht das Kindergeld.

Notwendiger Eigenbedarf des M: 950 EUR

Verteilungsmasse: 1.350 EUR – 950 EUR = 400 EUR

Summe der Einsatzbeträge der Unterhaltsberechtigten:

304 EUR (488 – 184) (K 1) + 272 EUR (364 – 92) (K 2) + 222 EUR (317 – 95) (K 3) = 798 EUR

Unterhalt:

K 1: 304 × 400: 798 = 152,28 EUR

K 2: 272 × 400: 798 = 136,34 EUR

K 3: 222 × 400: 798 = 111,28 EUR

D. Verwandtenunterhalt und Unterhalt nach § 1615 l BGB

I. Angemessener Selbstbehalt gegenüber den Eltern: indestens monatlich 1.500 EUR (einschließlich 450 EUR Warmmiete) zuzüglich der Hälfte des darüber hinausgehenden Einkommens. Der angemessene Unterhalt des mit dem Unterhaltspflichtigen zusammenlebenden Ehegatten bemisst sich nach den ehelichen Lebensverhältnissen (Halbteilungsgrundsatz), beträgt jedoch mindestens 1.200 EUR (einschließlich 350 EUR Warmmiete).

II. Bedarf der Mutter und des Vaters eines nichtehelichen Kindes (§ 1615 l BGB): nach der Lebensstellung des betreuenden Elternteils, in der Regel mindestens 770 EUR.

Angemessener Selbstbehalt gegenüber der Mutter und dem Vater eines nichtehelichen Kindes (§§ 1615 l, 1603 Abs. 1 BGB): unabhängig davon, ob erwerbstätig oder nicht erwerbstätig: 1.050 EUR.

Hierin sind bis 400 EUR für Unterkunft einschließlich umlagefähiger Nebenkosten und Heizung (Warmmiete) enthalten.

E. Übergangsregelung

Umrechnung dynamischer Titel über Kindesunterhalt nach § 36 Nr. 3 EGZPO: Ist Kindesunterhalt als Prozentsatz des jeweiligen Regelbetrages zu leisten, bleibt der Titel bestehen. **Eine Abänderung ist nicht erforderlich.** An die Stelle des bisherigen Prozentsatzes vom Regelbetrag tritt ein neuer Prozentsatz vom Mindestunterhalt (Stand: 01. 01. 2008). Dieser ist für die jeweils maßgebliche Altersstufe gesondert zu bestimmen und auf eine Stelle nach dem Komma zu begrenzen (§ 36 Nr. 3 EGZPO). Der Bedarf ergibt sich aus der Multiplikation des neuen Prozentsatzes mit dem Mindestunterhalt der jeweiligen Altersstufe und ist auf volle Euro aufzurunden (§ 1612a Abs. 2 S. 2 BGB). Der Zahlbetrag ergibt sich aus dem um das jeweils anteilige Kindergeld verminderten bzw. erhöhten Bedarf.

Es sind **vier Fallgestaltungen** zu unterscheiden:

1. Der Titel sieht die Anrechnung des hälftigen Kindergeldes (für das 1. bis 3. Kind 77 EUR, ab dem 4. Kind 89,50 EUR) oder eine teilweise Anrechnung des Kindergeldes vor (§ 36 Nr. 3a EGZPO).

   (Bisheriger Zahlbetrag + 1/2 Kindergeld) × 100: Mindestunterhalt der jeweiligen Altersstufe = Prozentsatz neu

Beispiel für 1. Altersstufe:

(196 EUR + 77 EUR) × 100: 279 EUR = 97,8 %

279 EUR × 97,8 % = 272,86 EUR, aufgerundet 273 EUR

Zahlbetrag: 273 EUR ./. 77 EUR = 196 EUR

2. Der Titel sieht die Hinzurechnung des hälftigen Kindergeldes vor (§ 36 Nr. 3b EGZPO).

(Bisheriger Zahlbetrag – 1/2 Kindergeld) × 100: Mindestunterhalt der jeweiligen Altersstufe = Prozentsatz neu

Beispiel für 1. Altersstufe:

(273 EUR – 77 EUR) × 100: 279 EUR = 70,2 %

279 EUR × 70,2 % = 195,85 EUR, aufgerundet 196 EUR

Zahlbetrag: 196 EUR + 77 EUR = 273 EUR

3. Der Titel sieht die Anrechnung des vollen Kindergeldes vor (§ 36 Nr. 3c EGZPO).

(Zahlbetrag + 1/1 Kindergeld) × 100: Mindestunterhalt der jeweiligen Altersstufe = Prozentsatz neu

Beispiel für 2. Altersstufe:

(177 EUR + 154 EUR) × 100: 322 EUR = 102,7 %

322 EUR × 102,7 % = 330,69 EUR, aufgerundet 331 EUR

Zahlbetrag: 331 EUR ./. 154 EUR = 177 EUR

4. Der Titel sieht weder eine Anrechnung noch eine Hinzurechnung des Kindergeldes vor (§ 36 Nr. 3d EGZPO).

(Zahlbetrag + 1/2 Kindergeld) × 100: Mindestunterhalt der jeweiligen Altersstufe = Prozentsatz neu

Beispiel für 3. Altersstufe:

(329 EUR + 77 EUR) × 100: 365 EUR = 111,2 %

365 EUR × 111,2 % = 405,88 EUR, aufgerundet 406 EUR

Zahlbetrag: 406 EUR ./. 77 EUR = 329 EUR

Anhang: Tabelle Zahlbeträge

Die folgenden Tabellen enthalten die sich nach Abzug des jeweiligen Kindergeldanteils (hälftiges Kindergeld bei Minderjährigen, volles Kindergeld bei Volljährigen) ergebenden Zahlbeträge. Für das 1. und 2. Kind beträgt das Kindergeld derzeit 184 EUR, für das 3. Kind 190 EUR, ab dem 4. Kind 215 EUR.

1. und 2. Kind		0–5	6–11	12–17	ab 18	%
1.	bis 1.500	225	272	334	304	100
2.	1.501–1.900	241	291	356	329	105
3.	1.901–2.300	257	309	377	353	110
4.	2.301–2.700	273	327	398	378	115
5.	2.701–3.100	289	345	420	402	120
6.	3.101–3.500	314	374	454	441	128
7.	3.501–3.900	340	404	488	480	136
8.	3.901–4.300	365	433	522	519	144
9.	4.301–4.700	390	462	556	558	152
10.	4.701–5.100	416	491	590	597	160
3. Kind		0–5	6–11	12–17	ab 18	%
1.	bis 1.500	222	269	331	298	100
2.	1.501–1.900	238	288	353	323	105
3.	1.901–2.300	254	306	374	347	110
4.	2.301–2.700	270	324	395	372	115
5.	2.701–3.100	286	342	417	396	120
6.	3.101–3.500	311	371	451	435	128
7.	3.501–3.900	337	401	485	474	136
8.	3.901–4.300	362	430	519	513	144
9.	4.301–4.700	387	459	553	552	152
10.	4.701–5.100	413	488	587	591	160
ab dem 4. Kind		0–5	6–11	12–17	ab 18	%
1.	bis 1.500	209,50	256,50	318,50	273	100
2.	1.501–1.900	225,50	275,50	340,50	298	105
3.	1.901–2.300	241,50	293,50	361,50	322	110
4.	2.301–2.700	257,50	311,50	382,50	347	115
5.	2.701–3.100	273,50	329,50	404,50	371	120
6.	3.101–3.500	298,50	358,50	438,50	410	128
7.	3.501–3.900	324,50	388,50	472,50	449	136
8.	3.901–4.300	349,50	417,50	506,50	488	144
9.	4.301–4.700	374,50	446,50	540,50	527	152
10.	4.701–5.100	400,50	475,50	574,50	566	160

II. Süddeutsche Leitlinien (Stand: 1.1.2012)

Unterhaltsrechtliche Leitlinien der Familiensenate in Süddeutschland (SüdL) Oberlandesgerichte Bamberg, Karlsruhe, München, Nürnberg, Stuttgart und Zweibrücken

Die Familiensenate der Süddeutschen Oberlandesgerichte verwenden diese Leitlinien als Orientierungshilfe für den Regelfall unter Beachtung der Rechtsprechung des Bundesgerichtshofs, wobei die Angemessenheit des Ergebnisses in jedem Fall zu überprüfen ist.

Das Tabellenwerk der Düsseldorfer Tabelle ist eingearbeitet. Die Erläuterungen werden durch nachfolgende Leitlinien ersetzt.

Unterhaltsrechtlich maßgebendes Einkommen

Bei der Ermittlung und Zurechnung von Einkommen ist stets zu unterscheiden, ob es um Verwandten- oder Ehegattenunterhalt sowie ob es um Bedarfsbemessung einerseits oder Feststellung der Bedürftigkeit/Leistungsfähigkeit andererseits geht. Das unterhaltsrechtliche Einkommen ist nicht immer identisch mit dem steuerrechtlichen Einkommen.

1. Geldeinnahmen

1.1 Auszugehen ist vom Bruttoeinkommen als Summe aller Einkünfte.

1.2 Soweit Leistungen nicht monatlich anfallen (z.B. Weihnachts- und Urlaubsgeld), werden sie auf ein Jahr umgelegt. Einmalige Zahlungen (z.B. Abfindungen) sind auf einen angemessenen Zeitraum (in der Regel mehrere Jahre) zu verteilen.

1.3 Überstundenvergütungen werden dem Einkommen voll zugerechnet, soweit sie berufstypisch sind und das in diesem Beruf übliche Maß nicht überschreiten.

1.4 Ersatz für Spesen und Reisekosten sowie Auslösungen gelten in der Regel als Einkommen. Damit zusammenhängende Aufwendungen, vermindert um häusliche Ersparnis, sind jedoch abzuziehen. Bei Aufwendungspauschalen (außer Kilometergeld) kann 1/3 als Einkommen angesetzt werden.

1.5 Bei Ermittlung des zukünftigen Einkommens eines Selbständigen ist in der Regel der Gewinn der letzten drei Jahre zugrunde zu legen. Für zurückliegende Zeiträume ist vom tatsächlichen Einkommen auszugehen.

1.6 Einkommen aus Vermietung und Verpachtung sowie aus Kapitalvermögen ist der Überschuss der Bruttoeinkünfte über die Werbungskosten. Für Gebäude ist keine AfA anzusetzen.

1.7 Steuerzahlungen oder Erstattungen sind in der Regel im Kalenderjahr der tatsächlichen Leistung zu berücksichtigen.

1.8 Sonstige Einnahmen, z.B. Trinkgelder.

2. Sozialleistungen

2.1 Arbeitslosengeld (§ 117 SGB III) und Krankengeld.

2.2 Leistungen zur Sicherung des Lebensunterhalts nach §§ 19 ff. SGB II sind kein Einkommen, es sei denn, die Nichtberücksichtigung der Leistungen ist in Ausnahmefällen treuwidrig; nicht subsidiäre Leistungen nach dem SGB II sind Einkommen (insbesondere befristete Zuschläge § 24 SGB II, Einstiegsgeld § 29 SGB II, Entschädigung für Mehraufwendungen „Ein-Euro-Job" § 16 SGB II, Freibeträge nach § 30 SGB II).

2.3 Wohngeld, soweit es nicht erhöhte Wohnkosten deckt.

2.4 BAföG-Leistungen, auch soweit sie als Darlehen gewährt werden, mit Ausnahme von Vorausleistungen nach §§ 36, 37 BAföG.

2.5 Elterngeld ist Einkommen, soweit es über den Sockelbetrag in Höhe von 300 EUR, bei verlängertem Bezugsrecht über 150 EUR hinausgeht. Der Sockelbetrag (§ 11 S. 4 BEEG) und Bundeserziehungsgeld sind kein Einkommen, es sei denn, es liegt einer der Ausnahmefälle der § 9 S. 2 BerzGG, § 11 S. 4 BEEG vor.

2.6 Unfallrenten.

2.7 Leistungen aus der Pflegeversicherung, Blindengeld, Versorgungsrenten, Schwerbeschädigten- und Pflegezulagen nach Abzug eines Betrags für tatsächliche Mehraufwendungen; §§ 1610a, 1578a BGB sind zu beachten.

2.8 Der Anteil des Pflegegelds bei der Pflegeperson, durch den ihre Bemühungen abgegolten werden; bei Pflegegeld aus der Pflegeversicherung gilt dies nach Maßgabe des § 13 VI SGB XI.

2.9 In der Regel Leistungen nach §§ 41–43 SGB XII (Grundsicherung) beim Verwandtenunterhalt, nicht aber beim Ehegattenunterhalt.

2.10/11 Kein Einkommen sind sonstige Sozialhilfe nach SGB XII und Leistungen nach dem UVG. Die Unterhaltsforderung eines Empfängers dieser Leistungen kann in Ausnahmefällen treuwidrig sein. Vgl. Ziffer 2.2.

3. Kindergeld

Kindergeld wird nicht zum Einkommen der Eltern gerechnet (vgl. Nr. 14).

4. Geldwerte Zuwendungen des Arbeitgebers

Geldwerte Zuwendungen aller Art des Arbeitgebers, z.B. Firmenwagen oder freie Kost und Logis, sind Einkommen, soweit sie entsprechende Eigenaufwendungen ersparen.

5. Wohnwert

Der Wohnvorteil durch mietfreies Wohnen im eigenen Heim ist als wirtschaftliche Nutzung des Vermögens unterhaltsrechtlich wie Einkommen zu behandeln. Neben dem Wohnwert sind auch Zahlungen nach dem Eigenheimzulagengesetz anzusetzen.

Bei der Bemessung des Wohnvorteils ist auszugehen von der Nettomiete, d.h. nach Abzug der auf einen Mieter nach § 2 BetrKV umlegbaren Betriebskosten. Hiervon können in Abzug gebracht werden der berücksichtigungsfähige Schuldendienst, erforderliche Instandhaltungs- und Instandsetzungskosten und solche Kosten, die auf einen Mieter nicht nach § 2 BetrKV umgelegt werden können.

Auszugehen ist vom vollen Mietwert. Wenn es nicht möglich oder nicht zumutbar ist, die Wohnung aufzugeben und das Objekt zu vermieten oder zu veräußern, kann statt dessen die ersparte Miete angesetzt werden, die angesichts der wirtschaftlichen Verhältnisse angemessen wäre. Dies kommt in der Regel für die Zeit bis zur Rechtshängigkeit des Scheidungsantrags in Betracht.

6. Haushaltsführung

Führt jemand einem leistungsfähigen Dritten den Haushalt, so ist hierfür ein Einkommen anzusetzen; bei Haushaltsführung durch einen Nichterwerbstätigen geschieht das in der Regel mit einem Betrag von 200 bis 550 EUR.

7. Einkommen aus unzumutbarer Erwerbstätigkeit

Einkommen aus unzumutbarer Erwerbstätigkeit kann nach Billigkeit ganz oder teilweise unberücksichtigt bleiben.

8. Freiwillige Zuwendungen Dritter

Freiwillige Zuwendungen Dritter (z.B. Geldleistungen, kostenloses Wohnen) sind als Einkommen zu berücksichtigen, wenn dies dem Willen des Dritten entspricht.

9. Erwerbsobliegenheit und Einkommensfiktion

Einkommen können auch aufgrund einer unterhaltsrechtlichen Obliegenheit erzielbare Einkünfte sein.

10. Bereinigung des Einkommens

10.1 Vom Bruttoeinkommen sind Steuern, Sozialabgaben und/oder angemessene, tatsächliche Vorsorgeaufwendungen – Aufwendungen für die Altersvorsorge bis zu 24 % des Bruttoeinkommens, bei Elternunterhalt bis zu 25 % des Bruttoeinkommens (je einschließlich der Gesamtbeiträge von Arbeitnehmer und Arbeitgeber zur gesetzlichen Rentenversicherung) – abzusetzen (Nettoeinkommen).

Es besteht die Obliegenheit, Steuervorteile in Anspruch zu nehmen (z.B. Eintragung eines Freibetrags bei Fahrtkosten, Realsplitting für unstreitigen oder titulierten Unterhalt).

10.2 Berufsbedingte Aufwendungen, die sich von den privaten Lebenshaltungskosten nach objektiven Merkmalen eindeutig abgrenzen lassen, sind im Rahmen des Angemessenen vom Nettoeinkommen aus unselbständiger Arbeit abzuziehen.

10.2.1 Bei Vorliegen entsprechender Anhaltspunkte kann eine Pauschale von 5 % des Nettoeinkommens angesetzt werden. Übersteigen die berufsbedingten Aufwendungen die Pauschale, so sind sie im Einzelnen darzulegen. Bei beschränkter Leistungsfähigkeit kann im Einzelfall nur mit konkreten Kosten gerechnet werden.

10.2.2 Für die notwendigen Kosten der berufsbedingten Nutzung eines Kraftfahrzeugs kann der nach den Sätzen des § 5 II Nr. 2 JVEG anzuwendende Betrag (derzeit 0,30 EUR) pro gefahrenen Kilometer angesetzt werden. Damit sind i.d.R. Anschaffungskosten mit erfasst. Bei langen Fahrtstrecken (ab ca. 30 km einfach) kann nach unten abgewichen werden (für die Mehrkilometer in der Regel 0,20 EUR).

10.2.3 Bei einem Auszubildenden sind i.d.R. 90 EUR als ausbildungsbedingter Aufwand abzuziehen.

10.3 Kinderbetreuungskosten sind abzugsfähig, soweit die Betreuung durch Dritte allein infolge der Berufstätigkeit erforderlich ist. Im Übrigen gilt Ziffer 12.4.

10.4 Berücksichtigungswürdige Schulden (Zins, ggf. auch Tilgung) sind abzuziehen; die Abzahlung soll im Rahmen eines vernünftigen Tilgungsplanes in angemessenen Raten erfolgen. Bei der Zumutbarkeitsabwägung sind Interessen des Unterhaltsschuldners, des Drittgläubigers und des Unterhaltsgläubigers, vor allem minderjähriger Kinder, mit zu berücksichtigen.

Bei Kindesunterhalt kann die Obliegenheit zur Einleitung eines Verbraucherinsolvenzverfahrens bestehen.

10.5 unbelegt

10.6 unbelegt

10.7 Umgangskosten (nicht belegt)

Kindesunterhalt

11. Bemessungsgrundlage (Tabellenunterhalt)

Der Barunterhalt minderjähriger und noch im elterlichen Haushalt lebender volljähriger unverheirateter Kinder bestimmt sich nach den Sätzen der Düsseldorfer Tabelle (Anhang 1).

Bei minderjährigen Kindern kann er als Festbetrag oder als Prozentsatz des jeweiligen Mindestunterhalts geltend gemacht werden.

11.1 Die Tabellensätze der Düsseldorfer Tabelle enthalten keine Kranken- und Pflegeversicherungsbeiträge für das Kind, wenn dieses nicht in einer gesetzlichen Familienversicherung mitversichert ist. Das Nettoeinkommen des Verpflichteten ist um solche zusätzlich zu zahlenden Versicherungskosten zu bereinigen.

11.2 Die Tabellensätze sind auf den Fall zugeschnitten, dass der Unterhaltspflichtige zwei Unterhaltsberechtigten Unterhalt zu gewähren hat. Bei einer größeren oder geringeren Anzahl Unterhaltsberechtigter sind i.d.R. Ab- oder Zuschläge durch Einstufung in eine niedrigere oder höhere Einkommensgruppe vorzunehmen.

Zur Eingruppierung können auch die Bedarfskontrollbeträge herangezogen werden.

12. Minderjährige Kinder

12.1 Der betreuende Elternteil braucht neben dem anderen Elternteil in der Regel keinen Barunterhalt zu leisten, es sei denn, sein Einkommen ist bedeutend höher als das des anderen Elternteils (§ 1606 III 2 BGB), oder der eigene angemessene Unterhalt des sonst allein barunterhaltspflichtigen Elternteils ist gefährdet (§ 1603 II 3 BGB).

12.2 Einkommen des Kindes wird bei beiden Eltern hälftig angerechnet. Zum Kindergeld vgl. Ziffer 14.

12.3 Sind bei auswärtiger Unterbringung beide Eltern zum Barunterhalt verpflichtet, haften sie anteilig nach § 1606 III 1 BGB für den Gesamtbedarf (vgl. Nr. 13.3). Der Verteilungsschlüssel kann unter Berücksichtigung des Betreuungsaufwandes wertend verändert werden.

12.4 Kosten für Kindergärten und vergleichbare Betreuungsformen (ohne Verpflegungskosten) sind Mehrbedarf des Kindes. Bei Zusatzbedarf (Prozesskostenvorschuss, Mehrbedarf, Sonderbedarf) gilt § 1606 III 1 BGB (vgl. Nr. 13.3).

13. Volljährige Kinder

13.1 Bedarf Beim Bedarf volljähriger Kinder ist zu unterscheiden, ob sie noch im Haushalt der Eltern/eines Elternteils leben oder einen eigenen Hausstand haben.

13.1.1 Für volljährige Kinder, die noch im Haushalt der Eltern oder eines Elternteils wohnen, gilt die Altersstufe 4 der Düsseldorfer Tabelle.

Sind beide Elternteile leistungsfähig (vgl. Nr. 21.3.1), ist der Bedarf des Kindes i.d.R. nach dem zusammengerechneten Einkommen (ohne Anwendung von Nr. 11.2) zu bemessen. Für die Haftungsquote gilt Nr. 13.3. Ein Elternteil hat jedoch höchstens den Unterhalt zu leisten, der sich allein aus seinem Einkommen aus der Düsseldorfer Tabelle (ggf. Herauf-, Herabstufung abzüglich volles Kindergeld) ergibt.

13.1.2 Der angemessene Bedarf eines volljährigen Kindes mit eigenem Hausstand beträgt in der Regel monatlich 670 EUR (darin sind enthalten Kosten für Unterkunft und Heizung bis zu 280 EUR), ohne Beiträge zur Kranken- und Pflegeversicherung sowie Studiengebühren.

Von diesem Betrag kann bei erhöhtem Bedarf oder mit Rücksicht auf die Lebensstellung der Eltern nach oben abgewichen werden.

13.2 Auf den Unterhaltsbedarf werden Einkünfte des Kindes, auch das Kindergeld, BAföG-Darlehen und Ausbildungsbeihilfen (gekürzt um ausbildungsbedingte Aufwendungen, vgl. Nr. 10.2.3) angerechnet. Bei Einkünften aus unzumutbarer Erwerbstätigkeit gilt § 1577 II BGB entsprechend.

13.3 Bei anteiliger Barunterhaltpflicht ist vor Berechnung des Haftungsanteils nach § 1606 III 1 BGB das bereinigte Nettoeinkommen jedes Elternteils gem. Nr. 10 zu ermitteln. Außerdem ist vom Restbetrag ein Sockelbetrag in Höhe des angemessenen Selbstbehalts (1.150 EUR) abzuziehen.

Der Haftungsanteil nach § 1606 III 1 BGB errechnet sich nach der Formel:

Bereinigtes Nettoeinkommen eines Elternteils (N1 oder N2) abzüglich 1.150 EUR mal (Rest-)Bedarf (R), geteilt durch die Summe der bereinigten Nettoeinkommen beider Eltern (N1 + N2) abzüglich 2.300 (= 1.150 + 1.150) EUR. Haftungsanteil 1 = (N1 − 1.150) × R: (N1 + N2 − 2.300).

Der so ermittelte Haftungsanteil ist auf seine Angemessenheit zu überprüfen und kann bei Vorliegen besonderer Umstände (z.B. behindertes Kind) wertend verändert werden.

Bei volljährigen Schülern, die in § 1603 II 2 BGB minderjährigen Kindern gleichgestellt sind, wird der Sockelbetrag bis zum notwendigen Selbstbehalt (770 EUR/950 EUR) herabgesetzt, wenn der Bedarf der Kinder andernfalls nicht gedeckt werden kann.

14. Verrechnung des Kindergeldes

Es wird nach § 1612b BGB angerechnet.

Ehegattenunterhalt

15. Unterhaltsbedarf

15.1 Die Bemessung des nachehelichen Unterhalts richtet sich nach den ehelichen Lebensverhältnissen (§ 1578 Abs. 1 S. 1 BGB). Der Bedarf des Ehegatten beträgt mindestens 770 EUR.

15.2 Es gilt der Halbteilungsgrundsatz, wobei jedoch Erwerbseinkünfte nur zu 90 % zu berücksichtigen sind (Abzug von 1/10 Erwerbstätigenbonus vom bereinigten Nettoeinkommen bei der Bedarfsermittlung, nicht bei der Ermittlung der Leistungsfähigkeit des Unterhaltsschuldners).

Leistet ein Ehegatte auch Unterhalt für ein unterhaltsberechtigtes Kind, wird sein Einkommen vor Ermittlung des Erwerbstätigenbonus um Kindesunterhalt (Zahlbetrag) bereinigt.

Erbringt der Verpflichtete sowohl Bar- als auch Betreuungsunterhalt, kann im Einzelfall ein Betreuungsbonus angesetzt werden.

15.3 Bei sehr guten Einkommensverhältnissen des Pflichtigen kommt eine konkrete Bedarfsberechnung in Betracht.

15.4 Werden Altersvorsorge-, Kranken- und Pflegeversicherungskosten vom Berechtigten gesondert geltend gemacht oder vom Verpflichteten bezahlt, sind diese vom Einkommen des Pflichtigen vorweg abzuziehen. Der Vorwegabzug unterbleibt, soweit nicht verteilte Mittel zur Verfügung stehen, z.B. durch Anrechnung nicht prägenden Einkommens des Berechtigten auf seinen Bedarf.

15.5 nicht belegt

15.6 nicht belegt

15.7 Begrenzung nach § 1578b BGB (nicht belegt)

16. Bedürftigkeit

Eigene Einkünfte des Berechtigten sind auf den Bedarf anzurechnen, wobei das bereinigte Nettoerwerbseinkommen um den Erwerbstätigenbonus zu vermindern ist (vgl. Rechenbeispiel Anhang 2 Nr. 2.1).

17. Erwerbsobliegenheit

17.1 Bei der Betreuung eines Kindes besteht keine Erwerbsobliegenheit vor Vollendung des 3. Lebensjahrs, danach nach den Umständen des Einzelfalls insbesondere unter Berücksichtigung zumutbarer Betreuungsmöglichkeiten für das Kind und der Vereinbarkeit mit der Berufstätigkeit des betreuenden Elternteils, auch unter dem Aspekt des neben der Erwerbstätigkeit anfallenden Betreuungsaufwands.

17.2. In der Regel besteht für den Berechtigten im ersten Jahr nach der Trennung keine Obliegenheit zur Aufnahme oder Ausweitung einer Erwerbstätigkeit.

Weitere Unterhaltsansprüche

18. Ansprüche aus § 1615l BGB

Der Bedarf nach § 1615l BGB bemisst sich nach der Lebensstellung des betreuenden Elternteils. Er beträgt mindestens 770 EUR. Ist die Mutter verheiratet oder geschieden, ergibt sich ihr Bedarf aus den ehelichen Lebensverhältnissen.

19. Elternunterhalt

Beim Bedarf der Eltern sind Leistungen zur Grundsicherung nach §§ 41 ff. SGB XII zu berücksichtigen (vgl. Nr. 2.9).

20. Lebenspartnerschaft

Bei Getrenntleben oder Aufhebung der Lebenspartnerschaft gelten §§ 12, 16 LPartG.

Leistungsfähigkeit und Mangelfall

21. Selbstbehalt

21.1 Es ist zu unterscheiden zwischen dem notwendigen (§ 1603 II BGB), dem angemessenen (§ 1603 I BGB) und dem eheangemessenen Selbstbehalt (§§ 1361 I, 1578 I BGB).

21.2 Für Eltern gegenüber minderjährigen Kindern und diesen nach § 1603 II 2 BGB gleichgestellten Kindern gilt im Allgemeinen der notwendige Selbstbehalt als unterste Grenze der Inanspruchnahme.

Er beträgt

– beim Nichterwerbstätigen 770 EUR

– beim Erwerbstätigen 950 EUR.

Hierin sind Kosten für Unterkunft und Heizung in Höhe von 360 EUR enthalten.

21.3 Im Übrigen gilt beim Verwandtenunterhalt der angemessene Selbstbehalt.

21.3.1 Er beträgt gegenüber volljährigen Kindern 1.150 EUR. Hierin sind Kosten für Unterkunft und Heizung in Höhe von 450 EUR enthalten.

21.3.2 Gegenüber Anspruchsberechtigten nach § 1615l BGB ist der Selbstbehalt in der Regel mit einem Betrag zu bemessen, der zwischen dem angemessenen Selbstbehalt des Volljährigen nach § 1603 I BGB und dem notwendigen Selbstbehalt nach § 1603 II BGB liegt, in der Regel mit 1.050 EUR. Darin sind Kosten für Unterkunft und Heizung von 400 EUR enthalten.

21.3.3 Gegenüber Eltern beträgt er mindestens 1.500 EUR. Hierin sind Kosten für Unterkunft und Heizung in Höhe von 450 EUR enthalten. Zusätzlich bleibt die Hälfte des diesen Mindestbetrag übersteigenden, bereinigten Einkommens anrechnungsfrei, bei Vorteilen aus dem Zusammenleben in der Regel 45 % des diesen Mindestbetrag übersteigenden, bereinigten Einkommens.

21.3.4 Gegenüber Großeltern/Enkeln beträgt der Selbstbehalt mindestens 1.500 EUR.

21.4 Gegenüber Ehegatten gilt grundsätzlich der Ehegattenmindestselbstbehalt (= Eigenbedarf). Er beträgt in der Regel 1.050 EUR*. Hierin sind Kosten für Unterkunft und Heizung in Höhe von 400 EUR enthalten.

* OLG Karlsruhe, OLG Stuttgart und 2. Zivilsenat des OLG Zweibrücken: für Erwerbstätige 1.050 EUR, für Nichterwerbstätige 960 EUR.

21.5 Anpassung des Selbstbehalts

21.5.1 Beim Verwandtenunterhalt kann der jeweilige Selbstbehalt unterschritten werden, wenn der eigene Unterhalt des Pflichtigen ganz oder teilweise durch seinen Ehegatten gedeckt ist.

21.5.2 Wird konkret eine erhebliche und nach den Umständen nicht vermeidbare Überschreitung der in den einzelnen Selbstbehalten enthaltenen angeführten Wohnkosten dargelegt, erhöht sich der Selbstbehalt. Wird die Wohnung von mehreren Personen genutzt, ist der Wohnkostenanteil des Pflichtigen festzustellen. Bei Erwachsenen geschieht die Aufteilung in der Regel nach Köpfen. Kinder sind vorab mit einem Anteil von 20 % ihres Anspruchs auf Barunterhalt zu berücksichtigen. Besteht für den Verpflichteten ein Anspruch auf Wohngeld, ist dieser wohnkostenmindernd zu berücksichtigen (vgl. Nr. 2.3).

21.5.3 Bei Zusammenleben mit einem leistungsfähigen Partner kann der Selbstbehalt wegen ersparter Aufwendungen reduziert werden, wobei die Ersparnis des Unterhaltspflichtigen im Regelfall mit 10 % angesetzt werden kann.

22. Bedarf des mit dem Pflichtigen zusammenlebenden Ehegatten

22.1 Der Mindestbedarf eines mit dem Unterhaltspflichtigen zusammenlebenden Ehegatten gegenüber Unterhaltsansprüchen eines nachrangigen geschiedenen Ehegatten beträgt 840 EUR.

22.2 Mindestbedarf bei Ansprüchen volljähriger Kinder

Der Mindestbedarf eines mit dem Unterhaltspflichtigen zusammenlebende Ehegatten gegenüber Unterhaltsansprüchen eines nicht privilegierten Kindes beträgt 920 EUR.

22.3 Ist bei Unterhaltsansprüchen der Eltern, Großeltern und Enkel der Unterhaltspflichtige verheiratet, werden für den mit ihm zusammenlebenden Ehegatten mindestens 1.200 EUR angesetzt. Darin sind Kosten für Unterkunft und Heizung von 350 EUR enthalten. Im Familienbedarf von 2.700 EUR (1.500 EUR + 1.200 EUR) sind Kosten für Unterkunft und Heizung in Höhe von 800 EUR enthalten.

23. Bedarf des vom Pflichtigen getrennt lebenden oder geschiedenen Ehegatten

23.1 Bedarf bei Ansprüchen des nachrangigen geschiedenen Ehegatten

Der Mindestbedarf eines vom Pflichtigen getrennt lebenden oder geschiedenen Ehegatten gegenüber Unterhaltsansprüchen eines nachrangigen Ehegatten beträgt 1.050 EUR.

23.2 Bedarf bei Ansprüchen volljähriger Kinder

Der Mindestbedarf eines vom Pflichtigen getrennt lebenden oder geschiedenen Ehegatten gegenüber Unterhaltsansprüchen nicht privilegierter volljähriger Kinder beträgt 1.150 EUR.

23.3 Bedarf bei Ansprüchen von Eltern oder Enkeln des anderen Ehegatten und von gemeinsamen Enkeln

Der Mindestbedarf eines vom Pflichtigen getrennt lebenden oder geschiedenen Ehegatten gegenüber Unterhaltsansprüchen von Eltern, Großeltern und Enkeln des Unterhaltspflichtigen beträgt 1.500 EUR.

24. Mangelfall

24.1 Ein absoluter Mangelfall liegt vor, wenn das Einkommen des Verpflichteten zur Deckung seines notwendigen Selbstbehalts und der gleichrangigen Unterhaltsansprüche der Kinder nicht ausreicht. Zur Feststellung des Mangelfalls entspricht der einzusetzende Bedarf für minderjährige und diesen nach § 1603 II 2 BGB gleichgestellten Kindern dem Zahlbetrag, der aus der ersten Einkommensgruppe entnommen werden kann.

24.2 In sonstigen Mangelfällen beträgt der Einsatzbetrag für einen gleichrangigen, nicht mit dem Unterhaltspflichtigen zusammenlebenden, Ehegatten 770 EUR. Für vorrangige Ehegatten siehe Nr. 22 und 23.

24.3 Die nach Abzug des Selbstbehalts des Unterhaltspflichtigen verbleibende Verteilungsmasse ist anteilig auf alle gleichrangigen unterhaltsberechtigten Kinder bzw. Ehegatten im Verhältnis ihrer Unterhaltsansprüche zu verteilen.

Die prozentuale Kürzung berechnet sich nach der Formel:

$K = V/S \times 100$

K = prozentuale Kürzung
S = Summe der Einsatzbeträge aller Berechtigten
V = Verteilungsmasse (Einkommen des Verpflichteten abzüglich Selbstbehalt)

24.4 Das im Rahmen der Mangelfallberechnung gewonnene Ergebnis ist auf seine Angemessenheit zu überprüfen.

24.5 Rechenbeispiel zum absoluten Mangelfall, vgl. Anhang 2 Nr. 2.2

Sonstiges

25. Rundung

Der Unterhaltsbetrag ist auf volle Euro aufzurunden.

Anhang

1. Düsseldorfer Tabelle 2011

	Nettoeinkommen EUR	Altersstufen in Jahren				Prozent-satz	Bedarfs-kontroll-betrag
		0–5	6–11	12–17	ab 18		
	Alle Beträge in Euro						
1.	bis 1.500	317	364	426	488	100	770/950
2.	1.501–1.900	333	383	448	513	105	1.050
3.	1.901–2.300	349	401	469	537	110	1.150
4.	2.301–2.700	365	419	490	562	115	1.250
5.	2.701–3.100	381	437	512	586	120	1.350
6.	3.101–3.500	406	466	546	625	128	1.450
7.	3.501–3.900	432	496	580	664	136	1.550
8.	3.901–4.300	457	525	614	703	144	1.650
9.	4.301–4.700	482	554	648	742	152	1.750
10.	4.701–5.100	508	583	682	781	160	1.850
	über 5.101 EUR nach den Umständen des Falles						

2. Rechenbeispiele

2.1 Additionsmethode

Der Verpflichtete M hat ein bereinigtes Nettoerwerbseinkommen von 2000 EUR sowie Zinseinkünfte von 300 EUR. Seine Ehefrau F hat ein bereinigtes Nettoerwerbseinkommen von 1000 EUR. Anspruch der F?

Bedarf: 1/2 (9/10 × 2000 EUR + 300 EUR + 9/10 × 1000 EUR) = 1500 EUR

Höhe: 1500 EUR – 9/10 × 1000 EUR = 600 EUR

2.2 Absoluter Mangelfall

Der unterhaltspflichtige Vater V hat ein bereinigtes Nettoeinkommen von 1.650 EUR. Unterhaltsberechtigt sind ein 18-jähriges Kind K1, das bei der Mutter M lebt und aufs Gymnasium geht, und die beiden minderjährigen Kinder K2 (14 Jahre) und K3 (10 Jahre), die von der Mutter betreut werden. Das Kindergeld von 558 EUR wird an die Mutter ausbezahlt, deren sonstiges Einkommen unter 950 EUR liegt.

Unterhaltsberechnung gemäß Nr. 23.1:

Mangels Leistungsfähigkeit der Mutter alleinige Barunterhaltspflicht von V für alle Kinder.

Bedarf K1: 488 EUR (DüssTab Gruppe 1, 4. Altersstufe) – 184 EUR Kindergeld ergibt einen ungedeckten Bedarf = Einsatzbetrag von 304 EUR

Bedarf K2: 426 EUR (DüssTab Gruppe 1, 3. Altersstufe) – 92 EUR 1/2 Kindergeld ergibt einen ungedeckten Bedarf = Einsatzbetrag von 334 EUR

Bedarf K3: 364 EUR (DüssTab Gruppe 1, 2. Altersstufe) – 95 EUR 1/2 Kindergeld ergibt einen ungedeckten Bedarf = Einsatzbetrag von 269 EUR

Summe der Einsatzbeträge: 304 + 334 + 269 = 907 EUR

Verteilungsmasse:

Einkommen 1.650 EUR – Selbstbehalt 950 EUR = 700 EUR

Prozentuale Kürzung:

700/907 × 100 = 77,18 %

Berechnung der gekürzten Unterhaltsansprüche:

K1: 304 EUR × 77,18 % = 235 EUR; zum Leben verfügbar also 235 + 184 = 419 EUR;

K2: 334 EUR × 77,18 % = 258 EUR; zum Leben verfügbar also 258 + 92 = 350 EUR;

K3: 269 EUR × 77,18 % = 208 EUR; zum Leben verfügbar also 208 + 95 = 303 EUR.

3. Zusammensetzung der Bedarfsätze und Selbstbehalte

Bedarfssätze

I.	Regelbedarf eines volljährigen Kindes, das nicht im Haushalt eines Elternteils lebt (Nr. 13.1.2)	670
II.	Mindestbedarf eines Ehegatten (Nr. 15.1), eines aus § 1615 l BGB Berechtigten (Nr. 18) und anderer Unterhaltsbedürftiger, die nicht Kinder oder (geschiedene) Ehegatten sind	770

Selbsbehalte

III.	Monatlicher Selbstbehalt gegenüber minderjährigen und ihnen gleichgestellten (§ 1603 Abs. 2 BGB) Kindern (Nr. 21.2)	
	a. des erwerbstätigen Unterhaltsverpflichteten	950
	b. des nichterwerbstätigen Unterhaltsverpflichteten	770
IV.	Monatlicher Selbstbehalt gegenüber anderen Kindern (Nr. 21.3.1)	1150
V.	Monatlicher Selbstbehalt gegenüber Ehegatten (Nr. 21.4) und Ansprüchen nach § 1615 l BGB (Nr. 21.3.2)	1050
VI.	Monatlicher Selbstbehalt gegenüber Verwandten aufsteigender Linie und Enkeln mindestens (zzgl. die Hälfte des dieses Einkommen übersteigenden Betrages, Nr. 21.3.3)	1500
VII.	Bedarf des mit dem Pflichtigen zusammenlebenden Ehegatten (Nr. 22)	
	a. gegenüber nachrangigen (geschiedenen Ehegatten mindestens	840
	b. gegenüber nicht unter § 1603 Abs. 2 BGB fallenden Kindern	920
	c. gegenüber Eltern/Enkelunterhalt mindestens	1200